叢書・ウニベルシタス　922

社会の社会 2

ニクラス・ルーマン
馬場靖雄／赤堀三郎／菅原謙／高橋徹 訳

法政大学出版局

Niklas Luhmann
DIE GESELLSCHAFT DER GESELLSCHAFT　I & II

This book is published in Japan
by arrangement through The Sakai Agency

目次

第四章　分化……887

第五章 自己記述

＊原書目次では「自己批判」となっているが、本文見出しには「自己」がない。

第1巻目次

凡例

一　各章、各節のタイトルは原著による。
二　原註は章ごとに（1）、（2）……で示し、各巻ごとに巻末に一括して掲載した。
三　訳註は章ごとに［1］、［2］……で示し、各巻ごとに巻末に一括して掲載した。原註に付した訳註も同様に各巻末尾（本文訳註の後）に掲載する。
四　《　》によって括られた語句は、原著において ≫ ≪ が用いられている箇所を示す。
五　「　」は、文脈を明確にするために訳者が随時付加したものである。
六　〔　〕内は訳者による補足・説明である。
七　——および（　）は必ずしも原著に対応していない。
八　傍点が付された語句は、原著でイタリック体の部分である。
九　原著のラテン語句は、引用も含めて原則としてカタカナ漢字表記とし、原文を付加した。
十　原著には文献指示などにおいてスペルミスやページ数の誤りが散見される。修正を施した箇所には＊を付しておいた。
十一　邦訳書出版年は、訳者が参照した版による。

第四章　分　化

I　システム分化

社会学は当初から、分化を取り扱ってきた(1)。この概念はいくらか注目しておくに値する。それは相異なるものの統一性を（あるいは、統一性の確立を）表しているからだ。言うまでもなく昔の社会においても、種々の違いが観察されてはいた。そこでは都市住民が地方住民から区別され、貴族が農民から区別されていた。またある家族のメンバーは他の家族のそれから区別されていた、等。しかしこの段階では、特定の人間および生活形式の特質に注目し、相応の予期を形成するだけで十分だった。モノを扱う場合と同様にすればよかったわけである。分化の概念によって、より抽象的な方向へと歩を進めることが可能になる。次のように推測することもできるだろう。抽象化へのこの一歩が生じたのは、十九世紀におけるある傾向によってであった。すなわち、統一性と差異とを過程の帰結として把握しようとする傾向である。進化的発展の帰結も、めざされた行為（例えば、《国民 Nationen》の政治的統一の場合のように）の帰結も含めて、である。

十九世紀末には分化というこの構想を用いることによって、進歩理論から構造分析への転換が可能になった。ただし、分業が実り豊かである点を肯定的に評価する姿勢は、経済学理論から継承されたままであった。パーソンズの一般行為システムの理論もまた、この構想を踏まえて組み立てられていたのである。パーソンズ理論の中枢的な定式は、発展の分析（分化の増大）にしても、近代の個人主義を役割分化の帰結として説明することにしても、この構想によってもたらされたのである。ゲオルク・ジンメルはそこから出発して、貨幣の分析へと至った。一方デュルケームが向かったのは道徳的連帯の形式の変動に関する考察にであり、またマックス・ヴェーバーは宗教・経済・政治・性愛などのさまざまな生活秩序の合理化という概念を導き出してきたのである。分化の構想は別種の理論的アプローチを――例えば発展に関する、個人性に関する、また価値基準に関する議論を――排除しない。それどころか、別種のアプローチへの道を開いてくれる。他ならぬこの点において、分化の構想の優位性を見て取れるはずである。こう要約してもよいだろう。分化は、成長という条件のもとで凝集性を維持するのに不可欠である、と。

分化の概念を用いて近代社会を賛美することもできたし、批判するのも可能だった。分化した近代社会を歴史の帰結であり不可逆的だと見なすことも可能だし、未来に目を向けて疑念を呈することもできたのである。ジンメルにとってもヴェーバーにとっても、高度に発展した《形式》は分化から派生した事柄のひとつであった。個人性の登場もまたそのような派生物であるという点については、あらゆる古典的理論家の見解は一致している。しかし形式は同時に、ゆゆしい意味喪失と関わらざるをえなくもなる。形式は常に、制限と放棄をも意味するからだ。また個人性によってもたらされるのは、個人がそうなりたいと欲しているものではない。個人性は疎外の経験を産み出すからである。個人的な特性とともにに、自分に何が与えられていないかに関する意識もまた高まっていく。その帰結については十九世紀以来、さまざまな理論において論じられてきた。複数の自己に関する、人格的アイデンティティと社会的アイデンティティのコンフリクトに関する、あるいは矛盾を含む社会化に関する理論などにおいてである。

このように分化の概念は、多数の接続可能性によって重層的に決定されている。しかしもちろんその分だけ曖昧さを抱え込んでしまうことにもなる[2]。したがってここでは分化の概念を、システム分化という特殊事例に限定して用いることとする。確かにそうすることによって、全体社会の分化という構造的問題から個人の行動を安易に推論することはできなくなってしまうだろう。とはいえもちろんのこと、役割分化について、分化した趣味について、概念の分化について、あるいはまったく一般的な意味での用語の分化について語ることまでもが排除されてはならない。区別されるものはすべて、区別というこの作動の帰結を考える限り、差異〔Differenz として、それゆえ分化 Differenzierung の帰結〕として指し示されるからである。しかし以下の考察が提起するテーゼは、「他の分化は、システム分化から生じてくる。したがってシステム分化によって説明されうる」というものである。というのは、複数の作動が作動の水準で（回帰的に）結合されれば必ず、システムと環境の差異が生じてくるからである。

そのようにして社会システムが成立する場合、われわれは分出（Ausdifferenzierung）という語を用いることになる。そしてその際には、分出の結果、環境として現れてくるものをも引き合いに出すことにする。この種の分出は、全体社会システムの場合がまさにそうなのだが、有意味な諸可能性という指し示されることのない（分出の後で初めて指し示されうるようになる）領域において生じることもある。つまり、それ以上制限を受け付けない世界の中において、である。しかしまた、すでに形成されているシステムの内部において生じることもありうる。われわれは後者の事例のみをシステム分化として、あるいは違いを名指すことができる場合には当該システムの内的分化として、指し示すことにしよう。

したがってシステム分化とは回帰的なシステム形成に他ならない。すなわちシステム形成の結果に、当のシステム形成を適用することなのである。そこではあるシステムの内部においてさらなるシステムが形成されるわけだが、そうする中で前者は、部分システムとその環境という区別によって再構成されることにもなる。今や部分システムから見れば、包括的システムの残余部分は環境となる。部分システムにとって総体システムは、「部分システム／部分システムの環境」という差異の統一性として現れてくる。言い換えればシステム分化は、システム内環境を産み出すのである。つまりここで生じているのは、これまでしばしば用いてきた概念を再度使用するならば、システムと環境の区別がそれによって区別されるものの中に、すなわちシステムの中に《再参入》することなのである。(3)

この経過を十分正確に把握しておくことが重要である。ここで扱われているのは、《全体》を《部分》へと分解することではない。概念的な意味（divisio）においても実際の分割という意味（partitio）においても、そのような分割が問題とされているわけではないのである。〔1〕全体／部分の図式はヨーロッパ古来の伝統に由来している。(4) それをここで用いようとすれば、決定的な点を見逃してしまうことになる。(5) システム分化とは、全体が諸部分へと引き裂かれるということでは決してない。そのような水準で考えている限り、全体はやはり諸部分から、そして諸部分間の《関係》から成り立っているということになるだろう。確かに部分システムは包括的システムに属しており包括的システムを実現しているのだが、どの部分システムも独自の〔部分システム固有の〕「システムと環境」の差異を用いて、包括的システムを再構成する。包括的システムは、当のシステム内部において常に新たな「システムと環境」の区別を用いることによって、ある意味で自身を複数化するのである。分化の進展は自然発生的に生じうる。つまり進化の帰結として生じるのであり、進化は構造的変動を広めるために様々な機会を利用しうるわけだ。そうした分化の進展に際しては、全体と部分の図式が示唆しているような、全体社会による調整など何ら前提とされないのである。また同様に、総体システムの中で実行されるすべての作動が部分システムへと分割されて、今や総体システムは部分システムの内部でのみ作動しうる云々ということが前提にされるわけでもない。高度に分化した全体社会にも、《自由な》相互作用が多々見られる。その結果として、全体社会システムと相互作用システムの分化が生じてくる。この分化〔がどのようなかたちで現れてくるか〕は、全体社会システムの分化形式とともに変化するのである(6)。

したがって分化の進展はいつ、どこからでも始まりうる。そうして導入された逸脱を強化していけるのである(7)。多くの集落の中であるひとつの集落が、優先される場所として形成される。そこでは中心化によって得られる複数の利点が相互に支え合うことになる。かくして最後には、都市と地方との新たな分化が生じてくるのである。そうして初めて残りの集落は、都市との区別における《村》となる。そして次第に、都市というものもあって、そこでは村とは異なる生活が営まれうるのだという事態に自身を合わせていくようになる。また都市は、村の環境として、村において可能な事柄を変化させることにもなる。村はこの点にも自身を合わせていくのである。

このようにシステム分化という文脈においては、あらゆる変化は二重の、それどころか多重的な、変化なのである。あるシステムが変化するということは、他のシステムにとっての環境が変化するということでもある。生じることは、幾重にもわたって生じる——システム言及ごとに、である。(8) 例えば景気ないし競争が理由となって労働力需要が急速に減少したとしよう。それは経済においては合理化の進展や利潤率の向上を意味するかもしれない。しかし同時に政治システムにおいて、影響を被る家族において、学校および高等教育という教育システムにおいて、学術の新たな研究テーマ（《労働の未来 Zukunft der Arbeit》）〔2〕としても、それぞれのシステムの環境における変化を踏まえて、まったく異なる因果連鎖を発動せしめるかもしれない。あらゆるシステムにとって同一の出来事であるにもかかわらずそうなのである！　そこから帰結するのは、驚くべき動態化である。まさに爆発的な反作用圧力が生じてくる。それに対して個々の部分システムが自身を守りうるためには、無関心の閾という高い壁によるしかないのである。したがって分化によって、依存性と独立性が同時に増大するという事態が引き起こされざるをえない。どの点で依存したりしなかったりするかは特定化され、システム独自のコントロールに服するのである。以上の結果としてついには部分システムは自身を、作動の上で閉じられたオートポイエティックなシステムとして定式化するに至ることになる。(9)

全体社会の分析を全体／部分図式からシステム／環境図式へと転換することによって、システム理論と進化論とをよりよく噛み合わせることが可能になる。(10) 複雑性の形態生成をよりよく洞察できるようになるのである。統一性が区別を通して自分自身のうちに再導入されうるのはいかにしてかがより精確に示されることになる。ただし、その種の可能性がどれくらい多く存在しているのか、それらが調整されうるのか否か、調整されるとしたらそれはどのような形式においてなのかという点に関しては、完全に未決のままなのだが。

その他の多くの点に関してもシステム理論は、全体と部分によって思考する伝統と比較すれば、論理上より大きな構造的な豊かさをもたらしてくれる。例えばシステム理論は、システム／環境関係と、システム対システムの関係を区別できるし、しなければならない（伝統において知られていたのは、後者のケースのみであった）。システムが世界の統一性を、あるいは〔当のシステムを〕包括するシステムの統一性を把握するのは、システムと環境とを区別することによってのみである。そしてその区別は、そのつど自己関係的なものなのである。〔それに対して〕システム対システムの関係が（例えば、家族と学校のそれが）把握するのは、世界ないし全体社会の断片にすぎない。ただし他ならぬその断片性のゆえに、そのつど〔問題となっている〕他のシステムを、「〔そのシステム〕独自の環境の中にあるシステム System-in-einer-eigenen-Umwelt」として観察することが可能になりもする。したがって世界ないし全体社会を、観察を観察することという（セカンド・オーダーの観察の）パースペクティヴから再構成することもできるのである。そこでは他のシステムの環境の内部に、そのシステムを観察する当のシステムが再登場してくることにもなる。かくしてこのパースペクティヴを開示する総体システムは、いわば自分自身を反省へと追い込む結果になるのである(11)。

分化という全体社会の水準での秩序によって、システム対システムの関係が可能になる。この関係の中で存在しうるのはただ構造的カップリングだけであって、そこでは部分システムのオートポイエーシスが揚棄されることはない。この点は例えば環節社会における村と村との関係にもあてはまるし、階層的な秩序におけるカーストや生得的身分の関係に関しても成り立つ。さらには、はるかに複雑で見通しがたい形式においてではあるが、近代社会の機能システム間の関係についても言えるのである。〔逆に言えば〕部分システム相互の関係の中で構造的カップリングとして働くものが、全体社会という包括的システムの構造となりもするわけだ。だからこそ全体社会システムを、何よりもまず分化の形式によって性格づけることが正当となる。それこそが構造形成の形式なのであり、部分システム相互の関係の中でどんな構造的カップリングが可能になるかをそのつど規定し制限するのは、この形式だからである。

全体／部分図式からシステム／環境図式へと転換することによって、《統合》概念の位置も変化するということを最後に指摘しておこう。ヨーロッパ旧来の思考様式においては、統合を表す特別な概念は存在していなかった。諸部分の統合は全体の全体性のうちで秩序アル和合（ordinata concordia）〔3〕として、あらかじめ見込まれていたからである。それが個々の現象において、それぞれの自然＝本性ないし本質として表現される、というわけである(12)。古典的な社会学ではこの問題が、分化と統合との間の擬似法則的関係として再定式化されている。分化が完全な無関連性という極限にまで進展することなどありえないのだ、と。デュルケームは、ひとつのシステムの分化であるという事情だけからしてすでに、《何らかの親縁関係(13)》が生じるはずだと考えた。パーソンズによればそれゆえに《さらにこうした差異は、ある体系内にみられる変動過程……によってあらわれでたものと考えられるので、しかもその分化した諸部分は、依然として同一の体系の内部に属しており、またそうした諸部分の相互関係を通して、それらの諸部分の共通の先行者に関係しているがゆえに、相互に体系的に関係づけられているという意味あいで比較可能であると推定されるのである(14)》。しかしそこでは統合の概念はたいていの場合定義されないままであり(15)、批判的に見ればわかるように、多義的に用いられているのである(16)。統合の経験的条件としてのコンセンサスという前提が、それ以上反省されないまま持ち出されることもしばしばである。[17] その結果として統合の概念はあいかわらず統一性のパースペクティヴを、あるいは連帯への期待をすら定式化するために用いられており、それに対応した態度が想定されることになる。〔現代社会について論じているにもかかわらず〕ヨーロッパ旧来のスタイルのままに、である！　歴史の過程は流出の進展であるかのように記述される。均質性から異質性が生じてくる。異質性が均質性に取って代わることにより、分化と統合が同時に必要になる、と。[18] このような状況の下では、統合の機能は流動性＝移動性（Mobilität）によって担われると、しばしば論じられている。だからこそ《流動化》が、発展途上国のための近代化政策の決定的処方箋として通用してきたのである〔農村部から都市部への〕移動の動向や都市化からの帰結はカオス的だが、それ以上のものなどないということが示されてもいるのだから）。

しかし規範的な、統合を要求し称揚する概念は、より複雑さを増した全体社会の中ではますます矛盾に直面せざるをえなくなる。そのような概念を温存しようとすれば、あまりにもパラドキシカルな、トートロジカルで自己包含的な表現を用いざるをえなくなることがわかる。[19] 命令をコミュニケートすれば（そうする以外には命令はリアリティとなりえないではないか）《イエス》以上に《ノー》を引き起こすことになる。かくして統合を希望すれば結局のところ、われわれが生きているこの全体社会を拒絶することになるのである。そうすれば何が生じてくるのだろうか。

このように過剰な意味づけを与えることを回避するために、われわれは統合を、「部分システムの自由度の縮減」とだけ理解しておくことにしよう。部分システムにとってこの縮減は、全体社会システムの外的境界から、またそれによって限定される全体社会システムの内的環境から生じてくる。[20] オートポイエティックなシステムが分出していけば必ず内的な未規定性が生じてくる。構造の発展のゆえに未規定性が生じうるのだが、その未規定性はまた構造の発展によって制限されえもする。したがって以上の概念的提案に従うならば統合とは、部分システムの水準における、また総体システムの水準における内的な未規定性を扱う——あるいは、利用する——という相である、ということになる。

全体社会システムの場合とは異なって、全体社会の部分システムにとってはふたつの環境が存在する。全体社会外的環境と、全体社会内的環境である。[21] 統合を今述べたように理解するならば、それは何ら価値を含んだ概念ではないし、不統合と比べて《よりよい》わけでもない。また統合は、分化したシステムの《統一性》を指し示しているわけでもない（純粋に論理的に考えてもその点は明らかだろう）。統合に関しては「多かれ少なかれ」を考えうるが、統一性についてはそうはいかないからである）。したがって統合は統一的パースペクティヴへの拘束ではないし、ましてや部分システムが中枢審級との関係において《従順》であるという問題でもない。統合が存しているのは《部分》の《全体》への関係のうちにではなく、部分システムをそれら相互の関係において変更可能なかたちで、歴史的にも変更可能なかたちで調整することのうちになのである。自由度の制限は、協調の条件でもありうるが、むしろはるかに強くコンフリクトの影響を受けている。したがって統合の概念は、協調とコンフリクトの差異を意味するものではない。統合は、この区別の上位に位置づけられるのである。コンフリクトが問題を孕んでいるのは、部分システムをあまりにも強く統合してしまうという点である。そこでは部分システムは常により多くの資源を紛争のために動員していかねばならず、したがってそれ以外の使用法は差し控えねばならなくなるからである。だとすれば複雑な全体社会にとって問題となるのは、十分な不統合を確保するということであろう。

この種の制限が生じうるのは、接続が、すなわち作動の作動への接続あるいは作動の構造への接続がうまくいくことによってである。そのためにはコンセンサスなど必要としないはずである。[22] こうして心的システムにおける注意力を、社会システムにおける意図の調整を省くことができる。制限は気づかれることもない。負担はそのようにして軽減されるのである。他方で、しばしば指摘されることだが、その分だけ《暗黙裡の集合的構造 tacit collective structure》が変化することは難しくなる。事故や失敗によって初めて、調整が前提とされていたのだがそれは常に与えられているはずだというわけではなかったという点を意識させられるということもしばしばある。

統合／不統合の条件について問うのであれば、結局のところ時間関係へと行き着くことになる。生じることすべては（それを時間に関して観察するのであれば）同時に生じるからである。そこからさしあたり帰結するのは、同時に生じる出来事は相互に影響を与ええないし、コントロールすることもできないという点である。因果性は原因と結果の間の時間の差異を、したがって同時的－現時的なものの時間境界を踏み越えることを必要とするからである。他方で出来事の単位は（ひとつの事故・行為・日蝕・雷雨などを考えてみればよい）観察関心に従って、きわめて多様なかたちで切り取ることができる。その際にはシステム境界を考慮する必要などないのである。議会での予算案の提出は政治システム内の出来事でもありうるし、法システム、マスメディアのシステム、経済システム内の出来事かもしれない。それによって、システムの自由度の相互的制限という意味での統合が、常に生じているのである。しかしこの統合効果は、個々の出来事に限定されたままである。前史と帰結とを合わせて考慮するや否や、つまり同時に現時的であるものの時間境界を踏み越えて回帰を考慮するや否や、システムの磁場が同定に影響を及ぼすことになる。そこでは予算案の提出という法的行為は、報道とコメントのための機会とは別のものであるということになる。またコンセンサスと不同意とを政治的に象徴化することとも、さらには株式市場が知覚することとも、異なるものなのである。出来事が脈動するとともにシステムは一瞬ごとに自己を統合し、不統合化する。それが反復され予測されるならば、関与するシステムの構造発展に影響を及ぼすということもあるかもしれない。マトゥラナが《構造的ドリフト》について語っているのは、この意味においてである。しかし統合／不統合の作動上の基礎はあくまで個々の出来事である。個々の出来事は、その瞬間において、多数のシステムの中で同時に同定されるのである。この込み入ったメカニズムを支配することなしには、行為を十分なかたちで計画し、コミュニケーションを成功裡に流布させることなどできない。その結果〔コミュニケーションへの〕貢献はきわめて一面的に〔計画するシステムの〕利害によって導かれた、系統的に条件づけられたものになってしまうかもしれないが。

したがって統合は、部分システムのオートポイエーシスと完全に両立可能な事態なのである。かくして出来事としての性格をもつ、無数の作動上のカップリングが存在することになる。それらが、システムの連関が継続的に確立されては解体されていくことに対して影響を及ぼすのである。例えば貨幣の支払いは、先行しまた後続する支払いの回帰的ネットワークの中での経済システムの作動だし、そうであり続ける。[23] しかし支払いを一定範囲で政治的条件づけのために用いることもできる。その場合には、政治的先行状態と政治的帰結との回帰的ネットワークの中で生じていることになる。このようにしてシステムは継続的に統合されまた不統合化される。一瞬だけカップリングされ、ただちに再度、自身が規定した作動と接続するために解き放たれるのである。統合問題をこのように時間化することこそ、部分システムの間の依存性と非依存性とを同時にプロセシングできるようなかたちで、高度に複雑な全体社会を発展させる形式なのである。

したがって作動の水準においては全体社会の分化によって、区別を常に告知しておくよう要求される。その点に関しては部族社会では一方で、各自が所属している居住域によって自ずから明らかだった。しかしまた、高度に発達した親族のターミノロギーも用いられていた。それによって常に、遠い親族ないし非親族に対する区切りが与えられていたのである。余所者に特別な地位が与えられていたことも、境界をコミュニケートする役割を果たしていた。貴族社会では貴族の生活様式がもつ区別＝卓越のメルクマール（Distinktionsmerkmale）が大いに顧慮されていた。そして否定的な側（《下々の者》《野卑な輩》）も同時に含意されるようなかたちで区別が選ばれていたのである。機能的に分化した社会におけるコミュニケーションに至って初めて、帰属および境界づけの観点も同時にコミュニケートすることが、継続的になされるようになる。しかしそこではもはやそれが、知覚可能な記号によってなされるというわけにはいかなくなっている（そうできるとしても、きわめて限定された範囲でしかない）。例えば、テクノロジーをめぐる問題においてしばしば見られるように、科学的に確認された知が欠落していることが資本投資のリスクとなる場合。そこにおいて十全な決定を下そうとするのであれば、〔コミュニケーションが属する機能システムの〕この違いに関する理解が前提とされねばならない。他者が別様であることに定位するだけでは不十分なのである。区別そのものが作動を定義しなければならない。〔今生じているのは、この機能システムに属する〕この作動であって、あの作動ではない、というようにである。

しばしばその点から脱分化が生じているとの、あるいは分化理論はリアリティからかけ離れているとの結論が導き出されたりする。[24] ある区別をコミュニケートすることで、相異なるものの連関が表現されるというのは、そのとおりである。しかしそれは他でもない、相異なるものの連関なのである。（作動の）統一性と（観察図式の）差異とが、一度に実現されねばならない。そうしてこそ分化の再生産が可能になる。それに対応することだが全体社会の分化の形式は、観察が作動としての接続能力を持とうとするのであればどんな区別を負わされることになるかに応じて、異なってくるのである。

すでに何度も強調してきたように、全体社会システムがコミュニケーションを用いることができるのは、システム内的な作動としてだけである。したがって、全体社会の外にある環境とコミュニケートすることはできない。しかしこれは全体社会の内部で生じる、分化によって刻印された関係に関しては当てはまらない。つまり、システム内部におけるシステム境界を越えていくコミュニケーションは存在するのである。そこからの帰結として、全体社会の進化が進むにつれて、組織の必要性も増大していくことになる。というのはあるシステムが環境とコミュニケートできるのは、自身の統一性を代表するという形式においてのみだからである。[25] 組織形成が浮上してくるというこの過程は、機能分化という条件の下で機能システムの内部において継続していく。例えば企業を考えてみればよい。企業は市場に生産物を提供し、またそのために必要な資源を市場から調達しなければならないのである。あるいは可能な社会的グルーピングすべてを考えてもよい。それらは、ひとたび国家が組織されれば、国家に対して特殊な利害を代表しようと試みることになる。全体社会／相互作用の関係の場合と同様に、[26] 全体社会／組織の関係においても全体社会の分化形式の進化から長期に及ぶ、逆転困難な効果が生じてくる。[27] われわれはここにおいて、社会学の古典（ミヘルス、ヴェーバー）が《官僚制》を近代の社会秩序の条件として分析した、その地点にまで至っているのである。

最後に次の点を想起しておこう。われわれはここまでで素描してきた社会分化の理論を、以下において精錬していくことになる。この理論が関わるのはコミュニケーションにであって、行為にではない。通常の場合行為を観察すれば、システムへの所属が多重的に生じていることを確認できるはずである。行為する者自身が身体的・精神的な帰属点として働くということから、さらにまたひとつの行為が、その動機と効果に従って複数の機能システムに関与しうるということからしても、その点は明らかだろう。行為から出発すれば、システム分化の理論をそもそも理解することが困難になる。リヒャルト・ミュン
[4] ヒなどに見られるように、せいぜいのところ《相互浸透》を確認することしかできなくなるのである(28)。行為からコミュニケーションへと転換することによってのみ、システム形成の要素となる単位を、同じシステムの他の作動への関係を通して回帰的に定義するという必然性が生じてくる。行為理論家のほうは行為の意図を、《思念された意味》を、確認するだけで満足しうるのである。

II　システム分化の諸形式

前近代における諸社会の歴史は豊かなものであり、経験的に見てもそれらは多種多様である。それゆえにいかなる分類も、ましてや時期を区切ろうとする試みも、挫折せざるをえない。にもかかわらず何かしらタイプの違いといったものが存在しているのは異論の余地がないし、発展の系列があることにも

まったく疑いはない。以前の成果を踏まえて発展が生じ、近代社会――それがどう理解されていようと――においては今一度乗り越えられてしまった、というわけである。前節で提示したシステム分化の概念によって、この困難な領域へとアプローチする道筋が切り開かれるはずである。だからこそわれわれはこの構想が構造とパースペティヴという点で豊穣であること、進化的変動に関連してくるということを特に強調しておいたのである。ここで、さらにより具体的な分析を行うために、分化の形式という概念を補足しておく必要がある。

ここでもわれわれは《形式》を、第一章で導入された意味において考えている。形式とは、ふたつの領域を分離する区別である。システム概念そのものが指し示しているのも、システムと環境の区別なのである。総体システムの内部において、部分システムが相互にいかにして秩序づけられるかを問題にする場合に、「分化形式」という表現を用いることにしよう。したがってさしあたり、「システム／環境」関係と「システム対システム」の関係とを、もう一度区別しておかねばならない。「システム／環境」関係においてはシステムは、つまり《システム》という形式のそのつどの内側は、《マークされない空間 unmarked space》（スペンサー＝ブラウン）に対置される。システムの側からはマークされない空間に到達できないし、それを指し示すこともできない。指し示しうるとしても、無内容としてでしかないのである。《環境総体 die Umwelt》に言及してみても、システムの作動に何ら寄与することはない。《環境》は何ら情報をもたらさない。それは、自己言及の空の相関物（Leerkorrelat）でしかないのである。それに対して「システム対システム」関係から出発するならば、環境の内部において指し示し可能な統一体が登場してくることになる。この場合でもシステムは自分自身の境界を、作動によって踏み越えることはできない（そうできるなら、システムは環境において作動しなければならなくなるはずである）。しかし環境の中でどんな特殊な事態が（この場合なら、他のシステムが）自身にとって特定の道筋で重要なものとなっているのかを観察する、つまり指し示すことはできるのである。「システム／環境」関係においてはシステムは普遍的に、すなわち世界の中に引かれた断線という形式で作動する。「システム対システム」関係の中ではシステムは限定的に、つまり特定の偶発的な観察様式のもとで作動するのである。

分化形式の概念が関係するのは、最後に挙げた事例にである。したがってこの概念が関わるのは、あるシステムから見て世界が、ある部分システムから見て総体システムがいかに再構成されるかというその仕方にではない。こう言ってよければ、システムが自分自身のうちで再全体化を遂げるというその種の事態に関わるわけではないのである。ただし、きわめて類似した事態を扱うのも事実なのだが（だからこそ、精確に区別しておくことが重要となる）。

したがってわれわれがシステム分化の形式という表現を用いるのは、ある部分システムから見て、他の部分システムが何であるかが認識されうる場合である。その場合、前者のシステムはこの違いを通して自己を規定することになる。それゆえに分化の形式とは、単に包括的システムを分割することに留まらない。むしろそれは、部分システムが自分自身を部分システムとして観察するために用いることのできる形式に他ならない。あれこれのクランとして、貴族として、あるいは全体社会の経済システムとして、というようにである。そしてそこではこのようにして形成された（相異なる）差異が、全体社会という包括的システムの統一性を代表することにもなる。だから包括的システムを個々に観察するには及ばないのである。しかし区別の別の側から恣意性が、《それ以外に存しているすべてのもの》〔という性格〕が取り除かれるのはいかにしてなのだろうか。区別によって、他の部分システムが規定可能になるのはいかにしてか。その区別もまた、「その他に現存するもの」という世界に刻み込まれている〔つまり特定の区別をシステム自身から必然的なものとして導出することなどできず、他の区別に取って代わられる可能性を孕んでいる〕というのに、である。貴族と平民、政治と経済〔といった特定の区別だけを問題にすればよい、などとどうして言えるのか〕。

それがいかにして生じるかを認識するためには、分化した全体社会システムへと立ち帰る必要がある。部分システムを分離する区別の統一性を保証し、それを構造的な与件としてみずからを実現するのは、このシステムなのである。部分システム間の関係は、それらがいかにして秩序づけられるかが総体システムによって確定されている場合には、ひとつの形式をもつことになる。システム分化の理論から、この種の形式確定が存在するはずだということを導き出せるわけではない。ましてや、この〔部分システム間の関係を秩序づける〕機能のためにはそのつどただひとつの形式だけが見込まれるなどという話にはならない。しかしその種の形式が見いだされて、分化〔のもたらす部分システム間の〕関係がすべての部分システムにとって等しい仕方で秩序づけられるということはありうる話だし、またこれから示していくように、きわめて規則的なかたちで実際にそうなってもいるのである。全体社会システムは、内的な「システム／環境」関係を用いて自分自身を多重化していく。その内的関係の総体は、内的に分化した部分システム間の関係に秩序をもたらすにはあまりにも複雑であるかもしれない。したがってシステム相互の諸関係の形式を規定するということは、秩序づけの単純化された把握に他ならない。しかしそれがひとたびなされれば、総体システムの構造として働き、そのようにしてコミュニケーションを方向づけることになるのである。

「どんな全体社会システムにおいても、ひとつの支配的分化形式が存在するはずである」などとは、〔証拠のないまま〕主張することも根拠づけることもできない。しかしわれわれはそこにこそ、全体社会の最も重要な構造を見いだすのである。この形式が貫徹された場合には、当該システムの進化の可能性、規範の形成、さらなる分化、そのシステムの自己記述などに影響を及ぼすことになる。分化形式が全体社会の進化にとって意義をもつのは、ふたつの相互に関連する条件のゆえにである。第一の条件が述べているのは、支配的な分化形式の内部において存在する発展可能性は限られているということである。したがって環節的な全体社会の内部では〔環節分化した諸部分よりも〕さらに大きな単位が形成されていたが、それもやはり環節的なものだった。例えば家政と家族の上位に部族が、というように。あるいは階層的に分化した全体社会では、貴族と民衆という根本的差異の内部において、さらなる位階のハイアラーキーが形成されるのである。しかしこの種の成長可能性は、敢えてこう言ってもよいだろうが、器質上の（organisch）限界に突き当たってしまう。それ以上の進化は不可能になる。さらなる進化のためには別の分化形式へと移行しなければならなくなるのである。特定の分化形式の内部においては、ある部分システムが、別の分化形式に由来する部分システムによって取って代わられるというわけにはいかない。そんなことが生じれば形式が、すなわち差異のマーキングが、破壊されてしまうだろうから。環節的秩序の内部である家族の営みが特別な優位性を、場合によっては世襲的な優位性を獲得することもあるかもしれない（例えば聖職者の家系、族長の家系として）。しかしそれを貴族によって置き換えることはできない。そうするためには外婚制から内婚制への移行が、つまりはまったく別の大規模秩序が必要となるだろうからである。また同様に貴族を国家によって、あるいは機能分化した全体社会の部分システムとしての学術によって置き換えることもできない。進化はこの種の破断箇所において、ある種の潜在的な準備を必要とする。旧い秩序のうちで新たな秩序が成立して、ついには後者が十分に成熟して、支配的な社会構成体として可視的にならねばならないのである。そして旧い秩序のほうは説得力の基盤を失うことになるわけだ。言うまでもないことだがこれはすなわち、多数にわたる分化形式の混合状態が生じているのが普通である、それどころか進化にとって必要であるということに他ならない。〔分化の〕タイプの変動が顕著なかたちで生じるのは支配的な形式が解体される場合だけであるとしても、やはりこの点は変わらない。

ある形式が、他の形式を組み込む可能性を規制しているということを確認できる場合には、その分化形式が一次的であると述べることにしよう（これはシステム〔そのもの〕から必然的に生じてくる事柄ではないのだが）。この意味で貴族社会は、第一次的には階層的に分化していた。しかしその中には、家政ないし家族という点で環節分化も含まれていたのである。だからこそ貴族にとって内婚制が可能だったし、貴族の家系を他の家系から区別することができたのである。今日の機能分化においても、社会階級ないし中心／周辺の違いという形式で、階層が存在してはいる。しかし今やそれらは、諸機能システムの固有の動態からの副産物なのである。[29]

これまでの全体社会の歴史の中で形成されてきた分化形式は、わずかなものでしかない。明らかにここにおいても、《限定された可能性の法則》[30]が成立している。それを論理的推論によって（例えば、クロス表を用いて）構成できるわけではないにしても、である。最初期の社会においてはおそらく〔区別を行う際の〕定位の対象は年齢および性という自然による違いのみであって、その他の点では人々は群れとして暮らしていたのである。とりあえずその点を無視するならば、四つの相異なる分化形式を挙げることができる。すなわち、

1　環節分化。「全体社会の部分システムは〔相互に〕同等である」との観点のもとで生じる。部分システムは血統あるいは居住地共同体を踏まえて、あるいはこのふたつの基準を組み合わせることによって区別される。

2　中心と周辺との分化。ここにおいて不等性のひとつの事例が生じてくる。それは環節化の原理を超えることにもなる。つまり、新たな形式の両方の側において、多数の環節（家政）が見込まれるのである（部族構造の内部で中心が存在し、そこにはひとつの傑出した家族だけが居住するという場合もあった。それによってこの事例が実現されたわけではないにしても、ある程度準備はされていたのである。例えばスコットランド氏族の《砦 strongholds》がそうだった）。

3　階層分化。「部分システムは〔相互に〕位階のうえで不等である」との観点のもとで生じる。ふたつに区別される場合、すなわち貴族と民衆との区別においてもやはり、この形式の根本構造が成立している。ただしこの場合、形式は容易に逆転可能であるがゆえに、かなり不安定である[31]。インドのカースト・システムや中世後期の身分秩序のように安定したハイアラーキーでは、安定性の外観を創り出すために、いかに人為的なものであろうと、少なくとも三つの水準が形成されるのである。

4　機能分化。「部分システムは〔相互に〕不等であると同時に同等でもある」との観点のもとで生じ

る。諸機能システムは、不等であるという点で等しいのである。したがって、機能システム間の特定の関係に全体社会総体によって優位性が与えられるということはなくなっている。もはや中心と周辺の場合のように、ただひとつの不等性が存在するというわけではない。また、あらゆる不等性を推移的に関係づけて、循環的に元の位置へと立ち帰ること〔5〕を阻止するための形式が、全体社会総体の水準で与えられているわけでもない。むしろそういった〔推移的－循環的な〕事態こそが、まったく典型的で通常のものとなるのである。

形式のこのカタログは、同等と不等との区別を用いて組み立てられている。この区別を適用できるのは比較可能なものに対してだけ、つまりシステムに対してだけであって、システム／環境関係には適用できない（環境をシステムへの関係において《不等》であると指し示してみても、何ら意味がないではないか）。まさにそれゆえにわれわれは分化形式の理論を、システム対システム関係へと限定しなければならなかったのである。

容易に見て取れるように、このカタログには理論的根拠などない。今後の進化の経過の中で別の形式が形成されるということも、どうしても排除できないのである。ただし次の点は明らかであろう。すなわち、進化する全体社会においては、システム分化の安定した形式はわずかしか見いだされないのであり、一度確証された形式が優先される傾向がある。その理由として挙げられうるのは、回帰的な処理手続きが（ここでは、システム形成の結果にシステム形成を適用することが）《固有状態》を発生させる傾向がある、という点である[32]。それがうまくいくということを理論的に演繹できはしないし、経験的に予測することもできない。またどれくらい多くの固有状態が生じてきたかについても事は同様である。

試してみるしかない。まさにそのようにして、全体社会は進化してきたのである。

特定のシステム関係がすでに存在しているのであれば、他の分化形式へ移行するよりも既存のものがさらに拡充されていくことのほうが蓋然性が高い。集落が現存しているなら、おそらくはまた別の集落が生じてくるだろう。貴族の城や郵便局が生じるのは容易ではないはずである。この考察によって少なくとも、進化はこの種の接続および両立可能性を用いて、既存の範型の拡充へと向かう傾向をもつ蓋然性が高いことが明らかになる。そしてその範型が今度は、他の分化形式にとってのチャンスを規制していくのである。したがって、こう問うこともできるわけだ。全体社会が自分自身の統一性を、内的な差異を通して再構成することを受け入れるのは、どんな条件の下でのことなのか、と。そして次のように推測してみることも可能だろう。すなわち、あらゆるシステム・パースペクティヴにおいてそれに対応する区別を一貫して使用できること。またそれと結びついて生じる複雑性を縮減する可能性があること。そしてもちろん、新たな、創発した差異が問題になっている以上、この差異に適したすでに発展済みの構造が十分に存してもいること。これらのことが決定的に重要な条件なのだ、と。

さらに加えて先の形式カタログから、全体社会の進化は任意の順序を選択できるわけではないという点も明らかになる。退行的発展も排除できはしない（中南米の高度文化が、スペインによる征服後に再部族化したことなど）。しかし少なくとも、環節分化社会から機能分化社会へと跳躍するような移行は不可能なはずである[33]。〔進化の〕道筋を切り開くには、このような条件が必要である。それを踏まえるならば、古代的・部族的社会、高度文化、近代社会という時代上の順序が成立しているとの印象が生じてくる[34]。ヨーロッパを回顧してみれば、これは説得力のある再構成であるように思われるだろう。しかし後で述べるように、この種の記述に至るためには大幅な単純化を施さねばならないのである。

高度文化の始まり以来、世界規模で見れば相異なる分化形式が実現されてきたのであり、またそのことは相互に知られていた。先に挙げた諸類型が単線的な順序を形成するものではないということは、この点だけからしてすでに明らかだろう。中国北部の遊牧民は中華帝国を知っていたし、逆もまたしかりである。ブラックアフリカの部族構造は、植民地化されるはるか以前から、イスラムの影響下にあった。最初のものとして発見された社会は例外だが、そもそもまったく土着的に成立した社会など、ほとんど見いだしがたいのである。〔6〕しかしある分化形式を、それがもつ可能性の限界という点で認識するためには、やはり相異なる複数の分化形式へと立ち戻らねばならない。それゆえにわれわれは「分化の増大」というあまりにも単純な（たちどころに反駁されうる）テーゼに替えて、分化形式の変遷というテーゼを提起する。分化形式は、状況が許すならばより複雑な（特に、不等なものを組み込んだ）、より強い分化と両立可能な形式へと移行していく。ただしそのためには、構造上の脱分化も導入されることになる。したがって、あらゆる観点においてより多くの分化が達成されるというわけにはいかないのである（そのような発展の経過の中で、親族役割と親族をめぐる〔複雑な〕語彙とが抜け落ちていったことを考えてみればよい）。しかしそのような発展のうちのひとつによって、全体社会システムの複雑性が高められるに至る。そこではより蓋然性の低い分化形式がシステムの統合を担うようになるにつれて、より多くの、またより多様なコミュニケーションが可能になる。またそれに対応して、複雑性の縮減をもたらしうる進化上の成果があらかじめ存在しているか、あるいは事後的に発展してくるかしなければならなくもなる。いくつか例を挙げるならば、文字・貨幣制度・官僚制組織がそうである。しかし同時にその分だけ〔ある種の共通の〕経験が失われることになるから、〔社会の各セクションの間の〕内的な距離は増大していく結果にもなる。環節社会では誰もが家にいながら、他所ではどうやっているのかについてイメージすることができた。全体社会が内的な不等性を経由して再構成されるようになれば、その分だけこの可能性は失われてゆく。またその分だけ、内的な情報の必要性が高まりもする。言い換えるならば構造的制限が撤廃されてより高度な複雑性が獲得されるのだが、その結果として不透明性が、解釈の必要性が、システムの自己記述が登場してくる。しかしそれらによって、以前には自明であったものを再獲得することなどできないのである。

形式はそのための犠牲を必要とする。すなわち、形式の庇護下で何が両立可能であるのかに関する構造的制限に注目する必要が出てくるのである。形式は安定性の条件であるが、同時に脱安定化の傾向を可視化しもする。例えば、予定されていた配分の外側で富が形成される、というようにである。通常の場合、逸脱を抑制するための規範的装置が発達してきて、逸脱はただ、怪しげなもの、尋常ならざるもの、コンセンサスを得られないもの、宗教的ないし道徳的に問題を孕んだものという形式においてしか見うけられなくなる。しかしそのことをもって、信頼できる逸脱阻止メカニズムだとみなすわけにはいかない。例外的な状況の下では脱安定化をもたらすものがごく通常的になる。その結果、安定性の新たな形式が明確なかたちを取り始め、それまでの分化の形式から別の形式が生じてくるのである。システム理論では、システムの安定性の形式がこのように交替することを、「カタストロフィー」と呼んでいる。

さらに例の形式カタログを用いて、次のテーゼを擁護することもできる。すなわち、システム分化の形式が変化してより多く〔の条件〕を要求するようになれば、それだけ全体社会システムはより強く分出していくことになる、と。第一の分化は年齢と性という自然に与えられた違いに基づいていたが、そこでは他の可能性が試されてもいた。例えば当然のことながら、子どもには父親をあてがってやらねばならないという理由から家族が形成される、というようにである。したがって環節分化の単位に関してもすでに、環境の側にその等価物が存在しているわけではなかったのである。各人を居住地・村落・田畑などに帰属させうるとしても、この点は変わらない。内的分化が「等しい」から「等しくない」へと転換するにつれて、内的に引き起こされるコントロールと帰結の負担も増大していく。そして全体社会はその点に関するコミュニケーションによって、自身を環境から区別するよう強いられるのである。ますます多くの活動が、同じシステムの他の活動に関係するようになる。それに対して環境への依存性は解体されるか、内的な編成（Dispositionen）に依存することになるのである[35]。階層化された社会では人間特有の秩序が称揚され、動物および原始人の世界から区切られていた。しかしその区別はやはり、宗教的・宇宙論的に根拠づけられた意味連続体を踏まえていたのである。近代の機能分化した社会においては、その点もまた放棄されねばならなくなる。そしてそこからの帰結として全体社会を宗教によって、あるいは具体的な、身体および精神として存在する人間によって同定することはできなくなる。内部における部分システムの不等性と自律性の最大値が、全体社会と環境との違いの最大値をも条件づけるのである。今や説得力をもちうるのは、システムと環境との間の境界は鋭利であり作動によっては乗り越えがたいという点だけである。しかしだからといって全体社会が環境から独立するに至っているとか、環境をますます《支配》しつつあるとかいうわけではない。この点は徐々に理解されるようになり始めている。

以上から明らかなように、分化の形式とは全体社会の統合の形式なのである。全体社会は統一性を要請することによって、あるいは統一性を至上命令として定式化し直すことによって統合されるわけではない。統合は、統一性を差異として再構成するという形式によるのである。したがってそのつど支配的な分化の形式が、全体社会の統一性が全体社会の中でどのように眺められるかを規制することにもなる。またそこから、個々の部分システムの自由度にどのような制限が課せられるのかも、同様にして規制される。統合の古典的概念からすれば、近代社会は不統合が生じているものとして記述されざるをえないだろう。近代社会ではもはや、何らかの内容を伴う統一性の構想に関して意見の一致を見ることなどできないだろうから。われわれが提起したように概念を形成していけば、それとは反対の診断結果に達する。近代社会は過度に統合されており、そのことによって脅かされているのである。近代社会は、諸機能システムのオートポイエーシスという点では前代未聞の安定性を保持している。それらオートポイエーシスと両立可能なら、何が生じようとかまわないからである。しかし同時に近代社会は以前のどの社会にも増して、ある意味で自分自身によって刺激されやすくなってもいる。構造的な、また作動上のカップリングが多数にわたることから、部分システムが相互に刺激しあうという事態が生じてくる。そしてシステム総体としては、この事態に介入して規制することを放棄するに至っている。機能分化という形式のうちに、その理由が存しているのである。

デヴィッド・ロックウッドがシステム統合と社会統合とを区別するよう提案したのは、システム理論の射程に関する懐疑が広まっていたという文脈のもとでのことだった[36]。前者で扱われているのは分化したシステムの内的連関であり、後者では心的システム（個人）と社会システムの関係が問題となっている。この区別は確かに正当だが、このままの形式ではさして役に立たない。違いに注意を促してはくれたが、それ以上ではなかったのである。

われわれはシステム統合というテーマを、「システム分化の諸形式の区別」へと変形した。ある時点において、部分システムがどのようにして相互に参照しあい、依存しあうかをコントロールするのはこの形式なのである、と。社会統合のテーマのほうは、「包摂／排除」の区別によって置き換えることにしたい。その際われわれはこれまでと同様に、《全体社会》というシステム言及を踏まえることになる。したがって相互作用ないし組織へとアプローチしようとするわけではないのである[37]。

III　包摂と排除

ここでも社会学の伝統を引き合いに出すことができる。パーソンズは、T・H・マーシャルが市民権の発展に関して行った分析[38]を利用しつつ、包摂の一般概念を形成した。それは形式的に言えば、次のようになる。《これが述べているのは、問題となっている行為のパターン、あるいはその種のパターンの複合体である。個人そして／または集団がこのパターンに従って行為すれば、より広範な連帯を伴う社会システムの中での多少とも幅広いメンバーシップにおいて受け入れられることになる[39]》。パーソンズの主要な関心は、〔小さな単位（集団）への〕包摂が、次第により大きくより複雑な単位への包摂によって置き換えられていくという進化的な過程に向けられていた。彼はこのより大きく複雑な単位を、進化によって分化が増大していくための必要条件として理解していたのである[40]。包摂の条件は、全体社会の分化とともに変異する。近代社会では伝統社会に比べて、より多くの可能性を見込めるような条件でなければならないし、また条件をハイアラーキカルに、つまりは単線的に秩序づけることもできない。それに対応することだが、全体社会の複雑性が増大すれば（パーソンズの場合、それは政治革命・産業革命・教育革命からの帰結だとされる）古典的な固定的包摂範型は解体され、包摂はより強く個人化されていくように思われる。

そこから受ける印象として、全体社会はあらゆる人間のために包摂の可能性を用意しているのであって、問われるべきはただその可能性がいかにして条件づけられるか、その可能性が脱落してよいのはどんな場合かという点のみであるように思われる。すなわち、（万人にとっての）同等性と不等性とを、承認され成功しうるということを基準として、いかにして媒介するか、という点である[41]。この問いによって、近代社会が同等／不等の図式を用いて行う自己評価が跡づけられることになる。しかし包摂という概念は、精錬という点でまだまだ望むべき事柄を残している。特にパーソンズの場合、彼の理論においてはよく見られることなのだが、このカテゴリーの否定的事例が〔すなわち、「包摂」の反対項は何なのかが〕十分には考慮されていないのである。それゆえにわれわれは問題を、包摂と排除という区別を用いて定式化することにしよう。

したがって包摂はひとつの形式として把握されねばならない。その内側（包摂）は人（Person）[42]が社会的に顧慮されるチャンスとして指し示され、外側は指し示されないままに留まる。つまり包摂が存在するのは、排除が可能である場合のみなのである。統合されえない人ないし集団が存在して初めて、社会的凝集力が可視的となり、そのための条件を特定することが可能となる。[43] 包摂条件が社会的秩序の形式として特定化される度合いに応じて、反対の事例である排除も名指されうることになる。つまり排除のほうも対抗構造として、社会的秩序の形式の意味と条件とを担っているのである。そのもっとも明白な例をなしているのは、インドのカースト・ハイアラーキーにおける《不可触民》である。問題は特定のカーストでも、子ども以外は何ものも生産しないプロレタリアでもない。さらにまた、搾取されるべく存在している下層なのでもない。むしろ不可触民は、清浄の命令と儀式をめぐる包摂秩序を形成するための、象徴的相関物を成しているのである。それゆえに数の上では大きな集団である必要はない。排除された者がどこでも現前しているということを確認できるだけの、また清浄の命令が必然的なものであることを示せるだけの量で十分なのである。

包摂／排除の形式は、歴史的および文化的な文脈の中でさまざまに制度化されるだろうし、制度化された後では通常的なものと感じられるかもしれない。しかしいずれの場合でも、作動上閉じられたシステムというわれわれの理論の基準は尊重されねばならない。したがって包摂とは、あるシステムの過程ないし個々の作動が他のシステムの内部で進行するということではありえない。想定されているのはむしろ全体社会システムが人を見越して場所を割り当てるということである。その枠内で人は相補的に予期しつつ行為しうる。いくらかロマン派風にこう言ってもいいかもしれない。自身を密かに個人と感じうるのである、と。

パーソンズは社会文化的進化を、適応能力の上昇、分化、包摂、価値の一般化が増大していくことだと見なした[44]。われわれはこの種の洞察に異議を唱えるつもりはないが、あまりにも単線的な構想に代えて、次のように問うてみたい。包摂／排除という変数は、全体社会のシステム分化の形式とどのように関連しているのだろうか。そのように見るならば分化形式とは、包摂と排除の差異が全体社会内部において反復されるための規則なのである。しかし同時にまたこの形式においては、われわれが分化形式そのものに、またその包摂規則に関与しているのであって、そこから排除されてはいないという点が前提とされてもいるのである。

環節社会では包摂は、ひとつの分節に所属していることから生じていた。移動の可能性は制限されており、各人が自身の社会的帰属の外側で生き延びていくチャンスなど、ほとんどなかった[45]。したがって包摂も環節的に分化していたのであり、程度の違いはあれ実際には排除の余地はなかったのである。階層化された社会では、包摂の規制は社会階層へと移行していく。各人の社会的地位は、自身が属する階層のうちに求められる。それによって包摂が分化するのである。しかし一方で包摂／排除の規制は、環節的な水準において生じていた。すなわち規制は家族に、あるいは〔従者に関しては〕家族の家政に負わされていたのである。排除することも可能だった。例えば経済的困窮や結婚のチャンスがないからという理由によって、である。物乞いも多数存在していた。階層の状態によっては修道院が、あるいは《不名誉な》職業が[46]、また貿易港および軍港が、排除〔された人々という〕領域から人員をリクルートすることもできたのである。〔排除された者の〕最終的な引き取り手は中米諸島地域の海賊船であり続けた[7]。すでに中世において相当の数の人間が排除されていたし、近代初期に関しては言わずもがなである[47]。排除の領域は何よりもまず、互酬性の予期が破壊されていることによって認識できる。排除された者との連帯は人為的なかたちでのみ、つまり宗教的義務や魂の救済のチャンスを介してのみ達成されえた。逆に排除された者はあらゆる可能な策略と偽計へと動機づけられることになった。それらについての観察は、見せかけと偽装を扱う文学へと流入していき、さらに活版印刷術によって、単なる外観に対する不信が広がっていくことになったのである。[48] それは当初、地位もなく規律もなく、主人も家も持たない人々は社会にとっての危険を意味している云々という印象を強めることができただけであった。近代の開始時においてはそこから、都市と領域国家〔にその種の人々が流れ込んでくる〕というほとんど解決しがたい政治的問題が生じてきた。周知のようにこの事態に対しては、労働の組織化によって〔すなわち、ギルドの形成によって〕対処しようと試みられてきたのである。しかしやはり基本的な範型は維持されていた。システム分化によって、包摂の領域内部で違いが生み出される。それによってカヴァーされえないものは、未分化の残余状態に留まっていたのである。

この秩序にはさまざまな問題が含まれていた。にもかかわらず、階層に基づく家族の社会的分化が状況をコントロールしていたとの印象を受ける。ある人が家族ないし家政を伴わない一時収容的地位へと明確に、あるいは単に成り行きとして追いやられる場合でも、階層による規制が働いていた。そして宗教ないし労働組織による意味付与のゆえに、排除効果を伴うからという理由で社会秩序が疑念に付されることはなくなっていたのである。かつての単純な部族社会では排除が生じた場合、それは追放や〔排除された者を〕殺戮することの認可を意味したから、あらゆる接触を禁じることができたのである。これは都市形成と貴族支配制を伴う高度文化では、すでに成り立たなくなっていた。今や包摂／排除の差異は、社会内的に再構成されるのである。

　社会的凝集性のためには以前と同様に定住性が、定期的な相互作用によって確かな予期が形成されていることが、必要とされていた。しかしまさにそのことから、排除が必要にもなる。全体社会の中で排除を無視することもできないし、何らかの周辺的なコミュニケーションの中でなら排除をまったく閉め出しうるというわけにもいかない。ひとつには〔排除された者という〕この領域からリクルートがなされるからであり、またひとつには途上であること、回り道、遍歴は完全に社会的な機能を担っているのであって、ソレ自体ガ（eo ipso）排除を表す指標として通用するわけではもはやないからである。さすらう若き職人は排除の事例ではない。むしろそれは職業とツンフトとが高度に分化する中で、労働市場を拡大することになる。また、排除の領域でもカテゴリー化が進展していくのである。

　このように〔階層分化社会では〕、包摂／排除に関する調整は階層化された家政のシステムの中に根を張っていた。しかしさらに加えてローマ帝国がキリスト教化されて以来、宗教的理由に基づく帝国法の排除メカニズムも存在していたのである。ユスティニアヌス法典の導入文（C.1.1.1）では、カトリック・キリスト教徒と名乗ってよいのは誰なのかが、精確に定められている。[8] あらゆる異端者は精神異常であり愚かであると見なされ、不名誉（infamia）の烙印を押されたのである。法規でも神を優先して扱うよう定められていた（〔異端者には〕アラカジメ神ガ罰ヲ加エル divina primum vindicta）。[9] しかしそれは十分信頼できるほどには機能しないように思われたがゆえに、帝国法を用いて後付けの制御がなされるのである（シカシソノ後ワレワレニヨル正義ノ裁キガ下サレモスル。ソレハ天ノ判決ニヨッテワレワレニ委ネラレテイルノデアル post etiam motus nostri, quem ex caelesti arbitrio sumpserimus, ultione plectendos）。

帝国の権力が崩壊した後では、法的に徹底して組織化された教会自身が、重大な世俗的帰結を伴う《破門＝コミュニケーションからの排除 Exkomminikation》に関する決定を引き受けることになった。通常の生活態度においては、宗教的排除は容易に回避できた。しかしその排除が枠条件となり、その下で実際上効果のある社会内的包摂／排除を《キリスト教的》に取り扱うことができたのである。

機能分化への移行においては、包摂／排除の区別が全体社会内部においてもつこの意義が、非土着的な〔自然な空間的区別とは無関係な〕領域における洗練された諸区別ともども、用いられていく。しかしこの移行においては、はるかに多くのことが生じたのであり、それがどれほどのものだったかは、今日に至ってようやく可視的になったのである。これは分化のどの形式でも同じなのだが、包摂を規制することは部分システムへと委ねられる。ただしそれは今や、具体的な個人を具体的に位置づけることではありえなくなっている。個人はすべての機能システムに関与しえねばならず、〔どのシステムに関わるかは〕どの機能領域で、どのコードのもとでコミュニケーションを発するか次第なのである。特定のコミュニケーションに意味を付与するためだけからして、支払いが問題であるという事実、国家官僚の決定に影響を及ぼそうとしているという事実、特定の事案に関して何が合法であり何が不法であるかという問いを提起しているという事実だけからして、コミュニケーションはある特定の機能システムへと組み入れられていることになる。個人はこれらすべてのコミュニケーションに関与できねばならない。したがって自身と機能システムとのカップリングを、刻一刻取り替えていくのである。その結果として、全体社会が各人に社会的地位を割り当てるのであり、その地位が出自と特質に従ってその個人が何《である》かを定義する云々というわけにはもはやいかなくなる。この全体社会では包摂は、高度に分化したコミュニケーションのチャンスに依存することになる。それらのチャンスはもはや確実には、また特に持続的なかたちでは、調整されえなくなっているのである。原理的に言えば、誰もが経済に関与しうるだけの権利能力を有しており、十分な貨幣収入を得ているはずである。誰もが選挙への関与者として、政治に関する経験に反応しうる。誰もが、学校に通ってさえすれば少なくとも初等教育は受けているはずである。誰もが、最低限の社会保障と看護とを受け、合法的に埋葬されるよう請求できる。誰もが許可証の有無にかかわらず結婚しうる。誰もが信仰を選びうるし、選ばなくてもよい。誰かが包摂に関与するチャンスを利用しなかったとしたら、それはその人個人に帰せられるのである。近代社会はこのようにしてとりあえず、形式の他の側を、つまり排除を、社会構造的な現象としては認めずに済むようになっているのである。

したがってさしあたり排除のない包摂が、人間《一般》を《この》全体社会へと包摂することが、構想されているとすれば、そこから全体的な論理学が必要とされることになる。それによって、種と類に従う分割の論理学（例えば、ギリシア人と野蛮人）は置き換えられることになるのである。[49] 全体的な論理学では、反対項が除去されている必要がある。統一的である状態（Einheitlichkeit）が確立されていることが要求されるのである。ここに至って初めてすべての人間が人間となり、人権が授けられチャンスが与えられる。この種の全体的論理学は、時間論理学へと行き着くように思われる。生活条件の違いを無視するわけにはいかない。しかしそれは〔まだ未熟であり発展途上にある、というように〕時間に関わる問題だと見なされるのである。一方では弁証法的な（時として革命による後ろ盾を伴う）発展に期待が寄せられる。また他方では量的拡大が追い求められる。量的な増大がよりよい分配を可能にするだろうと仮定されるわけだ。あるいは《開発援助》や《社会扶助》をより強く追求してもよい。それらによって遅れている者も挽回できるだろう、と。全体的な包摂論理学の内部において、排除は《残余》問題として注意の対象となる。排除は、全体的論理学に疑念をもたらさないかたちでカテゴライズされるのである。(50)

包摂の新たな秩序からは、個人の自己理解の根底的な変化が生じてくる。旧来の世界では包摂は社会的位置によって具体化されていた。その位置が規範的に優先されるがゆえに、与えられているのは多少とも予期に応える可能性だけであった。自分が誰であるかをことさら説明しなければならないような状況に陥ることなどなかったのである。上層では名乗るだけで十分だった。下層の者は、生活している場所によって知られていた。きちんとした生活を送ることが問題となることもあった。この点に関しては誰もが、告白すべきことを抱えていたのである。しかしこれは周知の事柄であった——言うまでもなく、告解という公的制度によって、である。いずれにせよ、実存そのものが外見＝仮象（Schein）のうえに基礎づけられるような状況など、考えなくてもよかったのである。十六世紀に至って初めて、また特に十七世紀において、装われた特質と偽善（hypocrisy）に続いて外見＝仮象がテーマ化されるようになる。それは（文学においては）演劇によって、経済全体に浸透した市場によって、宮廷中心主義の後援者メカニズムによってシミュレートされる。[10]『ドン・キホーテ』以来小説が、そこから生じた課題を反省するという作業を引き受けるに至る。個人は、小説が教える基準に従って生活を営んでいく。読まれた事柄を個人がコピーすることによって、包摂が達成されるのである。(51)

今日ではむしろ、自分が誰なのかを説明しなければならない状況のほうが普通である。そこではテスト信号を発信して、他者のほうで「自分が今関わっているのは誰となのか」をどの程度正しく評価できる状態にあるのかを探らねばならない。だからこそ《教養》が、あるいは行使できる能力を示唆する《シグナル》が必要となる。だからこそ《アイデンティティ》が、《自己実現》が問題となる。それゆえに身体的－心的実存と《社会的アイデンティティ》とを区別する文献が登場してくる。だからこそ自分が誰なのかを、本当に知ることなどできなくなっている。必要なのはむしろ、自分の投射が承認を受けるかどうかを見いだすことなのである。だからこそ親密な社会関係が求められ尊重されるようになっている。そこではあらゆる性癖も弱点も含めて馴染まれており受け入れられている、というわけだ。

それと一致する変化が、全体社会の中での個人の位置に関するゼマンティクにおいても生じている。この点については第五章で再度論じることにしよう。ここではただ、次の点に注意しておけばよい。ゼマンティクはいわば全体社会の公的な記憶なのだが、そこでテーマ化されるのは包摂条件のほうであり、排除はせいぜいのところ警告を与える事例として提示されるだけである。これでは排除を全体社会の現実の一部として、相応の周到さをもって記述したことにはならない。今日においても社会学理論の中では、包摂／排除のこの区別は明らかに疎かにされている。そこからも今述べた点が読み取れるはずである。

旧来の秩序のもとでは人間は社会的存在として把握されており、したがって《私的 privatus》ということは《無秩序 inordinatus》であると（つまりは排除の領域であると）見なされていた[11]。人間は人間としては（あるいは少なくとも、キリスト教徒としては）ひとつの魂を有しており、他の動物とは異なって、理性を授けられている。これはあらゆる分化を超え［て共有されてい］る属性であり、それゆえにこその各自は自己の社会的地位を、出自によって規定された第二の自然として認識できる。そして彼岸での正義による埋め合わせに希望をかけることが可能になったのである。十八世紀前半にはこのゼマンティクは、機能的等価物である幸運の形而上学によって置き換えられることになる。[52] 全体社会的な包摂はこのようにして、その実現におけるあらゆる差異にもかかわらず、天地創造と自然＝本性によってあらかじめ確保されているのである。人間の自然＝本性からしてそうなのだから、相応の要求を行うこともできる。〔逆に言えば〕そうできないなどと言い訳することはできないのである。

ひとつの包摂ゼマンティクという機能は十八世紀においてもなお、人権の仮定によって引き受けられていた。その矛先が向けられていたのは旧来の分化に対してであり、同時にこの仮定によってすべての機能システムの包摂条件が取りまとめられてもいた。かくして再び差異に対して中立的な《人間的》原理が支持されるのである。今や〔万人が〕自由であり平等であるのは、あらゆる制限とあらゆる不平等は個々の機能システムのコードとプログラムによって初めて確定されるからであり、そのための全体社会総体に及ぶ指令などもはや存在しないからである。[53] そしてまた、他の者の行為が最終的にどこに向かっているのかをあらかじめ述べておくことなど、誰にもできないからでもある。人権というイデオロギーに従っている限り、近代における唯一の問題は、この権利がまだ十分には実現されていないことに、特に地球上に遍く十分には実現されていないことに、あるように思われてくる。しかし十八世紀の監獄と労役場での生活条件の厳しさ、刑法の制定と死刑の急速な増大は、啓蒙主義者と道徳家の心情的気分とは奇妙な対照をなしている。極端なもののどうしのこの組み合わせが過渡的な解決策でしかありえなかったということは、明白に見て取れるだろう。

同時に排除の根拠と規範的ゼマンティクとが切り離されもする。今や宗教上の異端も法律違反も、またその他の逸脱も、全体社会からの排除へと行き着くわけではない。全体社会はこの問題を自ら背負い込むことになる。十八世紀および十九世紀においてはまだ、混合的解決策が知られていた。刑事罰構成要件を増大させるとともに、[54] 病理学のための診断法を習得していけばよい。つまり犯罪者は死刑に処されるか〔社会の〕外に出されるか、というわけだ。[55] しかし傾向としては規範からの逸脱は、〔逸脱を扱うための〕基準がますます正統性を要するものとなっていったがゆえに、全体社会内部の問題と見なされていく。規範からの逸脱は、とりわけ治療、〔逸脱が引き起こす〕帰結のコントロールの問題として扱われ、排除は規範的には正当化されえない事実として扱われるようになる（また、そのような事実として生じさせられるのである）。

このように排除は反省されないのが常である。しかし注目すべき例外もある。すなわちカルヴィニズムであり、またそれと結びついた、南アフリカにおける人種イデオロギーである。[56] 世界規模で見ればこのような観念は、宗教的な含意においても政治的な含意においても時代遅れだと感じられるようになった。今日では、人権の仮定の圧力を受けて放棄されるに至っているのである。しかし排除の問題はそれによって解決されたというよりはむしろ隠蔽されている。もちろんこの問題を、正統化された者と呪われた者の根本的差異として定式化することはもはやできない。しかしそれが構造的問題として、他ならぬ近代社会の構造的問題として生じているということに関しては、ほとんど異論の余地がないのである。世界社会のうちで、婉曲的に「発展途上国」として指し示されている地域を偏見のない眼で眺めてみれば、その点に関しては確信が持てるだろう。ブラジルの事例からもわかるように、[12] 産業化がはるかに進展していく場合でも事は同様なのである。

あらゆる人間を全体社会のうちに完全に包摂せよとの要請を理想化すると、重大な問題から目を逸らせてしまう結果になる。全体社会システムが機能的に分化するとともに、包摂と排除の関係の規制〔という働き〕は、機能システムへと移っていく。この点に関して部分システムを監督する中枢審級など、もはや存在しないのである（政治は自分自身がその機能をもっと見なしたがるのだが）。当該の個人が貨幣を用いうるか否か、どれくらい用いうるかは、経済システムの中で決定される。いかなる権利〔＝法〕主張がどんな成果への展望を伴って通用しうるかは、法システムの管轄事項である。何が芸術作品として通用するのかは、芸術システムの中で決定される。宗教システムによって、各自が自分を宗教的であると理解するための条件が設定されている。各自が何を科学的な知として用いうるか、それはどのような形式においてなのか（例えば、錠剤〔になった薬なら安心だ〕という形式においてかもしれない）。これもまた科学システムのプログラムと成果から生じてくる。これらすべての条件の下での関与が可能であるがゆえに、「包摂が、かつてなかったような状態に到達した」という幻想に溺れることもできる。しかし実際に問題なのは「多いか少ないか」という〔量的な〕問題ではないし、あるいは予期とリアリティの間に不可避的に齟齬が存在するという問題でもない。むしろ〔問題なのは〕システムの周辺部において排除効果が形成されており、その水準においては全体社会の負の統合が生じるに至っているという点である。あるひとつの機能システムから事実上排除されているということが――職がない、収入がない、身分証明書がない、安定した親密関係を取り結んでいない、契約を結べない、裁判による権利保護を受けられない、選挙における政治キャンペーンをカーニバルの催しから区別できない、字が読めず医療と食料給付とを十分に受けられない――他のシステムにおいて得られるものを制限してしまう。〔そのことが〕人口のなにがしかの部分を規定するに至っており、その人々は居住地という点でも分離され、不可視化されてしまっているのである。

社会学者は、人口の多くの、それどころか大半の部分が機能システムへの関与から排除されているということの問題を、階級支配ないし社会階層の問題として定義しがちである。そうすることで社会学者は例によって、自分の先入見に基づくいつもの推論方向へと進んでいくのである。しかしそうすることで、人権ゼマンティクの場合と同様に、問題は矮小化され、結局は嘆きの声が宛先もないまま延々とあげられていくことにしかならない。階層は包摂と排除の独自のメカニズムを有していた。そこでの包摂は〔階層ごとに〕異なるものではあってもきわめて広範に及んでおり、受容されてもいた。〔それゆえに〕排除の問題は、流浪者、物乞い、吟遊詩人、所属を持たない聖職者、脱走兵をめぐるかたちへと周辺化されていたのである。純粋に量的に考えても、今日では排除問題がもつ重みは異なるものとなっている。その構造もまた異なっているのである。今日の排除問題は逸脱の増幅という機能特殊的な形式に、ポジティヴ・フィードバックに由来している。そしてまた、諸機能システムが多重的に依存しあっているがゆえに排除効果が強化されるということにも由来しているのである。住所を持たなければ、入学願書を提出できない（インド）。読み書きができなければ労働市場においてチャンスを手にできない。そういった人々を選挙権から排除するよう本気で論じることもできる（ブラジル）。ファベーラの土地を不法に占拠する以外には住居を見つけることができない人たちは、危急の場合に法的保護を受けられない。しかし〔それらの土地の〕所有権者のほうも、その種の領域で強制退去措置を取ることが政治的にあまりにも大きな騒乱を引き起こしてしまうと考えられる場合には、自己の権利を貫徹できないのである。このリストをさらに増やしていくこともできるだろう。そうすればあらゆる機能システムを結びつける斜めの線が引かれることになる。排除は包摂よりもはるかに強い統合をもたらす。ここでの「統合」は、先に定義したとおり「選択の自由度の制限」という意味で理解しておきたい。したがって全体社会は、階層化の時代とは正反対に、上層よりも下層においてより強く統合されているのである。この全体社会が自由度を放棄しうるのは、《下層》においてのみである。それに対して秩序のほうは不統合に、諸機能システムの脱カップリングに基づいている。おそらくはまたその理由ゆえに、階層はもはや全体社会の秩序に関しては何も述べてくれなくなっているのだろう。それはせいぜいのところ、個人の人生における運命を形成するにすぎないのである。

入手可能な数多くの素材から、次のような推測が浮かんでくる。包摂/排除という変数が地球上の相当の地域において、メタ差異の役割を引き受け、諸機能システムのコードを媒介しようとし始めているのではないか、と。合法と不法の区別がそもそも機能しているのかどうか、またこの区別が法システム内部のプログラムにしたがって処理されているのかどうか。それらはまず第一に、先行して行われている包摂/排除によるフィルタリング次第なのである。そうなるとこれは、排除された者が法からも排除されているということを意味するだけではない。他の者たち、特に政治家や官僚たち、警察のほうでもまた（軍隊については言わずにおくとしても）排除された者が法を守ろうとしているのか否かについて、独自の評価に基づいて決定することをも意味している(57)。だからといって法のオートポイエーシスが完全に中断するということにはならない（今日の状況の下ではそんなことは考えられないはずである）。しかし予期が著しく不確実になり、〔法とは〕別の要因への定位も継続的になされるという事態は生じてくる。政治システムの与党／野党というコードに関しても、同様のことが成り立つ。このコードに関しては、選挙の中で（あるいは少なくとも、選挙の中だけによって）決定がなされるわけではない〔すでに選挙権をもつ／もたないというかたちで排除が生じているのだから〕。また、市場に依存しない多数の収入源に関しても、インフレに際して資産を保全する可能性についても、やはり同様である。それらもまた包摂／排除の差異に依存している。だからこそ、十分に〔専門家による〕助言を受けた反インフレ政策はしばしば効果を発揮しないという結果になる。経済に対する態度を市場を介して、市場で生じる事柄というパラメーターに介入することを介して規制などできないからである〔そのような規制が可能なのは、すでに市場に包摂されている関与者に対してのみであるから〕。

包摂領域においては人間は人として数えられるが、排除領域において問題となるのはほとんど身体だけであるように思われる。コミュニケーション・メディアの共生メカニズムは、特定の〔機能システムへの〕帰属先を失ってしまう。物理的暴力、セクシュアリティ、原初的で本能的な欲求充足が解き放たれて、直接的な重要性を帯びるに至る。それらはシンボリックな回帰〔的関係づけ〕を通して文明化されはしないのである。もはや、より多くの前提を要する社会的予期を接続していくことはできなくなる。定位できるのは短期的な時間地平に、状況の直接性に、身体を観察することにだけである。これはすなわち、包摂領域においてははるか以前から通用してきた、時間を拡張する互酬的予期が脱落して、ついには家族の絆が崩壊するにまで至る、ということを意味する。これははるか古代の秩序を思い起こさせるかもしれない。しかし実際にはそれは、今日における機能分化した全体社会から生じる副次的効果なのである。それが刺激的なのは何よりもまず、機能システムは全体社会一般に及ぶ管轄権を主張するにもかかわらず、ここにおいてその限界が顕著なかたちで可視化されるからである。

この問題が、個々の機能システムの内部において解決されうるなどと期待することはできない。その理由はひとつには包摂を考えうるのは排除が可能であるということを背景としてのみだからであり、またひとつには排除の相互強化という問題を、個々の機能システムのどれかに帰属させることはできないからである。したがってむしろ、機能分化から帰結する排除を扱う新たな、二次的な機能システムが形成されることを当てにすべきだろう。社会扶助の水準においてであれ、あるいは開発援助の水準においてであれ、である(58)。しかしながらそれらの試みは経済的、政治的、そしてまた宗教的な資源にきわめて強く依存している。したがって、全体社会の中で〔排除を扱う〕サブシステムがすでに成立しているのか、それとも相互作用および組織の水準においてその種の試みが広範に散在している〔だけにすぎない〕のかについては、疑ってかかることができる。しかし次の点は明白に認識できるだろう。すなわちここにおいて問題となっているのは、伝統的な意味での慈善(caritas)ないし貧者救済ではなく、構造的変動の試みなのである(スローガンは「自助への援助」)。おそらくここにおいて、ひとつの機能システムが立ち上がってくるのを観察できるはずである。

以上の考察を次のようにまとめることができるだろう。全体社会の分化のそれぞれの形式のうちには、進化上の蓋然性の低さとリスク化とが含まれている。その点が示されるのは何よりもまず、その形式がどうやって包摂と排除の差異と折り合っていくのか、またその形式が、〔当の形式とは〕異なる、あまり統合されていない包摂を安定化させるためにどのように利用されるかによってなのである。そこで問題となるのは言うまでもなく、排除領域から包摂領域へのフィードバックが回避されうるか否か、あるいは通常的な進化の趨勢へと、部分システムの構造的ドリフトへと移し入れられるか否か、またそれはいかにしてかなのである。

IV　環節分化

本書では太古の原始的な全体社会に関しては、ほとんど論じてこなかった。部族的な（あるいは、環節的な）全体社会に関するわれわれの知識は、本質的に言って植民地化された領域に、あるいはそれ以外の道筋で高度文化の影響を受けた地域に由来するものである[59]。しかし次の点を確認するには十分である。すなわち環節分化は人間の集合生活の端緒形式ではありえないし、見渡しうる限りの歴史を例外なく支配していたわけでもないのである。〔環節分化ということで〕問題となっているのは進化による特定のタイプの達成物、つまりシステム分化の特定の形式が徹頭徹尾優位に立っていることなのである。

環節分化が成立するのは、全体社会が原則として等しい部分システムへと区分され、それらが相互に環境を形成することによってである。そのためには、どのような形式のものであろうと家族形成が前提となる。家族は、年齢と性という自然の区別をめぐって人工的な統一体を形成する。そしてそれは年齢と性の違いを組み込むことによるのである。家族が存在する以前においても、常にすでに全体社会が存在していた。家族が全体社会の分化形式として構成されるのであって、逆に諸家族が取りまとめられることによって全体社会が生じてくるのではない。

そのためのもっとも単純な形式としては、ふたつの水準《レヴェル》を備えたシステムで十分である。すなわち離れて住んでいる家族と全体社会というふたつの水準《レヴェル》である。この場合全体社会は群（Horde）[13]としても指し示されることになる。〔この意味での全体社会が〕成立し再生産されていくためには、単純な人口統計学的過程で〔すなわち、毎年一定数の人々が死亡すると同時に、少なくとも同数以上の人間が誕生するという事実だけで〕十分だった。人口の増加によってあまりにも多くの人間が生まれてきた場合には、このシステムは分割と強制移住によって自身を再生産していくことになる。(60) 生存していくうえでのカタストロフィーに直面した場合でも、さしたる困難なしにこの種の形式を新たに形成することが可能である。わずかしか自然を支配しておらず防御力も乏しい全体社会にも再生産が保証されているのは、その点のゆえになのである。家族・村落・部族を形成する、つまり三段階からなる、より大きなシステムにおいては、自身の統一性を主として血統によって定義するのか、それとも主として居住空間によってかという選択の余地が生じてくる。環節化をこのふたつの原理のうちのどちらか一方へと還元しようとする試みは、失敗に帰すことが明らかになっている。(61) 見いだされうるのはもっぱら混合形態である。それに対応することだが、領土原理と親族原理のどちらが優位するかによって大地崇拝や先祖崇拝が生じてくるし、また親族集団が空間的により大きな可動性を備えたり、親族関係が可動性をもったりもする。後者は例えば養子縁組や命名という形式において、である。親族関係は〔実際の居住地とは異なって〕象徴的に操作可能であるから、組み合わせは容易に実行できる。移住者が後からやってきた場合でも、一定の時間を経た後ではそれらの人々が親族の中へと組み入れられたかのように扱うことができたのである。以上すべてが生じたとしても、環節分化という形式は定常のままである。血統というものが居住共同体の中でともに暮らしている家族を超えて広がっているとしても、それは全体社会の特定の環節への帰属／非帰属を象徴的に構成したものであって、それ以上ではないのである。

環節分化においては、個人の地位は社会的秩序の中で固定的なかたちで帰属されており、業績によっては変化しえないということが前提となる[62]。その点が、社会的単位を操作するための基礎となる。社会的単位は常に、何の疑いもなく個人へと変換されうるのである。もちろんこの枠組の内部においても個人の声望の違いは存在したし、養子縁組によってクランないし家族への帰属を変更することすら可能であった。しかし個人をその〔個人が達成した〕キャリアという形式で統合することは排除されていたのである。むしろ固定的に帰属された地位こそが、さらに〔社会編成に〕手を加えていくための、対称化と非対称化を施し、二元的対立を設定し、儀式としての機能を備え、豊穣な補完をもたらすための、前提となる。そのようにしてこそそれらの手だてを、個人へと確固としたかたちで結びつけておくことができるのである。帰属された地位が秩序のための規則となる。その秩序の中で、各人は自分自身を知ることになるのである。

農業が恒常的に営まれる状態へと移行するための、いわゆる新石器革命のための前提となったのは、おそらく環節分化であった。人類史における非常に重要なこの変化は、地球上の至る所で《等結果的に[14]》生じたのだった。自然に手に入る食物が豊富にあることで生きている状態から、労働とリスクを伴う生活へのこの移行が生じた理由については不明のままである。より多くの人間を養うことができる可能性が《アトラクター》となったと仮定することなど、ほとんど考えられないからである。家族がはっきりとは形成されていない社会においても、一種の栽培（Gartenwirtschaft）はすでになされていた。しかしより大規模なスタイルでの農業のためには、耕地と労働との分配が、またそれに対応する社会構造をよりどころとしうることが、前提となっていたのである。再びそのような条件に左右されなくなるには、後の社会において労働が政治的に強制されるようになるのを待たねばならなかった[63]。しかしそれは、農業による過剰生産を前提としたのである。

環節分化の過程は、それ自身の帰結へと適用されうる。つまり、回帰的に反復されうるのである。かくして家族と村落の上にさらに部族が、場合によっては部族連合が形成される。このような方向へと成長することによって、確かに最後には何十万もの人を包摂できるようになるだろう。しかしその分だけ、包括的統一体におけるコミュニケーションの密度は低下してしまうのである。この統一体が作動するのは機会を捉えてのみのことであり、特に下位単位間のコンフリクトを契機としてである。通常の場合統一体は、ただ象徴的なかたちでのみ現前しているにすぎない。日常生活上の通常の欲求を満たすために、また隣人との協力関係を維持していくために用いられるのは、依然として最小の単位である。そうすることによってより大規模な連携体をも、日常的に経験されうる最小単位間の差異を範型として記述できるという利得が生じてくるからである。そうすれば連携体も名前をもつことができるだろうし、土地や先祖を示唆する成立神話を伴うことになるかもしれない。差異原理が単に反復されているだけならば、全体社会システムに関するそれ以上の構造的記述は不要である。集積がより大規模になれば秩序原理が別のものに取って代わられるというわけではない。それに対応することだが、連合することがもつ機能は、範囲〔が拡大する〕とともに低下していく。極限事例においては《部族》はすでに、言語的了解可能性の領域総体以上のものではなくなっていた[64]。エスニシティは曖昧で動揺を伴うかたちでしか指し示されえない(65)。いざという場合には全体社会が包括的まとまりを放棄してより小さな規模へと縮小し、しかも存続能力を失わないということもありうる。また同様に、カタストロフィックな飢饉、戦争による殲滅、分離独立などによって多くの分節が離脱するよう促されることもありうる。そうすることによって常に、残った部分が存続していくために、ほとんど前提なしに新たに始めるという可能性が得られるのである(66)。サウスオール[15]はこの事態を指し示すために、そしてそれをハイアラーキーから区別するために、《ピラミッド的な》全体社会構造という概念を提起したのだった(67)。

より大規模な連合がもつ機能は何よりもまず、コンフリクトの場合に〔誰を〕支持〔するかという姿勢〕を組織化することに、そして〔同じ仲間なのだからという姿勢を取ることにより、一方のみに対する〕支持を和らげることのうちにある。規範的予期とは他ならぬ抗事実的な予期であり、予期外れが生じたとしてもそれに適応するのではなく、維持されていくのである(68)。これはコンフリクト事例において支持を受けるが見込みがなければ、ほとんど不可能である。しかしそのように予期の規範化を支持への見込みと結びつけてしまうと、特殊な〔すなわち規範的な〕予期を形成する際に（したがってまた、法が形成される際に）強く制約されてしまうことになる。きわめて特殊な予期に関しては、またしたがってまれにしか生じない状況においては、他者の側で支持する用意ができている状態で予期することなどできないではないか。それゆえに一方では予期の意味を一般化するよう強いられることになるし、また他方では非当事者のうちで支持への動機を喚起する必要も出てくるのである。後者は集団の連帯に訴えかけることによって、また全体社会のピラミッド的な組成の描写によって連帯を〔連合する他の環節へと〕拡張することによって生じる(69)。しかしここでまた進化は袋小路へと入ってしまう。さらなる進化のために、蓋然性が低い事柄を十分に通常化することができなくなるのである。というのは支持の用意をこのようなかたちで秩序化することが狙いを定めているのは法の進化よりもむしろ紛争の調停であり、その関心対象はコンフリクト解決から生じる長期的帰結ではなく直接的な帰結のほうだからである。またこの秩序化は規範的予期を自己の利害関心によって、支持へと義務づけられている〔他の〕人たちを無視して特定化することを妨げる結果にもなる。この袋小路から抜け出るには他の道によらねばならない。すなわち、法に関する予期が裏切られた場合にはその予期を政治的に支持する組織を用いねばならないのである。

法規範を確固たる決定規則という形式において形成するのは、今述べたような困難を伴う。それは、〔環節社会において〕現存している制度が多機能的に利用されることと関わっているように思われる。多機能性とは他でもない、まったく相異なる状況においても働きうるということを意味する。かくしてここでもまた、状況を定義するメルクマールを普遍化し特殊化することが妨げられるのである。体験に、また想起することに影響を及ぼすのは状況のこの〔普遍化されえない〕メルクマールである。各事例はそれぞれ異なっているから、そこから包括的な決定規則を抽出することはできない。ましてや、全体社会の分化を支配する構造を（したがって何よりもまず血統を）、〔これこれの血統の人はどんな場合でも法的に正しい、というように〕法的立場を明確に規定することへと変換するわけにはいかないのである。(70) ここで問題にしているのは、主として機会主義的な紛争調停へと向けられた手続きが《不十分さ》を抱えているといったことではない。むしろそのような手続きこそが、多機能的な文脈化がなされているがゆえに構造的に十分な決定を考えることができないような全体社会にとっては、十分なのである。そこでは法システムの分出へと至る道は塞がれており、〔他の機能システムに関してと同様に〕やはりそれ以上の進化の蓋然性は低くなっているのである。

規則を抽出することは、また規則と行為とを区別することは困難である。これははるかに普遍的なコミュニケーション条件の一部である。文字が用いられていない間は、あらゆるコミュニケーションは対面状況で生じなければならなかった。そこではコミュニケーションは、状況のメルクマールのうちに支えを求めることができた。そのメルクマールは居合わせている者すべてにとって可視的であり馴染みのものである。それゆえにことさらそれに言い及ぶ必要はないのである。それどころか言い及ぶことができないと言ってもよい。というのは言い及んでみても何の情報も得られない、つまりそうすることは余計であると認識できるだろうからだ。そこでは、言語学者たちが言うところの《指標的表現 indexical expression》に貫かれた表現様式が用いられることになる。(71) それによって普遍化が不要になるとともに妨げられもする。順を追って経験される諸状況は、そのつどそのようなものとして共通のかたちで理解される。確かにスキーマないしスクリプトは状況ごとに交替していく。だからといってそこから、非一貫性の経験が生じてくるわけではないのである。(72)

環節社会においてもやはり、自己の複雑性を高めていく傾向が見られる。ただしそれがめざしている方向は異なっている。これまで示されてきた像では、規模と創設原理（親族ないし領土）の違いだけが見込まれていた。しかし割り当てられた文化をも同時に考慮するや否や、像ははるかに複雑なものとなる。例えばここにおいて、婚姻制限とその枠組が〔つまり、婚姻が許される相手／許されない相手という区別が〕加わってきうる。すぐ次の世代における家族形成に関して不確実さを残しておくことなど、全体社会にはできないのである。さらに加えて、高齢者集団や若衆小屋、その他の擬似団体的組織が見られることもあったし、制度化されたコンフリクト処理や役割分化を伴う事例もあった。場合によっては特定の家族が、特定の役割〔司祭、族長〕を与えられることによって際だつという事態もありえたのである。この種の追加的分化は、環節分化の基本構造を何ら変更するものではない。むしろ基本構造を、その構造から生じてくる問題に適応させることになるのである。追加的分化は常に、基本構造と両立可能であり続けねばならない。しかし付加的構造は〔それが存在しない場合と〕比較してみれば、部族社会の総体的範型を途方もなく複雑にするのである。ここにおいて、まるで〔さまざまな追加的分化の〕諸形式が、人口統計学的な、あるいはその他の環境条件への依存のもとでテストされているかのような印象を受けるだろう。それらの形式のうちのわずかなものだけが、他の分化形式への移行に耐えて持続しえたのだろう、と。

全体社会が環節的に分化する場合、同種の部分システムへと分割されることになるわけだから、境界づけが特別な問題となっていたはずである。何しろ〔境界の〕他の側においても、他の家族・他の村落においても原則として異なる生活が営まれていたわけではなく、こちら側と同じような暮らしがなされていたのだから。境界を象徴化することに特別の価値が置かれていたのは、この点によって説明できるかもしれない。象徴化は〔境界を〕マークすることによる場合もあれば、特別な場所を〔例えば、交換のための場所を〕際だたせることによる場合もあった。さらに〔境界を越えて〕移行するための形態を象徴的に整えることによっても、余所者の客としての特別な地位を承認することによっても、なされたのである。すでに階層が、あるいは「都市／地方」の違いが組み込まれていた場合でも、差異を象徴化するために空間および時間上の位置が用いられ続けた。そのためには、分化のあらゆる形式のための根本的骨格が、家族経済（家政）のうちに置かれていさえすればよかったのである。古代ギリシア文化においてすら、境界に関する洗練された象徴法とそれに対する管轄権を持つ神を見いだしうる。その神とはすなわちヘルメスであり、ヘルメスはオリンポス山上と下の世界との両方に精通していた。そしてヘルメスは商人の神として、また盗人の神として境界を横断することによって、その境界を想起させていたのである。定住していること、あるいは境界を横断することについての象徴法は、同時に聖なるものの境界を定義してもいた。その境界はあからさまに可視的であるがゆえに、また社会的に受容されていたがゆえに、後になって所有権および契約という民法上の制度によって担われることになる機能を満たしていたのである。

この〔環節分化が一次的な〕全体社会においては部分システムは、血縁および／あるいは領土をめぐって定義される。同様に全体社会そのものも自身の境界を、〔自身に〕帰属する人間と領域との関連において理解するのである。この意味では全体社会は人間から成っていると言える。それら人間は、個人的な特性において知られており、特に最近の研究において示されているように、高度に尊重されていたのである。(73) 各人格には名前が与えられ、呼びかけ可能になっていた。義務を果たす能力があるとも見なされていた。人格とは社会関係の関数〔＝機能〕であり、[16] より小さな分節がそのために貢献する程度に応じて、増大していくのである。(74) すべてのディンカ族総体についての観念を持ち合わせていなくても、ある一人のディンカ族を認識することができる。(75) それはすべての赤ワイングラス総体についての観念なしでも、赤ワイングラスを白ワイングラスから区別できるのと同様である。社会的に規定されえない人間は「人」ではない。異質な、おそらくは敵対的な人間なのである。そのような人間をもカヴァーしうるような人間一般の集団という概念は存在していなかった。後になるとこの理由のゆえに客人権（Gastrecht）、[17]外国人法（Fremdrecht）が、最後には万民法（ius gentium）が発達してこなければならなくなる。しかし〔環節分化の段階では〕まだ、その〔種の法＝権利が必要とされるという〕理由は、問題含みだと見なされていたのである。

人格〔という資格〕は、ダブル・コンティンジェンシーが知覚されており、規制されねばならないところでは常に付与されているように思われる。大半の場合これは、人格という資格はコミュニケーションと相関するということに他ならない。しかし一方では〔かつての環節社会においては〕余所者も存在しており、余所者に対しては予期を形成できなかった。したがってコミュニケートすることもできなかったのである。だとすれば何でも可能であり何でも許されていたことになる。また他方で、今日ならば〔コミュニケーションの到達範囲から〕排除するであろうような領域においても、ダブル・コンティンジェンシーが存在していたのである。神々と、精霊と、死者（とりわけ、血縁者）と、特定の植物や動物と、それどころか生命をもたない物との間に、である。[76] 人格は、他者の行動が選択されたものとして観念され、自己の行動によってコミュニケイティヴに影響を及ぼしうるとされる場合には、常に〔その他者の側で〕成立するのである。以前の社会においては明らかに、全体社会の境界とコミュニケイティヴに操作可能な偶発性とを関係づける試みがなされていた。近代社会に至って初めて、両者は収斂するようになったのである。

あらゆる社会においては単に言語だけでなく、言語の内部でさらに圧縮された表現様式もまた知られている。例えば、特別な名称や単語、語り方、状況定義と処方、格言や物語といったものである。それらによって、保持される価値のあるコミュニケーションが保存され反復されるのである。われわれはそのような圧縮されたものをゼマンティクと呼んでいる。環節社会ではそのための特別の形式が存在していた。その理由は、ひとつには文字が存在していないか、あるいは〔存在していても、一般には〕用いられていないこと、また口頭での伝承に特別な問題が負わされていたことである。[77]別な理由としては、環節分化によって特別の形式条件が与えられており、この形式条件がコミュニケーションへと変換されねばならないということがある。言い換えるならば文字を持たない部族社会においてもやはり、社会的記憶が形成されねばならなかった。社会的記憶は、神経生理学的および心理学的な、不安定なメカニズムに頼ることなしに再認識と反復とを可能にしてくれるのである。[78]当初この記憶は、周知の空間によって支えられていた。〔さしあたり〕採用されたのは地勢上の形式であり、[79]後になってようやくそのために特に創り出された象徴的な形式も併用されるようになる。特に客体および儀礼や祭典といった演出が用いられた。それらによって十分な類型化が行われ、〔個々の〕状況を越えて広がる意義が認識可能になったのである。特別に飾り立てること（装飾、進行の演出）はしばしば、客体ないし〔セールの言う〕準-対象物を際だたせるために役立っていた。反復〔的に描かれること〕によって色が塗られる場合もあったし、複雑ではあるが単色による精錬が生じることもあった。祭典をきっかけとして神話、伝説、系図、昔の冒険譚が語られるようにもなった。その際常に前提とされていたのは、扱われているのは周知の、熟知された思考財であるという点だった。想起すること、再認することというこの機能が脱落すれば、客体（例えば家屋や道具）という熟知された形式も、拘束を課す内容を失っていくことになる。祭典も形式を失い、個人が羽目を外すための契機へと堕していくのである。

社会的記憶は、宗教や芸術などの〔機能システムに即した〕近代的な概念によってただちに把握できるものではない。しかし社会的記憶が成立するためには、くり返し用いられねばならない社会的機能に定錨することが不可欠だったのも確かである。しばしばそのための契機となったのは、予見されえない個別的事例であった。個別事例が規制されえないかたちで生じるというまさにその理由ゆえに、その取り扱いにおける規則性が、つまりは記憶が必要とされたのである。様式をマークすることは、その最も初期の成果に属しているが、それはすでに認知的象徴化と並行するかたちで生じていたことがわかる(80)。きわめて初期の全体社会においてすでに、そのためのより多くの前提を要する形式が登場していた。素材は豊富に存在するが、ここではそこから選び出したふたつの例に話を留めておこう。すなわち魔術および互酬性の規範に、である。前者において扱われているのは外的関係であり、後者が扱っているのは内的関係である。前者において問題とされていた意味領域は、後の高度文化において「宗教」と呼ばれることになる。後者の場合、規則と行動の区別が可能であるということを前提としてであるが、法＝権利が扱われていたのである。蛇足ながら例をこのように選択したことによって、法文化の起源はただ聖なるもののうちにのみ求められるということから出発できはしないという点も示されているはずである。神々ノ掟（fas）と並んで人間ノタメノ法規（ius）が常に存在していた。部族社会は狭く引かれた境界内で、ひとつの小さな世界の中で形成されていた。そこでは至る所で、慣れ親しまれたものといないものとの差異を確かめることができたのである。山の向こう、鋤の下ではもう別の世界が始まる。そこでは周知の確かさは働かなくなるかもしれないのである。言語による了解可能性がわずかの射程しか持っていなかったことも、一役買っていた(81)。

宗教は、馴染みのある場所の中で馴染みのないものに場所を与えようとする最初の試みとして形成された。例えば若衆宿の中にいくらかの骨を置いておき、それによって先祖を同定でき再活性化できるようにするわけである。(82)人間とこれらの聖物との関係は、かなりプラグマティックで状況に関連づけられたものだった。当初は聖なる客体と聖なる名称を同定するためには、秘密を保つこと、接近を制限しコミュニケーションを制限することという社会的技法だけで十分だったように思われる。相異なる種類の状況が神話を語ることへとまとまっていくのは、徐々にのみのことである。聖物が明らかに象徴的に、差異の（例えば彫像と意味との）統一性との関連において理解されるようになるのは、ずっと後になってのことだった。(83)キリスト教徒に至ってもなお、この点で周知の困難を抱えていたのである。

ジョージ・スペンサー＝ブラウンの形式の算法の道具立てから取られた構図に従えば(84)宗教を、「慣れ親しまれている／慣れ親しまれていない」という区別の、慣れ親しまれているもののうちへの再参入として記述することもできる。(85)そうすれば魔術をこの領域へと帰属させることも容易になる。というのはしばしば考えられているように、魔術が扱っているのは一種の追加的因果性であり、それを用いて技術的知識が不完全であることを（その不完全性を意識しつつ！）補うことである云々というわけではないからだ。むしろ魔術が与えてくれるのは、慣れ親しまれた因果性と並行するものを慣れ親しまれないものの中で生じさせる可能性なのであり、しかもそれは慣れ親しまれたかたちで用いられる実施法によるのである。(86)それに対応することだが、魔術的行為はしばしば、対応する言葉を発しつつなされる。あたかもそれが、慣れ親しまれていないものを扱いうる形式だと言わんばかりに、である。しかしこれはもちろん魔術師が、言葉こそが手段の効果を発揮せしめる原因だと考えているということを意味しているわけではない[87]。問題はこの差異を象徴化することではなく、作動として、生の実践として実行することなのである。

したがって魔術が関わっているのは、特定の種類の目的や効果にではない。魔術においてはそれらを達成すべく適切な手段が、つまりある種特殊な技術が用いられる、というわけではない。むしろ〈魔術の〉問題は、ある出来事がもつ馴染みのなさにあった。その出来事は、慣れ親しまれていないものが〈慣れ親しまれたものの〉すぐそばにあることを示しており、したがってそうした出来事は、そのようなものとして取り扱われねばならないものであった。そこでは自然の因果性に関する知識が用いられなくなるというわけではない。馴染みのないもの、予想外のもの、法外なものがもつ追加的意味が明らかにされさえすれば、それでよかったのである。道徳上の帰責と責任もまた社会的コントロールの領域に属していたのであり、したがって魔術の射程外だった[88]。「魔術をかけられていた＝魅せられていた ver-zaubert」との言い訳によって悪しき行いの弁明とすることはできなかったのである[89]。

それゆえに魔術の能力を想定することは、ゼマンティクとして洗練されるなら、偶然を否認することと結びつく結果を生む。一見したところ慣れ親しまれた世界の表層では偶然が生じるように見えるとしても、である。アクシデントとして生じるものを表す意味など存在せず、〈まったく偶然に生じる〉事故というものも存在しない。慣れ親しまれたものの領域内に理由を見つけられないなら、慣れ親しまれていないもののうちに理由があるはずだからだ。どの分節も構造的に等しいがゆえにこそ、降りかかってくること（死、子どもが産まれないこと、経済上の失敗ないし損失など）における違いが直接目にされうることになり、それゆえに解明を要するものとなるのである。したがって古代後期の社会においては、魔術による修正に抗うものは、運命〔を説く〕宗教によって解明されたのである。[90] そこから解放されるのは、ようやく一神教に至ってのことだった。

以上を勘案すれば、魔術的世界像が科学的にコントロールされた因果性を伴う合理的世界像によって徐々に解体されていく云々ということから出発するのは、誤りであろう。ギリシアの科学は、魔術への信仰が存続するのと並んで成立したのであり、セカンド・オーダーの観察という技術を付加したにすぎなかった。[91] このことから、「慣れ親しまれた／慣れ親しまれていない」というまったく異なる区別が存続していたことがわかる。活版印刷術に至って初めて、緩やかな終焉が用意されることになった。今や社会は、誰か一人が知りうる以上のことが知られており、ある人や別の人にとっては馴染みのものとなっているはずだ〔したがって、万人に共通するかたちで「慣れ親しまれた／慣れ親しまれていない」との区別を想定できはしない〕という洞察に慣れることになるからである。

神話を物語ることも、まったく類似した機能を有していた。環節社会に関しては、厳密な意味ではまだ自己記述について語ることはできない。普段の生活はあまりにも自明であるがゆえに、包括的なテーマ化には馴染まなかったのである。[92] しかし神話は自己記述というコミュニケーション形式に代わり、この形式を用いずに済むようにさせる。それは神話が、何か異なるものを物語ることによってである。何かしらよそよそしいものが、決して体験されることのないものが、いわば慣れ親しまれた形式の他の側が描出され、その意味でこの形式が補完されるのである。確かにここで登場してくるのもコミュニケーションではあるが、しかし情報を伝達し、何か未知のものを知らしめるようなコミュニケーションではない。本質的なのは他でもない、慣れ親しまれていないものと慣れ親しんでいたという点を想起すること、つまりは〔超常的なものとの接触による〕驚愕をくり返し新たにすることなのである。それゆえになるほど語りがくり返されることで〔細部が異なってくるという〕変異が生じはするが、〔繰り返しによって、その語りの意味が〕使い尽くされるわけではない。情報をすでに知っているがゆえに、繰り返しが何の情報価値ももたらさなくなるなどということはないのである。そこからまた、神話がパラドックス――例えば一なるもの（Einheit）が自分自身と他なるものを生む、というような――の形式を好むという点も理解されるだろう。それによってこそ驚愕が再現時化され、「〔神話によって与えられる〕情報は当たっているのかいないのか」との問いは、浮かんですらこなくなるのである。

確かに神話において述べられているのは創世の時代である。そこにおいて現行の秩序が創り出され拘束力をもつものになったのだ、と。しかしこの原初の時間は現在〔において流れている〕時間とは異なっている。原初の時間は史的連続性を知らない。その意味で歴史〔が自身の後に続くこと〕を予見しているわけでもない。また前者において〔現在とは〕別の未来を展望することもできない。そこで扱われているのはむしろ、彼方において近く〔にあるものを、つまり現在でも見られるもの〕を確認することによって、事態は今あるとおりなのだと確証することなのである。神話的物語が語られる際の書体は、確かに連続のかたちで表される。しかしそれは〔過去から連続を延長していくことによって〕現在と接触しようと試みはしないのである。神話上の時間と現在との間の時間を埋める必要性が生じてくるのは明らかに、現在において重大なコンフリクトが発生した後でのみのことである（例えば放浪や征服を契機として）。その場合には正統化の背景として過去が用いられるわけだ(93)。そして文字が用いられるようになって初めて、語られることとの一貫性により強く留意されるようになり、全体社会のためには歴史が、家族のためには家系が生み出されるに至ったのである。
魔術が、またそれに続く宗教の発展の中で生じてきた神話や儀式などが慣れ親しまれていないものに対する境界を守ってきたのに対して、互酬性の根本規範が扱ってきたのは、環節分化社会の内的規制であった。しかもその規制は、協働の場合をもコンフリクトの場合をも包括するものであった。この違いは実際の生活の上ではきわめて重要であるにもかかわらず、〔それぞれに対して、互酬性という同一の観点から〕交換の規範と復讐を制限する規範とが備え付けられたのである。
明らかに互酬性の観念は、包摂のすべての水準において部分システムが同等であるという点と相関している。そしてこの同等性は、分化形式によって与えられたものなのである。〔そこでは、〕単位がいかに大きかろうと、部分システム間の関係は対称的で反転可能でなければならない。さもなければ時の経過とともに不等性が生じてきて、分化形式を変化させてしまうことになるだろうからである。不等性は、例えば年齢や性、さらには経済的・地理的運命は、すでに最小の単位において、すなわち家族において吸収され、あるいは追加的制度（婚姻規則、協働、贈与を寿ぐ祝祭など）によって〔それ以上拡大するのが〕阻止される。残りは互酬性の規範のほうへと導かれる。この規範によって、〔一方がすでに与えているのに他方はまだ与えていないという〕時間に条件づけられた非対称性は、対称性として現れてくるのである。[94]
互酬性の要件に対する承認は、環節社会に遍く認められる。互酬性は、再分配のための行政システムが発達する以前の段階において、社会システム内での《エネルギー均等化 energy averaging》のために役立っていた。分かち合い（sharing）という形式もその一部である。それによって、過度の変異というリスクが回避される、あるいは埋め合わされるわけである。[95] 互酬性がゼマンティクの上で、また構造を発生させる上で利点をもっているのは、〔互酬性によって成立する〕二重化された偶発性のうちに、未規定性が孕まれているからである。未規定性のゆえに、あらゆる可能な条件づけを受け付けうるようになるわけだ。したがって、単純な社会における互酬性を規範として、あるいは《当事者の意志 Parteiwillen》として捉えるだけでは不十分である。互酬性が規範的予期へと、また関与者の合理的計算へと結実していくのはただ、〔互酬性がもつ〕制度的適性の結果としてである。そしてその適性とは、明示的に条件づけ可能であるという点に存している。したがって肝心なのは〔互酬性が〕、未来にかたちを与えるための手段だという点だけではない（この観念が法学において貫徹するようになったのは、ようやく十九世紀にいたってからのことであった）。重要なのは、共同生活の中で生じてくる問題事例のための義務（Bindung）と制限とを構成することだったのである。そしてその制限によって、制限がなければ存在していたかもしれないチャンスが可視化されることにもなる。

だからこそダブル・コンティンジェンシーは、互酬性として解釈される中で、また互酬性を交換関係の義務の力を正統化するために用いる中で、条件づけを獲得し時間の経過の中で自身を固守するために最も適合しているのである。互酬性は、時間を拘束するための最も重要な手段であるように思われる。与えることによって社会的時間が始まる。与えることが時間を、想起と予期とに分かつのである。その中間では目下のところ〔何が起こるかは〕まったくわからない。そこは猶予期間であり、遅延であり、機会が待たれているのである。与えることによって、暫定的な不均衡状態が創り出される。（感謝の義務を発生させることのない）純粋な贈与など、知られていない。そして全体社会には端緒などなく、想起と予期との回帰的ネットワークの中でコミュニケーションがなされるだけであるがゆえに、厳密に考えれば、すでに何らかの反対履行を受けていない、また反対履行を義務づけもしない《自発的な》履行など存在しない。同じ原理が否定的なかたちで実行されることもある（その場合には、コンフリクトが生じてくることになるが）(97)。あるいは端緒が存在していたのかもしれない。しかしその後復讐が復讐を生み、規範的な規制は存在しなくなる。そうなれば、誰が始めたのであり誰がそれに反応したのかとは無関係に、合法と不法に関する決定を下しうるようになるはずである。可能なのはただ、どの程度与えたと、あるいは損害を受けたと主張しうるかという点に関して制限を加えることだけである。

肯定的な関係と否定的な関係のどちらの方向においても、互酬性の原理には宇宙論的な次元が含まれている。神々、精霊、その他の彼岸的な力との関係では、この原理は犠牲という形式を取る。ある行動が神々の怒りを招いたなら、犠牲によって神々を鎮めることができる。あるいは神々は犠牲によって、神々の助力を必要とする企図に対して好都合な態度を取ってくれるかもしれない。どちらのヴァリアントにおいても、互酬性の格率が彼岸との関係においても有効であるという点が前提とされている。神々はこの格率を承認しており、それによって格率が確証されているのだ、と。

全体社会の内部では、〔社会関係の〕持続をふまえた非対称性が社会的清算の機能を、したがってまた部分システムの同等性を維持するという機能を担っている。どの単位も窮状に陥りうるし、あるものが（例えば、家を建てることが）特別に必要となり、助力を求めることもあるかもしれない。このようにして過剰を感謝の念へと変換することができる。その意味で過剰は自然にではないにしても、社会的に蓄積されうるのである(98)。必要なものが異なっていたとしても、それは時間の経過の中で平準化される。その限りでは互酬性は稀少性に対する対抗制度であり、信用に対する機能的等価物なのである。

時間的に非対称化することと社会的に非対称化することとを組み合わせて、対称性を再確立する。この点がきわめて重要に感じられるがゆえに、入念かつ精確な反対給付（われわれが行う支払いのような）は非礼だと見なされる。後に続く義務を免れるために贈り物を拒絶するのと同様に非礼なのだ、と。それに対応することだが、等価性の客観的基準は欠落したままである（儀式的ないし象徴的交換関係および女性の交換という例外を無視すれば、の話だが）[99]。この問題もまた時間次元へと移される。つまり時間はある意味で、貨幣がもつ抽象性と使用上の未規定性とに対する、機能的等価物として働くのである。関係が濃密で近しいものになればなるほど、例えば家庭内においては、与えることと返礼との関係はより不特定的なものとなる。また義務が常に残っているということが重要になる。集計したり決済したりすることは不適切になるのである。社会的な距離が増し、〔相手が〕生活の上で重要ではなくなるほど、決算方式を確定的なものとして扱うことが可能になる[100]。この観点においてもまた、全体社会システムの《ピラミッド状》の構造が効果を発揮することになる。

互酬性が遍く普及しており構造的な適合性を有していたからといって、この原理が規則として承認されており定式化されていたという結論を導き出すことは、もちろんできない。そもそも、規則と行動様式とが区別可能だと前提することすらできないのである[101]。対応する事態は、はるかに具体的な意味の水準において経験される。したがってまた、さまざまなかたちで名付けられることになるのである[102]。言い換えるならば概念的定式化が何ら存在していなかったがゆえに、この原理を批判したり、適用可能性の条件と限界を問うたり、代替選択肢を探したりするよう示唆することもできなかったのである。与えること、助けることは社会的に自明な事柄として実行された。それらに関して意識的に計算することが、あるいはさらに操作することも、排除されていたわけではないと想定してもよいだろう。しかし少なくとも、与えることが〔相手を〕依存させるための手段としてあからさまに描出されてはならなかったのである。

環節社会の制度はすべて、社会が今あるままに留まり続けるよう調整されている。拡大と収縮の可能性、因果性と並行する魔術、時間的および社会的な非対称性を再対称化する形式としての互酬性。すべてがそうである。また同じことが、環節社会固有のゼマンティクに関しても言える。ただしその点が明確になるのはゼマンティクを、それが観察しえないものに関して観察する場合のみである。このゼマンティクにとって、別の秩序を考えることは不可能だった。別の秩序へと向かう兆しは不法なもの、逸脱するもの、危険なもの、回避されるべきもの、戦われるべきものとして現れてこざるをえなかった。それゆえに指導に関する要求を申し立てれば抵抗に、あるいは少なくとも潜在的な敵意に直面することになった（そのような申し立ては、政治が分出することへと向かうからだ）。そして敵意は容易に組織化されえたのである。なるほど、富と位階の違いが生じるのを確実に阻止することはできなかった。そしてその点で違いが生じれば、それはパトロン／クライアント関係を析出させるための契機となりえた。そしてさらにそこから、政治的集権化と指導者役割への道が開けていくことになる。しかしそうなったとしても（多くの証拠が実際にそうなったことを示している）それだけではまだ、指導者役割に決定しサンクションを課す権能が付与されたということを意味しない。いわゆる《族長社会》においてそれが生じた場合にはむしろ、すでに広まっていた分化が進化的に再安定化されたのだと述べることができるだろう。いずれにせよ、このような社会ではまだ、後の階層分化社会を特徴づけることになるような、位階が等しい者たちの集団は存在していなかったのである。

システム理論の用語では、あるシステムが別の安定性原理へと比較的急速に移行することは「カタストロフィー」と呼ばれる。[103] 進化が分化の形式に関わってくる場合には、まさにこの意味において全体社会におけるカタストロフィーが生じるのである。「中心／周辺」の分化かつ／または階層化が優越する全体社会の成立はその種のカタストロフィーである。ただしそれはもちろん、地方では以前と同様に環節分化の条件の下で生活が営まれているという点によって和らげられてはいた。いくつかの機能が都市へと、あるいは支配層へと引き渡されたにすぎなかったのである。このような事例に関しては《農民社会 peasant societies》という言葉が用いられてきた。あるいは土地所有者という観点からは「単一階級社会」という表現が用いられることすらあった。[104]

今日の知識の状態では、階層の成立に関する説得力ある因果的説明を行うのは困難である。おそらくは多様な、《等結果的》に作用する出発状況が存在したのだろう。したがって問われねばならないのはすでに存在していた、平等なかたちで環節的に分化した社会秩序が、根本的変化に対して敏感になったのはどんな点に関してなのかということである。旧来の学説では環節的な社会から階層化された社会への移行は、住民の人口統計学的増大によって説明されていた。[105] しかし経験的証拠から見ればこの議論は維持できない。[106] 人口の大きさではなく人口密度に焦点を当てたとしても、この要因と階層化との成立連関は見いだしがたい。[107] 決定的だと思われる他の原因、例えば生態学的な相違や農業についても検討がなされてきたが、その研究結果もやはり不確かである。[108] 近年では、〔当該社会の〕外側で生産された威信財を扱う交易が、位階の違いの原因となりまた位階を安定化させるという点についての議論がなされている。(109) この観点は、「環節社会の安定化メカニズムを掘り崩すことができるのは、どの点においてなのか」との問いへと容易に繋がっていく。威信財を平等に分配することはできないし、過剰として祭儀において消尽することもできない。さらに加えて威信財を調達するには遠隔地貿易によらねばならないが、その交易への接近は容易に制限されうるのである。最後に〔当該の〕社会内部でより高い地位を象徴化するためには、自社会の産物を多く用いるよりも威信財のほうが適しているのである（研究を実行するうえで、威信財のほうが考古学的に証明が容易であるという点も一役買っているのかもしれない）。もちろんこの構想では、環節社会においても、より広範囲の空間的連関の中で一種の中心／周辺分化がすでに存在していたという点が前提となっている。この分化が、威信財の生産と交易を介して、周辺部へと影響を及ぼしていくのである。それゆえにわれわれは因果的説明を放棄して、環節社会の構造的問題を設定することになる。そうすれば、秩序の転覆に至る端緒がどこに存しているかを、よりよく視野に収めることができるだろう。もっとも、そのような可能性を活性化する具体的な原因は、さまざまに求められうるだろうが。

おそらく最も重要な端緒は環節化の同等性原理において、また互酬性の規則のうちで前提とされている、状況の反転可能性である。反転可能性は、戦争による征服によって揚棄されてしまう。ふたつのエスニックな層が〔支配者／被支配者というかたちで、上下に〕重なり合うからである。しかしまた、土着の発展を考えることもできる。ある家族が、土地、財産、従者という点で明らかにより豊かになる。その家族からの援助を期待する者は、もはやきちんと《相当のもの＝対価》を支払うことはできなくなる。その支払いは位階の差異を承認することによって、言わば永続的な感謝の責務によってなされる。そしてその責任が相応の義務と服従とを動機づけることになるのである[110]。確固として帰属された位階の差異を用いれば、情報および決定の負担が増大しても、それを処理できるようになる。そしてその領域での活動が、位階の差異を可視化し再安定化することにもなる。システムがある閾を超えれば、そこからはもはやネガティヴ・フィードバックではなく、ポジティヴ・フィードバックが機能する。相応の事前発展が与えられているなら、これはきわめて速やかに生じうるのである[111]。同等性からの逸脱が撹乱的だと見なされ、除去される（例えば、過剰なものの消尽を伴う《祝祭》によって）ことはもはやなくなる。むしろ逸脱には固有の長所があることが発見され、それが拡大される。そして逸脱は、神話的時間と現在の時間との間に歴史＝物語を書き加えることによって正統化されるのである。位階の差異そのものが、感謝の責務という非特定的な、多くの機会へと適用されうる性格を帯びる。同等性という前提はさまざまな種類の影響によって常にテストされるのであり、そこからこの前提の《不自然さ》が浮かび上がってくる。まさにそれゆえに反対原理へのその種の転換は蓋然性の高い事柄になるのである（転換が妨げられなければ、の話だが）。この移行は、自然な発展に対する抑制を脱抑制化することによって実行される[112]。そしてそのようにして、構造変動に相当にドラスティックな形式が与えられるのである。

環節社会もやはりかなりの程度の位階の差異を知っていた（例えば年齢を、あるいは互酬関係の不均等を踏まえたものを考えてみればよい）。そして位階の差異を相互作用の中で表現するための、多少ともステレオタイプ化された形式を発達させていたのである[113]。しかし族長家族と他の家族の間の違いなどの位階の違いは、それ自体としては進化上の安定した成果ではない。この違いは、例えば威信財を扱う交易のコントロールだとか生産関係などによって条件づけられており、その条件が変化すれば再び放棄されることになるかもしれない[11]。それだけではまだ、階層化された社会へ向けての確かな一歩が踏み出されたとは言えないのである。むしろそれによって用意されたのは、特殊政治的な役割と機能の分出であった[115]。いずれにしてもこうは言いうるだろう。すでに部族社会において位階の差異を承認し、それに応じて互酬関係を変形することが試みられていたのである。その種の形式が階層化された社会において、前適応的進歩として引き受けられてさらに発展させられていくということもありうる。そうなれば、当初は理解不能な行動を新たに創案したりしなくてもよいわけだ。とはいえシステム分化の形式として位階を用いることへと移行するためには、上層が分出して全体社会の部分システムを形成することが前提となる。その内部における相互作用は、全体社会内の環境〔である他の階層〕との相互作用とは、別様に扱われることになるのである。これが生じれば、上層と下層との間にはいかなる親族関係も認められなくなる。隔たった親族関係も含めて、である。したがってまた、自己の階層の内部でのみ結婚する必要も生じてくる（内婚制）。そうすれば恭順の態度の形式を、また優越性ないし優先権を承認することの形式を今一度分化させることも可能になる。その形式が同じ階層に属する者に関わるのか、それとも階層の境界を越えて扱われるのかを考えればよいわけだ（ある農夫が領主の息子を、その息子の父親がするようなやり方で扱うとすれば、それはきわめて不適当だと言いうるだろう）。

位階の差異をシステム分化の形式として用いれば、必ず全体社会に対して革命的な作用を及ぼすことになる。上層の分出がさしあたり下層の生活形式を何ら変化させなかったとしても、やはり事は同様である。環節社会をこの種の構造的破断の間際まで運んでいくための契機としては、多くのものが考えられうるだろう。そのひとつは可能なコンタクトが冗長的である〔すなわち、過剰に存在している〕という点であり、これはどの全体社会でも（最小の全体社会でも）生じている[116]。そこから、〔過剰性に〕対応するだけの不平等性を伴う、ソシオメトリー範型が成立する。あるメンバーは他のメンバーより好かれており、またより遂行能力を有しているがゆえにパートナーとして求められることが多くなる。したがって他のメンバーよりも、コンタクトを選択するチャンスを、またコンタクトを用意するに当たって〔相手に〕何かを要求するチャンスをもつ。例えば自分の意見を承認するように、あるいは無償の援助を用意しておくように要求できるのである。きわめて単純な全体社会における指導構造は、この《スター・メカニズム》に依拠していたように思われる。しかし通常の場合、これは短期的なチャンスにしかならないだろう。このチャンスは、利用することそのものによって危険にさらされてしまうからである。族長の地位が生涯にわたるということも考えうるが、しかし族長の息子が役割にアプローチするチャンスが優先され、当該官職が特定の家系によって世襲されるまでに至るのは、やはり稀なケースなのである[117]。時には、それまでは空位になっていた場所、部族社会の統一性を象徴する場所（例えば、共通の女系祖先や創設者という形式での）に唯一接近できるという主張を貫徹することによって、族長家族の地位が固められるということもある[118]。そこからは、広範に生じている族長社会への道が開けてくるかもしれない。そこでは社会階層が形成されることのないまま、その種の役職に権限が授けられるのである（ただし必ずしも、集合的に拘束力ある決定の権限というわけではない）。

第二のメカニズムは、《寄食的》なものとして記述できるだろう。従者や実務家が支配するというまさにそのことのうちに、逸脱というものがもつ長所を見て取ることができる。あらゆる秩序は排除に基づく。対称的秩序は、非対称なものの排除に基づいているのである。そこから、明示的な排除によってはまったく与えられなかったであろうようなチャンスが生じてくる。それはすなわち、排除されたもののうちに秩序の長所を見いだして利用するという可能性である。秩序よく構造化されるほど、そこでは反対物が可視的になる。同等性でなく不等性を、というようにである。そして〔実効性の〕テストをくぐり抜けた後では、分岐のチャンスが生じてくる。すなわち別の道筋のチャンスであり、それもまたひとたび始まれば、不可逆の歴史を形成することになるのである。(119) したがって、まったくミシェル・セールが言う意味での寄食者が生じてきて(120)、この種の可能性に手を伸ばすということもありうる。寄食的な秩序が成立し、ほとんど気づかれないままに例外ないし逸脱の状態から、主要秩序の地位にまで移行していくわけである。ただしそこでもまた、寄食的なものが生じうるのだが。《進化は寄生体を生みだすのだが、その寄生体がまた進化を生みだすのではなかろうか(121)》。

以上の議論すべてによって指し示されているのはただ、構造に依存した可能性にすぎない。言わば、環節分化という骨格の内部で緩みなく張られた全体社会秩序の周辺部において不断に生じる雑音のごときものにすぎないのである。別の分化形式へと移行するためには、一方でその基礎の上での事前発展（前適応的進歩）が必要である。他方でまた、《国家成立論》（と不幸にも呼ばれてきた理論）において論じられてきたような原因も存在していなければならないのである(122)。それらの事情のひとつは、古代後期の全体社会において、生産性と相まって暴力的措置が増大していったことに求められるかもしれない(123)。それによって環節社会がコンフリクト解決の可能性をわずかしか有していないことが、また、すでに軍事的に組織化されていた社会に比べて劣位にあることが、認識されうるようになったのである。以後の発展に関しては、あるいはより精確に言えば進化する力をもつ全体社会の選定に関しては、原理的に異なるふたつの可能性が存在する。高位の層が内婚を貫徹しえた場合には、親族原理に接続するかたちで階層化が生じてくる。〔親族原理と〕同程度に普及していた領土原理との結びつきからは、空間秩序における不等性が生じてくる。つまり中央の都市と周辺との分化が生じるのである。あらゆる高度文化は、重点に関してはきわめて異なっているものの、両方の原理を用いていた。というよりも環節社会においてもやはり、親族関係に基づく秩序も、社会の単位を空間的・領土的に規定することも、ともに放棄されえなかったのである。

V　中心と周辺

近代以前の高度文化が依拠していた分化形式においては、構造上決定的な箇所で不等性を考慮し、利用しつくすことができた。この分化が完全に形成された場合には、階層分化も中心／周辺分化も、共に用いられていたのである。これらの成果との関連では高度文化は貴族社会として、あるいは都市社会として指し示されうる。ただし傑出しているというそのメルクマールが該当するのは、人口の小部分に対してだけだったのだが。

中心／周辺分化は萌芽的にはすでに環節社会において認められる。環節的な諸社会のうちのひとつが遠隔地交易において支配的な役割を引き受けている場合には、特にそうである(124)。しかしそこではまだ、この分化のゆえに環節分化が疑問に付されるということはなかった。そうされるのは、環節分化において分化の別の形式を、また特により強固な役割分化（《分業》）を整えるために、中心という支配的位置が利用される場合に至って初めてのことなのである。
中心／周辺分化は、中心が分出することから生じる。いわばこの分化の故郷は中心なのである。その分だけ中心は周辺にも増して独自の成果に、またこの分化形式が分化することに、依存しているはずである。周辺では、家族ごとの家政による環節分化が保持されており、したがって中心なしでも存続していくことができたのである。

接触が濃密になるにつれて、周辺の内部においてもさらなる分化が生じうる。そうなれば半周辺は中心に対してより密接な関係を持つようになる。特に搾取の、しかしまた防衛の関係をである。一方さらなる周辺に関しては、それが存在しているということが知られているのみなのである[125]。同様にまた中心も多数存在しうるようになる。そしてそれらのうちのひとつが、他の中心に対してヘゲモニーを行使するわけである。しかしこの種の反復によって、変動に対する敏感さが局所化されることにもなる。またこの反復は、位階の差異の場合とは異なって、無条件に安定性のメルクマールだというわけにはいかないのである。

分化の形式をある社会構成体の決定的メルクマールだと見なしたとしても、というよりもむしろその場合こそ、次の点に注目しなければならなくなる。すなわちそれだけでは、高度に洗練されたこの全体社会システムの成立と問題点とを記述するために十分ではないのである。食料調達に適した条件と人口統計学的条件とをとりあえず無視するとしても、さらなる要因が加わってきて像を込み入ったものにすることになる。環節社会と比較すれば、外的接触の数と複雑性は飛躍的に増大している。今や外的接触は、中心の（しかしまた、上層の）形成によって可能になっているからである。今やシステムは、相応の情報処理能力を用意しておかねばならないし、またそれをハイアラーキカルに秩序づけねばならない。そうなれば、間接的にしか影響を及ぼさない情報に対する感受性も増大していくことになる。作動の水準では、コミュニケーションの可能性が拡張されるに至る。そこから一連の出来事の結果として、広大な領土をもつ帝国が形成されてくるかもしれない。当然のことながら帝国の数は環節社会の数よりもはるかに小さくなる。しかしそれでもなお、進化的競争と選抜とを考えうるほどには、十分に大きいのである(126)。

部族社会からなる古代世界においても、システム境界を越えるコミュニケーションはすでに可能となっていた。近隣部族とのコミュニケーションが、また一定範囲では遠隔地交易すら可能だった。したがって萌芽的にはすでに、より大規模なシステムを形成するための出発点が存在していたのである（ただしそれは具体的に空間において同定されていたのであって、分化した、外側に向かって境界づけられうるシステムとして知覚されてはいなかったのであるが）。それに対応することだが、部族社会においてすでにコスモロジーは、中心／周辺の差異に適合させられていた。あるいは少なくとも環節社会は自分自身を、世界の（唯一の）中央であると、また世界と人間との創造において傑出した関係点であると見なしていたのである。境界を越えるコミュニケーションが拡張されていくとともに、事情は変わってくる。部族社会間でも広範にわたる交易関係がすでに存在していた。われわれは次のような場合にのみ、新たな種類の分化形式について語ることにしよう。すなわち中心における構造的独自性が、中心と周辺との差異を維持することによって条件づけられている場合(127)、例えば近代風に言えば、資本蓄積に依拠している場合である(128)。

われわれが移行期に関して知っていることはわずかでしかない。というのは考古学も、また通常の民族学にしても、それぞれ切り離し可能な単位へと向けられた研究様式を伴っているがゆえに、このプロセスにはあまり注意を向けてこなかったからである[129]。広範囲にわたる連関が見受けられる場合でも、それは「拡散」という曖昧な概念によって記述されてきた。拡散の痕跡を特定の場所において確認しうるはずだ、というわけである。しかし推測を用いて次のような仮説を定式化してみることもできる。境界を越えるコミュニケーションの複雑性が増大すれば、その成功が内的に引き起こす帰結も増大し、そこから少なくとも次の三つの事態が生じてくるだろう。すなわち①領土の分化という形式の成立、②自身のアイデンティティと違いに関する反省の働き（通常は宗教の形式による）、③境界の向こう側で起きることがらを効果的にコントロールすることに対する関心、したがって領土の支配を拡張しようとする傾向。それに対応して、複数の中心が存在するようになる。そのうちのひとつが従事するのは、中心というものが象徴に拘束されつつ意味を付与するうえで優位性をもつという点にであり、時にはそこから伝道的な目的が追求されもする。それに対して他の中心は、権力と資源を組織化することに、周辺を搾取することに限定される[130]。遅くとも紀元前二〇〇〇年ごろには近東において、帝国形成との関連のもとで生じた多民族ゼマンティクを、明確に認識できるのである。

古代メソポタミアに関する研究を手がかりにして、今述べた展開から生じるゼマンティク上の《地理学的》な）帰結を十分に観察することができる[131]。最古のモデルは、居住可能な、また現に居住されている土地と、その周囲の荒れ地とを厳密に分離するというかたちで成立したように思われる。自身の文明化された土地には居住したり建てたり、祭儀を行ったりできる。そこには記憶と文明とが存在する。

〔それに対して〕周囲の荒れ地は驚愕と恐怖とに満ちているのである。後になって王が周囲の荒れ地へと英雄的な遠征を行った云々と語られる際にも、やはりこのモデルが踏まえられていた。遠征を行う動機は、軍事的なものでも商業的なものでもありえたはずである。遠征が英雄的な所業として様式化されたり伝説の対象となったりしたのは、依然として環境が危険で未知の荒れ地として前提とされていたからだった。交易が増大するにつれてこのような地理学は、交通経路の記述へと拡張されていく。交通経路のゼマンティクには、近く（到達可能であること）と遠く（到達可能でないこと）とを、ひとつの象徴のうちで表現できるという利点がある。このゼマンティクにおいては、空間のうちで引かれた「中心と周辺」の単線的な境界が同定可能でなくともかまわない。中心と周辺は、差異の形式に留まっているのである。

コミュニケーション可能性が帝国の境界を越えて拡張されれば、自身の秩序領域のうちに数え入れられるか、それとも境界の向こう側に住んでいるかに従って、人間を区別しなければならなくなる。その結果、一方では、一般化された人間概念が必要とされる（それはまた帝国内で通用するコスモロジーに、とりわけ宗教に関する帰結を伴うことにもなる）。また他方で中央によって線引きされ、中央の自己理解を確証するような分割も要求される。[132] 個別的に基礎づけられた普遍的なゼマンティク〔が必要となる〕、と言ってもよいかもしれない。いずれにせよ世界は差異によって、また境界の意識によって補完される。しかもそれはもはや環節社会におけるように類似したものに関する《以下同様》の仮定においてではなく、他者の他者性を組み込むこととしてなのである。[133]

もっとも文献において、この種の巨大複合体や帝国、あるいは《世界システム》についての明確な像が示されているわけではない。出発点を交易に取るか、軍事的コントロールに取るか、それとも文化的混交に取るか。それによってきわめて異なる結果が生じてくる[134]。われわれは次のテーゼによってこの事態に対応できる。すなわち境界は、中央がそう見なすところに存在するのであり、周辺において外的接触がどれくらい錯綜して〔境界が曖昧になって〕いるかとは無関係なのである。したがって中央において、例えば交易の利害のための軍事的保護がどれくらいの範囲まで必要なのか、周囲の領土に対する拠点の関係をどのように扱うかについての決定が下されねばならないのである。

いずれにせよコミュニケーションに対するコントロールは、さほど深いところまでは及ばなかった。それゆえに、近代的な領域国家の先駆として把握されうるような政治的秩序の形成は、妨げられることになったのである[135]。相互に無関係に成立した、しかしきわめて類型的な諸事例を見れば、中央は、全体社会が宇宙の秩序と取り結ぶ関係を涵養すること、それに関連する儀式を執り行うこと、また相応の宗教的–政治的官僚制を維持することのうちに、自己の課題を見いだしていたことがわかる。それに対して経済的状態とコンフリクトを規制することは家政に、時には特にそのために形成された団体（寺院、ギルド、ツンフト）に、委ねられたままだった。このような条件の下では民法も、また個人の行動を市場に沿って条件づけることも生じてこなかったが、これは決して偶然ではない。

中心／周辺図式は、きわめて多様なかたちで適用されてきた。中心としての都市から出発することもできる。そうすればほとんど不可避的に、対応する（土地としての）周辺を伴うこの種の中心が多数存在することを承認する結果となる。別の事例として、大帝国の形成を挙げることもできる。そこでは、自分自身を世界の中心として把握し、他のあらゆるものを周辺化する可能性が生じてくるのである。中国は十九世紀に至るまで、自身を唯一の《天下の帝国 Reich unter dem Himmel》と見なしていたのであって、ひとつの文化であるとか、ましてや他と並ぶひとつの国家であるとか考えていたわけではなかった。つまり分化形式はコスモロジーでもあったわけだ。

大帝国の成立について、われわれが知っていることはほとんどない[136]。コミュニケーションという慣わしが部族の境界を越えて拡張されるに至るのは、交易によってであった。それに続いて、防衛と文化的(宗教的・伝道的)拡張が軍事的に必要になってくる。特に世界宗教の発明後においてはそうであった。周辺領域の遊牧民化を二次的形成物として観察することもできる。その領域でも生活は帝国との関連のもとで営まれており、帝国の支配制度がコピーされることも稀ではなかったのである[137]。異邦に臨む港湾都市も、またそれによって触発される《二重経済》も、やはりこの文脈に属している[138]。この帝国そのものの顕著なメルクマールは官僚制的支配形式であるが、それはまた富の違いを覆い隠すことにより、階層化のチャンスを減じもしたのである。

内側に向かっても、コミュニケーションが高度に濃縮されていることを前提にするわけにはいかなかった。おそらくこの種の大帝国の住民の大半はそもそも、ひとつの帝国のうちで暮らしているということを知らなかったはずである(今日ならば、地図によってそのように観念できるのだろうが)。それに対応することだが帝国のイデオロギーは、例えば中国の儒教や文字によって精錬された世界宗教は、一般には知られていなかったか、知られているにしても人口の派生的部分に対してだけだったのである。エリート官僚に属する者にとって、目の前にいる単なる民衆が何を考えているかなど、ほとんど興味の対象とならなかったはずである。

われわれは帝国の概念をもう少し厳密に把握するために、帝国というものを歴史的に、コミュニケーションの可能性が拡張されたことによるほとんど自然な副産物として理解する必要がある。したがってすでに述べたように、明確な境界が欠落していることは、帝国という形式の一部なのである。代わって登場するのは地平である。地平は到達可能なものを規定し、到達可能なものとともに変化する。[139]つまり帝国とは、コミュニケーションの意味地平なのである。ただしそのコミュニケーションとは、官僚制エリートのそれであり、エリートたちは帝国の唯一性から出発する。そして空間的境界を（そもそもそれを認めるとしての話だが）、自身の事実的影響範囲の一次的限界として受け取るのである。この種の帝国の（目下のところ）最後の事例は、社会主義インターナショナルと科学的に予見された世界革命という文脈におけるソヴィエト連邦だと言えるだろう。

このような官僚制帝国という事例のうちに、本書の形式カタログでは考慮されていない、特殊な分化形式が存しているとの意見もありうるだろう。しかしそこに現れているのは、中心／周辺分化の洗練された形式のひとつにすぎない。ただ帝国が、また中心としての帝国官僚が登場しているだけなのである。いずれにせよ典型的な構造的問題が反復されることになる。すなわちこの分化形式に特有の、拡散とコントロールの問題が、である。[140]少なくとも中心において〔周辺への〕見晴らしを維持するためには、また中心から発せられるコミュニケーションを安定化するためには、文字を用いることが不可欠だった。[141]そこでは漢字や独自の文字言語（楔形文字によるアッカド語[18]、アフリカの領域帝国におけるアラビア語、中世の神聖ローマ帝国におけるラテン語）が重要だったはずである。記録と使節のネットワークをローカルに話されていた言語から独立させ、翻訳の問題抜きに機能させることができねばならなかったからである。しかし全体としていえば、そのようにして達成された主題の射程とコントロール深度とを過大評価してはならないだろう。効果的なコミュニケーション可能性（ローマ帝国における郵便業務は多大な労力を要したが、それはこの背景のもとで生じたのだった）はわずかなままであり、支配を事実として行使するためには不十分だった。税の取り立て、労働力の強制的な徴募、征伐のような懲罰手段で満足しなければならなかった。情報とコントロールの可能性が乏しい状態では、サンクションによる単なる威嚇だけによって服従を達成することは、ほとんど排除されていたのである。それゆえに事実として行使可能な権力ポテンシャルはわずかしかなかった。だから時折ドラスティックなアクションを起こせば、周辺住民を接触回避の態度に追いやったり、あるいは環節分化を主とする状態を維持させたりすることになったのである[142]。また地方の貴族たちをコントロール下に置いておくことも、通常の場合困難だった。そのために、例えば（日本では）一時的に首都に居住することを強制するといった方策がとられた。

帝国の文化的中心と地方生活との間に生じていた違いが顕著になればなるほど、それは《高度文化》を成立させ、自身をそのように解釈するための明白な動機となってくる[143]。それに対応するように高伝統（High Tradition）／小伝統（little tradition）などにみられるようなゼマンティク上の分裂が生じる。その結果、土俗／都市（folk / urban）連続体上での等級づけがなされるのである[144]。

中央においてはさまざまな種類の分化がより強く生じるし、《便益の分かち合い sharing of facilities[145]》がなされもする。この事態がある種の発展を促進しもするし、またその発展が当の事態を可能にしもする。その発展を、「相互作用ネットワークがより強く濃縮されること」として記述できるかもしれない[146]。特に帝国の中心では、周辺部のローカルな諸事情と比較すれば、内的により複雑であると同時に地域的にはより広範囲に及ぶ接触が涵養されていた。事情は場所によってきわめて異なっており、またそうであり続けた。しかも相互のことは知らなかったのである。これは言語についても同様だった。国語〔National-sprache〕が成立するのは、ようやく活版印刷術の後になってのことである。中央は自分自身を、宇宙論を構築することを通して中央として根拠づけていた。かくして基準となるテクストが文字のかたちで固定されることにより、ゼマンティクの上では不動の安定性が生じてくる。民族大移動時代の戦乱の中にあってもなお、ローマにおいては「ローマノ平和 pax romana」が口にされていた。侵入してきた野蛮人は、あっさりと傭兵として雇い入れられたのである。

中心/周辺図式の最も重要な相のひとつとして、次の点が挙げられる。すなわち中心においては〈十分に大規模な都市でも、帝国形成との関連における中心でもよい〉階層化が、旧いタイプの小全体社会において可能であったものをはるかに超えるかたちで可能となっていたのである。これは特に、内婚制によって貴族を〔平民から〕分離する可能性について当てはまる。そこでは同時に、個々の家族に関して言えば、環節社会の外婚制規則が維持されてもいたのである。貴族に属する家族はかなり少数だった（さもなければ資産は十分でなくなってしまうだろうし、数が増えれば顕彰の価値も減じていくだろうから）。それゆえに階層化のためには、十分に大きな婚姻市場が必要となる。つまりは地域的により広範囲にわたる転居〔可能な〕領域が、あるいは首都への人口集中が必要なのである。このように見るならば中心/周辺の区別はその一方の側、すなわち中心において、分化の他の形式のためのチャンスを与えているとことがわかる。さしあたりは特に階層化のためのチャンスを、である。この区別は、極端なかたちで定式化するならば、分化形式の分化なのである。地方ではまだ環節分化が、都市ではすでに階層分化が、というわけだ(147)。

このように大帝国は、不等性という基礎の上でふたつの異なる分化形式を組み合わせ、その組み合わせの中で〔それぞれの形式を〕拡充していけた。それはすなわち、中心／周辺分化と階層化である。そこからは官僚制によって支えられた支配の形式が発展してくるが、この形式は自分自身を区別することによって、今述べた組み合わせ利得を可能にするのである。だからこそ同時代人にとっては、また歴史的に振り返って見ても、とりわけ官僚制的支配というこの集権的形式が放つ光輝へと目が向けられることになった。この形式こそが支配者に支配することを可能ならしめるのであり、同時に支配者によって形式自身を正統化しもするのである。特に、全体社会の階層構造は表舞台から退いていく。ただしそれは見た目だけの話であって、機能的にそうなったというわけではない。自身を公式に中央として理解している職務官僚制が帝国の可視的な構造を形成し、また帝国の宗教的・倫理的な自己描出を担っていたのである。支配の行使と宗教とは分離されえなかった。そこでは地位構造によってかなりの程度の流動性が必要とされたし、また可能になりもした。階層の分化はそれによって覆い隠され、構造的にまたゼマンティクの上で閉じられるわけにはいかなくなったのである(148)。しかし地位構造は、教育およびキャリアのチャンスへの接近を規制することを通して、間接的に作用を及ぼしてもいた。そして言うまでもなく後見関係が内的な権力用具として、また社会階層への関係におけるカップリング・メカニズムとして、相当な役割を果たしていた。

いずれにせよ階層は強固であり続けたため、広大な帝国を貴族によって、あるいは貴族に対抗することによって、統治することはできなかった。支配システムを、委任された権力だけによって運営できはしなかった。(149) 独立したローカルな権力源泉、つまりは貴族の土地所有を支柱とせざるをえなかったのである。「属州の総督は当該地域に定住する家族から選ばれてはならず、頻繁に交替させられねばならない」といった規則のうちに、今述べた問題が反映しているのが見て取れる。このような条件の下では、貴族そのものの内部における競合関係が生じるのもしばしばだった。派閥の形成が、王の謀殺が、一族を皆殺しにすることとさえ行われた。そこでは貴族が統治業務に影響力を及ぼそうと試みる一方で、王のほうでは誰が自分に影響を与えるかをコントロールしようと試みるという循環的関係が成り立っていたのである。(150) 近代初期における国家理性の学説にも、何よりもまずこの問題設定が刻印されていた。(151) しかし近代国家はその時点ですでに、自身を構造的に(政治的助言という形式においてだけでなく)そのような基礎から引き離していたのである。

世界と帝国の記述がこのような条件下で作成される場合、中央から出発することになる。しかし完全を期するために周辺を、また帝国にとって典型的な秩序の彼方においてなお考慮すべきものをも把握するのである。世界記述には完全性が(それとともに、代替不可能性が)要求される。世界記述は等しからざるものを包括し、特定の地域に位置づける。そうすることで、想像された空間秩序に関して、異なるものの統一性を確立する。今日の目から見ればこれは展開された、複数の空間へと分解されたパラドックスとして読み取れる。この秩序モデルは並はずれた長期にわたって、安定したかたちで伝承されていけた。この事態は、異なるものの(帝国としての)統一性という問題が構造的重要性を有していたことと関連するものと考えられる。つまりこのモデルの力は、帝国の支配層にとってのゼマンティク上の必要性を効果的に満たしたという点によって説明されうるであろう。

コミュニケーション領域が拡張されていけば全体社会は必ず帝国形成へと導かれていく、というわけではない。地理学的な条件のゆえに（例えば、エーゲ海では）[152]、あるいは大帝国間の狭間に位置したがゆえに（イスラエルの場合）例外が生じることもありえたのである。そしてそれらの例外は、ゼマンティクの革新にとって広範に及ぶ帰結を引き起こすことになった。パーソンズはそれらの社会を《苗床社会 seed-bed societies》と呼んだ[153]。しかしその種の社会においてもやはり、中心／周辺および階層という分化形式が成り立っていたのである。それらは都市社会であり貴族社会であった。しかし大帝国という類型から逸脱しているという点で、高度に自己批判的なゼマンティクを可能にするために十分であったのは明らかだろう。それはイスラエルなら預言という形式で、ギリシアの場合は新たな種類の、文字に結びついた認識獲得努力という形式において生じた[154]。どちらの事例でも、確立された地位に結びつけられてはいない形式が生じていた。すなわちセカンド・オーダーの観察、観察者を観察するという形式がである。しかしそれらの全体社会は分化形式の交替の、新たな《カタストロフィー》の準備ができていたわけではなかった。したがってヨーロッパ中世の場合とは異なってこの時点ではまだ、ゼマンティク上の革新が離陸《テイク・オフ》を遂げることはなかったのである。

官僚制帝国がもつ進化のポテンシャルは、この点は高度文化の他の形式についても同様なのだが、むしろわずかであるとしか評価できない。帝国の勃興と没落のダイナミズムには、目を見張るものがある。中心はしばしば地理的に移転し、政治的支配／宗教的エリート／土地所有に基づいた貴族の間のバランスは危ういものになっていく。しかしそこで生じているのは循環的な発展であり安定化された不等性という枠組内での変異であって、分化の原理上異なる形式への移行ではない。〔帝国が〕崩壊すれば[15]そこから生じてくるのは、中心／周辺という分化形式を、またその内部において階層化を再獲得しようとする試みだけである。〔当時の〕機能複合体は、特に宗教と（鋳造貨幣が導入されて以降の）貨幣経済は、この秩序およびその領土上の体制に適合していた。結局のところ、宗教ないし交易が別の、独立した全体社会を形成するなどということはまず考えられなかったからである。あるいはアウグスティヌスのふたつの国（civitates）の教説のようにその種の観念に行き着いた場合でも、この世に存在しうるのはそのうちの一方だけであって他方に関しては待ち望むしかないのだという点が明確にされねばならなかった。

多数の機能システムがほとんど同時に、作動上の自律性を伴う分出に向かう道へと踏み出すようになって初めて、変化が明確なかたちを取るに至る。そうなれば、それら諸機能のうちのひとつが全体社会を形成するのではなく、全体社会の秩序は機能システム間の差異へと転換しなければならなくなる。それが生じたのはようやく近代初期のヨーロッパにおいて、旧い分化形式の庇護の下でのことだったのである。

VI　階層化された全体社会

高度文化を伴い文字を用いる全体社会はすべて貴族社会であった。上層を際だたせる経済的基盤がいかに異なっていようとも、上層というものがあったという点にはほとんど異論の余地がない。また上層が存在し際だっていたことが、コミュニケーションに率直に反映されていたという点に関してもやはり同様である。違いが現れてくるのは、帝国システムの形式的な《官僚制》秩序においては、あるいはまたギリシア・ヘレニズム型の都市行政においては、それらの点がどれくらい考慮されていたのかによってである。しかしそれらが考慮されておらず、また形式的・客観的なリクルートが、あるいはすべての市民の平等な関与が重視されている場合でも、上層には明らかに優先的な通路が与えられており、上層はより強い影響力を行使していた。例えば中国の場合なら「キャリアのために必要な教養を保証されていたのは上層だけだった」という理由で、ギリシアの場合なら「地域的に広範囲にわたる接触が不可欠であった」という理由によって、である(156)。中世イタリアおよび初期ルネッサンスの都市に関しても、同様のことが言える。なるほどそこでは《人民》が(いまだ農奴制に基づいていた)貴族の権力を奪うことはできた(例えばジェノヴァの場合)。しかしそれは実際には、旧い家系を新たな貴族層によって置き換えることにしかならなかった。そこにおいて「上層」ということで、したがって階層分化ということで考えられていたのは家系間の秩序であって、個人ではなかった。つまり問題は出自と郎党とを社会的に有利な立場に置くことだったのである。そして今日において通用している秩序観念と比較して重要なのは、階層への帰属が多機能的に作用していたという点である。全体社会の機能領域ほとんどすべてにおける利点ないし不利益が束ねられていたがゆえに、機能分化にとってはほとんど超えがたい壁が横たわっていたのである。

われわれは、全体社会が位階秩序として代表＝表出されており、位階の差異抜きには秩序を表象することができない場合に限って「階層」という表現を用いることにしよう(157)。上層が下層に対して親族関係を取り結ぶことは、もはや承認されない。あるいはそれは嘆かわしい、通常ならざる事態だと見なされるのである。それゆえに全体社会を、共通の血統に基づく親族システムとして記述することは、もはやできなくなる。その代わりに登場してくるのは、秩序のためには位階の差異が必要だとの観念である（もちろんのこと、相異なる全体社会の間の関係に関しても）。したがって階層化された全体社会は、「全体社会とは親族の連関に他ならない」との観念とは、決別せざるをえなくなる。そうすることで全体社会は、集権化された政治的支配を、また聖職者によって司られる宗教を受け入れることができるようになる。そうなれば支配や宗教が家柄の位階秩序に対してもつ関係は、人員のリクルートの問題へと縮減されうるのである。

階層は、富の違いが受け入れられているということに基づいている。(158)階層化のためにはさらに、上層が比較的小さく、にもかかわらず持ちこたえうるということも必要になる。位階が示しているのは、その点でもある。またさらに、親族関係が〔階層内部で〕完結していることを際だたせるために（しかしもちろんその理由は経済的なものであった）、内婚制が実現される。内婚制により、環節社会でしばしば見られるような融通の利かない婚姻規則を放棄して、夫婦選択に関するより大きな構造的柔軟性を見込むことが可能になる。今や婚姻を、家族連合を成立させるために用いることができる。その同盟によって上層は歴史的な所与性が変遷していくということを、特に自分自身の不安定性を、考慮できるのである。当時の用語で定式化するならば、そこで問題となっていたのは政治的社会（societas civilis）であった。この社会の構成員は自身の家政を維持しつつも、互いを直接的または間接的に知っており、必要ならば何の困難もなく接触することができたのである。上層内部での接触には特殊な、不等性から解き放たれた交流形式が与えられていた。同時にそれが、現存する位階の差異を表現する可能性もあった

（農民は位階の差異をまったく認識できなかったはずである）。この種の秩序の蓋然性の低さは、次の点からも認識されうるだろう。環節化や「中心／周辺」分化の場合とは異なって、今や全体社会を担う差異を空間的に表象することは放棄されねばならないのである。象徴化は抽象的に行われねばならない。それゆえに並行する政治的・神学的な構築物によって保護される、つまりは宇宙論的なアナロジーによって加工される必要も生じてくる。しかし何よりも必要なのは、階層を跨いで生じる相互作用を様式化することである。そのために用いられる形式が恭順さであり、また しばしば言葉遣いであり、テーマに関するイニシアティヴと裁量とを分配することであった。これらは要するに対面状況において、位階の差異を礼式として、またコミュニケーション実践の上で、継続的に再生産していくことなのである。したがって階層は、相異なる位階の人物が一堂に会するたびに階層が想起されるというようにして再生産されていくのである。

ひとつの、まだ小さかったはずの上層が《統治する》などということはおよそ考えられないことである。それ以前に存在していた社会構成体、すなわち部族社会ないし族長社会がもっていた秩序化の働きを、階層形成だけによって代替することはできない。それゆえに階層化された全体社会の中には常に、政治的集権主義もまた見いだされる。ただし、上層が自身の特権を守るために政治的集権主義を創り出したのか、それとも政治的集権主義が、そこに関与する者に上層の地位を与えたのか、あるいは（中国のことを考えればこう付け加えねばならないのだが）学識ある政治的官僚に接触できるのは上層だけだったのかという点に関しては[159]、現在の研究状況では未決のままとなっている。この問題は、《国家成立》という奇妙な概念の下で論じられてきた[160]。いずれにせよ社会史的に見れば、政治的集権主義を伴わない顕著な階層など生じたことがなかった。その点では階層化された全体社会への移行は、政治システムが機能的に分出するための準備として役立ってもいたのである。

形式的に見ればハイアラーキカルな階層において重要なのは、ふたつの系列（Serie）である。しかしそれはひとつのものとして描出される。[161] すなわち上から見た場合の上から下への連なりと、下から見た場合の下から上への連なりが存在しているのである。この二重化は、きわめて多様な体験形式の中で出現してくる。そこからの帰結として、よりよい位階の地位を生じさせることによってハイアラーキーを上方へと拡張すれば、それは同時により劣った地位をも生み出すことになる。上昇を実行すればその道筋で、残ったもとの地位はより低いものと化してしまう。かつて同じ位階にあった人々を、より低い位階の者として扱う結果になるのである。しかし二重系列のこのパラドックスは、ハイアラーキーがひとつの客観的段階秩序として記述されることによって隠蔽される。この秩序の中で各自が引き受けることができるのはひとつの地位だけではないか、と。そして地位の秩序は、さまざまな特質（自然＝本性）やさまざまな予期（道徳）を想定することによって、ゼマンティクの上で充塡されるのである。

以下の分析ではスペースおよび素材という理由によって、全体社会のシステム分化の形式として階層化が特に明白に優越している、ひとつの社会の事例に話を限定することにしたい。それはすなわち中世後期から近代初期のヨーロッパである。言うまでもないことだが、民族移動の混乱状態の中でも、また中世初期においても、支配の権限と財産という点で際だつ上層が存在していた。しかしそこから発展してきた封建秩序とそれ以前の社会構造との間には、注目に値する断絶が見られる。それ以前の社会は主として親族関係に基づいていた。その親族関係が、主人と家臣との関係によって代替されていく。後者は、もちろん困難と制限を伴ってではあれ、家政の利害に抗して主張されていくのである。教会が寄進と寄付とに関心を寄せたこと、司祭が独身である点に固執したことのうちにも、同じ変化が見て取れる。それ以降のヨーロッパにおいてはもはや、主として家系およびクランに基づいた、その点で環節的な分化は存在しなくなる。各人の処遇に関わる事柄に関しても、封建秩序によって著しい変化が可能になる。特に、当初は不自由身分だったミニステリアーレ（家士）[19]や、大した出自をもたない騎士が、貴族へと組み込まれうるようになったことを挙げておこう。中世期が経過していく中で初めて血統が、貴族に関する決定的な基準として通用するに至る。ただし時折生じる政治的な叙任が補完的役割を演じていたし、叙任は後になるとより頻繁に生じるようになるのだが。かくして名門（nobilitas）が、後には貴族が、包括的な境界づけ概念となる。婚姻の実践と政治的リクルートに際しては、この概念に定位すればよいのである。以下では、このような形式において確立された貴族社会から出発することにしよう。地域によって著しい違いが見られるのはもちろんだが、その点は無視しておく(162)。

ある分化形式の優位によって、破断点を明らかにすることもできる。その点において寄食者が育まれ、分岐が設定され、新たな、歴史の上で実り豊かな道が開けていくのである。以上のテーゼが正しいとすれば、ここ〔ヨーロッパ〕において、ただここにおいてだけ近代というカタストロフィーが生じたのは、決して偶然ではないことになる。諸身分がそれぞれ団体を形成していたという、ヨーロッパの特性をも考え合わせるべきだろう。それによって、領域国家の端緒において、諸身分が決定に参与する可能性が確保された。特権を妥協によって確立しつつ、相当な程度の集合的可視性と、介入を受ける可能性をも伴うことができた。組織として、また法的に固定されるということは常に、変更の可能性をも示唆しているのである。これらを全体としてみれば、ただヨーロッパのみにおいて全体社会システムが主として機能的に分化することへと転換を遂げたのは、何ら驚くべきことではないだろう。

もちろんこの説明だけでは十分ではない。さらに加えて、歴史的・状況的条件をも考慮しなければならない。例えば地理上の違いや構造的な先行発展（法が格別の重要性を有していたことなど）、貴族による土地所有、すでに宗教の非同一性がかなりの程度導入されていたこと、貨幣経済および政治的な領域支配（それが帝国という形式を破砕することになった）などを考えてみればよい。インドのカースト制度と比較してみても、ヨーロッパの階層は宗教的に儀式化可能な純粋性の概念に基づいたものではなかったことがわかる。むしろその起源は土地所有のうちに、結局のところはほとんど帝国秩序のうちにのみ求められるのである。[163] これらの促進的条件すべてを踏まえて、次のように述べうるだろう。身分の分化という支配的形式において長期間の、何世紀にも及ぶ過程が経過する中で常にくり返し、〔その時点において〕何をもはや用いることができなくなっているかが認識されてきた。つまり、自身を分出させてゆく機能システムが独自のオートポイエーシスを組織できるようになっていくにつれて、何が障害として、さらにまた結局は何が不必要なものとして現れてくるかが認識されてきたのである。もはや用いることができないのは、政治的要因としての土地所有であった（最後には土地もまた売買可能に、また投資コストを勘案しつつ合理的に、経営可能になる）。またもはや用いることができないのは何にも増して、子息であるということおよび貴族の家系という関係であった。ロンドン王立協会（Royal Society of London for the Improving of Natural Knowledge）は構成員として特に《紳士》を想定していたが、その理由は「紳士は職業人よりも多くの時間をもっているから」というものだった。[164] 十八世紀後半においても、貴族の家系の子孫が有する特別の性質を賞賛する文献が見受けられる。しかしそれはただ、その種の性質にも場合によってはまだどんな使い道があるのかを発見するためだけにのことだった。例えば軍隊における指揮官の地位のためにだとか、外交的役職のために、[20]というようにである。

階層化された全体社会という特別な分化形式を記述しようとするのであれば何よりもまず、社会学で通常用いられている階層の概念を放棄ないし制限しなければならない。通常の場合階層概念によって考えられているのは、ある種の立場からなる位階秩序である。それは物質的および非物質的な利得を、差異をつけるかたちで分配することによって支えられているのだ云々[165]。それに対してわれわれはこの概念を、全体社会の内的なシステム分化と関連づける。そして全体社会の部分システムが、全体社会内の環境に位置する他のシステムとの関係において、位階の差異という観点のもとで分出している場合に、またその限りで、階層について語ることにしよう。そして階層分化の優位が存在するのは、他の分化様式（特に、家政の環節分化）が階層に合わせられている場合のみなのである。

階層化が成立するのもやはり、ひとつの全体を諸部分へと分解することによってではなく（当該の文献ではたいていの場合そのように描出されているのだが）、上層が分出し閉じることによってなのである。閉じが生じるのは何よりもまず内婚制による（もちろん個々に見ていけば、破られる場合もしばしばだったのだが）。しかしゼマンティクにおいても上層は下層に対して《卓越して sich distinguieren》[21]いなければならなかった。しかしその下層のほうは当初、自身がそのようなものである、あるいはそのようなものになろうとしていることを、まったく知らなかったのである。したがって上層だけが、洗練された特別なゼマンティクを、特殊な自己記述を、系譜を、メルクマールを意識することを、必要としたのだった。それゆえに歴史的に回顧してみても、下層よりも上層のほうが容易に認識されうるのである。後者では均質性こそが洗練された基準として重要であったのに対して、前者では問題は、生存ぎりぎりのところで生活しているということから生じてきていた。上層は、生活・様式・趣味という点で選択的だった。下層は必要性と関わり合っていたのである。上層は猟犬を操り、下層はラバを使う。上層は長い時間眠るが、下層は陽が昇る前に起きねばならない[166]。上層は《いくつかの形式に関しては敏感である》。例えばある観察者が言うように《よい生まれの人》に関して、したがって下層に対する軽蔑の念に関して、である。〔下層の者には〕《粗野なところがあり、また愚かでその気質にひどくとらわれているので、まったく気を許すことができない[167]》。言うまでもなく、下層の記述は（実際にはほとんど無いも同然だったのだが）上層を通しての記述だった。それは女性の記述が男性を通しての記述だったのと同様である。

　部分システム形成が関与者にとって認識可能となり、またコミュニケーションとして実行可能になるためには、階層内部の均質性が、位階の区別を超えて外に向かって区切られうることが、前提となる。そしてこの分化形式の優位について語りうるのは、それがあらゆる生活状態にとって、生活形式として、エートスとして通用しうる場合だけなのである。それは表面的には、貴族の生活様式を記述することを通して生じる[168]。またこれは、階層相互のふるまいと行動において、位階の差異が貫徹されるということを含意している[169]。もちろん階層内における同等性を団結および一致として理解することはできない。むしろ同等性は協働の、またコンフリクトのチャンスを構造化し、増幅する。他ならぬヨーロッパ古来の貴族倫理は、勇敢（valor）や名誉（honestas）などの価値を強調することにより、また雄弁（eloquentia）

などの教育目標を掲げることによっても、争いを許容する雰囲気を湛えていたではないか。協働および、コンフリクトは上層を分離することに、またそれによって資源を集権的に用いることに、依存するのである。

道徳的基準は非常に強調されており、しばしばそれは、貴族の本質に関する唯一妥当する記述と見なされてさえいたのである。ただし言うまでもなくだからといって、貴族／平民の区別が道徳的／不道徳的という区別と同一視されていたわけではない。他の場合と同様にここにおいてもシステム分化によって、それ以外の観点に対しては高度の無関心が可能になる。分類が、区別が可能になるわけである[170]。しかし垂直的な分類を行うことから、現実のうちでは見いだせないような権力帰属や道徳的判断が生じてくることもありうる。ついでに述べておけばここでもやはり、基準に関する議論が選択的であり上層に結びついていることが効果を発揮する。その議論が定式化するのは貴族に向けられた予期なのであり、その際には上層と下層との違いが自明の事柄として前提とされる。下層は別の道徳によって生きているのだろう、とでも言わんばかりにである。

階層はあらゆる生活状態に関わる、協働にもコンフリクトにも関わる、普遍的な射程を有している。階層への帰属が生まれによって、つまりは家族および人との関わりによって与えられることから考えてもその点は明らかだろう。階層は人間の全体社会への包摂を、部分システムと関連させつつ包摂と排除を固定することを通して規制するのである。誰もがただひとつの階層にだけ所属できる。それによって、他の階層からは排除されるのである。貴族を貴族として規定していたこの存在連関は、自然＝本性の概念によって表現される。貴族の特質は《内在的かつ自然的 inherent and natural》である、と[171]。実際には貴族〔の地位〕は政治的に授与され承認されたという事実を考えてみれば、これは驚くべきことに思われるかもしれない。しかし当時の観念に即して言えば、そこでは王は判定者＝批評家（iudex）として働いていた。重要なのは特質を《認識する》ことであって、〔貴族の資格を〕創設する意志的行為ではない、と。ついでながらヨーロッパ古来の自然概念のうちには、自分自身を知り、自身の自然＝本性と一致したものとなるよう自分自身を動機づけるという自然＝本性の事例も含まれていたのである。さらにまたこの文脈では自然が対置されたのは人工にではなく、意見にであった。排除されたのはただ、自身や他人に対する評価だけからしてすでに貴族としての効果を発揮するという事態だけだったのである。

階層分化はヨーロッパの広い範囲において、法的な区別によって支えられていた。しかしこの分化は、日常的に知覚されうるものの領域においても確証されていたのである。衣装およびふるまいの違いにおいても、また住居の違いにおいても階層分化を見いだせた。この可視性によって、階層分化を踏まえた都市計画に至るまでの、計画的な介入が可能になりもする[172]。知覚可能な世界の中では、規範の領域において常に逸脱および批判を可能とするものに、さらに事実性と明証性が付け加えられるのである。このようにして次の点が明示されもする。すなわち重要なのは個々の人ではなく全体社会の秩序なのであり、その秩序は可視的であると同時に代替選択肢が存在しないのである、と。

貴族としての自然＝本性を認識することは、貴族の家に生まれることで可能になる。そしてその家系のほうもまた、先祖の生まれによって認識されうる。道徳的に傑出しているというだけで、平民が貴族になることはできなかったのである[173]。そんなことが起きれば、この秩序は無茶苦茶になってしまうだろう。いかに有能で豊かであろうと、農民は農民のままである[174]。哲学者もまた哲学者のままである[175]。古代においてはこのような見解は、「始原（arché）が本質を規定する」という、また「したがって血統（例えば系図において可視的となっているような）が本質の類似性を保証する」との仮定によって庇護されていた。近代初期に至るまでの間、過去というものは、ここではつまり先祖が傑物であったということが、今日考えうるのとはまったく異なる仕方で、現在の一部となっていた。貴族の本質は抜きんでた才能の輝きのうちにあると見なしていた著者たちにしても、子孫を貴族的にするには祖先の記憶と模範だけで十分であると想定していたのである。[176] 特にアテナイでは貴族概念の《民主化》が生じたが（貴族を貴族たらしめるのは）都市市民のそれぞれがもつ徳 areté である、と）、これは貴族概念を拡張しただけであって、打破するまでには至らなかった。中世においてもこの伝統はテクストの伝統として保持されたままだったが、より強く法化（Juridifizierung）されることによって、つまり法＝権利（Rechten）を身分に依存させることによって、補完されもした。もちろん貴族の道徳的特質に関する議論も同時に生じてはいたが、このように法的に固定するというかたちを取ったことを見れば、その種の議論が有していたのはあくまで正統化の機能だけであって、地位を規定する機能を担っていたわけではないことがわかる。[177] そこでは生まれという基準が果たしていた役割は、不可欠であると同時に疑わしいものでもあった。貴族に関する当時の文献の主要部分が扱っていたのは、そこから派生する問題だったのである。すでにアリストテレスは、きわめて広範な影響を及ぼすことになったテクストの中で、古来の（これはつまり、誕生の時点で常に現存しているということである）富と有徳さとを《良き生まれ》の基準と呼んでいる。[178] このふたつの基準は、しばしば結びついて現れてきていた。例えば功績（mérite）について語られる場合、生まれそのものが功績に満ちたものとして考えられてもいた。徳が貴族の基準として確立されている場合でも（特にイタリア・ルネッサンスにおいて）、それによってただちに上昇への道が開かれたわけではなかったし、開かれていた場合でも古来の、持続的な徳が要求されたのである。[179]したがって出自／有徳性の図式を、旧／新という意味で解釈してはならない。むしろ生まれ抜きに功績をあげようと欲する者は、まずもっていかにして功績をあげるかを学ばねばならない。そして一生を通じて、学んだ事柄を適用できる者として自身を認めさせていくことになるのである。かくしてアリストテレスにおいては、また彼に追随する者すべてにとっては、富と有徳性との、あるいは生まれと功績との連関が通常的なものとして前提にされていた。そこからの帰結として、逸脱を見分けて除去することもできるはずだということになる。自然＝本性に対応させてやればよいのである。

　こういった基準に関しては必ずしも一致が取れていたわけではなかったし、貴族にも不肖の息子がいるという点を見逃すこともできなかった。[180]しかしまず問題だったのは、「どんな予期が誰に関して成り立つのか」という問いを解明することだったのである。それに対応することだが貴族は教育によって、貴族なら守るべきものと考えられていた生活態度に適合していかねばならなかった。これは修養の必要性と同時に、労働によって、睡眠時間の不足によって、飢えによって堕落してはならないということをも意味していた。[181]そしてそれを避けるためには、富を相続する必要があったのである。追加の要素として道徳的形式も存在してはいたが、それは構造を防御するために付加されたものだった。貴族のある一員が出来損ないだったとしてもそれは当人の罪であって、社会の、ましてや家系の罪などではない、と。貴族がすでに国家制度となっていた時代においては、生まれという基準はただ法的な目的のために役立つにすぎないと認めることすらできた。つまり生まれによって、人を一義的に階層へと帰属させることが可能になるのである、と。(182) したがって悪徳も、それが法的には捕捉しがたい形式を取っている場合には、貴族の身分を失う根拠とは見なせないということになる。ヘンリー・ピーチャム[22]なども述べているように、そのような意味での悪徳はあまりにも広範に及んでいるからである(183)。

さらに述べておけば生まれと有徳性という二重基準を見ればわかるように、伝統的社会の特徴は帰属による地位であり、近代社会の特徴は獲得された地位である云々と考えるのは(184)、誤りであろう。本書で挙げた例から見ても、この区別そのものが特に意味を持っていたのは、階層によって包摂を規制していた全体社会にとってであった。そこではだからこそ特別な功績へと注意が向けられていた(185)。したがってこの区別の一方の側だけが特に強調されていたわけではなかった。むしろ、パーソンズに倣って定式化すれば、特質／遂行という《次元》に特別な注意が向けられる一方で、他のパターン変数は背後へと退いていたのである。近代社会は個人のキャリアへと焦点を定めており、そこではこの区別はあまり重要ではなくなっている。そこで可能なのはせいぜいのところ、《にもかかわらず》帰属を完全に除去することはできない云々と論じることとくらいだろう。

道徳が文献の中でどのように提示されるか。それは結局のところ具体的な、人格全体に関連する包摂の形式によって規定される。この形式は君主、姫君、その他の高貴な血統をもつ人物において範例的に示される。それらの人々においてだけ、その内面は生活上の苦労から独立していると、有意味に主張できる。関わってくるのは、その人たちの運命だけなのである。同時にまさにそれゆえに、その運命はまったく当人自身のものだということにもなる。（そのつどの意識状態に従って）帰属されうる相と帰属されえない相の間には、つまり功績による運命と功績によらない運命の間には、何ら差異は存在しない。

口承による英雄叙事詩では英雄が登場してくるのは祖先としてであって（部族の祖先としてであれ、契約を締結した相手方の祖先としてであれ）、模範的な個人としてではない――これも今述べた点と関連しているのかもしれない[186]。英雄の《模範性》は、また特にそれを貴族の系図という文脈において使用することは、口承による伝統に基づく社会においてすでになされていた。今や文字が用いられることにより一貫性の圧力に晒され、選択的な体系化が生じることになる[187]。この点は、行動原理に、態度に、エートスにより強く起因するものと見なされうる道徳のうちで見て取れる。そしてそれは、英雄が賞賛に値する努力を払ったということだけでなく、自己の運命を受け入れる力を持っていたということに関しても言えるのである。最後にはこの《運命論的》な相は、下層に対しても薦められることになる。下層はどのみち、そうする以外の可能性を有してはいなかったのだが。

ある階層内部における同等性が意義を有していたのは確かである（決闘によって名誉回復を行う能力など）。しかしだからといって、階層が相互の関係を不平等なものとして知覚していたということから出発するわけにはいかない。そう知覚するためには相異なる階層に所属する者どうしが相互に比較を行うことが前提となる。さらに比較に際しては共通の基準が踏まえられていることが、そして結果として不等性を確定することが前提となるわけだ。しかし同等と不等との区別が与えられていたのは、順序＝秩序（ordo）原理という抽象的な定義においてだった。ordo が意味していたのは何よりもまず、「不等であるにもかかわらず調和していること」だったのである。さらに、等しいと等しくないとに従うアリストテレスの区別に依拠しつつ正義について考察する必要もあった[188]。しかしいつの時代においても日常的な了解可能性にとって肝心なのは単に相異なる、別の種類の人間である。そして他者であるということとは特質〔の問題〕であって、関係〔の問題〕ではない。したがって法秩序の中には、包括的な平等の命令は存在していなかった。地位が高い者による地位が低い者に対する違法行為、特に犯罪行為に、逆の場合とは異なる判決が下されるのは、まったく通常的なことと見なされていたのである。[189] 同様に位階の差異を超えた交流においては、《君が私にしてくれるように、私は君にしてあげよう》という規則は通用していなかった。人間の違いが知覚されていたのは、等しい／等しくないの図式においてではなく、相互の関係の中での相異なる権利と義務に関してであった。そしてその後この違いが《道徳化》されることになったのである。[190] それゆえに関係をめぐる攪乱が、騒乱および反乱が生じたとしても、それらは水平化へ向かう傾向だとは見なされなかった（そのような傾向はすでに近代社会への移行を告知するものだった）。むしろそれらは自身の状態が悪化したことへの反応なのであり、悪化の責任は反対の側のうちにあるとされたのである。[191] 別の階層に属する者は、自分とは異なっている。生まれも別だし特質も別だ、と。とりわけ、当時きわめて愛好されていた有機体のメタファーは、そう説いていた。何しろ今日でも、頭と腹とを《不平等》なものとして指し示すなどということを考えつく者は、いないはずではないか。そもそも有機体と社会との比較自体を放棄することのほうが好まれるだろう。

階層に基づく分化は、環節社会と比べて部分システムが相互に独立するようになるということを意味しているわけではない。むしろ逆こそが正しい。分化の形式が多くの事柄を必要とするようになればその分だけ、増幅された独立性と増幅された依存性とを組み合わせることが可能になる（これはもちろん近代の機能分化した全体社会についてはなおいっそう言えることである）。まだ可能な形式が鋭く制限される、というようにである。こう言い換えてもよい。分化の形式はそれぞれ、自身に合わせられた構、造的カップリングの形式を必要とするし、そして形成しもするのである、と。その形式が部分システム間の接触を、またしたがって相互の刺激を強化するとともに、他の可能性を排除し周辺化しもする。

階層化された全体社会が依存性を水路づけ、独立性と両立可能にする形式は、家政の経済的統一性である。[192] 家政は、調達および分配のための共同体として、消費の近隣において形成されていた。そしてその限りでは利害状況という点で透明だったのである。予想される役割は対面状況での相互作用を介して設定されており、道徳的に判断されえた。給付関係に関する文字による記録が存在している場合でも、やはり事は同様だった。階層への関係において依存性と独立性とを構造的にカップリングするうえで、家政は特別な機能を担っていた。その点から、ヨーロッパにおいては家長の親族が内的にさらに位階のかたちで分化していくことはなかったという事態も説明できるかもしれない。貴族の家族（今日的な意味での《家族》）を家政の一部としてそれ以外の部分から区切って指し示しうるような特別な概念自体が、あるいはそもそも特別な言葉すら、存在していなかったのである。[193] 通用していたのは「女性、子ども、使用人は家長に従属する」という教説だけだった。そこからは、中核家族内部での社会的位階の違いなど導かれてはこなかったのである。[194] むしろ中核家族はより広範な、多くの家政にまたがる親族連関の〔小さな〕部分だと考えられていた。中世後期には諸侯の宮廷はすでにかなり大きくなっていたが、そこでも侯爵の《一族 familia》は親しい者からなる狭い圏域に留まっていた。例えば学識者や芸術家が格式張った任命によって《家族の一員 familiaris》として受け入れられることはありえた。この圏域が叙位の前段階ではないにしても、顕彰の形式として働いたのは事実である。しかしそれはもちろんのこと、親族とは何の関係もなかったのである。[195]

階層化された全体社会にとって家政が有していた意義は、いくら高く評価してもしすぎることはない。階層に関係する単位となるのは、家政であって個人ではなかった。それゆえに家政は、秩序づけられたものとして前提とされねばならなかった。狭い意味での家族の親族秩序においても、また使用人への関係においても、である。全体社会の水準での位階秩序を家政内へと引き写すためには、家政内部において対応する位階関係が必要になる。男性／女性（紳士／淑女）、父親／子ども、主人／家僕の図式に沿って分化していなければならないのである。この秩序の内部では、女性が男性の下に位置することは避けがたかった（もちろん実際の権力関係が常にそうであったということにはならないが）。それゆえに両性の平等を重視する者は非婚を貫くか、家政のない女性共同体(196)を推奨するしかなかったのである。

家政の秩序がもつもうひとつ別の機能として、個人の〔社会〕移動のためのチャンスを開くということが挙げられる。個人が上昇していくことは、人口統計学的な理由からしてすでに、また能力には明確な差があるという点によってもまた、不可欠である。家政を身分によって固定的に位置づけることが守られており、家系の古さによって社会的位階も規定されていた間は、移動を例外として受け止めることができた。人口統計学上ないし政治上の危機的時代において比較的大規模に移動が生じたとしても、やはり事態は変わらなかった。身分社会という根本原理に従って、位階秩序は不動のままだった。移動はせいぜいのところ、システム外的な理由によって許されるだけだった。家系が途絶した場合には、〔その家系が占めていた〕立場を埋めねばならない。個人の移動は〔欠落という事実の〕《認識》として、自然による帰属が失敗したという事態に対する補正として、様式化されていたのである。しかし近代的な領域国家が強化されていくとともに、叙位はますます目的を伴うかたちでなされるようになる。システムの可動性は、システム内的な（とりわけ、政治的な）理由によって拡大されていくのである。

最後に家政というシステムに対して全体社会は、相互作用に関する比較的大きな自由を（理念通りに恭順〔の原理〕に従うものではあったが）見込むことができた。政治社会においてはそのような自由は決して許されえなかったはずである。家政の中ではさまざまな階層の構成員が、自立している者も自立していない者も、共に働いていた。特に女性はそこにおいて自身の場所をもち、承認されていたのである。インドのカースト・システムの場合とは異なって、そのための込み入った接触儀礼など必要ではなかった。また中国の場合とは異なって、養育／援助、恭順／忠実の構造を伴う家政が同時にひとつの宗教共同体（祖先崇拝）でもあったわけではなく、したがって全体社会のモデルとなったわけでもなかった[197]。このふたつのシステム類型は、〔前者においては〕政治と経済とが鋭く分離していたことによって区別される。そこでは家政の秩序から政治的目的のために引き出すことができたのは、この秩序によって保証されていた家長の独立性と、家長が持ち場を離れてよいということだけだったのである。したがって自身の経済に、自身の生計に配慮することは、政治社会を形成する者にとっては政治的な義務の一部だったのである（これはすなわち、政治の中への経済／政治の区別の《再参入》である[198]）。貴族の家政の中で裁判権や他の公的機能が引き受けられており、また他方で家長は外交上の機能に従事して不在であったり宮廷で暮らしていたりした場合に関しても、やはり同じことが当てはまる。いずれの場合でも階層相互の依存性をこのように方向付けること自体もまた、家政が環節的に分化していることに、またしたがって構造的分離に基づいている。しかしこの分離は今や社会的に（あるいは、《政治的に》と言ってもよい）副次的な意義しか持たなくなっている。社交的な会話において自分の家政について語るのは、よい付き合いにとっては不作法なことである、と。

家政の規範的構造が強調していたのは、支配（＝秩序）の必然性であり、生計のために必要な、〔領民が納税の義務を〕履行することを求める権利であった。この要求は、社会階層に対応するかたちで分化可能だった。つまり階層分化に合わせられていたのである。しかし貨幣経済には適合していなかった。貨幣経済への移行につれて、また所領経営がますます市場に依存するようになるにつれて、この基準は動揺するようになる。その結果、要求する権利をもつ支配者と、履行義務をもつ、しかし自身の生計という点ではやはり要求の権利をもつ地域住民との間の予期コンフリクトが増大していくのである[199]。近代的な所有権概念によって初めて、このコンフリクトの（しばしば相当に暴力的な）解決がもたらされたのである。

パトロン／クライアント関係も類似した機能を担っていたが、それは家政の経済的機能を超える、より広い意味においてであった[200]。この関係によって、位階の差異を相互の利益のために利用することが、明白なかたちで可能になったのである。それは地方を政治的中心と結びつけるのに適していた。しかしさらにまた、まったく一般的に、自由意志によってある人を援助するということを動員するために適してもいたのである。決定的なのは、その限りではこの装置は環節社会におけるオジ／オイ関係と比較可能なのだが、差異が架橋可能だという点であった。まさにその点にこそ、刺激作用と利点とが存していたのである。パトロン／クライアント関係は〔階層分化という〕この事例のために互酬性を再組織化したのであり、しかもその際階層は、問題ないものとして前提にされたのである。同時にこの関係は階層の秩序と、その上に築かれた領域国家とを媒介するものとしても働いた[201]。そうなったのは特に、裁判所を除けば、中央が命令を下すことができるような地方行政組織というものが存在していなかったという理由によっていたのである。十六世紀に至ると活版印刷術によって、この関係に対する代替選択肢が切り開かれる。活版印刷術は別の情報可能性をもたらしたのである。[202] それが新たな、宮廷での奉仕から独立した《政治的人文主義》(トマス・モア、ロッテルダムのエラスムス、クロード・セイセル[23]らのタイプの)を可能にした。[203] そこから特に民衆の側で、宗教に関しては大貴族(Magnet)とは異なる磁力(Magnet)に従おうとの考えが生じてくることになった。[204]

さしあたり階層は、ひとつの単純な差異を必要とする。それはすなわち、貴族と民衆との差異である。威厳(dignitas)をもつ人間ともたない人間とがいる、というわけだ。[205] 非対称性は、上層においては人数が少ないままであったこと、資源の使用〔可能性〕が増幅されていたことによって、強化されていた。この枠組の内部において、分化内分化が発展してくる。特に貴族内部での洗練された諸区別を考えてみればよい。それらは結婚という目的のためには、あるいはまた礼式の問題のためには重要だったが、部分システム内の部分システムとしてはもはやほとんど通用しえなかったのである。十三世紀になって全体社会がより複雑なものとなって初めて、上級貴族と下級貴族との明白な差異が成立した。[24] そしてそこからさらなる諸区別が生じてくることになったのである。[206] 民衆の側でもやはり、きわめて多様な種類の位階の違いが生じてくる。[207] 経済的な移動性がより大きくなることから、また従属者(奴隷、農奴、コロヌス、その他履行義務を負う者)の抵抗能力から、さらに所領経営および都市での手工業経営のための労働力需要から、《後期封建制》の時代には新たな卓越性の必要が生じてくる。下層においてもやはり事は同様だった。政治的文献において《民衆 populus, popolo, peuple, people》について語られる場合、念頭に置かれていたのは家政財産所有者であった。そしてそこでも婚姻は、パートナーの位階状態に、とりわけ持参金と財産に従って取り結ばれたのである。根本的区別のどちらの側でも、部分システムの内部において部分システムを形作るのは困難だった。その代わりに働いたのが、都市と地方の区別だったのである。さらなる分化の基準もまた、基礎となっている身分的秩序に従って区別されていた。貴族においては大幅に人工的な、礼式上の位階の違い。都市市民の場合なら職業。農民においては封建法による地位規定の結果に従い所有地の大きさ、というようにである。いずれの場合においても位階の区切りは、それによって分離されたシステムの内部で反復されることを通して、日常的に経験されるものとなる。生活の上でどんな問題が生じてきたとしても、上と接触しているのか下を向いているのか、あるいは同等な者どうしの付き合いなのかを知り、考慮しさえすればよい智恵が得られるとされた。それこそが、当時の言葉で言えば、必要とされる《政治的》知識というものなのである。

それと比べて三身分（聖職者、貴族、第三身分）の教説は、ゼマンティク上の人工物である[208]。実際には高位の聖職者は貴族の出であり、上昇可能性などほとんど残されていなかったのである（おそらく軍人としてすら、もはや不可能だった）[209]。いずれにせよいわゆる《第三身分》は、対照概念にすぎなかった。こう言ってよければ、貴族を際だたせるための《マークされない空間 unmarked space》だったのである。こうして三身分の教説は、階層的差異の原理的二元性を覆い隠したのだが、機能の区別（語る、戦う、働く）を模写するために役立ってもいた。また道徳的予期の違いを記述してもいたし、始まりつつあった領域国家とともに、法的な（＝権利上の）立場の違いをも記述していたのである。そしてまたこの教説は、今述べたようなメルクマールを精錬していくことによって、旧来の世界が時代遅れになってしまったことの、明白な証拠ともなっていたのである。

あらゆる全体社会は、人口統計学的な圧力に耐えねばならない。環節社会がそのための手だてとして用いたのは自身の規模の独立性、つまり成長と収縮であり、新たな環節を切り離したり取り入れたりすることだった。階層化された社会に至ると、階層間における相当な程度の移動がそれに加わってくる。上層で人口統計学上の消失が生じたとしても、移動によって埋め合わせることができるのである。確かに貴族に向けられる生活上の期待は、他の住民階層におけるそれと比べて高度なものかもしれない。しかしその分だけ貴族に生まれた者は戦争の中で、あるいは修道院で、子孫を残さず死んでいくことも多かったのである。階層は、個人および個々の家族の移動可能性が高いということと両立可能である――この点に関しては今日では異論の余地がないだろう(210)。社会が子どもの死亡、伝染病、暴力による殺人に対して抵抗力がない以上、移動を押し止めることはできなかったはずである。個別化されていた家族の利害関心が一役買っていたことを考えれば、この点は特に明白になるだろう。中世以来一貫して貴族としての特質は、徳によるものと生まれによるものとに区別されてきた。この区別は明らかに上昇への関心を構造化するために、また政治的叙位に方針を与え正統化するために、役立っていたのである(211)。問題はただ、いかにして移動をコントロールするか、大量の上昇と下降によって階層が平準化されるのをいかにして阻止するかということだけだった。これは中国では、個々の上昇者が上によって召喚されることと(スポンサー制度)によって達成された。ヨーロッパでは、次のような地位を意識した規則が通用していた(ただし、地域的な例外によって穴だらけになってはいたのだが)。すなわち、ある男性が上の、あるいは下の相手と結婚しても、それによって妻がもっていた位階を獲得することはできなかったのである。こうして内婚制規則を緩和することが、また個々の事例において適応が必要な場合には〔特に高位貴族において〕幸運な求婚者の位階を政治的に引き上げることも可能となっていた。一般的に言えば、上昇は純粋に経済的な基礎の上で生じるべきだとは考えられていなかった。(212) しかしまた、王家に貸し付けた者に対して貴族の称号を用いて支払いがなされたこと、窮乏した貴族には裕福な市民の娘との婚姻によって自分の土地を肥やすという可能性もあったこと、これらの点についても異論の余地がないのである。とりわけ、領域政策の上で叙位が利用されるケースもあった。トリノによって統治されていたサヴォワ領が、叙位および貴族の質を法律によって規制することを手段として、近代的領域国家へと統合された事例を、(213) 三十年戦争後にボヘミア貴族がウィーンに迎え入れられたことを、スコットランドのクラン首長がイングランド王家によって、裏切りの報酬として叙位されたことを考えてみればよい。これらすべては受け入れられたが、旧来の家系の価値が特別に評価されることによって、また新たな貴族が同等な身分として受け入れられるまでにはなお数世代を要したことによって、補正されもした。しかし承認が延期されたということは、〔貴族としての〕実を示さなければならないのは個人のみならず家系でもあるいうことを意味してもいた。しかし全体として〔階層分化した〕この全体社会では、区分の堅固さが、またそれとともに全体社会の構造の静態性が過大評価されていた。ある位階状態から別のそれへの移行は、特別な事例だと見なされていたからである。

移動は下降よりもむしろ上昇を意味していたはずである。人口統計学的根拠から考えても、そう考えられる。消失を埋め合わせることができるのは少数の上層だけであって、人口の残りの部分のほうはそうはいかないではないか。そしてまた、関心を集めるのも下降ではなく上昇のほうなのである。しかし貴族の家系が窮乏化して、身分に相応しい生活態度をもはや維持できなくなるという問題は存在していた。また、身分に相応しくない、特に交易および農業以外の産物を扱う業務に手を染めたという理由で貴族の称号を喪失する（減損 dérogeance）という法的制度も存在していた。[25] ただし現実にはこの禁則とそれに伴うサンクションはフランス自身においてすら、地域ごとの違いという理由だけからしてすでに、貫徹不可能だったのである。[214] とはいえ、それらに固執しなければならなかったのも確かである。貴族に保証されていた免税特権を、交易および産業に際限なく拡張していくことなどできなかったからだ。

階層化と移動とは矛盾すると、しばしば主張されていた（以前の全体社会では、そう述べられてもいた）。しかしこれは、観察と記述による人工物である。そのような主張が生じてくるのは、全体社会という社会システムが人間から成っており、その人間がときおり自身の社会的地位を変えるのだ云々と仮定される場合のみである。それに対して全体社会が再生産するのはコミュニケーションのみであるということから出発すれば、問題は自ずから解消される。その場合には内的分化の安定性のための前提となるのはただ、「内／外」の区別によるコミュニケーション規制の安定性だけである。そしてそれは、人員の高度な変遷と両立可能である。新参者が、その新たな地位において重要なのは何なのかを知りえ、学習できさえすればよいのである。全体社会が、あまりにも多くの移動によって分化様式が脅かされていると認識し、分離壁を設けることによってそれに対処しようとするということもありうる（特に十六世紀終わりおよび十七世紀初めはそうだった）。しかし何らかの現存の契機によって移動が増大ないし減少したとしても、それだけではまだ階層分化が不安定化していることの指標にはならない。むしろそこで生じていたのは、旧来の分化形式が、十分な可塑性を伴った移動によって維持されているということだった。言うまでもないことだが、ひとつの階層が全体として、閉じられたまま上昇するなどということはありえなかったのである。(215) しかしひとつの新しい階級の上昇によるのでないとしたら、旧来の事物の秩序はいかにして解体されていったのだろうか。

VII　機能システムの分出

われわれの回答は、「諸機能システムの分出によって」というものである。進化論の文脈では何よりもまず、次の点を受け入れておかねばならない。全体社会において個々の機能システムが分出して独自の、オートポイエティックな自律性が生じてくることなど、ましてや全体社会のシステム総体が機能分化の優位へと転換することなど、蓋然性のきわめて低い経過なのである。しかしその経過は最後には不可逆的な、自分自身に依存した構造発展を生ぜしめることになる。したがって、「世界史上で、農業に基づく巨大帝国から資本主義経済が成立してこなかったのはなぜなのか」との問いを追求してみても、あまり意味がないだろう。(216) 合理的な経済へと向かう自然な傾向というものが存在しているのであり、それは何らかの道筋で妨げられていたが、ついにヨーロッパ中世において解き放たれたのだ云々というようにである。その代わりにわれわれは、肝心なのは全体社会の分化の新たな形式が登場してくることであるという点から出発するとしよう。この形式は環節分化にも、位階的な分化にも基づいてはいなかった（むしろそれらを解体した）。したがってこの形式は、それが成立した全体社会のうちに何らかの支えを見いだしえなかったのである。(217)

端緒の年代を確定するのは難しい。端緒を、われわれが「先行発展」と呼ぶものに対して境界づけるのはほとんど不可能だからである。〔新たな分化形式が〕自己を主張するゼマンティクは、〔その形式が、それまでの伝統とは〕どんなに異なるものでなければならないとしても、さしあたりは伝統による概念構成に定位することになる。しかし決定的なのは、ある時点でオートポイエティックな再生産の回帰性が自分自身を把握し始め、閉じを達成するということである。そうなれば政治にとって問題となるのはただ政治だけであり、芸術にとってはただ芸術だけ、教育にとってはただ才能と学習準備だけ、経済にとってはただ資本形成と収益だけということになる。またそれに対応して全体社会内環境は——今やそこには階層も含まれることになるのだが——刺激をもたらす雑音《ノイズ》としてのみ、攪乱ないし機会としてのみ知覚されるのである。

われわれは次の点から出発できるはずである。中世において《身分的》な全体社会が発展する中で顕著なかたちで形成されてきた階層分化は、機能分化への転換にとってさしあたり好都合だった。階層分化によって、システムの上層へと資源を集中することが可能になったからである。これは経済的な意味だけでなく、権力および真理のメディアに関しても言えることである。かくしてとりわけ、《従属的》労働を政治的・法的に規制できるようになる。一部は地方において、しかしまた独自のハイアラーキー構造を伴うギルドとツンフトという形式において、である。その種の資源は、教会に拘束されていない限りで、革新的なかたちで投入され、法的に固定されえたのである。そこから、特にヨーロッパにおいては、所有権が特別な意義をもつという事態が生じてきた。所有権の意味は十四世紀以来、事物の支配(Sachherrschaft)から処分可能性へと定義変更されたのである。(218) 今日においてもなお、《階級社会》を所有権のほうから把握しようとする習慣が見られるのは、その影響によるものである。もちろん十四世紀においては、また十五世紀初頭においてもなお、ペストの結果として労働力が急速に不足状態になっていた。それゆえに多くの土地所有者は農民に自身の地所を賃貸しせざるをえず、その分だけ収入の減少に甘んじねばならなかった（したがって、中世当初における貴族の問題すべてが、機能分化が始まりつつあったことへと帰せられうるわけではない）。しかしこの経営上の問題によって、法的に保護された所有権が揺らぐことはなかったのである。

そのためのもうひとつ別の、同様に重要な前提として、ヨーロッパでは親族関係がクラン構造にまで発展することはなかったという点が挙げられる。それはあくまで個別家系に留まっていたのである。したがって、必要と給付能力との食い違いを埋め合わせ、日常を規制するようなセーフティ・ネットは欠落していた。クラン構造が形成されていたところでは日常生活を、市場への定位・法的規制・政治的介入が侵入してくることから守りえたのである。この緩衝が絶対的なものだったと考える必要はない。しかしその緩衝ゆえに経済・法・政治のための、回帰的に作動する機能システムの発展が妨げられたのは確かである。ヨーロッパでは機能システム形成に向かう傾向が、日常的行動にまで浸透しえた。革新（例えば農耕技術における）が市場での成功を介して個人的に報われるということもありえたのである。そしてまた法も、制限が貫徹されるということを踏まえて、増幅的効果をもたらすことができた。

機能分化の異例さはなんといっても、限定的な機能とそのコミュニケーション・メディアが、普遍的管轄領域を伴う部分システムへと集中化されていかねばならないという点に存している。つまりは、普遍主義と限定性とを新たなかたちで組み合わせることのうちに、である。中世は、役割分化およびゼマンティク上の区別でやっていくことができた。全体社会の統一性が階層によって保証されていたがゆえに、真理というメディアの内部においてさまざまな（例えば、宗教的な、哲学的な、修辞学的な）真理形式を受け入れることができたのである。あるいは貨幣メディアの内部において、地方での交易のためのさまざまな通貨システムを、また遠隔交易のためには地方ごとに相異なる換算相場を。さらには権力メディアの内部において、政治的に重要な権力形成の、さまざまな島嶼を（帝国、教会、都市、領域国家）。しかしそこから、機能内部における調整が次第に困難になっていくという事態が生じてくる。それに対する反応がなされたのは、機能システムそれ自身の内部においてよりよい調整を行うこと、各機能システムに当該のコミュニケーション・メディアに関する独占権を与えること、そして機能システム間の調整は放棄することによってであった。そしてその際、ハイアラーキカルな秩序がなおも存続し続けているというフィクションによって、十八世紀にまで及ぶこの転換が有していた劇的で《カタストロフィック》な性格を視野の外へと追いやることができたのである。

ここでもわれわれは、全体社会が一種の構造的革命の中で新たに分割され、そうすることで機能分化へと転換していく云々ということを前提としているわけではない。ある分化形式から別の分化形式への転換が、何らかの計画に従って実行されうるなどということは、ほとんど考えられない。〔諸機能システムの〕分出が始まるのは、そのために好都合な全体社会内環境の中でのことである。それら分出が相互を前提としあっているというわけでは必ずしもないが、しかしどのような順序で生じてくるかが、まったくの偶然に委ねられているというわけでもない。この種の出来事が進行する中では、機能システム相互の関係において多数の困難が浮上してくる。問題と問題解決、構造上の、またゼマンティク上の革新。

新たな秩序が確立される前に、それらを用いた下稽古がなされるのである。中国とは異なってヨーロッパでは帝国形成が教会の抵抗によって、政治的神権制の拒絶によって挫折させられた。したがって、広範囲にわたる経済関係を（交易を、と言ってもよい）政治的にコントロールすることも排除されたのである。[219] すでに中世において貨幣経済は領域政策によるコントロールを免れており、国際分業を組織化していた。そしてその分業が、領域の政治的運命を規定する一因となっていったのである。[220] インペリウム（imperium／命令）とドミニウム（dominium／支配）[26]の、命令する権力と土地所有の統一性は失われていた。支配装置はますます、貨幣〔を産み出す〕源泉をも開発していかねばならなくなる。〔それまでの〕世俗的支配と教会の支配はそれぞれ独自の土地所有に基づいており、したがって二重の官僚制システムを形成していたのだが、このシステムは不安定化していく。今述べた点がその理由のひとつとなっていたのかもしれない。

ヨーロッパでは神権制的帝国の形成が妨げられることによって、地域的・言語的・文化的な違いを用いて、機能分化へと向かう手がかりを試してみることが可能になった。[221] 農業的生産から手工業的生産への、最後にはひとつの市場のための工業的生産への移行が、至る所で同時に生じるということはありえなかったのである。十五世紀イタリアにおいて芸術のためのひとつのシステムが分出することに成功したのは、諸侯の小さな宮廷と小共和国が競合していたという特殊な条件の下でのことだった。[222] 十七世紀当初のイングランドにおいて芸術市場が成立した際にも、ブリテン島では収集への関心は輸入に頼らざるをえなかったという例外的条件が利用されたのである。宗教におけるプロテスタントの離教（Schisma）および芸術政策と教育への宗教的に動機づけられた関心は、戦争のかたちを取る対立によって生じ、政治的に固定された境界線に従っていた。法はイングランドのコモン・ローにおいてのみ、しかしそこにおいて決定的に、国民的（national）特性として賞賛され、そのようにしてクックからマンスフィールド[27]に至るまでの発展の中で、王権に抗して確保されたのである。さらにそこから、かの地においては成文憲法という観念が根を張ることができなかったという結果が導かれもした。

中世後期以来、地域的に限定された（それゆえに、進化の上ではよりリスクの小さい）基礎の上での分出を観察できるようになる。その分出は機能という重心に定位しており、もはやハイアラーキカルな階層が用いられることはなかった。とりわけ変化に見舞われたのは貴族である。しかもそれは別の上層との競合という形式においてではなく、貴族を平民から区別していた差異の価値が徐々に切り下げられていくことによってであった。地方住民および都市の手工業者に関しては、はるか近代に至るまで、連続的な状況から出発できた。家族形成についても、職業役割に関しても宗教的な絆に関しても事は同様である。全体社会が分化してできた各部分のうちでまずもって危機に見舞われたのは、それが分出することによって階層分化の形式と進化上の蓋然性の低さとが形成されてきた部分、すなわち上層であった。貴族だけは、通例となっていた位階の違いをどんなに強調してみても、徐々に次の点を経験せざるをえなかった。新たに形成されつつある機能システムは貴族を必要としているわけではないし、機能システムが貴族から分化する際に貴族がそれに関与することができるわけでもない、と。

領邦国家の政治はすでに十五世紀において、皇帝と教皇の間の演出じみたコンフリクトの、また教会内部での公会議におけるコンフリクトの影で、宗教的な問題から注目に値するほどの独立性を獲得していた。政治の側では公使を派遣して公会議を観察させていたし、次第に宗教的な争いを政治的問題として、それどころか政治的チャンスとして扱うようになっていったのである(223)。学術もまた活版印刷術による大規模な助成を受けるようになって以来、つまりは十六世紀以来、宗教に対して距離を取るようになる。例えば自然概念を強調しつつ用いることをめぐって、耳目を集めるコンフリクトをめぐって（コペルニクス、ガリレイ）、懐疑への自由を要求することをめぐって、好奇心をそそる革新をめぐって（それは政治にも宗教にも適用できなかったのだが）、である。法は、この発展から生じる問題の多くのために活用されることになった。貨幣経済における自由の必要性のためには所有権と契約法として、宗教的寛容へと移行するためには公法として。そして法は他ならぬこれらの職務を遂行することによって、政治的権力に対する独自性を獲得していったのである。この種の緊張と変動は、同時代人たちの注意を引いた。しかしまたそれによって、分出しつつある諸機能システム間のコンフリクトから、ひとつの総体的な動きが生じてきているということが覆い隠されもした。その動きとはすなわち、多数の機能システムが並行して分出していくということであった。そして全体社会システムの諸機能のうちの十分に多くのものがこの動向のもとに含まれるようになって初めて、新たな秩序をそれ自身のほうから解釈することが可能になったのである。

部族社会から高度に洗練された社会への移行の場合と同様に、この移行の条件を同定するためには、実現された分化形式がもつ構造的問題に着目するのが最善であろう。われわれはそれをまずもって、政治システムの分出に関して示しておくことにしよう。政治システムにはこの過程の中で、《国家》という名称が付与されることになる。

帝国においても都市においても、はるか以前から政治的支配が存在していた。しかしそれが分出していく明確な動向は中世後期から近代初期にかけて初めて現れてきたのである。そしてその結果政治的支配は、階層から独立したものになっていく。より旧い秩序においては政治的支配は全体社会の秩序そのものであった。それとは別の秩序を選ぼうとすれば、カオスに陥ってしまうことになっただろう。支配は宇宙論的に根拠づけられたひとつの秩序の契機であり、その秩序は自然＝本性として、また道徳として、支配を制限していたのである。支配者に求められる知とは第一に、支配者自身の有徳な能力を知っているということだった。[224] ラテン語の言葉遣いでは王（rex）と暴君（tyranus）とが区別されるが、そこでも支配者とはただ正統な支配者だけなのである。《権能 potestas》についても事は同様である。[225]《支配《ドミニウム》 dominium》という表現が用いられる場合、なるほどこの概念には経済的資源を自由に処分することも含まれるという点が示唆されてはいた。しかしそれは常に法の枠内でのことだったのである。[226] この大胆な定式化によって、諸侯は法から距離を取っており、任意に法を制定してよい者として描出されることになった。しかしそれは政治的レトリックの一部であり、ローマの思考財の誤引用によるものであって、実際に国家の実践に影響を及ぼすことなど決してなかったのである。

実際に問題が存していたのは法秩序のうちにではなかった。法秩序は〔社会によって課せられる〕要求を、相応のかたちで修正することができたからである。問題はむしろ、全体社会の分化形式への関係、階層への関係のうちにあった。法秩序が「正統な領主のみが領主である（したがって暴君は領主ではなく不幸であり神の罰であり、取り除かれるべき災厄である）」と述べるとき、抵抗権を保証していることにもなる。〔それに対して〕貴族のほうは当然のことのように、独自の判断を形成し、それに応じた決定を下すことを要求する。スペインに対して自由を求めてなされたオランダの戦いは、そのようにして動機づけられたのである。十七世紀の三〇年間において生じたイギリスの革命の始まりに関しても同様である（こちらはしだいに異なる経過をとっていったのだが）(227)。リシュリュー[28]ですらまだ、先の見解に抗して自身の立場を貫こうと努力していた。確かに法は階層分化が優位に立つために役立っていたのだが、法自身はもはやその道筋を把握することも、観察することも記述することもできなくなっていたのである。

政治的競合という持続的問題は、構造的に見れば、今述べた事態に対応している。競合によって、支配者がいつでも交替可能なものになる——同じ家系から出るか、高位貴族からか、外国の有力者が取って代わるか、軍事的野心家か、それとも前の支配者の行政機構のトップかはともかくとして。マキアベッリが特に新たな君主によい（たいていの人から見れば「悪い」ということになるのだろうが）助言を与えて以降、一六〇〇年ごろの国家理性の文献はこの問題によって規定されることになった。それはまた、王朝の利害関心と国家の利害関心とを区別するのを妨げもしたのである(228)。

しかし政治的競合は階層に依存していた。上層によって候補者を事前選抜しておくことが前提とされていたし（カエサル的な資質が特に役立つ場合が時折あったとしても）、また階層化された全体社会によって、競合者が登場してくるための発火材料が常に与えられてもいた。望みさえすればいつでもきっかけが見いだされ、不満が動員されえたのである。貴族の立場は独自の経済に、自立的に武装した世帯とその取り巻きに依拠していた。それを踏まえて何を為し、何を為さないでおくべきかは主人自らが決めることだった。彼から見れば王への関係は忠誠であって依存ではなかった。王の行動を契機として、従者としての立場を取り消すこともできたのである。そのような場合には〔新たな〕同盟関係を形成することも政治的競合状態を生じさせることもきわめて容易だった。考慮されるべき人物は小さな圏内に収まっており、相互作用の対象に含まれていたからである。他ならぬこの意味において、王が有していたのは正統な《権能 potestas》だけだったのである。

このような状況の下で実際の政治が特に形成し利用したのは、パトロン／クライアント関係だった——一部には自身の領域内で忠誠心を生み出すために、また一部には外国の領域へと謀略的に介入するために、である。[229] 君主が資源として用いることができたのは、叙位および職位の授与だった。したがって残された重要性は、仲介者の役割を果たしているという点だけだったのである。特に移行期においてはそうだった。その時期には国家はまだ信頼するに足るローカルな官公吏装置を用いることができなかったが、貴族の土地所有に根ざしたローカルな権力に依拠することももはや不可能になっていた。かくして中央のパトロンからの支援を助力としつつ、ローカルなクライアント・システムが形成されるに至る。このシステムでは中央で役職に就いているパトロンが利用されたのである——そうでない場合もあったが。[230] 今日の基準から見ればこのシステムは《腐敗》として記述されることになるかもしれない。[231] しかしそれは、さらなる発展のためには重要な利点を有してもいた。すなわち政治的選抜への関心と同時に、出自から独立した上昇可能性をも作り出したのである。パトロン－クライアント関係は、ハイアラーキカルな秩序の観念に拘束されてはいたものの、常に更新を必要としているがゆえに、階層的な全体社会分化をすでに掘り崩し始めていたのである。

このような背景のもとで君主と宮廷人にとっては、美徳という鏡は何かしら別のものを映し出していた。すなわち競合への気遣いを、である。通常の場合、美徳のカタログにはアンビヴァレンツが含まれているが〔剛毅と柔和、節約と気前よさ、正義と衡量 Gerechtigkeit und Billigkeit〕、それゆえに状況を考慮するよう求められる結果になるのである。〔さらに後には〕国家理性の文献においても、この問題が取り上げられることになる。そこでは法を守ろうとすることから脅威となる騒乱が生じてくるかもしれない場合には、あるいは敵が強力すぎる場合には、法を貫徹しなくてもよいと勧められていることを考えてみればよい。《賢慮 Prudentia》はそのために適した概念だった。それが指し示しているのは、「過去においても未来においても、善い人間もいれば悪い人間もいる」ということを考慮するだけの狡知をもつということだからである。賢慮や国家理性〔ratio status〕といった概念は支配者に、シミュレーションと偽装〔Dissimulation〕とを推奨するものだった。そうすることで支配の秘密〔支配ノ秘術 arcana imperii〕が守られるべきである、というわけだ。しかし支配の秘密とは、支配とは支配することではな〔く偽装に他ならな〕いということなのである。

十七世紀半ばごろには、このように競合を常に視野に収めておくための前提条件が脱落するに至る。(232) しかしなおも長きにわたって競合がなされ続け、やがては政治システム自身が競合の原理を、《政治的反対派 politische Opposition》の名の下で引き受けることになる。そうすることで、自身を〔やはり新たな意味で〕《民主制》と呼ぶ権利を獲得するのである。しかしまずもって、この語によってコード化されるはずのものが備え付けられねばならない。それが生じたのは行政国家および法治国家という形式においてであった。(233) この発展が生じていく中で貴族は、また政治システムも、「貴族的価値によって規定される倫理的美徳が、政治的活動の中で直接的表現を見いだしうる」という観念を放棄せざるをえなくなる。マキアベッリの諸観念に対する抵抗は、この放棄がいかに困難であったかを示している。結果としてその後政治は、自身の国家理性に道徳的行為のための（緊急の場合における）飛び地を授けることになった〔つまり緊急時には道徳を無視してよい、と〕。一方道徳のほうはそれとは逆に、その時点までにすでに長期にわたって涵養されてきた教会の教えに従って、私化されえたのである。

中世の封建法の遺産はとりわけ、貴族の立場が法＝権利としての特質を維持していたということのうちに見て取れる。帝国内では貴族は領主としての、あるいは帝国に直接仕える貴族と、領域国家の貴族へと分裂していったが、それは政治的発展がもたらしたものだった（階層システムそれ自体の進化などによるのではない）。後者はどうにかしてその領域における主人と折り合いをつけねばならなかったが、帝国貴族のほうは人的連合に留まっており、その形式のうちで固着していた。十六世紀および十七世紀にはそこから身分秩序と国家秩序との、法的に入り組んだ入れ子状態が生じてくる。貴族支配という形式も、主権的君主制の形式も、それには適合していなかったのである(234)。中世イタリアでは、貴族と平民との間のそれぞれローカルな、都市共和国における争いから、きわめて多様な政治状況が展開していった。それらの状況から、当初は法的な（バルトルス、バルドゥス）[29]、その後領域国家へと統合されて以降はゼマンティク上のかつイデオロギー的な、議論が生じてきた(235)。そのどちらもが、当時の貴族文献に多大な影響を与えたのである。貴族がより強く政治的に結束するに至るまでの前段階的発展としては、叙位を政治的に行うということが挙げられる。最初にそれがなされたのはブルゴーニュ宮廷の誇大なスタイルにおいてであり、騎士道物語やイタリアから輸入された文明（civiltà）という霧に包まれてのことだった(236)。また特免（Dispense）および特権（Privilegien）という法形式も、同様に重要であったのかもしれない。それらは、一般的に妥当する法的状態から、特別な理由によって逸脱するという事態をマークしていたのである。しかしこれは、貴族を政治的には規律づけることができるということを意味するわけではない。例えば名誉という契機は、政治的自由裁量を受けつけなかったのである。[237] 貨幣経済の拡張によって条件づけられた会計帳簿を通して初めて、貴族が政治的により強く依存するようになる。同時に領域国家は新たな問題を引き受けることにもなる。〔王による〕貴族に対する承認は当の家系が居住している領域に関してしか《通用》しなくなるのである。[238] しかし比較による分析を行ってみれば、相異なる国ごとに、貴族に関するきわめて多様な観念が伝承されてきたことがわかる。[239] したがって外国に赴いた場合には改めて自身が貴族であることを承認してもらうよう、試みねばならなかったのである。フランスでは旧来の貴族が国家による承認を求めたり、あるいは〔貴族でなかった者が新たに〕貴族の位の授与を求めたりしたことの主要な動機は、免税のうちにあったのかもしれない。[240] そこから、高度の詳述可能性を伴う基準を用いて、法的に精確を期す必要性が生じてくることにもなる。[241] 官職が政治的に配置されるべきだということも、しだいに階層にとっては問題となっていく——ひとつには、有能な候補者のほうが貴族よりも優先されるからであり、またひとつには結果として特別な種類の貴族（法服貴族 noblesse de robe）〔30〕が登場してきたからである。[242] 紛争の問題を解明する際にはとりわけ貴族内部における多くの微細な区別が、国家と協働することになる。そこでは常に文書による証明が要求されるが、それは特に官公庁の記録と国家行政機構のうちに存することになる。[243] 以上のすべてによって貴族はしだいに、国家に依存した特権化という観念に馴染んでいく。それに対応することだが十八世紀のサロンでは貴族はもはや、それほど形式的作法に基づくものではなくなっていたのである。

この転換過程の帰結は、主権国家の理念のうちで定式化された。主権国家は、国家の暴力の制限を制限することによって特徴づけられる。今や受け入れられねばならないのは境界だけである。ただしそれは無条件に受け入れられねばならない。他のあらゆる制約は脱落する。これはつまり、それら諸制約は状況的に政治化され、《国家理性》の政治的計算のうちに組み込まれるということである。今や課題となるのは政治権力の自己維持である。それは一方では統治する王朝の支配に、しかし何よりもまず領土の存続に関係づけられるのである。国境というこの新たな原理が網のように、旧来の階層の秩序を覆っていく。そして階層秩序はどれかの国家に組み入れられざるをえなくなる――特に、上層が政治的影響力を保持しようとするのであれば。貴族というテーマを扱う文献においては十六世紀後半以降、貴族と領域国家との妥協が模索されるようになった。そこに同時代における、トリエント公会議で浮上してきた宗教と政治の関係に関する新たな定式化との、顕著な並行性を見て取ることができる。貴族は、支配を規律づける国家装置として推奨される。貴族はしだいに、公益を用いて自身を正統化するようになるが、それは政治システムによっても利用されたのである。貴族はなおも《権利》を保有していたが、それに対しては多大のエネルギーを割かねばならなかった。すなわち名誉の問題が生じた場合には、法(=権利)に反する決闘という形式を取ることになったのである。そしてまた上位の貴族に対抗する法=権利がいかなる場合でも貫徹されねばならないというわけではないという点に関しても、了解が成立していた(法律家の間ですら)[244]。いち早く三権分立を説いた有名なテクストにおいてもまだ、次のような定式化がなされていた。《君主なくして貴族なく、貴族なくして君主なし。もっとも、世には専制君主というものはある[245]》。

今や戦争遂行もまた、政治的問題のひとつとなる。全体社会はその点に関する決定を、政治システムへと委譲するのである（それ以後現在に至るまでの間に、人類を絶滅させうる武器と、局所的に生じる政治的にコントロールできない大量殺戮とが問題になってきたが、それでもやはり事は同様であり続けている）。宗教が正しき信仰を証そうとして、あるいは産み出そうとして暴力的な争いに傾きがちなのであれば、宗教は政治的な調停者を見いださねばならないことになる。したがって政治は次第に、真理のための戦争を遂行せよとの要求に対して距離を取りつつふるまうようになる。宗教が攻撃性を解き放つのなら、それは《教会政策的》に解決されるか、あるいは厳格主義的な要求という形式において主観の内部へと向けられねばならなかった[246]。宗教自身も、分出したシステムとなっていくのである。

経済においては機能に関係づけられた分出への傾向は、まったく異なる道筋で発展していくことになった。部族社会での、少数の客体のみを扱う威信財交易の段階を越えた後では、交易を政治的に独占することや（コントロールすることさえ）、それによって利益をめざすことは、もはやどこにおいても達成できなくなる。ポランニーによって《再分配的》であると性格づけられた経済システムにおいても[247]、やはり事は同様である[248]。全体社会の地位システムはさまざまな威信の基礎に、すなわち貴族に、政治的－官僚制的支配に、商業帝国に関わらねばならなくなる。中世においても貨幣経済がますます発展していく中で、この経験がくり返された。政治と経済が重なり合うというわけにはいかなかったのである（《支配《ドミニウム》 dominium》という表現は両者の間を揺れ動いてはいたのだが[31]）。支配は領土として確定されていたわけではなかった。境界がどのように引かれていようと、交易はそれを越えて行われていたのである。農業（経済）はともかく貨幣経済は（特にイギリスでは、貨幣経済は農業をも包含していたのだが）政治的コントロールの外側で、独自の動態を展開していった。中世初期の寄進と寄付による経済は停滞するに至る。魂の救済への動機を貨幣によって表現しようとするあらゆる試みがなされたが、やはり事態は変わらなかった。中世が経過していく中で、貨幣の使用は大幅に拡大されていく。その結果当初においては、今日よりもはるかに多くのものが購買可能となった。例えば魂の救済も、国家官職も、国家の収入源も、というようにである。貨幣は、メディアそのものとなる道を歩んでいくかに見えた。旧来の、家政と交易の区別という遺産は著しく動揺することになる。例えば遠隔地交易における通貨と両替という入り組んだ問題を考えてみればよい。その後そこから、新たな金融手段が発明されてくるのである。

貨幣は過剰になり、都市政治の中ではもはや使い切れなくなる（十四世紀にはメディチ家がまだ、〔芸術家の後援などの〕誇大なスタイルで使うことができたのだが）。それは国家および貴族に押しつけられ、十五世紀と十六世紀における負債の危機を生じさせることになる。(249) 国家（宮廷がない場合でも、租税国家として）と同様に貴族も、自身が持続的不均衡状態にいることに気づく。貴族は自身の支払い能力を産出するために、継続的に支払いを行わねばならない。しかし収益の上がる投資を経て支払い能力を再獲得しうるようなかたちで支払いを行おうとは欲しなかったし、またそうすることは許されなかったのである。貴族はますます強く分出しつつある経済のうちに引き込まれるのを感じていた。ただしそれは借方としてだけであった。上層が経済的な困難に陥り、政治によって再び資金が調達されるという事態は、確かにそれ以前においても常に存在してきた。しかし今や、経済システムの分出と政治システムの分出とが同時に進行することによって、上層内部での伝統的な政治的－経済的資源コントロールの共存は困難になり、最後には放棄されるに至る。それもまた、拡大していた傾向を促進することになった。すなわち貴族の承認という問題に関しては、資産状態とは切り離して考えるほうがよい。資産状態は常に変動するからだ。むしろその問題は、国家による規制に委ねられることになる、と。

しかし、経済の発展そのものに突き付けられていた問題はそこにはなかった。新たな事態が生じていたのは貨幣がますます貴族に依存するようになったことではなく、貴族がますます貨幣に依存するようになっていたことにおいてであった。近代初期において、市場によって媒介される取引は急速に増大していった。市場がローカルに、ないしは地域的に分化している状態は、商品特殊的な（つまり、純粋に経済的な）分化によって変形されていく。あるいはむしろ、「置き換えられていく」というべきかもしれない。生糸の市場、穀物の市場、最後には絵画市場、図版市場、彫刻市場に至るまで、である。それに対応して市場の概念は特定の、取引のために用意された場所との関係から解き放たれて、形式概念となる。この概念が指し示すのは取引固有の論理であり、その論理は他の社会的メルクマールには何ら依存していないのである(250)。それとともに経済は消費によって、つまり自分自身によって方向付けを行い始めるが、この点はそれ以降維持されていくことになる。こうして経済の働きの増大は外的な指令から切り離される。とりわけ上層の資源需要や、周期的に生じるだろうと予期される飢餓状態・侵略・戦争から、である。この種の需要源は意義を持ち続けるが、今やそれらは市場が告示する需要として、したがって生産と投資のチャンスとして現れてくるのである。推進力となる要因は今や、消費者と生産者という経済特殊的な役割相補性のうちに求められる（他の領域においても、統治者／臣民、教師／生徒、芸術家／芸術を理解する享受者などが現れてくる）。人口総体に対して、この役割図式の一方の側に入りうることが約束される。ここでは消費者の側に、である。そこにおいて肝心なのは今や購買力であって、直接に階層が関わってくるわけではない。そして他の側のほうは組織による、あるいは専門的養成と専門職による特殊化のために取って置かれるのである。

経済は、システム固有の手段を用いて、すなわち価格（貨幣価格＝利子を含む）を介して自身を再発生させていくことを学ぶ。経済はますます、階層を通して掌握される資産源から独立していく。これ以降、支払われた価格が経済的な、またあらゆる経済学的な計算のための客観的な足場として通用することになる。利子の問題に関しては、繊細な心の持ち主ならば宗教的な疑念を感じるはずである。日曜日にも利子収入によって利益を上げていることになるからだ[251]。にもかかわらず、この問題は解決可能となる。十六世紀にはアメリカ産の貴金属が大量に流入してくるが、この事態は身分にも功績にも帰せられえなかった。それはいわば偶然に生じたのであり、またそこからの帰結のほうも、独自の動態を示したがゆえに、当面は理解不可能だった。経済の反応はバランスを崩すこと、価格の上昇、貴金属の価値切り下げによるものだった。要するに反応は、市場に即してなされたのである。貨幣を贅沢および戦争において支出するという古典的な手段は、上昇する価格のもとでの負債という〔市場に即した〕手段でもあった。オランダは驚くべき、また同時にパラドキシカルでもある解決策を見いだしたように思われる。オランダは天然資源を用いなかったがゆえに、繁栄する経済を築きあげることができた。これは、特に十七世紀イギリスの経済理論にとっては大いなる謎であった。そこでは新たな金融手段が、貨幣創造の新たな形式が一役を演じえたということは見抜かれてはいたが、実際に理論的に精錬されることはなかったのである[252]。結果として脱出口となったのは国家による資金調達でも、費用はかかるが実入りも多い植民地探検でもなく、生産物市場の発展だった。この市場との関係において、生産手段への投資がなされえたのである。そのためには、投資の利回りに関して純粋に経済的に計算を行う形式が必要だった。

利殖動機は、この形式へと切り上げられねばならなかったのである。経済をコントロールするのは封建領主でも、大所有権者としての領主でもない。決定は企業ごとに特定された利潤と損失の計算を用いて下されるのである。そしてそれによって生産は売れ行きに定位するよう、つまりは市場に定位するよう操舵されることになる。それゆえに経済の分出は当初、交易固有の論理に即して知覚された[253]。アダム・スミスもまだ《商業社会 commercial society》について語っていたのである。十七世紀には利子をめぐる議論は、神学的–法的に許されるか否かという問題から、利子が経済内部においてもたらす帰結へと拡張されていく。労働もまた堕罪の帰結、つまり人の生が今現に置かれている状況ではなくなる。むしろ労働は、経済内過程の条件であり産物なのである。それゆえに労苦／余暇の図式から、労働／失業の図式への思考転換が必要になりもした。今や結局のところ、成功に関して判定を下すのは市場である（勤勉だとか、よい仕事をしたことだとか、イギリス製やイタリア製の布地の品質だとかではない）。賃金や投資から、防衛政策や国債に至るまで、あらゆることがそれに従うのである[254]。

貴族が自分の資本を携えて商いに従事してよいのかどうか、またそうできるのか否か。その点とは無関係に、経済のオートポイエーシス（独自の構造的に決定されたシステムという意味での）が発展していく。決定的なのは貨幣の支払いである。貨幣を支出したにもかかわらず支払い能力を持ち続けるためには、貨幣を再調達しなければならない。自身の所有地を伝統的な流儀で経営することでは十分な収入が得られず、政治的な貨幣源泉を任意に増加させることができない以上、貨幣が返ってくるようなかたちで支払いを循環させねばならない。つまり、収益を上げるように投資しなければならないのである。経済が収益を上げうる生産に対する、また交易に対する代替選択肢として許すのはただひとつだけ、すなわち報酬と引き替えに労働することである。貴族にはそんなことは考えられなかった。

その後現在に至るまでの経済の貨幣化は、貨幣に仲介された取引（貨幣と引き替えでのみ何かを得る）という基礎的領域をはるかに凌駕するに至っている。特に高度な技術が要求される生産には、常に資本のうちより多くを割り当てねばならない。〔現在では〕アウトプットに対して二五から三〇パーセントを考えねばならない。企業自身の収益を再投資することだけでは、この貨幣量をまかなうことはできないのである。信用に頼る割合が増加し、したがって国際的金融市場の変動に依存する部分が大きくなる。新たに世界社会の中心部が生じているわけだが、それは規範や指令を介してではなく変動を介して、したがって散逸構造という形式において現れてくるのである。ソヴィエト帝国が経済的に、また政治的にも破綻したのは、このような展開の中においてであったことは言うまでもない。

ここで簡単にだけスケッチしてきた変化は、経済システムの分出が実現される中で生じてきたものだった。そこにおいてこの過程が当初からどれほど強く階層化された全体社会の組成によって規定されてきたかを、そして遅延させられてきたかをも、明確に認識できるだろう。最も重要な出発点のひとつが遠隔地交易にあったのは確かであり、周知のように、それによって得られた富を階層に即して帰属させるのは困難だった。しかしさしあたりとりわけ影響を被ったのは上層だった。下層においてこの変化の痕跡を辿りうるようになるのは、かなり遅れてのことである。共有地の私有化と農民解放というふたつの動向によって個々の営農家には、自分自身の家系に関するあらゆるリスクが負わされることになる。しかしそれが効果を発揮してきたのは、ようやく十八世紀と十九世紀に至ってのことだった（地域によって著しい違いが見られたが）。商工業経済においても、家内生産（手工業経営においてであろうが、問屋を介してであろうが）の割合が減少していったのは、きわめてゆっくりとであった(255)。量的な転換点を迎えるには十九世紀半ばまで待たねばならなかった（少なくともドイツにとっては）。その後になって初めて、ゼマンティクによる全体社会の記述を転換することが意味を持つようになった。すなわち、「身分の分化が秩序のために必要である」から、「階級分化は、もはや正当化されえないがゆえに問題含みであり邪悪である」への転換が生じたのである。

資本と労働の論理の内には、階層という旧来の分化形式が占める場所などもはやない。十八世紀の最後の三〇年においては、ますます社会階級について論じられるようになる。そしてマルクスがこの術語を、資本と労働の区別へと関係づけることになったのである(256)。しかし今となってみればそれが意味するのは全体社会総体を、経済という特殊なパースペクティヴから記述することに他ならないのがわかるだろう。

近代初期には上層の贅沢に関する嘆きの声が広まっていったが、これは階層と分出しつつあった経済との間の緊張を示すよい指標でもあった。その点は特にイングランドにおいて明らかだった。かの地で嘆きの対象となったのは貴族の経済的に誤った支出よりもむしろ、上昇に定位してなされる消費のほうであった。経済的には本来（まだ）手が出せないはずの生活状態を示そうとしている、というわけだ(257)。階層が維持されているがゆえに、経済のポテンシャルは使い尽くされてしまう。それゆえに十七世紀末ごろには対抗する論拠も登場してくることになった。階層によって雇用が創出されるではないか、というわけである。しかしまだ全体社会は一貫して、その自然＝本性からして階層化されているものとして知覚されていた。したがって今述べた問題は道徳的概念において、誤った行動として記述されたのである。

特に注目に値する、ひとつの特別な市場がある。それは、新しい印刷物の市場である。新たに導入されたテクノロジーが機能分化という問題をいかに尖鋭化させていくかを、そこにおいて特に明確に見て取ることができるだろう。活版印刷術によって、ひとつの追加的テクノロジーが発展していくよう強いられる。それはすなわち、読書能力というテクノロジーである。もはやこの能力は、特定の機能システムのテーマに限定されはしない。聖書を読めるなら、宗教上の論戦を扱うパンフレットを、新聞を、小説を読めるはずである。今や、どんな印刷物が生産され販売されうるかを規制するのは経済であり、他のコミュニケーション領域は、コミュニケーションに関するコントロールを失ってしまう。この事態によって影響を被ったのは、特に宗教と政治だった。両者は検閲によって、あるいは刑罰による威嚇（コモン・ローおよび補完的法規でいう《文書誹毀罪 libel》[32]）を通して自身を守ろうと試みたのである（程度の差はあれ、無駄なことだったが）。そのためには決定基準が必要となるのだが、それはもはや世界に関する共通の知見からもたらされるのではなく、宗教システム・政治システム・法システムそれぞれの内部において機能特殊的に発展させられ、実定化されねばならない。必要に応じて変更されうるように、である。

経済の分出が市民階層にとって、また家の外で働く労働者にとっても意味したのは、賃労働と家庭生活とが分離した、ということだった（さしあたりは空間的および時間的に）[258]。労働の調整という機能は、（家政の）主人から市場へと移される。主人に残されているのはせいぜいのところ、市場データを解釈することだけである。賃労働の組織という原型に従って、十八／十九世紀にはこの分離は通常の事態となっていく。貴族の生活習慣と自己理解とにより大きな影響を及ぼしたのはおそらく、収入源についての心配よりもむしろこちらのほうだった。十九世紀初頭に至ってもなお、少なくとも貴族の一部は家政を営むことに価値を置いていた。これはすなわち、すでにずっと以前から国務に従事していたにもかかわらず、賃金のための生活と私的な生活との区別を、区別としては拒否するということを意味していた。(259)

もうひとつ別の機能領域、すなわち親密に結びつけられた、婚姻によって基礎づけられる小家族に関しては、広範な諸研究が存在している。しかしその結果については、特にこの発展の細目をめぐっては、異論の余地があるようだ。(260) われわれは次の点から出発しなければならないだろう。すなわち近代初期のヨーロッパにおいては、比較してみれば、婚姻締結に際して人格的な共感を顧慮するために好都合な特殊条件が実現されていたのである。特に、婚姻が比較的高い年齢時になされたこと、結婚しないままでいることの容認、経済的自立ないし確実な生活状況という前提、家族は世代ごとに新たに創設されるという観念を挙げておこう。以上によって、ある程度の分出が確保されていた。しかし他ならぬ貴族および裕福な上層にとってはそういうわけにはいかなかった。その他にも、家政的な諸条件が考慮されねばならなかったのである。ましてや個人の好意が決定的だったとしても、それを《ロマンティック・ラヴ》として記述することはできない。情熱としての愛が高唱され、この愛が自身の帝国を主権をもって管轄するようになったのはようやく十七世紀に至ってのことであり、それも当初は婚姻外関係に関しての話だったのである。(261) 十八世紀に入ってもなお、両親の同意なしに婚姻を取り結ぶことはほとんど不可能だった（だからといって、魅力的な若い男性が裕福な女性相続者を誘惑し、結婚式を司ってくれる牧師をも見つけるということがなかったわけではない）。ヨーロッパでは十八世紀が経過する中で初めて、婚姻に関してはただ愛だけが決定を下すべきであるとの観念が生じてきた。しかしそれは世界規模で見れば、通常ならざる観念であった。さらにヨーロッパでは小説が模範として用いられ、貴族の影響が見られたことも付け加えておこう。ここに至ってようやく婚姻締結の原理が、少なくとも理念上は、階層が介入してくることを中和するようになったのである。

他の機能システムに関してもこの種の分析を行いうるだろう。どこにおいても固有の動態への転換が生じ、それまで階層によって固定されてきた前提が解体されていくことがわかる。これは一部には思慮されないまま、また意図されないままに生じた。例えば宗教システムにおいて、アメリカ人〔研究者〕が確認したように、六世紀から十二世紀の間は聖者の九〇パーセントが上層から選ばれていたのに、十九世紀にはその割合が二九パーセントにすぎなくなったという事例がそれに当たる。科学は明証性という新たな概念を形成する。それは言語にも、学校における三学[33]にも、古い修辞学にも関わらないのであり、したがって階層に依存した教育への配慮とも無縁のものになっていたのである。それ以降科学の展開は、こう言ってよければ、首肯性をもたない明証性を介して続いていくのである。確実（securitas）の概念は、主観的なものから客観的なものへと移っていく。すなわち、（浮ついた気分といえるほどの）心配のなさという旧来の含意から、確認された知識と能力へ、である。したがってやはり階層を通して影響を及ぼしうる領域からは離れることになるのである。「明晰で判然たる観念」こそが、今や合い言葉となる。あるいは「実験による確認」でもよい。これらすべてによって、「貴族が傑出しているのは武器によってなのか、それともむしろ教養によってなのか」（arme / lettere）という旧来の（特にイタリアにおける、またいくらか後にはフランスにおける）論争は意義を失うに至る。少なくとも科学的な問題について詳論していくためには不十分になる。もっともそれはなおもしばらくの間、貴族の素人研究を正統化するためには十分であり続けたのかもしれないが。しかしその点が特に強調され要求されたイングランドにおいてすら、もはやそのものとしては〔つまり、研究それ自体が貴族としての資質をもたらすはずだという理念は〕通用しなかったし、〔研究することが〕常識（common sense）の喪失に行き着くようなことがあっては決してならないとされたのである。それゆえ、シャフツベリーは数学を学ぶ学生に関してこう述べたのだった。《彼が望みうるのは、頭脳を健全に保つことだけである――〔数学を学び始める〕以前と同様に(264)》。

さらに次の点にも注目しておこう。十六世紀における最も重要な革新的運動を、すなわちプロテスタントの改革と政治的人文主義とを主導し担ったのは市民のサークルであって貴族ではなかった。これは、それらの分野では活版印刷術が決定的な役割を果たしていたことと、また少なくとも当初は貴族の行動コードにおいて、本を書き印刷させるということが見込まれてはいなかったという点と関連するのかもしれない。シャフツベリーを見れば、彼もまだこの新たなメディアをやむをえず用いていたということがわかる(265)。

この発展によって、また同時にパリやロンドンのように経済的・文化的に指導的立場を取る大都市が成立することによっても、記号は確かな言及先を失っていく。生まれや旧来の富（土地所有の形式での）や世襲による社会的位階は依然として承認されはするものの、社交術や外見の美しさなどの新たな、より容易に操作されうる基準によって補完される。周辺として、それらが書き込まれるのである。この点が十七世紀および十八世紀初期における価値論争の中で一定の役割を演じたのは明らかである。バルタサル・グラシアン一人の名をあげるに留めておこう。芸術・社交性・道徳に関する論争の中でこれらの問題が取り上げられることにより階層の秩序は、こう言ってよければ、《脱実体化》される。「趣味の良さ」というカテゴリーは、社会的権威と疑いえない判断能力の消失を受け止めて、新しい社会的選択性を通用させようとするものである。しかしそれはより流動的な形式であり、〔位階の違いを〕基礎づけうる〔はずだ〕と主張することしかできなかった。美術品については、特にイングランドにおいてひとつの市場が、[266]またプロフェッショナルな芸術批評が発展してきた。後者は不確実性を吸収するという機能を担っていたのである。[267]地位の象徴は、正統化の新たな形式を必要とする。上品（bienséance）や趣味（goût / taste）といった基準は新たな問題を、階層という旧来の秩序へと連れ戻そうと試みた。しかしそれらは今や基準として学習を——今日のわれわれならば社会化を、と言うところだろう——前提とする。少なくとも、生まれによって獲得されているということはありえないのである。

十八世紀にはすでに、全体社会はまずもって階層に従って分割されているなどと、本来の意味で述べることはできなくなっていた。全体社会の公式的描出においては、なおも旧来の分割が保持されていた。とりわけ法＝権利上の性格づけ、警察国家的な規制、租税統計を用いて、である。[268]しかしそれによっては構造的な点でもゼマンティクの点でも、発展傾向を把握することはもはやできなくなっていた。今や「進歩」ないし「啓蒙」と称するものが、旧来の秩序を解体していくのである。フランス革命は、もはやこの事実に影響を及ぼすことができなかった。ただこの事実を記録し、全体社会の自己記述の中で承認させただけだったのである。[269]十八世紀最後の三〇年以降、機能システムが階層の前提から解き放たれるようになる。また、階層の影響を中和することがますますめざされるようになりもした。法的には普遍的な権利能力が考案されることによって、あるいは教育システムが全人口のための公立学校へと転換することによって、十九世紀にはさらに、学校と大学それ自体の中で獲得された知識と技能へと特化した試験制度が完全に組織化されることによって、である。今日ではこの過程は完結したものと見なしうる。機能システムにとって出自はほとんど何の役割も果たしていない。高度に構造化された、独自の複雑性のもとでは――例えば法システムを考えてみればよい――この点を、関与者がそのつど引き受けている別の役割に関しても確認しうるのである(270)〔例えば、被告が高位の聖職者であることは裁判の経過に影響しない、というように〕。

当初貴族は《内向的 involtiv》に反応した。つまり旧来の手段を新たな状況へとより強く適用することによって、系図学と紋章学によってである(271)。紋章と武器(Wappen und Waffen)、モットーとエンブレム、称号と儀式による特権付与/特権剝奪についての貴族のためだけに書かれた洗練された《文書》(272)が、それらに関する規範集とともに成立する。この規範集は、一種の《過剰修正》〔34〕的な学習過程を(と、言語学者なら言うところだろう)引き起こすことになる(273)。生まれが、本質的であり交渉によっては入手できないものとして(これは法的に容易に取り扱われうる基準でもある)前面に出てくる。それに対して道徳上の功績は異論の余地あるものに留まる。功績が〔生まれに〕付け加えられるべきなのは確かだが、もはや決定的なものとは見なされないのである(274)。それに対応して、もはや能力によって上昇することなど考えられなくなる(もともとバルトルスのような法律家は、常にそれを疑わしく思っていたのだが)。上昇は叙位によってのみ生じるのである。その一方で近代初期、特に十六世紀は、自分の時代を堕落の時代であると見なしてもいた。これは翻って貴族にとっては次のことを意味したはずである。どんな家系もそれぞれの世代において、能力（＝道徳）を通して自身の意義を再生させていかねばならない。さもなければ時代とともに沈んでしまうだろう云々。これらの変化すべてによって、貴族は《絶対主義国家》へと自身を適合させていく。そして同時にまた、司法改革と並んで貴族をも政治的堅牢化のための手段として投入することが可能になりもした。教育によって貴族の後継者を貴族的な生活態度へと導いていくためにより強く努力しなければならないという要件が強調され、相応の仕組みが創設されることになる[275]。下に向かって閉じられていることが明確に示される[276]。活版印刷術によって広められた知に対しては、《ペダントリー》の拒絶によって[277]、口頭〔での応答術〕を開発することによって、機知と箴言によって、ラ・ロシュフコー[35]流の文体手段によって対応がなされた[278]。特に、利益をもたらす商業活動に対する軽蔑の念は保持され続けていた（イングランドとイタリアは例外）。これは、「古い（出生時にはすでに存在していた）財産のみが勘案される」というアリストテレス流の定義から生じたものであった[279]。

しかしながら最も顕著な革新は、《名誉》をそれこそ神経症的に強調すること、挑発された決闘において名誉を守ることであった。名誉がかくも顕著に、強度という点では異例なほど強調されたという事態を把握するためには、それが何から区別されていたかを見てみればよい。偶然的な、機会によって規定された行為から、つまり《運 fortune》からだった。名誉は行為に一貫性を与え、機会の介入とは無縁にする[280]。貴族は他の階層にも増して、経済的・政治的状況がさらに多様になっていくのに直面することになった。それに対する反応として構想されたのが名誉だったのである。同時に名誉は他ならぬこの防衛機能のゆえに、貴族特殊的な概念に留まっていた。名誉はいかなる顧慮も受け付けない。自身の家族、自身の生活に関する顧慮すら受け付けないのである。この誇張は旧来の秩序が失効したことの兆候と見なされうる。もはや単なる出自だけによって、個人が〔自分自身を〕十分に表現する可能性をもつというわけにはいかない。個人はますます傷つきやすくなっていく。これらすべてのために、表現し抑圧する《貴族的》形式が再度探し求められたのである。[281] 十八世紀にいたってようやく、行動の水準でのこの規範は、プロフィールとしての《善人 homme aimable》へと弱められることになった。今や、名誉それだけでは特に輝かしいとは言えないとされる。[282] 今や名誉は、政治的対立関係、文学上の趣味の動向、経済的変動（そこでは最後には土地所有もまた、資本投資の一種とだけ見なされるようになる）というより動きの多い状況のもとで、一種の信用（クレジット）となってしまうからである。[283] 多くのまだ規定されていない目的のために名誉を投入することができる――言うまでもなく、常に有益な接触を取り結ぶために、である。かつて〔名誉の概念を〕支えていた、立派サ／有益サ（honestas / utilitas）[36] という対立概念による区別は背景へと退き、社会的威信によって置き換えられていく。個々の貴族が自分自身でどう考えていたかはともかく十八世紀の文献からは、社会関係・感情・共感は今や個人的に、どれくらい有益かという点で見積もられているかのような印象を受ける。そうすることによってのみ、全体社会の秩序の安定性を根拠づけることができるとでもいうように、である。

十八世紀を迎える頃には、旧来のやり方で〔相手の〕人となりについて知っていることで社会的影響力を確保しようとする試みは、すっかり時代遅れになっていた。かつては他者の名前と容貌を、その時点での恋愛関係と負債とを、宮廷で覚えめでたいのか不興を買っているのかを、芝居に入れあげていることを、親族関係を、〔誰と〕定期的に接触しているかを知っていなければならなかった。しかしこの種の要件は、階層が閉じられていることを、またそこに自由に使える権力が集中していることを前提とする。今や複雑性が増大していくことによる圧力が加わってくるし、また特に、私的な人格と機能システム特殊的に条件づけられた役割行動とがますます分化していくという状況に直面する。したがって例えば一〇〇〇人の人を知っており、それらの人々について語ることを通して、知っているという状態を常に更新していくだけでは、もはや不十分になる。しかし貴族はそれ以外に何ができるのだろうか。十八世紀末においてもまだ、貴族の相互行為能力には賛嘆の念が寄せられていた。しかしその能力が重要となる領域は、急速に縮小していったのである。[284] 貴族の最後の拠り所は法における身分秩序だった。法は、法が答えようとしている問題のために、そのつど具体的な代替解決策を見いださねばならないからである。一七九四年のプロイセン一般ラント法[37]においても身分秩序が前提とされており、確証されていた。[285] しかし同時に、〔フランス〕《革命》による決定は別としても、法の法典化において下された決定だけでも、他の秩序の可能性も存在するということを示していたのである。

　貴族の内向的な、立場に固執する行動は、機能システムの進化と衝突する。しだいに主導権を握っていくのは、機能システムのほうなのである。全体社会総体が、ますますもって機能システムによる包摂の流れへと引き込まれていく。重要な事柄が決定されるのは機能システムにおいてであり、どの機能システムも、どんなテーマを取り上げるか、どんな規則に従ってコミュニケートするか、それによって誰にどんな立場を付与するのかを、自分自身で規制する。そこで重要な役割を担うのは階層とは無関係な一般化であり（普遍的な権利能力、国家への所属、学年に従う成長）、また階層とは無関係な区別なのである。今やその区別とは何よりもまず、次のような非対称的役割であった（それらは新たな種類のものもあれば、新たに目立つようになったものもあった）。統治者／被統治者（これは国家に関わるのであって、全体社会における立場にではない）、生産者／消費者、教師／生徒、医者／患者。言うまでもなくこの種の役割への接近は、階層に依存したままだった。しかし同時にこの新たな非対称性は、旧来の身分秩序を脱正当化しもする。それによって、全体社会が階層化の優位から機能分化の優位へと転換したことが示されているのである。

機能特殊的な役割相補性によって変化したのは、包摂の経過だけではない。包摂と同時に、全体社会の中で何が合理的だと見なされるかも変化する。すなわち、各個人は合理的にふるまうはずだと要求され（、それが社会の一員であることの条件だと見なされ）うるようになるのである。したがって、包摂が合理性と関連するのと同様に、排除は非合理性と関係する、ということになる。包摂／排除の規則は、合理性／非合理性のゼマンティクによって後押しされるのである。階層的な（自身の役割に定位した）分化から機能的な（他者の相補的役割へと焦点を定める）分化への移行に際してゼマンティクの深甚な転換が生じたのは、また特に合理性要求が新たに個人化されるに至ったのは、この連関のゆえにだったのである。十七世紀において福利功利主義が生じ、それが当初は彼岸へと、その後此岸へと向けられるようになったのはそこからの帰結だった[286]。したがって今やどの点に関しても重要なのは主として業績であり、利得の最大化なのである（これもまた当初は魂の救済に関する計算の影響下で、罪の水位を継続的にコントロールしつつのことであった）。もはや、役割総体から生じる、人格の《特質》が問題ではなくなっていたのである。

かくして個人は自分自身にとっての審級となる。どんな種類の、どの程度のアンガージュマンなら理性的に思われるのか。自分自身にこう問いかけるのは、この審級なのである。当時優先されていた事例である宗教に関しては、例えばトマス・ブラウンが次のように述べている。《……私が信仰の拠りどころとしている国教会ほど、あらゆる点で私の良心にふさわしく、しかもその信条、規律、慣習が理にかない、あたかも私の信仰に合致すべく作られたと思われる教会は他にない。国教会に忠誠を誓った僕として、私はその信条に従い、その規律の遵守に努めるという二重の義務を負っている。それ以外は何であれ、自らの理性の定めるところ及び自らの信仰の性格と流儀に従い、取るに足らない事象だと見なす。すなわちルターが是としたから信じるとか、カルヴァンが非としたから拒絶するとかいった方針は取らないのである》[287]。「私（I）／自らの（my）」が頻出することから、次の点を見て取れるだろう。個人が自分の信仰に関して、理性に関して、組織への所属に関して何が責任を負うべきかを考えるための出発点として設定されているのは、個人自身なのである。

もう一段抽象化を加える理論手段を用いて、こう定式化することもできる。あらゆる機能システムにおいて時間次元と社会次元とを組み合わせる際の可動域が広がっていき、個人に媒介機能が帰せられることになる、と。政治システムにおいてはこれは、集合的に拘束力ある（つまり、決定者自身をも拘束する）決定が、自分自身への適用を手続によって規制しつつ、主権というかたちを取ることによって表現される。法システムでそれに対応するのは、法の完全な実定化と契約の自由である。経済システムはあらゆる取引を支払いへと結びつける。それによって、稀少な財へのアクセスが身分に依存するということはもはやなくなる。アクセスが制限されるのはただ、人為的に稀少化された別の財を、つまり貨幣を引き渡さねばならないということによってだけなのである。科学は真理の〔資格があると見なされる〕あらゆる仮説を受け入れる。それにより社会的に承認されるべきものが、時間の中で変異する可能性に晒されるのである。これらすべての事例において問題となっているのは、時間次元と社会次元との緊張関係の中で（社会的に効果ある時間拘束に関して）より多くの組み合わせ可能性を解き放つことであった。しかしこの成果は条件づけによって購われねばならなかった。そしてその条件づけを定めることができるのは、個々の機能システムだけであった。厄介な、一時的に〔のみ〕達成可能な政治的コンセンサスとして、市場価格として、（原理的に変更可能な）法規として、あるいは授業の基礎となる教科書として、である。これを貫徹する進化上の《アトラクター》は、より高度の複雑性である。この可動域の中で、旧来の世界がもつ時間的・社会的拘束性は液状化していく。かつては位階秩序として納得されていたものが、今では無用に厳格なものとしか思われなくなる。今や合理性要求は、《啓蒙》という名を帯びる。啓蒙がめざしたのは、個人を個人自身の洞察によって拘束することだった。もはや身分に由来する要件によってではないが、機能システムの中で成功を約束してくれるものによってではまだなかったのである。

遅くても十八世紀には、少なくとも《市民》階層において、社会化の新たな風景が登場してきた。そこではもはや次のような前提は通用しなくなっていた。子どもは出自によってすでに定義されているのであり、誘惑と堕落から守られさえすれば、地位に関連した能力を与えられさえすればよいのだ云々。それに代わってますます内的な価値が、まだ規定されていない未来への準備が、判断力が、《教養》が、焦点となってくる。その結果として、全体社会の状況に対して階層が及ぼす影響は、根本的な構造転換を被らざるをえなくなる。《社会階級》という新たな、十八世紀以降登場してきた概念は、この点については ほとんど何も明らかにしてくれない。むしろそれは単なる分割概念として、真のメカニズムを覆い隠してしまうことになる。階級に神秘化を施して、何らかの種類の社会的効果を——《集合的行為》を、とまでは言わないにしても——帰属させたとしても、やはり事態は変わらない。いずれにせよ十九世紀のヨーロッパでは、家政に基づいた社会階層はもはや見られなくなっていた。イングランドに関しても事は同様である(288)。実際のところ今や階層への所属が作用するのはただ個人の接触に、また個人のキャリアに影響を及ぼすことを通してだけだった。そしてまた階層がキャリアによって再生産されてもいたのである。したがって社会統合は組織によって媒介されることになる。学校と大学によって、職業活動上の組織の中での昇進可能性によって、政党の内部で、警察に対して、法廷でよりよく意見表明を行える能力を個人が持つことによって、病院でのよりよい治癒経過(キャリア)によってである。無数の統計学的研究によって階層特殊的なこの選択性に関しては、十分な情報が獲得されている。しかし判断を下す段になると、社会階級への集合的帰属によって、誤った方向へと導かれてしまうのである。決定的なのは、今や無数の組織の中で、出自への、また可視的な徴《しるし》への定位に関する決定がなされるという点である。定位することが組織にとって合理的である場合もあるかもしれないし、またそれが、政治的に鼓舞された対抗基準に対する防御策という意味をもつこともあるかもしれない。そしてとりわけ決定的なのは近代社会においてはキャリアこそが、個人と全体社会とを統合する(289)最も重要なメカニズムとなるに至ったという点である。昇進キャリアについては特にそう言えるが、停滞、降格、ドロップアウトに関しても事は同様である。達成されたものがなおも可能なものをも条件づけるのは、出来事の連続の中でのことだからである。したがってキャリアとは形式であって、その中で出発点における社会的な違いが、また変化が生じるあらゆる地点における自己/他者〔による〕選択が時間化されていく、〔つまりそれらの違い・選択は、次々と〕過去になっていくのだが、その過去が未来にとって意義をもつのである。階層は、この点に対して影響を及ぼすとしても、もはや全体社会のサブシステムを定義する第一次的な形式として働きはしない。だとすれば、近代社会と伝統社会とを比較することはできないという結論に至るはずである。階層の意義が機能分化によって、あるいは全体社会が組織に依存するようになったことによって減少したとか増大したとか述べることすらできない。状況があまりにも異なっているからである。

今やどの機能システムも、時間性と社会性との関係については、自分自身で取り決めねばならなくなる。それゆえにどの機能システムも、全体社会を代表＝表出していると主張しうる。ただしそれは、自身の領域に関してのみの話である。ゴードン・パスクの概念を用いて、この結果を〔複数のシステムが全体社会を射程に収めうるという意味で〕《潜在的支配力の冗長性 redundancy of potential command》[290]として指し示すこともできるだろう。しかしもはやそれを縮減することはできない。頂点への縮減も、全体社会の中心への縮減も存在しないのである。それらに代わる観念が提起されてはきた。十八世紀にはスコットランドからポーランドに至るまで、誰もが《愛国者》だった[291]。十九世紀にはナショナリズムが掲げられる。これらの形式は全体社会を再度政治を中心として把握しようとしたのだが、国家そのものにおいて破綻するに至る。全体社会は今や不可逆的に世界社会となっているにもかかわらず、全体社会の政治システムは領域として環節化されているからである。統一性を統一性の中で代表＝表出することは、分化形式に依存していた。今やそれは放棄されねばならなくなっている。しかしでは代わりに何が通用するのかということは、容易には認識できなかったのである。

われわれは近代社会の概念を、分化形式によって定義する。そうすることでこの概念を、近代社会においてこの社会独自の特性を把握するためにこれまで提起されてきた記述から解き放つことになる。その種の自己記述を扱うという作業は、次章に譲ることにしよう。目下のところは、われわれは近代社会を機能分化した全体社会として把握しているという点を確認するに留めておこう。したがって機能分化に関する以下の詳論においてなされるべきは、この概念に内容を付与してやることなのである。

あるシステムの分出と内的分化との間には、常に連関が存在している。内的分化が選び取る形式に相当するものは、環境のうちには存在しないからである。機能分化という形式においては、この規則が最もラディカルな効果を発揮する。言うまでもなく環境のうちには、システムの機能と一致するような分割は何ら登場してこないからだ。全体社会が階層化から機能分化へと移行すれば、内部の分化パターンの人口統計学的相関物は放棄されざるをえなくなる。階層図式のもとでは、あるいは中心／周辺分化においては、コミュニケーションに寄与する人間を全体社会の部分システムへと区分することがまだ可能だった。今やそれもできなくなる。人間を、諸機能システムのうちのひとつにのみ所属するというかたちで配置することなどできない。例えば法だけに関与するのであって経済には関与しない、教育システムには関与せず政治にのみ関与するというわけにはいかないのである。最後にそこからの帰結として、「全体社会は人間よりなる」などとはもはや主張できないことになる。人間を全体社会の部分システムのどれかに、つまりは全体社会のどこかに、収めることなどもはやできないのは明らかなのだから[292]。まさにそれゆえに、並行して生じてきたゼマンティクにおいては権利の担い手としての、自己言及的で合理的な計算の関係点としての個人の（自然的な！）[38]独自性が強調されていたのである。結論として、人間は全体社会システムの環境として把握されねばならなくなる（われわれが最初からそうしてきたように）。そしてシステムと環境の《マッチング》を保証するように見えた最終的な絆は[293]、引き裂かれてしまうのである。

機能分化は、機能システムが自己言及を包含しつつ作動のうえで閉じられることに依拠している。その帰結として機能システムは自分自身を、自ら産出した未規定性という状態へと移し入れることになる[294]。この事態は、貨幣や権力などのシステム特殊的なメディアの形式の中で表現される。それらのメディアが、あれこれの仕方で形式を取りうるわけである。またこの事態を、現在がまだ知られていない未来に依存していることとして指し示すのも可能だろう。以上に従えばシステムの複雑性はふたつの側をもつことになる。すでに規定されている側と、まだ規定されていない側である。したがって機能システムの作動にはまだ未規定のものを規定するという、また未規定のものを再発生させるという機能が付与されることになる。

機能分化への移行とともに全体社会は、諸部分システムに共通の差異図式を押しつけることを放棄するに至る。階層の場合にはどの部分システムも、他の部分システムとの位階の差異を通して自分自身を規定しなければならなかった。自身のアイデンティティへと到達するためにはそうするしかなかったのである。それに対して機能分化の場合、各機能システムは自身のアイデンティティを自ら規定する。後で述べるように例外なく、自己に意味を付与するための精錬されたゼマンティクを、反省を、自律性を介して、である。蛇足ながらその場合機能システムにとって全体社会は、特定の下位性ないし上位性としてではなく、ただ環境としてだけ考慮されることになる。ただしだからといって、部分システム相互の依存性が減少するというわけではない。逆に依存性は増大する。だがその依存性はシステムと環境との差異という形式を取るのであり、もはや特定のかたちで規格化することなどできなくなる。全体社会総体における秩序一般の条件として正統化できはしなくなるのである。今や存在するのは常に変動する、全体社会内的環境条件への一般的で高度に分化した依存性なのである。

機能分化が意味しているのは次の点である。すなわちシステムと環境との差異が分出していく際の統一性の観点は、分出したシステムが（したがって、その環境が、ではなく）全体社会のために満たす機能なのである。システム理論の立場からのこの定義は確かに込み入っているが、それによって事柄そのもののうちに存している蓋然性の低さが可視的になりもするし、この定義を遵守することによって余計な論争を回避することもできる。機能が存しているのは全体社会のひとつの問題との関係の中にであって、機能システムの自己関係や自己維持のうちにではない。機能が特別なシステム／環境関係の分出を引き起こすのは、全体社会の内部においてである。にもかかわらずその機能が満たされるのはただ当の機能システムの内部のみにおいてであって、その環境においてではない。これはまた、機能システムはその機能を自分自身で独占するということをも意味している。その点に関しては環境は権限がないものと、あるいは無能力であると、見込んでおいてよいのである。言い換えるならば機能分化によって、さまざまな関連問題の差異が強調されることになる。ただしその差異は、個々の機能システムの観点から見て、異なったかたちで現れてくる。問題はその差異が、どの機能システムと全体社会内環境の差異に関係づけられるか、なのである。科学にとってその環境は、科学的に無能力である。しかし政治的に無能力、経済的に無能力等ではないのである。その限りではどの機能システムも、別様に組み立てられた全体社会内環境と関わっていることになる。そしてそれは他でもない、どの機能システムもひとつの特別な機能のために分出しているという理由によるのである。

したがって全体社会の分化の形式としての機能分化は、諸機能システムの不等性を強調していることになる。しかし不等であるというこの点において、諸機能システムは等しいのである。これはすなわち総体的システムが、機能システム間の関係に関してある秩序（例えば、位階秩序）に優先権を与えるのを放棄するということをも意味する。《均衡》のメタファーを用いることもやはりできない。全体社会はもはや部分システム間の関係を規制できず、それを進化に、つまりは歴史に委ねなければならないにもかかわらず、このメタファーによってその点が覆い隠されてしまうことにしかならないだろうからである。そこから時間と歴史の理解に関して、とりわけ過去と未来との関係の誇張という点で、帰結が生じてくるのは明らかである。

以前の社会学理論では機能は、全体社会システムの存続前提として定義されていた[295]。それによって何が考えられていたのかは不明確なままである。《存続》の概念を《オートポイエーシス》の概念によって置き換えたとしても、事が決定的に変わるわけではないだろう。機能が規定されうるのは構造的に決定されたシステムに関してのみであるが、全体社会の構造は、システムのオートポイエーシスが許容するものという枠内で歴史的に変化しうるのである。したがって行為（パーソンズ）・社会システム・全体社会といった概念から機能のカタログを理論的に演繹することは排除される。可能なのはただ帰納的な方針を採用することだけ、一種の思考実験によって、特定の機能がもはや満たされなくなったとしたら全体社会はそのオートポイエーシスを維持するために自身の構造をどのように変えねばならなくなるかをテストしてみることだけである。例えば稀少な財に関する未来の保証が、予期の法的保護が、集合的に拘束力をもつ決定を下すことが、おのずと行われる社会化を越える教育が欠落したら、というようにである。それゆえにわれわれが扱うのは、存続前提ではなく、関連問題（Bezugsproblemen）だということになる。全体社会が一定の進化水準を維持し、他の諸機能をも満たしていくためには、各関連問題があれこれの仕方で取り扱われねばならない。

それぞれの機能にそれぞれひとつの部分システムが分出するということは、そのシステムにとっては（そのシステムにとってだけ）当該の機能が優先され、他の機能よりも上位に位置づけられるということを意味する。ただこの意味においてだけ、機能的優位性について語ることができる。したがって政治システムにとっては政治的成果が（どのようなかたちで操作化されたものであろうと）他のあらゆる成果よりも重要となる。そこでは成功した経済が重要であるのは、ただ政治的成果の条件としてだけなのである。これは同時にまた、全体社会という包括的システムの水準においては、普遍的に妥当する、すべてのシステムにとって拘束力をもつような機能の位階秩序など備えられてはいないということをも意味する。位階秩序がないということは階層がないということでもある。むしろあらゆる機能システムにおいて、自分自身を他に比べて過大評価せよとの指令が生じてくる。ただし、その自己評価が全体社会総体において拘束力をもつことは放棄されるのである。

機能システムは自身の機能的優位性という基礎の上で作動上の閉じを達成し、それによって全体社会というオートポイエティック・システムの内部においてオートポイエティック・システムを形成することになる。これは一見したところオートポイエーシスの概念に矛盾するように思われる。また自明のことながら、こう述べたからといって、機能システムはコミュニケートしない云々ということにはならないし、言語およびその他の多くの点で全体社会に依拠していることを否定するつもりもない。しかしその点を無視すれば、〔機能システムにおいて〕独自の作動のネットワークによって、回帰的な閉じと独自の作動の再生産とを達成することは可能である。それはすなわち、機能を自己言及の交換不可能な準拠点とすることによって、またシステムがひとつのバイナリー・コードを用いることによってである。そのバイナリー・コードはこのシステムの中でだけ用いられるのであって、他のシステムでは用いられないのである。これらの前提のもとでならシステムに属する作動を、実際上十分な明確さをもって区別できるようになる。それによって、独自のオートポイエーシスを外に対して境界づけることが可能になるのである。コミュニケーション概念の場合と同様に、疑念が浮上してくることもあるだろう。例えば「このコミュニケーションは政治的に意図されたものなのかどうか」「そのコミュニケーションは法的な問いを提起しているのか」「このコミュニケーションは経済的取引を準備しようとしているのか」などというようにである。しかし通常の場合、この種の疑念を解明するためにはシステム独自のネットワークで十分である。以前のコミュニケーションに立ち戻るか、後に続くコミュニケーションを先取りすればよいわけだ。

そのためには、機能に定位することだけでは不十分である。機能システムが全体社会の内部において自身を確立するのは機能をめぐってであり、自身の機能を記述する際には全体社会を参照するのも確かである。しかし機能システムが自身のオートポイエーシスを形成するためにはさらなる装置が、つまりひとつのバイナリー・コードが(296)必要となる。機能とコード化という概念はどちらも偶発性図式を指し示しているが、その様式はまったく異なっている。機能によって、機能的に等価なものとの比較が可能になる。それに対してコード化は正の値と負の値との間の振動を、つまり評価の偶発性を規制する。システムは、自身の作動をその評価へと定位させるのである。システムが機能に定位することによって、そのシステム独自の作動の優越性が確保される（貨幣を介して未来に備えるのであって、神への信頼を介してではない。学校を介しての養成であって、社会化を介してではない）。それに対してシステムはコードの負の値を介して、自身の作動すべてにおいて基準が必要とされていることを反省するのである。したがって機能の特定化に加えて、コード化も必要となる。コード化の機能は他でもない、オートポイエーシスを確保すると同時に、システムが目的（終局 Ende、テロス télos）にたどり着いてそこで止まってしまうのを阻止することのうちにある。機能システムは目的論的システムでは決してない。このシステムはあらゆる作動をふたつの値をもつ区別に、つまりはコードに結びつける。そうすることで、常にコミュニケーションが後に続きうること、そのコミュニケーションが現在へと移行しうることを保証するのである。法として確認されたものが、後続するコミュニケーションの中では「合法か不法か」という問いを改めて提起することに、そして例えば法の変更を要求することに、貢献する。真であると思われたことが、新たなデータや新たな理論のもとでは修正を要するものになる。野党を利すると思われた事柄が、完全に明らかになったときには与党を弁護することになるかもしれない。〔システムが〕自身の統一性にではなく自身の差異に定位することによって初めて、時間の経過の中で自身の作動が自身の作動に接続していけるということが保証される。それは、作動が〔コードのふたつの値からの〕選択として実行されねばならないからなのである。

バイナリー・コードは、厳密な意味での形式である。すなわちふたつの側をもつ形式であり、一方の側から他方の側への、ある値から反対の値への移行および逆行は、その形式が形式として他の形式から区別されることによって容易になっているのである。バイナリー・コードは《点アトラクター point attractors》ではなく《周期アトラクター cyclical attractors》である。[39] コードによって正の値と負の値とは対称的で循環的な関係のうちに置かれる。この関係がシステムの統一性を象徴するが、同時にそれは循環の打破へと開かれてもいる。[297] かくしてシステムは、自身の循環性を打破することによって成長できるようになる。また都合の悪いできごとに反応する中で常に新たな条件づけを導入することも可能になる。その条件づけを用いることによって、あるものを正として指し示すかそれとも負としてかを決定できるのである。

コードは、現実の値（の複雑な分布）を写し取ったものではなく、単なる二重化規則である。コードは、自身の適用領域（それを定義するのもコード自身である）の中で情報（これもまたコード自らが構成する）として登場してくるものすべてに対して、負の相関物を利用できるようにするのである。例えば、真／非真、等しい／等しくない、所有権をもつ／もたない、試験に通る／通らない、公権力を行使する／公権力に服する、というようにである。かくしてコードの形式によって把握されるものすべては、偶発的なものとして現れてくる。つまり他でもありうるものとして、である。そこから実践的には決定基準が必要になりもする。その基準によって、どんな条件の下である値ないしその反対の値が正しく、あるいは誤って帰属されるかが定められるわけである。われわれはこの種の規則を「プログラム」と呼ぶ。コードとプログラムとの区別が、今やこう言ってもよいだろうが、機能システムのオートポイエーシスを交換不可能な仕方で構造化する。そしてそこから帰結するゼマンティクは、目的論、完成態の観念、理念的なもの、伝統的な価値関係などとはまったく異なるものとなる。その点をとりわけ論理構造から見て取ることができる。というのはどのコードも、他のあらゆるコードに関して棄却値を実現することになるからである。これは値が他のさまざまな値と争うとか、ヴェーバーが言う意味での値＝価値のコンフリクトであるとかを意味するものでは必ずしもない。他の形式が、他の区別が拒絶されるということにすぎないのである。この議論はゴットハルト・ギュンターに多くを負っているが、彼を引用すれば《選択そのものが棄却される》(298)ということになる。このタイプの事態は、ただふたつの値しかもたない論理学では把握されえないのであり、それゆえに概観するのが困難なのである。論理的構造という点でより豊かな論理学を備えた観察用具が必要である。そうすることによって初めて、旧来の、あるいは近年のヨーロッパにおけるゼマンティクの多くが、時代遅れのものと見なされるようになるはずである。

　棄却というこの概念によって、バイナリー・コードの道徳への関係を（したがってまた、機能システムの道徳への関係を）明らかにすることもできるようになる。道徳という形式もまた棄却可能でなければならない。そしてこれが意味するのもやはり、全体社会の中では道徳はもはや重要ではないはずだ云々ということではなく、機能システムのコードはより高次の非道徳性の水準に固定されていなければならないということだけなのである。[299] 野党に留まるのではなく政権の座に就くことが、道徳的により優れているという必要はない。誤った理論ではなく真なる理論を提唱することが道徳的により優れている必要もない。法もまた、不法を確定することが道徳的に貶めることに繋がるわけではないという点を重視する＝値を置く（darauf Wert legen）。これらが受け入れられて初めて、バイナリー・コード化されたシステムの中でもどの点で道徳を投入できるかが見えてくることになる。それは特に、バイナリー・コードが自分自身を掘り崩すところにである。例えばスポーツにおけるドーピング、裁判官を脅迫すること、経験的研究におけるデータの偽造などを考えてみればよい。さらに述べておけば道徳は、コントロール不能なかたちで否応なしに登場してくることもある。与党の政治家の道徳的脱線は野党にとっては政治的好機となる。倫理上の疑念によって真理を非真理へと変換することはできないが、研究のための資金が拠出されるのを妨げるということはあるかもしれない。

機能システムはコードを用いて、自分自身のオートポイエーシスを実行する。そうすることで初めて機能システムの分出が成立するのである。[300] どんな観察者にも容易に確認できるように、オートポイエーシスは因果的な意味で（そもそも因果性を目にしうるのは観察者のみである！）、システムの環境に依存してもいれば独立してもいる。古いサイバネティクス流の定式を改めて用いて言えば、依存しているのはエネルギーに関してであり、独立しているのは情報に関してである。オートポイエーシスはシステムの要素となる作動を再生産すること（＝産物から生産すること）のうちに存している。つまり支払い、権利の主張、学業成績に関するコミュニケーション、集合的に拘束力をもつ決定などを再生産することのうちに、である。この種の要素的作動は〔他の作動から〕区別されうる特質を備えており、他のシステムの要素との関係において交換不可能性を有している。この点は、当の要素が特定のコードの偶発性領域の中で構成されるということによって根拠づけられる（したがって例えば、その要素が正の値を指し示してしるということによるのではない）。要素は常に形式に関連づけられて生産される。不法もまた法システムによって、非真もまた学術システムによって決定されるのであり、コードは第三の可能性を排除する。システムのあらゆる作動を通して、バイナリー・コードは（第三値の排除とももども）継続的に再生産されていく。そしてそれにより常に新たに可能となる独自の作動によって、システムはその機能を満たしていくのである。

したがって機能分化が実現されている場合には、またその限りで、どの機能システムも他のシステムの機能を引き受けることなどできない。機能システムは自己代替的な秩序である。そこではどのシステムも、他の機能は別のどこかで満たされているはずだということを前提とする。その限りでは、相互的な操舵の可能性もまた存在しないということになる。操舵は何らかの程度において機能を引き受けるということを含意しているはずだからである。シラーが政治と芸術ないし学術との関係について確認していることは、一種のプロトタイプとしてどのシステム間関係についても当てはまる。《政治的立法者はそれらの領域を封鎖することはできますが、そこを支配することはできません》(301)。機能システム相互の関係の中では、相互に頼りにしあっている程度に応じて、破壊は存在しうるが指令はありえないことになるのである。

さらに述べておけば機能システムが作動の上で閉じられているからといって、ある出来事が多数のシステムの中で同時に作動として同定されるということが排除されるわけでは決してない。その場合には観察者がそのできごとを統一体と見なすこともありうる。例えば貨幣の支払いは通常の場合、法的義務を果たすことに役立つわけだし、いずれにせよ支払いは所有権に関する権利状態を変化させることになる[302]。とはいえ多数のシステムで同時に実行される出来事は、やはりそれぞれのシステムの回帰的なネットワークに拘束されたままである。出来事が同定されるのもそのネットワークを通してであり、したがってどのシステムが作動を統一体として実行するかに従って、その出来事はまったく異なる前史とまったく異なる未来をもつことになる。貨幣がどこから来たか、貨幣を受領した者が次にそれを用いて何を始めるかは、取引の法的側面とはほとんど無関係である。システムの要素としての作動を同定するのはあくまで、個々のシステムの作動連関の回帰性なのである。

あらゆるオートポイエティック・システムの場合と同様にここにおいても、システムの境界は作動によって引かれる。作動が生じることによって何がシステムに属するのかが、またしたがって何が環境に属するのかも、確定されることになる。しかし作動がそれをなしうるのは同じシステムの以前の作動および以後の可能な作動との回帰的ネットワークの中においてだけである。したがって作動は同時に、システムと環境の差異を用いてシステムを観察しなければならない。つまり作動は自分自身を確定するわけである。そしてこれは純粋に事実的に生じる。つまり、作動が行われた場合にのみ作動は生じるのであり、また作動がどのように行われたかに応じてのみ作動は生じるのである。しかしそのためには、自己言及と他者言及の区別を用いてその確定を観察する必要がある。

それゆえに世界の記述もまた結局のところ常に、特定のシステムの他者言及として定式化されるのであり、したがって自己言及がいかに用いられるかに依存していることになる。例えば科学システムによる世界記述では、（概念的に指し示されうる）要素と、それら要素間の関係という図式が用いられる(303)。社会学においては行為と、統計的に処理された関係が、というようにである。この図式のうちで把握されうるものは、科学システムにとってはリアリティとして通用する（それゆえに、この図式の他の側で捉えられたものとは相容れないことになる）。なぜなら、世界そのものは不可視のままであり、世界自体は〔科学システムの捉え方に〕抗うことはできないからだ。後でさらに述べるように、それゆえにわれわれは同等に妥当する世界記述が複数あるという状態に甘んじなければならないのである。

自己言及と他者言及との区別は、バイナリー・コードと《直交》する。すなわち、どちらの言及もどちらの値をも取りうる。言い換えるならば、正の値と他者言及とが特に密接に関連しているというわけではないのである(304)。自己言及と他者言及という区別の統一性を考えうるのは、《想像的空間》においてのみである。これはつまり、この区別を用いるシステムの中では、その統一性は作動能力をもたないということである。しかしこの区別がさらなる別の区別の一方の側として働くこともありうる。すなわち、言及とコードとの区別の構成要素として、である。

この洞察によって、伝統的なゼマンティクを大幅に変更する必要が生じてくる。またこの洞察は、機能システムの、ひいては近代社会の自己記述の各分野で広範にわたる影響をもたらしもする。例えば真理を、認識という他者言及を秩序づけるための基準として用いる（対等 adaequatio〔40〕、対応理論）わけにはいかなくなる。真理が関係するのは、自己言及と他者言及の区別になのである（構成主義）。したがっていかなるかたちにおいてであれ、真理と意味と（他者）言及とを、定義の上で連関させておくといった方策は放棄されねばならないことになる(305)。またもはや法を、利益を守るため（＝他者言及）の手段として把握することはできない。というのは適法な利益と不適法な利益が存するからであり、また他方で概念適用（＝自己言及）が法に即してなされることもあれば、法に反することもあるからである。科学システムにおいては分析的真理と綜合的真理の区別がカント以降において有していた旧来の意義が、失われるに至っている。同様に法理論においては、概念法学と利益法学の区別は意義を失うわけだ[306]。代わって登場するのははるかに抽象的に設定された、諸区別を区別するという事態である。経済システムでそれに対応する問題が明るみに出てくるのは、今日では中心的概念となっている「取引」においてである。この概念は経済システムの自己言及（支払い）と他者言及（現物給付、サービスの提供、欲求充足）の統一性を定式化しているのである。さらに次の点も明らかであろう。そこでは所有権コードである「持つ／持たない」が、取引の両方の側においてそのつど二度にわたって前提とされねばならない。つまり支払いとの関連で、また現物給付との関連で、である[307]。

　科学・法・経済から取られたこれらの例によって、現今の議論がここで提示された問題に実際に関わっている場合がいかに多いかが示されている。しかし同時に、議論がさまざまのアカデミックな分野へと分かれて生じており、根底に横たわる問題設定の統一性が認識されてもいないし、また必要なだけの抽象度が達成されてもいないということも見て取れる。それゆえに、多様性と類似性とが際だっているこれらの問題は、機能的に分化した全体社会システムの構造問題として生じているのだとの洞察も欠落しているのである[308]。

　近代社会の機能システムは、以上述べてきたふたつの区別を、すなわち「自己言及／他者言及」と「正の値／負の値」とを区別することによって、自身にとってのみ、つまり当該のシステムにとってのみ関連性をもつ複雑性を形成し、縮減する。機能システムは、言及の区別を用いつつ自己言及の側で、自身のシステムの作動と構造とによって決定されているということを認識する。このシステムはオートポイエティックであり、常にそうであり続ける。作動の範囲は拡大したり収縮したりする。作動がそのようにしてなすのは、認識することではなく、事実として実行することなのである。

この意味でオートポイエーシスは、システム形成の「あれか／これか」の原理である。経済・法・政治・科学などにとって、当該のシステムが存在するか、それともしないかのどちらかなのである。しかし社会学的に興味深い問いは、「それによって全体社会は、内部に向かっての拡張をどれくらい生じさせるのか」である。例えばどれくらいの貨幣化が、法化が、科学化が、政治化が生じて、処理されうるのか。またそれらはどれくらい同時に生じるのか（貨幣化だけが生じる、というのではなく）。また他方で、機能システムが収縮する場合、脱貨幣化や脱規制化が生じた場合には、そこからどんな効果が発生してくるかである。

オートポイエーシスを継続していくためには、自己言及と他者言及という区別だけで十分である。意識が自分自身と対象とを混同してはならないのと同様に、もし法が法的義務と単なる欲求とを、あるいは道徳的な尊敬ないし軽蔑の条件とを常に混同してしまうようなら、法はオートポイエティック・システムとして作動できなくなる。〔先の区別に加えて〕もうひとつ生じてくる問いは、「部分システムが形成されるに至った場合、システムを観察するどんな可能性が生じてくるのか」である。純粋に論理的な根拠からして、三つの可能性があることになる。①部分システムが所属する総体システムを観察すること、②全体社会内環境のうちにある他の部分システムを（あるいは、外的環境のうちにある他のシステムを）観察すること、③その部分システムが自分自身を観察すること（自己観察）。これらの相異なるシステム言及を区別できるよう、われわれは総体システムの観察を機能と、他のシステムの観察を遂行と、自分自身のシステムの観察を反省と呼ぶことにしたい[309]。

これらの区別は、方向を定めるに際しては著しい実践的意義を有している。それらを相互に引き離しておかなければ、ゼマンティクのうえで少なからぬ混乱を生じさせることになるだろう。例えば《国家》の概念は政治システムの内的自己記述（反省）のために役立つのであって[310]、このシステムの全体社会的機能と、すなわち集合的に拘束力ある決定を下すことと、混同されてはならないだろう。この点が混同されてしまうと、国家意識の肥大化が生じることになる[311]。経済に関しても、遂行と機能とを区別しなければ同様のことが生じるだろう。つまり経済は自然環境から資源を抽出することとして、また欲求を（人間の欲求であろうが、全体社会の機能システムの欲求であろうが）充足することとして記述されるのである。しかしこれは経済の遂行にすぎず、機能のほうは、稀少性という条件の下で未来における供給を確保することのうちにある。この点を混同すると、経済固有の時間関連性を理解できなくなる。その結果近代社会は、他ならぬ貨幣経済は、〔欲求をより高い水準で充足させるための〕創意工夫によって生じてきたと、《唯物論的》に記述されるのである。科学の領域では、不幸なことに、応用に関連する研究と基礎研究とが区別されている。しかし肝心なのは結局のところ、遂行と機能との違いなのである。この点を見誤ると、《基礎研究》は容認されはするが、単なる理論作業として堪え忍ばれる〔べき〕ものだと見なされることになる。そうなれば科学システムは、基礎研究は応用関連研究に比べて、より多くの名声は得られるものの財政的には恵まれないという、不快な経験をせざるをえなくなるのである[312]。

遂行領域に関しては、特別に顧慮しておく必要があろう。その領域を、まさにわれわれがしているように、機能を充足することから区別する場合にはことにそうである。というのはこの領域のうちに、〔従来の全体社会記述において前提とされていた〕相当に多くの前提を要するハイアラーキカルな統合の構想の、後継となる仕組みを見いだせるからである。遂行をシステムの〔われわれが語っているのは常に機能システムであって、組織ではない〕インプット側とアウトプット側として観察しようとするのであれば、少なくともふたつのシステムを考慮に入れねばならない。そしてそれらがどれくらい相互に関係づけられているかという点では、さまざまなパターンを考える必要が生じてくる。機能システムが相互に、理解しつつ観察しているなどと想定するわけにはいかない。「理解しつつ観察する」ということはすなわち内側から再構成するということであり、仮にそれが可能だとしても、あまりにも多くの時間を要することになるだろうからである。それゆえに機能システムは、遂行に依存していることと、遂行の準備ができていることとを、自分自身において観察しなければならない。刺激〔とそれに対する反応〕という形式で、その点を知っておかねばならないのである。例えば、経済へと組み入れられることになる子どもたちが受ける職業教育の水準という点で。また、裁判手続きが〔どんな結果が生じてくるかは予測できない〕純粋持続であり、予測しがたいという点で。だからこそ裁判手続きでは、法の外における了解や法の網の目をくぐる手続きが意味を持ってくるのである。〔政治にとっては〕納税細目の水準の変動という点で。科学への要求は政治的に機会主義的になされるのであり、その時間的限界は科学の持続とは調整不可能であるという点で。人口統計学上の変動は、家族と製薬業によって条件づけられているという点で。これらはすなわち、事実を指標として用いることは常に可能だが、しかし常に遅すぎるがゆえに、

〔その事実を生じさせる〕原因に介入したり交渉したりする（後者が可能になるのは組織の水準においてのみだろうが）ことはできないという事態を意味している。総じて言えば、近代社会内のシステムの間の遂行関係が与えてくれる像はきわめて見通しがたいものであり、何らかの原理に（例えば、交換原理に）還元できるものではないのである。なるほど今述べてきたような遂行関係は、全体社会の統合の動態を導いていくメカニズムではある。[313] しかし近代社会が、これらの関係の中で自身の統一性を、例えば調和の理念や正義の理念という形式において通用させるのを放棄していることは、あまりにも明白である。このような状況の下では「統合」とは、同時に可能であるものの変異性を制限するということに他ならないのである。

ここでこれ以上の細目について論じるのは放棄しなければならない。それは、個々の機能システムに関して練り上げられるべき理論に属する事柄である。われわれは、〔三つの〕システム言及のこの区別はシステム分化そのものから生じてきたのであり、また生じてこざるをえなかったのだという点を示唆するだけで満足しておかねばならない。〔三つの関係の区別という〕この編成は、ヨーロッパ旧来のゼマンティクにおいても知られていた。例えば魂が神への関係、他の人間への関係、自分自身との関係をもつ、というようにである。しかしこの問題が全体社会の理論にとっての現実性《アクチュアリティ》をもつようになったのは、近代の機能分化した社会に至って初めてのことだった。ヨーロッパ旧来のゼマンティクでは、後で詳しく見るように、[314]《全体と部分との関係》という単純化だけで満足できたのである。

機能システムの作動上の閉じとオートポイエティックな再生産が確保されれば、そのようにしてマークされた領域の内部において、さらなる分化が生じてきうる。全体社会の内部においてさらなる社会システムが、あるいは自然発生的に、あるいは組織としてというように、きわめて多様な仕方で分出しうるのである。さまざまな種類の繁茂が生じてくる——自然においてと同様に。しかしサブシステム形成が機能システムの分化として認識されうるはずである限り、そこでは作動上の閉じが前提とされているのである。

さらなるシステム分化によってシステム形成図式が反復される場合には常に、システムと環境の差異が反復的に投入され、再生産されていることになる。その際原理的には、システム分化のあらゆる形式を再び用いることができる。環節化も、中心／周辺分化も、ハイアラーキー形成も、さらなる機能分化さえもが使用可能なのである。個々に見れば機能システムはそれぞれ非常に異なっている。それゆえに内に向かっての複雑性増幅は、共通の範型に従って生じるわけではない。しかし一般的に見れば、一種の（機能分化の契機を引き受けることができるような）環節分化が支配的であるように思われる。世界政治システムは環節的に領域国家へと分化する。しかしその際、一種の中心／周辺分化も同時に生じてくるのである。世界経済システムに関しては、市場の分化として把握するのがベストだろう。市場は組織形成（企業）のための環境として働くが、企業のほうは、自身の〔環境である〕市場を睨みながら、自身を競争者として知覚するのである。そこではいかなる意味でも、各セグメント間の厳密な相等性など生じてはいない。金融市場と銀行とが特別な位置にあることを考えてみるだけでよい。あるいは、労働市場と原材料市場と生産物市場では、外的影響に対する感受性がきわめて異なっているという点でもよい。科学システムもまた主要には環節的に、専門分野へと分割されている。それら専門分野は相等性によってではなく、他ならぬ研究対象の不等性によって際だっている。しかしさまざまな研究対象への関係という点では、同じ機能を満たしているのである。このように個々の機能システムの内部において、われわれが全体社会総体に関して明らかにしえた事柄が反復されているように思われる。すなわち、ある特定の分化形式の優位が明確に確定されるのは原則というよりむしろ例外なのである。しかしそのことが生じた場合には、システムに進化的な変化を促すという結果も発生しうる。経済システムにおいて、極端な中心／周辺分化が生じる場合がそうである。

　ここで提案しているようにオートポイエティックな社会システムの理論と機能分化の構想とを組み合わせることによって、近代社会の理論のための出発点が与えられる。短く定式化して言おうとするなら、〔近代社会においては〕冗長性の放棄によって、つまり多機能性を〔すなわち、あるひとつの社会的単位のうちに多数の機能が重なりあって現れてくるの〕を放棄することによって、著しい複雑性の獲得が実現されうるのである。もちろんそこからはまた問題が派生してくることになるのだが。この記述は、古典的社会学においては分業学説が占めていた理論上の位置を引き継いでいるのである。

《冗長性の放棄》ということでわれわれが考えているのは機能を、しかも他ならぬ最も重要な社会的諸機能を多重的に保証することの放棄である。先に（本章第Ⅳ節以下で）描出しておいた、環節的な全体社会の拡大および収縮の可能性を、あるいは階層化した全体社会において、家政（《経済》）が公的な（《政治的》な）行動のために特定人員の自由裁量に委ねられていたことを思い起こしてみればよい。そこに存していた確実さは消えてしまっているのである。他方で、外的環境による脅威は減っている。それに代わって、今日さかんに論じられている近代社会のエコロジカルな自己脅威化が生起している。これらすべてを引き起こしたのは、冗長性の放棄と複雑性の獲得との連関である。全体社会にとって最も重要な機能は、必要な遂行水準を踏まえつつ[3]、そのために分化した機能システムの中でのみ満たされうる。政治に関して管轄権を持つのは政治システムである。しかしこのシステムが貨幣を用いる場合には、貨幣に即して行動しなければならない。つまり、経済的な支払いの経過を〔政治的に〕条件づける〔ことしかできない〕のである。自ら貨幣を《作る》ことができるかのような、政治特有の幻想が抱かれることもあるかもしれない。しかし経済はその貨幣を受け入れないか、受け入れるにしても平価切り下げという条件の下でのみのことだろう。かくして問題は《インフレーション》として、政治のほうへと還流していくのである。逆に政治の外では政治的交渉など生じない。これは、あえてこの領域に乗り込もうと企てるかなりの数の教授が経験するはずの事柄である。

必要ナ変更ヲ加エレバ（mutatis mutandis）、あらゆる機能システムに関して同じことが言える。同時に機能システムは、微細な点にいたるまで規制される遂行水準に備えている。例えば政治は、当該法廷〔でさまざまに解釈されること〕によって継続的に発展させられる憲法の細目に、また多かれ少なかれあらゆるシステムは通常の資金調達状況に、備えているのである。これはすなわち、遂行能力ないし遂行の準備（例えば、法の貫徹に対する政治の準備）がわずかでも変動すれば、他のシステムにおいて〔当の変動に比べて〕度はずれの刺激が生じるかもしれないということを意味している。次の世代において、アカデミックな教育を受けた者のうちたった一〇パーセントが教育水準に相応しい職に就くチャンスを持てなくなるだけで、世代全体が意気消沈してしまうだろうし、教育の流れが変化し、人員配置も財政手段も変わるだろう。そしてこうしたことはそれぞれ他のシステムにおいて生じる。これはすなわち、それらを引き起こした原因と釣り合う確実な関係など存在しないということなのである。

それぞれの機能システムが担うことができるのは、ただ自身の機能だけである。緊急時であろうと、たえず行われている〔他の機能システムによる〕補完というかたちであろうと、他のシステムに手を出すことはできない。統治の危機が生じた場合には、科学が真理を用いて助け船を出す、などというわけにはいかないのである。政治は、経済の成功を成し遂げる可能性などもたない。政治が政治として、経済の成功に大いに依存しているとしても、また政治はそれを成し遂げうるかのようにふるまうものだとしても、事態は何ら変わらないのである。経済は、貨幣の支払いの調整という点で科学に関与しうる。しかしどれほど多くの貨幣をもってしても、経済が真理を産出することはできない。財政上の展望によって〔ある分野の研究活動を〕誘導したり刺激したりすることはできる。しかし何かを証明することはできないのである。科学が支払いに対して報いるのは《謝辞 acknowledgements》によってであって、証明を含む論証によってではない。

かくして刺激係数は、全体社会総体において増大していく。この事態が、相互の依存性と独立性とが同時に増大していくということのうちに反映しているのを見て取れる。そこから帰結する見通しがたさのゆえに、システム間の関係において可能な変動を、またそこからの効果を、完全に計算することは実際上排除される。したがってさまざまな単純化が定着することになる。そのうちで最も重要なものはおそらく、アピールと罪を割り当てることとのうちに存している。それらは、〔罪を帰する〕相手の自己記述を顧慮することなくなされるのである。象徴的に一般化されたメディアを、特に貨幣と権力を用いればよい。特定の決定を、例えばこれこれの目的のためにより多くの貨幣をとの決定や、特定の利害に関する法律状態を変更する決定を要求し、そしてそれが聞き入れられないとか満たされないとかいって嘆けばよいのである。したがって単純化の代償として、失望に出会う機会がより多く与えられねばならなくなる。だからまさに高度な、増大しつつある豊かさという条件の下で、一般化された不満が広がっていくということになるのかもしれない。それゆえに近代社会に関する非現実的な見解が繁茂し、スキャンダルが貪欲に消費される結果になるのである。

それに対して、システム内で埋め合わせをする可能性が相応に増大している。刺激も不満も急速に古びていく。それらは機能システム自身の、独自の特殊化とコード化に基づく可動性によって、きわめて高度な度合いにおいて補償されうるのである。経済における信用メカニズム、国際的な貨幣過剰と債務能力とを考えてみればよい。あるいは法システムにおける契約の自由と立法可能性でもよい。さらには、科学において、所与の理論ないし方法論プログラム内部においてテーマ選択の自由が存していることも挙げられる。科学が高度な反応可能性を有しているのは、この自由のゆえになのである。《主権》を、また古典的国家論を考えてみれば驚くべきことなのだが、最も動きのとれないシステムのひとつは、政治システムであるように思われる。個別論点についてはより詳細な議論が必要だろう(316)。しかしともかく次のように推測することはできる。冗長性の放棄と複雑性の獲得との連関は、あるシステムを他のシステムよりも利することになる。その意味で、全体社会の進化はバランスを欠いた状態で進行していくのである、と。

形式的に見れば複雑性の獲得は全体社会が、新たなシステム／環境区別の分出を介して、全体社会の内部において内側に向かって拡張されていくということのうちに存している。それによって作動としてコミュニケーションのオートポイエーシスに貢献するものの内部でより多くの、またよりさまざまな種類のコミュニケーションが可能になる。同時にも、また順次的にも、である。これはどの機能システムも、自ら経験しうることである。『ウェイクフィールドの牧師 The Vicar of Wakefield』[41]では《〔私は〕妻が結婚衣装を選んだように、つまり表面《うわべ》の見事さきらびやかさよりも長持ちする〔wear well＝着心地がよい〕かどうかを考えて、妻を選んだ》と述べられているが、そのようにして〔「ぴったりくる」という理由で〕花嫁を選ぶのであれば、もはや〔私が彼女を愛しているのは、彼女のどんな美徳のゆえになのか、というように〕特質についての問いをコミュニケートする必要はほとんどないことになる。あらかじめ惚れ込んでおかねばならないというのであれば、ロマン派が教えてくれるように、世界全体が愛の鏡に照らしてコミュニケーションのテーマとなるのである〔あらゆる事柄について、相手の見方が自分の見方と「ぴったりくる」かを確かめうるのだから〕。今日の社会における市場は、国家財政ないし私的家政における巨大集団よりもはるかに多くの情報をプロセシングできる。近代政治システムの民主制のもとでは、伝統的なタイプの領主宮廷の場合よりも、はるかに多くのテーマが政治化されうるのである。かくして全体社会総体は、より複雑なものとなる。それは単に個々の機能システムにおいて作動が付加されるということのみによるのではなく、個々の機能システムにとっての観察および選択の領域としてなのである。

この事態に構造的に対応するかたちで、ゼマンティクの複雑性も増大していく。事象次元ではより多くのテーマが存在するようになり、テーマ、テクスト、〔実際の発話・記述という意味での〕貢献もより深く分解されるようになる。時間次元では、過去と未来の差異に関する寛容が増大する。これはすなわちより多くの変化が生じうるということである。出来事は加速され、その結果システム間の同期化は困難になる。より多くの出来事が、それに遭遇するシステムにとっては偶然として、事故として、機会として現れてくるのである。構造（例えば資本投資、政党の性格、結婚、科学の概念言語など）は結局のところ決定によるものと見なされうる、というよりもそう見なされざるをえないのである。未来の地平は、まだ計画可能のように思われるにしても、現在のほうへとより近づいてくる。過去の重要性はたちまちのうちに消え失せていく。それゆえに過去は歴史として興味あるものにすぎなくなる。ただしそれゆえに特別な、ノスタルジックな注意を引くことにもなるのだが[317]。さらに加えて今や位置づけの際に用いられる文化複合体は、空間的に区切られたものよりもむしろ時間的に区切られたものになってゆく。文化複合体が変異していくということが、あらかじめ計算に入れられる。むしろその点こそが魅惑の根拠となるのである。流行、スタイル、時代の気分、世代の宿命などを考えてみればよい[318]。

社会的次元においても複雑性が獲得されるが、それは作動の上で人間を全体社会から排除することに基づくものであり、個人や主体というタイトルによって称揚されることになった[319]。今や個人を、全体社会（Gesellschaft）の内部に社会的に（sozial）位置づけることはできなくなる。どの機能システムもあらゆる個人を包摂していることを反省するからである。ただし包摂が関係するのは、あくまで〔各システム〕独自の作動にだけなのだが。〔今や〕個人がチャンスをもつようになったという事態に対して全体社会が下す評価は、肯定的なもの（主体）と否定的なもの（《コピー人間 homme-copie*》[42]、大衆）の間を揺れ動く。同時に、《自己実現》や《了解》などの、反対方向を向く残余物が理想化されもする[320]。結果として、社会次元に対してある種の脱‐自然化が施されたのを観察できる。それが、全体社会がコミュニケーション・システムとして自己反省を行いうるようになるうえで一役買ったのである。それに対応して全体社会は、より多くの予期とより多くの失望とをコミュニケーションの中に移し入れ、まさにその点に狙いを定めた自己幻想的な象徴を生産する（特に政治システムにおいて）。全体社会が、個々の人間の意識の中で実際に生じることに対して高度な無関連性を備えていなければ、このような不整合をあえて行うことなどできなかったはずである。

機能分化からの同様に重要な帰結を、観察がきわめて広範囲にわたってセカンド・オーダーの観察へと、つまりは観察者を観察することへと転換したという事態として記述できるだろう。もちろん旧来の世界においてもすでにセカンド・オーダーの観察は存在していた（しかしそれは、認知的ないし規範的に狭く限定されたプログラムの枠内においてだけだった）。例えば他者の誤りに関して、あるいは罪業と罪責に関して。ただし後者のほうは、アリストテレス－トマス主義の伝統の中では、誤りの一変種として記述されえたのであるが。そこでは共通に与えられている世界が自然＝本性として、あるいは被造物として前提とされていた。コスモロジーは、事態を記述したものとして定式化された。機能分化が貫徹していくとともに、この《存在論的》前提は解体していく。この前提に代わって登場してきうるのはただ、観察者に対する観察をリアルに実行することだけである。その場合世界は、観察されえないものというメディアの内部において、その種のセカンド・オーダーの観察の水準で新たに構成されねばならなくなる。

おそらくすべての機能システムが自分自身の作動を、セカンド・オーダーの観察の水準において観察している。経済では市場を、またそこで形成される価格を用いて、観察者たちが相互に観察しあっている(321)。政治においてはあらゆる活動が、選挙結果に照らしての世論という鏡の前で演出されるのである(322)。科学においても研究者が相互に観察しあうのはもはや直接仕事に関してではなく、刊行物を介してである。刊行物は論評され、議論され、時として無視される。したがって観察者が当該の言明をいかに観察しているかに定位することができるのである。[323] 芸術に関しても、芸術家が自身の作品を単なる客体としてではなく、作品の効果を生じさせた手段に関して観察することに順応するや否や、同様の事態が成り立つようになる。[324] 以上を要するに、機能システムは自己観察のために相応の形式と機会とを備えねばならず、リアリティを構築できるのはそのようにしてだけだということになる。

観察される観察者が、自身の（ファーストないしセカンド・オーダーの）観察のリアリティを保証するのは、セカンド・オーダーの観察というこのモードにおいてである。その背後に横たわる観察不可能なリアリティは（それについては、「あるようにある」と言うしかない）放棄してかまわない。いや、放棄しなければならないのである。[325] その分だけますますシステムは、自身の被刺激可能性を高めることになる。すなわち攪乱を記録し、馴染みの仕方で扱いうるようになるのである。

以上と並行して十八世紀以来、個人の交際において観察されていることを観察する中で社会的な均衡を探し求め、その点に狙いを定めて自己規律化を選び取るという可能性が定着していったが、これは決して偶然ではない。かくして道徳と社交術との旧来の統一性は、あるいは権威ある基準的規則に定位することそのものが、破砕される。近代的な意味での個体性が個々人に対して要求するのは、単に自分があるがままであれということだけでなく、自分自身を観察者として観察することである。そしてここでもやはりほとんど同時に他者を、その他者が観察しえないものとの関連において観察する可能性が確立されることになった。無意識の動機と利害に関してであれ、他者の世界観がイデオロギー含みのものだという点に関してであれ、あるいはまったく一般的に、潜在的な機能と構造に関してであれ。

リアリティ構成が転換を遂げて、セカンド・オーダーの観察の水準にまで拡張されるようになる。今見てきたようにこれは、個々の機能システムの作動の水準に留まるものではない。より多くの要求を課すことになる全体社会におけるリアリティ確証という一般的なモードにまで及ぶのである。しかし今やその確証は〔全体社会を〕代表するいかなる権威もなしで、つまりハイアラーキーなしで、全体社会の基準を与える頂点や中心なしで生じなければならない。確証はヘテラルキカルにネットワーク化され、常に一時的にのみ、作動による確認によって支えられるのである。

この作動様式からの帰結は全体社会の水準においては、固有の動態と相互依存の打破との連関の中に現れてくる。機能システムは自分自身に依拠しているがゆえに、自分自身の内部において固有の時間と不等性とを産出する。もはやそれらは全体社会的に調整などされえないのである。固定的な形式は、例えば資本投資や職務遂行中の政府は、あらかじめ時間に縛られているのであり、それゆえに偶発的なものとして現れてくることになる。さらにまた全体社会は、個々の機能システム内部で著しい不等性が生じるのを許容することもできる。不等性がひとつのシステムから他のシステムへと移転することを阻止できさえすればよいのである。どんなに豊かな者でも、それゆえに政治的権力を有しているというわけではない。富ゆえに芸術に対するよりよい理解力を持っていたり、愛されるチャンスという点で有利になったりするわけでもないのである。機能特殊的なメリットの混合体を〔他の機能領域へと〕振り替えることは、家族内においてすらほとんど不可能である。富を経済的に成功裡に用いるためには、喪失のリスクを引き受けねばならない。組織におけるキャリア、芸術上のキャリア、政治的なキャリアなどもやはり、それぞれに特有なリスクに晒されるのである。全体社会貫通的に承認された価値に依拠して一般化されうるものも――例えば、自由、平等、人間の尊厳も――、時間化・システム特殊性・相互依存打破のこの連関の上に乗っているのである。それゆえに価値が有しているリアリティ基盤は、対応する、価値によって記述され追求される社会状態のうちにあるのではない。だからこそ価値はどの機能システムにおいても、負の方向で顧慮されるのである。すなわち欠落として、あるいは制限を根拠づける必要性として、である。したがって価値が全体社会に適合的になるのは、リアリティを価値プログラムへと近づけていくことによってではない。〔価値の〕適合性はむしろ、固有の動態、逸脱増幅、時間化、相互依存打破の条件づけ連関のうちに存している。機能とコードを特定化することからしてすでに、他のシステム定位を棄却せざるをえなくなる。これはすなわち、排除されたものが常に現前しているということを示唆している。その観点からすれば価値を定式化することには、それぞれのシステムにとって他ならぬ自身の言語によって、自分が何から逸脱しているのかを明確にするという意味をもっているのである。

全体社会システムにとって、機能システム相互の関係のこの秩序からは大きな帰結が生じてくる。階層化および／または「中心／周辺」分化という条件下では、次の点から出発できた。すなわち最強のシステムが《支配》し、それ相応の資源が調達されてくるだろう、と（もちろん現実的に見れば、事態が部族的状態の方向へと退行的に動いていくこともまったく可能だった。地方ではまだ広範囲にわたって、古代的状態が支配的だったからである）。機能的に分化した全体社会ではむしろ逆の秩序が成立する。すなわち、一番うまく働かないシステムこそが支配するのである。特定の機能条件が欠落した場合、それをどこか〔他の機能システム〕で補償することなどできないからだ。したがってあらゆるところで、

〔その機能が満たされないという新たな状態への〕大幅な適応が強いられることになる。遂行〔すなわち、機能システムどうしの特定の関係〕が蓋然性の低いものになればなるほど、〔遂行を踏まえて機能システムが産出する〕成果が多くの前提を要するものになればなるほど、全体社会総体において〔ある機能が〕欠落することのリスクは大きくなる。法がもはや貫徹されえないとすれば、あるいはもはや貨幣を受け取ってもらえないとすれば、他の機能システムももはやほとんど解決されえない問題に直面することになるはずである。科学的革新や世界に対する宗教的説明が欠落したとしても、それほど重要な事態は生じないように思われるかもしれない。しかしその場合でもやはり同様の問題が生じてくる。エコロジカルな相互依存の増大を踏まえて科学の必要が生じていることを、文明化によって引き起こされた病気を、宗教によって平和が攪乱されることから生じる政治的帰結を考えてみればよい。〔秩序が〕どの程度遵守され、〔それに必要な資源が〕調達されているかを、もはや《力 Kraft》という隠喩表現によって記述することはできない。今や記述を可能にする隠喩表現は《危機 Krise》だけなのである。

　以上の分析を、次のような一般的洞察へと要約できるだろう。作動上の閉じとオートポイエティックな自律性によってシステムは、環境における無秩序と高度に両立可能になる。構造的カップリングをコントロールでき、刺激を受け入れて加工することが可能でありさえすれば、環境はそれ以外の点において不透明で、過度に複雑で、コントロール不能のままであってもかまわないのである。このメカニズムは全体社会システムの外的境界においてすでに効果を発揮しており、それによってコミュニケーションは、世界のその他の部分に対する距離を獲得する。しかし機能分化によってこのメカニズムは、全体社会の内部へと転位させられもするのである[326]。その結果全体社会は内的な無秩序を増幅させつつ、同時にそれに対する免疫を獲得できる。しかしそのことによって攪乱に対する感度が増大し、セカンド・オーダーの観察というモードにより依存するようにもなる。いかなる機能システムも、自身が作動する際にはその全体社会内環境をコントロールすることなどできない。〔あるシステムが〕成功裡にそうしうるとすれば、他の機能システムから見ればまさにそれゆえに自身の環境がコントロール不可能になってしまうのである。以上からの結果として、機能システム相互の関係に関して、全体社会総体に及ぶ拘束力を発揮する秩序はすべて解体されてしまう。その分だけますますそれぞれの機能システムは自身の閉じに、自身のオートポイエーシスに依拠することになる。そのための備えが十分であろうが不十分であろうが、そうせざるをえないのである。

したがって機能分化によって、あらゆる機能システムに同等によいチャンスが保証されるというわけではない。経済にも宗教にも同様に、法にも芸術にも同様に、というわけではないのである。また機能分化を、分業を〔それによって生じる〕福利の利得によって正当化するのと同様にして正当化することもできない。むしろ重要なのは全体社会が、内的に高度に不透明であり算定不可能であるという条件の下でも自身を再生産していけるための形式なのである。作動上の閉じが不定状態を生じさせ、不定状態が作動上の閉じを生じさせる。この条件下でどこに重点を置いた発展が、どんな機能システムが、どんな構造が他のものよりも適切であることがわかるのか。その点は進化に委ねられるのである。

複雑性と不確実性が増大するとともに、行動予期を束ね、アイデンティティを通して相互に帰属するための形式も変化する。以前の全体社会では、エートスと行動、通常的-規範的（自然的-道徳的）規則とそれに定位する（同調的にせよ逸脱的にせよ）行動というひとつの区別で事足りた。しかし今や同定のための観点を〔規則と行動のどちらの側においても〕さらに分解する必要が生じてくる。さもなければ、複雑性を意味を付与する定位へと変換すること、不確実性を局所化可能なかたちで構造化することに成功しえないだろうからである。基準となる規範の側では、無条件に妥当する価値と、条件づけの下で妥当するプログラムとが区別されねばならない。個々の機能システムにおいて不変のコードと可変的なプログラムとは別々に同定されるということだけからしても、そうする必要が生じてくる。規則に定位する行動の水準では、役割と人格とを区別しなければならなくなる。もはや人格がその人の社会的地位によって、不変の所属によって同定されるわけではないということだけからしても、そうする必要が生じてくる。むしろ人格は職業を、会員資格を、好ましい相互作用を選択するのであり、その選択において同一であり続けねばならないのである。[327]

この分化は、全体社会の自己記述という文脈においてどんなテーマがなおも説得力をもちうるかに関しても、著しい影響を及ぼすことになる。プログラムと役割の領域は《実定化》される。すなわち決定に依存するものとして把握されるのである。ただしそれは価値に関して、翻っては個人の人格の価値に関して、覆しえない妥当性が主張されうるかぎりにおいてのことであるが。この点に関しては後でまた論じることにしよう。ここで興味深いのは、問題なのは構造的分化であり、それは個々の部分システム〔機能システム、組織、相互作用〕に限定されたものに留まらないという点である。この分化は全体社会にわたって貫徹されるのであり、特に家族内における疎外可能性という点で、著しい帰結をもたらすことになった。アイデンティティは、システムの社会的記憶を圧縮し再認するからである。アイデンティティによって、何が忘却されえ何が想起されうるのかが規制される。つまり、過去のうちから何が現前し続けるのかが確定されるのである。したがってまた未来の振動可動域も規制される。これはすなわち、予期（ここでは、行動予期）が満たされるか裏切られるか〔との二者択一〕に晒される形式が規制される、ということである。(328)

機能分化から生じるこの効果が一方で、階層化した社会から機能的に分化した社会への転換のプロセスに影響を及ぼすことにもなる。この効果は件の転換の帰結であると同時に要因でもある。一方で個人の人格への定位が、旧来の社会分割を掘り崩すために用いられる。他方では、プログラムおよび役割へのアプローチ（「キャリア」が見出し語となる）が決定に依存していることがはっきりと目にできるようになるため、出自による規定は決定による規定に取って代わられざるをえなくなる。そこから帰責の問題が導かれてきて、機能システムも組織も、さらには個人もまたその点を視野に収めることになるのである（個人に関しては例えば宗教的信仰の問題や、《天才的》な発見や発明に際して）。

階層化から機能分化への転換によって、全体社会の分化形式は変化する。ただしだからといって階層が廃されるわけでは決してない。以前と同様に「豊か／貧困」の著しい違いは存在し続けるし、以前と同様にこの違いは生活形態に、また社会的チャンスへの接近に影響を及ぼし続ける。しかし変化は生じている。すなわちこの事態もはや、全体社会が階層のかたちで秩序づけられうるということを意味していない。件の違いは、それなしにはおよそ秩序そのものが可能ではないという意味での秩序ではないのである。それゆえに階層はもはや、正統であり代替選択肢をもたないというわけにはいかなくなる。かくして十八世紀以来、あらゆる人間の平等という仮定に直面していることが気づかれるに至るのである。不平等はこの仮定に即して測られ、必要とあらば機能的に正当化されねばならない。ゼマンティクのうえではこの位置替えは、身分という階層概念から社会階級としての階層概念への移行によって記録されている。階級においては、配分が単なる恣意によるということがより明確に示されるのである。[329]だが、もはや身分的なものではなくなっていた階層内部においてもこの過程は継続されていくことになる。とりわけ都市の（また都市を熟知した）上層が消滅していくというかたちにおいて、である。ここ数十年においてはさらに加えて、階層による個人の行動への干渉は、また一段と緩められてきたように思われる。だからこそ社会学者は階層ではなく、社会的不平等という表現を優先させてきたのである。[330]これは家族、ユースカルチャー、世代間関係における展開と関わっているのかもしれない。しかし同時にまた、まだ相当の程度出自によって規定されていたキャリアに関する身分類型が崩壊したということを証してもいるのである。

近代の階層構造もまたひとつの機能を満たしているという点を証明しようとの試みもなされてきた。階層は人員の選抜を容易にし、キャリアの成功を表示することを可能にするのである、と（それが意味するのが、エリートに適切に支払わせることを放棄するという点にすぎないとしても）[331]。しかしこの種の観点が重要になるのはせいぜいのところ組織に関してだけである。全体社会の理論にとって関心の的となるのはむしろ次の問いであろう。全体社会の分化形式はもはや、階級による生活上のチャンスの違いに依拠してはいない。にもかかわらずその違いが依然として再生産されているのはいかにしてなのか。答はこうである。この現象は明らかに、個々の機能システムが、特に経済システムと教育システムが、合理的に作動することの副産物なのである。[332]これらのシステムはほんのわずかな違い（作業能力、信用を付与されうること、地位の特権、才能、訓練されていることなど）を用いて、一種の逸脱増幅を形成する。その結果、急速に達成された水平化が再び社会的分化へと変形されることになる。この効果が何ら社会的機能を満たすものでなかろうとも、である。(333)

最後に、階層と機能分化との重要な違いは、階層の厳密な条件下ではその分化形式を無視するようなコミュニケーションはほとんど存在しないという点にあるということを指摘しておこう。それに対して機能的に分化した全体社会ではコミュニケーションがこの、あるいは別の機能システムに帰属されるということを無視できる場合が多々存在する。そこから、コミュニケーションが自身がある機能システムに分類されているのか否か(そして、どのシステムになのか)をそもそもいかにして認識するのかという問題が生じてくる。階層化した全体社会ではこの点については、人と生活形態とを頼りにすることができた。機能的に分化した全体社会では相異なるコード化を引き合いに出せばよいように思われるかもしれないが、しかしそれでは帰属の認識という問題を〔コードの認識へと〕単にずらしたことにしかならない。ある範囲では、トポグラフィックな記憶が役に立つだろう。学校と裁判所を、病院と工場ないしオフィスとを区別できるだろうから。しかし人への定位から離れることが可能となった全体社会においてはさらに加えて、対応する感受性を発達させねばならない。例えば結婚は機能化されにくいが、そこで問題が生じてそれが法のかたちを取る場合には、そのことを認識できねばならない。学校において授業が政治的ないし宗教的宣伝へと逸れてしまった場合に関しても、あるいは病院で自分の身体が教育ないし研究の対象となる場合に関しても、事は同様である。これらの問題においては、《対象》によってあらかじめコンセンサスが与えられるだろうなどと予期することはできない。コミュニケーション自身が、言及を濃縮することを通して、自分がどちらへと動いているのかを常に決定していくことになるのである。

とりあえずは、以上述べてきた未精錬の示唆だけで満足しておかねばならない。ここで肝心なのは、全体社会が機能分化へと転換することがいかなる射程を有しているかを論述し例証することである。それは決して、ハーバーマスにおけるシステムと生活世界の区別が意味しているような部分的現象ではない。この区別が容認しているのはせいぜいのところシステムもまた、それについて人々がどう考えようとも、生じてくるのであり必然的でもあるということにすぎない[334]。言うまでもないことだが、機能分化が優越するからといって環節分化が、あるいは階層形成が廃されるわけではない[335]。逆である。（例えば、組織にもとづく）環節化や（例えば、産業国と発展途上国との間の）不平等が自分自身を強化していくチャンスは、全体社会システムの複雑性とともに増大していく。そしてそれが生じるのは他でもない、経済システムや教育システムなどの機能システムが、平等性ないし不平等性を自分自身の作動の合理性の契機として用い増幅していくからなのである。機能分化の優越は、近代社会の形式である。そして形式とは差異に他ならない。近代社会はそれを用いて自身の統一性を内的に再生産する。また形式とは区別である。近代社会はこの区別を用いて自身の統一性を、区別されたものの統一性として観察しうるのである。

IX　自律性と構造的カップリング

一群の機能システムが単に存在しており、それらは互いを顧慮する必要などなく、自分自身のオートポイエーシスを再生産していくという必然性に〔だけ〕従っている――近代社会をこのように記述すれば、それはきわめて一面的な像となってしまうだろう。それでは近代社会が当面は爆発する、あるいは自己崩壊することがないのはなぜなのかという点が、ほとんど理解できなくなってしまうはずである。したがってただちに反論が生じてくる。どこかで、どうにかして、《統合》がもたらされねばならないはずである、と。遅くとも全体社会がエコロジーの点で著しい困難に直面するようになり、未来において深刻な危機が生じるかもしれないということが視野のうちに登場して以来、計画（枠の計画に留まろうとも）と操舵（文脈の操舵に留まろうとも）[336]が不可欠であるとの議論が説得力を持つようになったのではなかろうか。ファシズム運動が世界的に高揚した時代においてすでに、同様の議論がなされていた。物事を単なる進化に委ねてはならないのだ、とである。[337]今日において責任の倫理への呼びかけがなされているのも、この文脈においてのことである。[338]これらの救済の試みにおいて顕著なのは旧来の経験が、新たに語られるようになった構想と融合していること、あるいは著しい理論的負担を受け入れつつ取り上げられていることである。あたかも問題が圧倒的な緊急性を有しているがゆえに、疑わしい構想でも正当化されるかのように、である。

〔機能システム間の〕根本的な差異に直面して、また差異理論的な理論アプローチの優位に直面して、はたして統合とは〔いかなるものか〕。また、見通しがたい複雑性に直面しての計画と操舵とは。周知のようにいかなる倫理においても、道徳的判断を根拠づけようとすれば困難に直面することになる。にもかかわらず倫理とは。そして最後に、崩壊した共産主義体制に対してのみならず、機能分化から帰結する問題に対して市民社会がもつ希望とコミュニケーション潜在力とは。[339]思い切り後ろへと目を向けて、歴史によってすでに反駁されている希望を再び取り上げるということも可能なのだろうか。さもなければ希望を持つことなどできないではないか、と。

以下で問題とするのは、近代社会のより望ましいイメージへと至る道を見いだすことではない。ましてや、計画・操舵・倫理といった構想を同様に実践に即した企図によって置き換えることなど放棄せざるをえない。われわれの知識はあまりにも乏しいがゆえに、行為の手引きという形式に関して決定することすらできないのである。決定が生じうるのは機能システムの内部において、当該の領域に関してだけである。だからといって、実践的な事柄については禁欲が求められるというわけではもちろんない。しかし〔計画・操舵などの〕それらの試みに対して観察者の観察者という立場に留まることには意味があるだろう。そうすることで、ある人が自分自身のために計画や倫理を要求し、それによって全体社会の中に新たな差異を導入するときに何が生じるのかを観察できるからである。

むしろ急を要するのは、機能システムのオートポイエティックな動態のみが考慮される場合に全体社会の理論に生じてくる歪みを修整することのほうである。デュルケームからパーソンズに至るまでの社会学の古典的な議論ではこの問題は、「分化／統合」という図式によって扱われてきた。[340] それに従えば社会学の課題は、機能分化に適合した統合の形式を探求することであるという話になる。[341] われわれはこの図式を、オートポイエーシスと構造的カップリングの区別によって置き換えることになる。

事実としてあらゆる機能システムは構造的カップリングによって相互に結びつけられ、全体社会内に保たれている。本書第一章第VI節で詳述された構造的カップリングというこの概念は、全体社会外との関係だけでなく全体社会内の関係にも適用可能である。単細胞システムの単なる生存という水準においてすでに、オートポイエティックな閉じが成立するためには、環境関係が構造的カップリングへと変形されていなければならない。構造的カップリングによって特定の依存性が増幅され、他の依存性は効果的に排除されるか、破壊の可能性へと縮減される(342)。作動上の閉じと構造的カップリングとのこの発生的・構造的連関は、生命活動に依拠してなされるオートポイエティック・システム形成のあらゆる水準において継続される。われわれはすでにこの点を、全体社会というコミュニケーション・システムの分出を事例として扱っておいた。今や必要なのは事態の同様の連関を、機能分化という形式条件の下での全体社会内関係の分析において解明するよう試みることなのである。

作動上閉じられた機能システムが分出するためには、機能システムが全体社会内部において取り結ぶ環境関係が、相応する装置として備わっていなければならない。かつては全体社会的な機能は家政に、またその家族が属する社会階層に結びつけられていた。この結びつきは解体され、機能システムを相互に結びつける構造的カップリングという新たな形式によって取って代わられねばならなくなっている。ここでも構造的カップリングが意味するのは次の点である。アナログな（同時的な、連続的な）関係がデジタルな、何らかの「あれか／これか」図式に従って取り扱われうる関係へと変形されること。さらにまた、相互的刺激の特定の道筋だけが強化され、環境の他の部分に対しては高度に無関連になること。構造的カップリングというこの種の形式がなければ機能システムの分出は緒につくだけで、例えば特定の団体ないし組織の水準だけで、終わってしまうだろう。構造的カップリングという装置が成功するその分だけ、全体社会総体が団体や組織の水準を越えた機能システムの構造的展開を促すことになる。それゆえに長期的に見れば機能システムの《構造的ドリフト》は、この点を考慮に入れることによってのみ説明できるのである。構造の発展に外部から介入する可能性はもはや存在しない。しかしシステムが常にくり返し関わるのはどんな刺激となのか、またシステムは〔環境に対する〕どんな無関連性をあえて引き受けるのか——この点は本質的な役割を演じるのである。

構造的カップリングの領域内で、機能システムの自律性のさらなる条件を認識できる。一方でこの概念そのものからしてすでに、カップリングは脱カップリングによって条件づけられているという点が容認されている。それによって、〔ポランニーに依拠しつつ〕《脱埋め込み》と《埋め込み》とを二者択一と見なす見解は反駁される[343]。さらに構造的カップリングはより強くもより弱くも形成されうるから、分出は〔分出するシステムが〕依存するシステムを《選択すること》として記述できる。自由を許してくれるシステムを選べばよい、というわけである[344]。作動上の閉じと自己組織化は何にも増して〔システムに〕強制されるが、しかしそれは環境のさまざまな部分との多数の構造的カップリングにおいてのことなのである。そこからの帰結として、どれかの外的関係が指導的地位に就くことはできない。したがって絞り込みの問題が緊急性を帯びてくることになる[345]。この条件は、近代社会の機能分化によって、通常的事態として保証されるはずである。

機能システムの数は多数にわたる分だけ、それらの間の関係も多くなる。したがってここで構造的カップリングのすべてを考えてみるというわけにはいかない。さらに加えて重要性の点でもきわめて大きな違いがある。それゆえにいくつかの例を示唆するだけで満足しておくとしよう。

1　政治と経済とのカップリングは第一に、租税と関税によって達成される。ただしこの場合でも、支払いとして貨幣を使用することはすべて経済システムの内部で生じるという点は何ら変わらない。しかしその使用を政治的に条件づけることはできる。この場合なら、貨幣の使用は利益〔をあげるという目的〕に即して行われるわけではない、というようにである。国家予算が何のために使われるかは、政治的問題なのである。より多くの（あるいは、より少ない）貨幣が使えるなら、それは政治を刺激するだろう。しかし貨幣使用そのものは、経済システムの市場法則に服するのである（税金で買われるからといって、安くなったり高くなったりするわけではない）。また貨幣流通における《国家の取り分 Staatsanteil》が増大すれば、そこからは経済システムの構造的発展にとって著しい帰結が生じてくることになるだろう。蛇足ながら国家は必ずしも税収によって拘束されねばならないというわけではない。十八世紀以来国家の負債は、銀行券と並んで、貨幣量を増大させるための本質的な手段のひとつとなってきた。国家が発券銀行をコントロールするなら、ますますそうなっていくのである。したがって政治システムと発券銀行との間の関係もまた、構造的カップリングと見なされねばならない。発券銀行が一方では独立しており、それゆえに例えば国債が貨幣市場で高騰するということもあるが、他方で貨幣銀行がある程度政治をも顧慮する場合には、ことにそうである。

二十世紀の条件下では、この伝統的なカップリングに新たなものが加わってくる。個々の国家の〔かたちをとる〕政治システムが民主化されることにより、政治的成功（選挙での勝利）は、経済の景気に依存するようになる。そして景気は、世界経済システムの長期的な構造変移の中に埋め込まれているのである。他方でこの成功条件を地域的な政治システムからコントロールする可能性は減少していく。ローカルな生産も輸出と信用供与とに依存するがゆえに、国家の決定による徴税をすり抜けていく。国家ができるのはせいぜいのところ、修正したり弱めたりする効果を持つ介入だけである。かくして自由主義的な／社会主義的な経済政策という古典的な区別は意義を失うに至る。そこで問題となっているのは反応における基準に他ならず、〔どちらにしても〕同一の、外で決定された事態から出発しているからである。十九世紀以来伝承されてきた党派図式は腐食してしまうが、どうやって、何によってそれを置き換えればいいのかは認識できないままなのである。[346] 有権者に日常経験と関連性をもちうる代替選択肢が与えられえないとすれば、あるいはそのような選択肢が政治的なスペクトルにおいて《ラディカル》として定義されるしかないとすれば、自己を選挙民主制と同一視する用意を再び生じさせるだけの重要な基礎は欠落しているということになる。したがって政治システムは、集合的に拘束力ある決定が扱いうるテーマ領域を新たに定式化しなければならなくなっている。しかし目下のところ、どうやってそうしうるのかを明確に見通すことはできないのである。

2　法と政治との間のカップリングは、憲法によって規制される。[347] 一方で憲法は政治システムを法へと結びつけるのであり、その結果（それが機能するならば！）違法な行為は政治的に失敗するということになる。他方で憲法は、政治的にインスパイアされた立法を経由して、法システムに革新をもたらすことを可能にする。[348] そしてその革新が今度は成功ないし失敗として、政治システムに帰せられるのである。[349] このようにして法の実定化と政治の民主化は密接に関連することになる。さらにそこから、法的に、また財政的に何が可能なのかという点に関して、行政によって政治が統制されるという事態も生じてくる。[350] 一方は他方を条件づける。法は形態形成（Gestaltang）の可動域をもたらし、その内部で民主的な意思形成が可能になるのである。しかしそれぞれのシステムの内部において回帰的にネットワーク化された作動は分離したままであり続ける。ある法規が政治的な意義を（疑わしさ、異論の余地を）もつということは、それが法的に妥当することとはまったく別の事柄なのである。

政治と法との構造的カップリングは、政治に《司法国家的に justizstaatlich》影響を及ぼすに留まらない。憲法が政治の福祉国家的傾向を法的にコントロールするために用いられる場合には、構造的カップリングによって憲法そのものも変形を被るのである。[351] そこでは目的に定位した国家活動は、法的な力をもつ規則に服さねばならない。基本権は、特にドイツ憲法において観察されうるように、国家活動の普遍的価値プログラムへと一般化される。逆に見れば公的行政にとっては、司法の判例を普遍的な方針として行政上の実践の中に取り入れておきさえすればよいのである。

3　法と経済との関係においては、構造的カップリングは所有権および契約によって達成される。[352] これらの装置はその法的な特質において、法と義務（債務という意味での）のために重要な根拠を提供してきた。それゆえに転換期である十八世紀の間中、それらは法および全体社会そのものの基礎と一致すると考えることができたのである。[353]〔他方で〕経済システムからみれば所有権と契約によって所有／非所有というシステム独自のコードが、またシステム固有の作動のための、つまり取り引きという文脈における支払いのための、前提が形成される。[354]〔これらの装置が〕使用〔される〕文脈は、したがってまた個々の要素の回帰的同定の条件は、例えば支払いの意味やある契約が満たされないことから生じる請求権の法的妥当性がもつ意味は、〔両者において〕まったく異なっている。それゆえにこそ構造的カップリングは、システム相互が高度に刺激しあうことを可能にするのである。所有権と契約とを法的に開放し条件づけることによって初めて、まったく未知の、同じ生活共同体に属してはいないパートナーを引き込むことを通して経済を強力に拡張できるようになる[355]。逆に法制度が経済的に利用されたということによって、所有権と契約という法概念が、ローマの起源を踏まえつつ、所有権を処分への権利として定義する方向へと、またあらゆる契約が、契約締結者間の単なる合意（裸ノ契約 nuda pactio）を踏まえるだけで提訴可能であるという方向へと発展していった点が説明できる。構造的カップリングは、双方のシステムの《構造的ドリフト》の方向を規定する。双方が共通の要素に基づいているわけではないにもかかわらず、またそうであるがゆえに、である。結果として生じてきたのは経済による法への刺激の増大であり、それは経済の成長に伴って民事訴訟が増加してきたことによって証明されうるのである[356]。

4　学術システムと教育システムとがカップリングされるのは、大学という組織形態によってである。大学は遅くとも十九世紀には、（中世までの）宗教システムの領域における、あるいは近代初期の国家の〔運営上必要な〕人員〔をリクルートする〕必要性という領域における奉仕機能への拘束から解き放たれ[357]、研究と教授することとの組織共同体を形成していた。国家による著しい財政支出を正当化したのも、この共同体だったのである。研究を担ったのは出版であり、教授することを担ったのは講堂ないし演習室での相互作用だった。教授するという観点の下で、どの学術的テクストが適しているかを決定するためには、《高等教育教授法》が、あるいは少なくとも即興的な機能的等価物が必要だった。また逆に、そのような特質をもった教授が、研究者としての名声を形作るというわけではなかった。ふたつのシステムは分離したままだったが、いわば兼務されるかたちで作動していたのである。こうした事情は、明確にしがたい道筋で学術的出版に影響を及ぼしてきた。そしておそらくはなお強い影響を、大学での教養がある種の学術性を帯びて実用から遠いものとなったことに及ぼしたのだと思われる。

5　政治と学術との結びつきに関していえば、はるか今世紀〔二十世紀〕に至るまで、学術的に訓練された後継者をリクルートすることだけで十分だとされてきた。しかし学術的研究が、官職に就いた元アカデミシャンの知識よりも急速に進展するようになるとともに、また政治システムの全体社会への関与の射程〔が広がっていく〕結果としてこのシステムからの知の需要がより複雑になっていくにつれて、構造的カップリングの新たな装置が形成されていく。それはますます、専門家による助言のうちに存するようになる。今日では明らかになっているように、この活動を既存の知の応用として把握するだけではもはや不十分である。この政治と学術の構造的カップリング装置は、学術の中になお存在している不確実性をコミュニケーションの中で〔表明することを〕差し控えさせねばならない。少なくとも、弱めねばならないのである。その一方で政治的問題を、学術的問題であるかのよう決めてかかることがないようにしなければならない。助言によって転移されるのは権威ではなく不確実性である。それに伴って次のような問題が出てくる。すなわち、専門家が学術的にはいかがわしいものだと見なされたり、さらには〔実際には〕政治的にインスパイアされた論争が学術的な知識の評価の相違であるかのごとく扱われたりするという問題である。(358) 結果としては、助言とは学者でも政治家でもなく、むしろ相互的刺激のハイウェイと、構造的カップリングのメカニズムと見なされなければならないということになるのかもしれない。

6　教育システムと経済（ここでは、雇用システム）との関係について言えば、構造的カップリングのメカニズムは成績・修了証明書とその発行のうちに存している。この解決法が定着したのもやはりようやく十九世紀になって、階層に定位したリクルートへの批判に後押しされてのことだった[359]。学校および大学にとってはこれは異物を意味しており、常に喜んで受け入れるというわけにはいかなかった。教育者の見解に基づく教育ないし《教養》という本来の課題が困難に陥ってしまうからである。にもかかわらず、〔教育という〕システムのキャリア構造に対するこの影響は強力だった——例えば教育学的な意図や理念と比べてみればよい。経済がこの事態によって悩まされる度合いははるかに小さい。経済は労働市場の景気に、また後継者の側での応募の準備（自己選抜）により強く依存しているからである。さらに加えて今日ではますます、独自の計画による人員開発へと移行しつつあるからである。経済の〔教育システムへの〕依存性はむしろ否定的なかたちを取る。つまり依存性は、教育システムでは多くの領域に関して、例えば現代のテクノロジーに関して、またより高度な経営に関してそもそも十分な職業教育を準備できていないという点に存しているのである。

以上の例示で十分だろう。その他にも医療システムと経済との関係における《病状記録 Krankschreiben》や、芸術システムと経済システムとの関係における芸術商取引（画廊）などを挙げることもできるかもしれない。分析を完全に実行してみれば、何ら構造的カップリングを形成しない、したがって

《構造的ドリフト》において明確な方向を示さないシステムがあるということが明らかにもなるはずである（例えば、宗教システム）。〔構造的カップリングから生じる〕帰結のいくつかについては、今挙げた例で満足しておこう。そこから特に明らかになるのは、構造的カップリングはただ形式としてのみ、すなわち常に包摂効果と排除効果〔という区別＝形式〕とを伴いつつ機能するという点である。例えば憲法は法テクストとして採択されるのだが、政治権力が法システムに憲法に反するかたちで介入してくるのを（警察の領域で、あるいは広く生じている汚職という形式で）阻止できなければ、機能しえないだろう。(360) さらにこれらの例によって、〔構造的カップリングというときに〕問題となっているのはシステムの《間》をいわば自由に浮動しつつ存在している装置であって、それはどちらのシステムにも属するわけではない云々という話にはならないという点も明らかになる。確かにこの装置はどちらのシステムによっても利用されるのだが、それは相異なる意味においてなのである。さもなければどうして刺激が生じるというのだろうか。さらに言うまでもなく、全体社会においてはこの装置のうちのいくつかが高度に傑出しているのである。所有権、契約、憲法、知の伝達（《テクノクラート》）などの制度は、目下のところ全体社会の記述においてまさにそのような地位を占めている。そのかぎりでは機能分化の理論は、〔特定の装置こそが全体社会にとって重要であるはずだという〕その種の要求を相対化し、多数の機能的に等価な形式に注意を促すために役立つのである。

最後に、システム内的な構造的カップリングにのみ生じる特性について考慮しておかねばならない。外的関係の場合、構造的カップリングのために作動を用いることはできない（言い換えるならば独自の作動類型を、したがって独自のオートポイエーシスを実現しうるようなカップリング・システムは存在しない）。内的関係に関しては話は別である。全体社会システムという事例における内的関係の場合、システムのカップリングを行うためにコミュニケーションを用いることができる。構造的カップリングは作動上のカップリングによって補完されるのである。例えば、医師は病状を文書のかたちで確認し、その書類を患者に、雇用主への提出用に交付することができる。特に政治システムの外接圏では多数の《交渉システム》が確立されている。それらは定期的な相互作用の形式において、組織を導いていく要因のひとつとなるのだが、その一方でさまざまな機能システムに由来する利害関心を代表してもいる[361]。かくして製薬産業の外接圏においては、ミヒャエル・フッター[43]が示してきたように、特許権、研究可能性、経済的利害の問題を扱う《会話圏》が形成されるのである[362]。作動上のカップリングが構造的カップリングに取って代わることはできない。前者は後者を前提とするのである。しかし作動上のカップリングは相互的な刺激を濃縮し活性化する。そして関与するシステム内でのより素早い、よりよく一致した情報獲得を可能にするのである。

X　刺激と価値

機能分化を全体社会の分化の主要形式として実現することによって、全体社会システムの環境関係は深甚な変化を被る。しかも全体社会という総体システムに関しても、全体社会の部分システムに関してもそう言えるのである[363]。この変化を描出するために、構造的カップリングを前提としつつ、刺激の概念を用いることにしよう。とりあえずのテーゼはこうである。この分化形式への移行によって全体社会が刺激される可能性は増幅され、環境の変動に速やかに反応する能力は高まる。ただし同時にそれは、複数の刺激を〔相互に〕調整するのを広範囲にわたって放棄することによって購われねばならないのである。刺激が調整されないという事態に対して全体社会が反応しうるのも、やはり刺激されるというかたちにおいてのみであって、例えば過剰な刺激という問題を中央からの監視によって解決するというわけにはいかないのである。そのような中央からの計画化と操舵が可能だとしたら、全体社会の被刺激可能性はたちまちのうちに、〔操舵を行う〕当該箇所の（本来それを考えうるのは組織の場合だけなのだが）情報処理能力の大きさによって制限されてしまうだろう。そうなれば被刺激可能性の増幅によって獲得された利得は、再び放棄される結果になる。以上のような傾向の中で情報処理は予期による範型から反応的な範型へと移っていくのである[364]（複雑性が増大すれば両方が増大しうるのだが）。

ヨーロッパ旧来の伝統の中では、〔刺激の概念と〕機能上対応する位置において《感嘆 admiratio》の概念が用いられてきた[365]。この概念の中で、驚嘆（*Verwunderung*）と賛嘆（*Bewunderung*）とが合流しているのがわかる。感嘆の契機となるのは何かしら《新奇な》ものが、予期された連続性と反復からの逸脱として登場してくることである。したがって感嘆は例外として考えられていた。また感嘆は無差別の状態（情念）として、真／非真については決定されないもの、まだバイナリー・コード化されていないものとして記述されていた。感嘆はそれ自体として生じるわけではないし、生じた場合には宗教的体験への契機をもたらしうる。そのような感嘆を引き起こすのは、芸術の仕事だったのである。いずれにせよこのゼマンティクに従えば問題なのは機会ないし行為であって、全体社会の継続的な自己刺激ではまだなかったのである（流動的に移行してはいったのだが）。

刺激（ないし《摂動》）という近代的概念が把握しようとしているのは〔感嘆の場合と〕機能的に等しい事態である。ただしこの概念は、全体社会の分化の異なる形式に反応してもいる。この概念が占める理論上の場所は、「作動上の閉鎖性（オートポイエーシス）とシステムと環境との構造的カップリングとの関連」というテーゼのうちに存している。いうまでもないことだがどの瞬間においても環境は大規模にシステムへと介入してくる。しかしそれによってシステムが決定されることはありえない。というのはシステムの決定はただ独自の作動の（ここではすなわち、コミュニケーションの）回帰的ネットワークを通してのみ生じうるからである。その点でシステムの決定はその種の回帰を、またそれに対応する作動の連続を可能にする、システム独自の構造に拘束されているのである（構造的決定）。したがって刺激もまたシステム状態であり、それがシステムのオートポイエティックな作動の継続を励ますのだという話になる。その際刺激だけでは、そのために構造が変化するか否かはさしあたり未決のままである。したがって以後の刺激によって学習過程が導き入れられるか否か、あるいはその刺激は一回限りの出来事であるがゆえに時間の経過とともに消え去っていくものと見なしてよいのかどうかについても同様に未決のままである。両方の可能性を未決のままに保っておくことによってシステムのオートポイエーシスの保証が、また同時に進化能力が、保証されるのである。しかしオートポイエーシスはシステムの学習能力に依存しているわけではない（しているとすれば致命的だろう）。同時に以上の考察は次の点をも示している（これは有機体に関してもすでに当てはまるのだが）。刺激の増幅は学習能力の増幅と関連している。すなわち出発点となる刺激を拡大し、既存の構造と調整しつつさらなる刺激を生み出して、ついには刺激が適切な構造〔を新たに確立すること〕によって吸収されてしまうまでに至る、そのような能力と関連しているのである。

意味構造は刺激に対して開かれた状態を保つべく冗長性を、つまり同じものを異なる状況の中で反復することを、見込むかたちで予期地平を形成する。したがって刺激は、外れた予期という形式で記録されるのである。そこでは肯定的な不意打ちと否定的な不意打ちが、喜ばしい不意打ちと好ましからざる不意打ちが問題となりうる。一方ではどちらの場合においても問題となっているのは一時的な非一貫性にすぎず、忘れてしまってもかまわないということもありうる。帰結を無視するか、抑圧してしまえばよいのである。しかし他方で、独自の反復可能性を示す刺激もありうる。この局面では、刺激はシステムの予期構造との矛盾を示すことになる。システム分化によって、きわめて多様な予期地平が作り出される。同様にきわめて多様な時間的スパンも作り出される。この時間的スパンの中で、未来は現在においてすでに考慮に値するものとなっている。そして最後に、反復して起こりうるものの多様なリズムと頻度が生み出される。それらは、機能分化が全体社会の水準でのコミュニケーションの被刺激可能性〔各機能システムがコミュニケーションによって、それぞれ独自の構造を通して刺激される可能性〕をとてつもなく広げるための基礎となる。だがそうではあるが、同時にそれゆえに通常の場合には学習要求は機能システムのうちのひとつへと制限されるし、[44] そのシステムが自身の構造と作動を介して他の諸システムを刺激することになるか否かに関しては、未決のままに留まるのである。

以上すべてからの帰結として、刺激を〔統一体としての〕《環境》に帰属させることは決してできない、という話になる。むしろ特定の攪乱源が同定されねばならないのであって、さもなければおよそ〔刺激は〕認知されえないはずである。したがってこの概念が関連するのはシステム／環境関係一般ではなく、システム・対・システム関係である。それはまた、「全体社会内部において知覚されうる刺激がシステム分化の形式とともに変化するのはなぜなのか」との問いへの解答ともなっているのである。

オートポイエーシス、構造的カップリング、刺激という構成要素からなるこの理論構築においては旧来の、モデル理論的ないし数学的に事を進めるシステム理論とは異なって、均衡状態が前提とされているわけではない。攪乱の後でシステムはその均衡状態へと復帰する云々というわけではないのである。せいぜいのところ可能なのは、システムは〔攪乱に対する〕二重の反応可能性を有していると考えること、すなわちネガティヴ・フィードバック（攪乱によって生じた差異を除去すること）による反応と、ポジティヴ・フィードバック（逸脱強化）による反応とを考えることだけである。これだけからしてすでに進化論的構想へと近づいていくし、初発状態を純粋に歴史的に（したがって構造的に均衡としてではなく）前提とすることになるはずである。刺激の概念は、理論のこの展開方向をさらに推し進める。さらにこの概念は、ノントリヴィアル・マシーンの理論への移行（ハインツ・フォン゠フェルスター）に、また構造的安定性から動態的安定性への移行に対応してもいる。

刺激はその都度のシステム固有の状態であって、システムの環境内にはそれに対応するものは存在しない。あるシステムにおいてある刺激を観察したとしても、そこから「環境も対応するかたちで刺激されているはずだ」と推論することはできない。ましてや、刺激を引き起こした環境状態は、環境にとって（それは誰にとって、ということなのか？）問題をなしているなどと考えることはできない。〈汚染〉は人間の判断の産物（a creation of human judgment）なのである。[366] オゾンホール、沈没した原子力潜水艦、《死につつある》森は、それ自体としては刺激をもたらさない。環境はあるがままにある。したがって厳密に考えるならば、刺激について語りうるのは、〔どのシステムにとっての刺激なのかという〕システム・インデックス付きの場合に限られる。これは、この概念からしてすでにシステム内部においてだけ存在しうる差異を前提にしているという点からも認識できるだろう。それはすなわち通常の、構造的にあらかじめ定められた作動の連なりと、そこから何が生じてくるかが不明確な状態、そこから次の作動への移行が決定できない状態との差異なのである。(367) この差異は（つまりは、刺激の《形式》は）、意味システムにおいてはゼマンティク上の差異として現れてくる。この差異が刺激を〔何ものかとして〕指し示すことを可能にする。例えば問題として、あるいは時にはアンビヴァレンツとして、不明確さとしてであり、後二者の場合はおそらく成り行きに任せておけばよいということになる。この差異は、意味システムが環境の介入に対して反応する形式なのである。またそれは、まったく異なるリアリティの水準（化学的、意識的水準など）において、あるいは他の機能システムにおいて生じる事柄に反応する形式でもある。意味システムは自身の作動上の閉じによってそれらの事柄に到達することはできないのである。

概念上のこの修正は、全体社会の進歩への態度が変化したことに対する反応でもある。この修正によって、分業がより多くの成果を生み出すというモデルが、全体社会システムへと転用されうるのかどうかを疑ってみる余地が生じてくる。このモデルの出発点は、分化は機能的特定化という観点に従えば合理的であるということだった。というのは分業によってより遂行能力あるかたちで財を製造することが可能になるし、そこに向けて生産がなされる市場が十分に大きくて生産物を引き受けてくれる限り、コストを省くこともできるからである、と。ここで経済的な財だけを考える必要はない。健康や学術的認識、教養をも含めてもよい。しかし刺激の増幅は、遂行の増幅とはまったくの別物である。〔前者を考える場合でも〕機能分化は負担軽減効果を伴うということを、また機能システムそれぞれ独自の基準に従って例えばよりよい科学（より多くの認識）を、よりよい経済（より多くの福利）を、よりよい政治（より多くの民主主義、よりよい意見の一致）を、よりよい健康状態を、より多くの人間のためにより よい教育を……可能にしてくれるということを踏まえておいてもよい。この点について異論を唱えようとは誰も考えないだろう。しかし視線を主に全体社会内的な機能と遂行へと向けることによって、刺激の概念によって扱われる問題が視野から消え失せてしまう。その問題とはすなわちシステムと環境の関係、あるいはより精確に言えば、システムと環境の差異のシステム内への再参入の問題である。つまり問題は遂行の合理性ではなく、システム合理性なのである。

主として遂行の増幅へと向けられた努力は副次効果として、機能システムがもつ環境への感受性をも高めることになる。実定法は新たな規制の必要性へと転換していく。政治は常に新たなテーマを取り上げるようになる。今や経済は、貨幣の流れの方向を変えることができる。教育システムは、新たな教授の対象と試験の対象を導入できる。マスメディアは日々新たなニュースを必要とする。芸術と科学は自分自身を、既存のものとの差異において理解するのである。少なくともプログラムの水準においては、至る所で変動が加速されていることを確認できる。そして至る所で専門職と組織が、変化のイニシアティヴを執るよう義務づけられている。停滞状態が生じた場合には、それらは強く刺激されてアクティヴになるはずである。これはコードとプログラムとの分化から生じる、異論の余地のない帰結のひとつである。革新は善であり追求される価値あるものと見なされるのであって、このような言葉の使い方がそれ以上反省されることはなかった。しかしやがて、そこからはかなりの程度において全体社会の自己刺激が、結局のところ刺激を通しての刺激が生じてくるという点も明らかになってきた。次の事態はそのための指標としては、瑣末なことだとは言えない。すなわち組織理論家が観察するところによれば〔科学論においても事は同様なのだが〕、問題解決はその問題解決の過程で自分自身の意味を〔改めて〕見いだしたり、可能な場合には他の、機能的に等価な問題解決に至ったりするという点である[368]。あるいは、実際のシステムの自己記述はコンフリクトに満ち、利害が絡んだかたちで作成されるのだが、システムの自己刺激は「問題／問題解決」という図式を通してこの事実から目を背けるという点もそのひとつの指標である[369][45]。

対抗的なこの観察は、そのように〔あの図式を利用〕すれば問題の圧力を増大させるし、同時に全体社会システムの環境への関係をより困難にするということを教えてもくれる。刺激をこのように水路づけることは明らかに、問題を過度に吸収してしまうと同時に、不十分にしか吸収しないのである。当該の問題が誤って立てられている場合には、その誤りが修正されるはずだといかに多くの人々が期待し、仮定していることか。しかしそれは確かなことなのだろうか。刺激〔を内的に処理する〕という過程概念のうちにパラドックスが潜んでいるというのもまたありうる話ではないか。それはすなわち、システムと環境の差異の統一性というパラドックスである。だとすればここで肝心なのはこの〔不可視の〕根本パラドックスを展開することである。もっともそのパラドックスを分解することそのものが、パラドキシカルな形式を帯びることになるのだが。停滞状態の性急さ〔すなわち、停滞がただちにそれを解消しようとする試みを呼び起こすこと〕。変化のプランニングがコントロールされない進化を引き起こすこと。また刺激が大量に生じてきて、もはや解消することも片付けることもできず、いわば他のシステムを刺激することによって脱刺激化されるしかないという事態を考えてみればよい。

以上の理論構築に関してどのように考えようとも、次の点は観察しておかねばならないだろう。全体社会の環境に由来する刺激は、ここ数十年のうちに劇的に増大してきた。しかもそれは、全体社会というスクリーン上でのことなのである。少なくとも三つの点でそう言える。

1　技術および人口過剰によって引き起こされた、人間外環境におけるエコロジカルな問題に関して。

2　人口増加そのものに関して、すなわち人間の身体の急速な多数化と、身体の移動をコントロールできないという点に関して。

3　個々の人間の予期に関して。今や予期は、ますます個人化され、ますます《強情に》形成され、幸福と自己実現へと向けられるようになっているのである。

容易に見て取れるようにこれらの不十分さは、近代における全体社会の進化の、つまりは機能分化への移行の、直接的ないし間接的な効果である。一方では機能システム固有の動態が解き放たれたことを踏まえて、調整がもはやうまくいかなくなり、機能システム相互の刺激から全体社会の自己刺激が生じてくるようになるその程度に応じて、全体社会の刺激水準は上昇していく。他方でまったく明らかなことながらそれとともに、全体社会システムの環境への関係における齟齬もまた増大していく。その点を問題としてコミュニケーションの中で可視化することはできるが、十分な解決を見込むわけにはいかないのである。次々と新たにもたらされる情報により、刺激とそれへの対処との齟齬が常に存在するようになる。機能分化から生じる効果は、より強く環境へと侵入していく。しかし同時に機能分化によって、全体社会の中心においてその帰結を処理するというわけにはいかなくなるのである。機能分化は、全体社会への遡及効果を分散させる。刺激として個々の機能システムへと配分するわけだ。効果的な対処を予期できるのは、個々の機能システムにおいてだけだからである[370]。その分だけ、合理性の問題に再参入問題という形式を付与することが緊要になってくる。そこから次の問いが生じてくる。全体社会は、自身の環境に対して内的に順応しうるのだろうか。全体社会自らが引き起こした環境の変化にだけであれ、自身を合わせることができるのだろうか、と。だがほかならぬ再参入もまた、ある区別を別のものの中へ同じものとして引き写すという意味で、やはりひとつのパラドックスに基づく形式なのである。

目下のところ観察されうる事態は、次のように把握できるだろう。すなわち生じているのはこの問題を目標追求によって解決することではなく、構造の進化的変化（新たな形成を含む）であり、そこでは与えられた状況への反応だけがなされるのである。この後生的に進化してきた形態に数えられるのは何よりもまず、ハードな区別と境界とが、不意をついて新たに生じてきたことだろう。それらはアイデンティティ形成に貢献するのであり、それゆえに踏み越えがたくなっているのである[371]。国家によって平定されたはずの地域におけるエスニックな区別の回帰のうちに、また同様に通常は《世俗化された》ものとして記述されている世界社会における宗教的原理主義の復活のうちに、その点を見て取ることができるだろう[372]。どちらの事例においてもそこから帰結するのは孤島化過程であり、マイノリティに関する包摂／排除関係である。それらはアイデンティティの確実さのための立ち位置を与えてくれるが、そのために機能システムの遂行やその組織が用いられるわけではない（機能システムの倒錯的な〔すなわち、アイデンティティをむしろ疎外する〕メディアが、例えば貨幣や組織された官職権力がここでも一定の役割を演じるという点に関しては、もちろん異論の余地がないはずである。しかしそれらがアイデンティティ提供のために用いられるわけではない）。人種の区別も一定の役割を演じるし、《ジェンダー・トラブル》も同様である。そして言うまでもなく、より強い動機づけの力をもつ、余所者への憎しみも。この憎しみは人口統計学的な動向によって涵養されるのだが、それ自体が、機能システムの成功が地域的にきわめて異なっているということから生じる、コントロール不可能な副次効果として登場してきもするのである。

アイデンティティが問題である以上、暴力もまた問題となってくる。この種の固有領域の堅固な境界が機能システムの境界と一致することなど、いかなる意味でもありえない。前者は表出的にコミュニケートされるのであり、容易に暴力の露払いとなる。かつての没落しつつあった貴族の世界において〔なされた決闘〕と同様に、である。そこではこの境界と暴力はむしろ実存的な関与を示すための表現上最強の手段だったのである。自明のことながら、ここで問題にしているのは心理学的な事実ではない。個々人が何を考えているかは未知のままに留まる。他ならぬ暴力もまた、恐怖を教えるがゆえに、第一級のコミュニケーション現象なのである。

以上すべての事例において問題となっているのは言うまでもなく、刺激には動じないという点（Unirritierbarkeit）を見せつけることである。しかし刺激に動じないということは、まったく異なる、比較的無邪気なコミュニケーション・レヴェルのための解決策でもある。すなわち倫理的原則ないし放棄されえない価値のための、である。(373) さしあたりここにおいて顕著なのは、この指し示しのもとでなされているアカデミックな議論は、道徳を基礎づける倫理においても価値哲学においても同様に袋小路に陥っているがゆえにもはや続けていけないか、あるいはせいぜいのところ通俗的なかたちでしか続けていくことができないという点である[374]。なるほど〔その種の議論を行っている人々は〕緊要化した必要性に反応しているのかもしれない。しかし社会学的分析を加えてみれば、次の点も明らかになってくる。そこには、刺激に動じない仮定を社会的実現へと転換するための備えが、というよりもこの問題に対する了解そのものが、欠落しているのである。倫理は、どのように根拠づけられようとも、決定者個人とともに方向を変えていく。しかしそれに関しては同時に決定されることがあまりにも多いので（時間的距離を取ることによって多重化すれば、さらに多くなる）、いかにして社会的調整が成立するのかをきちんと見極めることはできなくなるのである[375]。倫理が例えば環境への関心のもとで、あるいは世界規模での公正な分配への関心のもとで、慣れ親しまれた消費水準を放棄することを要求するとすれば、その目標を個人の動機づけを経由して達成するにはどうすればいいかはわからなくなる。残るのはある種の「お涙ちょうだい Larmoyanz」であり[376]、それによって確定されるのは全体社会が倫理的要求を満たしていないということ、その確認を通してわかりやすい仕方でコミュニケーションのうえで成功裡にふるまうのだということである。しかし「刺激に動じないことへのこの固執が、社会システムが刺激されうることといかにして関係するのか」と問うならば、再び区別の統一性というパラドックスに突き当たることになる。この区別のふたつの側のうち、利用できるのは一方の側かあるいは他方の側だけなのである。

倫理によっては確かな基盤は得られないがゆえに、調整不可能な持続的刺激による不確実化を《価値》の水準で受け止めようとする試みがなされることになる[377]。価値は、セカンド・オーダーの観察のモードへの移行によって生じる《リアリティ喪失》を補償するのである。価値はその代わりに選好を定式化し、そこからリアリティを判断する。単に選好でしかないがゆえに、反駁されないということがコミュニケーションの中で認められる場合には、価値は固定点へと運ばれうるのである。継続的なコミュニケーションの中で、《不可侵のレヴェル》（ホフスタッター）として価値を利用できる。そうすることで、偶発的になったリアリティを再び超え出ることが可能になるのである。

この事態は特定のコミュニケーション技術の助力によって生じる。価値はコミュニケーションの中で前提とされ、〔そのコミュニケーションと〕同時にコミュニケートされるが、しかしコミュニケーションに晒されはしない。価値が呼び出されるのは主張としてではなく、ただ前提としてだけなのである。それゆえに価値に関連して進行するコミュニケーションにおいては、価値主張に対して受容ないし拒絶をもって、あるいは《イエス、しかし……》によって修正するかたちで、反応するための契機は見いだされない。さしあたり価値それ自体は選好にすぎない。価値概念の中に社会的要求までもが組み込まれるようになったのは十九世紀以降であり、しかも複雑な歴史的意味変遷を経てのことだったのである。女性が平等な扱いを要求するとき、他者はそれを承認すべきであり、その際「平等もひとつの価値である」という点が議論されはしないということも示唆されているはずである。したがってそこでは単なるひとつの選好以上のものが表現されているのであり、しかもコミュニケーションの通常のテンポのもとではコミュニケーションのテーマとはならないような形式においてなのである。かくして複雑性の負担は、異議を唱えようとする者のほうへと移される。あるいは平等という価値そのものに異を唱えるつもりはまったくないのであって、他の観点も併せて考慮するよう要求しているだけなのかもしれない。しかしそのような要求はあまりに込み入っているがゆえに、個々の事例においては〔あえて主張するに〕値しないのである。こうして価値は通用していく。

価値の中には、価値どうしがコンフリクトする場合のための規則は含まれていない。しばしば言われているように、価値の間に推移的な、あるいはハイアラーキカルな秩序は存在しない。どの価値秩序も《ストレンジ・ループ》に巻き込まれており常に〔頂点の位置から〕崩落する、まさにそれゆえに、《不可侵のレヴェル》として役立つのである。(378) この意味で、いかなる状況においても優先権を作り出すような絶対的価値など存在しえない。だから個別的選好の形式を取る多数の価値を度外視〔して特定の価値を優先〕することが意味しうるのは、それらの価値が継続的に妥協に付されたり後回しにされたりするという事態でしかありえない。価値が多数になるほど、いかにして決定されるべきかをそこから引き出すことはできなくなる。とはいえ価値というこのゼマンティクがもつ重要な長所を見逃してはならないだろう。価値はコミュニケーションへと引き入れられ、《正当な》利害関心という形式で主張されるのだから、システムの記憶に刻印されることになる。拒絶されたり後回しにされたりしたとしても、そのことは記憶される。そして次の機会に改めて話に出すことができるのである。そうした関心事の正当性、すなわち〔退けられ後回しにされた〕諸価値も価値をもつことは異論の余地がないし、考慮されなかったということをまったく忘れてしまうわけにもいかない。言い換えるならば今現に一定の諸価値が通用しているということによって、忘却と例外的な想起という通常のバランスが、〔今は無視されている価値を〕想起する方向へとずらされていく。こうして時間を経由することにより、価値それ自体だけではまだ決定プログラムではないという事態が、ある程度は補われるのである。

このような事情に直面して絶対的な価値は、独特の形式を取ることになる。すなわち、自覚された敵対性を伴う価値となるのである。その種の価値の信奉者は、誰が敵対者なのかをすでに知っているから、柔軟性への契機を何ら見いだすことはない。あるのは勝利か敗北かだけである。信奉者たちは、自身が信奉する価値が価値として異論の余地がないという点を、特に確信しているのである。

これはファナティズムと原理主義の近接領域で生じる周辺現象に留まるのかもしれない。もっともこの現象は、自分自身を過度に刺激する全体社会の中で継続的に再生産されていくのではあるが。だとすれば結局は、価値コンフリクトは再び刺激へと、刺激は決定の負担へと変換されていくことになるのだろう。アイデンティティ規定のために用いられる区別の頑固さに、倫理の原理宣言に、価値の押しつけに、機能システムは再び刺激されて反応するかもしれない。余所者への憎しみが政治的・法的問題となることもあろうし、エスニックなコンフリクトによって経済のポテンシャルが掘り崩され、資金の流れが影響を被るかもしれない。女性問題はキャリアの問題へと改造され、宗教的ラディカリズムは政治の民主化にとっての問題として知覚される。倫理的原理を、あるいは放棄されえない価値を引き合いに出すことは、日常的な言語使用の中で増大していくかもしれない。またそうした原理や価値が、さまざまな種類の状況の中で――政党プログラムを定式化する際に、高等裁判所の判決に際して、企業憲章を公表する際に、あるいは法規を準備する際に――定式化を行うための助けになるかもしれない。そこでまだ残っている問題がいかにして解決されるか（システムは倫理による刺激をいかにして、ピアジェが言う意味で《同化》するか）は、また別の問いである。要するに、不一致のパースペクティヴを踏まえて至るところからテーマ化がなされているのである。いずれにせよ刺激によって過度の負担が課せられる機能システムの側に立って、そこに唯一の希望を見る場合にのみ、刺激を予期構造へと変換しようとする試みを、そのつどの環境問題に対しても解決をもたらす展望として評価できるのである。こう述べることは今日ではむしろ一種のオプティミズムに属するのかもしれない。いずれにせよ全体社会の分化が取る、機能へと定位したこの形式の進化的な蓋然性の低さを遅滞なく通常化する可能性には、明確な限界があることが明らかになっているのである。

XI　全体社会にとっての帰結

機能分化から、また機能システムの作動上の自律性がもはや修正不可能となっているということから生じる多くの問題含みの帰結についてはしばしば記述されているし、近代社会にその責任が負わされてもいる。最もよく知られているのはまず間違いなく世界社会システムが、達成された豊かさの公正な分配という問題に関して失敗しているということであろう。同様の帰結問題を、他の機能システムに関して挙げることもできる。教育システムが学校と高等教育機関に集中しているがゆえに、後続世代にとっては教育期間が著しく引き延ばされるに至っている。職業生活を開始するためのスタート地点を改善することをめざしてさらに教養を備えるべく走り回る代わりに、もっと早い段階で生産的に活動したり結婚できたかもしれないではないか。政治システムは政党を通して人々を政治へと引き込む。それゆえに政党は、活動しなければならないという必然性だけからしても、財政的に裏付け不可能な恩恵〔を公約として掲げること〕によって民衆のご機嫌を取る結果になる。親密な関係（見出し語は「恋愛結婚」である）へと向けられた期待はあまりにも強すぎるために、〔親密な関係に〕引き続く結婚においてはセラピーが必要になる場面がかなり生じたり、離婚と再婚とが頻繁に行われたりすることになる。というのも、結局〔親密な関係や結婚生活を維持するには本人の〕動機がなくてはならないからである。

今挙げた例からわかるように全体社会の機能システム自身が——したがってまた、全体社会が——自己の分出、特殊化、高度な遂行への定位から生じる問題によって負担を負わされているのである。しかしこれは、機能分化の全体社会における帰結として考慮しなければならないはずの領域の一部にすぎない。別の領域は全体社会システムの環境関係に、そしてそこにおいてその種の問題に管轄権を持つはずの中枢審級が欠落しているという点に関わっている。〔環境問題の存在を示す〕シグナルは環境から生じ、全体社会がそれを情報へと変換する。しかしこのシグナルは個々の機能システムにおいて取り上げられ処理されるしかない。他に可能性がないからである。〔他の可能性として〕抗議運動のことが想起されるかもしれない（これについては後で論じる）。しかし〔環境問題に〕直面していると感じ、独自の構造を踏まえて、独自の記憶を踏まえて、独自の作動上の可能性という枠組の内部において反応するのは、全体社会の機能システムだけであるという点は何ら変わらない。全体社会そのものは行為できない。全体社会が全体社会の内部においてもう一度登場してくることはない。また機能分化が貫徹された場合には、全体社会を全体社会の内部において代表することもできなくなるのである。全体社会内部に《上流社会 gute Gesellschaft》、貴族、身分に相応しい（文明的な）生活態度の傑出した形式などが存在していて、それに向かっていけばよいなどというわけにはいかないのである。したがって環境問題を《倫理的》に解決しうるというのは、あまりに心地よすぎる幻想に他ならない。もちろんアピールのためにそのように定式化することは可能だし、そうすることが問題意識を発達させるために役立つ以上、有益でもあるのだが。

ひとつのシステムが分出すれば常に、システムと環境が同時に生じてくることにもなる。というのはシステムが形成されるのはただ形式としてだけであり、そこでは他の側が、ひとつの《マークされない空間》が前提とされるからである。〔さらに加えて〕意味に定位するシステムは常に、自己言及／他者言及〔という区別が形成する〕次元とともに作動しもする。〔他者言及＝システム内の作動が環境を指し示すことを伴う以上〕このシステムが環境を忘れてしまうことはありえない。環境は、排除されたものの参入を通して常に現前し続けるのである。これは継続的なコミュニケーションに関しても、つまりこのシステムのオートポイエーシスの続行に関しても当てはまる。しかしだからといって、システム内部において環境に関する問題を管轄するものが分出してくるということにはならない。エネルギー調達と権力形成の関係からしてすでに、あらゆる社会において困難だった。というのも、環境問題をシステム内的構造へと変換しようとしても、システム独自の論理によって失敗してしまうからである(379)。さらに加えて機能分化という形式から、環境に関する問題を取り扱うための操舵中枢など、したがってまた中枢的エージェントなど存在しないということを読み取りうるだろう。その種の装置が存在すれば、環境に効果を及ぼしうるはずの機能システムの分出はすべて阻止されてしまうだろう。機能的に分化した全体社会は、頂点も中心もなしに作動するのである。

言うまでもなくこれは、環境はテーマとならないということを意味するものではない。環境についてコミュニケートすることはできるが、それは《問題》の水準での話である。というのはコミュニケーションを《利害関心》の水準にまで拡張しようとすれば事が困難になり一致は破壊されてしまうからだ。環境の負荷が問題として定式化されているなら、この問題に関する包括的管轄権を持つ者など存在しないということを見て取れるだろう。この問題の取り扱いは、というよりも刺激を情報へと変換することからしてすでに、それぞれの機能システムの内部において生じるのである。社会運動によってこの帰結に抵抗することはできる。しかし社会運動もまた全体社会の部分システムのひとつにすぎない。社会運動が存在しうるのは、機能システムの機能を自ら引き受けない場合のみなのである(380)。

したがって環境に関する情報はすべて機能システムの内部において、およびそれを補う抗議運動の内部において生じてくるのである。その情報はそれらシステムのオートポイエーシスに、またそのつどのシステム特殊的な記憶に拘束されている。そこからは情報処理の重なり合いが生じてくる。それらの統合が成立するのはただ、オートポイエーシスそのものとしては可能であるはずの自由度を相互に制限するという点においてなのである。

しかしそもそも《環境》とは何なのか。環境との交流における今述べた制限は、全体社会にどんな作用を及ぼすのか。これらの問いによってわれわれは、全体社会において機能分化から生じる問題へと立ち帰っていくことになる。

全体社会をコミュニケーションのオートポイエーシスとして把握するのであれば、そこから排除されるものはすべて環境に属することになる。環境に属するのは、通常考えられているような、全体社会のコミュニケーションを継続していくためのエコロジカルな諸条件だけではなく、人間個人もまたそうである。個人は独自の意味をもつ意識の働きによってコミュニケーションに貢献するからである。したがってわれわれは二種類の環境に関わることになる。両者は、コミュニケーションの継続に貢献するか否か、したがって《人》として主張できるか否かにしたがって区別されるのである。人間の身体というバイオマスはどちらの環境にも関与している。それが与えてくれる視角から見れば、全体社会のコミュニケーションが関わるのは主として、人間の生存という問題であるという話になる。

以上すべてを踏まえるならば、全体社会の中にはエコロジー問題を扱う中枢的権能など何ら存在しないということになる。(381) これは当該の問題への定位が強化されることはないとか、経済・科学・政治を圧迫することはありえないとかいうことを意味するものではない。エコロジー運動の活発さやマスメディアのことが思い浮かべられるはずである。しかしそこからさしあたって生じてくるのは、問題の定式化と問題解決の間の齟齬が拡大していくという事態である（もちろんこの齟齬そのものが、他の場合よりもさらに多くをなそうとする動機でありうるのだが）。いずれにせよ世論においてはこのテーマはテーマとして、スキーマとして、スクリプトとして確立されている。このテーマを扱う場合、〔相手が〕驚いて反問してくる（「君はいったい何の話をしているのか？」）などということは考えなくてもよいのである。しかし全体社会はこのテーマによって、またそれに対応する未来のシナリオによって、悩みを抱えることにもなる。問題解決は見えてこない（あるいはせいぜいのところ、最小限の幅で段階的に見えてくるにすぎない）からである。各々の機能システムは、それぞれ独自の仕方で反応しうる。政治はレトリックによって、経済は〔稀少となった資源などの〕価格上昇によって、科学は研究プロジェクトによって。ただし研究によって知が追加されると同時に、より多くの非知が白日の下に晒されざるをえなくなるだろう。環境を過度に搾取することから生じる事実的な帰結は、まだ限界内に留まっている。しかしこれ以上そのようにやっていけないというのは、あながち幻想とばかりは言えないだろう。

　環境に対する管轄権を中心化しえないということの点は、近代社会の構造的弱点と見なされるかもしれない。一方個人の個体性に関する管轄権を中心化しえないことは、むしろ幸甚なことと受け取られるだろう。個体的であるという可能性に関わり、なおかつそれをコミュニケートしもする中心的エージェントなどというものは、残虐な観念であるばかりか、あからさまなパラドックスですらある。その種の試みが最後に現れてきたのは、階層社会の没落に伴う観念としてであった。当時（およそ一六五〇年から一七五〇年まで）言われていたところでは個人が幸福になりうるのは、生まれ落ちた身分に満足している場合なのである（当時すでに《幸福》とは反省された個体性となっていた〔すなわち、所与の状態ではなく、個人の主体的活動によって初めて達成されるものと見なされていた〕わけだが）。今日の全体社会がその代わりに用意しているのは、《アイデンティティ》《解放》《自己実現》といったテーマだけである。それらにおいては全体社会的な制約を撤廃することが求められている。しかし全体社会がもたらしたその空白を利用する個人が、自分自身と満足できる関係を取り結ぶという意味深い、広言された要求をどうやって満たせばよいのかは未決のままなのである。

　ここでの議論で確認できるのは、個体性の問題もエコロジカルな問題も近代の、機能分化した全体社会から生じてきた負荷の一部だという点だけである。それらは確かにこのシステム〔そのものではなく、その〕環境に関するものではあるが、その種の問題についてコミュニケートできる以上、全体社会はそれらを無視できないのである。そしてコミュニケーションが増加していくにつれて、ある種の無力さの感情も増加しているように思われる。

XII　グローバル化と地域化

近代社会を機能に定位した分化の形式によって性格づけようとすると、多くの矛盾に直面する。一見したところそれらの矛盾には、十分な経験的裏づけがあるように思われるのである。個々の地域に目を向けるや否や、分化した巨大システムの機能範型では用いられていない諸構造が見いだされるだろう。例えば中国南部の経済圏（香港および台湾を含む）においては（富裕な）家族およびそれに類するかたちで形成された社会的ネットワークが大きな意義を有していることを考えてみればよい(382)。あるいはラテンアメリカ諸国の多くにおいて、経済と政治とが結びついていることでもよい。さらにこう問うてみることもできる。典型的日本人は、言語の「イエス／ノー」コードに定位して合理的に決定を下す個人というイメージとどれくらい一致しているのか。むしろ確固たる区別を回避するという関心事こそが、社会的な義務として課せられているのではないか、と。法の問題と政治の問題とを鋭く分離しておくことは、世界システムの多くの国家においては通常的事態ではない。そこで実行されている問題解決を《腐敗》として指し示してみてもあまり意味はないのである(383)。そこでは利益分配、将来の保証、影響力行使の戦略は人による、直接的あるいは間接的な《推薦》を通しての多重的なネットワーク効果に従って生じる。農業によって条件づけられたクライアント関係が解体され、代わって組織内での地位が求められるようになったところでも、事は同様なのである(384)。細部を見ていくほど、機能分化の理論によって予期されるものからの逸脱が目につくようになる。例えば西アフリカの太鼓奏者は多数に及ぶ異なるリズムを我がものとしており、それらを独自の仕方で組み合わせることができる。しかしその傑出性は、マスメディアと西洋の聴衆のエキゾチズムへの関心とに依拠しているのではないか。トランス状態に基づく数多くの文化では、医学的な、魂の治療に関する、さらには宗教的な関連性はほとんど分離不可能だし、その点が魅力ともなっているのである。世界規模で観察されうる、大都市におけるゲットー形成（リオデジャネイロ、シカゴ、現在ではパリにおいても）を、いかにして説明できるのか。経済的に引き起こされた移民の動向によってか、学校システムの階層分化によってか、法秩序が〔都市空間とゲットーとでは〕相異なっていることによってか、政治的コントロールの失敗によってか。明らかにさまざまな機能システムの効果が組み合わされて、相互に強化したり妨げたりしているのだが、それは地域的にのみ与えられた、したがって多様な範型を生じさせる諸条件を踏まえてのことなのである。これらの事実には異論の余地はない。問われるべきは、それらを正当に評価できるのはどんな理論なのかということである。

　しばらくの間、この問題を伝統と近代性という図式によって取り扱おうとする試みがなされてきた。そうすることで伝統に条件づけられてはいるが近代化の道筋を歩みつつあると認めよう、というわけだ。しかしそれとほとんど並行して、この種の対照化に対する強い疑念が生じてきてもいた[385]。実際のところ、次の点はほとんど見逃しがたいはずである。ヨーロッパの合理主義における伝統への敵意（および革新を喜ぶこと）はそれ自体がひとつの伝統なのである。他方でロマン派以来の、また近年の宗教的原理主義にも見られる伝統へのノスタルジックな、時にはファナティックな回帰は、典型的な知識人の態度であるという点も洞察されねばならない。つまりずっと以前からこの図式は、自分自身のなかへの再登場によって規定されてきたのであり、したがってほとんど任意に適用可能なのである。すでにヘクトルにとって、鳥が飛んでいくのは左へか右へか西へか東へかは、同じことであった（『イリアス』XII, 249-50〔松平千秋訳、(上)、岩波書店、二〇〇〇年、三八二頁〕）。さらに加えて、さまざまな地域的伝統へと立ち帰るだけでは、二十世紀後半においてグローバルな定位と地域への定位との間の緊張が明らかに増加してきたという事態を、ほとんど説明できないではないか。

グローバルな最適条件と地域的な最適条件が分岐していくという事態を観察することによって、よりよい出発点が与えられる。(386) この事態は、世界社会は自分自身を目標や規範や指令を介して操舵しているわけではないということによって条件づけられているのかもしれない。その種の目標などが存在するのであれば、それが地域において遵守されているかをチェックし、折に触れて修正すればよいという話になる。しかし世界社会の中枢が（言うまでもなくとりわけ国際的な金融市場が）発生させるのはゆらぎであり、そこから地域ごとに散逸構造が、また自己組織化の必然性が生じてくるのである。経済システムにおいてはそれは企業を介して、あるいはまた投資ファンドを通して生じ、そこから今度は地域における生産と労働の可能性に影響が及ぶということもあるかもしれない。あるいは宗教システムでは個人にとって魅力的なモードのゆらぎを通してであり、次には宗教的原理主義がそれに反応する、ということになるかもしれない。政治システムでは世界的強国の優位が崩れ、自己主張の野望をもつ地域的諸単位がその事態に反応するということになるかもしれない。とりわけ国民国家が存在し続けているということから、世界社会の内部において、その揺らぎを徹底的に利用しつつ地域的な利害関心が引き立たせられ、そうすることで強められるという事態が生じてくる。例えば諸国家は、地域的な投資目的のための資本をめぐって、国際的な金融市場で競合する。だから国家においてこそ、「グローバル」と「地域的」とのこの差異が可視的となる。世界の政治システムがひとつの諸国家システムであり、このシステムは個々の国家が自身を統一体と考えることをもはや許さないのだが、だとしても今述べた事態は何ら変わらないのである。

以上のように理解された「グローバル／地域的」の差異が及ぼす効果として、総体システムはもはや目的に依存するのではなく歴史に依存しつつ発展していくようになるという点も挙げられる。つまりすでに生じている状況に対して常に後から反応せざるをえないのである。この点でもまた認知的統合は排除され、地域ごとに相異なる状況認知が促進されるのである。これは、「あらゆる機能システムはグローバル化へと向かっていく。また機能分化への移行は、すでに論じておいたように（本書第一章第X節）、世界社会システムを形成することによってのみ終結を迎える」という根本仮定と何ら矛盾しない（さもなければ世界社会もグローバル化も存在しなかったはずである）。普遍主義と限定性の上に築かれた機能システムにとって、空間境界は何の意味ももたない。機能システムの内部における環節分化（例えば、政治国家への）なら話は別であるが。機能連関は、領域国家の境界を常に横断することを要求する。国外地域からの報道を受信することを、国際的信用のための努力を、自身の境界の向こうで生じる出来事への政治的・軍事的対抗策を、先進国の学校および大学システムをコピーすることを、である。世界規模のコミュニケーションがほとんど時間を要さず、テレコミュニケーションのかたちで実現されうることによって、空間的障壁はますます弱められていく。もはや情報は、物や人のように輸送されるには及ばないのである。むしろ世界システムは、あらゆる作動と出来事の同時性を実現する。同時的なものは因果的にコントロール不可能だから、このシステムが及ぼす効果もコントロール不可能となる。[387] したがって、すでに示唆しておいたように、[388] 世界社会の全面的実現から出発する以外に選択肢はないのである。

すでに成立していた世界社会の内部において、伝統的な範型に従って《帝国》を打ち立てようとした最後の巨大な試みはソヴィエト・システムとともに破綻した。そのように破綻したのは他でもない、世界社会の機能分化に直面してのことであった。[389] ソヴィエト共産主義帝国では、経済・政治・科学・マスメディアが絡み合うのを回避できなかった。〔それらの領域の間の〕境界を《封鎖する》ことも、内的状態と外的状態との比較を阻止することもできなかったのである。とりわけそこから生じる刺激を情報へと変換することを組織の水準において効果的に阻止することができなかった〔つまり、すべてを「党」によって決定しようと試みられたが失敗した〕。それゆえにシステムが急速に崩壊するに至ったのである。この事例を一般化できるとすれば、地域的な単位が世界社会との戦いで勝利を収めることなど、明らかにありえないはずである。世界社会の影響力に抗して自身を主張しようと試みても、敗北する結果にしかならないだろう。

このように相当に顕著な指標が見受けられるからといって、地域的な違いはもはや何の意味ももたないなどという話にはならない。逆である。機能分化という支配的範型こそが、違いが影響を及ぼすためのきっかけを与えるように思われる。この点を説明するために、条件づけの概念を利用できる。出発点となるのは、機能分化は進化の上で蓋然性が低いということである。そこにおいて地域的特性の介入は促進的にも阻止的にも生じうる。例えば家系への、あるいはそれに類したものへの忠誠が〔資産の保持を第一に考え、政治的主張にはこだわらないというように〕経済と政治の分化を要求することもあるだろう。

また言うまでもなく、境界を超える経済関係というかたちで地域特性が生じてきて、それは政治的には〔有意味にコントロールすることができず〕阻止するないし破壊するしかないということになるかもしれない。しかし機能システムのオートポイエティックな自律性が、特に典型的には法システムのそれが、地域的特性のゆえに妨げられるということもありうる(390)。政治システムの自己腐敗を可能にするような諸条件があらかじめ与えられているということもありうる。例えばタイにおける票の買収のようなかたちで、である。この現象は、公式には秘密選挙であるにもかかわらず、地方およびスラムのローカルな諸条件を基礎として機能しているのである。地域特性のゆえに機能システムの組織上のインフラ（大学、病院から行政官庁に至るまでの）が広範囲にわたって機能不全に陥り、その結果それらよりもむしろフレキシブルなネットワークに頼るほうが合理的であるということになるかもしれない。その種の関係は、人が常に交替するにもかかわらず、利用されることによって再発生していくのである。

これらローカルな特殊条件のもとでも構造的カップリングが生じて、それにより機能分化へと向かう近代化の流れが促進されるということもありうる。しかし典型的なケースでは機能システムのオートポイエティックな自律性は阻止されるか、作動上の可能性の部分領域へと制限されるのである。いずれにせよ機能分化の優位を、この原理〔そのもの〕が自己実現を保証するというように把握するのは、非現実的というものだろう。肝心なのは全体社会の自己操舵の形式のあるものがより大きな成果を挙げ、他のものはそうではないことだ云々というような、ハイアラーキカルな範型に従う解釈も、事態を捉えているとは言いがたい。むしろ次のように仮定するのが妥当だろう。世界社会の水準で機能分化が貫徹しているがゆえに、どんな構造によって地域的な条件づけのための〔特定の〕条件が優越してくるかが定められるのである、と。言い換えるならば、条件づけが複雑で不安定なかたちで条件づけられることが、(391) 阻止しつつ阻止を解除することが、制限とチャンスとを無数のさらなる諸条件に依存させつつ組み合わせることが問題なのである。このように見るならば機能分化はシステムの作動の可能性の条件なのではなく、むしろそれら諸作動の条件づけの可能性なのである。同時にそこからシステムの動態が生じてきて、その結果世界社会の内部におけるきわめて不均等な発展へと至ることになる。それゆえに諸地域は自分自身が、全体社会総体における均衡からはるかに隔たったところにいるのに気づくだろう。まさにその点にこそ、独自の運命のチャンスが存しているとも言える。もはや自身の運命を、機能分化という形式原理の一種のミクロ版であるなどと考えることはできない。言えるのはただ、世界社会の水準におけるこの原理の優位が存在していなければ、すべてが別様だったろうということだけである。どんな地域もこの法則から逃れることなどできない。

XIII　相互作用と全体社会

全体社会のシステム分化という構想が関わるのはただ、全体社会の内部において、全体社会システムとの関連において分出が生じる事例にだけである。全体社会が部分システム間の関係（同等性・位階関係）という形式において現れてくる場合がそうだし、全体社会が個々の機能において自分自身を実現し、それら機能が機能システムの分出の触媒となる場合もある。しかしそれだけでは、全体社会内部でのシステム分化ということで観察されうるものを見極めたというにはほど遠い。オートポイエティックな社会システムの分出は、すでに確立されている全体社会を基礎としつつではあるが、全体社会システムとの、あるいはすでに備え付けられている部分システムとの関連なしでも生じうる——ダブル・コンティンジェンシーが経験され、オートポイエティックなシステム形成がスタートするという単にそのことを通してである。かくしてしばしばきわめて儚い、トリヴィアルな、短期的な「システム／環境」区別が成立する。そこではそれ以上の形式が強いられはしないし、その差異が全体社会への関係によって正当化されうるわけでもなく、またその必要もない。全体社会の部分システムという巨大形式は、常に新たに形成されては再び解体されていく小システム形成の海の上を漂っているのである(392)。全体社会のどんな部分システム形成も、全体社会のシステム分化のどんな形式も、社会システム形成のすべてを支配することなどできない。つまり、社会システムの形成が生じるのは、全体社会のその主要システムの内部でだけだなどというわけにはいかないのである。まさに機能システム間のいわゆる《インターフェイス》において、相互作用がまた組織が利用されている。それらはどちらか一方の側〔である特定の機能システム〕には位置づけられないではないか(393)。

この種の自由に形成された社会システムの典型として本節では相互作用システムを、次節では組織を取り上げることにしよう。さらにその次の節では抗議運動を扱う。もっとも現在の研究状況では抗議運動を、相互作用や組織と同じ水準においてダブル・コンティンジェンシーを扱う独自のタイプとして考えるわけにはいかないのだが。

人間どうしが小さな、日常的な動向の中で直接接触しているという事態を示唆することが、しばしば社会批判のために用いられている。しかし全体社会がわれわれの運命を規定する仕方を、人間どうしの接触によって形作ったり、修正したりすることなどできないのである。社会批判的なトーンが回避されたとしても、分析が直接的な社会関係と間接的なそれという区別によって始められる場合がしばしばあることがわかるだろう[394]。そこではこの区別そのものの選択が理論的に根拠づけられることはない。明らかに、読者の日常経験がそれを確証してくれるだろうと仮定されているのである。しかしこれでは不十分である。コミュニケーションのオートポイエーシスというわれわれの全体社会概念からは、別の出発点が導かれてくる。パーソナルな、あるいは非パーソナルな種類の最小の出会いも、コミュニケーションが生じている以上、全体社会の実行なのである。近代社会は自己の近代性を、この水準においても示している。例えば村落的協働生活がもたらす共同体の恐怖政治から解放されることを通して、あるいは親密性固有の論理を築きあげることを通して、である。それゆえにわれわれが必要としているのは、対面状況での接触を記述する概念である（ただしその場合でも、問題となっているのはあくまで全体社会内部におけるコミュニケーションであるという点が疑念に付されるわけではない）。それを行ってくれるのが、相互作用の概念なのである。

相互作用システムが全体社会の外側で形成され、それが完成済みの構築物として全体社会の内部へと持ち込まれるというわけではない。相互作用もコミュニケーションを用いる以上、常に全体社会内部での全体社会による実行なのである。にもかかわらず相互作用は作動の独自の形式を有しているのであり、相互作用がなければその形式は実現されえない。同時に相互作用には特別な感受性が備え付けられてもいる。それによって、全体社会内環境で生じることを顧慮できるようになる。相互作用は構成上、全体社会のオートポイエーシスに合わせられているのである。

相互作用が形成されるのは、ダブル・コンティンジェンシーの問題をコミュニケーションを通して解決するために、複数の人間が対面状況にあることが利用される場合である。対面状況は知覚可能性を伴う。その点で、コミュニケーションによってコントロールできない意識過程との構造的カップリングがもたらされることになる。しかしコミュニケーションそのものにとっては、知覚されうる関与者が、自分が知覚されていることを知覚していると仮定するだけで十分なのである。知覚されうる知覚の領域内で仮定を用いて事を詰めていくことができるし、またそうしなければならない。「大声で話されていることが聞かれているはずだ」との仮定を考えてみればよい。疑うことも可能ではあるが、その疑いは（オートポイエティック・システムの境界問題においては常にそうであるように）当のシステムの手段によって解明されうるのである。さらに述べておけば、対面状況下で知覚されうる者すべてが相互作用に包摂されるというように考える必要はない。例えば奴隷や召使いを、あるいはレストランで他のテーブルに座っている人たちのことを考えてみればよい[395]。

いずれにせよ対面状況はひとつの形式である。それはわれわれの概念がもつ意味あいにおいては、ひとつの差異であるということに他ならない。それがシステム形成力をもつのはただもう一方の側を背景としてのみ、不在との関連においてのみである。対面している者は人として、可視的であり可聴的なものとして現れてこざるをえないがゆえに、その人が相互作用の外側において他にまだ何に関わっているのかということも、当人において認識可能となる。その点が自ずから理解できはしない場合には、当人がそれを示唆することになるだろう。したがって相互作用システムの自己規制化ということのうちには、関与者が相互に顧慮しあう義務を負っており、各人のそのつどの〔その相互作用とは〕別の役割を尊重しあうだろうと予期しうるということが含まれている。言うまでもなくこれは、相互作用の《タイミング》についても成り立つことである。「対面している／不在である」というこの区別を用いて相互作用は、システムと環境という、自分自身に関係づけられた差異を形成する。相互作用が独自のオートポイエーシスを実行し、独自の歴史を生産し、自分自身を構造的に決定できるのは、この差異によってマークされる可動域内でのことなのである。ある人が対面している者として扱われるなら、その点からしてコミュニケーションに関与することになる。コミュニケーションという複雑な、情報／伝達／理解からなる作動様式は、捕獲装置であるかのように働く。対面している者はそこから逃れられないのである。今話していない者は聞き手として、少なくとも理解はしている者として扱われるのであり、したがって積極的な関与者となる可能性があるという点が考慮されねばならなくなる。かくして相互作用は常に独自の冗長性、独自の情報過剰をも産み出していく。そこから《話者交替》によって、あるいはいかにしてであれ)、さらに何が生じていくかを選択しうるのである。このようにして相互作用は、可視的で可聴的なリアリティへと組み込まれると同時に、分出を通してリアリティの過剰を獲得しもする。まさにそれによって相互作用は選択を、したがってオートポイエーシスを強いられるのである——対面している者が対面し続けるかぎりは。相互作用はまた、高度の選択性と混同不可能なほど独自のシステム史とを保証しもする。というのは知覚されるものの中でコミュニケーションの中に入ってきうるのはわずかでしかないからだ。かくしてこのシステムは、一度動き始めれば、自身を他から容易に区別できるのである。それは、とりわけ記憶のための不可欠な前提となる。

したがって「対面している／不在である」という差異は何ら存在論的な、所与の、客観的な事態ではない。それはシステムの作動によって初めて産み出されるのであり、観察者はこの差異を生産し再生産するシステムを観察する場合に初めて、当の差異を認識しうるのである。この差異はシステムの作動のために、自己言及と他者言及の差異をマークする。この差異はシステムのオートポイエーシスによる人工物なのだが、それがなければ当のオートポイエーシスは継続されえないだろう。相互作用というエピソードの始まりと終わりについても、つまり相互作用のかたちで集まっていることの時間的境界についても同じことが言える。相互作用システムが作動しているかぎり、このシステムそのものはすでに始まってしまっており、またまだ中断されてはいないことになる。このシステムは、外的観察者として始まりと終わりを規定するわけではない。外的観察者ならこの区切りを、始まりと終わりを超えて持続する独自のオートポイエーシスを踏まえて観察できるはずである。しかしこのシステムの自己観察にとっては、始まりと終わりが規定されうるのは《その間》のほうからだけである。始まりうるということがシステムによって保証されえはしないし、システムそのものが、「終わりによってあらゆるコミュニケーションが止むのではなく、全体社会によって新たな相互作用が形成されうる」ということを確実にするわけでもない。しかしこれは「相互作用システムのオートポイエーシス」というテーゼに対する異論とはならない。というのはこのシステムにとって始まりと終わりは、自身の作動の中で構成される意味契機であり続けるからである。この意味契機は例えば、システムが自身をどのような歴史へと結びつけるのか、まだどれくらいの時間を有しているのかにとって、決定的なのである。

全体社会の理論という枠組内では、この種の考察は示唆以上のものにはなりえない。精錬のためには全体社会システムの理論と並行するかたちで、相互作用システムの理論が必要になるだろう。目下の文脈で必要なのはただ、全体社会システムと相互作用システムの差異がいかにして成立するか、そこから全体社会にとってどのような帰結が生じるかを明らかにすることだけである。

　全体社会／相互作用の分化はただ、全体社会的なコミュニケーションというリアリティ連続体上での相互作用システムの分出としてだけ把握されうる。相互作用は、全体社会システムの境界の彼方で新たなシステムを形成することによって全体社会から離れたりするわけではない。相互作用は全体社会を実行する。しかしそうすることで全体社会の内部において、そのつどの相互作用システムとその全体社会内環境との間に境界が成立するのである。

　いかなる相互作用も、全体社会のうちで可能なコミュニケーションのすべてを自身において実現することはできない。またすべてのコミュニケーション・パートナーが完全かつ永久に対面状況のうちにいるなどということはありえない。それゆえに最も単純な全体社会においてもすでに、相互作用と全体社会のこの差異が生じていたのである。相互作用がなければ全体社会もないだろう。全体社会がなければ、ダブル・コンティンジェンシーが経験されることすらない。相互作用の始まりと終わりは全体社会を前提とする。〔相互作用の〕以前には何か別のことが生じていたはずだし、以後には何か別のことが生じるだろう。さもなければ〔相互作用を〕どうやって始めるかを知ることはないだろうし、〔相互作用の〕中断とともにさらなるコミュニケーションの可能性を失ってしまうことになる。[396] しかしそれゆえに相互作用は、始まりと終わりがその相互作用にとって何を意味するのかを、自律的に規定するのである。

　全体社会と相互作用の差異は、全体社会そのものの根源的な、回避できない構造である。そこから次の問いが生じてくる。全体社会そのものが相互作用を実行しているという点はひとまず措くとして、さらに加えて全体社会が自身を、相互作用の全体社会的環境としても見なしうるようにするのは、いかにしてなのだろうか。これはつまり、相互作用システムの分出とシステム境界の形成から、全体社会は相互作用へと二重に介入するという事態が生じてくるということである。すなわち実行を介して、また〔全体社会自身が、相互作用の〕環境〔となること〕を介してである。この二重化は、根源的な複雑性条件として理解されねばならない。全体社会の進化は、この条件に依存しているのである。

先の問いへの回答は、問題が立てられるのが事象次元においてか、時間次元においてか、あるいは社会次元においてかによって異なってくる（これは、どんな社会構成体を念頭に置いているかとはまったく無関係である）。事象次元においては、全体社会と相互作用の差異によって、「対面している／不在である」という差異を対面している者のなかへと《再参入》させることが可能になる。[397] コミュニケーションの中で、対面している者について、あるいは不在の者について語ることができる。そうすることで、「対面している／不在である」という区別を、対面状況で扱いうるのである（言うまでもなくこれは、不在の者を対面させる、つまり呼んでくることとはまったく別である）。一般的に言えばそのためには言語能力の発達が、つまりは事物の代わりに記号を扱う能力が前提となる。相互作用と全体社会の関係という特殊事例においては、これは全体社会が相互作用そのものの中で自身を選択的に再現前化しうるということを意味する。それは全体社会が、相互作用から何が生じてくるかに応じて自身を相互作用の環境として顧慮したりしなかったりすることによる。全体社会は相互作用を分出させることによって、自身を分離させ無関連にする。そうすればその分離と無関連性を選択的に後退させることもできる。そもそも全体社会の自己観察について考えうるのはただこのようにしてのみ、境界を跨ぐかたちでのみなのである。

時間次元において以上の事柄に対応するのは、エピソード形成の可能性である。全体社会そのものとは異なって、相互作用は始まりと終わりを備えている。発端が生じ、終わりは確実にやってくる。始まりがいつ、どんなきっかけで生じるのかがまだ確かでないとしても事情は何ら変わらない。時間の制限が取りうる形式はきわめて多様であり、新たな集まりが、長期にわたって計画された連続のかたちを取ることすらある（例えば学校での授業のように）。とはいえエピソード形成は常にエピソード化されえない全体社会を前提とする。全体社会によって、始まりの以前においてもすでにコミュニケーションが存していたこと、それゆえに始まりを条件づけるのが可能であるということが保証される。また相互作用が終わった後ではあらゆるコミュニケーション可能性も終了してしまうというわけではなく、別のところで、別の関与者によって、別の状況で、別の目的で続けられていくという点に関しても同様である。この拘束の下でのみ、時間制限の中でチャンスをもつ事柄を徹底的に利用することができる。いかなる相互作用も持続という幸運を約束してはくれないからである。またわれわれが相互作用に入りうるのは、そこからまた離れることができるからなのである。そしてこの意味でのみ、つまりエピソードの終わりとの関係においてのみ経験的目的が、またそれに依存する合理性のあらゆる形式が可能になる。全体社会そのものは目的をもたないのである。

全体社会が相互作用として実現されている以上、全体社会はそのことゆえに、今まさに進行している相互作用の以前／以後というパースペクティヴのうちで現れてくる。終わりの後でもさらに相互作用が生じる蓋然性が高いとのパースペクティヴのうちで、したがって終結させる勇気をもつ可能性の条件として、である。それに対して全体社会はまた、そのつど顕在化されている相互作用システムの環境でもある。そうである以上全体社会はそれ以外になお生じていることの同時性の保証者として働くのである。通時性と共時性はこのようにして相互に媒介される。そしてそれもまた同時に、順次性への展望と媒介されつつ生じる。現在のうちでは生じることはすべて同時に生じる。そしてその現在とは、過去と未来との微分なのである。時間が、過去と未来の、そのつど現時的な順次性の全範囲において社会的リアリティとなるのは、ただそのようにしてである。

最後に社会次元においては事象的秩序と時間性の以上述べてきた条件の下で（さしあたりそれらとはほとんど区別できないのだが）、関与者についてさまざまな他の相互作用システムにおいて予期されている事柄が顧慮されうるようになる。関与者はあるひとつの相互作用において、他の相互作用の中でどんな資源を動員しうるか、どんな義務を満たさねばならずどれくらいの時間を使わねばならないかということを通して自己を個体化する。ここにおいても決定的なのは、制限が単に積み重ねられていくだけではないという点である。相互作用システムは自由の可動域と制限の差異を、そして他ならぬその意味での統合を、生ぜしめるのである。その種の考慮がどこまでなされるか、それゆえにどのくらいの慎重さが必要になるか（例えば〔別の、特定の相互作用にも関与している人に対して〕情報〔の提供〕を差し控えるか、秘密を守るか、信頼を差し控えるか）は、当の相互作用そのものの中で決定されねばならない。そしてこの点に関しても全体社会は、相互作用システムの分出を通して、自分自身のうちで自分自身に対する距離を獲得するのである。

このような抽象状態のもとでは、相互作用と全体社会の関係に関する言明は、非歴史的なかたちで定式化されざるをえない。そこでは複数の社会構成体間の違いは、まだ顧慮されていないのである。しかし全体社会構造が進化によって変化すれば、相互作用と全体社会の関係もそこから影響を被るのは自明の事柄だろう。そして歴史的に分岐作用を及ぼし刻み目を入れる要因としては主に、相互作用から自由に利用されうるコミュニケーション技術（文字・活版印刷術）の発達を、また全体社会システムの分化形式の変化を考えればよいだろうと推測できるのである。

そのような変化の開始点を発見しようとするのであれば、システムと環境の関係は常に共時的に（synchron）与えられているという点を考慮しなければならない。これはあらゆる進化にとっての大〔きな影響を及ぼす〕定数なのである。これはきわめて自明の事柄だったので、そのうちに問題が存していることを意識するには、相対性理論〔の登場〕を待たねばならなかった[398]。コミュニケーションへのある関与者が、他者の未来へと先に到着したり、他者の過去のうちに留まったりすることはできない。したがって他者に、他者の未来についての情報を与えることなどできない。というのはその関与者にとって、他者の未来はすでに現在である〔すなわち、他者の未来について語りうるのはただ現在においてだけである〕からだ。あらゆる他者は、シュッツによる定式化を採用するならば[399]、共同的（gemeinsam）なのである。まさにこの意味において相互作用と全体社会は、システムと環境という関係を取り結びつつ、常に同時に与えられている。言うまでもなくこれは、相互作用システム境界の外側にあたる全体社会の内部でも何かが生じうるのだが、それはまさに同時に生じているがゆえに、相互作用システム内では知ることがまだできないし、顧慮することもまだできないということを意味している。

あるいはパラドキシカルに聞こえるかもしれないが、時間の基礎として強いられる同時性が存在するからこそ、同期化が欠落しておりそれが問題となるという事態が生じてくる。[400] 同時性がいわば無時間的に与えられているからといって、システムが環境の中で生じる事柄に構えを取りうるということが保証されるわけではない。むしろさしあたり、それは排除されるのである。したがって物事の道理として、同期化が生じるのはただかなり定常的な、あるいは規則的に反復されるメルクマール（夜明けと日没）を介してだけである。そのようなメルクマールに対してならシステムは、《先取り反応 anticipatory reactions》をもって臨むことができるのである。[401] 有意味な情報処理の領域においてはそのためにまずもって、時間という次元を構成する概念が発達してくる。すなわち現在（〔すでに〕同期化されており、したがって〔それ以上〕同期化されえない現在）が、その現在に関係づけられた過去と未来の区別を用いて区別されるのである。

もともとはコミュニケーションといえば口頭コミュニケーションだけだった。すなわちコミュニケーションは相互作用に結びつけられており、必然的に同期的な作動だったのである。伝達する者と理解する者は、同時に居合わせねばならなかった。純粋に言葉の上だけで言えば過去の事柄について、また未来の事柄についてコミュニケートする可能性は常に与えられている。[402] ただしそれはただ相互作用の中においてだけである。文字が発明され、文字使用が普及することによって初めて、この状態は変化することになる。文字によって、コミュニケーションそのものの非同期化が可能になる。[403] そしてまさにそうすることでコミュニケーションは、自己を同期化の用具として用いることになる（事実として生じることはすべて同時に生じるという点は依然として変わらないにもかかわらず）。

文字によって個々の要素的コミュニケーションという個別的出来事の中に、ほとんど任意の（伝達の担体が消滅することによってのみ脅かされる）時間距離が組み込まれる。そのつど同時に居合わせることができる者よりもはるかに多くの受信者へと到達しうるのである。それゆえに標準化された時間計測が使用可能な場合には（文字がなければそもそもそれはまったく必要ではなかったろうが(404)）、申し合わせる必要なしに時間を自由処理することができる。伝達する者が活動しているのは理解する者の過去においてであり、にもかかわらず理解する者にとっては自分の時間の中で理解できるということもありうる。またそれを予期できもする。時間はいわば、コミュニケーションとともに拡大していく。したがって以前には不可能だったような範囲において調整を展開することが可能になる。次のことから出発すればよい。特定の時点までには何かが生じているだろうが、それは単に生じるだけであり、したがってより後の時点までには何か別のことが生じるのである、と。聖なる時間の中では、いかにしていつ行為すべきかが知られていなければならなかった。しかしそれは同期化枠としての時間によって当初は補完され、やがて取って代わられていく。こちらの時間においては、同期化された行為が何時生じるべきかを申し合わせることができるのである(405)。もちろん原則としてこれもまた口頭での申し合わせによって可能になる。そしてコンセンサスに依拠している場合には、この形式において目的に即したものともなる。一人ではヨットの遠乗りを企てることができない、あるいは企てようとは思わないにもかかわらず、そうしようと申し合わせることはある。しかし現在ではこれは特殊事例である。大規模な調整はすべて、あらかじめ確保されたコンセンサスを踏まえてなされるのであり、それは文字によって精錬された計画を伴っているのである。

以上の分析によってまた、全体社会の分化形式がかなりの複雑性を産み出すようになって初めて文字が必要となるのだということも示される。当初はおそらく大規模家政における記録目的のためだったのだろう。近代に至るまで文字は主として記憶の支えとして、また移送手段として把握されていた。したがって、口頭での実行（発話）と文字による実行とを包括するようなコミュニケーションの概念は存在していなかったのである。文字によって担われる調整の必要性は乏しかったが、これは分化形式に依存した事態であった。したがって全体社会は、完全に相互作用のほうから把握されていたのである。もちろんさまざまな、単純なあるいは複雑な団体というものが常に存在していただろうが。カントもまた、社交と全体社会とを区別していなかった。シラーの『人間の美的教育について』〔小栗孝則訳、法政大学出版局、二〇〇三年〕を読めばわかるように、国家の概念ですら依然として相互作用のほうから考えられていたのである。世論についても事は同様だった。[406] おそらくフランス革命に至って初めて、相互作用と全体社会をゼマンティクの上で分離するよう迫られたのだろう。そこでは全体社会が激動すると共に、相互作用の水準でも〔伝統から逸脱する〕無軌道が生じていたのである（祝祭において、《革命劇場》において、処刑において）。[407]

このような分離の経過の構造的基礎は、階層分化から機能分化への移行のうちに存している。[408] 貴族は相互作用能力をもつよう教育されたし、そうであり続けた——情事をめぐる会話から決闘に至りうるまでの範囲において、である。雄弁という教養形式の中に、特にイングランドにおいては、新たな内容を取り込むことができた。[409] だが口頭での発話形式が予期されているという点は変わらなかったのである。しかしすでに機能分化が貫徹している領域では、この形式と能力はもはやほとんどチャンスをもたなくなる。機能的に分化した全体社会は、機能システムおよびその組織の内部において、以前にはおよそ考えられなかったほど相互作用様式を分化させ、特殊化する。本来の相互作用、すなわち会話においてはさしあたりまだ、階層に依存するかたちで〔会話に参加することへの〕アプローチを制限する必要があった〔その点で、全体社会との繋がりは保たれたままであった〕。しかしこの相互作用は明らかに、機能システムが自身のために特定の形式として要求するものに対しては分化していたのである。例えばマドレーヌ・ド・スキュデリ[46]によれば《まったく自分の仕事のために必要なだけのことしか話さないのであれば》[410]、それは会話ではないのである。裁判、交易業務、軍隊での命令、王の顧問が行う助言などを考えてみればよい。こうして上層に割り当てられて〔暫定的な〕庇護を受けながら、相互作用の規則が発展していくことが可能となった。そしてその規則が、階層化した全体社会の役割基準を緩めていくことになる。例えば女性には、相互作用の中で〔現在の行動に照らして〕他の状況での自身の行動についての〔他人の〕推測を自らコントロールする、より大きな自由が認められていた[411]。このような特殊条件の下で私化・心理化が、そして最後には相互作用へと集中した相互作用システムの完全な社会的再帰性が生じるに至る。十七世紀には繊細な分析が始まる。動機が重要になり、それとともに動機に関する疑いも生じてくる。率直さ、自然さ、誠実さが求められ、したがって問題ともなる[412]。それゆえに偽善が不可欠となる。十八世紀には社会的再帰性の理論が〔著しい心理学的単純化を伴いつつではあるが〕存在していた。それ以来この点はほとんど変わることがなかったのである。

今や個々の相互作用システムは、機能システムの文脈という軛のもとにおいてであれ、あるいはそれ自身としてであれ、全体社会内環境に対して無関心になる。〔目下の相互作用において〕関わりあいになっている関与者が、それ以外にどんな相互作用に関与しているのかをまったく知らない場合もしばしばである。[413]より古い社会では（そしてこれは階層分化した全体社会の上層についてもまだ言えることだが）、相互作用と全体社会内環境の間の関係は、緊密に織りなされたままであった。したがって常に、競合ないしコンフリクトしている者が、他の文脈ではまだ役に立ちうること、さらにはその者に依存すらしていることを考慮しなければならなかった。しかしこのネットワークはより複雑な全体社会においては緩んでいくことになる。今や交換と競合、協力とコンフリクトは相互作用をベースとして分離され、社会的にあまり顧慮される必要のない関係へとまとめ上げられるのである。機能システムの内部において、そのために特定化された役割非対称化が強化されうる。そこでは他の役割が同時に考慮される必要はないからである。そしてそれに抗うかたちで、きわめて多くの要求を伴う相互作用形式が発達してくる。他ならぬ親密な関係のために、である。その中ではどの関与者も、自分の内的および外的行動のすべてに関して、弁明の義務を負っているのである。[414]

このような齟齬に直面すれば、全体社会そのものを相互作用の範型に従って把握することは、あるいは全体社会が何であるかを相互作用の経験だけから外挿することは、排除される。全体社会に関して知っていることは、マスメディアによって知られたことである。[415]相互作用の中で到達できる経験の断片は、（文字の形式の中で、また今日ではテレビを介して用いられうる）知のごく一部をカヴァーするにすぎない。にもかかわらず相互作用は特殊社会的な合理性のモデルへと（また専門文献では、モデル構築へと）彫琢される。きわめて複雑な鏡像関係を伴う社会的複雑性が実際に実行されうるのは、そこにおいてだけだからである。そしてここにおいて（まさにここにおいてのみ）再度互酬性の規則が設定されることになる。しかし同時に、そのようにして全体社会そのものを把握することはできないという点を知ることもできるのである。全体社会のシステムがより複雑になっていくほど同時性は情け容赦ないものとなり、そのつどの瞬間において事実として生じることは影響を受け付けえなくなる。そして結局のところこの事態に相互作用の形式の中で、対話によって、手の届くパートナーとの了解の試みによって、合理的な形式を与えうるはずだとの信念は、ますます幻想と化していくのである。

XIV 組織と全体社会

相互作用が駄目なら、組織ではどうだろうか。

近代社会において、高度な複雑性が存しているにもかかわらず長期にわたる同期化を可能にすることが問題となっている場合には、相互作用に代わって組織が登場してきている。一見してこの点を示す数多くの証拠が存在するように思われる。しかしまずはこのタイプの社会システムを、より詳細に見ておかねばならない。

相互作用の場合とは異なって、組織において問題となっているのはあらゆる全体社会において見られる普遍的現象ではなく、相対的に高度な発展水準を前提とする進化的達成物である。次のように問うてみればその点は明らかになるだろう。労働する者が自身の利害関心からは、また活動そのものを享受するためには〔プラクシス〕労働を行わなくなっているとしたら、全体社会はどうやって〔労働を〕調達するのだろうか。

最も古い全体社会においては労働の大半は、個人の生存への利害関心においてなされてきた。つまり全体社会外の諸条件に服していたのである。しかし全体社会が進化していくとともに、労働とその成果の分配は社会的に（sozial）、つまり全体社会内部において決定されるようになっていく(416)。全体社会の分化の形式を見ればその点が明らかになるだろう。家政における労働役割の分化は、相互的な援助の給付によって、またしばしば特別の機会になされる若年者の集団労働によって補完されていた。ハイアラーキカルな、そして／または「中心と周辺」の範型に従って秩序づけられた全体社会が成立するとともに、これもやはり追加的にだが、政治的‐法的に強制された労働が生じてくる。それは巨大プロジェクトを契機として労働が強いられるという形式を取ることもあれば、奴隷制の形式で、債務奴隷制（Schuldknechtschaft）として、ギルドおよびツンフトによって詳細に定められ実際上抜け道のない規制として生じることもあった。これらのどの事例においても、必要なだけの役割分化がすでに生じてはいた。しかし制度的な諸条件のゆえに、何が要求されうるかは、またしたがって複雑性と柔軟性も、制限されていたのである。

労働への社会的介入が個人を経由して生じるようになり、それが常態化していくにつれて初めて、この状態が変化しうることになる（言うまでもなく、契約労働という特殊事例ははるか以前から存在していたのだが）。確認しておくべきは、だからといって労働の社会的決定という点では何ら変化はないという点である。ただしそれは今や、そのために特別に設えられた組織に制限される。そしてまさにそれゆえに、拡張されることにもなるのである(417)。組織によって、外的な社会的依存性のかわりに自己産出された依存性が登場してくる。それは、需要と援助の用意の中で偶然登場してくる互酬性からは独立する。そしてその点を通して、労働を規則的に反復される業務として規制するのである。この業務がまだ依存しているのは、市場の変動に、あるいはそれ以外の手段による資金調達にだけなのである。

個人をリクルートする労働という形式へのこの移行は、貨幣経済を前提とする。貨幣を受領することを魅力的にするのは貨幣経済だからである。しかしさらに加えて、契約が〔履行されることが〕強制される可能性が法的に保証されていることにも依拠している。その反面として、契約がなければ労働が強制されることはほとんどないし、したがって生活を維持することもできなくなるわけだが[418]。またさらに学校および大学という形式で組織された教育システムも、専門的な能力が個人単位で、それ以外の社会的メルクマールを伴うことなくリクルートされうるようになるために貢献する。〔個人の側から見れば〕特定の職場を考えつつ、相応の教養を後から身につけることができるのである[419]。

したがって組織というシステム形式が成立し普及していくための重要な前提を準備したのは、経済、法、教育のための機能システムだった。ただしだからといって、組織が存在するのはそれらのシステム内部においてだけであるという話にはならないだろう。今述べた事例からも、組織によって社会的な相互依存が可能になるという点を見て取れるはずである。その相互依存は機能システムのオートポイエーシスおよび作動上の閉じと両立可能である。それどころか組織は、リクルート過程を個人化し地位へと人員を配置するための条件として、まさにこの相互依存を前提としているのである。

組織化された労働が進化していくための前提条件を明らかにするだけで、このシステム形式の特性についての重要な示唆が得られる。組織は、全体社会そのものおよび相互作用と同様に、ダブル・コンティンジェンシーを扱う特定の形式のひとつである。誰もが常に別様にも行為しうるし、希望と予期とに応えるかもしれないし応えないかもしれない。しかしそれは組織の一員としてではない。組織では加入することによって拘束を受ける。頑強に事を構えれば、成員資格を失う危険を冒すことになる。したがって組織の成員資格は、全体社会に不可欠な地位というわけではない（ただし今日では多くの点で、ほとんど不可避的ではあるのだが）。成員資格は移動性に基づいている。移動性は、全体社会の水準で認可されていなければならないのである。成員資格は決定によって（典型的には、自己選択と他者による選択との組み合わせによって）獲得され、決定によって（この場合、脱退か罷免によって）失われうる。また組織が関わるのは、中世の諸団体（都市・修道院・大学など）とは異なって、総体としての人ではなく、その行動の断片のみ、他のものと並ぶひとつの役割のみである。ダブル・コンティンジェンシー問題が解決されるのは、成員資格が条件づけられうるということによってである。しかもそれは加入手続に関してだけでなく、地位を維持するための条件としてものことなのである。[420]

システム形式として見るならば成員資格は形式の《内側》を、つまりシステム内において主要な関心事となり、その帰結に注意が向けられるものをマークしていることになる。外界においてはすべてがばらばらに動いていく。形式の内側では凝集と統合に注目が集まるのである。ここにおいてもこのシステムと環境の差異は、形式のなかへの形式の《再参入》を排除しない。システム内部において、環境を重要だと見なすためのシステム独自の規則を踏まえることができるわけだ。ただしそれもまた、内的なコミュニケーション容量が限られているがゆえに、やはり選択的にしか生じえない。環境についてのコミュニケーションがなされる場合でも成員役割が、つまりシステムへの所属が、そのコミュニケーションが内的作動であることを証明するためのシンボルとなるのである。

成員資格は決定によって根拠づけられる。またそれ以降の、決定を下す状況における成員の行動は成員資格に依存することになる。それゆえに組織もまた、決定のコミュニケーションを作動上の基礎とするオートポイエティック・システムとして性格づけられうる。組織は決定から決定を生産する。その意味で、作動の上で閉じられたシステムなのである。同時に決定という形式のうちには、構造的未規定性の契機が含まれてもいる。そしてどの決定もさらなる決定を喚起するがゆえに、この未規定性はあらゆる決定によって再生産されていくのである。こう言ってよければ決定システムは、さらなる決定を睨みつつ、自らが産み出した未規定性によって生きていく。かくしてこの契機は、システムの作動上の閉じの中に含まれることになる。決定から決定を生産することによって不確実性の吸収が行われる。しかしそれは常に、さらなる決定の必然性に関して、背景となる不確実性（システムはそれによって生きていくのである）を再生産していくことにもなる。さらなる決定への需要が再生産されていくのであり、そうしてのみシステムの作動の回帰的な閉じは可能になるのである。

組織が産み出す決定可能性は、それ以外の道筋では存在しなかったはずである。そこでは決定が、決定の文脈として投入される。成員資格に関する決定に、膨大な量の他の決定が接続されるのである。指示は遵守されるだろうと見込みうる。労働プログラムを確定できる。コミュニケーション経路をあらかじめ定めておける。人員の雇い入れと人員の移動を規制しうる。そしてこれらすべてを一般的な形式で行っておいて、状況ごとに決定へと転換できるのである。成員資格が、決定の前提に関する決定の前提となる。そしてこれらすべては特定化の程度に応じて生じるが、その程度を制限するのはただひとつの拘束条件である。すなわち、成員資格は十分に魅力的であり続けねばならないのである。通常の場合貨幣によって報酬が支払われるのは、そのことに対応している。

このようにして結果として、作動の特別な形式によって際だつひとつのオートポイエティック・システムが成立する。このシステムは、決定から決定を産み出していくのである。行動は決定としてコミュニケートされる。決定《それ自体》が何であるかは、未決のままにしておける。決定が選択肢のなかからの選択として記述される場合にこそ、その点は無規定なままに留まる（あるいは、トートロジカルにのみ規定される）。決定そのものは、追加的な決定可能性ではない。したがって、選ばれうるはずの当の選択肢の構成部位ではないのである。決定はむしろ、選択肢の構築によって排除される第三項である──つまりはまたもや、観察者なのである！　それゆえに決定は、過去となった事柄によっては規定されえない。選択肢が構築されることによって過去は〔現在の決定から〕切り離される。しかし過去は、ある程度未来を拘束できもする。というのは過去は、〔過去になされた〕決定がなければ可能ではなかったはずの何かを可能にする（決定しうるわけではないが）からである。(421) だからこそ決定はコミュニケーションを必要とする。通常の場合それは、多数の作動のうちのひとつへと確定されつつ生じてくる。しかしまた、これは官僚制に典型的に見られる懸念されるべき事例なのだが、事後的になされることもありうる。気づかないうちに決定していた、というようにである。あるいは、まったく視野に入れていなかったような選択肢に関して決定していたという場合もある。そこから、無数の保障戦略が生じてくる。それによって、現在における決定が未来における決定のテーマとなる場合には何が生じうるはずなのかを、未来完了形デ（modo futuri exacti）考慮しようとされるのである。(422)

自明のことながら決定は、あらゆるコミュニケーションと同様に、常に意識の働きに依拠している。この点で古典的理論は、決定者の合理的考慮を強調してきたのだった。しかし決定者の寄与は不明なままでである。というのは合理性は、決定がなされるべき選択肢との関係の中で想定されているわけだが、《第三》の何ものかである、つまりそれ自体は選択肢ではないからである。飛行機か、鉄道か、自動車か——それとも合理性か、などと決定することはできないではないか。合理性は選択肢の構成によって、オプションとしてはまさに排除されてしまうのである。これはつまりひとつのパラドックスである！そこから、合理性の仮定はこのパラドックスを展開するために役立っているのだと推測できる。パラドックスは神秘化によって不可視のものとなり、基準ないし規則を示すことによって分解される。そうしておいて、その基準・規則のほうを社会的に確証すればよいのである。

以上の考察では、ひとつの重要な側面を無視してきた。それはすなわち、意識が決定することに関与するのは何よりもまず知覚の働きを通してのことだという点である。何が言われたかを聴き、何が書かれているかを読まねばならない。この制度的基準値は、ことに行政での仕事において重要になる。しかし、場合によって生じてくる決定の必要性をすくい上げるために非言語的な事態を知覚する必要があるような労働形式は、その他にも多数存在する。産業労働における眼と手の協働を考えてみればよいが、特に《フィールドワーカー》に求められるすべてのことについても同様である。警官と教師、あらゆる種類の監視人とコントローラーがそうである(423)。知覚領域において不意打ちや不注意を考え合わせねばならない場合には、組織の側から自律性が、つまりは緩やかな監視が容認されるのが通例である。そうすることでシステムに、知覚すること／知覚しないことに固有のダイナミズムに対する緩衝材が与えられるのである(424)。いずれの場合でも組織は、コミュニケーションと意識のこの《インターフェース》においては理性よりもむしろ、意識によって処理された知覚に依拠しているのである。

この中間考察によっても、組織はただ決定のコミュニケーションだけから《成り立つ》という点は、何ら変わらない。作動のこの基礎が、特別なオートポイエティック・システムの閉じを可能にする。オートポイエーシスとはすなわち、自己の産出物からの再生産である。したがって組織の創設から、成員役割を〔特定の〕人員が占めることに至るまでのあらゆる出自は、組織の中で回帰的に、組織自身の決定として扱われねばならない。またそのつど直面する決定の必要に応じて、新たに解釈されえねばならないのである。自身の決定の連鎖の中で、組織は自分が関わっている世界を定義する。不確実性を、自ら産出した確実性によって置き換え続け、疑いが生じた場合でもできるかぎりそれに固執するのである[425]。そのつど使用できる可動域は、「問題／問題解決」という図式によって境界づけられる。そこでは問題が、解決可能性を定義するために役立つのだが、逆にテストされた解決可能性が、問題の定義をそれに合わせて調整するために、あるいは現存のルーティンを問題解決と見なすことを可能にする問題を求めるために、役立ちもする[426]。最後にオートポイエーシスの優位性は、あらゆる構造が作動に後続するかたちで秩序づけられる、つまり決定の結果として把握されるという点にも現れてくる。組織は構造をただ、決定前提としてだけ捉える。そしてその前提について決定を下したのは組織自身なのである。組織は（計画と）《立場》という形式的構造原理によってそれを保証する。その原理によって、予算を確定しつつその種の地位を配置することが、またその後でそれらの地位に関して地位占有者を、課題を、また組織への帰属を決定によって変更することが可能になる。

相互作用システムでは環境が考慮されうるのはただ、居合わせる者を活用することを介して、また「居合わせる／居合わせない」という差異を内化することを介してだけである。それに対して組織はさらに加えて、環境の中に存するシステムとコミュニケートするという可能性をも有している。この可能性を有している社会システムのタイプは、ただ組織だけである。この可能性を達成しようとするなら、組織しなければならないのである[427]。そのように外に向かってコミュニケートすることは、決定を基礎とするオートポイエーシスを前提とする。そのコミュニケーションが作成されるのは内的に、自身の決定活動の回帰的なネットワークの中でだけのことである。つまり、ただ決定としてだけなのである。さもなければ自身のコミュニケーションとして認識されえないだろう。それゆえに外に向かってのコミュニケーションは、システムの作動上の閉鎖性と矛盾しない。むしろ逆に、前者は後者を前提とするのである。それによって、組織のコミュニケーションが、しばしばほとんど無言に等しいまでに円滑化されること、あるいはまた環境から見れば驚くべき独自性を帯び理解しがたいものとなることもきわめてよく説明できる。組織が最も好むコミュニケーションは、組織相手のものである。だから組織はしばしば私人を、あたかも組織であるかのように扱うことになる。あるいはさもなければ私人は、扶助の対象であり、特別な援助と教育が必要であるかのように扱われるのである。

組織が外に向かってコミュニケートできるということを保証するのは何よりもまず、組織がもつハイアラーキカルな構造である。ハイアラーキーという語は、二重の意味で用いられうる。一方で組織という事例においては、サブシステムはサブシステムの内部においてのみ形成されうる。単に、内的環境という土壌の上で自然林が自由に繁茂する、というようにはいかないのである[428]。全体社会システムの場合とは異なって、組織が優先するのは「箱の中の箱」型のハイアラーキーである。同時にそれによって、指示の連鎖が、つまりまったく異なる意味でのハイアラーキーが形成されることにもなる。この連鎖によってコンフリクトに対し公式に裁定が下されうることが保証されるのだが、それに対して「箱の中の箱」分化は、そのようにして総体システムへと到達することが常に可能であるという点を保証する。今日では知られているように、この構造によって頂点への権力の集中が無条件に生じるというわけではない。組織における《運営 Führung》についての近代的理論では、にもかかわらず何かを備え付けようとする場合にはどのように振る舞わねばならないかが記述されている。しかし権力分配というこの問題を無視するならば、外に向かってのコミュニケーション能力を保証するためにはハイアラーキーで十分なのである。それは何よりもまず、内部における権力の絡み合いは外にいる者の目には届きにくく、それゆえに公式に言われたことを頼りにせざるをえないからである。

われわれが論じているのは明らかに高度に近代的な事態なのであって、伝統的な社会の内にそれを探し求めてみても無駄に終わるだろう。歴史を振り返ってみればここでも（全体社会／相互作用の場合と同様に）、より昔の社会構成体においてはシステムタイプの間の区別が明確にはなされていなかったことがわかる。そこでは全体社会そのものが、成員の結びつきとして把握されていた。すなわち全体社会とは社会的《団体 Körper》であり、ある人はそこに属しており他の人はそうではない、というわけである。しかしだとすれば、成員資格の条件づけを可動的なものにすることは放棄されねばならなくなる。なるほど環節的社会でも、居住地と出自と、また追放との間を移動する余地が大幅に存していた（つまり新たな成員をある時は居住地を、ある時は出自を根拠に迎え入れたりできたし、また成員資格を剝奪することもできた）。例えば犯罪行為を契機として、である。しかしそれらが成り立つための条件を自己規制する余地は、常にわずかでしかなかったのである。より広範囲に及ぶ全体社会は、移動性の問題を内部においてよりよく克服できる。しかしそこでも肝心なのは常に人間丸ごとを包摂することないし排除することであった。その点で規制の容量は決定的に制限されていたのである。近代社会に至って初めて、それを放棄することが可能になった。

伝統的な全体社会の中では、組織をもとに形成されるものも、やはり「団体 Korporation」という範型に基づいていた[429]。これは例えば軍隊に関しても、あるいは寺院および修道院に関しても言えることである。ここでも成員資格とは、完全な包摂を意味していた。つまり、この団体の成員であってどこか他の団体の成員ではないということ。したがってまた、他の家政でもない、ということであった。例えば修道院の規律のように厳格な規則も存在しえたが、それは純粋な決定前提と見なされていたわけではない。ましてや、権威が決定において根拠づけられていたわけではないのである。〔決定を下す〕将校・司教・修道院長・尼僧院長は、〔権威をもつ〕貴族の出だったのである。

しかし中世においてすでに、家政か団体かというこの種の二者択一は乗り越えられていた。高度に発達した法文化によって、複数の家政を行為能力あるかたちで連携させることが可能になっていた。それら家政においては、生活の営みは《経済的》に家政を通して保証されるということが前提となっていたのである。これはとりわけツンフトとギルドに関して当てはまるが、身分という団体的規約においても事は同様であった。他でもない、成員が経済的に自らを扶助するということこそが、政治の領域において、またとりわけ特権（Privilegienwesen）[47]の領域において組織を形成するための動機となった。組織が魅力的だったのは、そこで生活が維持できるからということによってではなかった。したがって組織は、貨幣の支払いによって成員を求める競争に巻き込まれる必要はなかったのである。

近代の全体社会は、それ自身が組織（団体）であることを放棄するに至っている。全体社会とはあらゆるコミュニケーションの閉じられた、また閉じを通して開かれたシステムなのである。そして同時に全体社会は自分自身の内部に〔組織という〕オートポイエティック・システムを備え付けてもいる。このシステムの作動は、自分自身を再生産していく決定としておこなわれている。つまり組織は、一面では相互作用からも全体社会からも区別されるべきシステムなのである。組織によって、膨大な量の相互作用を相互に調整することができるようになる。組織は、相互作用が常にかつ必然的に同時に生じるにもかかわらずそれら相互作用の〔それぞれが有している〕過去と未来を同期化するという奇跡をもたらすのである。他ならぬこのことこそが、成員資格を通して確保される《無関心圏 zone of indifference》[430]における受容の用意を基礎とする、決定前提に関する決定という技法によって生じるのである。組織は金銭を支出しさえすればよい。また組織は成員資格が旧世界における拘束具から、つまり〔メンバーそれぞれが組織の外で引き受けている〕独自の他の役割から、完全に独立することを要求する。今や、旧世界流の拘束が存続している場合には、組織は腐敗しているものとして現れてくるのである[431]。

全体社会が階層から機能分化へと移行し、活版印刷術と住民の識字化が進展し、旧来の家政の《経済的》秩序が近代的な、親密に結ばれた小家族へと転換するとともに、権威の消失が不可避的に生じてくる。しかしオートポイエティックな組織システムは、その消失を埋め合わせることができるのである。そこでは組織は、不確実性を吸収する独自の手続きを形成していく[432]。情報をプロセシングする中で、どの箇所においても情報が濃縮され、結論が引き出される。続く箇所ではもはやその結論が再吟味されることはない。ひとつにはそうするための時間も管轄権もないからであり、またひとつには適切な問いを定式化するのが困難だからである。そしてまたとりわけ、そうする義務などないからである。不確実性を吸収するということはまた、〔確実だとされたもの以外の、他の〕可能性を排除することに対する責任を引き受ける、ということでもある。しかしこれは、組織の慣習に従うならば、失敗に対する責任を負うということを意味するわけでは必ずしもないのである。

決定を決定で置き換えていくというこの様態が、このシステムのオートポイエーシスである。それによって、世界により条件づけられた不確実性が、システム内的な確実性へと変換される——いつもそうだというわけではないが、文書という形式で行われることもある。だからこそ組織は、自身が関わってきたリスク、常に同じ相手との間に生じるコンフリクト、競争などになじむことができる(433)。この不確実性の吸収はきわめて広範囲にわたって成功裡に生じるので、組織はそれに代わるような確証を見いだしがたいのである。そこから、しばしば《官僚主義》として組織に帰せられる、あの動きの鈍さも説明できる。いかなる決定前提の確実さの下にも不確実性が埋まっている。だからその確実性を揺るがしてはならないのである。自らが作り上げた構築物なのだから、そのもとに留まらざるをえない。刺激される可能性が排除されるわけではない。しかしその可能性は、システム・コミュニケーションの内部において、新奇であり予見できなかったものとして描出されうる出来事に固定されねばならないのである。

不確実性吸収の過程にとって、権威の外的な源泉は必要不可欠である。組織がそこから離れることはできない。人員の選択を介して生じるリクルート過程は、全体社会において与えられている違いに、ある程度依拠し続ける。例えば営利企業にとっては財産状況に、政治的コンタクトに、教養によって保証される専門的能力の水準に、である。しかしだからといって全体社会が、組織はあらかじめ与えられた

（例えば、身分による）権威の体制下に入るように強いるというわけではない。むしろ組織が、人員リクルートのメカニズムを資源調達のために利用するのである。したがって内的権威もまた、管轄権の秩序および指示の権限からは独立に、人員を介して環境資源への例外的な、分化したアプローチが開かれうるということから生じる場合もある。代理商が顧客との良好なコンタクトを維持していれば、顧客のための企業内部での特別条件を押し通すこともできるだろう。観客に愛されているすばらしい女優なら、演出に口を出すことも可能なのである。

マックス・ヴェーバーによる古典的な記述はこのような事態を十分精確に捉えておらず、したがって特に、十分に現実的なものではないと言わざるをえない。組織内で働くものなら誰でも、観察が高度に人格化されていること、特に仕事の評価とキャリアという点でそうであることを知っている。さらに通常の場合、相互作用においては自分の他の役割が混在してきて〔組織の〕規則に抗うことになるが、その点もここにおいて明らかになる（朝には仕事を始める前にまず子どもを幼稚園まで送らねばならない。その点については了解してもらえるはずである）。重要なのはむしろ、当該の経験のもつ他の側である。組織がよく機能しており、合理化と民主化という流行の方向性を完全に採用しているとしても、そこでは独特の非合理性が生じてくる(434)。決定に関する決定に関する決定に関して決定することがますます複雑になっていくに際しては、オートポイエーシスはそれに適した構造を発展させることになる。そしてますます、決定しないと決定する傾向が生じてくるのである。自身に固有の欠陥を取り扱うために組織がなしうるのは、欠陥を引き起こした当の手段を再適用することだけである。すなわち決定を、である(435)。さらにこのような条件下では、個人の動機づけとの構造的カップリングは退縮していく。常にさらに、くり返し決定されねばならないがゆえに、決定を実行するために内外の抵抗に対してより強く当たろうとする動機は欠落することになるのである。

この課題のために各組織は《政治》を特化させるのだが、それはしばしば貫徹されえないままとなる。(436)(48)だから近年において〔組織に関する〕反省がなされる中で、この事態を把握するために二重の概念が用いられているのも、了解できる話である。〔問題となっている〕現象の必然性と正の側とを指し示そうとする場合には、「組織」について語られる。負の側を扱う場合には「官僚制」と呼ばれるのである。そこでは明らかに、組織された社会システムの統一性が表現できなくなっている。したがって、全体社会の理論という目的のために十分なだけの組織の理論も欠落しているのである。

相互作用の場合と同様に組織もまた、全体社会システムの統一性へと関係づけられるには及ばない。組織は、全体社会の《システム強制》から自由に成立しうる。現に、全体社会の機能システムのどれにも帰属されないような無数の組織が存在しているではないか(それらはしばしばミスリーディングなことに、《自発的》グループとかアソシエーションとか呼ばれるのだが)。しかしながらあらゆる組織は、全体社会システムの複雑性から利益を得てもいる。そしてその複雑性が今日のような規模において可能になったのはただ、機能分化によってなのである。その限りでは、「機能分化という体制の下で初めて、組織された社会システムとして指し示されうるようなタイプのオートポイエティック・システムが成立するに至った」と言ったとしても、さほどの誇張には当たらないだろう。今や初めて、そのために十分な数のニッチが存在するようになっている。今や初めて、そのために十分なだけの決定すべき事柄が生じている。今や初めて、〔全体社会という〕環境がきわめて複雑であると見なしうるものとなったために、

〔組織の〕内部でこの環境の複雑さに対応できるのは事実や記号、代理表象によってではなく、ただ決定によってだけなのである。

とはいえ大半の、というのは言い過ぎだとしても最も重要で最も大規模な組織は機能システム内部において形成されているのであり、したがってそのシステムにおいて〔特定の〕機能が優越していることを引き受けてもいる。この点に関しては異論の余地がないだろう。その意味において、経済組織、国家組織およびその他の政治的組織、学校組織、学術研究組織、立法および司法の組織を区別することができる。自明のことながら組織としての可能性がどのようにして実現されるかという流儀は、機能システムそれぞれごとに異なっている。しかしここでその点に立ち入ることはできない。機能システムと《その》組織の間の関係を解明することに集中しなければならないからだ。その際、どちらにおいてもオートポイエティック・システムが存在しているという点が前提となる〔組織は機能システムに従属しており、それゆえにオートポイエティックではない云々という話にはならない〕。ただし同時に、その種の組織は機能システムの内部において、後者の作動を実行するために、また後者において〔特定の〕機能優越性を履行するために形成されているという点に、異論を唱えるつもりもないのだが。

さらなる議論のための出発点は、「どの機能システムも、その統一性を組織として獲得することなどできない」という洞察のうちに存している。言い換えるならば、ある機能システムの領域内のどんなシステムも、その機能システムの作動すべてを引き受けて、自身の作動として実行することなどできないのである。教育は常に、学校および高等教育機関の外側においてもなされている。医療的処置は病院の中でだけなされるわけではない。政治システムにおける、《国家》と呼ばれる巨大システムが引き起こすのは他でもない、国家の決定としては働かないが、しかし国家に関係づけられた政治的活動が存在するという事態なのである。そして言うまでもなく法システムの組織が、特に裁判所が利用されるのは、当の組織の外側でなされる合法と不法に関するコミュニケーションにおいて、そうすることが適切であると見なされる場合だけなのである。

しかし機能システムの内部における組織も、作動の上で閉じられた、自身の決定を基礎として独立した社会システムであると見なされねばならない。組織は、機能優越性を引き受ける（もちろんしばしば他の機能に関しては譲歩しつつ、例えば予算化された手段を使用する際に経済的な考慮を払いつつ、であるが）。また当該のシステムのバイナリー・コードをも引き受ける。このふたつの条件の下でのみ、組織は自身の作動を当該の機能システムに帰属させることができる。そして例えば裁判所として、銀行として、学校として認識されうるようになるのである。それに対して組織が独自の世界を獲得し組織するのは、もうひとつ別の区別によって、つまりプログラムと決定の区別によってである。プログラムとは、ただ複数の決定に関して妥当する予期に他ならない。同時にプログラムは行動に対して、プログラムを適用するのかそれともそうしないのかを決定するという形式を強いる[437]。プログラム化された行動はすべて決定行動である。当該のプログラムそのものがひとつの（それもまたプログラム化された）決定の産物である場合も、やはり同様である。したがってプログラムと決定との間の連関は、回帰的なかたちで取り結ばれうる。連関を円環的に組織することもできる。この意味においてあらゆる組織は構造的に決定されたシステムであり、構造を自身の（機能システム内的な、あるいは全体社会内的な）環境から輸入するわけではないのである。

以上のすべては、きわめて漠然としたかたちで定式化されたプログラムに関しても、というよりもその場合にこそ、成り立つ。「企業利益を最大化せよ」「均衡に留意せよ」といったものを考えてみればよい。プログラムとして働くのが目的だけであって他の条件は存在していない場合でも、事は同様である。それによってプログラムの解釈と〔多段階にわたる目的-手段関係への〕《因数分解 Faktorisierung》という問題が生じてくる[438]。しかしそれは組織の内部で解決されうるし解決されねばならない。さもなければどこでというのだろうか。

目下支配的な、政治に定位する見方とは異なって、機能システムの組織は中枢で下される決定を実行ないし《履行》するために役立つのではない。実行可能な決定が下されうるのはただ組織そのものの内部においてだけであり、中枢はこうした組織のネットワークの一部なのである。機能的に分化した社会という組成の中での組織の機能を認識しうるためには、「環境に位置するシステムとコミュニケーションできる社会システムは組織だけである」という点を想起する必要がある。機能システムそのものは、そうしえないのである。学術も経済も、また政治も家族も、統一体として外に向かってコミュニケーションに足を踏み出すことはできない。機能システムに外へのコミュニケーション能力を授けるためには(言うまでもなくそれはコミュニケーションとして、全体社会のオートポイエーシスの実行でもあるのだが)、機能システム内部に組織が形成されねばならない。そうした能力の獲得が、代弁者役割を詐称することによってなされる場合もあるだろう。例えば、雇用者団体も被雇用者団体も《経済》を代弁していると自称することを考えてみればよい[439]。あるいはまた、複雑に連結された組織諸単位の巨大中枢(例えば、政府、多国籍企業、軍隊上層部のような)によってそうした能力が獲得される場合もあるだろう。

今述べた事柄のうちの多くは、明らかに理論的にはそれ以上反省を加えられていないパースペクティヴのもとでではあるが、《ネオ・コーポラティズム》に関する近年の研究の中で捉えられている。ヘルムート・ヴィルケが取り組んでいる、全体社会的操舵の入り組んだ理論においてもやはり、全体社会の部分システムがコミュニケーション能力をもつということが前提とされている（システム間関係におけるコミュニケーションを通しての自己拘束力をもつ、というように）[440]。しかし機能システム内部における組織の意義の高まりは、機能システムそのものを組織することが不可能であるという事態とともに生じる、というよりもその不可能性によって引き起こされるのである。そこから、組織が形成されるとともにどれほどの同期化の必要性が常に新たに生じてくるのかを、そしてまさにその点において組織は、全体社会システムが機能に従って分化するということの不自然さに反応しているのだということを、見て取れるはずである。

機能システムは包摂を、つまりは誰もが接近しうることを、通常的な事態として扱う。組織にとってはその反対が成り立つ。組織は、高度の選択性によって選抜されたメンバーを例外として、万人を排除するのである。この違いそのものが機能上重要である。というのは機能システムは、万人がそれへと等しく接近できるにもかかわらず、自身がもつ万人への開放性を規制し、人員に対して異なった扱いをしなければならないからである。そのことが可能になるのはただ、その内部に形成された組織を用いることによってのみである。つまりシステム形成様式のこの差異によって、ふたつの事柄を同時に実行することが可能になるわけだ。すなわち包摂と排除を、である。またそれによって、高度なシステム複雑性においてもこの差異そのものを貫徹することが、さらに他ならぬその複雑性を用いて包摂／排除のパラドックスを分解することも、可能になる。法律家は平等原理を不平等の禁止としてではなく、恣意の禁止として解釈する。そして規制的特定化の用具として、組織が参照される。別様に定式化するならば平等原理は何ら条件プログラムではなく、[441]限定的原理なのである。この原理は、相異なる事柄を一貫するかたちで実行することが問題となる場合に、前提として前提されうることになる。

　包摂問題／排除問題の取り扱いにおけるこの違いは、影響をもたらしはじめている。一方で、組織化された労働への接近が（もはや、組織化された労働における《搾取》が、ではなく）問題として現れてきている。他方で多くの機能システム、特に政治システムにおいて、組織された決定過程の帰結として個人に要求される事柄に対するルサンチマンが形成されてもいる。今日において再び市民社会（civil society）、市民権（citizenship）、公民社会（Bürgergesellschaft）について語られる機会が増えているとしても、[442]それはアリストテレスの伝統の継続でもないし、経済的利害に抗して政治的アンガージュマンがなされているわけでもない。むしろ〔こうした動きをもたらしている〕推進力は組織とは異なる〔包摂の〕平面を拡大する方向へ向かっている。つまり重要なのは、組織のメンバーとなることなしに公共圏に関与することなのである。またもはや問題は、《官僚制》という特別な支配形式のうちに存しているのでもない。むしろ問題は、組織化された《不確実性の吸収》が満足すべき結果をもたらさないという点にある。その吸収によって、機能システム内で可能なものが著しい範囲において制限されるからである。

　もうひとつの、おそらくはさらに重要な観点として、組織は機能システムにおける相互依存打破のために役立つということが挙げられる。この種の相互依存打破の必然性に関しては、《国家と社会》の理論によって議論が誤った方向に導かれてきた。この理論は、不一致というただひとつの事例にのみ集中してきた。そして国家に関しては統一的政治に、経済に関しては均衡に重きを置いてきたのである。しかしずっと以前から現実は別様に機能していたのだし、おそらくそれには確かな理由があったのである。政治的プログラムは政党によって、つまりは組織によって、「自身を区別せよ」というシステム命法（それは、当該の問題の内容に即した論理によっては、必ずしもたやすいことではないのだが）を伴いつつ立案されてきた。そして政治を実現するための決定に関して義務を負うのは別の組織、すなわち国家なのであり、国家はとりわけ選挙によっても組織されるのである。組織の水準でのこの分化なしには、またそれによって可能になる、観察を継続的に観察することなしには、およそ民主制は不可能であろう。経済システムに関しても同様のことが言える。ここにおいてもやはり完全競争による均衡という観念によって、経済システムの反省理論の中での数学的定式化が可能になりはした。しかしこの観念は、ずっと以前から知られているように、(443) 現実と対応してはいないのである。むしろ経済においてもやはり、経済固有の相互依存打破が組織化される。それによって、どの価格もそれ以外のすべての価格に依存するという事態が阻止されるのである。そしてまさにそれによって、経済的合理性をシステム総体の状態においてではなく、特定企業ごとの収支決算の水準において達成することが可能になる。そしてここにおいてもやはり相互依存打破のこの形式が、達成不可能な統一的合理性を、観察者を継続的に観察することによって置き換えるのを可能にし、また強いるのである。組織は、その決定過程に関してではないにしてもその価格＝費用（Preise）を用いることによって、観察されうるのである。

　したがって機能システムと組織との関係に関するハイアラーキカルな構想に代わって、一種のネットワーク構想が登場してくることになる。(444) 組織は独自の動態を展開する。その動態は機能システムの中ではセカンド・オーダーの観察という手続きによって受け止められる。しかもその際、動態が継続的に再実現されていくことが条件となる。例えば市場という形式において、世論を介して、常に新たに登場してくる学術的刊行物や法テクストにおいて、というように。統計的な監視も、データを評価する特別な組織が存在するかぎり、常に可能である。しかし例えば経済システムを見れば明らかなように、システムを規定する決定は組織に属する者において生じるのであり、証券取引所や中央銀行などの監視審級もまた、独自の回帰を伴いつつ、組織として出来事に影響を与えていくのである。どんな組織も、システムの内部においてシステムを代表＝表出することなどできない。どの組織も、責任を持つのは自分自身に対してだけである。またそこにおいて設置されるフィードバックを、均衡モデルの形式において把握することはできない。むしろそこでは、やはり外から組織へと影響を及ぼす効果が、突然凝結する傾向がある。そうして生じたショックが、今度は他のシステムへと伝播していくこともありうるのである。

通例的ではないこの理論パースペクティヴに慣れ親しむのは、それほど簡単なことではないかもしれない。そうする甲斐があるかどうかは、成果によって決定されるだろう。いずれにせよ作動上の閉じとオートポイエーシスとに決定的に狙いを定めるこの理論によって、次の点が明らかになる。一方で組織の成立は、ただ全体社会の内部においてだけ可能となる。しかし同時に組織の成立は、独自の仕方で全体社会の分化に貢献しもする。しかもそれは二重の意味においてである。〔第一に〕全体社会システムとその機能システムが、組織のオートポイエーシスに対して分化することに。また〔第二に〕組織のオートポイエーシスを通して、機能システムが相互に、また各機能システムがその環境に対して分化することに、である。さらにそうすることで、著しい構造的乖離を明らかにすることもできる。すなわち一方で近代社会は、先行するどの社会にも増して組織に依拠している（というよりもそもそも組織を表す概念は、近代社会において初めて創り出されたのである[445]。しかし他方で〔近代社会においては〕以前のどの社会よりも、全体社会の、あるいはその部分システムの統一性を組織として把握することはできなくなっているのである。

XV　抗議運動

ここまで展開してきたシステム類型論（全体社会・相互作用・組織）だけでは、さらにもうひとつの現象を把握するために十分ではない。それゆえにわれわれは（理論上の美しさは無視して）もうひとつの節を付け加えることにしよう。ここで扱われるのは、社会運動である。ただし、シカゴ学派によって展開されてきた「集合行動」の概念を引き受けるだけでも十分ではない。この概念は個人主義的なアプローチに対抗しようとしているのだが、それゆえに「個人／集合体」という区別に依拠していることになる。問題はそこにはない。この運動が常に新たな支持者に対して社会的に開かれていることだけからしても、むしろそこで試みられているのは全体社会に抗して全体社会を動員することであるのがわかる。それはいかにして可能になるというのだろうか。

神と被造物を反対の側から観察するための境界を引く試みとして、旧世界において持ち出されたのが堕天使であるサタンだった。そこでは観察者は、観察されるものとその対立物とを見ているがゆえに、自分自身をより優れていると考えざるをえず、したがって神をないがしろにする結果になったのである。(446)今日の世界では、抗議運動において同じことが生じている。しかし抗議運動は堕ちるのではなく昇っていく。抗議運動は神の本質から逸れているわけではない（神学者なら逸れるどころかその本質にぴったり沿うのだろうが）。したがって原罪や神からの距離というメルクマールが当てはまるわけでもない。抗議運動のシンパは運動の口真似をし、かくして立派な根拠は加速度的に生産されていくのである。(447)しかし悪魔の観察技法、つまり、ある統一性の中でその統一性に対する境界を引くことは、コピーされている。そしてそこからの帰結もやはり生じてくる。つまり、反省されることのないまま自身をより優れたものと見なすことになるのである。それに対応して、罪を割り当てることによって仕事が進められる。全体社会の運命は、計り知れぬ神意のうちに存しているわけではない。全体社会の運命――それは〔罪ある者とされた〕他者たちなのである。

抗議運動が堕ちるのではなく昇っていくという点は、全体社会が機能分化へと転換したということと関連しているのかもしれない。それによってわれわれは、さらにもうひとつのパラドックスへと至ることになる。われわれはパーソンズを引き合いに出すことによって、より強い分化と象徴的な基礎とが、特に全体社会が自身の統一性を定式化しようと試みる際に用いられる価値がより強く一般化されていくこととが、関連しているという点から出発できる。(448)しかし、一般化された価値が分化した全体社会の中にもはや収まりきれなくなった場合には、何が生じるのだろうか。その価値は定式化されており承認されてもいるが、それを実現しようと望むことがまだ残っている、という話になるのだろうか。社会運動はこの問題に答えようと試みているように思われる。そしてその答はまた別のパラドックスの形式を帯びる。つまりその答においては全体社会に対する全体社会の（単に個別行為者や特定の利害の、ではなく）抗議が表現されているのである。われわれはこの推測に導かれつつ、分化に関するこの章を、この明らかに新奇な現象の構造的基礎について問うことで締めくくるとしよう。

〔社会運動に関しては〕異論の余地のない点も多いと言っていいだろう。今日の社会運動を、宗教的な革新運動や、旧世界において経済によって引き起こされた不安定化と反乱などと比較することはできない[449]。テーマの上での分岐もまた明確に認識できよう。特に今世紀〔＝二十世紀〕後半においてはそうである。いわゆる《新しい社会運動》は、もはや社会主義の抗議範型には収まらない。この運動が関係するのは単に産業化の帰結だけにでもないし、またもはや豊かさをよりよく分配するという目標だけを掲げているわけでもない。その契機とテーマとは、はるかに多様なものとなっているのである。一九二〇年代のアメリカにおける禁酒主義運動を考えればよいし、あるいは今日のフェミニズム運動でもよい。さらにとりわけ、エコロジカルな主題系が前面に出てきていることでもよい[450]。その分だけ、この新しい社会運動を目的のほうから把握するのはより困難になっているように思われる。これは特に、新しい社会運動のうちで最も新しい第三世代を考慮する場合に、あてはまることである。外国人反対運動がそうである。そこでは、今では古典的なものとなってしまった抗議運動との繋がりはすべて断ち切られており、明らかにただ自発的な暴力行為によって、つまり犯罪的な道筋によって衆目を集めるに至っているのである。動機について問うてみても、この運動はただ敵対者を、つまり外国人を指し示すだけである。そこでは抗議はほとんど、下層の行動の様式での《自己実現》のためにだけ役立っているのである[451]。

この現象は世論の少なからぬ部分を支配しているが、それはその動機が合理的かそれとも非合理的

（感情的）かという違いを背景としつつのことである。われわれはこの種の論争は不毛であると考える。(452)この論争は包摂と排除（時として、自己排除）に関する支配的な判断を再現することにしかならない。一方で関与者とシンパのパースペクティヴが、他方で反対者のパースペクティヴが再定式化されるだけなのである。そのかわりにわれわれは、抗議運動は組織システムとしても相互作用システムとしてもうまく把握できないという点を観察することから出発するとしよう。

運動が組織化するのは決定ではなく、動機・コミットメント・紐帯である。この点だけからしてすでに運動は組織ではない。組織においては前提とされ、大半の場合はそれに対して支払いがなされねばならないもの、すなわちメンバーとなることへの動機づけこそを、運動はシステムへと持ち込もうとするのである。それ以外の問題を解決するために組織が特別に《政治》を用いるのと同様に、運動は《組織》を用いる。運動の《代弁者》の組織がなければ、ただ運動が行われ、運動がそこにあると言えるだけで、外に向かってコミュニケートすることはできなくなるだろう。厳格に統率された組織（グリーンピースのような）が存在する場合には、潜在的に抗議を行う用意ができており、それが運動の助けになるという点を前提にできる。例えば、ボイコットによって反応することも可能なのである（そうすることが不快でない限りにおいてだが）。しかし抗議運動が支持者をリクルートするに際しては、メンバーであることを条件としての一般化された服従というかたちを取ることはできない。そうしておいて、服従を決定によって再特定化すればよい、というわけにはいかないのである。さらに運動は組織と違って、無限に人員を必要とする。抗議運動を組織として（あるいは、成立過程にある組織として）把握しようとすれば、さまざまなメルクマールが欠如していることに気づくだろう。ハイアラーキカルではなくへテラルキカルである。多中心的であり、ネットワークの形を取っている。そしてとりわけ、自分自身の変化の過程をコントロールできないのである。

しかしまた、運動は相互作用システムでもない。他の場合と同様にここでも相互作用は不可欠である。相互作用はとりわけ、運動のまとまりと大きさとを誇示《デモンストレート》するために役立つ。だから《デモンストレーション》への関心が生じ、活動はそこへと集中していくことになる（デモンストレーションとデモクラシーの言語上の結びつきは、偶然ではあるがこの点で役立つ）。相互作用はアンガージュしていることを証明する。《来たれ！》が合い言葉となる。しかし共に居ることの意味は（これは組織においても別のかたちで言えることなのだが）共に居ることの外側のほうに存している。だが関与者にとってはその意味は、《意味の探求》と《自己実現》という高度に個人的な諸問題から合成される。その問題を社会的な焦点化を通して束ねて用いようとしても、常に厄介なことにしかならないのである。[453]

十九世紀の社会主義運動では階級の状態と工場での組織を引き合いに出すことによって、かなり統一的な、それゆえに統一的に主張可能な動機状態を前提にすることができた。少なくとも社会主義運動は、自分の世界をそのように構築していたのである。それゆえに組織を、さらには理論すら用いることができたのだった。今日の《新しい》社会運動にとっては話は別である。この運動は、より強く個人化された個人と関わらねばならない。これまでも指摘されてきたように、自身の生活状況が要求する事柄をパラドックスとして感じており、[454]それゆえにパラドックスを展開するために外化を、《意味付与》を、区別を必要とする個人と、である。それら個人は、生き方を自己規定する見込みという点で妨げられてはならない、あるいは妨げられるのは納得できる理由がある場合のみであるとの要求を掲げる（その要求は、各自なりに解釈可能である）。それら諸個人は《被害者》として、《被害者》を代弁して議論するのである。特に若者と学者は、このようにして自己関係的に、パラドックスに対して敏感となるように思われる。しかしこれは同時に、そう要求する新しい社会運動は、悪名高い気紛れな公衆のうちに、運動へと関与する動機を見いださねばならないということをも意味している。この運動のリクルートに関する潜在的可能性は、所属の意義が広範にわたって弱体化していることに依拠している。おそらくはまた、私生活にまで深く食い込んでいる、法治国家という精密細工（Filigranarbeit）にも依拠しているのである。それによって、他人に依存していることに心を砕く必要はなくなるわけだ[455]。同時に運動はそれとともに、つまりは他ならぬ分出に応じて、社会構造的条件に依存することにもなる。例えば国家に寄せられる残余的な信頼にである。国家は、国家が望みさえすれば助けを与えうるはずだ、というように。また、世代間で（家族においても、というよりもそこにおいてこそ）見解に鋭い違いがあることは社会的に通常のことであるという点に、である[456]。

その分だけ、この種の運動に触媒作用を及ぼし、焦点を絞り込み、アイデンティティをもたらす（そして常に、運動の心理的機能を不可視化する）ための観点は、抽象的なものにならざるをえない。抗議運動というシステムの統一性はその形式から、他ならぬ抗議から、生じてくる[457]。抗議という形式によって、関与者は確かに政治的影響力を追求してはいるのだが、それは通常の道筋においてではないという点が視野に入ってくる。影響を及ぼすための通常の水路を用いないということによって、そこで問題になっているのは緊急で深甚かつ一般的な関心なのであって、それを通常の仕方で処理することなどできないという点が示されてもいるはずである。抗議のコミュニケーションももちろん全体社会の内部で生じる。さもなければおよそコミュニケーションではないということになる。しかしあたかも外からのものであるかのように生じるのである。抗議のコミュニケーションは自分自身を（善き）全体社会であると見なす。(458) しかし、自分自身に対して抗議しようとはしない。全体社会のために責任ある態度を取るが、それは全体社会に抗してなのである。この種の運動の具体的目的すべてに関してそう言えるわけではない。しかし抗議という形式によって、また抗議が聞き入れられない場合にはより強力な手段を投入する用意があることによって、この運動は改革の試みから区別される。運動はテーマを取り替えることもできる。そのテーマが抗議としてコミュニケートされさえすればよいのである。この点については、また運動がもつエネルギーについても、そこでは内と外との振動が形式となってきたという点を考慮すれば説明できるはずである。

さらに加えてこのようにして、全体社会の分化のひとつの特殊な形式が表現されもする。それはすなわち中心と周辺の分化である。周辺が抗議する――ただし自分自身に対してではない。中心は周辺の声を聞き入れ、抗議のことを考慮すべきである。しかし近代社会においては、全体社会総体の中心などもはや存在してはいない。それゆえに抗議運動が見いだされるのはただ、中心をもつ機能システム内においてのみである。とりわけ政治システムにおいて、またより弱いかたちでではあるが、宗教システムで中心を伴って組織された宗教において。中心／周辺のこの差異がなければ、形式としての抗議運動も意味を失ってしまうだろう。その場合には欠落と充足の社会的境界も存在しないだろうからである（残るのは事象的ないし時間的境界だけであろう）。

抗議という形式によって、認知ではなく反応を優先するとの決定が下されることになる。(459) 承認済みの、共鳴力をもつ《スクリプト》（例えば、平和の維持）が用いられはするが、それは特定の、もはやコンセンサスを取り付ける力をもたない問題解決（軍備反対など）へと尖鋭化されるのである。問題を強力に図式化されたかたちで描出するだけで満足し、しばしばそれに《スキャンダル》としての装いを結びつける。そして自身の参加を、耐えがたい状態への反応として描き出すのである。〔抗議対象である〕相手に求められるのも反応であって、認識をさらに追求していくことではない。より多くの情報と、未来に関するよく確かめられた計画とを求めるのは無駄な努力であるのに対して、反応を優先すれば速やかに達成可能な効果を見込むことができるからである（これは抗議運動に特有の事柄ではない。中央銀行の通貨政策から企業の生産および組織のプランニングに至るまでの、経済におけるプランニングを見ればその点は明らかである。そこでもやはり時間圧力のゆえに、認知的戦略からどちらかというと反応的な戦略への移行が強いられているように思われる）。

抗議という形式の中では、関心を持つ者と被害者とが存在しており、それらからの支持を予期できるという点も同時にコミュニケートされている。したがって、しばしば言われているように、抗議運動は資源を動員し、新たな紐帯を固定しもする。この種の動員が目的をめがけて生じる場合に初めて[460]、自分自身を再生産していくオートポイエティック・システムについて語ることができる[461]。それゆえに抗議活動が（例えばグリーンピース組織のそれが）社会運動の形成には至らず、抗議の雰囲気を再生産するだけという事例も、きわめて広範に生じているのである。

《抗議》という形式が抗議運動のためになすことは、機能システムがコードによって達成することに対応する。この形式もまたふたつの側をもつ。一方は抗議する側であり、他方は抗議を受ける事柄（抗議を受ける側を含む〉である。そこからしてすでに、この形式によっては克服しがたい問題が生じてくる。抗議運動は、自分自身の半分でしかない。他の側には、どのみち行おうと思っていたことを外見上は平静を装ったまま実行したり、場合によっては単なる刺激に応じてそれを実行したりする人々がいるのである。抗議は、構造的な理由からして、〈要求と実行の双方に責任を持つような〉総体的責任というものを否定する。そこでは、要求されていることを実行する他者が前提とされねばならないのである。しかし他者のほうは、自分が抗議形式における反対の側にいるなどということを、どうして知っているというのだろうか。他者を、他者独自の構成に従うのではなく、この状況定義を受け入れるよう、どうやって仕向けることができるというのだろうか。明らかにただドラスティックな手段によってのみ、〈例えば〉警告するコミュニケーションによって、また身体を大量に投入してそれ自体を抗議としてデモンストレートすることによって、(462)またとりわけ抗議運動が密かにマスメディアと同盟することによってのみである。言い換えるなら、機能システムのコードにとって典型的であるような、自分自身のうちでの反省が欠落しているのである。これは抗議運動が、動機づけの必要性という点で常に不安定であるということと関連している。この必要性のゆえに、抗議の主導区別の一方の側も他方の側も、区別の中への区別の再参入には耐えられないはずである。

同様に、抗議を受ける側の自己記述に関する考慮も欠落している。それを理解しようとは試みられないのである。反対の側での見解は、必要な限りで自身の行動の戦略的契機として考慮されるにすぎない。(463)だからこそ他者という馬の上で道徳的な曲芸を演じようとする試みが強くなるのである。それゆえに抗議運動に、二階の反省、すなわち機能システムの反省を反省することを期待できはしない。抗議運動はその代わりに、抗議という形式に支えを求めるのである。

この点で抗議の形式は、憲法の下で秩序化された民主制における反対党（野党）の形式から区別される。野党は最初から政治システムの一部をなしている。野党は政権を引き受ける、あるいは政権に参加する用意ができていなければならないという点から、そのことは明らかである。この点が規律化する効果を発揮する。政府への批判をレトリカルに、選挙戦略のために誇張することはできる。しかし最終的には自身の見解を政府として主張し実行できるという覚悟がなければならないのである。抗議する者は倫理的原則を踏まえている。倫理をもっているなら、自分が多数派なのか少数派なのかは二次的な問題なのである。抗議運動はそれらの点に関してはまったく考慮を払うに及ばない。自分が全体社会を代表して政治システムに対抗しているかのようにふるまうのである。その点では、新しいスタイルの抗議運動が成立しつつある根拠を、政治システムが分出し、〔全体社会との〕共振が相対的に乏しくなってしまったことのうちに求めるのはまちがってはいない。憲法は、政治システムが自己を制限することに役立つ。[464] 抗議運動はそこに、挑発への挑発を見いだすのである。

抗議は自己目的ではない。抗議運動にとってもやはりそうである。抗議運動には、入れ込む対象となるテーマが必要である。運動から見れば、なぜそれが抗議の形式において生じたのかといえば、全体社会が敵対的態度を取っているからなのである。全体社会が運動に対してなすことを、抗議運動は〔自分自身の行為の帰結と見なすのではなく〕外的状況に帰する。それによって、《事柄それ自体のために》作動するというある意味無垢な態度が可能になる。いずれにせよ抗議運動にとって、社会批判の身振りと抗議の形式とは、他のテーマの背後に同じ発想を見いだしシンパシーを形成するために役立つのである。

《新しい社会運動が運動としてまとまり行動する力をもつのはただ、特定化されない抗議境遇の中で、全体社会総体にとって重要であるテーマとの関連においてだけである》[465]。その際個々の運動にとっては、抗議の形式の特性を形づくるものはテーマによって覆い隠され、潜在的なものに留まる。それは外的関係へと移されるのである。

抗議運動を成立させる契機をもたらすテーマは多様だし、運動が大きなグループ（環境、戦争、女性の現状、地域特性、第三世界、外国の影響など）にまとめられた場合でも、多様であり続ける。プログラムがコードに対応するのと同様に、テーマは抗議の形式に対応する。テーマによって、なぜある人々が抗議者として形式の一方の側に現れてくるのかが明らかになる。テーマは、形式の中で自己を位置づけるために役立つのである。それゆえに二段階のテーマが登場してこざるをえない。まず、何が変わらねばならないのか、それはなぜなのかを示しうるだけ十分に徹底されたテーマ。さらに、個人が獲得できる知も加わってこなければならない。それによって分析的な焦点深度は排除されることになる。抗議運動が、事態が今あるようになっているのはなぜなのかを把握することなど期待できない。また抗議運動によって、全体社会がその抗議に屈した場合にどんな帰結が生じるかを明らかにできるなどとも期待できないのである。

抗議運動のテーマを発生させるのに適した、一群の特殊な形式が存在しているが、そのうちのふたつはきわめて普遍的であるがゆえに、傑出したものとなってきた。そのひとつは〔全体社会〕内部の平等に関する探査装置であり、それが全体社会へと導入されれば不平等が可視的となるのである。もうひとつは〔全体社会の〕外部との均衡に関する探査装置であり、こちらが導入されれば、全体社会総体がエコロジカルな不均衡状態にあることが証明される。どちらもユートピア的な形式である。というのは不平等も不均衡も、ひとつのシステムを際だたせるものだからである。だからどちらの形式も、テーマを発案するための、原理的に無尽蔵の貯蔵庫なのである（科学において常に理論と方法が存在し、経済には常に決算と予算があり、政治においては常に保守的および革新的な《政策》が存しているのと同様に）。抗議運動は問題を抱えているとともに革新的な素質を備えてもいるが、それらは抗議運動のテーマが特定される際に現れる。これはすなわち、何に対して抗議しているのかを特定する、ということである。しかしどんなテーマ化も自身を際だたせるのは常に、全体社会を背景としてである。そして抗議運動は全体社会に対して、その構造的メルクマールとは反対の事柄を要求する。内側においては平等を、外的関係においては均衡を、である。その限りでは抗議は結局のところ常に全体社会を記述していることになる。抗議の対象となるものを産み出し、庇護し、承認して不可欠だと見なすのは、明らかに全体社会だからである。

　これまで機能システムは相当な範囲において、抗議テーマを取り上げ吸収しえていた。これは資本主義経済に関しても、マスメディアに関しても、さらにまた世論に定位する政治システムに関しても言えることである。その点が逆に、抗議運動に影響を及ぼしてもきた。一部は魅力的なテーマの消失として。また一部は〔運動の〕内的な核を固めることとして。ただし後者の場合貫徹されえないものに固執せざるをえなくなり、したがって支持者を失う結果になるのだが。抗議運動の命は、テーマと抗議との緊張によって支えられている。そしてそれによって没落しもする。成功も失敗も、同じくらい致命的である(466)。テーマを成功しそうなかたちに変換すれば、成功は運動の外側で生じることになる。そうなれば運動にはせいぜいのところ《歴史的功績》が帰せられうるだけだろう。失敗すれば関与者の意気が挫かれてしまう。おそらくこのディレンマこそが、新しい社会運動が相互に接触しようと試み、互いにシンパシーを抱きあう理由のひとつなのだろう。代替選択肢のイメージ、抗議、《支配圏》との非同一性という最低条件さえ満たされていればよい、というわけだ。しかしそのようにして達成できるのは結局のところ、抗議することの文化を形成し、常に新たなテーマを取り上げる可能性を備え付けておくことにすぎない。

われわれはすでに、抗議の形式は罪悪の形式ではないと示唆しておいた。より詳細に、なぜそうでないのかと問うておくことには意味があるだろう。注意し、警告し、要求することのレトリックは、今や明らかに〔自己に対立する〕側を取り替えている。この種のレトリックはもはや、罪に抗して秩序を打ち立てることへの関心において追求されているのではなく、抗議を促進しようとするのである。制度的な基準のコントロールは脱落してしまっている。あるいは、組織にとってだけ重要なものとなっているのである。貧しき者は自ら福音を説く[467]。それに対応して、危険もまた他の側に存するということになる。そして危険とともに、脅迫と拒絶のシンボル使用に関するコントロールを再獲得することと関わるすべての事柄も、またそこに存するのである[468]。罪悪の秩序は、全体社会の内部において全体社会を、拘束力あるかたちで代表する可能性によって支えられている。抗議の支えは、それがもはや可能ではないということによっているのである。しかし旧い秩序では誰もが罪人であった（ただしある者は他の者よりも罪が軽かったのだが）のに対して、抗議運動は支持者をリクルートし、敵対者を感化しなければならない。罪人と比べて抗議運動のほうはより楽であるが、より困難でもある。この差異の理由は、全体社会の分化の形式が交替したということのうちにある。

そこから、前面に出ているテーマと全体社会的背景との違いを理解するための手がかりが得られもする。抗議運動は近代社会を、その帰結に即して観察する。社会主義的な、産業化の帰結に関連した運動はその最初の事例に他ならなかった。この運動が唯一の事例だった間は、この抗議に対応する、またこの抗議を説明しさえする全体社会の理論を試してみることができたのである。だからこそ今日においてもまだ、カール・マルクスが関心の的になっているわけだ。近代社会の構造から生じる他の無数の諸帰結が可視的になって以降、このような単純化はもはや維持できなくなった。抗議を独占するという意味でも理論としても、である。全体社会は、諸テーマの背景となるテーマ、抗議のための常に新たな契機をもたらすメディアとなる。それに適合した全体社会理論は今や全体社会を、機能的に分化したシステムであり、無数の（単独ではもはや魅力的ではない）抗議の理由を伴うものとして記述しなければならないだろう。この理論は、あるひとつの抗議運動が自分について抱く観念よりも劣っている（もちろん、より優れてもいるのだが）。抗議の命は、ひとつのテーマを選択することのうちにある。抗議が、テーマが選択されたものであるということを、したがって自分自身が選択者であるということを反省しようとすれば、統一性の中で統一性に抗議するというパラドックスを認識せざるをえなくなるだろう。したがって自己の可能性の条件を疑わねばならなくなるはずである[469]。

抗議運動を独自の種類のオートポイエティック・システムとして[470]、また抗議をそこで触媒作用を及ぼす契機として理解すれば、今述べた点は明確になる。ひとつのテーマを取り上げる抗議は、その種のシステムが発明し、構成したものである。それまで全体社会がそのテーマを考慮してこなかった、あるいは正しく考慮しなかったということこそが、運動が動き出すための条件なのである。全体社会は（そのテーマに関して」不意をつかれたり、無理解であったりする。組織においては、そのテーマは知られていなかったからである。社会運動のオートポイエーシスによって初めてテーマが構成され、そのテーマに属する前史が発見される。だから当該の問題は運動によって発明されたものだと考える必要はない、とされるわけだ。こうして対立が創り出されるが、それは日常生活におけるルーティン業務という他の側にとってはさしあたり何ら対立ではなかったものなのである。目立たない端緒で、振り返って初めて端緒として目を付けられるもので十分である。対立は抗議運動の対立であり、そうであり続ける。

複雑性に対して抗議することはできない。したがって抗議しうるためには、状況を平準化しなければならない。そのために役立つのがスキーマであり、とりわけスクリプトである[471]。それらは世論において、マスメディアの助力によって貫徹されうるのである。特に警告機能を発揮するのは、因果帰属を短絡的に行うことである。視線を特定の原因へと向ければよい。そうすれば脅かされている価値と利害とに注意を向けることができる。さらに図式化は、さらなる図式主義によって扱われる問題を示唆するという効果も有している。こうして《蒸留されたイデオロギー》[472]が産み出されるのである。たとえ世界をただひとつの観点でしか考慮していないとしても、時とともに複雑性が成立してくることになる。したがって、端緒となったテーマからは離れるのが自然であるし、マスメディアを介して効果が増幅されるがゆえにつねに新たなテーマが必要とされるから、なおさらのことそうである。この段階で、イデオロギーの必要性が固まってくる。イデオロギーによって、抗議テーマの非一貫性の中で一貫性を創り出さねばならないからである。

目下のところこれは成功していない。現在までに、そのために用意された場所を別のものが占有するに至っているのは明らかである。それはすなわち、《オルターナティヴ》という象徴を用いることによって、である。それは新しく考案されたものではなく、〔新たな状況に〕合わせられたものにすぎない。しかし今世紀〔＝二十世紀〕における最も説得力をもち効果を発揮する形式の公式と見なされうるのである。機能システム自身も独自のオルターナティヴを構成するのだが、その点は後景に退いていく。(473) 反対の側において、オルターナティヴをめざすこととの同一化が可能になり、別のテーマへの固執〔に基づく他の運動〕と同じことを考えているとの認識が生じ、相互的な支持のネットワークを形成することができる。オルターナティヴであるということによって、抗議という形式を守りつつテーマを取り替えることができる。めざすのはあくまでオルターナティヴであるし、そうであり続ける。多くの人々がこのようにしてマルクス主義的な抗議からエコロジカルな抗議へと転居していったのだが、今日でもその種の人々は言葉の調子によって、移住者であることを認識できるのである。自伝上のアイデンティティは維持されるが、さらに強く個人化される。もはや特定の理論構想の影響を受けているわけではないからである。そしてまたとりわけ、オルターナティヴは他の側に対する提案なのである。抗議は、観察様式として引かれるこの境界によってその命脈を保っている。しかし、オルターナティヴはこの境界を横切りうる。人々はオルターナティヴの提唱者として他の側に立ってもいるし、またそうでないとも言える。つまりその際、人々は厳密な意味で、全体社会の中で全体社会のために全体社会に抗して考えているのである。

オートポイエーシスがあれば構造的カップリングも存していることになる。後者のような関係はとりわけ、抗議運動とマスメディアの間に生じており、現在に至るまでに明確に認識されうる《構造的ドリフト》にまでなっている。[474] 今日ではこの関係はきわめて緊密であり、その持続的影響によって、《世論》をめぐる観念は変容を被っているほどである。もはや善きもの、正しきものを選び抜いて保存することなど期待されはしない。今や世論の最終形式はコンフリクトを描出することであるように思われる。常に繰り延べされていく新たなテーマを伴うコンフリクトを、である。抗議が計画される際にも、その点が考慮される。抗議は、(マスメディア研究で言う)[475]《擬似イベント》を、すなわち最初から報道のために生産されるのであり、マスメディアが存在しなければそもそも生じないであろうようなイベントを、演出するのである。抗議運動は注目を浴びるためにマスメディアに仕えるが、それは(最近の研究が示しているように)支持者をリクルートするためには役立たない。ここでは循環的な関係が生じている。運動は、自身の活動を計画する段階ですでに、マスメディアによる報道の用意に、またテレビ映りに、備えているのである。マスメディアにとってはチェルノブイリですら、はるか昔に冷めたジャガイモと化している。そのようなメディアに対するこの込み入った関係のゆえにさらに加えて、〔運動を〕触発した出来事から独立することが、また抗議の一般化という文脈において後押ししてくれる新たな出来事が必要になる。抗議運動の時間はマスメディアの時間と等しくはない。しかし前者もやはり速やかに過ぎ行くのである。失敗した場合には運動は、好機が来るまで枯渇してしまう。成功した場合には、〔運動にとっての〕危険および援助〔の必要性〕を象徴的に管理するという仕事は、機能システムとその組織へと移っていく。運動の結果として今や存在するのは、行政における独自の官吏である。[476] 例外的な事例では、旗艦として《緑の》ないし《オルターナティヴな》政党が生じさえする。独自の専門家が存在し、大衆を安心させるために、また組織において基準となる規則として、《閾値》という形式が取られる。

それを超えれば危険、それ以下なら危険はない、というわけだ(477)。組織は支払い能力をもつ〔当該の問題の〕《発生源》として同定され、必要な妥協が計られることになる。しかしこのような配置の結果として、まったく新しい種類のリスクが生じてくる。例えば規制の結果として小企業は仕事から閉め出されてしまうかもしれない。新しい安全規定のためにガソリンスタンドが閉鎖される。大企業はオルターナティヴへと鞍替えするが、その危険はまだ発見されていないだけかもしれない。危険と損害の象徴的管理は当面の間、管轄権のある部署〔の仕事〕として割り当てられるように思われる。しかしいつでも新たな抗議が生じうるのである。

結果として生じるのは、個々の事例から見れば、小さなフォーマットにすぎない。さもなければ問題が解決されることもなかっただろう。しかしだからといって、現象総体の新しさに対する視線が揺らぐことはない。問題となっているのはオートポイエティック・システムの一種であり、それは居合わせるという原理(相互作用)にも、成員資格という原理(組織)にも帰せられないのである。抗議運動の内部での分化は、相互作用システムがもつ未分化性や単純な役割対称性にも従うものではない。そうするには運動は大きすぎるのである。また、組織のように地位のハイアラーキーが問題ともなりえない。そのためには人員状況が不安定すぎるのである。むしろ社会運動はその内部で「中心と周辺」に従って分化していく傾向がある。あたかも運動自身が、全体社会の中心に対する周辺部に位置づけられるのを、みずからのうちに引き写しているかのように、である。典型的な場合にはより強固にアンガージュする核があり、機会に応じた活動のために動員される支持者がいる。さらには、運動が信じるところでは、共感者たちのより広い圏域があり、それによって運動は、自分たちが全体社会普遍的な利害関心を代表しているに想定することができるのである。中心／周辺分化は、比較的前提なしに成立しうる。したがって共感者、支持者、中核の間の人員の変移と両立可能なのである。また比較的曖昧な境界が許容されもする。境界は、運動の自己活性化プロセスの中で明らかになればよい。〔ある運動から他の運動への〕乗り継ぎのかたちで発展していく中で、境界が変化することもありうるのである。

このように内部が緩やかであることで揺らぎに備えることができ、成功と失敗とに反応し、運動の構造的ドリフトの中で変化を遂げていく。にもかかわらずここで問題となっているのはもちろんのこと全体社会のサブシステムであって、全体社会の外側でコミュニケートする可能性などではない。抗議運動に関してもひとつの機能を挙げようとするのであれば、次のように述べてもいいだろう。ここで問題なのは、全体社会の内部において、全体社会の否定を作動へと変換することなのだ、と。つまり問題は、全体社会システムの自律性と作動上の閉じに対する、正確な相関物なのである。あるいは、〔「どこにもない場所」という〕パラドックスのうちで定式化しえた間は《ユートピア》として指し示されていたものが問題なのだ、と述べてもよい。

近代の全体社会は自分自身を観察するために、オートポイエーシスのひとつの形式を見いだしたように思われる。それはすなわち、自分自身の内部で自分自身に抗することである。何かに対して抗議＝抵抗する――これはリアリティを構成するひとつの方途である。全体社会は、作動上閉じられたシステムであるから、環境と接触することができない。したがってリアリティを経験しうるのは環境の抵抗としてではなく、ただコミュニケーションに対するコミュニケーションの抵抗としてだけである。全体社会の他のシステムよりも抗議運動のほうが環境を――個人であろうが、エコロジカルな条件であろうが

——よりよく知りより正しく判断できるなどと考える理由は何もない。しかしこの幻想こそが、盲点として抗議運動のために役立つことになる。この盲点のゆえに抗議運動は、コミュニケーションに対するコミュニケーションの抵抗を演出することが、またそれによって全体社会に、さもなければ構成しえないようなリアリティを授けることが、できるようになる。誰が正しいかは重要ではない。しかしコミュニケーションに対するこの種の抵抗に際して、リアリティがどんな形式においてコミュニケーションの中に持ち込まれ、さらなる効果を発揮していくのかは重要な事柄である。

全体社会はこのようにして、環境（例によって、個人であろうがエコロジカルな条件であろうが）に関しては知らないということと折り合っていく。機能システムの、例えば科学の、あるいは経済のリアリティ構成によって補完されつつ全体社会は、他者言及（環境関係）と自己言及（コミュニケーション関係）の間の絶えざる振動を介して、自己自身の作動を継続していく。全体社会はこの高度に時間化された、短期的な形式によって自分自身の不透明性に、自身が冗長性を放棄することのリスクに、何が正しいかを規定するための全体社会総体に及ぶ権威が欠落しているがゆえにあらゆる経緯が決定に依存する度合いが高くなっていることに、反応するのである。そしてもちろんのことそれによって全体社会は何よりもまず、自分自身を実現するに際して生じる多くの否定的な付随現象に反応する。機能システムとその組織は、刺激されて（他に仕様があるだろうか）この事態に立ち向かい始めている。コンフリクトに一時的に耐えうる形式を付与するために《了解》を探し求めているのである。とはいえそのような道筋で達成できないように思われる事柄として、近代社会の適切なテクストを、つまり適切な自己記述を作り上げるということが挙げられる。しかしこれはもう、次章のテーマとなってしまっている。

第五章　自己記述

I　全体社会の到達可能性

この最終章のテーマとなるのは本書のテーマ、すなわち「社会の社会」である。われわれの出発点となるのは、どんな全体社会も自身に固有の作動を用いて自分自身に到達することなどできないという点である。[1] 全体社会を宛先とすることはできない。また全体社会は、それを相手にコミュニケートできるような組織でもない。経験的に見れば、この点に関してはまず異論の余地はないはずである。なぜそうなのかも、何ら困難なしに説明できる。意味というメディアに関する分析に依拠すればよい。このメディアは、あらゆるコミュニケーションにおいて用いられるたびに新たな可能性を再生産する。それによって、全体社会として前提とされねばならないものは変化を被ることになるのである。自己言及的システムの数学による、別のアプローチも可能である。全体社会システムが、システムと環境の差異を生み出すのみならず、その差異に定位しもする場合には、ある形式が当の形式の中へ（ある区別が、当の区別の中へ）《再参入 re-entry》するという事態が生じてくる。再参入によってシステムは、《必ずしも解決されないような不決定性 unresolvable indeterminacy》の状態へと至る。[2]《必ずしも解決されない＝解けない unresolvable》というのは、算術や代数における通常の数学的演算によっては一義的な解を導き出せないという意味である。このシステムが先に進んでいくためには、虚数や虚数空間〔想像上の空間 imaginäre Räume〕が必要となる。もちろんこう述べたからといって、全体社会の理論にとって何かを証明する論拠となるわけではない。しかしコミュニケーションが全体社会には到達できないということは、つまりこのシステムを〔同一物として〕再生産する作動がうまく働かないということは、経験上明確に確認できるだろう。〔数学の場合と同様に〕ここにおいてもそうする〔＝到達する〕代わりに、システムの統一性という想像的構築物が登場してくる。それによって全体社会の内部において、全体社会とコミュニケートすることはできないにしても、全体社会についてコミュニケートすることは可能になるのである。この種の構築物を、全体社会システムの《自己記述》と呼ぶことにしよう。

　われわれが（本書においても）さしあたり無反省に従っている西洋の伝統においては、自己記述とは認知（Kognition）であると把握されるのが自然である。そこでは認識する主体と認識される客体とが区別され、分離されているという点が前提となる。そしてまた、認知は特別な規則に服するのであり、そうすることによって個々の主体の特性や先入見が影響を及ぼすのが妨げられるはずであるという点も同様である。さらに客体（ここでは、全体社会）が、認識されるという手続の中で変化することはないという点も前提となる。認識は、主体の側で間主観的な確かさを追求すると同時に、安定した客体を前提としているのである。

　われわれは物理学では幾重もの理由によって、今述べた仮定が破砕されたことを知っている。社会学から見れば、この「主体／客体」図式そのものもまた全体社会の意味操作の産物ではないのかとの問いが浮上してくる。もしそうだとすれば、われわれはひとつの循環に巻き込まれざるをえない。すなわちこの認知図式も客体の一側面なのだから、当の図式を用いて説明されるはずなのである。だからといってそこから災厄が生じてくるわけでは必ずしもない。しかし特に全体社会の理論にとっては、次のような問題が持ち上がってくる。この理論は自身を、ひとつの客体を認識する主体によるコミュニケーションとして把握しうるのか否か、それはどのような意味においてなのか、という問題である。「主体/客体」という認知図式を放棄するのなら、別の場所に移らねばならない。その場所を用意するのが、想像的構築物＝自己記述という概念なのである。

あらかじめ注意しておかねばならない。主体はその客体を自身のうちに、また同時に自身の外にも有していることになる。このような主体の概念は、自己言及と他者言及との区別を用いて継続的に作動していくことを表すモデルとしてデザインされたものであり、自己記述の認知上の地位というわれわれの問題にきわめて接近している(3)。しかしこの解決策は、後でまた論じるように、窮余の一策にすぎなかった。それは、近代社会の記述に適したゼマンティク上の資源を動員できる状態にはなかった時代のためのものだったのである。近代社会がこの欠落を埋めるとともに自分自身に関する経験に依拠できるようになるにつれて、主体は説得力を失っていく。主体は色あせていき、最後にはそれは人間・個体・人格に対する代替表現にすぎず、独自の意義などもたないのだという話になる。ただしだからといって、われわれから見れば主体性というこの歴史的なゼマンティクはもはや何も述べていない云々ということにはならない。少なくともそれによってある事柄に、すなわち主体の内部における主体と客体の差異に、反省が加えられてはいる。したがってわれわれは、主体の理論の中で全体社会の自己記述の理論に対する準備がすでになされていたかどうか、またそれはどの程度のことなのかを吟味するために、この難解な領域を経由する短い迂回路に向かわねばならない（知識社会学的な分析は、後の節で行う[4]）。

II　主体でも客体でもなく

主体として指し示されているのはひとつの実体であり、それは単に存在するということによって他のすべてのものの担い手となる云々などと考えるわけにはいかない。主体とは、認識と行為の基礎としての自己言及そのものなのである。しかしこのような思考像に関する経験によって、それをただちに全体社会へと翻案しようとする試みに取りかからねばならないはずだと言えるほどの勇気が与えられるわけではない。全体社会を独自の主体と見なし、おそらくはそれを精神と呼んだり、間主観性を、またかつては個人の意識に要求されてきたものすべてをそれに帰したり、というわけにはいかないのである。主体哲学の成果を無視してしまう必要はない。しかしその成果は一種の暗礁であり、全体社会の理論という船がそこで座礁するようなことがあってはならないと考えることはできるのである。

それらの豊かな成果は依然として重要であり、継承可能である。そのひとつとして、作動の水準で（古典的には、思考として）確立された自己言及は、あらゆるコード化された基準値の下をかいくぐる（真と非真という基準値についても同様である）ということが挙げられる。したがってこの自己言及は、〔デカルトの議論のように〕真ならざる結果によって自分自身を確証することもできるのである。コードという基準値が脱落するとともに、コードの一方の値かそれとも他方の値かを決定するために必要とされる基準もまた脱落する。コード化も基準形成も、自己言及的な作動様式の独自の働きである。数学者たちならば、「回帰的に作動することから生じる固有値である」と言うところだろう。したがって意識の理論を引き合いに出して、「自己言及的に作動することにより基準なしに自己同定がなされる」と述べてもよい[5]。同様に反省概念を作動的に把握することは、やはり現在においても注目に値する。そこからの含意として、作動が自身を実行するに当たっては、自分自身をテーマの一部とし、自分自身を同時に反省する可能性をもたないし、またそうすることに依拠しているわけでもないということが挙げられる。古典的な主体哲学では、この問題をもやはり「主体／客体」図式で捉えようと試みられてきた。この問題を主-客観的（sub-objektiv）作動の上に据えようとし、ジャン・パウルがアイロニカルにコメントしているように[6]、その点で失敗したのだった。なるほどカントは《純粋悟性概念の図式論について[7]》の難解な、あるいは少なくともあまりにも簡潔に記されている主要部において、外界と認識の関係という問題を主体そのものの内部において解決しようとする試みを行ってはいる。そしてそこでは他でもない、区別が自分自身のうちに（つまり、主体のうちに）《再参入》するということが手がかりとなっているのである。その際特に目につくのは、問題が事象次元（一致）から時間次元へと移されていることである。カントは、客体と表象は根本的に異なっているにもかかわらず、両者の関係においては《同種性Gleichartigkeit》が必要であるという点を強調する。そしてカントはこの同種性を、一方が他方のうちで模写されることにではなく、時間との関係のうちに求めるのである。内的感官（Sinn）にとっては対象の多様性は〔ある瞬間に何かを知覚し、次の瞬間には別の知覚が生じる、というように〕時間関係として与えられる。まさにそれゆえに〔多様な側面をもつにもかかわらず〕ひとつである対象を表象するためには、《図式論》が用いられねばならない。図式論は対象を模写するのではなく、対象を構成する（例えば、円を描く場合のように）手続を用いるのであり、したがってそれ自体も時間を要するのである。この議論は、本書の以後の考察のための示唆としては興味深いものにちがいない。しかしカント自身においてはこの解決策は完全に主観性の領域内に、つまりは悟性の表象に対する内的感官の関係のうちに位置しているのであって、外界に対する主体の関係に関わるものではなかった。それゆえにシュライアマハーが〈内的感官／悟性の〉この差異の統一性を外的に（超越的に）根拠づける必要があると逆推論したのは、納得のいく帰結というものである（この脱出策を宗教的に評価することの是非は問わずにおくとして）。

以上のすべてを勘案するならば、主体概念について次のように問うてみなければならなくなる（なにしろ主体は唯一のものであるとの主張を携えて現れてくるのだから）。主体は自分自身を何から区別するのか。世界からか、客体からか、他の主体からか。それともただ自分自身だけからなのか、つまり「私ならざるもの」からなのか。

（超越論的な）主体を、自分自身にのみ依存しているものと理解するならば、「世界内存在」の問題は「自己自身の内での存在」の問題へと変換されることになる。そこからの帰結として主体は、主体が観察するのを可能にする原初的な区別に関して、反省することができなくなる。その限りでは少なくとも主体はもはや、（世界にであれ、全体社会にであれ）自身が埋め込まれているということを反省しえない。そうしようとしたとしてもできないのである。なるほど主体は、自身が観察するための可能性の条件を、イデオロギーとして、歴史的制約性として、《男性バイアス male bias》として他者がその主体に帰属させるものから、区別しなければならなくなるだろう。しかしそもそも主体は、この水準での議論に参加することなどできない。主体が自身の偶発性を完全に反省することなど不可能だからだ。だとすれば主体に残された可能性は、自分自身を独断的に前提とすることだけである。

アカデミックに議論されてきた以上の可能性に加えて、主体という形式はさらにまったく別の側をも提示する。そこでもやはりこの形式は、パラドックスとして映し出されるのである。主体は《自己実現》を追い求める。しかしそれを達成するのは、生活の中で、また特に文学の中で見いだされる個性の範型をコピーすることを介してなのである[8]。主体は意識的に作動する。しかしそうしうるためには無意識の基礎が必要である。この基礎が、意識されえないものすべてを引き受けねばならないのである。ふたつの側からなるこの形式そのものが、われわれが「自己記述」という表題のもとで取り組むことになる問題への反応でもある。自己記述とはすなわち、何かを指し示し他のものを指し示さないでおくということに他ならない。自己記述は自分自身を正統化すると同時に、脱正統化しもする。この事態を感じ取ることはできるが、《止揚する》ことは不可能である。感じ取ることはオートロジカルにしか可能でないからだ。感じ取るとは、〔何かを〕感じ取る〔／他のものは感じ取らない〕という差異そのものを実行することではないか。

今述べた点に、〔従来〕容認されてきた主体をめぐる諸区別をも困難に陥れる理由が隠されているように思われる。観察することと記述することという認知的な作動が問題とされる場合、伝統的には主体と客体との区別が用いられてきたと考えられる。主体に対しては、自分自身の内部においてこの差異を反省し、そうすることでこの差異を（また自分自身を）作り出すよう要求できる。主体は、客体との違いにおいて自身を主体として規定する。そのことこそが、主体が客体への違いを生み出す仕方なのである。ただしそこでは世界の地位は未規定のままだし、とりわけある主体と他の主体との相違は考慮されないままなのだが。この種の主体は世界の中に登場しえない。そうできるとしたら、世界が自分自身を反省するのだという話になるだろうから[9]。また主体は一個人でもありえない。そのような個人は他の諸個人から区別されるはずだからである。したがって主体は、コミュニケーションに関与することもできないのである[10]。主体が個人であるべきだとすれば、他の主体と《同じことを考える》ことすら不可能になる。主体が個人であるのはただ、主体自身の体験が作動の上で閉じられ自己再生産されていくということを踏まえてだからである。だから今日では〔個人の〕自同性（Selbigkeit）からして常に制度であると述べられる場合すら見受けられる[11]。しかし主体が〔最初から「制度」であり〕個体性をもたないというのなら、主体とは自己反省において生じるゼマンティク上の像に——あるいは自己反省の《規則》に——すぎないということになるだろう。つまり主体とは区別する能力以外の何ものでもない、と。そして特に、この能力もまた自己言及を含意しているのである[12][1]。〔自己言及と区別との間の〕当初は循環的な包含関係を展開するためには、両者に相異なる対立概念を付与してやり、そうすることで両者を区別すればよい。自己言及について語られるのは他者言及との違いにおいてだし、区別については指し示しとの違いにおいてである。かくしてより豊かな定式化が可能になる。今や例えば次のように問うこともできる。自己言及的システムは、作動によって何を区別し指し示す（＝観察する）ことができるのか。またこのシステムは観察する際に、いかにして自己言及と他者言及を同時に実現しうるのか（そうすることによってのみ観察は、たとえそれが自分自身に向けられたものでないとしても、システム自身の作動として実行されうるからである）。

したがって《根底に位置する》のは、同時に実践される自己言及と他者言及とを分化させるために、ひとつの区別が用いられるということである。[13] しかし区別を用いてその一方の側を（他方の側を、ではなく）指し示すことは常に、一瞬のひらめきとして生じる作動であり、生じるや否や消え去っていく。そこから、カントの図式論のテクストにおいてすでに見いだされうる傾向をさらに推し進めてはどうかとの発想が生じてくる。つまり認識とは独立して存在する世界を認識するという問題を、時間次元へと分解するのである。リアリティの保証はただ、システムが自分自身の作動の時間的差異を架橋する、その方法のうちにのみ存している。そしてそれは、環境として前提されるものと同時に生じるのである。しかしだとすると、認識の手続とその手続が構成する対象世界との《同種性》（カント）は何によって保証されるのか。自己反省への能力を備えた他の経験的システムを探し求めてはいけないという理由が何かあるだろうか。

全体社会システムという事例は、まさにそのような〔そうしてはいけない〕事例なのである。[14] そもそもこの事例においては、少なくとも今日的条件の下では、他の主体は存在しない。他の全体社会など存在しないではないか。その限りではこの事例においては主体性＝主観性など存在していない。したがってまた間主観性も、間主観性に裏打ちされた客観性もないのである。だが自己観察と自己記述を作動として行う可能性は残されている。ただしこの作動を実行する際には、オートロジーの問題が生じてくる。コミュニケーションについてのコミュニケーションは、それ自体ひとつのコミュニケーションである。一般化の概念は、それ自体が一般化の働きをする。このシステムのどの作動も、主体に関して認められねばならなかったのと同様に、システムと環境というひとつの差異を再生産していくのである。

以上の議論によって、主体哲学の数多くの問題が、なかでも間主観性の問題が解消される。[15] しばしば想定されているのとは異なって、社会的諸関係が機能していくためには、つまりわれわれの言い方をすれば全体社会のオートポイエーシスは、《間主観性》を必要としているわけではない。ましてや《合意》など必要ではないのである。[16] 間主観性は常にすでに与えられているというわけではないし、自ずから確立されうるというわけではない（さもなければ、間主観性が達成されているか否かを確認できるということが前提となるはずではないか）。その代わりに決定的となるのは、コミュニケーションが継続されていくということである――そのために必要な意識が、コミュニケーションを共に形成すべく動員されるのはいかにしてかは問題ではない。そもそも、そこで意識システムが《本気》でそうしているのか、それとも〔コミュニケーションを〕進めていくために必要な事柄に貢献しているだけなのかを、コミュニケーションの中で確認することなど決してできないのである。ガーフィンケルによる有名な実験が明らかにしたのは、他ならぬこの点であった。[17] したがって《間主観性》ないし合意という前提は、あっさりと放棄してしまってよい。[18] この前提は主体にも社会的アプリオリにも《生活世界》にも、あるいは他の何かにも帰せられえない。あらゆるコミュニケーションの前提として常にすでに与えられているはずの何かへと還元できるという意味で「帰せられ」はしないのである。

主体哲学が抱える他の諸問題は、以上の中核部が破砕されたのだから、なおのこと問題含みのものとなる。まだ主体の多数性から出発できたうちは、主体の観察者を外的な観察者として、すなわち別の主体として観念することに何ら困難は生じなかった。それに対して全体社会の理論では、〔次のような意味で〕適切な外的観察者の可能性は放棄されねばならない。[19] なるほどこの理論もかたちの上では、全体社会が例えば個々人の意識システムによって、あるいはその身体によって、免疫システムによって観察されるということを認めうる。しかしその種の観察は、全体社会として与えられた複雑性に直面すれば、絶望的に不適切なものとなる。つまりわれわれが扱っているのは、主体哲学が考慮しなくてもよかった事例、あらゆる認知が自己観察および自己記述を介して操舵されているような事例なのである。[20]〔適切に観察する〕権能を持つ（たとえ一方的なものであろうと）外的観察者は、放棄されねばならない。このシステム自身が、観察することを観察し、記述することを記述しなければならない。それゆえにこのシステムを、〔主体／客体という〕この区別の古典的な意味に即して、主体〔＝観察するが観察されないもの〕ないし客体〔＝観察されるが観察しないもの〕として把握することはできないのである。

「主体／客体」の区別が放棄されることにより、「主体的＝主観的」と「恣意的」を安易に等置することも回避される。現実には、いわば主体に付着した恣意性などというものが存在するわけではない。この概念を保持しておくことはできるが、それはただ外的観察者の権能が限られているという点を指し示すためだけにである。それゆえにわれわれは、いわゆる客観性が、あるいはそれに対応する間主観性が、恣意性をコントロールする機能を担っているなどと考えずに済むのである。われわれにとっては、ファースト・オーダーの、あるいはセカンド・オーダーの水準においてシステム状態を記述するだけで事足りる。かくして《恣意性》は、記述の上での応急処置と化すのである。

間主観性は一部は自明の事柄であると同時に、精査されねばならない部分をも有している。いずれにせよ今やこの古典的な問題に代わって登場してくるのは、「全体社会の自己観察と自己記述は、そもそもコミュニケーションとしてしか生じえないのだから、それ自体も観察と記述に晒されることになる」

という事態である。そこからは、すでに存している記述を絶えず新たに記述することが、またしたがって不一致のパースペクティヴを継続的に産出することが、生じてくる。自己記述は確かにひとつの問題なのだが、問題としてはただひとつにすぎない。しかしそこからは、そもそも十分にテーマ化されればの話だが、ほとんど不可避的により多数の解決策が〔すなわち、可能な複数の自己記述が〕生じてくるのである。このシステムは《超複雑性》へと向かっていく。つまり、自分自身の複雑性を複数の仕方で把握することになるのである。(21)

観察者がシステムをシステムとして記述するために用いねばならない形式によって、すなわちシステムと環境の区別によって、さらにもうひとつの問題を解明できる。観察者がこの区別を用いれば、それに応じて世界は現に言及されているシステムとその環境とに分割されることになる。その場合観察者は自分自身を、当のシステムの内部かあるいはその環境のうちのどちらかに位置づけねばならないはずである。どんな場合でも観察そのものが、その観察が踏まえている形式の中に登場してくる。したがって常に、形式の内側においてなのか外側においてなのかが選択される。それ次第で観察の可能性に対して、常に異なる評価を下しうるのである。例えば全体社会の記述が自分自身を外的記述として記述しようとするなら、コミュニケーションを放棄する決意を固めねばならなくなるだろう。この帰結は魅力的とは言いがたいはずである。

全体社会の自己観察と自己記述を記述する場合には、この点が考慮されなければならない。自身を記述するシステムは常に、自身で生み出した差異のどちらか一方の側に現れてくることになる。したがって区別を実現しうるのも、一方の側を（他方の側を、ではなく）指し示すことを通してだけである。それゆえにこのシステムは差異を、その差異によって分かたれたものの一方の側において再登場させねばならない。スペンサー＝ブラウンの概念でいう形式の中への形式の《再参入》[22]を実行しなければならない。区別をそれによって区別されたものの中へ、システムと環境の違いをシステムの中へ、である。かくして未規定の初発状態、スペンサー＝ブラウンのいう《マークされない状態 unmarked state》は、《想像的空間》へと変化する。この空間については少なくとも、「この空間によって自己観察と再参入が生じている」と述べうる。生じている、すなわち観察可能になっているわけである！　超越論的理論なら、主体の認識および行為の能力の可能性の条件として踏まえられているはずの綜合の能作（Syntheseleistung）を説明するために、《機能的先行要件 functional prerequisites》を想定するところだろう。それに対して再参入の数学は自己産出された無規定性へと、《必ずしも解決されないような不決定性 unresolvable indeterminacy》[23]へと至る。それによってシステムそのものが、自分自身の作動の（規定不可能性を含むという意味での）不十分性を証明するのである。

人間中心主義者《ヒューマニスト》たちはとりわけ主体の在処について問うことに、またこの思考像の重要性に言い及ぶことに、耽ってきた。しかし主体とともに客体もまた脱落する。おそらくより重要な帰結をもたらすのは、こちらのほうである。客体（近代的に理解された概念としての）は、主体／客体の区別に依拠していた。主体から見れば（さもなければ《見る》とは言えないだろうが）客体は、区別のもう一方の側であり、それはまた同一性を帰属するための形式として働いてきたのである。多数に及ぶ経験的に分岐した個人の中で何かが《主体》として（あるいは、個人の主体性として、と言うほうがいいのかもしれないが）規定されれば、それが何であろうと常に、それをなぞるようにして環境の側で同一性の相関物が生じるのである。客体の同一性が成立するのは、悟性を正しく用いる主体すべてにとって同じものとして立ち現れてくることによる。われわれは主体を観察者に置き換え、観察者はシステムであり、そのシステムは連続的な実践を通して、自身が区別を行うという事態を自分自身で生み出していくものと定義する。そうである以上、客体のための〔主体／客体という区別＝形式による〕形式的保証はすべて脱落してしまう。同一性の設定に際して問題となるのは常にただ、ある観察者が用いている区別を区別するということだけである。あるいは問題なのは反復であり、圧縮し再認する実践なのだと言ってもよい。この実践を記述する際には常に、システムへの関係づけがなされねばならない（その記述の記述者とその《客体》についても同じことが言える）。以上のように見るならば、客体が構成されるのはただ、セカンド・オーダーの観察という文脈の中でのみのことなのである(24)。

以上の考察からは、論理と理論のうえで困難な諸問題が生じてくる。それらを論理的ないし言語的な種類のメタ・レヴェル（ラッセル、タルスキ）へと移動させるだけでは解決できないということが洞察されるならば、問題はますます困難なものとなる。まずはこの点を認めておかねばなるまい。しかし現在に至るまでの間に、自然科学および機械理論においても(25)、それに対応する諸問題が広範に論じられるに至っている。それゆえにわれわれも落胆するには及ばないのである(26)。特に社会学ではきわめて類似した観念が、やや単純な、認識論として定式化されてはいないヴァージョンとしてではあるが登場してきている。例えばアンソニー・ギデンズは、あらゆる行為は再帰的に構造と文脈に、またその下で行為によって産出された知に埋め込まれていることを示している。行為と知識は循環的な関係を取り結んでいるのだと述べることもできるかもしれない。《社会学的知識は、社会生活の世界にらせん状に出入りし、自分自身およびその世界を、この過程に不可欠の要素として再構成していく》。そこからの帰結として、社会科学においては知が蓄積されていくわけではないということになる。またより多くの知がもたらすのは、古典的な認識論が考えていたようにより大きな確実さではなく、より大きな不確実さなのである[28]。この事態に適したオートロジカルな理論デザインについての抽象的な問いに対しては、目下のところ満足のいく回答を与えることができない。しかし全体社会システムという事例に即しつつ、そこで自己記述がどのように機能しているのかを明らかにすることで、その問題に対していくらかの貢献をなしうるだろう。自己記述が生じており、したがってそれは可能だという点は確かである。だとすれば可能性の条件についてさらに問うていくことができるはずである。

III 自己観察と自己記述

全体社会システムは作動の水準においてすでに、自身がコミュニケートしているということを観察せざるをえない。その意味で、自己観察を行わざるをえないのである。ただしそのためにはさしあたり、伝達を行為として観察すること、あたかも伝達が（自分自身によって）規定された客体であるかのように観察することだけで十分である[29]。それとの関連で、自己言及と他者言及の区別が発展してくる。システムはこの区別によって、自身が作動することによって独自の形式が、つまりシステムと環境の差異が生じてくるという事態に反応するのである。自己言及と他者言及の差異を用いて継続的に観察することによって当該の言及が圧縮され、システムと環境の区別へと濃縮されていく。こうして新たなスタイルの自己観察が可能になる。すなわち〔観察の〕テーマ〔の選択〕を、環境との違いにおけるシステムそのものに帰属させるのである。システムは自分自身の統一性を、観察のための準拠点として、継続的に言及を行っていくための秩序化観点として反省する。それゆえにテクストを用意することが推奨される。テクストはこの種の、常に出来事のかたちで状況に縛られてのみ生じる多数の自己観察を調整してくれるからだ。最も単純な形式では、システムは自身に名前を付与する。名前とは固定的で不変の指し示しであり、まさにその固定性のゆえに反復可能である。また予見不可能な相異なる状況の中で用いることもできるのである。そうすればこの種の固有名を踏まえて、対照化が可能になる。自身のシステムと他のシステムとを対置し、対照のもとで同定するのである。ギリシア人とバルバロイ、キリスト教徒と異教徒。あるいはより近代的な、固有名を放棄したかたちで言えば、文明化された者と未開人、というように[30]。そうすれば対照を構造記述によって徐々に補充していくこともできるようになる。最後に挙げた例でいえば分業〔を、文明化した社会の構造的メルクマールとして指し示すこと〕によって、である。そしてまた、システムが自己自身を指し示す際に用いるテクストを豊富化することもできる。この種のテクストを総称して、自己記述と呼ぶことにしよう。

十八世紀以来自己記述の反省がなされる場所を占めてきたのは、文化の概念だった。近代的な意味での文化は常に、文化として反省された文化だった。つまり、システムの中で観察された記述だったのである。これは一八〇〇年ごろに生じた「個体性＝個性」の概念の転換と調和したものだった。この概念は分割不可能性から、自身の特性を自己観察することへと転換したのであり、その際、「個人は個人的に適切なかたちで文化を《習得》しなければならない」（教養）という要求が掲げられたのである。自己は世界の中にあり、自己記述はその世界に関する記述を決して排除しない。むしろ自己言及と他者言及の区別を介して、他ならぬ世界についての記述を取り入れることになる。このように文化とは言わば全体社会の中に固定された、世界を描出するための表現形式なのである。したがって別の全体社会では別の形式が採用されるかもしれない。文化とは学習された行動であると、しばしば述べられている。[31] 文化概念は文化比較を、歴史的相対主義を、また自らの文化をこれらの文脈に自ら位置づけることを含意している。〔その一方で〕この概念は、《客観性》の外見をもたらしもする。すなわち、文化を観察する者すべてが、その客体の相対性を承認することによって、一致をもたらす結果へと至るにちがいないというように想定されるのである。その際、十八世紀終わりの成立期においては、文化比較がヨーロッパを中心になされ、歴史的回顧は近代を中心に行われるのが自明視されていた。現在に至るまでにこの点は改められたが、だからといって文化の概念が破棄されるまでには至らなかった。とはいえこの概念は定義されないままであったり、あるいは定義は論争含みだったりした。この概念が生き延びてきたのはただ、それを放棄しようという提案によっては成果を挙げる展望がもたらされなかったからにすぎない。というのは、後継となる概念提案が与えられてこなかったからである。自己関係と再帰的作動という特殊な問題は、文化概念のこのアンビヴァレンツから引き出されたものなのである。それらの問題は暴露されるのではなく、隠蔽される。[32] それゆえに《文化科学》として提起されるものには何ら理論的進歩は存在せず、刺激を与える局面、それが減退する局面、そして新たな文化へのアピールが登場するといった局面だけがあるように思われる。文化概念を放棄しうるか否かについて決定できるためには、全体社会の自己記述についての精錬された理論を待たねばならないのである。

自己記述もまた厳密な意味で観察であり、そうであり続ける。観察はあるものを、それを区別することによって指し示すのだという点を想起しておこう。観察は、それが指し示すものと同時に、マークされない領域をも産出する。後者は志向的に、あるいはテーマとして把握される（指し示される）のではなく、残余の世界として前提とされるのである。そして観察によって、観察の作動が（それとともに、観察者が）観察されるものから分離されもする。以上のすべては自己記述についても妥当するのであり、そこから著しい理論的帰結が生じてくる。まず第一に、全体社会の描出の中には常に、世界もまた含意されていることになる。一部は周知の形式において（石・植物・動物・神々）、また一部は未知の特性ないしそれ以上説明できない秩序の仮定（コスモス kósmos、天地創造といったタイプの）によって、である。全体社会の区別の他の側によって、他者言及的な指し示しが可能になる。しかし他の側が統一性として指し示されることは決してない。他の側が境界の横断を可能にしはするが、それはただ、他の側において再び何かが（例えば、天と地が）区別されることによってだけである。さらに加えて、第二の盲点が登場してくる——すなわち、観察者自身が。記述は作動しうる。しかしその実行の中で自分自身を自ら記述することはできない。そのためにはもうひとつ別の作動が、もうひとつ別に区別しつつ指し示すことが必要になるだろうからである。可能なのは、後から再度記述することだけである。したがって全体社会をテーマ化する際には、世界を完全に見透かすわけにはいかなくなる(33)。われわれの理論が正しければ今述べた点を、全体社会のあらゆる自己記述において示すことができるはずである。自己記述が社会学の形式を取る場合においても、あるいはむしろその場合においてこそ、である。この点には、個人化に関する節で立ち帰ることにする。

全体社会の自己観察と自己記述は常に、コミュニケーションからなる作動である。つまり、システムという出来事連関の中でのみ存在しうるのである。システムがすでに存在しているということが前提とされねばならない。したがって自己観察と自己記述は構成的な作動では決してない。それらは常に事後的な作動であり、すでに高度に選択的に形式化された記憶に関わっているのである。これは、テクストを作成し利用することについても当てはまる。システムは、自分自身の歴史性から逃れることができない。自分自身がその中で生じてきた状態から出発するしかない。まさにそうであるからこそ、そして作動の時間的継起は不可逆的だからこそ、一般に、またテクストにおいては特に、構造が反復可能性を、その意味において可逆性を保証するという機能を担うのである。構造へと立ち帰ることができるわけだ（ただしこれもまた、〔実際に作動として、時間を要するかたちで〕生じる場合にのみ生じるのだが）。反省とは《結果の結果》(34)である――そしてこれは、二重の意味において（構造的に、また過程的に）理解されうるのである。

文字を用いない全体社会においても、自己記述が作成されていた。反復的に用いるための物語が生産されており、その物語が知られているということが前提となっていた。驚きが生じるのはただ飾り、尾ひれ、語り手の手腕においてのみである、と。かくして人類、部族、最古の祖先などに関する神話を固定することも可能だった。そこにおいて、全体社会の中で全体社会が代表＝表出されたわけである。しかし日常的用法においては、口頭での語りに際しては、言及が自ずから明らかであるような《指標的表現 indexical expressions》で十分である。文字によって初めて、「《われわれ》と言いうること」のこの直接性が止揚され、言及の問題が浮上してくる。読者が書かれたものを読む時点では、著者ははるか以前から別の事柄に関わっていたり、場合によっては死んでいたりするからである。文字によって初めて、概念的に精錬された自己記述の必要性が生じてくる。そこでは、全体社会の中で全体社会についてコミュニケートされるとき、何についてコミュニケートされているのかを確定しようとの試みがなされるのである。

　自己観察の場合と同様に自己記述（テクストの作成）も、システムの個々の作動である。そもそも記述と記述されるものにおいて問題となっているのは、ふたつの分離した、外的にのみ結びつけられうる事態なのではない[35]。自己記述においては記述は常に、記述されるものの一部である[36]。記述が登場し観察に晒されることだけからしてすでに、記述されるものを変容せしめることになる。世界と全体社会の記述が宗教的真理として把握されていた間は、この洞察を回避することができた。デュルケームの社会学ではこの構想がもう一度反復され、同時に破壊されることにもなった[37]。宗教は全体社会を象徴化し、個人の意識を聖なる客体へと集中させる。まさにその理由からして、それが全体社会の記述のひとつにすぎないという点に関しては沈黙を守るのである。

　通常の認識論とは異なって、認識と客体とが事後的に一致するというわけではない。観察の形式でも記述の形式でも、事は同様である。〔全体社会という〕このシステムは、コミュニケーションとして作動する以外のことは何もなしえない。そしてコミュニケーションが意味し指し示そうとしている事柄は、コミュニケーションの形式とほんのわずかの類似性すら有していない。全体社会が（本書のように）コミュニケーション・システムとして記述される場合に関してもやはり、同じことが成り立つ[38]。自己記述に関しても事は同様である。それゆえに、自己記述の真理性についての問いは、ここでは不適当である。

ファラオ時代のエジプトは自身の何千年にもわたる歴史を、変化することのない反復として記述してきた。もちろんそれは歴史的な事実とは対応していなかったが、にもかかわらず効果のないままだったというわけではないのである。[39] ここでもまた、地図と領土とを混同しないよう気をつけねばならない。個々の作動はどれも、無数の他の作動のうちのひとつである。これは作動の意味とはまったく無関係に言えることである。つまり、作動が総体システムを統一体として記述しようと試みているのか、あるいは何らかの細部に関わっているのかという問いとはまったく無関係なのである。言い換えるならば、作動の水準ではシステムは自分自身の統一性たりえない。システムは統一性を、常に表面的なかたちでのみ指し示しうるにすぎないのである。

そこからの帰結として、自身のオートポイエーシスを個々の作動の中でのみプロセシングしうるシステムは、自分自身に到達できないということになる。このシステムは自分自身にとって不透明である。環境と同じように不透明なのだ、と言ってもよい。[40] それゆえにこう述べることもできる。自己言及と他者言及は、原理上無限の地平の内部で、常にさらなる諸可能性を参照する。それらの可能性を汲み尽くそうとしてみても、作動の容量の乏しさのゆえに、また作動は時間を要するがゆえに、失敗してしまうのである（『トリストラム・シャンディ』〔ロレンス・スターン作、朱牟田夏雄訳、上中下、岩波書店、一九九七年〕のテーマ！）[〔3〕]。したがってシステムの自己記述はどれも、構築物である。同じ理由により、システムは自分自身に驚き、自分自身から新たな認識を引き出すことができるのである。システムは独自の自己記述を通して、非一貫性として注目しうるものを統制し、そうすることで被刺激可能性を限定し強化する。そしてその際には、それによって抑圧され注目されないままに留まるものが背景となるのである（例えば十九世紀と二十世紀における全体社会の理論は階級社会としての記述によって、機能分化から生じる重大な帰結を覆い隠してきた。そしてあまりにも長期にわたって、革命ないし他の形式を用いることで、不平等の平準化に寄与できるはずだとの信念を育んできたのである）。換言すれば自己観察と自己記述は情報価値をもつのだが、それはあくまで、システムが自分自身に関して不透明であるがゆえになのである。そうであるからこそ、全体社会の自己記述の歴史的ゼマンティクが、すなわち本章のテーマが、独自の意義をもつに至るわけだ。

　システムが自分自身を記述するコミュニケーションも、やはりコミュニケーションであり続ける。つまり個別的な出来事であり、そのようなものとして観察されうるのである。同時に同じシステムの中では、ましてや世界の中では、多数の他の出来事が生じている。生じていることが《デジタル化》されるのは、ただ観察によってだけである。観察によって初めて、ひとつの出来事が他との違いにおいて際だたせられる。時間そのものは、変移の連続体に留まる。周知の区別を使って言えば、時間は事態をデジタルにではなくアナログに変容せしめる[41]。すなわち、同時性の継続という連続体の中で変容せしめるのである。自己記述が問題となる場合でも、この点は何ら変わらない。その場合もやはりシステムは自分自身への、時間上アナログに経緯していく関係をデジタル化しなければならないからだ。そのためにはやはり構築が、形式が、現実に切れ目を入れることが必要となる。この切れ目は別様に生じえたかもしれないし、そもそも生じなかったのかもしれないのである。

　したがって自己記述の概念のうちには、コンセンサスもコンセンサス能力も含意されてはいない。多くを要求するテクストが作成されたとしよう。読書の能力がきわめて限られた範囲でしか与えられておらず、テクストが口頭でも伝承可能な全体社会においては、コンセンサスはかえって蓋然性が低くなるだろう。この事態は、中心／周辺分化において、また階層化において、すでに生じていた(42)。コンセンサス・不同意・無知がこのように構造的に水路づけられるという点を無視すれば、〔自己記述とは何かという〕この問いは変数として取り扱われねばならない。自己観察ということで理解されるべきは常に、システムの中でシステムへと向けられたひとつの作動だけである。自己記述は、相応のテクストを作成することとして理解されねばならない。

陰に陽に自己言及を伴う作動は、膨大な数が同時に生じてくる。しかしそれをカオスとして把握してはならない。折に触れての自己観察からテクストを確定することへの移行のうちにすでに、是正策が生じている。この施策は口承文化の物語の伝統のうちですでになされていたのである。テクストは反復的に認識し多数回にわたって用いられるために作り出されるが、そうなれば今度はテクストに適した自己観察が整えられることにもなる。この種の保存される価値をもつ標準的意味が問題となる場合には、それを《ゼマンティク》と呼ぶことにしよう。かくしてシステムは、しばしばきわめて相異なる状況においても、容易に自己言及できるようになる。そのための特別なゼマンティクを用意しさえすればよいのである。そうなればそれは、新たな区別を発生させることになる。つまり正しく用いられることもあれば、誤っても用いられうるのである。この分岐とともに、解釈専門家への需要が生じる。この専門家がテクストの正しい、《オーソドックス》な用法を監視する。専門家の社会的威信は、テクストの質から引き出されるのである。そうなればテクストの正しい意味は、きわめて容易に規範的特質を帯びるようになる。これは、必要な場合には抗事実的に維持されるということに他ならない。正しいものは、間違いや錯誤や誤用が生じたからといって、その性格を失うことはない。逆に間違いが際だつのは他でもない、それが正しい意味からの逸脱によって認識されることによるのである。以下の分析において、規範的固定化へ向かうこの傾向が、何回にもわたって確証されていくことになる。例えば自然＝本性というヨーロッパ旧来の概念に関して、その後再度、イデオロギーという近代的文脈に即して。目下のところ肝心なのは、テクスト化と規範化の機能を認識しておくことだけである。作動の水準では、システムのあらゆる自己観察は不可避的に単独であり、出来事としての性格を帯びる。この点を補償するのがテクスト化と規範化なのである。

さらに加えて、自己観察と自己記述が事実的にコミュニケーションとして実行されるたびに必ず、まさにそのように作動することを観察し記述する可能性が与えられもする。システムは、リアルに作動することと以外は何もなしえない。それゆえにあらゆる自己観察と自己記述もまた、不可避的に観察と記述に晒されるのである。あらゆるコミュニケーションは、それ自体コミュニケーションのテーマとなりうる。だがこれはすなわち、肯定的ないし否定的にコミュニケートされること、受容ないし拒絶されうることを意味している。したがって相対的に安定した自己記述が形成されるのは単に、所与の客体に説得力あるかたちで到達するという形式においてではなく、その種の記述を回帰的に観察し記述することの帰結としてである。数学的サイバネティクスではその種の帰結はシステムの《固有値》とも呼ばれている(43)。

テクストを備え付け安定させることがもつ長所として、テクストを作成するという作動を、したがって著者を、また著者の利害関心とパースペクティヴを、忘却しうるという点が挙げられる。その点が、テクストを保護するために役立ちもするのである。テクストは聖なるテクストとなる。あるいはテクストは、経てきた歳月と遵守されてきた伝統のゆえに批判から守られるようになるのである。その自明性のゆえに、他の可能性も存在していたという点が覆い隠される。特に口頭伝承が依然として優位であった文字文化では、テクストが書かれているというまさにそのことが、テクストの不変性の象徴として働いていた。著者の名が保存されている場合には、その名はほとんど神秘的な特質を帯びる。言わばテクストの重要性の写しとなるのである。活版印刷術によって初めて、すなわち十五世紀以降になって初めて、近代的な意味での著者の概念が定着した。中世においてはテクストが、さらに場合によっては印刷機がコミュニケートしていたのである。著者とテクストとが明確に分化するに至って初めて、それまで文字によるテクストが原則として口頭で伝承されてきたのと交代するかたちで、洗練された、文脈や意図に関係づけられた解釈術が成立する。今日ではそれは「解釈学」と呼ばれているのである。

さらに次の点も考慮されねばならない。自己観察と自己記述の問題は確かに常に同一である。同一性の問題は、問題の同一性の中で維持され続ける。しかしこの問題の解決は、つまり同一性の提案はすべて、当のシステムの作動として実行されねばならない。それゆえに常にそのシステムの内部において観察に晒されることになる。自己観察に対する観察は〔前者とは〕異なる、《批判的》なパースペクティヴから生じる。今日では特に、最初の自己観察がなされる際の立ち位置、利害関心、ゼマンティク上の拘束もが常に見抜かれるようになっている。したがって複数の自己観察・自己記述の非同一性は、通常の成り行きから予期されうる帰結なのである。そして最初の観察がもはや権威と伝統とを踏まえて作動するわけにはいかなくなっているのだから、この事態はますます蓋然性の高いものになる。

また加えて、あらゆる自己言及的な実践がもつ特性に、しかし特に全体社会の自己記述がもつ特性に、注意を促しておかねばならない。この自己記述にとって外的基準が存在しており、それに従って記述が判断されればよいというわけにはいかない。デカルト的伝統の中ですでに、主体の意識に関して相応する事柄が発見されていた。ある主体が「自分は考えている」と考えているとき、この主体にそうではないと反論することはできない。主体が「自分から見てこれこれが生じている」と言うとき、「それは思い違いだ」と反論することはできない。ただしこれは、哲学者たちが考えているように、主体の特別性を、主体が世界において唯一無二の地位を占めていることを、意味するわけではないのだが。以上のことは全体社会という社会システムに関しても、というよりもそこにおいてこそ、当てはまる。というのは全体社会の外側においてはそもそもコミュニケーションの可能性が存在しないからである。したがって、修正する能力をもつ審級も存在しないのである。その結果全体社会はますます、基準なしの自己言及を実践しなければならなくなる。

だからといって、自己記述のための基準が発展してくることが排除されるわけでは決してない。近代社会の機能システムが自分自身を記述する反省理論は、たいていの場合《科学性》を要求する。それが法システムにとって、政治システムにとって、教育システムにとって、あるいは経済システムにとってといった個別ケースにおいて何を意味しようとも、である。前近代社会の自己記述にとっては、宗教的基準が通用していた。自己記述の中心的部分は、宗教的なものでなければならなかったのである。しかし全体社会の自己記述のすべての事例において、この種の基準があらかじめすでに確定されているというわけではない。むしろ基準は、テクストの一部を形成する。例えば西欧のキリスト教の伝統において神への言及がなされる場合のように、基準が特別に参照される際には、それはテクストとの一致というかたちで生じるのであって、独立して吟味する審級が引き合いに出されるわけではない。言い換えるならば自己記述は循環的にのみ根拠づけられうるのである。自己記述が根拠づけのこの循環を外化によって打破しようと試みる場合でも、まさにそれこそがテクストの構成要素として、自己記述の実行の一部として生じるのである。

以上のような構造的および作動上の条件の下で、全体社会の自己記述のための独自のゼマンティクが成立する。このゼマンティクもまた、進化的変動に服する。確かに可動域は限られている。記述が観察され記述される過程の中で保存され変化させられうるほどに、十分に納得のいくものでなければならないからである。しかし同時に現存するテクストは独自の重みを獲得しもする。ラディカルな構造変動が生じる場合ですら全体社会は、自分自身に関して知っていること、述べていることを突然変更して、無前提に新たに始めるというわけにはいかないのである。新たなものを特定化しうるためには、それを旧来の文脈の中で認知しなければならない。例えば指し示しを保持しながら、区別として働く反対概念を密かに取り替えてもよい[44]。自然はもはや恩寵からではなく文明から区別される、というように。あるいは「有益サ／立派サ」(utilitas / honestas)[4] から「有益さ／無益さ」ないし「有益さ／有害さ」へと移行し、そうすることで全体社会における貴族の立場を評価するための別の理由を見いだす、というようにである。したがってラディカルな構造変動の時期においてこそ、伝統の突出を考慮に入れねばならない。伝統は、過去の世界と現在の世界との差異が可視的になる程度に応じて徐々に解体されていくしかないのである。だからこそ、後で詳しく見るように、近代社会ですら自己を自身の歴史から解き放つために、まず一度は自己自身を歴史的に記述した。その際に近代社会は開かれた未来を表す空白概念を受け入れ、そしてまずは徐々に新たな刺激を、さらにそれとともに新たな経験を組み込んで、ヨーロッパ旧来のゼマンティクを代替していくことができたのである。

以上すべてに従えば自己記述の概念は、ひとつの同じシステムの自己記述が多数存在しうるということを排除するものではない。ただし、全体社会システム自身が複数の自己記述を提示するか否か、またそれが生じていることに気づくか否かは、別の問題である。後で詳しく見るように、それが生じたのはようやく近代的な（今日なら《ポストモダンの》と言うところだろう）条件下でのことだった。そしてそれは明らかに、機能分化への移行と関連していた。その結果全体社会そのものがメタ概念によって、多次元的な、あるいは超複雑なものとして記述されなければならなくなったのである。そうなれば個々の自己記述はすべて、記述として自分自身の偶発性を考慮に入れることになる。同じシステムの別の自己記述も存在しうるという点を考え合わせる（そして、考え合わせているということを〔他の自己記述に〕認識させる）のである。ある自己記述がこの洞察を拒絶し、全体化しつつ登場してくるなら、逸脱に敏感になり非寛容になってしまう。そうなれば政治的な困難を引き起こすだろう。

ここまでの考察は、自己記述に関する理論的記述という水準で定式化されてきた。以下のすべてに関しても同じことが言える。自己記述の理論的再記述(45)という水準では、この概念は《オートロジカル》になる。つまり自分自身にもあてはまるのである。全体社会の自己記述の再記述もまた、全体社会の自己記述である。そこでは再記述はもはやよりよい知の産出とは、ましてや進歩とは、見なされえない（今日ではこの点は、さらにもうひとつの水準を、すなわちその再記述においても、自身のオートロジカルな性格を顧慮させないという点が自己記述されるのを見越しておくこととして、容易に理解されうるはずである)。むしろここで問題となっているのは前提を継続的に変換していくことである。先ほどまで必然的で自然なものと見なされていた前提が、特定の作動の偶発的で人工的に選択されたかたちの制限として現れてくる、というように。例えば無調音楽の導入によって、調性音楽はそのように再記述された。あるいは、マルクスの《資本主義》分析によって政治経済学が再記述されたことを考えてみればよい。したがってこの種の再記述が記述へと介入することはただ暫定的にのみ、現在の状態から見て適切であるという点でだけ、正当化される。そしてその再記述も明日になれば旧くなってしまうだろうという点が見越しておかれるのである。

記述に関するこの種のこみ入った議論(詭弁 Sophistik)が積み重なっていけばその分だけ、対抗記述が触発されることになる。この点は見やすい道理だろう。今日では例えば《原理主義》運動という形式でそれが生じているのである。しかしこれもまた進歩を、自己記述の質的改善をもたらすものではない。とりわけ今述べた事例では明白なことなのだが、それによってもまたここで試みてきた分析が確証されることにしかならないのである。

IV　ヨーロッパ旧来のゼマンティク(1)――存在論

われわれの分化類型論から見れば、前近代の全体社会の間には明らかに構造的類似性が存在していた。[46]しかしそこでは基本的には口頭での教示によって伝承される文字文化しか用いられておらず、それゆえに、どんなに交易関係があり互いに見知ってしていたとしても、ゼマンティクの伝統という点ではそれら全体社会は別々のものだったのである。全体社会のそれぞれが自分自身が世界の中心であると考えることができた。それぞれが固有のコスモロジーを投射できたわけだ。その意味ではそれら全体社会は世界社会でありえたし、他の全体社会を自分のコスモロジーに服させることもできたのである。

以下ではヨーロッパ旧来の伝統の中での全体社会の自己記述を記述することに、話を限定するとしよう。つまりギリシア－ローマ－キリスト教的な思考財に、である。近代の全体社会が成立するにあたって歩みを共にしたのはただこの伝統だけであり、この社会に向けられた予期に影響を及ぼしてきたのも、ただそれだけだからである。(47) ヨーロッパ旧来の伝統が成立したのは、今日ではもはや存在していない全体社会においてであった。そのコミュニケーション様式も分化形式も、もはや存在してはいないのである。にもかかわらずこの伝統はわれわれの全体社会の伝統の一部であり続けているし、その意味で定位するだけの意義をもつ文化財なのである。この伝統が死に絶えるということはありえない――その理由はまさに、この伝統がもはや不適切であるからこそ、つまり、繰り返し否定される（そのために用いられる必要がある）からこそである。

今日においてもなお印象的なのはこの伝統がもつ閉鎖性とともに、システムを破砕しかねない非一貫性が宗教的にコントロールされていたという点である。われわれにとってはそれはもはや達成しがたくなっているだけになおのことそうなのである。この伝統における概念構成がもつ内的な豊かさは何よりもまず、そこでは階層分化も中心／周辺分化も知られていたということに基づいていた。歴史的経緯の中で、都市形成も帝国形成も解釈の対象とならねばならなかった。都市で生活する貴族も、また中世においては地方で生活する貴族もいたのである。またキリスト教化の進行とともに宗教が交代していくことになったが、その結果、全体社会構造の根本的変動が生じていないにもかかわらず、伝統財に新たな解釈が加えられねばならなくなったのである。ヨーロッパの地理学的多様性が、古代ギリシアの都市文化の成立にとっても、また中世後期ヨーロッパにおける領域国家の形成にとっても、重要な役割を演じたのはまちがいない。しかしその多様性にもかかわらず、前近代のあらゆる全体社会にとって決定的な、ひとつのメルクマールがあるという点もやはり疑いの余地がない。その分化形式においては、世界および全体社会の正しい記述を行うための、競合を受け付けない地位がそのつどひとつだけ存在すると想定されていた。それはすなわちハイアラーキーの頂点であり、生まれながらの貴族であり、全体社会の中心たる都市であった。テクストにかかわる仕事をすることで相対的に自律した文化的エリートは存在したが、彼らも全体社会システムの構造的非対称性に関して疑念を呈することはなかった。時折別様の解釈を提起するにすぎなかったのである。学派間の論争はあったにしても、記述を作り上げることは限られた階層の仕事であり続けた。文字として固定されたテクストの場合にも主として口頭による伝承様式(修業)が続けられたのは、そうした状況と対応している。メソポタミアにおける書記学校を、中世では神学および法学の訓練を受けた聖職者を考えてみればよい。

中世が経過していく中で初めて貴族文化・修道院文化・都市文化が、相互に分離しつつ発展し始める。三身分の教説は、それらが全体社会のひとつの自己記述へと翻訳された、最後の事例だった。しかし同時に近代への移行に際してヨーロッパでは(中国および朝鮮とは異なって)活版印刷術が商業的に駆使されたがゆえに、それまですでに思考財の異質性が集積されていたことが突然可視化されて、人々の耳目を集めることになった。そしてゼマンティクもそれに反応するよう強いられる。その反応においてもまた活版印刷術が用いられ、多数の形式を生み出していく。近代は、自身に適するものをそこから選択することができたのである。

旧ヨーロッパにおいて支配的だった世界への構えを、存在論の概念によって記述できる。存在論の諸前提は、自然学（Physik）に続く形而上学（Metaphysik）として、〔自然と同様にあらかじめそこに存している〕所与のかたちで導入された。ここで、思想上の試みすべてにおいてもそうなのか、宗教的世界解釈の領域における試みに関してもそう言えるのかを吟味しておく必要はない。しかし存在論的な観察および記述の様式が優越していたことは、次の点だけからも認識できる。パラドックスという発想は、エレア派の存在論を擁護するために発明されたのであり、したがって当初から思考上の、欠陥ではないにしても回避されるべき乱れと考えられていたのである。さらにまた、二値論理学が最近に至るまで疑問に付されることなく前提とされてきたという点をも考えてみればよい[48]。存在論は、二値論理学が反省を遮る働きをすることによって支えられてきたのである。

われわれが存在論として指し示したいのは、ひとつの観察様式である。それは「存在／非存在」の区別から出発する。他のあらゆる区別は、その後に来るものとして位置づけられるわけである。この区別が比類ない首肯性を有していたのは、存在のみが在って非存在はないという（daß nur das Sein ist und das Nichtsein nicht ist）仮定のうちにおいてであった。これは論理学の中に、排中律として取り入れられていく。それによって存在と思考とは、相互に同型性を証明し合うことになった[49]。しかしながら存在のみが在って非存在はない場合でもやはり、かの区別そのものは守られねばならない。それは他でもない、

「存在者／非存在者」の水準では混同がありうるからである。
混同が生じるのはとりわけ、コミュニケーションが《何かとしての何か》の図式を踏まえている場合である。この図式のうちに錯誤が侵入してくることがありうる。何かが何かとして指し示されるのであり、後者の何かは前者の何かではない〔ものとして規定されうる〕、あるいはおそらくは前者の何かではないというだけ〔の規定しかできない〕かもしれない。この点は女性についての、人種についての、さらにまた労働人員についての、宗教的意味を帯びた対象や象徴についての言明において具体的に示せるだろう。最も対処困難な事例では、構造的に組み込まれた歪みへの傾向と呼ぶしかないのだろうが。

この「として」図式の危険性を——それは誤った分類の危険性であり、また誤った分類を暴露することの危険性でもある——を除去するために、存在論の最初の区別のうちには、準規範的な仮定が組み込まれる。それを「秩序の必要条件」として把握できるだろう。存在者は、そうでないものであってはならない。ただし奇跡は別である。奇跡は宗教の優位性を、創造主の全能を証明するために役立つからだ。こうして存在論は、世界の統一性を存在の統一性として保証する。無（Nichts）だけが排除される。だからといって何ものかが失われるわけでは《無い》(50)。ストア派とともに、存在（Sein）を個体化されて実存すること（Existieren）として把握しつつ、《或ルモノ aliquid》という上位概念を形成することもできる。[5] それについて実存するとかしないとか述べうるのである。しかし「存在／非存在」の区別が優越していることから出発するまさにその場合、この《或ルモノ》によって「それは何から区別されるべきか」という問いが阻止されてしまうのである。さらに、神の統一性によって存在の統一性を凌駕することもできる。存在を諸区別へと分解する可能性が得られるからだ。在るものはすべて別のものから区別され、存在の側のみに参与する。しかしそうなると存在論は、神の存在について問わねばならなくなる。そして否定神学という危険な結論へと至るのである。そこではなおも神の存在ないし非存在についての問いが立てられ、それに対しては次のような答えが与えられねばならなくなる。いわく神そのものはそもそも無であり、そのようなものとして区別されもしないのだ、と。そこからは教義政策上の、また教会政策上の帰結が生じてきて、最後には特殊教会的な基礎の上で宗教的教義形成が分出するということになるのかもしれない。しかしニコラウス・クザーヌスによって次の点が明らかになってもいる。区別することは（「存在／非存在」を含めて）特殊人間的な認識様態であり、その統一性について執拗に問えばパラドックスへと至ってしまうのである[51]。

われわれはすでに別のところで、存在論とそれに帰せられる二値論理学とが世界の概念を制限してきたということを示唆しておいた[52]。世界は背景となる未規定性（存在でも非存在でもない）としてではなく、指示可能な客体という水準において、客体の集合ないし客体の総体として指し示されうるにすぎない。世界はあるがままに存する。誤りが生じうるのは指し示しにおいてだけである。そして誤りは修正されねばならない、ということになる。

《存在論》という概念は十七世紀になって初めて生じてきた[53]。それは明らかに、この時代における確実性の危機との関連においてのことだった。以前ならばそこから出発できた事柄のために、今やひとつの語が必要とされたのである。〔それに対して〕われわれの文脈では存在論の概念は定義によって、つまり哲学においてきわめて多様な仕方でなされてきた内容的な彫琢とは独立したかたちで、導入されるべきである。われわれがこの概念を用いる場合、それが指し示すのはひとつの観察図式、精確に言えば存在と非存在との区別に定位する観察様式なのである。これが意味しているのは何よりもまず、存在と非存在との区別が、それに先行する作動による分離に依存しているし、依存し続けるということである。すなわち、観察すること（あるいは観察者）と観察されるものとの分離に、である。存在論の領野の中では、この最初の区別をも存在論的に入手するという傾向が生じてくる。つまり区別の両方の側をも、観察することと観察されるものとをも、再び存在と非存在とに従って区別するわけである。かくして存在論の世界は閉じられ、閉じられたままであり続ける。思考も語りも、またロゴスも、それらが存在する場合にはこの世界のうちに現れてくる。しかし存在しない場合にはそうではない。それゆえに観察者は、自分自身についての言明を行おうとするのであれば、自らが用いる図式の一方の側にのみ、自身を組み入れるということになる。《無い》なにものかとして、というわけにはいかないのである(54)。観察者は存在の側に荷担する（《参加する partizipieren》）しかない。さもなければおよそ観察することなどできないはずだからである。

この種の哲学的最小プログラムにおいては、存在が優位を占めている。存在は在るように在る。無は存在しないのだから、存在ないし存在者として指し示されるリアリティは、一値的に与えられていることになる。このリアリティは、存在的‐存在論的な根本定式へと帰着する。無は言わば自分自身を食らい尽くす。だから考慮されないままであってもかまわない。「存在／非存在」の区別という枠組の中での指し示しとしての無が意味しうるのはただ、《存在へ帰れ》という要請だけである。存在と非存在との境界を横断してまた戻ってくることによってもたらされるものは何もない。それは〔横断するという〕作動を再度抹消することに他ならないのである。世界存在を、リアリティ総体を、観察することが非存在を想定しなければならないのは、観察するためにはひとつの区別が必要であるという、ただそれだけの理由による。非存在は、存在の観察のうちに必然的に含意されているのである。

事象次元に関して言えば、この存在論的区別はモノ（＝res）の概念に対応する。世界の統一性と同様に、モノの独立性（実体性）もまた存在によって保証される。個々のモノもまたそれ自体として存在しうる。その存在が非存在から区別されさえすればよいのであって、非存在はモノに何ら害を及ぼしえないからである。種と類の水準ではこの原理は「ある指し示しはその反対のものを排除する」という論理的規則によって補完される。馬はロバではなく、ギリシア人はバルバロイではなく、善き人は悪しき人ではない。混合形式は存在しない。だからそれが見いだされたり想像として話されたりする場合には、分析に着手しなければならなくなる。あるいはそれは怪物であり、何かが間違っているということを証明しているにすぎないとされる。こうしてモノは（類と同様に）存在を濃縮したものとなる。そこで排除されるのは他のモノではなく、自分自身の非存在なのである。それに対応して世界は可視的および不可視的なモノから、またそれらの間で成立する関係から成るとの話になる。存在論的形而上学におけるこの思考の歩みはきわめて強力であった。だからカントですらまだ《物自体》について語っていたのである。その結果として、モノが問題視される場合でも、話は方法論的な反省に制限されてしまった。十九世紀半ば以来そう呼ばれるようになった《認識論》において、また特に新カント派においてはそうであった。(55)

同時に、「モノ／認識方法」というこの区別によって、以前からもっぱら存在と非存在とが区別されてきたのだという点が覆い隠されもした。しかし後者の、基礎となる非対称性こそが、伝統的な非対称的対置すべての基礎を形成してきたのである。規範的価値づけと美学的価値づけに関してもそうである。事を始めることができるのは、常にこの区別の正の側である。そちらこそが存在に関係づけられて、あるいは十九世紀の変種では妥当に関係づけられて考えられているからである。こちらの側によって確かな基盤の上に立ち、善き状態にある。こうして善いと悪いの区別自体が善い、ということになる。この区別こそが、悪しきものを悪として示してくれるわけだ。ルイ・デュモンが述べたように、世界のハイアラーキカルな組成の基礎となり、その完全性を約束する可能性を与えてくれているのは、(この《対照の包括性 englobement du contraire》の)対置の非対称性なのである。[56] ハイアラーキーは《存在の充溢》となる。

時間の分析ですら、この存在論的図式に服している。アリストテレスからヘーゲルに至るまで、[57] 時間は存在するのかしないのかと問われてきた。そして、この問いは存在論図式そのものをパラドックス化するということを認めざるをえなくなったのである。時間に関する了解は、このパラドックスを分解することを経由してのみ生じうる。それは何よりもまず、変化しないモノと変化するモノという第二の区別によって生じた。これが存在論図式の中に投企されると、変化せざるものが存在の特質を帯びることになる(変化しない、あるいは変化する非存在について語ることなど意味がないではないか)。変化せざるものが在るということが、いわば観察者の緊張を解いてくれる。観察者は常にそれを注視している必要はない。発見されるべき事柄など何もないはずだからである。変化せざる存在を世界の枠組として前提としつつ、世界の中で生じることに注意を向ければよい。そうすることで、時間の観察もまた容易になる。時間(時 tempus)から引き剝がされた時間(永遠 aeternitas)を想定することができ、またそれに対応して（時間に依存した）運命と（無時間的な）秩序とを区別できるのである。[58] あるいは運動というあ（分割可能な）概念から出発してもよいが、そうすれば「時間が単に運動や過程や弁証法的過程であるということはない」という点を認識する結果にしかならない。明らかなことだが、同定しうるものは、この場合には運動は、指し示しから逃れ去る別の側を有している。しかし「動く／動かない」という区別によって、この点に関する問いは覆い隠されてきた。今日に至ってようやく、時間をこのようにテーマ化する際には何が不在となっているのかと、問われ始めているのである。[59]

したがって過去と未来の間は無である。他の間に関しても事は同様である。例えばひとつの全体の諸部分を分かちながら、そうすることでそれらを全体へと結びつけるものについてもそう言える。[60] あらゆる境界、あらゆる区切り、あらゆる《間》は《無》の領域へと落ち込んでいく。あるいはより精確に言えば、存在論的には（《存在》という観察形式によって）排除された第三項の領域へと、である。それゆえにここで問題となっているのは二つの相異なる排除を分析することである。すなわち存在（充溢plenitudo）から無を排除することを、また存在と非存在というこの区別によって排除されるものを、である。哲学的存在論は通常の場合、《存在者》は――客体であれ、主体であれ――《それ自体として》何であるのかと問うことによって、この問題をやり過ごしてきた。[61] しかし問いをそのように設定することからの生じる実際の（疑わしい）効果として生じたのは、関係というものを形而上学的に軽視することだけだったのである。

（本書で提唱されているような作動的なシステム理論から見ればここにおいて顕著になっているのは、時間に関するこの構想によって、時間の観察をそもそも可能にするものが、つまり現在が、抑圧されているという点である。あらゆる観察の作動が実現されるのは、現在においてである。過去と未来の区別を用いて時間を観察する場合、現在は境界として、つまり差異の観察されえない統一性として働いている。そこでは時間はそのつど非顕在的な時間地平として経験されることになり、したがって時間の観察においては脱時間化（detemporalisieren）される――あたかも時間が本体（Ontologicum）[7]と同様に常に在るかのように。ただし時間そのものが〔移り変わる〕時（tempus）として始めと終わりをもっているとされるという点は別であるが。）

時間問題とモノの境界という事象上の問題とが抑圧されて以来、《存在》はただ《非存在》から区別されさえすればよいという話になり、前者はきわめて普遍的な概念に、あらゆる可能なモノないし形式のためのメディアに、留まり続けることになった。その結果、存在に対して把握可能なリアリティを保証してやるために、《質料》などの追加概念を導入しなければならなくなる。存在は、こう言ってよければ、存在としてはあらゆる形式に対して無差別的である。そしてその点では、天地創造の概念とも両立可能である。天地創造によって初めて、世界として何が生じ何が生じないかが決定される。だとすれば永遠（aeternitas）から区別される時（tempus）としての時間もまた、天地創造の一部であるということになる。時間はその存在を端緒に、起源に負っているのである。

以上のすべては、観察することおよび観察者そのものに関しても成り立つ。観察することの実践に関しても、存在を帰属させるのを拒否するわけにはいかないだろうからだ。結局のところこの実践はまったくの明証性とともに生じるではないか（デカルトはそれを、彼の哲学の出発点とすることになる）。また言うまでもなく、他のあらゆる区別に関しても同様である。例えば伝統的な記号論における記号と指し示されるものとの区別、あるいは自然（phýsis, natura）と技術（téchne, ars）の区別でもよい。後者の焦点は、或るものがそれ自体から、いわば存在の展開として現に在るようになったのか、それとも制作されねばならない何かとして、在ることも在らぬこともできたのかという点なのである。（われわれにとっての）最初の区別である観察者と観察されるものの差異も、この思考法にとっては第二の差異のひとつにすぎない。それは存在を表示するのであり、存在を思考にとって再帰的たらしめるのである。それゆえに思考は存在を確認することで自然的な目的を達するのだと想定できたわけだ。

〔存在か非存在かを出発点とする〕この議論は、さしあたり全面を覆うように機能する。日常生活においても、存在のうちに穴があるなどとは考えられないではないか。消滅したものも、どこかに在り続けているにちがいない――残骸の中に、塵の中に、灰の中に。魂は天国に行くか地獄に行くかである。区別されるものはすべて、存在の側で区別される。攪乱的な反対形象である抽象的な「無」は、考慮されないままに留まる。無によって神話的な語りに輪郭が与えられるかもしれないし、成立の歴史に《それ以前》をもたらすこともできるだろう。しかし〔「無」にも〕同時に言い及ぶことは、ただ指し示しのためにだけ役立つにすぎない。肝心なのはあくまでこの指し示しのほうなのである。

　存在と非存在という一次的な区別が決定的なかたちで実行されるのは、その観点の下でただ存在のみが〔錯誤〔が生じうるの〕は、せいぜいのところ観察者の側においてだということもが〕考慮されねばならないとされることによってである。したがってそれに続く区別はすべて、存在の分割として取り扱われうるということになる。分割することという形式が自分自身のうちで再登場し、存在の側で分割として現れてくるのである。アリストテレス以来一次的分割は、裁判での実践から採られた表現を用いて、

「カテゴリー」と呼ばれてきた（あたかも問題となっているのは、「〔事物の本性によってすでに分割が与えられているのであり、〕存在が〔分割のない〕統一体として現れてくることはできないはずだ」との《訴え》＝kategoria であるかのように）[8]。例えば時間は「過去／現在／未来」という区間概念へと分割されるのであり、常に現在的なものとしては、現在において実行される過去と未来の区別としては、取り扱われない。ここで生じているのは、区別することのパラドックスに対する注目すべき無害化である。相異なるものの統一性というパラドックスが、分割へと分解される。そして分割は、秩序づけられた世界という印象を後に残すのである。さらに言えば分割は〔それが用いられてきた、近代以前の〕全体社会の包摂原則と調和してもいた。そこではそれぞれの人間が、全体社会の分化の中で特定のひとつの場所をもつものと定められていたのである。

実行された区別が時間の経過とともに変遷していくことが許される（そう言ってよければ、だが）のは、それが起源の統一性に固定されていることによる。起源は、今日ではもはやほとんど理解できないような仕方で、現在における過去でありしたがって基準であると見なされていた。しかし端緒、根拠、原初（arché）、源（origo）、諸原理の原理とは結局のところ神である。神の栄光は最終的には、分割の世界を作り出し、人間に関して言えば〔区別する〕自由を許したが自身は区別されえないというところに存している。これは他ならぬ貴族の世界と相関関係にある。貴族の世界では出自と有能さはひとつに結び合わされている。有徳さは家財のように扱われるべきであり、跡継ぎが拒絶する自由を行使したとしても拝受されていくのである。貴族が存在するのも、分割が存在する場合だけである。この分割は、そのつど別のものが存在するということを排除しはしない。農民もおり召使いもいる、というようにである。しかし或るものが同時に別のものでもあるということは排除される。

しかし——観察者からではなく存在から出発したにもかかわらず、撹乱的な経験は存在した。それを契機として、ひとつの《論理学》が発展してくることになった。「である」言明を定式化しなければならず、言われたことが存在者へと関係づけられるまさにその場合において、全体社会の中ではさまざまな言明が生じてくる。本来なら同じ事柄に関しては本質的に同じ意見であるはずだ。観察することが存在の仕方として、記号の使用として、あるいは示された事柄から受動的に印象を受け取ることとして記述されている場合には、特にそうである。しかし全体社会は、食い違う意見を生み出していく。観察様式が存在の同一性に関連づけられるほど、かえってこの事態が目立ってくることになる。ある人が何かを真であると考え、別の人は偽であると考える。そんなことがいかにして生じるのかと、プラトンは『テアイテトス』の中で問うている。全体社会が真理を虚偽としてコミュニケートするなどということがどうして起こるのか、と。そして当該現象領域を、この問いに狙いを定めた区別によって制限しようとの試みがなされる。つまり厳密な知（epistéme）が単なる臆見（dóxa）から区別されるべきである。前者では少々考察しさえすれば誰もが一致に至るはずである（数学が示しているように）。後者は単に真理の見せかけをもつにすぎない。またこの違いを再び存在論的に導入しようとも試みられる。「〔両者が異なるという〕この事態は存在しているではないか」という明証的な論証によって、である。しかしそれでコミュニケーションの問題が完全に解決されるわけではない。さらに加えてセカンド・オーダーの観察の水準が必要となるし、発展させられてもきた。この水準では、真理要求が吟味されうる。つまりある人がいかにして観察しているか、《「である」主張》にいかにして真理の、あるいは非真理の指標を付与しているかが観察されるのである。今日でも用語上の痕跡から確認できるように、論理学の起源は社会的な、コミュニケーション上の問題のうちに存していたのである[62]。

意見の多様性が否定されえない以上（特に、ギリシアの都市のように論争が顕著な文化においては）、観察すること（述べること、指し示すこと）を主題化するのを回避するわけにはいかなくなる。それが生じたのは存在と思考という自己包摂的な区別によって、つまり論理学が、語り収集し分類する能力が、分出することによってだった。どちらの場合でも問題となっているのは、ふたつの側をもつ形式である。ただし存在図式は非対称的に設定されているのに対して、論理学は対称的である。存在図式がもつのは、指示機能を伴うひとつの値だけである。反対の側（形式の外側）は何も指し示さない。それに対して論理学では真と非真というふたつの値の間で交換関係が成り立っている。こちらは対称的である。「存在に即して対称的に組み立てられている」と言ってもよいかもしれない。実際のところこの対称的な二値性は、存在論的一値性（の認識）に完全に奉仕しているのである。二値性によって観察の自由は、修正可能な錯誤の可能性として（超越論的に、弁証法的に、構成主義的に等ではなく）定義される。ゴットハルト・ギュンターとともに次のように定式化することもできる。世界観察の原初的次元は一値的でもあるし二値的でもあり、非対称的でもあるし対称的でもある、と。しかしこの区別はハイアラーキカルな対置という意味で規制されている。すなわち非対称性が、秩序の価値として優位に立っているのである。貴族が平民に優り、都会が田舎に優るのと同様に、である。

それゆえに観察することすべてにおいてふたつの側からなる形式が用いられているという点（つまりは、何かを指し示しうるのはそれを区別できる場合だけであるという単なる事実）と、二値論理学とは区別されねばならない。後者はひとつの正の値とひとつの負の値とを用いてある指し示しを、真ないし偽として指し示されているものとして指し示すことができるのである。ただしだからといって、古典的論理学は存在論的前提を無視しているとか、存在論から自由に議論を進めているとかいう話にはならない。むしろこの論理学の問題は他でもない、その存在構想によって、同一の対象に矛盾する賓辞を帰属させることが禁じられているという点に存しているのである。古典的論理学から見れば存在は一値的な存在である。同時に観察の実践のほうで、存在において指し示されるものを他のものから（非存在からであれ）区別するよう強いられるのは問題ないとされる。かくして存在のうちで思考と存在とが区別され、この区別が用いられることによって古典的論理学の諸前提が生じてくる。すなわち同一律、無矛盾律および「二値論理学ではあらゆる第三項は排除される（ただし存在が排除するのは非存在だけである）」との洞察である。

言い換えるならば、問題となっているのは観察者を考慮に入れて世界へと組み入れるひとつのきわめて特殊な形式なのである。それにより世界および全体社会の記述は単純化される。またそれは、前近代社会の現実に対応してもいた。かくして次の点から出発できることになる。世界という（またそれに対応して、全体社会という）リアリティ連続体が存在している。その中では存在するもののすべてが存在者という形式を、あるいはさらに精確に言えば（可視的ないし不可視的な）モノ（res）の形式を採るのである。モノの違いは本質の違いとして把握され、宇宙論的に秩序づけられる。それによって、個体を種と類へと帰属させることを通して世界を《弁証論的》に究明していくことが可能になる[63]。そして種と類は再び、存在のそれと思考のそれへと区別されうるのである（partitio / divisio）[64]。全体社会における経験を究明するという領域では、ヘレニズムの学問の領域であれ(6)ローマ法の領域であれ（後者は周到な、事例と伝統とに依拠した抽象を伴っていた）、われわれならば「セカンド・オーダーの観察」として性格づけるであろうようなパースペクティヴがすでに生じていた。少なくとも、知として前提とされるものが再定式化されていたのである。その後、類への抽象というこの技法はプラトンに倣って弁証論と呼ばれ、ヨーロッパにおける形式思考を支配していくことになる。中世における実在論対唯名論の論争においても、この技法が踏まえられていた。そもそもこの論争が可能になったのは、どちらの側でも個体と種ないし類とが区別されていたということによってだったのである。近代初期のラムス主義における《弁証論》においても、またそれと並行して生じたプラトニズムの革新においても、この技法が支配的だった。また同じ前提から生じてきた事態として、はるか近代初期に至るまで、ある人間が別の人間になろうと意図したり思い上がったりするのは狂気のしるしであるとされていたことが挙げられる。この議論は明らかに、全体社会のハイアラーキカルな組成を存在論的に確証するものだった。しかし十七世紀半ばにはすでに人格という新たな概念によって（トマス・ホッブズ、ジョン・ホール、バルタサル・グラシアン）この前提との決別が遂げられていた。今や人格とは狡猾にコントロールされた現れなのであり、もはや存在の表出ではなく自己の呈示である。そしてその自己なるものは社会的交通という目的のために固定されたものである。人格とは、記憶を伴う存在者に他ならない(66)。

〔事態をあるがままに〕代表＝表出することが重要になるほど、パラドキシカルなコミュニケーションは回避されねばならなくなる。修辞学、また特に文芸においてだけ、なおもパラドックスを引き受けることが可能であり続けた。この事態が生じたのは特に、類への抽象によって人を欺こうとする、あるいはそのような欺きがなされていることを暴露しようとする、[67] そしてそうすることで神学者と哲学者の一般化技法の総体を疑念に付そうとするという下心のもとでのことだった。しかしこのようにパラドックスを裏側に追いやれば、「欺きを見抜けばそれで仕事は終わりだ」というように理解されてしまう可能性もある。[68] いずれにしてもそうすることによっては、存在論的に分割し一般化することがすでに支配的になっていたという事態は揺るがない。そして〔今日的な意味での〕全体社会は人間という類を基礎としてのみ構想可能だったのである。カントに至って初めて、種と類を枠とする伝統的な思考から《著しい快》を引き出すことはもはやできなくなる〔《かつては》歴史的功績があったことを認めつつ、ではあるが〕[69]。そうなれば〔種と類の区分は本質として固定されているのではなく、変化しうると見なされるのだから〕弁証論＝弁証法の概念にも新たな、時間に関係づけられた用法が付与されることになる。

区別を取り扱う形式としては分類で十分だと見なすような知的態度は、今や放棄される。これは、単にそれが流行遅れになったということに留まらない。つまり、〔今やそれまでとは〕異なる全体社会が〔生じてきて〕区別の異なる扱いを要求しているということを示してもいるのである。今や区別は、或るものから別のものへと移行するに際しての恣意性を制限するという機能を引き受ける。つまり、偶発性の取り扱いを規制するものへと変化しているわけだ。区別によって、多くの種を有する、それゆえに美しい世界における並存に代わって、〔物事が生じる〕順序が恣意的ではないという点が浮上してくる。つまり「規制された順序というものがあり、それによって可逆性と修正可能性は制限される」との観念が登場してくるのである。生物学や化学では依然として大規模な分類が、分割するというかたちで用いられていた。しかしほどなく分類によって、相異なる種がどのようにして成立したのかという点についての関心も呼び起こされることになる。それによってさらに、過程（Prozeß＝訴訟）という新たな、時間に関係づけられた概念への関心がかき立てられもした。この概念は法学および化学において先行して用いられていたが、それが一八〇〇年ごろに世界史へと転用されたのである[70]。

存在論的に構成された形而上学がアナロジー（存在ノ類比 analogia entis）を、通常の場合保守的な、世界を〔あるがままに〕確証する、（宗教的な意味で）世界との交流をもたらすような含意を伴うかたちで用いることができたのは、種と類を枠とする思考と、またそれに対応した一般化様式と無関係ではない[71]。自然＝本性の概念は、制作されたのではないものすべてをカヴァーする。人間をも、社会秩序をもである。そこには、自分自身の本性を知っている〔つまり、認識し反省する能力をもつ〕自然物も、したがって人間も他の高等生物も、含まれるのである（この点についてはまた後で論じる）。あらゆる認識も、少なくともアリストテレス派の伝統においては、存在を確定することのうちに自然的な目標（および終局）を有している。制作的行為に関しても実践的行為に関しても同じことが言える。この議論が説得力をもつのもやはり、存在はひとつの連続体を成すという点を踏まえてのことである。そしてそこから、論理学には誤謬を修正するという機能だけが与えられるということにもなる。誤謬はある人が、真ならざる何かを真であるとみなす場合、あるいはその逆の場合に生じてくる、というわけだ。悪しきものも、誤謬のカテゴリーに帰せられる。人間はその本性からして善を求めるはずだからである（周知のようにスピノザは近世において早くも、〔人間は自然に、すなわち反省なしでも自動的に、善を追求するはずだとの〕この議論を転倒させて、人間は、明確かつ明白な観念を用いて追求しているものを善きものと見なすのだと主張することになる。しかしこの転倒においても、〔悪と誤謬との〕件の連関は維持されている）。

存在を個々の存在者へと分解することがきわめて広範に推し進められている場合ですら（例えばライプニッツのモナドロジーにおけるように）、予定調和という有名な形式での、存在論によるバックアップが当てにされていた。それに対して進化論的なコスモロジーでは両立可能性は存在からではなく進化を経て、不適合なものの淘汰によって、つまりは歴史によってのみ生じてくるとされる(72)。

議論をこのように精錬しようとすれば、どうしても相対立する立場が登場してくることになる。アリストテレス自身は、〔「未来ノ偶発事」との関連で〕すでに述べておいたように、〔真／非真の判断の対象としては〕未来を除外していた。現在においてはまだ未来に関する言明の真ないし非真を判断することはできない、と（ただし容易に気づくはずだが、この文脈で自由が主題化されていた〔つまり今日におけるように、人間が自由をもつがゆえに未来についての判断は不可能だと考えられていた〕わけではなかったのだが）。時間次元のもう一方の極においてもやはり、起源（origo）について問おうとすればパラドックスが浮上してくる。起源の《存在》を確定できるためには、〔端緒に位置するはずの起源の〕以前に何が在ったかを問わねばならなくなるからだ。さらに、伝統的には世界への視点は原理的に二元論的なものであったことがわかるだろう。そこでは、存在と非存在のすぐ次に続く二次的分割は、道徳との関連においてなされていた。つまり宇宙論的に、天国の力と地獄の力とが区別されるのである。こうして哲学者たちは、この二つの区別の関係について思案できるようになる。もちろんきわめて一般的なかたちでこう疑うこともできる（近世初期においては、それがますます注目を集めうるようになっていった）。真および非真という二つの値を、存在ないし非存在に帰属させうるための、疑いえない基準などというものがあるのだろうか、と。しかしこれは《遂行的自己矛盾》であると、今日ならば指摘されるところだろう。この懐疑は、自分自身に関してても当てはまるからである。存在論を精錬していくことに対する、またとりわけ「本質の宇宙は静態的である〔がゆえに変化しえない〕」とのテーゼに対する抵抗として生じてきたものにおいてすら、常に存在と非存在という第一次的な区別に依存するかたちで思考がなされていたのである。

存在論が常にめざしてきたのは、さまざまな観察が（ただし誤謬だけは除く）最終的には〔在るがままの〕世界へと収斂していくという点を証明することだった。そこに論理的な難点が含まれているということに注意を促しておきたい。存在と非存在とを区別せざるをえないというなら、〔存在のみが在り、非存在は無いというように〕統一性に固執するなどということがいかにして可能なのか。存在は《原理》であるとか、ましてや世界の《魂》である云々とあえて主張する者など、もはやいないはずである(73)。その代わりに登場してくるのが、世界関係の《直接性》や《実存》などの概念である。それらによって考えられているのは自己経験であり、そこでは記号の使用に、したがって「存在／非存在」流の区別に、頼らずとも済むはずだとされている。そうしていけば最後には、形而上学という文脈から脱することはできないとしても、現前性の前提とロゴス中心主義（つまり、〔存在のみが在るという〕一値性と〔真／非真の〕二値性）という伝統を拒絶して、それに対抗する概念構成を精錬していくことができるのかもしれない。しかしだとしてもその地位は不明確なままだろう。対抗する概念構成がそもそも理解されうるのは、それが何に対して向けられているのかが知られている場合に限られるからである。

区別に依存する観察という構想を徹底化していけば、読者は自分が別の世界のうちにいるのに気づくことになるだろう。この世界で肝心なのは、区別することと指し示すことがひとつの統一的な作動の契機であるという点を確認することである。それが生じるのは、そのつど指し示されているものが何から区別されているのかについては裁量の余地があり、用いられる区別の交替というまさにそのことが、この可能性の条件としての世界を構成する当のものと見なされる場合である。したがって絶えず《世界を切り取り直す recutting the world》[74]ということが許容され、世界概念の中に組み入れられねばならないのである。だとすれば「存在」というふたつの側からなる形式も、そのための最も普遍的な概念にすぎないということになるはずだ。さらに加えて「全体社会のオートポイエーシスが可能であり続けるようにこの交替をコントロールするにはどうすればよいのか」と問うこともできる。そしてこの問いを手がかりとして、世界概念の交替、時間概念の交替、事物や社会秩序の枠となる観念の交替を、全体社会の構造の変化と相関させることが可能となる。ただし譲れない条件がひとつだけある。コミュニケーションのオートポイエーシスが維持され続けるということである。

創設する区別(一次的区別 primary distinction)としての「存在/非存在」の区別は今や、存在論的にはまったく得心のいかないところだろうが、内と外の、あるいは観察者の自己言及と他者言及の区別によって置き換えられる。新しいヴァージョンに従えば、「存在/非存在」の区別が用いられうる以前に、〔それを多くの区別のうちから選択する〕観察者が生じていなければならないからだ。しかし初発の区別を選択するための形而上学的・論理学的な規則など存在しない[75]。そのために存在しているのは、全体社会の歴史における首肯性だけである。そして近世においてはその下に、世界の脱存在論化への関心が横たわっているのである。

この領域に関する哲学による珠玉の作品群は、驚嘆に値する。しかし社会学なら、根源におけるどんな汚れが〔すなわち、マークされない状態 unmarked state に引かれるどんな最初の区別が〕それらを生み出しえたのかと問うことになるだろう。ただし旧い知識社会学の流儀で〔特定の区別が導入されたという事実の〕《背後にある利害関心》について問おうとしても、さほど成果を期待できないはずである。それは結局のところ、経験的にはほとんど分解されえないトートロジーに行き着くからだ。或ることを主張している者はそう主張することに利害関心を抱いているのだ云々。それゆえにわれわれは、前章での分化理論的分析に立ち帰ることにする。その分析によって、「中心／周辺」分化においてもハイアラーキカルな秩序においても、中心ないし頂点という位置があって、そこから世界と全体社会を競合相手なしに記述できたという点が示された。そこにおいて説得力を有していたのは、存在論的に首肯性をもつ存在の構図だった。それはコミュニケーションにおいて権威を利用することができた。そこ〔＝中心・頂点〕において世界は、また全体社会は、それらの見透かしがたさともども代表＝表出される。またそこからなら、世界と全体社会に対して真理と誤謬とを首尾よく適用しうるのである。もちろんそこまでするには及ばない。〔中央・頂点において〕主張されていたのは身分に基づく、あるいは〔都市で暮らす〕貴族のコミュニケーション様式がもつ世界視角が一般的に受容されているということ〔だけ〕だった。南中国の漁民たちが儒教倫理について何かを、あるいは〔イングランド北西の海に浮かぶ〕アウタ・ヘブリディーズ諸島の漁民たちがトマス・アクィナス流の世界組成について何事かを聴き知ることなど決してなかったというのは、おそらくまちがいないだろう。しかし存在論は日常的な首肯性に密接に即して構成されているではないか〔今日において物理学および論理学においてなされていることすべてに比べれば〕。より美しいとか、祝祭的であるとか、思慮深いとかいうだけで十分なのである。そして存在論が二値論理学に結びつけられることによって、存在に到達した〔つまり、社会や世界が事の本質からしておおよそどうなっているのかが真なる言明によって確認された〕場合には、さらなる問いを立てることが許される、というよりも強制されることになる。貴族の、あるいは《平民の》生活様式の特性についてであれ、地方と都市では生活に明らかな違いがあるということについてであれ〔「本来どうであるのか」が真なる言明を積み重ねるかたちで細部まで問われていき、それが逆に実際の生活を規定し、固定化する〕。したがって知識社会学の立場からしても、端緒における一定の首肯性を基礎としてゼマンティクと社会構造（Sozialstruktur）とのこの種の連関が生じるという仮説をさらに究明していくことが可能である。しかしむしろ一番説得力ある議論は、機能分化の方向へと向かう社会構造の変化が存在論的形而上学にまず亀裂を入れ、その後完全な崩壊をもたらしたのだというものではないだろうか——今日でも哲学者の間には、そのことについてなにひとつ聴き知ってこなかった漁民がいるのかもしれないが。

V　ヨーロッパ旧来のゼマンティク(2)——全体と部分

自己記述を記述する際には常に（観察を観察する場合と同様に）、どんな区別を用いて事が進められているのかに注意を向けることが重要である。旧ヨーロッパの全体社会はアリストテレス（およびその時代に広範になされたと思われる議論）を引き継ぐ諸区別を用いて自分自身を記述してきた。そのうちでもっとも重要なもののひとつとして、全体をその諸部分から区別することが挙げられる。この図式は、かの都市の中で多数の人間が生活しているという経験によって直接動機づけられたものだったかもしれないし、複雑な客体を、例えば船を、手工業的に制作することによって動機づけられたのかもしれない。いずれにせよこの図式は、多であると同時に一である（多様ニオケル統一 unitas multiplex）ような統一体というパラドックスを天才的に、最高度に実り多いかたちで分解しえている。〔今や〕このパラドックスは、二つの水準《レヴェル》へと分割される。両者は分けられているが、その分けられているものの統一性について主題化される必要があるとは見なされないのである。[76] 一方の水準《レヴェル》は全体を通して、他方は部分を通して形成される。この二つの水準《レヴェル》の統一性、両者の差異の統一性は、ことさら明示されはしない。同一性と差異との統一性はむしろ、《全体は部分の総和以上のものである》との言明によって隠蔽される。神秘的な《以上のもの》が示しているのは、解明が必要だということである。この必要性を、社会秩序を正当化し代表＝表出するために用いることができる。かくして超越範疇[9]の学説では世界の中に存する統一性と同様にモノの中に存する統一性に、神のごときものとして正の値を与えることができた。それは一（unum）－真（verum）－善（bonum）－美（pulchrum）という系列のうちに置かれ、単なる多数（multitudo）という反対事例から区別されたのである。神が自身を世界へと転写し、世界がモノへと転写されるのであれば、統一性が遍在していることになる。しかしそう言いうる（区別しうる、指し示しうる）ためには他の側を伴う境界が必要である。その他の側が単なる多数性にすぎないとしても、である。

　生成という観点の下で考察する場合、この図式は二つの可能性を与えてくれる。諸部分のほうから出発するならば、部分のうちにひとつの傾向を、統一性への希求を認めることができる。統一性のほうから出発すれば、全体が諸部分へと展開していくのだということになる。こちらは流出論になる。このテーマをめぐっては論争が続いていく（例えば、アリストテレス主義／プラトニズムという線で）。出発点となる図式のうちには、どちらの可能性も存しているからである(77)。ここではパラドックスは、機械論的世界記述とアニミズム的世界記述の違いへと展開される。

全体とその諸部分の区別においては視線は、全体の内部状態へと向けられる。パラドックスの解決に役立つのは、この内部状態なのである。諸部分が等しくないとしても、それは容認されうる。いや、むしろ調和として称揚される。〔異なる〕諸部分は等しくもある。同じ全体に所属しておりそれに《奉仕する》という点では等しいではないか、というわけだ。それに対して〔全体の〕外の状態のほうは比較的未分節のままに留まる。すなわち、ことさら反省が加えられることのないままに図式を反復することによって、〔全体を〕包括する〔さらに大きな〕全体に言い及ぶことで、記述されうるのである。ただしひとつだけ執拗に問い続けられてきた問題がある。すなわち世界圏の最果ての問題である。しかしこの問いは宗教へと委ねて、内在／超越の図式で扱ってやればよい。もっとも、境界の彼岸に位置するものを指し示すための概念的手だてがなかった〔から宗教に頼らざるをえなかった〕のも確かなのだが。すべてがこの位置から、内部から眺められる。どんな境界をもふたつの側をもつものと見なす観察者の流儀は採られなかったのである。

諸部分からなるひとつの全体というこの図式の優越性を了解するためには、そこでは《自然＝本性》が、しかも多重的な観点から、念頭に置かれていたという点を考慮しなければならない。自然＝本性として考えられているのは諸部分であり、それが集まることで全体が育っていくとされる。したがって特に想定されているのは個々の人間であり、思考する身体としての個々の人間が都市で生活を共にしているという事態だった。しかし同時に〔個々のモノだけでなく〕分割そのものもまた自然＝本性として通用していた。男と女、主人と奴隷、市民と居住者、都市と家政、そしてもちろん自然財と貨幣、完成態と堕落態の区別がそうである。自然＝本性によって、〔分割された諸部分それぞれに〕課題と全体社会の中での位置が割り当てられる。そして正義に適うかどうかは、それらが尊重されているかどうかによって測られるべきだとされるのである。[78] この種の違いは、それが自然＝本性からして与えられているのだという観念によって、疑念を免れる。のみならずこの観念により、「全体社会は自分自身の統一性をいかにして産出するのか」という問いが排除されることにもなる。[79] こうして自然＝本性は、社会生活に合うように成長を遂げていった。

自然＝本性の中には、自分自身の自然＝本性を知る（そして、誤認する）ような諸部分が含まれる。すなわち人間である。人間には、その自然＝本性からして、自己認識するよう求められているのである。しかしこの自己認識がめざすのは、個々人には主体性というものがあって、それが自分自身で十分である〔すなわち、他の何かによる規定を受け付けない〕という事実ではない。むしろめざされたのは存在ノ類比（analogia entis）を経由して自分自身の自然＝本性へと至ることだった。その本性とはマクロコスモスの中のミクロコスモスであり、神ノ似姿（imago Dei）であり、個人の魂の中に世界の魂が反映されていることであり、被造物の中で神と被造物との統一性が象徴されていることである、と。[80] それゆえに倫理は、鏡のメタファーを用いることができた。それは事実性を二重化するためにではなく、人間に、各自の社会的地位に鑑みて自分は本来何であるのか（ただしそれは鏡なしには見ることができないとされる）ということに直面させるためだった。[81] それに従えば理性もまた（人間の）自然＝本性である。ただし理性は、自然＝本性がそれによって自分自身を制限するような形式なのである。

したがって全体社会は、自分自身への関係を作り出すことのできるような自然＝本性の特殊事例であるとされた。そしてその根拠は、全体社会は人間から成っているからというものだったのである。ここでも例によって、そのための二重形式も存在していた。行為（意志）かそれとも体験（理性）か、というわけである。この論争が刺激となって〔その後の議論が〕方向づけられた。〔人間が〕自己関係〔を取り結び、自分自身の本性を制限すること〕を、全体社会を作り出すこととして考えることができた。だとすれば全体社会の《起源》としての〔意志による〕暴力かあるいは〔理性による〕契約についての理論が登場してくることになる。そこでは当初都市における政治の状態が、またしたがって都市において通例的だった（地方ではそうでなかった）分割が前提とされていた。しかしこの前提はローマ時代にはすでに基礎を失っていた。まず最初に都市市民法が他の諸都市のあらゆる市民にまで拡張されることによって、その後ローマ帝国が領土的に拡張され、防衛され、最後には解体されていく（それでもまだ帝国は〔都市における具体的役職によって裏づけられた、ある個人がもつ〕命令権 imperium＝支配権力 Herrschaftsgewalt と呼ばれ続けた）という歴史によって、である。《政治的》ということが都市政治と取り結んでいた関係はしだいに忘れられ、人間はその自然＝本性からしてもはや政治的ではなく社会的存在として理解されるようになる。そこから諸学派のうちで、政治と倫理という新たな種類の区別が登場してくるのである。その自然＝本性からして――つまり、「人間はその自然＝本性によって規定されている」という観念に関しては、さしあたり何も変わらなかったわけである。〔暴力／理性、政治／倫理に関する先の論争をめぐる〕状況は、中世盛期における主要なコンフリクト、すなわち皇帝と教会のそれが領土分割へとは至りえなかったことによって〔両者がひとつの社会のうちに共存することを認めざるをえなくなったという事態によって」も、決着不可能になった。しかしまさにこのコンフリクトによって、集合的身体〔としての団体〕（Kollektivkörper）（集マリ universitates）という特殊な学説の発展が促されることになった。この集合的身体には、自然＝本性に即した規定性が適用されるはずだ、というわけである。[82]ソールズベリのジョン[10]の『ポリクラティクス』[83]以降、〔個々の人間には還元されない、集合的身体〕独自の自然＝本性を自己認識することをめざしたヴァージョンが登場してくる。そこでは有機体のアナロジーという形式のうちで議論が進められ、起源の問題は天地創造の業として扱われる。こうして、自然＝本性の自然な（完全な）状態と堕落した状態という区別を政治的身体＝団体に適用することが、またその区別を政治的支配を確証したり批判したりするために用いることが可能になったのである。自己関係のこれらのヴァージョン——人為的な〔人間による支配や契約によって自己関係が作り出されると考える〕あるいは自然的な〔神によってあらかじめ与えられた集合的身体の本性を自己認識することが自己関係であると見なす〕——の双方が、互いに対する差異によって支えられている〔すなわち、自己関係は自然＝本性によるかよらないのかが問われるのではなく、人間の本性によるのか集合的身体の本性によるのかというように問題が設定されてしまう〕。かくして全体社会をオートポイエティック・システムとして捉える可能性はすべて塞がれることになる〔社会は人間ないし神によってあらかじめ規定されているものと想定されているのだから、社会の「自己創出」など考える余地はなくなってしまうわけだ〕。しかしそれでもなお、全体社会にとっては十分な自由度が〔議論のうちに〕組み込まれてもいた。それはまず、自然＝本性は、人間の行為が〔なすべき内容を定めるにしても、それが〕どの時点でなされるのかまで規定しているわけではないということのうちにある（そもそも自然＝本性自体が次第に完成態へと向かうことを含意する時間的生成をめぐる概念なのである）。さらにもうひとつには、自然＝本性は近代自然科学における法則の類のように例外なしに貫徹するのではなく、それ自体が堕落のもとに置かれるということのうちに存していた〔例えば「炎」と「貴族」を比べてみよう〕。確かにどちらも自然＝本性ではある。しかし炎は燃えている時は常に熱いし、可燃物にはいつでも火を付けることができる。それに対して貴族は、その自然＝本性に対応する完成態に常に到達する、というわけではない。自然＝本性が常に未完成のものから完成したものへという方向を取るとしても、この点は何ら変わらない[84]。それゆえに全体社会という倫理的－政治的文脈では、自然＝本性を通して生成するのは、天分であると見なされる。そしてこの点に関してのみ、自身の完成態を達成したりし損ねたりするための制約条件という点でのみ〔本性による規定は働かないのだから〕、人間は自由であり全体社会は自足的だ〔つまり、自分のことを自分で決しうる〕と言えるのである。

かくして自然＝本性の概念によって次の点が覆い隠されることになる。多なるもの、相異なるものの統一性という問題は、また他の区別ではなく特定の区別が用いられるという問題は解決されていない。それどころか提起されさえしないまま、形式のうちに引き取られてしまったのである。それと並行して生じたコスモロジーにおいては同じ問題が別様に、すなわち物語られうる神話という形式、流出の神話という形式の中で解決されえた。例えばプロティノスの『エネアデス』では統一体〔最高存在者 summum ens〕は統一性と多様性の差異を自分自身から流出せしめるのだと説かれている。そこでは流出は、何か新しいものを生ぜしめることとして（あるいは、生産としてすら）理解されているわけではなく、起源の展開として、すでに在る何かからの生成として捉えられている。ルネッサンス後期の自然哲学においてはこの問題が再度、きわめて尖鋭的なかたちで提起された。この問題に対して、魂を理論的母体

(Paradigma) とする、世界の統一性という効果のある原理が要請されることになった。[85] しかし同時に、世界の統一性を諸差異のダイナミックなプロセシングとして把握しようとする試みも始められていた。そのための法則が探求されねばならない、というわけだ。こうしてかの〔多様性の統一性という〕問題設定は経験的・数学的自然科学へと移し入れられ、そこで大きな成果を挙げることになる。

全体とその諸部分の区別によって、対象(さしあたり問題になっているのが世界であれ全体社会であれ)の統一性はただ二重化される、つまり二回にわたって記述されるだけである。統一性は一方では全体であり、他方では諸部分の総和である。諸部分の協働があの〔「以上である」という〕剰余価値を生み出し、それに従えば諸部分は全体なのである。かくして同時に、ここで問題となっているのは同一の現象の二重記述なのだという点が覆い隠されることにもなる。そしてそのこともまた不可視に留まらねばならない。さもなければパラドックスが明白に露出してしまうだろうからである。この問題が初めて直接指し示されたのは《見えざる手》の神話によってだった。しかしそれは、そのものがパラドックスであるようなメタファーによってのことだった。

このメタファーにおいてもやはり、問題は全体を諸部分へと分割することのうちにあるのだという点が前提とされている。そこから、この分割を実行し責任を持つのは誰なのかという問いが生じてくる。全体/部分の図式はこの点に関してはより高次の審級を、包括的な自然=本性の概念を、あるいは創造主を引き合いに出す。この点でこの図式は、宗教的な世界設定に拘束されたままだったのである。それに対して進化・創発・分出・自己組織化などの概念によって、まったく異なる思考態度が導入される。こちらの出発点は、ひとつの全体に対するより高次の配慮などなくても、局所的で特別に構造化された実体（原子・恒星・生物など）が生じうるということである。そうすればそれらによって今度は、その種の他の実体にとっての適応条件が定められることになる。全体と諸部分という二つの記述水準が分離されると、「全体がその諸部分の水準においてもう一度登場してくることはありえない」という点を容認する必要が生じてくる。そこから「では全体の部分への関係はどのように考えられるべきなのか」という問いが生じてくるが、これもまたパラドックスの分解が創造的なものであることの明白な証拠だろう。アリストテレスが次のように述べているのは、全体社会の階層化された秩序が、また組織された都市の営みが首肯性を有していたことと軌を一にしている。《多数の諸部分から成り、かつそれらが連関していようが分離していようが、そこからひとつの共同的な統一性（hén ti koinón）が生まれてくるようなすべてのものにおいて、常に統治するもの（to árchon）と統治されるもの（to archómenon）が登場してきもする》（『政治学』1254a 28–31）〔『アリストテレス全集　一五巻』、岩波書店、一九六九年、一二頁、訳文はルーマンの引用した独語版に基づく〕。この点に関してアリストテレスが依拠しているのはもっぱら自然＝本性であり、必要性であり、有益性である。そしてこの不等性に関する正当化の論拠として持ち出されるのは、統治するのはより優れた部分であるということだった。[11] 後になるとヨリ大キナ諸部分（maiores partes）、賢明ナ部分（sanior pars）、優勢ナ部分（valentior pars）について語られることになる。階層に即してそれらの部分を特質づけるのは道徳に適っていることだと主張されるのである。《コミュナリズム》に定位する団体理論は中世都市の状況に即したものだったが、そこにおいてすら平民[12]（populs, civis）という概念によって、寡頭制的構造が前提とされていたことがわかる。サラモニウスによるテクストの中で対話する人物である《哲学者》の定式化では、《全体ソレ自身ニヨル論証 argumentatio de toto ad se ipsum》に代わって《諸部分ニヨル諸部分ノ論証 argumentatio de parte ad partem》が登場してくる。[8] より上位の諸部分が《傑出 Eminenz》[13] していることは宇宙論的に、自然類型として裏書きされる。[87] さらに加えてひとつのピラミッドというこのイメージにより、上位の諸部分をピラミッドの頂点から区別することも可能になる。頂点はピラミッドのどの側面にも属しえない。だから確かに或る意味では全体に属しているのだが、本来の意味で全体の部分ではないのである。

見ての通り「全体／部分」の区別は「上／下」の区別によって、つまりはハイアラーキーを引き合いに出すことによって補完され、解釈されることになる。パラドックスの分解は、順列のかたちで接続された〔上下の〕区別を介して生じる。どの〔上から下への、あるいはその逆の〕ステップにおいても不可視性と同様に首肯性がもたらされる。追加のこの区別を抽象化することによって、「上／下」図式によって扱われるのは包摂のハイアラーキー（貴族と平民はひとつの全体の部分である）でも職階組織に基づく指令のハイアラーキーでもありうるという点が隠蔽されてしまうのである。

統一性のパラドックスを、諸部分の位階秩序という教説へと変換すること。それに対応するのがもうひとつの真に驚くべき教説なのだが、これもまたアリストテレスによるものである。いわく、完全な諸部分とより完全でない諸部分から成る秩序は、例えば男性と女性から成る秩序は、完全な諸部分のみから成る秩序よりもさらに完全である云々。[88] その後中世に至ると、天使と石とを含む世界は天使だけがいる世界よりも完全である云々と論じられるようになる。ただしそこにおいてもまた、ゼマンティク上の補正メカニズムが組み込まれてはいる。女性が不完全であり生来弱さをもつからこそ、その美徳はより輝かしく、賞賛に値するものとして現れてくる。この美徳は、より不利な自然的条件の下で示されねばならなかったのだから、と。[89] 悪徳ですらやはり〔不完全な部分として全体の完全性に貢献するという〕善い意味を偶然トシテ（per accidens）[14] 有している。[90] 悲惨な者たちの悲惨さも同様にして正当化される。悲惨さは、形式の他の側として不可欠なのである。

〔全体／部分の区別には〕数多くの区別が接続されたが、それらはローマの、また後に続く中世の社会秩序がますます法によって決められるようになっていったという事態に条件づけられたものであった。しかし今はこの点については示唆しておくことしかできない。法的に有効な代理（repräsentatio）[15] というローマ法的な構図から社会的法人（soziale Körperschaft）の代表に関する学説が、そして最後にはバーゼル公会議での教会改革の試みを契機として、《同一性代表 repraesentatio identitatis》〔支配者ノ代理 repraesentatio potestatis との違いにおける〕[16] という一般的な概念が発達してくることになった。そしてそこにおける根拠づけが論議の的となったのである。[91] 或る部分が、全体の内部における全体であることなどできない。しかし全体の内部で全体を代表＝表出する権限を与えられ、その能力をもつ部分は存在するのである。

代表＝表出という概念からは、さまざまな難点が生じてくる。代表者が錯誤を犯したとき何が生じることになるのかについては未決のままだった（中世においてはこの点は特に重要だった。当時はまだアリストテレス流の、〔行為の本質の〕認知〔可能性〕を強調する行為概念が出発点となっており、したがって〔行為の〕目標は〔物の本質と同様に、客観的に〕認識可能な何ものかであると見なされていたからである）。さらに加えて代表によって、代表される者（たち）を機関による行為から排除することまでもが正当化されるわけではない。居合わせることができるなら、どうして決定に参与してはいけないというのだろうか。この問題は、法学的な詳論の契機となった。十三世紀から十四世紀へと進む中で、アリストテレスの政治学が受容されて以来「国」（civitas）の概念が占めていた位置に、「共同体＝全体＝〔法人格を有する〕法人」（universitas）という法学的カテゴリーが登場してくる。(92) 例えばマルシリウスは「市民タチノ総体〔としての法人〕」（universitas civium）について語っている。(93) このカテゴリーによって、法人という法的単位を個々の市民の単なる集まりから区別することが、また選出および任命の手続きを法的に規制することを介して錯誤の問題と排除の問題が含意されているという点を取り上げることが、可能になる。かくして、〔錯誤と排除が〕明白な場合には抵抗権が認められるのかどうか、それは誰に対してなのかが法的問題となる。結局のところ代表というこの概念は法のかたちを取ることによって、全体社会における成立時の文脈を超えて生き延び、憲法上の概念として今日においてもなお用いられるに至っているのである。

代表は、この概念に従うなら、全体の個々の諸部分のうちのいくつかだけを義務づけうる。それに対して参加の概念はあらゆる部分が全体に対して取り結ぶ関係を記述するのである。前者の概念は上から下へ、後者のほうは下から上へと思考を進める。だから参加の概念には、道徳が必要とされているという点が関わってくる。次の点が明らかになるわけだ。参加によってどの部分も権利を入手すると同時に義務をも負う。保護と扶養を請求する権利をもつが、そのためには全体への奉仕を提供しなければならないのである。全体と部分との緊張関係は支配する部分と支配される部分の区別によって再定式化される。そしてこちらの区別のほうも、代表＝表出と参加の区別によって再定式化されるのである。権利と義務の区別は、参加を踏まえて設定される。この区別の統一性は法（ius）として指し示され、この形式において再び位階と地位に従う社会的分化の裁量に委ねられることになる。形式が形式を生み出す形式を生み出す形式を生み出すのである。[17]

代表と参加という形式によって、諸部分から全体を導出し、全体の意味をそのようなものとして規定することが試みられる。多くの事柄を要求する（倫理的・政治的な）この形式と並んで、それほど多くを要求しない論証の形式も存在する（やはり全体とその諸部分という図式の内部でのことであるが）。それはすなわち事例による、示唆に富む手本（exempla）によるものである。この形式は法学での論証において、修辞学において、また特に教育学において育まれてきた。[94]そこでは全体の意味については敬虔な態度で未決のままにしておかれる。それに関しては宗教的世界設定に拘束されつつ、あるいは正義という基準のもとで[18]事例を扱う中で、触れられるだけなのである。

諸部分から成る全体というこのモデルは、きわめて多様な統一体へと適用されうる。家政に、都市に、修道院や大学などの団体に、帝国に、さらに新たに形成されつつあった領域支配（その後《国家》と呼ばれることになる）に、である。中世においては全体社会の理論、包括的な社会システムの理論は発達してこなかった。キリスト教徒の領域総体（悪魔ノ身体 corpus diaboli との違いにおけるキリストノ身体 corpus Christi）[19]という観念は、普及したとはいいがたい。社会の綜合は欠落していたのだが、この事態は宗教的に設えられた本質の宇宙によって受け止められた。この宇宙も同一の構造的メルクマール（諸部分から成る全体）を呈していたのである。各諸部分がそれぞれの機能を満たすべきであり、諸部分が設えられているのはそのためになのである。全体の完全性はその多様性のうちに存している。全体は事物ノ系列（series rerum）という様式においてハイアラーキカルに秩序づけられている。その中ではどの部分も自己維持に、また同時により高次の諸部分への奉仕にも従事する。諸部分すべては参加を通して神に仕えるのであり、神が、自身が創造した世界を享受することに貢献するのである云々(95)。

もちろん自然哲学そのものの中にも反対の見解が存していた。例えばルクレティウスは、自然がそれ自体からして全体という統一体へとまとめ上げられることなどないと考えた。ただ相異なるものどもが集積していくだけなのだ、と。しかし自然の統一性を神の統一性のほうから考えようとしていたがゆえに、この議論は顧慮されはしなかった。全体に対する諸部分の秩序は、神の目的に対応する。それゆえに自身が含まれるどの全体から出発しても、天地創造の企て総体がもつ宗教的意味に関われることになる。天地創造は、自身のうちに含まれるものを《保持している》のである（取り囲む periéchon という意味で）。天地創造はシステムの環境ではなく（《環境＝周囲世界 Umwelt》という言葉はまだなかった）、世界の意味を付与する形式なのである。この形式の他の側が扱うのは神の名だ、ということになる。自然、ソレハ神デアル（Natura, id est deus）[20]。この秩序アル和合（ordinata concordia）に参与することは自然な分別であり理性なのである。

宗教的な世界記述という文脈においては、「全体／部分」図式の中に可視的な諸部分と不可視の諸部分との区別を組み込むこともできるという点が重要だった。そしてここでもまた、可視的なものと不可視のものとの統一性についての問いが立てられることはなかったのである。〔なぜそう問われえないのかといえば、〕それは不可視的な諸部分に対しては単に崇拝することだけが可能であって把握することはできないからだというようにも解釈できるだろう。そこにおいてさらに「人が拠り所とすべきは神の恩寵であり、魂の救済が得られるのは善行のみによるのではなく、ただ正しき信仰を通してだけである」と説かれるなら、それはおそらく上層が分出し正統性が必要とされるようになったという事態に沿うものだったのだろう。[21] しかし十六世紀、十七世紀に至ると自己と世界の不透明さ〔モンテーニュ、ダン、グラシアン〕から、まったく異なる議論を導き出すこともできるようになる。議論はとりわけ不透明さをどう扱うかという問題へと、セカンド・オーダーの観察〔自己観察の観察〕へと、そして反省〔省察〕の理論の方向へと流れていった。この理論においては、観察と記述が〈背後に不可視の意図を秘めた〉偽計として観察される。この意味で、《啓蒙》に先だってすでにこの点に関する啓蒙がなされていたのである。(96) かくして可視的／不可視的という図式は、〔技術的な〕権能への予期を増幅するための枠組を構想するのに役立つことになった。[22] しかしそれは結局のところ統一性としての全体をもたらすのは〈個々の人間を離れた〉見えざる手であるという最終的な構図へと行き着くだけである。(97) さらに加えて当時すでに、特に領域国家が視野に収められることによって、「政治的全体社会は人間から成る」との観念が解体されれ始めていたのである。

アルトジウスはすでに政治的全体社会を「普遍的ナ共生ノ結合体 consociatio symbiotica universalis」として概念化し、[23] 特殊な種類の〔同時に、普遍的な〕共同体＝法人〔universitas〕を描き出していた。そこでは個々の人間は、しかしまた家族および社団〔collegia〕もまた、もはや法人のそのものの部分として含まれるのではなく、共同生活〔symbiosis〕という概念を介して〈「全体」たる法人と〉同時に把握されるだけだ〈、したがって、「全体」に従属するのではなくそれと対等である〉とされる。領域的な組織としてのこの法人はただ〈法人そのものと〉同質の諸部分からだけなっている。つまりその部分もまた領域をもつ組織なのである。(98) さらに十七世紀には契約という構図への転換が生じる。今や支配〈体制〉を任命することだけでなく全体社会そのものがひとつの契約に、原始契約（pactum unionis）に帰せられるとされる。(9)かくして個体性は〔「そんなことは原始契約に含まれていなかったはずだ」というように〕、全体社会の構造変動にとっての抵抗という新たな意味を獲得する。(100)ここに至ってもなお個人と集合体とを統一体として考えようと試みるなら、その行き着く先は全体主義的な論理学と《全体国家》であろう。そこではもはや、境界が尊重されることなどまったくないのである。

宗教は世界記述の神学的ヴァージョンを提供してきたが、それが長きにわたって、高度な非一貫性を〔伴いつつ、それを〕克服する統一的な世界記述を保証することになった。《多様性 diversitas》は他ならぬ「完全性」の同義語となる。神は世界がかくも豊かで雑多で相異なっていることを望まれた、それゆえに人間が〔世界を統一的なものとして〕把握することなど排除される、というわけである。非一貫性の経験が最初に浮上してきたのは文字によって、つまり複数のテクストを並置して比較する可能性によってだった。そして〔当初は、〕外見の驚くべき多数性こそが〔背後にある唯一神の証であるというかたちで〕当の問題に対する解決となっていたように思われる。しかしその後、つまり中世盛期以降になると、今度は神学的テクストの間の非一貫性も現れてくる。さらに活版印刷術以降に至ると、この事態は〔神学内部に留まらず〕一般信徒の文化の一部と化す。そしてこの「非一貫的であるにもかかわらず統一的な〔のはいかにしてか〕」という問題はわれわれの世紀に至ってまでもなお、存在論と論理学の関係に対して影響を与え続けているのである。

しかしそうなる〔すなわち、「非一貫的なものの統一性」が今日に至るまでの持続的問題となる〕のは、何世紀にもわたる（文字を用いた、印刷された）自己記述による実験を経てのことだった。〔文字を用いた記述によって、〕「全体とその諸部分」のコスモロジーの統一性を根拠づけるためには、世界／神を区別するゼマンティクだけではもはや不十分になる。さらに活版印刷術によって、テクスト解釈の相異なるヴァージョンが流布され、宗教によって基礎づけられた世界観の統一性は解体される。その後に至ると件の問題が、人間においてもう一度反復されることになる。十八世紀以降、問題は人間へと移し入れられるのである。人間には全体社会の部分として、全体的なものであると同時に部分でもあるよう要求される。一方では普遍的人間（homme universel）[24]として、さらに後には超越論的主体として、普遍人間的なるものを体現していることを、また他方では高度に個性的であり、その点では唯一無二であることを求められるのである。そしてこの二重化は、時間的・過程＝手続的なパースペクティヴにおいても、つまり教育のパースペクティヴにおいても反復される。一方で経験的な人間は常にすでに生まれてしまっているのであり、それに対して教養を身につけさせねばならない。これはすなわち自分自身に即して、人間としての人間すべてにおいて妥当するものを反省しなければならないということである。他方では《絶対的自我はいかにして一個の経験的自我になるのか》[101]との問いにも直面する。いかにして個性的な生活態度を打ち立てうるのか、と。

　この種の時間図式はカントによる「未成熟／成熟」という区別のうちにも、また啓蒙ないし解放についての観念のうちにも潜んでいた。明らかに時間の差異が、パラドックスを分解するのに役立ったのである。同時になることができないものには順次になるしかない、というわけだ。しかしパラドックスは、目標の観念として保持され続ける。ひとつの理念のうちへと、せいぜいのところ近似的にしか達成できない未来へと、個人としての人間でありたいという憧憬へと移されているだけなのである。何も〔つまり普遍性と個体性のどちらをも〕放棄してはならないということになる。特にドイツ観念論の美学においては、これに対応する定式化が見いだされる。[102] しかし最終的に問題となるパラドックスはやはり常に、「諸部分から成る全体」というものなのである。

こうした世界記述を用いる者たちは、意味を付与する創造神という構図をもって、またそれに続く人間のうちにある人間性の称揚をもって、事足れりとする。しかしこの記述を記述するわれわれとしてはさらにもう一歩踏み出して、その論理的・存在論的基礎についても問わねばならない。このゼマンティクの構造にとっても、また同様にそれがパラドックスを扱う仕方にとっても決定的なのは、二値論理学が疑念の余地なく妥当するという点である。この論理学のほうもまたひとつの区別を受け入れている。それによって、自身に特殊な形式を、すなわち正と負という論理上の値の区別を獲得するのである。〔独自の区別を用いる二値論理という〕この達成物を評価するにあたって重要なのは、否定の作動が用いられる前に、区別を獲得し形式をマークすることができるという点である。否定は形式に依拠しているのであって、その逆ではない。否定はひとつの区別によってのみ可能になる。その区別の他の側は、肯定なのである。[103] それに対して二値性はそれ自体からして、切断的な効果をもつ制限を課す。二値論理学は存在を指し示すためにはただひとつの値、正の値しか用いることができない。観察者の自己修正のために、誤謬のコントロールのために用いられるのもやはりひとつの、第二の値である。それに加えて「思考と存在」という区別をも踏まえるなら、存在をひとつの形式と見なすことが可能になる。この形式の他の側は非存在だ、というようにである。かくして観察者の立場から、存在ないし非存在を、正しくあるいは誤って指し示しうるということになる。だが二値論理学がもつ可能性は、これですべてなのである。さらに加えて時間あるいは可能性という様相をも考慮しようとすれば、それだけですでにこの観察図式の限界に達してしまう。セカンド・オーダーの観察を用いて、（ファースト・オーダーおよびセカンド・オーダーで）観察することを反省しなければならない場合に関しては言わずもがなである。（「存在／非存在」を「正しく／誤って」指し示すという以上に）より構造に富んだ事態は描出されえないがゆえに、こう言ってよければ、存在論的に圧縮されねばならなくなる。それに対応することだが、言及の問題を真理ないし非真理の問題から区別することもできなくなる。言及を欠いた言明はそれだけで非真の言明とされてしまう。言及の不確実性は（それは例えば観察することにおいて自己言及的な構成要素と他者言及的なそれとが協働しているという事態のうちにも存している）、自動的に真理の問題だということになる。そしてこの点について、《懐疑論》と呼ばれる伝統の延長線上で出口の見えない議論が続けられていくのである。

この種の論理上二値的な世界記述からの帰結が存在論として、あるいは根拠づけの試みにおいては存在論的形而上学として立ち現れてくる。それに従えば存在には、在るかそれとも在らぬかという可能性しかない。そして思考がもつのは、存在ないし非存在を適切にないし不適切に指し示すという可能性だけなのである。思考は存在の《再現＝代表＝表出 Repräsentation》として、芸術はその《模倣》として把握されるしかない。さもなければそれは錯誤のなせる業だということになってしまうからだ。またしたがって観察者が多数であることから、観察において一致を達成する必要が生じてくる。観察者たちは共通して存在を観察しているからである（適切にか不適切にかという違いはあるにせよ）。そして思考において存在しうるのはひとつの適切な再現だけなのだから、権威というものが存在することになる。正しくものを見ている人は、他の人たちを教導できる。そこでは観察するのを観察するということは、認識の誤謬を濾し取るという以上の機能をもたないのである。他の観察者もまた、観察される場合には、客体である。この客体もまた、他のあらゆるモノと同様に、内容的特質を備えている。したがって観察者はこの客体に関しても、存在に即した正しい見解を抱くこともあれば即さない見解をもつこともあるわけだ。その結果プラトンは『テアイテトス』で次のような問いを提起することになった。或る他の観察者が自分の観察を真であると考えているものとする。この場合にその観察が非真であると、真なる仕方で指し示すことはいかにして可能なのか。プラトン哲学が成立したのは、この問いへの答えを追求することによってだった。

しかし哲学による膨大な苦闘の跡を辿り直して、その帰結の実り豊かさを賞賛することがわれわれの課題なのではない。社会学的な分析において顕著になるのは、論理上二値的なこの観察様式が、一定の社会構造と相関しているという点である。その構造のもとでは、世界と全体社会とを競合なしに記述できるような位置が存在するものと見込まれていた。それはハイアラーキーの頂点でも、中心でもよいし（そこからなら世界を見渡せる、というわけだ）、書き手ないし聖職者の専門的技能を考えてもよい。支配的だったのは口承による伝承様式であるが、それは唯一の正しい記述の可能性を想定することによって支えられていた。知らないということ、誤っているということを教えうるだけの権威はすでに社会構造のうちに、全体社会の分化形式のうちに、その役割秩序のうちに備えられていた。権威はただすでに存在している場所を、事柄に即しつつ占めさえすればよい。それがなされるのは、権威が「「頂点／下位」ないし「中心／周辺」という」当の図式を自分自身へと適用しつつ自分自身の状態を反省することによってだった〔自分は中心にいるのだから中心には知があり周辺は無知であることを知っている、一方周辺はそのこと自体を知らない云々というように〕。権威の賢明さとは、知と非知とを知っているということなのである。

　かくしてアリストテレスとともに、ひとつの倫理学をあえて試みることが可能になる。この倫理学では行為は何らかの善を追求することとして理解され、その善は認識可能なものとして前提とされる[104]。したがって善からぬ目標も、意図された悪しきことも存在しない。存在するのはせいぜいのところ誤謬だけなのである。それゆえにここでもまた権威が前提とされる。この場合権威とは、行為する者に対してその目標に関する蒙を啓き、必要とあらば修正する〔そうしたからといって自由を制限することにはならない！〕ような審級を意味する。十七世紀に至って初めて、目的と動機とが乖離しうるという経験が立ち現れてくる。〔今や〕目的は、どんな動機および利害関心の状態を踏まえてであれ、それ自体として選択されうるのである。

　言うまでもなく、常に目的が完全に達成されるわけではない。エレア派がソフィストとの論争に際して行った弁明の中にも、このパラドックスが現れてきていた。運動概念などの両義的な概念が形成されたのも、〔「まだ目標に到達していない」などという〕時間関係を描出可能にするためであった。自然＝本性の概念の中にも、「完成態／堕落態」という図式を用いて規範的な〔実現されるべき、ということは自動的に実現されるとはかぎらない〕要素が組み込まれる[105]。こうして存在論とあからさまに矛盾に陥ることなしに自然＝本性を目的論的に了解することが、また社会秩序を自然法的に了解することが可能になる。しかし二値論理学によって犠牲となる最大のものは、また同時に二値論理学に対する最終的な補償メカニズムとなるのも、神そのものなのである。

神は誤りえないのだから、二値論理学に従う必要もない。しかしだとすると神はいかにして世界を観察する〔＝区別を用いて指し示す〕のだろうか。神は世界を、自分自身のうちへと完全にコピーできる。神は全知である。しかしだとすると神は知に関してはいかなる独立性をももたないということになりはしないか。神はどうしたら、自分自身を世界から区別できるという状態へと至れるのだろうか。ニコラウス・クザーヌスのような神学者なら、「神にとっては〈認識しうるためには区別しなければならない〉などということは必要ないのだ」と答えるかもしれない。自分自身との関係においても、神は区別を必要としない。神の実在（Existenz）は、存在と非存在の区別を含めて、あらゆる区別の外部にある。区別されるということと区別されないということの区別すら含めて、である。しかしこの種の神学が、公式の教会神学として名乗りを上げることはまずできないだろう。教会は、神の意に沿うことと意に沿わないこととを区別できねばならない。神を観察者として（すなわち、区別を為す者として）観察できねばならないのである。だとすれば教会にできるのはせいぜいのところ、このパラドックスをうまく扱う術を神自身が知っている〔はずだ〕ということを〔人間には理解しがたい、しかし自明の事実として〕賛美し感謝を捧げるということだけである。しかしむしろ〔神とは〕観察することにおいて排除された第三項、観察者そのものではないのか。どちらの場合でも、そのことのうちに天地創造全体に対する意味の保証が求められるということになるのだが。

十九世紀初頭においても、《環境＝周囲世界》という語が発案された後[25]においてもなお、世界全体という観念を放棄すると広言するのは困難なことだった。磁力・エーテル・精神に関する議論という文脈では、次のような論証が常にくり返し登場してくる。精神と自然とにおいて〔今日のわれわれなら、「システムと環境とにおいて」と言いたいところだ〕同一である何らかの要素が存在するはずである、さもなければ世界という概念を維持することなどできなくなるではないか云々。つまり世界は依然として、諸部分ないし諸要素から成り立っているひとつの全体として考えられているわけだ[106]。世界の内部に観察する複数のシステムが形成されると、それらのシステムにとって世界は統一体としては不可視になる——これはほとんど思いもよらない発想だった。だから当初は全体社会そのものがそのように〔統一体として〕記述されねばならなかったのも当然の話だった。例えば全体社会は〔ひとつの〕階級社会なのであり、〔階級ごとに異なる〕複数のイデオロギー的な自己記述を伴っているだけだ、というようにである。しかし〔「虚偽意識としての複数のイデオロギーと唯一の現実」という議論を推し進めていけば導かれることになる発想のように〕物理学が世界を語り尽くす術を知っていたとしても、〔複数の自己記述が、現に事実として存在するという〕その点は何も変わらないのであるが。

世界社会が経験され、近代文化が世界規模のものとなるという文脈において初めて、つまりはせいぜいのところ十九世紀、本当のところは二十世紀になって初めて、「全体とその諸部分」という宇宙論的に基礎づけられた図式は決定的なかたちで放棄されるに至る（ただしゼマンティク上の《遺物》の存在までもが排除されるわけではないが）[107]。世界社会（Weltgesellschaft）は、そのように〔ひとつの全体社会 Gesellschaft として〕把握されるにしてはあまりにもわずかの調和しか見せていない。それゆえに伝統的な図式に代わって、より個別的な（地域的な、エスニックな、文化的な）意味形式とより普遍的であらゆる所で用いられうる意味形式という、さほど多くを要求しない区別が登場してくることになる。かくして、近代的世界の普遍的な構造との明示的な対立の中で個別性を〔例えば、宗教的原理主義を〕形成しつつ、同時に近代の技術的条件に〔例えばマスメディア・旅行・貨幣流通に〕関与することが可能になる。そこでは世界社会の普遍性が、ローカルな特別さを対照的なかたちで育成するための条件となりうるのである。[108] しかしそのためには両者が対立しつつ〔社会を〕構成する働きをなしうるということが、また全体社会が《全体的な》枠となる基準を放棄しているということが、あるいは基準を、論争の余地のあるイデオロギーへと委ねてしまっているということが、前提となる。そうなれば〔地域などに基づく〕諸区別は個別的な妥当性要求によってのみ選ばれる。それらの区別がグローバルに妥当する諸区別〔機能システムのコードのような〕から区別される、したがってどれかの機能システムのみに帰属されるのを拒んでいるという、まさにその理由によって、である。具体的な特異性が、《アイデンティティ論争》が登場してくるのはこのようにしてである。そこでは、他のあらゆる意味可能性という「マークされない空間」に向けて意味が主張される。そして近代社会のグローバルな特徴を特殊性に依拠して拒絶するという鋭い光線によって、特定の対立を浮かび上がらせようとするのである。しかしそこでは何が区別されているのか――やはり全体社会なのである。

VI　ヨーロッパ旧来のゼマンティク(3)――政治と倫理

はるか近代に至るまでの間、全体社会についてはさまざまに語られてきた。だがそれは「諸部分より成る全体」という区別のゼマンティクの範囲内でのことであった。この伝統からすれば人間の社会はすべて、部分としての人間たちから成るひとつの全体と見なされる。それはギリシアでは「交わり koinonía」と呼ばれた。ラテン語への翻訳では、法学的意味あいが強い場合には「組合 societas」と、あるいは「団体 communitas」となる。〔しかし同時に〕すでに早い段階から都市形成が経験されることによって最初の区別が、家政（oíkos）と都市ないし都市社会（都市国家 pólis、政治共同体 koinoniá politiké）とのそれが、示唆されることにもなった。さらに後になると、「国マタハ政治社会 civitas sive societas civilis」が〔全体社会を表す〕公式の訳語となる。(109) それ以降は十八世紀の「市民社会 civil society」に至るまで、変化はほとんど生じなかった。(110) オイコス（oíkos）という概念が指し示していたのは経済経営体および家族として自立的な家政、つまりは環節的な全体社会に由来する単位であった。それは都市のかたちで進展した全体社会においても、精確に言えば都市と地方〔の差異〕の中でも、存続していったが、そこではもはやその全体社会の分化原理を、つまり進展したこの社会の《本質》をも、表すことはできなくなっていたのである。今や家政は生存のための備えにすぎないと見なされる。それに対して人間の生の本来の意味は都市での生活の中で、つまりは《政治的》公共性の中で初めて満たされるのだ、と。それゆえに家政（oíkos）と都市国家（pólis）の区別は、単なる生と善き、有徳な（今日ならおそらく「有意味な」と言うところだろう）生との区別としても表現されえたのである。拡張され集中化されたコミュニケーションは後者の一部だったが、それは次のような事態の中で生じたものだった。都市、文字文化、分業による生産、〔都市〕内部において保証された平和（協調）、そしてそれに対応した職位組織〔である裁判所〕。この組織は、厳かな宣誓に基づく〔ことによって、外部の力関係からは独立する〕点からもわかるように、貧者が正しい場合には、富者に対する貧者の権利を認めるのである。

しかし家政と政治的社会との統一性を表す上位概念は欠落していた。この機能を引き受けえたのは倫理だったが、倫理が引き受けたのはあくまで〔統一性ではなく、両者の〕区別であった。そして倫理は徳としてはやはり、〔家政ではなく〕都市国家（pólis）の要請に〔応えることに〕おいて、最高の高みに達するものとされた。都市国家は、この区別の一方の側にしか位置しえない。にもかかわらずそこでは同時に包括的システムも、つまりは区別そのものも、描出されていなければならないのである。それ以降、一方の側でありながら区別そのものを描出しもするというこのパラドックスを分解するために、無数の試みがなされてきた。中世におけるハイアラーキカルな包摂の組成から、近代における《連帯》への訴求（それもやはり依然として道徳的で規範的なものなのだが[111]）に至るまで、である。しかし論理的に完璧な分解策はもはやない。このことは社会学的には、全体社会の構造とゼマンティクとが分化した〔がゆえに、ゼマンティクをあれこれと試してみることができる〕という事態を示す徴候だと解釈できるだろう。

政治的社会という概念は、形式概念としては曖昧さを残していた。都市国家（pólis）と家政（oîkos）という二重の定式化が用いられたのは、おそらくそれゆえのことだったのだろう。一方では都市とは空間内で可視的な、《行政区画 nómos》として分出した統一体であり、都市にある家政すべてを含み、地方から区別される。他方では都市は公的生活、公的関心事であり、ローマではそれは法学的に使用可能な概念を用いて「公共体 res publica」と呼ばれることになる。こちらの意味での都市は市民の私生活から、また同様に政治生活において考慮されることのない多数の人間たちからも区別される。後者には奴隷、自立していない者、親から離れていない子ども、異邦人、その他の単なる居住者など、要するに人口の大多数が含まれるのである。

したがって政治的社会というこの概念が指し示していたのは、近代的な意味で《国家》として指し示されうるような分出した政治システムでもないし、また「包括的システムとしての全体社会」というわれわれの概念に相当するような何かが指し示されていたわけでもなかった。それゆえに当初は、社会的なもののリアリティ一般を表すいかなる概念も存在していなかったのである。交わり（koinonia）によって〔社会的なもの一般が〕考えられていたのかもしれないし、それを〔中世なら〕「団体 communitas」で、あるいは〔現在なら〕《社会システム》で翻訳することもできるかもしれない。しかしだとしても、すべての交わりの総体を、社会的なものを包括するシステムを、表す概念が欠落しているという点はやはり変わらない。そしてまたその結果、社会的なものを社会的ならざるものすべてから区別しつつ指し示すことを可能にする区別も、欠落していたことになる。

他ならぬこの場所を占めていたのが、人間の概念である。この概念にはさらに《政治的》という、あるいは中世以降においては《社会的》という指し示しを付加することができた。そして社会的なものの総体は人間において、特定の種の本質として読み取られ、人間の生活形式の特性のうちに位置づけられるのである（概念のこの用法がきわめて多くの帰結をもたらすことになる）。人間は他の存在（神々・悪魔・動物・植物・非生命体など）からは区別されうるのであり、宇宙における人間の位置はこの区別によって規定される。人間の生が示す社会秩序は、人間の自然＝本性が顕現したものである。人間に与えられたこの自然＝本性には感覚知覚・運動能力・死などの動物一般がもつメルクマールも含まれるが、同時に人間を動物から区別する特性も含まれる。それは伝統的には《理性 ratio》と呼ばれてきたもので、魂のうちで自己言及の能力を与えられた部分を意味していた。そして〔言葉を使って〕語る際に用いられるのはこの部分であるとされていたのである。全体社会が形を保っているのは《理性 ratio》および《言葉 oratio》によってである。それらは自然＝本性によって全体社会に負わされた《絆 vinculum》なのである。[112] こうして、理性に合致する生活態度を予期することには根拠があるとされる。それゆえに人間は、また社交的な生活態度という人間固有の特性は、動物との違いを通して規定されるのである（しかし一方でアリストテレスの動物学のほうもまた、人間との違いを睨みながら構想されている。それが〔もたらす議論の循環性が〕この動物学の難点でもあった）。[113] 換言すれば「人間／動物」という区別は、今日において予期されるところによれば全体社会の理論が占めているであろうような位置に就いていたのである。まさにこの意味において旧ヨーロッパにおける全体社会の自己記述は《人間中心主義的《ヒューマニスティック》》に構想されていたと言える。[114]

自然＝本性に関する宗教的な了解においては、十二世紀に至ってもなお、すべてを貫く存在の類比が前景に位置していた。神が世界という鏡に映して自身を見るように、人間は見エナイモノ（invisibilia）との、神による天地創造の理念との関連において見エルモノ（visibilia）を認識し、この差異の統一性の象徴として経験することができる。[115] 人間が共通に備えている自然的特性とそれ以外の自然存在と〔の関係〕においても、この差異を〔アリストテレスの場合以上に〕より強調することもできる。神学者の教えにいわく、他の自然存在は神の意志により人間に帰属し、服属するのである。さらに加えて神学者は、神が人間に（つまりは、自然存在に！）なったのはなぜなのかを説明するという課題を負わされていると考えていた。自然存在の中での人間の地位が高く評価されればされるほど（例えば、マクロコスモスの中のミクロコスモスとして）[116]、この課題は容易になるように思われたのである。しかしこの定型的な正統化を用いることができない場合でも、件の区別をゼマンティクとして強化することはできた。例えばフィリップ・シドニー卿は〔詩人を際だたせるために〕、人間についてこう述べている。「人間にとっては、他の事物がそうであるように、その〔＝自然の〕最高の技巧がそこにこらされているように思われる」[117]。自然は自己の傑作として人間をつくり上げた。しかしそこにはどうやら、ある種のリスクが伴っているようである。

自然＝本性の概念を構成するのはどんな区別なのかと問うならば、特徴ある曖昧さに突き当たることになる。一方で「必然的／恣意的」という意味での「ピュシス（phýsis）／ノモス（nómos）」の区別〔を答として想定した場合を見てみよう〕。この場合区別は、区別そのものの一部である恣意の側において再登場してくる。世界の完全性が多種多様さという点での豊かさにあるのなら、一定のものが恣意的に規制されねばならないということもまた自然の必然性だという話になるからである[26]。他方で「自然な／堕落した」という区別も考えられる。アリストテレスいわく、自然はその堕落した状態においてではなく自然な状態において観察されるべきである云々[118]。つまり自然は自然的でも非自然的でもありうるわけだ。こちらでもまた、今度は自然の側で、再登場が生じる。自然とは、自分自身のうちのよりよい部分なのである。

この理論が両義性から解放されるのは、その言明を規範的に解釈することによってである。自然＝本性に即して善いものはあくまで善いものである。たとえ現実の世界が堕落した特徴を示しているとしても、その点は何ら変わらない。自然は迷うことなく完成態へと向かっていく[119]。それゆえに自然＝本性において完成態を認識できるのである。倫理学は〔もともとは〕人間・家・都市の性向を〔事実として〕描出するものであった。ものの本質をその自然＝本性に即して問いさえすれば規範を認識できるはずだとされるようになると、倫理学はそれに応じて、規範的な学術へと変化していく。だがこうして自然＝本性の必然性へと立ち返ることによって倫理学は、根拠づけの要請から、またしたがってコンセンサスの問題を公然とコミュニケートすることから、免れてしまう結果にもなる。善い行いのためには〔ある行為がその本質からして善であるというだけでなく、行為者の内心の動機として〕善い理由もが見いだされねばならないはずだという点が問題として登場してくるには、十八世紀において倫理学が新たに定式化されるのを待たねばならなかった。そしてその後明らかになるように、これは解決不可能な問題と化す。それまでの間に、《必然的》あるいは《不可能な》といった事象的・様相理論的な定式化は、社会次元から切り離されていた。〔ある事柄が必然的ないし不可能であるということを明らかにすれば、その点に関する〕コンセンサスが生じるはずだなどとは考えられなくなっていたのである〔個人的な動機に基づいて、必然性を告げるコミュニケーションを拒絶する等のことが常に生じうるから〕。

〔動物とは違うものとしての〕人間の自然＝本性を記述的・規範的に描出しようとする試みが最終的に定式化される中で、政治的社会という構想は、ひとつの倫理的意味を帯びることになる。つまり、合理性と有徳さ（〔ギリシア語、ラテン語、イタリア語ではそれぞれ〕areté, virtus, virtù）が増幅される可能性を示し、その形式において全体社会を記述するという意味を、である。人間の倫理的な性向（〔ギリシア語、ラテン語では〕héxis, habitus）に関するこの概念こそが、人間の善き生活形式を、また同時に全体社会総体をまとめ上げその道徳を形づくるものを、記述する。かくしてアリストテレスの倫理学では、全体社会はひとつの善として描出される。人間は自身の自然＝本性と政治的性向に従ってこの善を追求する。

そしてそれを達成することによって、自分自身の完成態に到達する。それらの善のうちで最高のもの、他のあらゆる善（人間の完成態すら含めて）を自身のうちに含むものこそ、政治的全体社会そのものなのである。われわれの全体社会概念もまたこの包括性と関わるものであった。しかしここでは包括性の意味は倫理的なものであり、経験的なものではない。前節ですでに述べておいたように、逸脱は錯誤として扱われる。したがって道徳が論理学と認知に抗して独自の動態をもつとは見なされないのである。道徳とは、ひとつの善い道徳である（同時に成立した高度宗教もそう教えている）。ソクラテスの死は、都市の政治的生活においては合法と不法の差異がそれ以上遡って問われることはありえないという点を証明する結果になった[120]。

したがってこの布置状況においてはエートス（倫理的 ethisch）という概念は、伝統的な自己記述概念の一部だったのである。この概念に、道徳的判断の理論的根拠づけという近代的な意味を押しつけてはならない。この概念が指し示しているのは全体社会的－政治的生活の構成部分であり、それはまた人間の自然＝本性に関する仮定に基づいているのである。その後中世の諸学派に至ると、依然としてまったく同じ基礎が踏まえられてはいるものの個人が（宗教的に条件づけられつつ）より強調されることによって、[27]倫理・経済・政治が区別されるようになる。それは何について「正しい性向」が考えられているのかによる。個人なのか、家なのか、それとも政治的社会なのか、というわけだ。さらに中世後期において階層の差異が安定化するとともに、生活態度と作法における違いもより明確に認識されうるようになる。今や次の点から出発できる。十五世紀のイタリアの文献で最初に登場してくるように[121]、貴族に対する道徳的要求が執拗になされる場合に考えられているのは何よりもまず、「貴族に生まれた者 der

Adelige は気高い人間 ein Adeliger のように生きねばならない」ということなのである。

エートスがこの意味で自然＝本性的な態度として理解されている限りにおいて、この概念の潜在的機能は模範となりうるものが、また同時に許容される模倣が、どのように制限されるかを定義することのうちに存することになる。こうしてこの概念は、ルネ・ジラールの言う模倣コンフリクトを規制しもする。その点でこの概念は、階層化された全体社会の分化形式と確実に合致していたし、またその合致を根拠として、〔エートスに〕対応する予期が規範的に妥当するはずだと主張することもできた。この全体社会は、内的境界によって支えられていた。全体社会は部分システムを形成するうえで内的境界を当てにすることができた。《禁忌 interdits》（ジラール）を、と言ってもよい。それが模倣の競争を制限するのである。自身の地位にふさわしい模範を模倣することが推奨され、それに対応する《鏡＝鑑 Spiegel》が立てられる。したがって、その点に関して通用している境界を越えようと試みたりするのは不適当であり笑止なこととなるのである。(122)

さらに加えて自然において生じる運動と行為とを目的論的に了解することが受け入れられるならば、重要なのは〔目的に〕到達して静止すること、あるいは結果が完成することであって、その目標＝終局（Ende）に至るまでに時間を要したという点は、またどれくらいの時間を要したのかは、どうでもよいという話になる。その過程の歴史性が、その過程が状況とチャンスとに依存していたという点が、またしたがって何らかの意味で一回限りのものであったという点が、考慮されはしなくなる。時間の使用がコストとしてテーマとなったのも、ようやく初期近代に至ってのことだった。市場に伴う〔売買の間に生じる〕時間の遅延および信用のコストとの関連においては言わずもがなである。利子の禁止とそれを回避する可能性についての議論の中では神学者の側から常にくり返し、こう主張されてきた。時間がもたらされたのは天地創造の中でのことであり、それゆえに時間を買うことも売ることも許されないのだ云々。したがって時間それ自体が問題となるのも、やはり近代初期に至って初めてのことだった。時間はもはや、原罪以降において人間に対して立ち現れてくるようになった、世界の不完全性一般の一側面には留まらなくなるのである。

「交わり（koinonia）／団体（communitas）」という概念が必要だという点は〔近代以前においても〕すでに明らかになっていた。しかしそれと並んで「社会的なもの（das Soziale）」という特別な概念が必要だなどとは、はるか近代に至るまで考えられてこなかった。社会的なものはその形式、その本質、その自然＝本性からして完成態へと向かうべく設定されているのであり、したがって道徳的なものだとされていたからである。社会的なものは（存在がそれ自体からして、現に在るとおりであるように）それ自体からして善に向かうべく秩序づけられているのである。したがってそれは単に特別な質料にすぎず、道徳の規則に従って改めて形相化されねばならない云々という話にはならない。十六／十七世紀に始まったゼマンティク上の進化によって初めて、社会的なものと道徳的なものとのこの統一性が、最終的に破砕されることになる。一方で道徳は次第に、コミュニケーションの中で記号を使用することの結果だと見なされるようになっていく。美の仮象＝立派な外見（schöne Schein）を作り出すという意味での技（artes）と関連づけられ、この〔非道徳的な〕技なしには全体社会の中で生活していくことなどできないとされるのである。他方ではこの事態に従って「コミュニケーションにおいて何を〔表向きの目的として〕示すことができ、何をそうできないのか」との問いが生じることになり、目的と動機とが分離するに至る。〔「本質／外見」「目的／動機」という、〕分解する力をもつこれらの区別が浸透することによって初めて、社会的なものと道徳的なものとの統一性は破砕される。今や人間の行動は、根拠づけが必要な（今日なら「討議が必要な」と言うところだろう）道徳的要求に直面するのである。

しかし旧ヨーロッパの伝統においても道徳はすでに美徳と悪徳との区別を通して、善か悪かに従って二分的にコード化された図式となっていた。つまりひとつの区別であり、ふたつの側をもつ形式だったのである。こうして、〔相手の〕行動を観察する際には、それを受け入れねばならないのか拒絶しなければならないのかという二者択一に直面しなければならなくなる。そしてその判断に対しては〔美徳を正しく受け入れたかという基準に基づいて〕、尊敬と軽蔑によってサンクションが加えられるのである。アベラールの倫理学以降、つまり十二世紀以降になると、さらに加えて個々の意識に、道徳的に自己観察を行うことが求められるようにもなった。つまり自身の行動に同意できるか否かを、自分自身で問わねばならないわけだ。そして告解の制度化によって、それが定期的なかたちで生じるようにもなる。その後イタリア・ルネッサンス初期に至ると、古代における市民共和制の伝統が再び呼び起こされもする。そこで改めて活用されたのは、キケローによって整えられた修辞学であった。十三世紀から十六世紀初期にかけては、いわゆる文書作成術（ars dictaminis）[28]の中で修辞学と政治的助言とが融合する[123]。コミュニケーション様式としてそれに対応するのが、美徳を讃え悪徳を非難するということだったのである[124]。ただし美徳と悪徳とを記述する言葉は、〔もはや行為の本性を認識しさえすれば自動的に導かれるものとは見なされなくなっており、〕十分に曖昧でもあった。同じ行動に対して肯定的な記述と否定的な記述が用いられることもしばしばだった（例えば「気前よさ」と「浪費」）。だからこそコミュニケーションを状況に合わせることが、また権力状況と利害状況の違いに適応させることが、可能になったのである。

この文明（civiltà）的倫理は、以前にも増して明確に、貴族倫理として把握されていた。さらに後になると（明らかに十六世紀以降において）、その点をマークし貴族にひとつの形式を与える〔つまり、貴族を他の身分から区別し、特別なものとして指し示す〕ために、立派サ（honestas）と有益サ（utilitas）とが区別される。〔貴族の関心は前者に、平民のそれは後者にある、というわけだ〕。ブルグント（ブルゴーニュ）王国の宮廷文化を、またイタリアにおける共和国から領主国への移行を経て、この倫理は純粋に宮廷の倫理へと発展していく。その分だけますます全体社会から切り離されることになるのだが、むしろその事態への反動として洗練が施され、様式化が追い求められ始めるのである。カスティリオーネ[29]はこの点で形式を〔つまり、何が宮廷文化であり何がそうでないかという区別を〕規定する役割を果たした作家であった。[125]

貴族は出自によってのみならず、（世襲的だと想定されていた）徳（virtus）においても傑出している。この点に関しては依然として異論の余地がなかった。貴族の家系の子弟は、〔貴族の地位という〕自身の先祖を引き合いに出す前に、自分自身の業績によって傑出していなければならないとされる。[126]「出自／能力」というこの二重基準によって領主は、〔臣下のうちの誰かが〕特別な能力を（あるいは何であれ、領主がそうだと考えているものを）有していると認め、叙位によって〔本来貴族の一門に生まれるべきだったのに、そうならなかったという〕誤った出自を補償することができるようになる。その反面、能力が欠けていることやあるいは卑劣さですら、家系全体を没落へと向かわせる契機になるわけでもない。欠陥は〔一門ではなく〕むしろ個人へと帰せられる。没落には、政治的・法的にブレーキがかけられるのである。

貴族は全体社会の中で特別の地位と道徳的資質をもつと論じるこの種の理論は、ますます手の込んだものになっていく。あたかも、〔貴族を〕顕彰する旧来のカテゴリーはもはや完全な説得力をもたなくなったから、とでもいうようにである。例えばフランチェスコ・デ・ヴィエリ[30]によれば、すべての人間は理性（ratio）を備えている以上、その自然＝本性からして貴族的である。しかしある者たちは他の者よりもいっそう貴族的である。というのは前者は〔万人に共通する、生まれつきの高貴さを超えて〕さらに貴族的な生活態度を採ろうと決心していたり、出自によってあらかじめ貴族たるべき資質を与えられていたりするのに対して、後者はそうではないからである。[127]しかし貴族がその本質からして傑出している（逸脱事例は認められるとしても）というのは、何においてのことなのか。この点については論争の余地が残されたままだった。領域国家の政治的支配が貫徹し、もはや貴族と平民とが政治的私闘をくり広げることがなくなって以降においてイタリアでの議論は、傑出性のメルクマールを、〔平和という〕この公益への特別な貢献のうちに見ようとする方向へと傾いていく。しかし他方では、その種の貢献が欠落しているからといって、貴族の称号が剝奪されるわけではない。市民権が貴族に制限されるということもありえなかった。《貴紳 gentilhuomini》と〔平和の場である〕《都市 cittadini》とは収斂することのない概念だったのである。フランスでは軍事的能力が強調され続けていた（決闘の理由としても用いられていた）が、それはすでにはるか昔に状況に合わなくなっていたものだった。〔用い続けられていた〕その理由はおそらく、〔貴族に対する〕免税を根拠づけるために、また経済活動から排除するために不可欠だったから、ということであるように思われる。[128]いずれにせよこの事情によって道徳的要求を、特に貴族を取り上げることでより詳細に分析していくのは不可能になる。その代わりに〔人間一般に関する〕心理学的分析によって行動を観察するという道が開けてくる（習俗の科学 science des mœurs）。シャルル・ロワゾー[31]は三身分説というより法学的な文脈で、法学特有の細かな議論を駆使している。そこでは基準についての問いと、全体社会の分割に関する問いとが区別される。一方で、特別な尊厳（dignité）を有しているのは、聖職者と貴族だけである。第三身分は（この概念は、十五世紀になって初めて登場してきた[129]）それとは別の尊厳をもつのではなく、そもそも尊厳をもたない。そしてその意味では、身分ではないのである。しかしにもかかわらず人口総体を分割するという文脈においては、第三身分は身分と見なされねばならない。《等級というものが一種の尊厳であるとすれば、フランスの第三身分は精確に言えば等級ではない。……しかし等級がひとつの状態ないし集まりを、あるいは特定の人々の種類を意味するのであれば、第三身分も三つの等級の、あるいはフランスにおける身分の、ひとつなのである[130]》。第三身分は身分であり身分ではない。第三身分はパラドックスを帯びるが、それは統一性の中で統一性を代表＝表出しなければならないということからの帰結なのである。ここでこの法律家は第三身分に加勢する――〔この場合においてもまた〕ひとつの区別〔「尊厳／状態」〕を用いて、である。

〔身分が身分でないという〕この状況はゼマンティクの水準では解明が必要だし、構造的には不安定でもあった。《名誉》を構想することによって緊張を逸らそうと試みられたのはこの状況下でのことだった（特に十六世紀および十七世紀において[131]）。すでにわれわれは分化に関する章で[132]、「名誉／運」（honor/fortuna）の図式が、経済的および政治的な依存を防止する図式としての機能を有しているという点を示唆しておいた。これは当然のことながらここでも、より強い拘束を受ける上層にも当てはまる。確かに下層においても名誉には価値が置かれている。《非嫡出の＝不名誉な unehrlich》人々や、職業という境界づけ排除する概念からもその点を認識できるだろう。[133] しかし貴族の場合名誉はさらに加えて、下に対する境界づけメカニズムとしても強化される。その点が特に明らかになるのは、決闘という制度においてである。決闘は神学的に否認され法的に禁止されていた。しかしその否認と禁止を貫徹することはできなかった。決闘こそ、貴族の自己主張のための最後の拠り所だったからである。貴族はこの《名誉回復能力 Satisfaktionsfähigkeit》[32] によって自己を際だたせ、区別する。さらにその点において独自の権利を貴族の自然権として主張することもできた。この権利を領主の力によって、また教会によってすら、取り除くことなどできないとされたのである。[134] また構造的防護のための不可欠な予防策が組み込まれていた。息子が父に、臣下が領主に、市民が役人に決闘を要求することなどできない。具体的な事例において貴族の状態がどうであろうと、この点は変わらなかったのである。同時に名誉の問題に命を賭けるということは、そこで重要なのは交渉の余地のない、人格全体とその社会的地位とに関わる問題なのだということを証してもいた。

言うまでもなく貴族の家系の名誉は、あくまで〔貴族に相応しい者として〕承認されることに基づいている（だからこそ軽蔑に対しては敏感なのである）。[135] しかしそれは職位に基づいた尊厳＝高位（dignitas）に、ましてや大学で取得できる修士号や博士号によるものではなかった。一方ではそれゆえに、大学で得られる学識はこれ見よがしに拒絶されることになる。しかし他方では、識者によって操作されたり影響力をめぐる好ましからざる競争に晒されたりすることを避けようとするなら、政治的影響力をもつための相応の知が（特に法の知識が）不可欠であるという点を見逃すこともできなかった。多くの貴族は学びはしたものの（特に貴族のために設けられた学校や履修コースによることもしばしばだった[136]）、それに見合う学位を取得するのを放棄したが、これは窮余の策であったように思われる。[137] 貴族は明らかにそうすることで、機能システム（ここでは、大学での教育および修行、国家として組織された政治）においで成果を挙げよとの要求から一線を画したのである。そしてそれは名誉のゼマンティクを踏まえてのことだった。かつては名誉こそが貴族に、全体社会における指導的立場を引き受けるのを保証していたからである。いずれにせよ、倫理的な生活態度を取るだけで政治的行為の能力をもつことになるはずだなどというわけには、もはやいかなくなっていたのである。

すでに十六世紀には貴族の血統への制限に対してはあからさまに対抗しつつ、しかし上層に典型的なメルクマールは保持し続けるような行動モデルが成立していた。道徳の達人（有徳の士 homme de bien）というモデルが、また異なるかたちではコミュニケーションの達人（雅の士 homme galant）のモデルがそれに当たる。[138] 宮廷に、あるいはサロンに加わろうとするのであれば、貴族もまたこのモデルによって測られねばならなくなる。〔その他にも、貴族たる資格の基準として〕法学者が、自分たちの学位だけで貴族として承認されるに十分だということを示そうともしていた。しかしそれは空しい試みだった。こちらの場合問題となるのは相互作用の技能ではなく専門知識だった。それゆえに貴族は容易に距離を取ることができたのである。

貴族には道徳的に優越するよう要求されているということだけで、貴族の立場を正当化することは困難だった。しかし十七世紀に至ってもなお、「人間の真なる自然＝本性が報いられ、実現され、正しい道に留め置かれ、堕落から守られるのは道徳によってである」という点は何ら疑われなかった。まさにこの《本質的＝人間的 wesentlich》な意味において、人間は全体社会の部分であるとされていたのである。〔同時に〕十七世紀には、道徳がその事実性において人倫の教説（習俗の科学）として、個人の体験から区別され始める。自己観察を心理として実現できる可能性について、誠実なコミュニケーションの可能性について、問われ始めるのである。これは旧世界が崩壊しつつある徴だった。かつては道徳の規範性は自然＝本性として理解されていた。今やそれはますます、「事実として普通に見られる行動」というかたちで定義されるようになる。通常性（Normalität）が規範性（Normativität）に取って代わる。今や《慣習 uso》について語られるようになる。それは時代によるものとして、流行として考えられるのである。それに対応することだが、個人がその自然＝本性からして（道徳的に）完成するよう定められているなどとはもはや想定されなくなる。むしろ個人は自分自身を操舵する存在であるとされる。だから個人に対しては、〔そのつどの状況〕適応〔的という意味で〕合理的に行動するよう助言するのがよいという話になるのである（グラシアン）。

個人の立場から見れば、自己言及と他者言及が区別されねばならない。宗教はそれに対応して内面化される。しかし、ピエール・ニコル[33]のようなジャンセニストならこう問うところだろうが、洗練された（適応合理的な）利己心（amour propre）と、個人にとっての、自分自身および他人に向けられた慈愛（charité）とは区別されうるのだろうか。その基準は神によって、認識しえないものの中に置かれているのではないか。かくして複雑性が獲得されるが、次にはそれが人間の美徳と真の美徳という区別によって[139]、ひとつの形式となる。人文主義的な道徳の伝統は、この形式をもって終焉を迎える。それに続く十七世紀末から十八世紀のリベラルな自然権〔思想〕においても、理性と個人とを二重に強調することによって、全体社会の道徳的統合という仮定が維持されてはいる。しかし家系の責務と階層とに基づいた旧来の秩序は、道徳的正統化の力をもはやもたなくなる。つまり、人間の自然＝本性に依拠する可能性は消えてしまっているのである。

人間の行動は道徳によって調整されるのであり、したがって社会的身体として実現されうる。この仮定もまた明らかに、「唯一正しい記述をコミュニケートできるような地点が、全体社会の構造によって確保されているはずだ」という点を前提としている。道徳の二分図式化ではふたつの可能性が、つまり善い行動と善くない（schlecht）（悪しきböse）行動とが見込まれている。一見したところこれは先の前提に矛盾するように思われる。しかし実のところこの図式は、行動を自由に選択されたものとして指示しうるようにという、そのためだけに用いられているのである（公式の叙述は人間の自然＝本性という観念によって規定されている。それゆえ逆方向に進んでいく。自由に選択された行動だけが道徳的に判断されうるのだ、というようにである）。このようにして自由が容認されることにより、心的システムのオートポイエーシスが、またその行動の動機づけを見透かしがたいという点が、考慮されるようになる。道徳は、他でもない自由を生み出すというこの機能を満たしているがゆえに、総体としては善いものと見なされる。それに対応して、〔悪人も住んでいる〕都市とその政治も善き事柄だということになる。また同様に〔悪をも生じさせた〕キリスト教の神も善き神である。流出の神話の存在もそれに対応するものである。そこでは善い端緒から「善い」と「善くない」の差異が成立したのはいかにしてなのかが物語られる。天使（たち）の堕落の物語、イヴとアダムの誘惑の物語がそうである。これらの物語が神学的に再構成されて初めて、自由に言及される場合、自由とはひとつの条件であって、それがどう用いられるかは神の責任の埒外である（全体社会の秩序づけ可能性の埒外にある）と見なされるようになる——カンタベリーのアンセルムスの論考〔3〕「悪魔ノ堕落ニツイテ de casu diaboli」のように[140]。

道徳のこの倫理的‐政治的ヴァージョンにおいて、また神学によるその反省において、定式化されていたのはさしあたり、身分上の上層に対する諸要求だけだった。農民、従僕、奴隷が心を痛めていたのは別の事柄にだった。全人口へと徐々に広がっていくためには、魂の救済を配慮するという構図を待たねばならなかったのである。その際に用いられたのは、社会的コントロールの用具としての告解だった[141]。地方で暮らす人々、つまりは人間全体のうちの大半に関しては、タイプの上では環節社会に属するような道徳が、はるか近代に至るまで存続していたものと考えねばならない。その道徳は狭い境界内で濃縮された互酬性、近隣性、対外関係の免除によって成り立っていた。キリスト教の教義についての知識は、最低限でよかったのである。活版印刷術と宗派の競合とによって初めて、一種の宗教的民衆教育が投入されることになった[142]。とはいえ書字文化も、また学校で教えられることも倫理によって、聖書の教えによって強く規定されていた。近代への移行期には全体社会の記述において新たな構造的発展を考慮に入れようと試みたさまざまなヴァージョンが登場してくるのだが、今述べた理由によりそれらはすべて道徳的に好ましからざるものだと見なされたのである。中世後期において罪の意識と魂の救済に関する不安とが爆発的に増大したという事態も、そこから説明できる[143]。個々の機能領域特有のゼマンティクが、道徳の負荷を帯びた概念構成に抗するかたちで貫徹されねばならなかったという点に関しても、やはり同様である。領域国家の政治的必要性についての理論、義務とは無縁で純粋に個人に即して根拠づけられる権利、情熱化された愛や経済的な利益追求や制約を受けない学術的好奇心についての理論を考えてみればよい。これらのすべてはほとんど必然的に、宗教のうちで庇護されてきた道徳への違反として知覚される。道徳そのものと、道徳の正の値である善とは区別されていなかったからである〔道徳のコードである「善／悪」そのものが善であり、したがってそれ以外のコード――「権力をもつ／もたない」「利益／不利益」など――を用いることはすなわち悪である、というわけだ〕。新たな思想が現れる際に、構造的に条件づけられたその不可避性までもが把握されうるわけではまだない。それゆえにその種の思想は道徳的非難に、また多くの場合教会に、抗するかたちで貫徹されねばならなかった。しかし本来そこで問題となっていたのは〔道徳と宗教に対抗することではなく〕、道徳の形式から、「善いか、それとも善くないか」というふたつの側から成る評価のコードから身を引き離すことだけだったのである。

美徳の道徳が（つまり旧い意味でのエートス ēthos が）最後に礼賛されたのは、十八世紀になってのことだった。そこにおいて道徳が差異を乗り越えるための構想として投入されていたのは、まったく明白である（この事態に関して社会学理論が何か言うことがあるとすれば、「分化がより強くなるほど、より高度で無規定的な一般化が必要になる」という点だろう。ここにおいてその豊かな実例を見いだせる、と）。さしあたり肝心だったのはとりわけ、道徳を宗教的教義の原典から解き放ち、人間の感性の上に基礎づけることであった。しかしほどなくヨーロッパの領域諸国家が政治的に分化を遂げたために、新たな定式化が必要となる。同時期において倫理学が、道徳的判断の根拠づけの理論として自身を新たに（アカデミックに規定されたかたちで）定式化しようと試みていた(144)。しかしそれに対して道徳のほうはもう一度、道徳的に拘束力をもつ連帯原理を定式化することに着手していたのである。この動向はスコットランドからポーランドにまで及んでいた。〔連帯の単位として〕考えられていたのは（ジャン・パウルのアイロニカルな視角のもとでは）居住地となる小市街であり[35]、ネーションであり、世界市民的な態度であった。これは《愛国心 Patriotismus》と呼ばれた。しかしそこでは、古代において見られたような（《始祖の体制 pátrios politeía》《始祖の慣習 pátrios nómos》の場合のような）先行するものへの関連性は脱落してしまっている。それに代わって登場してくるのが、啓蒙主義的な衝動なのである。明らかにこの概念は諸地域が分化していくことに対して、相異なるものを保持しつつもそれらを普遍的で世界市民的なひとつの愛国心へとまとめ上げるべく試みることで対応しようとしたものであった（少なくともドイツにおいてはそうだった）。機能システムの差異は無視された。経済・政治・学術・宗教・家族などの違いが《愛国的に》統合されうるなどということは、ほとんど考えられなかったからである。その限りでは重要なのは依然として旧来の差異のほうであった。教養のない粗野な民衆と偏狭な愛国者は、啓蒙されることによって真の愛国心を学ばねばならない云々。それに対して十九世紀のゲマインシャフトの理念になると、すでにまったく異なる含意を有しているのがわかる。こちらのほうは、近代的な生活条件から自らを区別することを通して、この条件に反応しようとしたのである。

　十七世紀と十八世紀には、全体社会の中で全体社会を（さらには、世界の中で《世界》を）代表＝表出することが最後にもう一度賛美された。それは領主の宮廷という形姿においてのことだった。ただし自然＝本性の場所には今や、最高位の権力ときわめて厳格な区別をただ象徴するだけの、人工的な礼式とが登場してくる。王宮が新たに、ヴェルサイユ、ピョートル宮殿、ラ・グランハ[36]の間の至る所で築かれるたびにほとんど均一な、華美さと反復という点でのみ凌駕されうる書き割りが用意されていく。自然で完成した存在の倫理学に代わって、美の仮象を努力して（そしてその努力を隠しつつ）追い求めるという事態が現れてくる。全体社会（Gesellschaft）の中での交友（Gesellschaft）の戯れ、というわけだ。

十九世紀初頭においてもまだ、《上流社会は、社交精神 Gesellschaftsgeist の精髄なのである》との一節が登場してくる。(146) しかし社交性（Geselligkeit）と全体社会とを区別する必要があるという点に気付くや否や、これは心霊現象のように消えていくのである。

VII　ヨーロッパ旧来のゼマンティク(4)——学校の伝統

存在論的形而上学およびそこから派生する秩序を、理念の世界として理解することはできない。理念の世界なら、自分に関する自己主張を行うことだけで成立しうるのだろうが。伝統においてはその種の存在の自己証明が出発点となっていたのは確かである。あるいはそこでは、〔存在自身ではないにしても〕天使なら世界をそのように見ることができるという点によって、理念的形式が成立すると仮定されてきた。最終的な説明は、天地創造の神秘のうちに求められたのである。それに対して社会学理論は、意味というものは意味を生産し再生産する作動のうちにのみ存するという点から出発する。したがってこの理論は、問いを別のかたちに整えねばならない。言うまでもなく社会学理論は、ゼマンティクの上で世界をそのように組み立てることがどのようにして伝承されていったのかと問わねばならないのである。とりわけ、書字によるテクストが存在してはいたものの、知の受け渡しは主として口頭コミュニケーションに、つまり学校に依拠していたような時代に関してはそうである。

中世においては知の受け渡しというこの目的のために、科目とテーマとが印象的なかたちで組織化されていった。それが何世紀にもわたって学校を支配し続けたのである。〔自由学芸 artes liberales 七科目において〕三学（Trivium）と四科（Quadrivium）とが区別される。三学では文法・修辞学・弁証論が、それに対して四科では算術・幾何学・天文学・音楽が教えられた。今日の教育プランナーにとってはこの科目一覧は、奇妙で不完全なものに思われるかもしれない。しかしより詳細に見てみれば、印象的で統一の取れた構想が浮かび上がってくる。今日ではそれにおおよそにでも比肩するものを対置することなどできなくなっているはずである。三学ではコミュニケーションが、四科では世界が扱われる。コミュニケーションの教説は、言語的な、実践的な、真理に関連する（論理的な）観点に従って整序される。世界は数・空間・運動・時間に従って代表＝表出されるのである。この図式はきわめて高度に一般化されたものであり、専門職独自の育成（例えば神学者、法律家、医者になるための）という点は考慮されていなかった。また、可視的で経験可能な世界における違いを学校での講義の中に直接引き写すことも放棄されていた。むしろ距離を取る可能性が利用されたのだが、それは学校が分出することによって与えられたのである。そもそもこの図式は教授法に関するものであって、教育のためのものではなかった。学校でなされたのは講義だけであり、教育は一家の家政が負う課題であった。つまり〔前者において〕重要なのは知を受け渡すことだけだった。教授（institutio）と教育（educatio）へのこの厳格な分割は、講義を題材としては捕捉できない課題から解放するために役立ちもしたのである。一八〇〇年頃に至って初めて、《教育する講義》という混合的理念が生じてくる。新たな学校教育学には、それを構想するよう要求されたのである。

〔自由学芸七科目における〕教授法は、講義テーマを範例的に提示することからなる。諸科目〔が相互に分離されていること〕自体からしてすでに、コミュニケーションと世界は別々に教授可能な、しかし〔教授された〕その後では相互に依存する諸事態へと分解される。そして諸科目〔それぞれ〕の内部で、範例的なものが形成されるのである。それは明快な規則、比率、原理などのかたちを取りうる。あるいは逸話や歴史的な事例の場合もあるだろう。これと並行することだが専門職に関連する講義でも、聖書に基づく寓話や諺《ことわざ》風の警句が用いられていた。それらが今度は、特に法の講義では、事例の取り扱いを体系化することに寄与する結果にもなったのである(147)。

この弁証論的技術によって、注意をつなぎ止めること、記憶を蓄積すること、前提となっている事柄を同時に伝えることが可能になる。非一貫性を発見し埋めようとする神学や哲学も確かにまだ存在していたのかもしれない。しかしそれはむしろ個別的な試みであり、学校の講義とは遠く離れたところで生じていた。《哲学》は今日のようなひとつのアカデミックな専門分野をなしてはいなかった。したがって開かれた諸前提のもとで作業を進める必要などなかったし、ひとつの正しい世界記述が存在するということを前提にできたのである。十六世紀になって初めて古代の懐疑論が再発見され、それによってあらゆる認識の確実性が問題視されるに至る。ペトルス・ラムス流の《弁証論》がなしえたのは〔諸学科の配置と教授法とを〕整序することだけであり、そこで用いられている二分的な諸区別がどこから得られたのかを説明できはしなかったのである。幾何学は証明力という点できわめて強力だったがゆえに、十七世紀には厳密な学術の方法と見なされていた。しかしその幾何学ですら、自身のすべての概念を定義されたかたちで導入することなどできなかった(148)。ただしこの点が考慮されねばならないとしても、だからといって知の秩序は不可能であるなどという話にはならないのだが(149)。確かにそれ以降、知にとって必要な前提はすべて、懐疑可能性という柔らかい横腹を陽に晒さねばならなくなった。しかしその可能性が懐疑論として内容的に精錬されることはありえず、それゆえに学校の講義には浸透しなかったのである。学校において旧来の学科目と範例とが疑念に付されるようになるには、新たな知が、また印刷機を介して利用可能となった新たな文献が、次第に押し寄せてくるという事態を待たねばならなかったのである。

十六世紀以降になると、〔学校の〕創設が急速に進展していく。これは、旧来の図式が不完全だと見なされるようになったということを示している。かくして、特殊なグループの特殊な需要のための《アカデミー》が成立する。《騎士アカデミー》[37]や絵画および彫刻のためのアカデミーなどがそうであるが、これらは以前なら家政での教育ないしツンフトに属していた領域だった。そこで重視されたのはひとつには利害関心を等しくする状況の内部でコミュニケーションを濃密化することであり、またひとつには新たに形成されつつあった社会的編成に接続することであった。こうして、知をめぐる旧来のコスモロジーは視界から消え失せていく。そこで用いられていた素材が廃れてしまうわけでは必ずしもないが、知の伝承を組織する形式としては消えていくのである。

全般的に言って記号の使用は、記号の社会的言及先は、記号の意味を定義する権威は、次第に不確かなものになっていく。十六世紀の後半にはすでに、そしてそれ以降常に、この事態は教育と講義とに重大な影響を及ぼしていく。今や教育にはますます、自己反省的な契機が含まれるようになる。それはすなわち、生徒に《毛並みの良さ good breeding》を示す能力を与える、という課題である。これは新興勢力にも、旧上層に属する者についても当てはまる。そこからして、次の点を見積もっておかねばならないという話になる。知と教養という冠をそもそも身につけねばならないのかどうか。そうしなければならないとすれば、どれくらいまでなのか。また礼節が支配する場においても知と教養を示してよいのか、もしかしたらそれは衒学趣味だと受け止められはしないだろうか。一般的にはこの事態によって、教養への圧力は増大していく。しかし旧来のスタイルで教え続けている学校は明らかに、この新たな要求を満たせるような状態にはなかった。むしろ頼りにされたのは、今日ならば「社会化」と呼ぶであろうような過程であった。良い社会＝交友（Gesellschaft）は自分自身を教育できるはずだとでも言わんばかりに、である。パーティー（Gesellschaft）での淑女との会話は特に不可欠であるとされていた。修行の旅も推奨された。それによって、自分が直接見たものについて真正に語ることができる状態へと至るべく、である（ギリシア語の《理論＝遠隔知 theorós》の場合のように）[38]。教育システムにおいても機能分化への転換が生じ、教育と講義がひとつのシステムへと結合されるのは、ようやく一八〇〇年ごろに至ってのことだった。それ以降においては特に学校に関わる教育学というものが存在し、それがこの課題を引き受けるようになる。ここに至って初めて学校に対して、その時点で最新の知を伝承せよとの（それ自体からしてパラドキシカルな）要求を持ち出すことができるようになったのである。

VIII　ヨーロッパ旧来のゼマンティク(5)——野蛮から批判へ

旧ヨーロッパのゼマンティクのうちには、ハイアラーキカルな階層のみならず、「中心／周辺」の分化の痕跡をも読み取りうる。世界記述の閉鎖性を、両立不可能なものを《周辺化》し周縁的現象として扱うことで支えるのも可能だったからである。

古代から後のヨーロッパに至るまでの長期にわたる伝統の中では常に、境界外へと追いやる概念によって自身の統一性を安定化しようとする試みがなされ続けてきた。野蛮人（Barbaren）、異邦人（Heiden）、あるいは今日でもイタリア南部で使われている《サラセン人 saraceni》を考えてみればよい[(150)][39]。名称や人称代名詞とは異なって、これらの境界づけ語を〔その境界の〕両方の側で同じ意味で用いることはできない。中心はむしろ、「中心／周辺」の分化が実現されているというまさにその理由によって、この差異に関する自身の記述が正しいということから出発できる。周辺の、あるいは世界のうちで境界外に追いやられた部分すべての側での意見など、考慮されないままでもよいのである。中心はその世界記述の中で、中心が文化的に優越しているということをくり返し主張するが、それには理由がないわけでもない。貫徹された不等性が自身の記述の中に取り入れられ、表現されるからである。周辺においてそれについてどう考えられているのかは、無視しておいてよいことになる。

中心としてのこの自己定義に対応して世界は、ふたつの側から成るひとつの主要区別によって引き裂かれることになる。《他者》は境界外へと追いやられる。そこにおいて重要なのは〔「他者」という〕負のコピーを用意することだけでなく、ひとつの全体性を「これ」と「他者＝その他」とに分割することでもあった。世界という客体に関しても、また全体社会という客体に関しても事は同様である。この切断ゼマンティクによって、パラドキシカルな目標を実現することができた。つまりひとつの全体性が投射されると同時に、自分自身をその全体性のうちで何かしら特別なものとして隔絶せしめることが可能になったのである。かくして避けがたい不調和を、広大な世界のうちにうまく配置することが可能になった。内的に処理できない非一貫性は外部化されえた。政治的な事柄に関しては、コミュニケーションとコントロールをめぐって事実的な（特に、空間的な）限界が存しているという点を考慮できたのである。この種の投射は考案者の想像力に依拠しているのだが（例えばバルバロイがバルバロイであるのはギリシア人にとってだけであってバルバロイ自身にとってではない）、その点を考案されたもの自体の中で表現することはできなかった。それゆえにこの考案物は宗教として提示されるか、〔ギリシアが平面大地の中心であり、天球がそれを覆っている、というように〕地理学的にうまく幻想化されねばならなかった。[151] そこでは通常の場合、空間的な区画と時間的な分割（天地創造の言い伝え）とが重なり合って作用する。そうすることで相互に首肯性を付与しあうのである。にもかかわらず、〔人工的に設定されたこの〕区別が〔所与の事実に基づいた〕単なる記述として扱われているということに対する反省が生じるなら（モンテーニュが、名高い『エセー』の中で、食人族に関してそうしているように[152]）、最終的にはゼマンティクの転換にまで至らざるをえなくなる。転換により、地理学的および人口学的な根拠は剝奪され、今や文明化された人々と野蛮な人々とが区別されるにすぎない。そして中央のほうから伝道と文明化とを行うことによって、この違いを除去するべきだという点から出発することになるのである。そして最後に登場してくる形式は十九世紀における、《愛国心》によって分化したコスモポリタニズムだった。そこでは文化比較を用いることによって、世界史がヨーロッパへと集権化されていたのである。

高度文化への移行、書字の導入（およびそれに対応した記憶の拡充）、全体社会の分化の形式としての不等性。これらによって文脈の拡大が生じてくる。旧世界の歴史的ゼマンティクにとって、ゼマンティク上の非対称性は、この拡大に耐えうる形式でなければならなかった。当時の宗教的・道徳的・政治的な自己記述において、これは自らに対する過大な要求として立ち現れてくる。そしてその結果、理想化する対称化として、美徳倫理として、あるいは逆に罪の意識や救済の必要性として立ち現れてきた。したがって美徳は、人間の自然＝本性にもとづく状態（ヘクシス hexis）として把握されねばならなかった。同様に罪もまた、ハビトゥス（habitus）として、あるいは罪であるにしても避けられない罪として把握されることになる。[40] 全体社会の中心における高度文化という条件を前にしては、そこから逃れる道などなかった。しかしその埋め合わせとして、境界外への追放は宇宙論的に価値の低いものを軽蔑すること、あるいは封印することによって補強されたのである。

実際の記述がどのようになされるにせよ、この記述が通用するのは自分自身を記述する中心でだけであって、宇宙構図論において周辺化される、あるいは境界外に追いやられる領域でのことではなかった。全体社会についてのコミュニケーションには緊張が生じてこざるをえなかったが、世界を維持するための複雑な儀式を介して、あるいは理念と現実とを原理的に区別することを介して、規範的に捉えられた自然＝本性の概念を介して、ふたつの国（civitates）の教説[41]を介して、それを再定式化することもできた。だが改鋳された形式において、緊張は差異として維持されもした。その差異が定位されるに値する価値をもつのは、世界を分割する差異はただひとつだけであるという点が承認されていること、ふたつの側を見通せる図式によって事を進めうること、多次元的な世界記述には関わる必要がないことによってであった。

ゼマンティク上のこのような構図においてもやはり、全体社会が自分自身を、それまでそうであったようなものとして受け入れねばならないというわけではない。しかし批判が判断基準にまで言い及ぶことはできなかったし、またその必要もなかった。判断基準への疑念が生じたとしても、それは問題を、人間という類がもつ認知装置が十全なものではないとの点を哲学的・宗教的に承認するということへと導いていくという結果にしかならなかった。それゆえに批判に直面して何がなお可能なのかは、道徳的に図式化されることになった。中心もまた、そして中心こそが道徳的に欠陥を有するものとして把握される。そうしてこそ件の主要図式は現実とある程度一致するものと見なされえたのである。

《啓蒙》という名で歴史に刻まれた批判においてもやはり、批判とは必要なものをすべて備えた人間性を実現するための手段であると理解されていた。ただしもはや〔欠陥あるものが「野蛮人」などとして境界の外へと〕外部化されることはない。不完全さも立ち後れも、全体社会の内部へと持ち込まれる。神は今や自己批判的な理性であり、公共性はそのメディアであり、文献となる〔ことで、批判的に吟味される〕のはその宿命である。他の諸国民がそれに従わねばならないのは自明の理である(153)。というのも、普遍化されうるのは他ならぬ自己批判なのだから。しかしそこにはひとつの道徳的要請が結びつけられているのも疑問の余地がない。人間は自らが招いた（自ら責めを負う）未成熟から出発しなければならない、というようにである。道徳的一般化は、自己言及を経由して進んでいく[42]。しかしあくまで人間一般による人間一般への要請に留まっているのである。

事態が決定的に変化したのは、革命後の十九世紀においてであったように思われる。マルクスによる全体社会の批判は、資本主義に対する道徳的判断抜きになされている。そしてまさにそれによって、全体社会の多次元的記述という問題を背負い込むことになる。そこでは全体社会に関する他の記述が《イデオロギー》として性格づけられる。それが自分自身にも跳ね返ってくるのである。さらにそこから、「中心／周辺」に基づいた記述の形式である《われわれとその他の者たち》はもはや機能しないということが明らかになる。〔完成態には収まらない〕残余の諸問題を外部化するという仕方はもはや通用しない。それらも全体社会そのものに帰せられねばならないのである。

この事態が生じたのは十八世紀後半において、ひとつの新たな概念が用いられることによってだった。それはすなわち、文化の概念である。文化とはもはや「……を育成すること」ではなく、[43]比較を可能にするための視線を伴う、特別な種類の観察となる。今や野蛮人もまた、それどころか最も旧い、あるいは最も辺鄙な社会的生活様式ですら文化をもつ、ないしは文化なのである[154]。奇妙なことに比較可能性は文化を益することになる。というのは比較可能なものが際だつのは他でもない、比較される事態が他のすべての点で異なっており、異なったままであり続けるということによってだからである。この背景のもとで、にもかかわらず同じものとして現れてくる事柄が意義を帯びる。そしてその点によって、もはや起源や事物の本質には還元できないある種の秩序であることが証明されるのである。比較そのものが文化の中に組み入れられ、文化の実施法となる。かくして文化のどの項目も自己言及と他者言及とに晒される。陶磁器のある種類は、他の種類と並ぶひとつの種類である。ある宗教は、他の諸宗教と並ぶひとつの宗教である。比較が〔細目へと〕分化していけばいくほど、自身の文化があらゆる次元において優越しているなどとは見なしえないという点が明らかになっていく。文化は批判的な自己反省を、ノスタルジックな回顧を、あるいは将来において解決されるべく待機している問題を明確化することをも、動機づけるのである[155]。

機能システムの分化が顕著になっていくにつれて、客体の存在のあり方（Ontizität）も変化する。〔「現に在るものが在るのであり、他のものはない」という〕客体の存在の排他性は、また認識と行為において客体へはどう接するのが正しいのかという点も、変化を被るのである。〔今や〕全体社会は、その〔機能分化への〕構造的発展という理由からして、正しい観察のための固定的な立場をあらかじめ与えておくのを放棄しなければならなくなる。十六世紀以来自己記述の水準において、〔この事態に対する〕反応として生じたのは不確実性であり、正しい真理をめぐる争いであり、秩序喪失の経験であり、ゼマンティク上の二重化（例えば、真の美徳と偽りの美徳）であり、仮象の世界に定錨すること（人はそれに適応すべきだ、と）(156)だった。そこからの帰結がようやく明らかになるのはきわめて長期にわたる、常に自分自身にも反応していくゼマンティク上の進化の中でのことであった。この展開を《世界喪失》として記述するのは、むろん誤りであろう(157)。というのはこれらすべてが生じているのは世界の中でのことだからである。とはいえ世界の観念のほうも構造的な水準での、またゼマンティクの水準でのこの進化に適応しなければならない。そして最後には世界の観察可能性が、それとともに世界の中で根拠づけられるあらゆる確実性が、放棄されることになるのである。

古代においてすでに、伝統的な貴族のゼマンティクを機能領域により強く関係づけられた知へと分解し、前者を後者で置き換えていくという動向が生じていた。古典期ギリシアにおいて、相異なるコミュニケーション・メディアの分化に沿ってさまざまな議論が分化していったのは、その事例としてひときわ印象的である。[158] 共和政後期のローマでも、それに対応する動きが生じていた。それは一部にはギリシアからの輸入というかたちで、また一部には自身の伝統との対峙によってのことであった。[159] しかしこの傾向を維持していけるほど十分なコミュニケーション技術上の、また社会構造上の与件は存在していなかった。その後優に一〇〇〇年以上にわたってこの転換は、退行的展開によって押し止められ続ける。その後中世盛期に至ってようやく、とりわけ活版印刷術の帰結として、宗教・法・政治の区別に関するローマ的伝統が再び取り上げられることになった。

ハイアラーキカルに秩序づけられた世界に対するゼマンティクの関係は、むしろ間接的なものであった。長期にわたる過程の中で（それがようやく終結するのは一八〇〇年ごろのことだった）、この関係は徐々に消滅していく。それとともに伝統の拘束性に関しても疑念が生じてくる。伝承の形式という点で言えば旧ヨーロッパのゼマンティクは、記憶を糧にしていた。そこにおいて想起されるのは事物と場所（topoi）である。記憶は世界を、あるがままに観念する。〔記憶という〕このものの見方は常にすでに確証されているからである。起源をマークしたり、いつからそれを知っているのかを想起したりする必要はない。《常にすでに》で十分なのであり、この点で自然＝本性の概念が関わってくる。理性は自然＝本性として、自然＝本性の内部で自己を展開する。〔したがって確実かつ必然的である。〕世界が偶発的なものとして観念されるのは、天地創造の業との関連においてのみなのである。ついでに述べておけばコミュニケーションというものはひとつの伝統の中でなされるのであり、その伝統はそのようなものとして反省されることはない。後にデカルトが考察するように、すべてが錯誤と偽計に基づいているなどということは考えられないはずである。なるほど懐疑論の学派によって、根拠への問いには終わりがないということが証明されはした。しかし他方ではこれは、所与のものに手がかりを求めねばならず、他にはやりようがないということを意味してもいた。しかもそれは「あるもの」だけにでなく、「あるべきもの」についても成り立つ。なぜならば両者ともが、偶有的なもの（Akzidentien）から見て取れるように、自然＝本性として与えられているからである。[44] また同様に、伝統に従うべきか否かを選択することなど考えられなかった。これは後にエドマンド・バークがフランス革命に直面した時に関わることになる問題である。[160] 最後に「真か非真か」という問いを世界の、あるいは全体社会の記述総体に結びつけるなどということも、考えられなかったのである。

近代初期が経過していく中で伝統へのこの拘束性は次第に解体していく。その端緒となったのはルネッサンスにおいて、全体社会との関連で現在と過去とが明確に区別されたことだった。過去は伝統であり、何よりもまずひとつの形式となる。つまり現在がそこにおいて、現在に何が与えられており何が意のままにならないかを〔そしてそれとの対照のもとで、何をなお自由になしうるのかを〕確かめるのである。こうして過去はほとんど気付かれないままに、日付を刻まれた物語＝歴史[45]へと移行していく（それが完了するのは十八世紀になってだったが）。この歴史はもはや現時的（aktuell）なものではない。せいぜいのところ、イデオロギーとしてなお再現時化されうるだけなのである。[161] まず最初に活版印刷術によって、伝承された素材の間には〔相互に〕異質なものが含まれているという点が可視的になる。そして著者たちは、〔過去の素材にだけ依拠するのではなく〕同時代の読者たちのために書き、読者たちを教導し説得しようと考えるようになる。そこから、説得できない他者もいるという経験が生じてくる。一六〇〇年ごろになると、領域特殊的な反省理論が登場して、国家理性や貿易収支といった言い回しを用いて議論を進めるようになっていく。それが、伝統を意識的に採用する中で生じた場合もあった。例えば〔裁判への〕政治的介入に抗するべく差し向けられたコモン・ローの理論がそうである。この理論は理性と伝統との統一性を踏まえていたが、それはすでに、あくまで〔説得のための〕論拠として、それどころかほとんどイデオロギーとしてであった。[162] 実際の事情を重視することもできるし、伝統に依拠することもできる。革新を肯定してもよいし、むしろ有害だと見なしてもよい。そうなるに応じて、すでに伝統の外部に立っているのに気づく。つまり伝統に対して、他の観察者を観察する場合のように判断を下しているのである。経済的なあるいは学術的な合理性を、また自己批判的な理性を表す概念は、伝統による拘束にはっきりと抗う。ただしそうすることでそれ自身がひとつの伝統を根拠づけることになるという点には気づかれないのであるが。

〔このように弱体化した〕とはいえ、旧ヨーロッパのゼマンティクの概念的配置は、はるか近代に至るまでヨーロッパの思考を拘束し続けていった。概念の深層状態に応じて、この点での持続期間も異なってくる。政治的なものの概念は一七〇〇年ごろにおいてもなお「公の行動」という旧来の意味で、つまり自身の家という私的な領域との対比のもとで、用いられていた。[163] 政治社会（societas civilis）の概念は近代的な言葉遣いへと翻訳され、十八世紀においてもなお「市民社会 société civile, civil society」として議論を支配していた――以前と同様に〔黒人奴隷や女性、子どもなどを除外して〕自立した人に限定しつつ、である。アングロサクソン、特に北アメリカの文脈ではこの概念が――精確に言えば、市民社会（civil society）と政府（government）との区別が――十八世紀の最後の三〇年における憲法論議をなおも支配していた。[164] それに対してヨーロッパ大陸では、十八世紀最後の三〇年において全体社会概念は、もっぱら経済的な意義だけを帯びるに至る。[165] 自立性は財によって保証されるものと見なされ、財は貨幣経済的に理解されたからである。その結果として、経済として把握された全体社会を国家に対置することができるようになる。

旧ヨーロッパのゼマンティクの根底に位置する構成要素は、きわめて長期にわたって存続していった。periéchon という観念を引き継いだのは周囲世界＝環境（Umwelt、英語・フランス語の environment, environnement に相当する）という概念だったが、[46] 後者が発案されたのはようやく十九世紀初頭に至ってのことだった。今世紀〔二十世紀〕の終わりにおいてもなお、システム理論をシステムと環境の区別へと転換させることが（本書第一章第Ⅳ節を参照）広く受け入れられるには至っていないではないか。二値論理学に対する代替物が欠落していたがゆえに、またそれとともに存在論的な世界記述が常に回帰してくるしかなかったがゆえに、それらが存続していかざるをえなかったという点については言わずもがなである。旧ヨーロッパのゼマンティクが、それとともに自然＝本性に、理性に、倫理に向けられた期待が、終焉を迎える（そもそものように述べうるとして、の話だが）日時を特定することなどできない。その腐食現象がきわめて可視的になっているにしても、である。同様に、ゼマンティクが伝統的なものから近代的な（個々〔の機能領域ごと〕に首肯性を帯びた）ものへとブレークスルーすることが、十八世紀初頭のわずか数十年において生じたと想定するのも、疑わしくなる。[166]

社会状態の直接的記述に関しても、また歴史に関する了解についても、同じことが言える。ただし、「競合を受け付けない観察場所が明確にある」という〔旧ヨーロッパのゼマンティクの〕根底に位置していた思考構造によって庇護されていたものすべてについても〔それらが存続していったと〕そう言えるかどうかは、あまり確かではない。近代社会は、全体社会の中で全体社会を代表＝表出することなしにやっていかねばならない。そして近代社会はそのための、旧ヨーロッパのゼマンティクが有していた独特の〔自己完結性という意味での〕閉鎖性と説得力に匹敵しうるであろうようなゼマンティク上の形式を、まだ見いだせていないのである。

それゆえに近代社会への移行において生じた連続性の断絶を発見するためには、語と概念の歴史という表層構造だけを頼りにするわけにはいかない。そこにおける素材が、われわれの立証活動のためのデータベースを提供してくれるにしても、である。われわれはより社会学的なアプローチを採用しなければならない。そしてこの目的のための出発点として、本書第四章で論じてきた、分化形式の転換というテーゼを選ぶことにしよう。近代社会は、機能分化の優越という点で際だっている。これが正しいとすれば旧ヨーロッパの伝統との関係における断絶点は、活版印刷術という新たなテクノロジーだけに帰するわけにはいかない以上、次の点に求められねばならなくなるだろう。すなわち分出を推し進めたシステムの自律性と固有の動態とが目視可能となり解釈が要求されるようになったその〔時〕点に、である。実際にそのとおりであるのを、さまざまな仕方で示すことができる。

近代的なコミュニケーションの最も重要な成果が形成され発展したのは、機能システムが分出したところにおいてであった。近代の自己記述へと向かう最初の契機は、全体社会システムの包括的統一性を反省することとして生じたわけではなかった〔以前と同様にここでも進路を妨げたのは人間中心主義《ヒューマニズム》だった〕。また同様に、旧ヨーロッパの記述の後継となるゼマンティクとして生じたわけでもなかった。

そもそもこの記述は統一体として目にしうるものではなかった。つまりそもそも区別されえなかったのであり、伝統として単に与えられていただけだった〔したがって、それが終焉したことを確認し、跡を継ごうと試みることなど不可能だった〕のである。顕著となり、実践的な、また理論的な観点からコミュニカティヴな取り扱いを求められたのは、新たな機能システムの自律性問題だった。この問題のゆえに本質の宇宙は、また中世の道徳コード化は、破砕されてしまうのである。この問題が認知され始めたのは十六世紀における政治システムの主権をめぐる問題圏によって、また領主典範（Fürstenspiegel）[47]に代わって国家理性の学説が登場してきたことによってだった。十八世紀に至るとほとんどすべての機能システムにおいてこの問題が認知されるようになる。特に学術・経済・法・教育・芸術においても、である。

諸文献からは多くの示唆を受け取ることができるが、それらは相互に結びつくことなく並行して新たに起草されてもいる。それゆえにここではごくわずかの示唆を行うことだけで満足しなければならない。ここで重要なのは、この傾向が総体としては統一的でありほとんど同時に生じているが、にもかかわらずそこには複線性と異質性とが含まれているのを示すことである。すなわちこの傾向のうちでは、個々の機能システムが自分自身の反省理論を発展させていくのである。この〔並行〕現象を、相互の理念史的影響によって説明することはできない（もちろん限られた範囲で影響は存在したのだろうが）。むしろ説明は、全体社会システムの主要分化が、機能に従うものへと移行したということのうちに求められる。

自己記述をめぐるそれらの試みにおいて注目されるのは、理論の形式が採用されている点である。それはすなわち問題に定位しつつ概念によって精錬され、比較がめざされているということである。(167)ただしその比較の射程は、当のシステムに限られている。法の秩序が愛の秩序と比較されることはない。両者は対置されるのである（贈与に対して法律家が古くから抱いてきた根深い不信を考えてみるだけでよい）。アナロジー形成という旧来の形式は放棄される。それに代わって、システム固有の問題と区別が拠り所とされる。例えば「認識が対象へと到達するのはいかにしてか」「支配者と臣民（国家の場合）、生産者と消費者（市場の場合）、教師と生徒（教育する講義の場合）、愛する者と愛される者（情熱の場合）などの相補的な役割差異における統一性は何なのか」などが、である。相異なるものが同じである（Selbigkeit）というこの問いのうちにこそ、隠されたパラドックス潜んでいる。それが精錬されていくのは、特に情熱化された愛を特徴づける場合のような少数の事例においてでしかないが、そうでない場合でも理論形成の隠された源泉として用いられているのである。なるほどそこではすでに存在する、すでに定式化済みの一般化が利用されてはいる（例えば法学、政治的な「成功／失敗」に関する歴史的事例、交易、愛の宿命など）。しかし反省理論というものは、単なる経験の集積に留まらない。そこには未来へのパースペクティヴも含まれている。反省理論は自律性を要求し、問題解決能力を明らかにし、当該のシステムに特性を刻み込みもするのである。

反省理論は何よりもまず、忠誠と肯定との関係によってその客体に結びつけられている。極端に懐疑的なあるいはニヒリスティックな態度で、「この機能に対応するシステムを形成することにそもそも意味があるのか」などと疑いはしないのである。この忠誠は、比較の射程が当のシステム自身の中で使用可能な抽象に限定されるということそれ自体からして生じてくる。しかしそれはまたしばしば、もはやシステムの基礎的作動とは関わりを持たなくなった反省エリートによる、自己への意味付与でもある。

講義をしない教育学者、教えるために〔実務から〕免除された法律家、説教も断食も祈りもしない（祈るとしてもせいぜい《私的》にだけの）神学者を考えてみればよい。さまざまな反省理論に関する理論によって、そのような類似性を抽出することができる。しかしその理論から見てとりわけ印象深いのは、〔個々の反省理論が帯びる〕形式の相違のほうである。その形式はこのようにして〔多様な形式を帯びることによって、〕全体社会の進化の構造的帰結をゼマンティクとして受け止め、了解できるものにするのである。

政治システムにおいて近代的な反省が始まったのは、中世的な主権概念から近代的なそれへの移行によってだった。〔今や〕主権概念がカヴァーしようとするのはもはや帝国および教会との関係における独立性ではなく、ひとつの領域内での国家権力の統一性である。最上位の国家権力を、他の権力に服させることはできない。それゆえにこの権力の行使に当たっては（法から自由な）恣意性という要素を回避できないように思われる。この発想が当初において向けられていたのは貴族に対してだった。貴族は権利・名誉・道徳が問題になる際には自身の判断に従うのを常としていたからである。(168) それゆえにフランスの法曹は法規範を恣意として定義し、こう論じたのだった。〔法規範そのものからして〕すでに恣意的であるというなら、それが位置するのは〔恣意性が極まる〕ただひとつの場所、すなわち国家の頂点においてである、と。

当初において試みられたのは国家理性の概念のうちで、その〔権力の行使の〕ために必要な秘密の知を組織化していくことだった。(169) 領主にとって、自分自身の美徳を知るだけではもはや不十分となる。国家の概念は新たに把握し直され、職位説（Ämterlehre）[48] が登場してくる。それらによって、多少とも行政治的な知が定式化し直されていくのである。《絶対国家》は行政国家へと変化する。そうすると恣意性の問題を頂点において解決することはできなくなる。この問題は緊急権・優越権〔ius eminens〕〔の問題〕[49]として、法学的に名指しされただけだったのである。十六世紀最後の一〇年以降においては、《基本法loix fondamentales》についても語られるようになる。それは領主に拘束を加えることを、自己言及による論証を経由して根拠づけようとするものだった。領主は自身の地位を掘り崩すような行為を〔例えば、国家の財を譲渡することを〕してはならない云々。しかしこの規則は法律的には使用不可能である。そこでは通常の政治に対する境界づけを見いだすことができないからだ。他の機能システムにとって、とりわけ所有の上に基礎づけられた経済にとっては、政治が自身の統一性を恣意性として定義することは〔それはもともとは〔恣意的にふるまってよいのは貴族ではなく君主のみである、というかたちで〕貴族に向けられたものであった〕ますます耐え難くなる。各システムは、それぞれ独自の論理を発見していくようになるからである。

この問題はホッブズによってさらに尖鋭化される。まず最初にそれが自然権として問題となるのは、殺すことも殺されることもありうるような身体にとってのことである。次に恣意性は二重化され、集権化される。契約によってリヴァイアサンが、ひとつの人工人間〔artificial man〕が成立する〔永井道雄・宗片邦義訳『世界の名著28　ホッブズ』中央公論社、一九七九年、五三頁〕。この者にとっては恣意が権利として通用するのである[170]。ここで新たな区別が設定されていることがわかる。その一方の側は恣意を権利へと転換する絶対君主であり、他の側は臣民である。一方が他方を〔平和と安全のうちに〕保つのだが、その時後者〔臣民〕がもつ個体性は、もはや自然的なものではなくなっている〔それは契約の当事者としてのみ登場してくるのであり、あくまで政治の内部で形成されるのである〕。だからこそ、その個体性が臣民に、権利と義務との対応関係を保証してくれるのである。

かくして、恣意性のゼマンティクのうちで切り離しと分出の経緯が記述されていることを、明白に見て取れる。ただしそれによって尖鋭化された問題の解決策のほうについて言えば、当初はまだ不明確なところを残していた。というのは経験的に見ればそもそも恣意性など何ら存在しないのであり、存在するのはただ多かれ少なかれ成功する、多かれ少なかれコンセンサス能力をもつ政治だけだからである。〔ともあれ、〕〔現実の／神の〕国（civitas）から国家（res publica）への用語上の転換、[50] またそれと関連する自由民（cives）から臣民（subditos）への転換のうちに、この事態への明らかな反応を見て取れる(171)。それによって指し示されているのは特殊政治的な、国家に関係づけられた役割相補性である。そこではもはや、領主もまた国の民（civis）あるいは貴族として、〔教会などに対して〕相応の義務を負っているということが想起されはしなくなる。他方では臣民であるということは人間であるということと同じではないのであって、〔自分が臣民として通用する領域の〕境界に行き当たるのだという点が、ますます承認されるようになっていく。そしてその境界はもはや身分によってではなく、人間としての、また市民としての権利が承認されるということによって表現されるのである。「国の民」が全体社会の中での人間の完成態を意味するはずだとすれば、「臣民」は役割特殊的に、人間との違いによって定義されるのである。

しかしこれだけではまだ、恣意性の制限という主権のパラドックスに対する解決策は何ら見いだせない。それへの回答は、その後確立される人権ゼマンティクが取り上げられ、最後には《憲法》が発明されるに至ることのうちに存していた。この憲法はふたつの構成要素をもつ。外に向かっての境界づけのための人権と、法的自己コントロールのメカニズムとしての権力分立原理である。憲法が必要なのは、少なくとも『ザ・フェデラリスト』の《原意 original intent》[51]に従ってよいとすれば[172]、他でもない、宗教も道徳も利害関心を選別し熱狂をコントロールすることができないからである。これはつまり、ホッブズがすでに考えていた論拠によって、ということである。この機能主義的な論証をガードレールとすることによって、絶対君主制から憲法理論への移行を問題なく成し遂げることができた。政治の理論は立憲国家の理論となる。〔今や〕新たな諸区別を用いて事が進められる。すなわち人権と立憲的規制の内実としての権力分立との区別を、あるいは実定法のうちで（！）変更可能なものと変更可能でないものという（中世には考えられなかった）区別を、である。そしてここでもやはり、統一性としてこれらの区別の根底に位置しているものは、反省されることがなかったのである。

学術システムにとっては同一性の反省という同じ問題が、まったく異なる形式のもとで立ち現れてくる。認識に関する旧ヨーロッパにおいて通用していた記述に従えば、認識されるものが認識を引き起こすのだということになる。それも、同じものが同じものを引き起こす、というようにしてである。認識と現実との一致が保証されるのは、その点においてである。認識はいかなる場合でも意志的な行いではありえない。もしそうだとすれば意志の種類と方向次第で、認識は相異なるかたちで生じてくるという話になってしまうだろうから。認識する者はむしろ、認識として自身に働きかけてくるものに身を晒さねばならない。警戒すべきはただ錯誤、堕落、自身の熱狂に対してだけである。認識と認識されるもの、両者ともが自然＝本性なのである。

探求し新たなものを発見しようとする近代的な学術運動は、認識の経緯をこのようなものとして考えることから決別しなければならなかった。確かに当初は神学によるコントロールの要求から身を守るために、学術において扱われているのは自然な現象を自然に認識することであるとの主張が固持された。つまり問題となっているのは〔どちらも神によって創造された〕二重の自然なのであり、それによって〔天地創造の〕秘密が侵犯されるわけでは決してないし、一定の〔単なる仮説に留まらない〕知を生み出すこともできる、そのためには特に数学を用いればよい云々。[173] しかし次の段階になると《理論》に関する了解の変化が加わってくる。今や〔理論において〕焦点となるのは抽象〔理想的な事例では、数学によるる〕であって、部分的な現象のうちに〔天地創造の業という〕全体を見ることではない。この新ヴァージョンによって、機能分化へと向かう道筋が切り開かれる。最後には、ジョン・ロックなどに始まることだが、学術運動が自分自身を認識論的に観察するようになるにつれて、あらゆる知の獲得には認識する者自らが関与しているという点が意識されるようになっていく。無条件に確実な知を求めることは、またそれとともに、反省の準拠点としての厳密な知と単なる意見の区別〔真知 epistéme／臆見 dóxa〕は、認識と対象の区別における統一性の問題によって次第に置き換えられていく。例によって相異なるものの統一性はパラドックスとしてしか把握されえない。したがって反省はパラドックスの分解という形式を取ることになる。[174] しかしさしあたり、〔展開されることでそれ以降の議論を〕創設するパラドックスという文脈で再定式化されたのはまだ、旧来の思考財〔模写説など〕だけだった。認識と対象の区別を放棄することはできなかったから、経験主義的な解決策と観念論的な解決策の間、対象に関係づけられた解決策と認識に関係づけられた解決策の間を、あてどなく振動するしかなかった。革新が生じてくるのは、いわばこの振動の副次効果としてなのである。ヒュームによる帰納法問題のプラグマティックな取り扱いを、またカントによる意識理論的な〔超越論哲学的な〕解決策を考えてみればよい。

十八世紀最後の一〇年間において、過程概念が新たに把握し直されるに至る。それによってついに、区別のプロセシングに関する《弁証法的》理論が可能になった。しかしその後この大理論に引き続いて生じてきたのは実際のところ、単なる反復か、あるいは本質的に〔ポパー流の〕方法論的反省によって、あるいは〔クーン流の〕理論史によって刺激された《科学論》にすぎなかった。〔学術的認識において〕自己言及と他者言及を区別できるためには認識と対象の区別を用いねばならない以上、この区別の統一性を〔当の区別を用いながら〕同時に反省することなどできないのである。この問題に対する伝統に即した解決策は、《関係》の概念を用いることによって、区別の統一性という問題を隠蔽するというものであった。この策をさらに定式化していけば対等（adaequatio）あるいは再現前化（Repräsentation）ということになるのだが、それは放棄できもしないが用い続けていくこともできない。学術は観察者としては、自分自身から排除された第三項に留まるのである。

認識論的な反省が問おうとするのは《可能性の条件》についてだが、それによって取り上げられるのは、学術そのものの中で生じることのうちのきわめて限られた部分でしかない。〔その問いにどう答えられようと〕いずれにせよ、自然科学の《物質》に対する、生物学の《個体群》に対する、人間科学の《主体》に対する態度からは、そこで扱われているのは未来へと開かれた研究プログラムであることが認識できる。それは本質へと、あるいは不変の法則〔それが過去と未来とを結び合わせる、というわけだ〕へと固定されることすら可能な限り回避しようとする。あるいは、〔本質や法則を最終的なものと見なすのではなく〕常にさらに分解していこうと試みられるのである。[175] これは全体社会〔のあり方〕に対応している。全体社会が自分自身の本質によって規定されることなどもはやありえなくなっている。全体社会の歴史は過去として扱われ、自身で規定する未来へと向けられるのである。〔そこから生じる〕認識論にとっての帰結は当初「プラグマティズム」と称されていたが、現在では「構成主義」と呼ばれている。

経済理論にとっては独自の反省理論の出発点は、十七世紀において（端緒としては十六世紀になされた、利子禁止を解除するための考察においてすでに）注意が取引そのものへと集中したことにあった。そこでは関与者の状態・満足・意図・動機は捨象されていたのである。自分自身を《個人》として理解することは関与者のほうの仕事だとされた。そう委ねたとしても経済が崩壊してしまうことなどないはずだ、と。人間学がこの事態に適応するために持ち出したのが、《私益 self-interest》の定理だった。それにより、主体の側において経済思想に対応するものに、再び自然＝本性としての地位が与えられたのである。

こうしてとりあえず、伝統的に道徳によって取引関与者に課されていた禁止を克服することが可能になった。関与者の動機を均一化し、計算された効用へと関連させることができたのである。同時に取引によって、次の点も明らかになる。関与者の行動は決定により成立する。そしてその決定を、合理性の観点のもとで（あるいはとりあえず単に、「能力の効果的な投入」「時間の浪費」などの観点のもとで）批判することもできるのである[176]。そして特に、動機が正直に表明されているのかそれとも装われているだけなのかという点は、純粋に経済的な観点からすれば些末なこととなる。決定的なのは利益と損失なのである。

取引では支払いは貨幣によってなされる。そこでは直接に望んでいるものを受け取るのは二人の関与者のうちの一方だけであり、それに対して他方は貨幣しか受け取らない。そこから次第に、貨幣経済が〔単独の作動では完結しえず、さらなる作動への接続を必要とする〕システムの側面をもつという点が視野に入ってくる。それは支払いの遅延、すなわち信用という（はるか以前からすでに知られていた）側面に留まらない。さらに加えて、次第に市場のための生産が行われ始めてもいた。しかも農業においてすら、である。こうして、（原則として自足的な）家政と交易という旧来の区別は、次第に解体していくことになった。それゆえにまた、収益への動機を従来の道徳による制限から解き放ち、それ自身の上に据えることが不可欠ともなる。[177] 収益に定位しなければ、市場へと定位した生産のための投資を計算することなどできなくなってしまうではないか。[178] 同様に、稀少な財を扱う際に利己主義と利他主義の違いへと道徳的に定位することもまた、放棄されねばならなかった。[179] 道徳においても経済の場合と同様に個人に対して、自分自身を他の観察者の観察者として観察し〔それに基づいて〕規律づけるよう要求される。その際少なくとも経済においては、他の人々が売り買いする価格に定位することができるのである。しかし当初はまだ、その価格が諸個人の了解あるいは意志以外によっていかにして形成されるのかを説明することができなかった。

こうして解釈の余地が生まれることになったが、十七世紀以降においてまずもってそこを埋めることになったのは、バランス・均衡・円環などの隠喩的なイメージであった。[180] それらは厳密な内的秩序を、また同様に外に対する閉鎖性を、象徴するものだった。ここにおいて近代における重要な「もはや……ない／まだ……ない」の構図を見て取れる。すなわち、〔これらのイメージによって考えられているのは〕もはや厳密に単線的な因果性ではなくなっているが、自己言及という数学的で論理学的な問題が分析されているわけではまだないのである。かくしてイングランドにおいては銀行が設立され、国家の負債を憂慮する活発な議論がなされたにもかかわらず、適切な貨幣理論は発展していかなかった。また分業の学説および価値理論の、労働によって生産される価値への転換においても、〔有益な〕統一性についての問いは、答えられるのではなく《見えざる手》へと委ねられることになった。特に《政治経済学 politische Ökonomie》というタイトルからは次の点が窺える。経済は今や全体社会総体に関わる〔家政的なものではもはやない〕現象と見なされてはいる。したがって旧ヨーロッパ的な家政学（Ökonomik）は放棄されている。しかし〔経済という〕このシステム内で用いられる区別の統一性がそれ以上反省されることはなかったのである。〔その反省の〕代替物として役立ったのが稀少性という主導問題であり、〔経済の〕首肯性の基礎となったのが農業および工業生産において生産性が著しく高まっていったことだった。

理論的および《科学的》にいかなる精錬が加えられようとも、ここで扱われているのは〔真／非真のコードに基づく学術的コミュニケーションではなく〕経済システムの反省理論である。この理論が合理的に行為する個人から出発しているということから、その点を認識できるだろう。経済はそうすることで根本的なところで、自分自身に対する肯定的な評価を確認しているのである。合理性は、ひとつの〔全体社会そのものではないにしても、経済の〕社会秩序を形成するうえで、①罪のない、そして②効果的な原因となる。古典派および新古典派の理論提案に見られるように、その後のあらゆる展開はこのアプローチの内部において生じることになった。そこでは合理的な性向の正しさ（Recht）についても、その因果的有効性についても論議されえないのである。個人の自然な性向から合理的選択（rational choice）というまったく形式的な構想へと移行したとしても、話は何ら変わらない。使用価値と交換価値の齟齬について研究し、そこから、それを解決しうるのは心理学理論ではなく数学理論であるという点を洞察せざるをえなくなるとしても、やはり事は同様である。確かに強力な対抗潮流も存在した。そこでは、「はたして〔合理性という〕この仮定のもとで社会秩序の形成を説明できるのか」との、あるいは「合理的な経済にそれ以上の制限を課さないことが全体社会にとって望ましいと言えるのか」との疑念が追求されたのである。マルクスを、第一次大戦後の制度学派を、あるいはケインズを考えてみればよい。しかしその場合でも問題になったのは次のような問いだけだった。〔合理性を原因とする〕因果仮定から全体社会の水準で生じる〔合理的ならざる〕帰結を、得心がいくような方向で示すためにはどのような追加的説明が必要なのか(階級関係か、大衆心理学か、習慣の形成か、国家の介入か)。

法システムにおいても十七世紀および十八世紀には、これと比較可能な展開が生じていたことがわかる[181]。まずもって出発点としなければならないのは、ヨーロッパではすでに中世において法が、社会状態を調整するうえで重要な意味をもっていたという点である。それは世界規模で比較してみれば、まったく異例の事態であった。その一部は民法を、また一部は教会法を基礎としていた。あるいは地域の法的慣習が成文化されることによる場合もあったし、また都市法の形式をとることもあった。そしてこれらすべてに加えて、すでに相当な量の立法がなされてもいた[182]。中世の《聖職者》の大半はすでにそもそも神学の研究などしておらず、もっぱらカノン法を扱っていた。また法は領邦国家をまとめあげるために、領主裁判権を解体するために[183]、宗教的寛容を確保するために、そして特に所有権を秩序づける条件を土地所有から貨幣へと転換するために、役立ちもした。法が他の社会的諸機能とこのように密接に絡み合っているがゆえに、法システムの分出について語ることは困難になる(特に法学者にとっては)。にもかかわらず〔他の機能システムの分出との〕並行性を容易に見て取ることができるのである。
より実践へと定位した見方をすれば、〔法システムに対する〕新たな諸要求によって、領主の《裁治権iurisdictio》という〔諸機能を〕統一する従来の構想は破砕されることになる。[52] 代わって登場してくるのが、決定の負担を立法ないし司法へと分配するという問題である。[184] それ以降、法理論および法的方法論の議論は、立法と司法というこの差異によって支配されていく。「法（Recht）が法であるのは、正しいこと（zu Recht）なのかそれとも不当なこと（zu Unrecht）なのか」というコード化のパラドックスは、決定の権能を分配することによって分解されるのである。

以上から見て取れるように、反省状況を規定しているのは法の実定性という理念である。しかしだからといって、自然法がただちに取り消されてしまうというわけにはまだいかなかった。はるか近代に至るまで、法の妥当性についての了解をもたらしてきたのはさまざまな《法源》についての旧来の学説だった。法の〔宗教や政治などからの〕自律性という構想へと接近していくまさにその場合においてこそ、正統な根拠に基づく自然法が不可欠となるのである。しかし自然法のほうも適応しなければならない。旧来の自然法は、理性こそが人間の自然＝本性であるとの構図を介して、理性法へと変貌を遂げる。そうすることで自分自身に、特殊法学的な論証のための認可状を付与するのである。

もともと少数の例外（グロティウスやプーフェンドルフなど）を除けば、自然法は実践的な法学に対して、常にわずかな影響しか及ぼしてこなかった。しかし〔今や〕所有権をめぐる政治に定位した議論と法学的な議論という旧来の分離〔に基づく二本立ての議論〕は崩壊する〔そして所有権は自然権として法学的にだけ正当化されるようになる〕。[53] さらに十八世紀に至ると自然法は明確なかたちで法学研究活動の中に組み込まれる。そしてクリスティアン・ヴォルフとともに、実践的法学の上位に位置するものと想定された〔自然法という〕この学説が、新たな種類の哲学的法理論としての歩みを開始する。そこで目標とされたのは、法に関する知に哲学的な、場合によっては数学的な、いずれにせよ理性へと定位した基礎を与えることだった。この反省領域では法と道徳（人倫・倫理）との関連も問題となるが、それは法の実践においては度外視され続けざるをえなかったのである。十八世紀の終わりごろになると、法システムに最終的定義づけを付与するのは憲法の概念だとされるようになる。それ以降自然法は、憲法を法規として確定する際の二次的根拠づけにすぎず、程度の差はあれ不可欠というわけではないとされるのである。自律的なものと化した法にとっての問題は、その実定性である。これはすなわち、法の自己根拠づけということに他ならない。法の変更と不変更の関係は、法内在的に取り扱われねばならない。政治に法を変更する権能を認める場合でも、それは法的に認可された機関の権能という形式においての、法システムによる吟味という留保条件のもとでのことなのである。〔政治システムにおける〕立法の自由に言わば対応するものとして、〔経済システムにおける〕契約の自由も容認される。しかし同じ経緯によって十九世紀には、契約を締結する際の意志を解釈するのは裁判官であるという原則が発展してくるのである。〔5〕

以上のすべては結局のところ、法システムにおける自己言及と他者言及の関係が、新たなかたちで秩序づけられねばならないということに他ならない。十九世紀の終わりごろにはこの事態が、ひとつの論争という奇妙な形式で生じてきた。今日から歴史的に回顧してみればわかるように、それはそもそも論争になっていなかったのである。自己言及の側に立つのが《概念法学》、他者言及の側が《利益法学》

だった。言うまでもないことだが、立法者によってそうするための時間が与えられているなら、〔すなわち法が制定されることによって、準拠枠となる法と、それによって取り扱われる利害とが分離され、両者の区別の線を横切ることが可能になった後では〕このふたつの定位方向は手を携えて事を進めていくことになる。ここで問題となっているのは、ひとつの形式のふたつの側なのである。

教育システムにおいてもまた、同じ反省状況が異なるかたちで捉えられていた。このシステムは、当時の人文主義＝人間主義と密接に関わりあっていた。それは特殊ドイツ的な陶冶論（フンボルト）においてだけではなく、革命前後のフランスでの、学校教育のためのひとつのシステムのための国家計画においてのことでもあった(185)。この領域固有の革新の出発点となったのは、教育の客体の捉え方が変わったこと、つまり子どもの概念が変化したことだった(186)。子どもはもはや未成熟の（不完全な）大人とは見なされない。むしろひとつの世界をもつ傷つきやすい統一体であり、独自の動態によってのみ発達していけるものとされるのである。さらに加えて教育学者は、人類総体は教育者かさもなければ子どもであると見なし、誰もが完成へと向かいうると考える傾向がある。つまり《絶えずより完全なものになっていく能力》を備えている、というわけである(187)。これが教育学者の、自身を全体社会総体へと関係づけようとする流儀なのである。ここ一〇〇年になって初めて、《成人教育》という文脈においてもう一段の拡張が生じることになった。しかしそうなれば結果として、教育のメディアはもはや子どもではなくライフコースであると考えざるをえなくなるはずである。

新たな教育学が実践的および方法論的な苦闘を重ねることにより、自由と因果性とのディレンマに陥らざるをえなくなった。〔教育を受ける側の〕自由が前提とされ、尊重され、確立されねばならない。しかし因果性がなければ、教育者は無用のものとして立ち現れてこざるをえなくなるはずである。カント哲学はまさに自由と因果性とのこの対立をテーマとしたがゆえに、ただちに気づかれるようになったことだが、ディレンマの解決にほとんど貢献できなかったのである。代わって支えとなったのは純粋にプラグマティックな態度で教師と生徒とのこの関係を制度化することだった。その関係の統一体が、誰の目にも明らかなように、授業なのである[188]。授業とはある意味ではふたつの機能の統一体であり、それらを教育学的反省の中で統合することなどもはやできない。すなわち教育の機能と、社会的選抜（それ以降の教育のためのものであれ、経済システムにおける職業のためのものであれ）の機能である。教師は教育者としては、自分の管轄は養成と教育だけだと考える。学校人としては判定を下しそれをコミュニケートすることによって、選抜を推し進めるのである。教育という形式においては、教養概念によって選抜に対する境界が引かれている。まさにそれゆえに形式の他の側は、すなわち教育者が社会的選抜に関与しているということは、反省されないまま留まるのである。近代社会が総体として描出される際には〔学校は本来選抜の機能も併せ持つという点に関する〕反省のこの欠落によって〔本来あってはならない選抜が生じていると判断されて〕、次のような意見が生じてくることになる。いわく、選抜は依然として階級現象である。財の分配が不平等であることに鑑みて経済政策的、学校政策的な補正がなされなければならない云々[189]。

最後の例として芸術を選ぶことにしよう[190]。より精確に言えば、十七世紀および十八世紀において技芸（artes）という一般的領域から分出し、自己規制に委ねられるようになった美的芸術を、である。〔古来より常に〕芸術というものは、特に文学は、哲学に抗して自身を守らねばならなかった[191]。ただし今や対峙しなければならない相手は数学的－経験的な科学であり、また不完全な世界という事実についてのみ述べる歴史であった。とりわけ宗教的コスモロジーの統一性が〔当時すでに〕崩壊していたという状況のゆえに、古代に比べれば事は容易になっていたのである。〔とはいえ〕模倣というプログラム概念から完全に離れることはまだできなかった。模倣は単純すぎて芸術としては通用しえないと考えたのは、グラシアンである。(192) しかし同時代人たちの多くは、模倣概念の内部において修正を施しただけだった。さしあたり自然の模倣はまだ容認されていたが、芸術作品の模倣はもはや認められなくなっていた。とりわけ個々の作品が唯一無二でありオリジナリティをもつ〔べきだ〕という理由によって、規則に従ってなされる作業は、また規則によって作品を評価することは、拒絶されるのである。しかしだとすれば何が《美しい》のかをどうやって知ればよいというのだろうか。

一七〇〇年ごろに至ると、気に入ったものが美しいのだと言われるようになる。そのための基準として用いられたのが趣味であった。趣味をもつのは出自によるか、あるいは獲得された文化による。趣味が導くのは無媒介の直観であり、理性はその判断を後から確証しうるにすぎない。しかしこの基準は、他でもない直観の自発的な判断が参照されているというまさにそのことからも見て取れるように、全体社会の階層との明白な関連を有していた。よき趣味とは、よき趣味をもつ人々がそうだと考えるところのものである。この苛立たしい循環性は当初、《崇高なもの Sublime, Erhabene》およびそれを見る者の感情[55]という特殊事例を示唆することによって緩和されていた。(193) その後十八世紀が経過するとともにボドマー、バウムガルテン、カントによって循環性が分解され、普遍的なものと個別的なものという区別を用いて反省理論へと移植されるに至る。そしてその反省理論は新たな意味において《美学 Ästhetik》[56]と問われることになった。〔それによれば〕芸術の課題とは、個別的なものの中において普遍的なものを生ぜしめることである。かくして美学は、〔近代へと向かう当時の社会において生じつつあった〕個体性＝個性への新たな要求の近傍に腰を落ち着けるのである。また美学によればそこから、芸術作品を一回の議論、一回の概念的分析によってだけでは解明できないのはなぜなのかも説明できる〔作品には常に個別的な鑑賞体験を超える普遍性が含まれているからである〕。にもかかわらず芸術作品はやはり、認知の〔個別的な〕作動のほうから理解される。（バウムガルテンにとっては）作品の美とは、〔個別的な〕感性的認識の〔普遍的な〕完成形式なのである。(195) したがって普遍的なものは、きわめて多様なかたちで理解されうる、ということになる。ロマン主義のように信じるに足りないものとして扱うこともできるし、また社会的通常性からの距離のうちにあると考えてもよい。あるいは象徴的なもののうちに存しているのだとしてもよい。象徴的なものによって、芸術作品の内容と形式という区別が止揚されるのだと想定するわけである。[57] 例によって芸術においても十八世紀以降、独自の同一性構想が用いられるようになる。それによって芸術は全体社会における自律性を主張できる。作品の《美》がどう考えられようとも同じことなのである。

それまで〔全体社会の〕構造を担っていた領域である宗教と家族においては、それほど明確な反省理論を見いだせない。そこでは機能的分出が推し進められることはなかった、分出は進歩として経験されずただ堪え忍ばれただけだった、というように考えることすらできるかもしれない。だから革新的ゼマンティクへの需要が直接沸き上がってくることもなかったのである、と。それでも神学は十八世紀および十九世紀になると、宗教的テクストの実定性に依拠しつつではあるが、より《解釈学的》な問題へと向かうようになる。家族にとっての問題は、家族から政治的機能と宗教的機能が失われることによって、またしだいに全人口が学校へ通うようになり、子どもに対して出自とは無関係なキャリア〔を築く可能性〕が開示されることによって生じてきた。つまり家族の内的結束について問われるようになったのである。一八〇〇年ごろにはこの帰結が関わるのはまだ人口のうちの小部分にだけだった。しかしその部分のためにひとつの代替ゼマンティクが示され、そして徐々に人口のより大きな部分へと拡大していく。それはすなわち恋愛結婚に基づいた、にもかかわらず持続可能な、人格的で親密に結びつけられた生活共同体という観念である。その内部でなら個人は、自分の具体的特性を了解してもらい支持してもらえる、というわけだ。

以上のように多様な諸機能システムのゼマンティクに、ただちに共通分母を与えることなどできない（そうできるのであれば、その分母を近代社会の理論として提示すればよいとの話になる）という点は明らかだろう。〔個々の〕機能システムに立脚した記述によって得られるのは、せいぜいのところ次のような定式化でしかない。いわく近代的諸国家よりなる世界、資本主義社会、あるいは宗教を否定的に引き合いに出しつつ、世俗化された社会。特殊近代的な思考財に依拠して生産されてきたものの多くは、これらの領域において育まれてきた。だからわれわれはそれらについていくらか細目にまで立ち入らねばならなかったのである。いずれにせよその成果を全部集めたものが全体社会の理論となるわけではないという点は、明らかになったのではないだろうか。

〔一定の〕時代に典型的に生じた現象としても、またそれ自体として考えても、諸機能システムの反省理論は多くの持性を共有している。反省理論によって、システムの偶発性の観察が増幅される。そしてすべては別様でもありえたかのような印象が生じてくるのである。特に認識論や法理論のように必然的な根拠の探求がなされている場合に関しても、いやむしろそこにおいてこそ、同じことが成り立つ。これは、特定の理論構想が普及すれば、そのこともまた観察され、コメントの対象となり、批判されるに至るという事態と関連する。初期社会主義者〔と後に呼ばれることになる人々〕が、ロンドンでは世界全体をアダム・スミスとデヴィッド・リカードの範型に従って考えていると抗議したのはその一例である。システムの中にあるひとつの記述を導入すれば、そのシステムは変化する。そしてそこからまたひとつの新たな記述が必要になるのである。反省理論において根拠として《端緒》を召喚するのが差し控えられているというのも、〔さまざまな機能領域において〕広く見られる現象である。子どもの教育にとって、その出自は些末なことになる。古くから用いられてきた法であるという観点を持ち出してみても、その法に力を与えることにはならない。ある現象が当のシステム内においていつから重要なものとして扱われることになるのか。これはそのシステム自身の内部において、機能的観点のみに従って決定されねばならないのである。

今や《理論》とは、知性によって把握しうるということ（Intelligibilität）についての新たな要求である。それは、変異との関係におけるコントロールされた感受性であり、定常的なものを問題化することであり、論争へと開かれていることでもある。そのような試みが、厳密な学術のための試みと、またデカルト、スピノザ、ライプニッツのような人々の野心とどう関係するのかは、不明確なままだった。〔同じ態度により学術にも、宗教システムの反省理論である神学にも取り組みえたという〕その点がむしろ発展を助けてくれたのだろう。しかしまた、同時代に学術として発展してきたものが、他の機能システムにおける理論の企てをコントロールすることなど、実際にはもはやできなくなっていたという点は明らかである。さらに、〔理論という〕新たな要求水準が生じてきたのは〔学術の発展によるのではなく〕各機能システムの反省理論の責任であると見なすこともできる。この要求水準のもとでは、旧来の修辞学の諸形式からなる世界に、また伝統という賢慮に、定位することなどもはや許されないのである。以前ならあたりまえだった多くの区別が用いられなくなる。あるいは一方の側のみが存続し、反対概念のほうは交替するという場合もあった。[196] 例えば今や政治が規定されるのは家政との違いにおいてではなく経済（全体社会）との違いにおいてである、というように。一方の側に「公然の／秘密の」、他方の側に「公的ナ事柄 res publica／私的ナ事柄 res privata」を置くという旧来の二重区別は「公共的な見解＝世論 die öffentliche Meinung」という構想の中で一般化される。その結果〔公的な事柄＝政治を「公然／秘密」の区別を用いて考えることなどできなくなり、政治の〕他の側としては私的領域しか想定されなくなってしまう。支配ノ秘術（arcana imperii）という古い教説を廃しようにも、そんなものはもはやどこにもないのである。質に関わる〔すなわち、「A／B」という異なる特質を対置する〕多くの区別が、〔「A／非A」という〕形式的な反対概念のみを許容する新たな構想によって置き換えられていく。例えば〔事物の本質を見抜く〕智慧（sapientia）と〔世渡りの上での〕賢慮（prudentia）との区別がそうである。伝統において支配的だったこの区別は、超越的な連関と内在的な連関と類比されるかたちで宗教に帰属させられてもきた。この事例において新たな構想として登場してくるのは、かつては身分に即して配置されていた「有益性」という概念である。そしてその反対概念は無益さないし有害性だということになる（こちらも〔かつては〕例えば修道士について〔つまり身分に即して〕考えられていた）。あるいは区別が完全に逆転される場合もある。

《憲法 Konstitutionen》はもともとは皇帝による、準法規としての効力を持つ発布行為として、古くからあり変えることのできない法（lex）から区別されていた[58]（十八世紀前半に至ってもまだそのように理解されていた）。ところがその後この語〔が意味するの〕は、変更できないあるいは変更困難な憲法条文（Verfassungsgesetz）となる。立法機関そのものが動き出すのは憲法の後のことである。年を経たことによる正統化という構想全体を切り捨ててしまってもかまわなくなる。

例をさらに挙げてもよかったのだが、いずれにせよ個々の語ないし概念の中に固定された意味だけでなく形式にも、すなわち区別にも注意を向けねばならない。そうすれば、理念財は機能システムの分出とその反省理論によって突き動かされてきたということが、またそれはいかにしてだったかが見えてくるだろう。社会学的な仮説を用いてこの変動を分析すれば、また別の形式変化も明らかになるはずである。その仮説とは「分化がより強くなれば、にもかかわらず分化したものの統一性を表現するために用いうるよう、シンボルをより強く一般化しなければならなくなる」というものである[197]。そのように考えるならば、諸機能システムの分化は歴史的に見れば身分秩序に抗しつつ、かつ〔機能システムどうしが〕相互に対峙しつつ生じたのだが、その分化によって注目すべき一般化が生じていることがわかる。それは一部は《人間》に関わるものであり、また一部は《人間》を方向づけるべき主導理念を定式化するものだった。例えばアダム・スミスの共感に関する構想にまで至る道徳的感受性の理論を基礎として、道徳が新たに定式化されたことを考えてみればよい。あるいは理性啓蒙の運動でもよい。そこでもまたあらゆる人間の一般的メルクマールが用いられていた。さらには自由・平等・友愛というフランス革命の主導理念。また、進歩や歴史などの概念が、十八世紀には単数形で普及するようになったことでもよい。

そして特に、思想が根本においてめざすものが《哲人》〔となること〕から《哲学》〔体系を樹立すること〕へと変化した点、そして哲学がアカデミックに確立されたこと。このように分化と一般化との変移上の連関を幾重にもわたって証明することができる。しかしそこから生じてきたのは近代社会の理論ではなく、過渡的なゼマンティクにすぎなかった。それが未来へと振り出す小切手は不渡りになる。全体社会の秩序は、成立しつつあるという点は把握されていたものの、まだ実際に観察され記述されることはできなかったからである。

機能分化とそれに対応する反省理論の形成に関するわれわれの分析を踏まえるならば、この問題設定はもう一段尖鋭化されることになる。あらゆる機能システムは普遍性要求を掲げる。しかしそれはただ自身の領域に関してのみのことである。機能システムはもはや、コミュニケーションの本来的障壁を許容しない〔つまり、事物の本質からしてテーマ化してはならない事柄など認めない〕。しかしコミュニケーションは当該システム内で産出されねばならず、システムの産物から再生産されねばならない。全体社会総体に及ぶ〔つまりどの機能システムを観察・記述する際にも用いられうる〕ゼマンティクにとってそこから生じてくるのは、テーマ化の潜在的可能性の普遍性とシステム言及の限定性とを必然的に組み合わせねばならなくなるということである。そしてこのことは様々な要求として現れているのだが、これらの要求は全体社会という総体的システムの適切な自己記述によってではなく、今日に至るまでもっぱら相対化によって解消されえているにすぎない。いずれにせよこの要求によって、存在論、二値論理学、自然＝本性の概念構成、種と類に基づく区別の技法の間の伝統的な連関は、破砕されてしまうのである。

X　メディア－ゼマンティクにおける対立

全体社会システムの機能分化は、すべてではないにしても多くの点において、「さまざまな象徴的に一般化されたコミュニケーション・メディアの分化が〔機能分化に〕先行する」という図式に従って生じる。それゆえに個々の機能システムの反省理論において扱われることになる多数の問題は、すでに分出していたメディアによって予示されていた。これは、メディア形成の契機となるとともに全体社会の機能問題でもあるような、特別な問題に関しても言えることである。例えば経済の発展とともに増大していく希少性の問題を、また新たな知〔の産出〕および全体社会が、常に新たな知へとますます依存するようになるという問題を考えてみればよい。〔メディアによって浮上してくる〕最も重要なコードの問題も、反省理論の対象となる。特に道徳コードとの関係における齟齬が、またパラドックス回避症候群がそうである。〔このようにメディアにおいて生じる問題の多くは機能システムにおいて扱われうるのだが、〕同時に象徴的に一般化されたコミュニケーション・メディアの分化からは、別種の問題も生じてくる。それはすなわち近代社会の特有性として経験されはするが、あるひとつの部分システムの統一性と自律性の問題としては定式化されえないような問題である。ここではその種の問題のうちからふたつを取り上げておくことにしたい。そこに、〔近代社会の〕ゼマンティク上の特性へと向かう重要な構造的契機が潜んでいるからだ。近代社会の記述が心を砕いてきたのはこの二頭立て問題にであり、このふたつの問題のゆえに記述は自分自身に満足できないままだったのである。取り上げるのは本書第二章第XI節ですでに扱っておいた《不均等成長 Schiefwuchs》の問題およびそれと関連する、構造的に設定された自己批判への傾向である。

全体社会の内部において全体社会を批判すること。そこでは好んで、ただひとつの主導的な言い回しが探し求められる。しかし、扱われているのはふたつの齟齬なのである。第一の齟齬は、技術化可能性の限界〔が機能領域ごとに異なること〕のうちに存している。通常の場合、技術への批判では、機械への反感が利用される。機械と人間とが対置されることもある。しかしこの概念構成では、全体社会の理論に関わる目標のためには粗雑すぎる。全体社会の自己記述に伴う単純化の要請には応えているかもしれないが、その要請がどこから来るのかを教えてはくれないのである。われわれは技術の問題は、当該の作動を意味連関の干渉から隔離することに、つまりこう言ってよければ被刺激不可能性のうちに存していると考える(198)。技術はこの隔離を通して、契機が与えられれば作動が反復されうるということを保証する。技術的に計画された実行が反復されない（《機能》しない）場合には、どこかが修理されるか取り替えられねばならない。別の言い方をするなら技術とは、「壊れていない」と「壊れている」の区別を用いてなされる観察様式なのである。思考の、あるいはコミュニケーションの作動が高度に技術化されているがゆえに、誤謬を（例えば論理的誤謬を）発見し除去できるようになっている場合に関しても、同じことが言える。なぜそれが批判されねばならないというのか(199)。

〔批判すべきだという〕その議論が命を得ているのは明らかに、当の議論自身が生み出した単純化圧力によってである。そうしておいて今度はそれに対して反乱を起こそうというわけだ。すでに明らかにしておいたように、メディアのシンボルを技術化する可能性はきわめて限られている。高度に技術化されたコードの場合でもやはり、またその場合においてこそ、コードの効果は非線形的であるがゆえに中枢からの操舵はまったく通用しないのである。今日では以下の点も知られている。論理体系が無矛盾的に閉じられることはありえないこと。構造化（組織化）された複雑性を伴うシステムは、まだ規模が小さな段階ですでに自分自身にとって、また他者にとって不透明なものとなること。エコロジカルな連関をシミュレートしようとすれば、わずかの変数だけですでに予測不可能な結果を招来するということなど。したがって問題は現実としての技術よりもむしろ、技術へと向けられた予期のうちに存しているように思われる。しかしまた問題は、技術化されうる作動領域と技術化されえないそれとの成長率が異なっているという点のうちにも存している。そして結局のところ批判を動機づけているのは、この点であるように思われる。機械的な計算装置の導入は技術化の成果のうちで最も印象的なもののひとつであるが、それによって完全に明らかになるように、この補助手段によって解かれうる問題が優先的に取り扱われることになり、その他の問題は無視され、《不良定義問題 ill-defined problem》[59]として周辺化され、もはやそもそも《問題》として指し示されるに値しないとされるのである。

この問題を、近代社会の自己記述のうちできわめて大きな影響力を発揮したテーマに即して描き出すこともできる。そのひとつはマルクスによる政治経済学の批判である。そこで扱われているのは（われわれの技術概念を踏まえるならば）結局のところ、ひとつの技術の問題である。すなわち《資本主義的》な計算を単純化し隔離することなのである。そこでは資材コストと労働コストとが貨幣において決算されるが、その際に資材と労働とがなす貢献は意味においても、また生産へと投入されることから生じる帰結においてもまったく異なっているという点は度外視されるのである。これは一方で、労働者を人間と見なすのであれば、労働者に対する耐えがたい不正として現れてくる。しかし他方でそれ以外の仕方で純粋に経済的な計算を行うには、例えばある投資の、ある企業での労働様式の、収益性を合理的にコントロールできるようにするためにはどうすればよいのかを示すのは不可能である。技術批判に追随しようとするならその代償として、社会主義による巨大実験を見ればこの上なく明らかなように、採算性に関する情報を放棄しなければならないのである。

もうひとつの例を提供してくれるのは、フッサールによる科学批判である[200]。そこにおいて、ガリレイとデカルトによって方向づけられた近代科学へと非難が向けられたのは、科学は《理念化》によって人間が意味を必要とするという点を考慮できなくなってしまったからだった。ファシズムが世界規模で拡大しつつあった三〇年代の危機的雰囲気の中では、また第二次世界大戦後の復興局面においても、この批判によって一般化可能な、政治的にも適用されうるパースペクティヴがもたらされたのかもしれない[201]。しかしその後この論証のふたつの側が切り離されて把握されるようになる。科学ははるか以前から〔具体から抽象へと向かう〕デカルト的モデルの単線性には定位しなくなっている。そして「人間は意味を必要とする」という観念は〔現実の〕路上〔を行き交う人々〕において証明できるようなものではほとんどなくなっている。むしろそれは、知識人の窮状の身振りとして立ち現れてくる。知識人は何かしら善きことの側に立ち、意味喪失に苦しむ人間を助けたいと欲するものだからである。

以上の分析が事態をある程度正しく捉えているなら、そこから近代社会が技術に対してとる統合失調症的な態度も了解可能になる。人間の生の意味の充溢という観点からは技術化は拒絶される。しかし同時に技術を放棄すれば現状よりもうまくいかなくなるという点を認めねばならないのである。〔現在において〕達成可能なものでは満足できないがゆえに技術の発展がさらに推進される。そして同時にそれによって引き起こされる動向が批判される。どちらも正しいのである。

第二の問題圏に関しても、それを視野に収めるためには一定の概念的配置を受け入れねばならない。われわれは相異なるコミュニケーション・メディアという発想について論じた際に次の点を強調しておいた。すべての事例において普遍主義的なパースペクティヴが与えられているが、それらの大半は限定的な基礎に、またそれ以外のものは特別な主体ないし特別な客体に結びついている。〔限定的な基礎に結びついた〕通常の事例では、パーソンズのパターン変数で言う普遍主義と限定性が用いられている。これに対して〔特別な主体・客体に結びつけられた〕例外的事例となっているのは、普遍主義／個別主義という二項対立的なパターン変数である。[60] つまり後者の事例では定位に際して世界の中で重要視されるのは特定の側面（それがいつ現れようと）ではなく特定の主体ないし客体であり、しかも優先されるその対象のメルクマールすべてなのである。しかしこれはそれ以外の領域において普通に見られる、普遍主義的で限定的な定位とは矛盾する。

あらゆるメディアは、準拠問題と帰属の布置に従ってそれぞれ異なっている。しかし妥当要求を限定的－普遍主義的に根拠づけるか、それとも個別的に根拠づけるかという違いによって、単に分化しているというだけでなくコントラストをも考えうるようになる。愛と芸術は対抗構造のかたちで形成されたメディアとして理解できる。それらはいわば、近代社会の支配的メルクマールに対する避難所を与えてくれる。労働と搾取とが経済的に強制されることに、国家による規制に、テクノロジカルなものへと突き進んでいく研究に、対抗するのである。脅かされた自我は愛へと脱出し、家庭でリフレッシュし、芸術のうちで表現可能性を見いだす。少なくとも十九世紀中ごろにはそのような希望が抱かれていた。[202] このようなコントラストが描出される際には通常の場合、人間学的な用具が駆使される。例えば悟性の世界と感情の世界とを、有用性の世界と個人の人間性が自由に充足される世界とを対置する、というようにである。しかしたちまちのうちにその中で、世界のこちら側もうまくいってはいないということが示されるに至る。ロマンティック・ラヴに対する批判において、新たに活気づいているフェミニズムの中で、そしてとりわけ、芸術がますます自身に対して懐疑的になっていくことによって、である。愛の情熱(Passion)は家庭生活の病理学(Pathologie)と化す。[61] 家庭生活を、愛が証されるだろうと予期され、それが実現されるというひとつの連鎖へと解消することなどできない。芸術が市民の世界を描出する場合には、穏やかなアイロニーから辛辣なパロディーに至るまでの形式が採られる。問題を人間学的に捉えようとする試みは、これらの洞察によって崩壊することになる。その試みによって可能なのはせいぜいのところ、〔メディアの間で生じる件の〕コンフリクトを人間へと差し戻すことだけである。この点から考えても、ひとつの差異、さらにはひとつの対立を確認することによる近代社会の記述は終焉を迎えていると言える。この記述では、その対立についての説明を与えることができないのである。

宗教における改革運動も、以上の背景のもとで了解可能になる。この運動もまたきわめて多様な形式を取っている。カトリック圏では教会組織が拡大され、より多くのシンボリズムが用いられるようになる。プロテスタントでは宗教を単に文化的に解釈することから距離が取られていく。極東的なものへの、秘儀と瞑想への、イスラムにおける無条件の一神教への関心が生じる。これらはそのほんの一部である。現在のところこれらの事態についても何ら社会学的に説明できるわけではない。しかし、象徴的に一般化されたコミュニケーション・メディアの分化は、宗教に接しながらもそれをすり抜けて発展していった〔それゆえに機能分化の成立後においては宗教もまた一種の対抗構造として働くようになった〕という点を想起しておくことはおそらく有益だろう。個々のメディアに関連する問題も、帰属の布置の特定化も、宗教に適合させることができないからである。目下のところ〔さまざまな〕形式を用いて実験が行われているのは明らかだが、明確に革新的な解決策は見あたらないようだ。ここでもまた、宗教を人間学的に（人間主義＝人文主義的に）了解することが障害として現れてくる。宗教は今日では、〔全人口を包摂しなければならない〕他の多くの機能システムとは異なって、ある個人が宗教なしに生き、そして死んでいくことも可能だという点を受け入れざるをえない。それゆえに「宗教が必要だ」〔との主張〕は全体社会の水準でのコミュニケーションを分析することによってしか根拠づけられえないのである（そもそも根拠づけることができるとして、の話だが）。さもなければ信じる人もいれば信じない人もいるということを、そして信じている人の意見によればその宗教を信じることのほうが信じないことよりも善いとの話になるという点を、確認するだけで終わってしまうだろう。

宗教もまたひとつの形式である。この形式は《信仰》と名付けうるだろう。だとすればこの形式のもう一方の側は《不信仰》だということになる。しかし不信仰者が不信心なのは信仰者にとってのみであって、不信仰者自身にとってはそうではない。この単純な考察だけからして、次の点が明らかになる。なるほど宗教は、全体社会の自己記述に対してひとつの貢献をなしうる。しかしそれが唯一正しい記述であるなどと主張し通せるわけではないのである。宗教をセカンド・オーダーの水準で観察し記述する際には、宗教的な表現手段を用いる必要などない。この点で例外となるのは、全体社会それ自身である。

全体社会的な表現手段を用いることなしには、つまりコミュニケートすることなしには、全体社会を記述できないのである。

XI 自然とゼマンティク

進化に関する章においてわれわれは《進化》という見出しのもとで、中世後期以降において「……とは何か」の問いから「いかにしてか」の問いへの展開がどのように普及していったかを描出しておいた。問いの形式がこのように変化することによって、すべてのゼマンティクの確定性は掘り崩されていく。この変化は、自然＝本性概念が浸食されていく中で一貫して現れてくるモティーフである。そしてそれは今日では自然科学と呼ばれている領域に留まるものではない。もはや、世界の中に宗教的な構成要素が潜んでいることを見抜いて驚嘆の念を抱くだけで事は収まらない。世界の現象形式はいかにして成立したのかと、場合によってはそれはいかにして作り出されうるのかと問われ始める。そうなるとたちどころに、自然＝本性が引き合いに出されてきた文脈は変化するのである。近代初期においては自然＝本性を引き合いに出すことによって何よりもまず、既知のものを、あるいは古代の世界を確実に超えていけるようになった。〔この点に関する〕古典的定式化は、フランシス・ベーコンによって与えられた。しかしその後、他ならぬ自然科学の成果によって、《テクノロジー》という名称のもとで「いかにしてか」の問いそのものへと向かう知的探求が刺激されるようになる。そして最後にはさらに進んで、可能性の条件についてのカントの問いに、またそれとの関連で構想された経験的および超越論的な問題設定へと至る。そこでは思考そのものが、ほとんどテクニカルに〔すなわち前節で定義されたように、他の意味連関から切り離された、それ自体として取り扱われうる現象として〕分析される。例えば《空間の外での自由で継起的な孤立化》[203]として、である。

今や宗教および政治に関して同調を求めてみても、争いを引き起こすことにしかならない[204]。それに応じて、自然概念をこの争いから切り離し、ゼマンティク上の確実性の基盤として定式化し直そうという提案が生じてくる。この概念に関して修正を加える余地は科学内部にしかない、というわけである。今や自然は数学的に定式化されうるものと想定されている。つまり自然は、可逆的なものと考えられ、それ以上の因果的判断を下さない数学的方程式の論理に従うのである、と。方程式とは、違いを作り出さない違いである。一方の側から他方の側への移行は、何ら新しいものをもたらしてはならない。移行はただ、変異の限界に関する規則として働くだけである。均衡の理論もまた情報の無化というこの意味において用いられる。経験的には均衡からの逸脱が生じうるが、均衡の公式そのものは何も変わらない。均衡へと回帰する道筋が示されるにすぎないのである。アリストテレス派の伝統においては、均衡に関して注目されていたのはその不安定性であった。天秤の一方の側の重さがほんの少し変わるだけで均衡は容易に崩れてしまう、というわけである。それに対して今や均衡は、安定的秩序として通用するようになるのである。さらに蓋然性計算も登場してくるが、それもまた確かさを産出するために役立つ。この確かさは、個別事例において何が生じるかとは無関係になるのである。非知〔の事柄〕はすべて数学的には独立変数として、攪乱として外部化される〔他ならぬ無矛盾性は外的なものへの遡及によってしか根拠づけられえないということが悟られるには、ゲーデルを待たねばならなかったが〕。そしてこれらすべてと並行して、制作されうるものは明らかに自然に合致しているはずだとの観念が浸透していく。だから制作することは同時に発見と証明の手続きとしても通用しうるのだ、と。技術は知を証明する。疑念は逆に、技術的に機能するということによって反駁されうるのである。

当然予想されるように自然のゼマンティクがこのように定式化されることから、人間の自然＝本性を用いて論証を行うことへの遡及効果も生じてくることになった。すでに十七世紀には、全体社会の記述を自然＝本性から反省へと転換しようとする兆しが見られた。バルタサル・グラシアンはその最も印象深い例である。(205) 自然＝本性は欺く。星空は手本を示してなどくれない。星空が偶然によってではなく天意によって成立したというのなら、示してくれると期待してもよいはずなのだが。(206) この欠落を埋めるために、「美の仮象を制作することとしての技＝芸術（Kunst）」というすでに普及していた了解が、制作されうるものすべてへと拡張される。今や、真理は世界の中で、かつて考えられていたようにそれ自体だけで貫徹されうるものではないと想定される。したがって偽計の原理が普遍化される。この原理は今や、それ自体にも適用されるのである。賢き者は、〔自分の行動を、相手の〕偽計に合わせることによって、偽計から逃れるように試みねばならない。それゆえに生じることすべてを逆合わせの鏡の中で、示されていることの反対物として読み込むことが推奨される。(207) 自身の行動に関して推奨されるのは「見よ、聴け、沈黙せよ」である。それができない場合には、示されるものの中に潜む偽計について熟考しつつ、多義性・洗練・パラドックス化などの修辞学的な手段を用いて偶発性を克服する〔すなわち、後で何が起きても言い逃れできるように、わざと意味不明な言い方をする〕べきである。あるいはあたかも誰もがすべてを語っているかのようにふるまう（しかしそうは信じない）ことで、〔偽計から〕身を隠してもよい。この世で《人物》たるためにはそうするしかないのである。しかしそんな人間がどこにいるというのか。ランタンを掲げて探し回らなければならないはずである。[208]

確かにこれは極端な形式だったかもしれない。だから、道徳的センチメンタリズムへの、また十八世紀の啓蒙への、移行に際しては再び皮相化されざるをえなかったのである。しかしそれによって表現されていたものは、すなわち全体社会が自然＝本性によって規定されているということへの信頼の喪失は、代替解決策を求めるモティーフとして存続していくことになった。それが全体社会の記述に与えた影響は、どんなに大きく見積もってもやりすぎということにはならないだろう。十八世紀半ばごろには、全体社会の自己記述に際して引き合いに出すことのできる基礎が変化するに至る。自然法的な大綜合学説はまだ自然＝本性に依拠していた。自然＝本性は存在の不変の基礎であるという意味で、また自然は知の基礎であり、自分自身を知る自然によって〔知の〕方向づけが保証されるという意味において、である。[209] しかしそれは同時に、発生史と合理的構築とを分離し、まだ支配的だった階層的秩序から自然＝本性としての正統性を剝奪するという機能をも果たしていた。かくしてプーフェンドルフは、あらゆる人間が自然＝本性において等しいと論じることを契機として、すべての人間には人としての固有の尊厳が内在しているということを、またしたがってあらゆる分化は市民法に由来するものであるはずだという点を、強調することになった。[210] 個人が自然＝本性にもとづく固有の利害関心を有している（その由来がどうであれ）という点に固執したのは、とりわけイギリスの自由主義である。何人かだけ名前をあげておくならばロック、ヒューム、ケイムズ卿というところだろう。[211] しかし自然的で生得的で譲渡不可能な人権という教説が浸透するにつれて、次の点も明らかになっていった。それは既存の権利（例えば合衆国ではまだ奴隷制が存続していた）を解釈〔し、自然法に反する場合には廃止〕するためには役立たないのであり、せいぜいのところ憲法政策において先取り的に示された未来を展望することを許すだけなのである。[212]だからこそ人権を無制限に広言することができるわけだ。自然状態についての、また文明状態への移行後においても自然状態が影響を及ぼし続けるとの教説は、自己記述として存続していく。[213]だがそれは現実を模写するためにではなく、批判を可能にするためだった。

それに続いて現れてくる概念構成を、〔十八世紀後半という〕ひとつの批判的な時代の〔提起した〕観念のうちに見いだすことができる。この時代は（歴史的な）危機状態にあると見なされていた。それゆえに批判的な自己評価が求められたのである。この転換の中では、確実性を求めて見いだしうるのは〔確固とした伝統や自然のうちにではなく〕ただ自己観察のうちにのみであるとされるがゆえに、自然への言及はしだいになされなくなっていく（ただしノスタルジックな再導入が排除されるわけではない。例えば野生の民族の自然さと真正さを賛嘆するという形式を考えてみればよい）。自然への言及は取り壊され、文化と文明の意識がそれに取って代わる。この意識が狙いを定めるのは、自身が象徴によって、言語によって、記号によって、またしたがってなによりも歴史的に、構成されているという点になのである。ヴィーコはまだ修辞学の伝統を踏まえていたが、すでにこの道筋を示していた。ルソーの受賞作「学問芸術論」（一七四九年）では、[62]道徳とマナーとの昔ながらの統一性が〔つまり、洗練されたマナーの持ち主は道徳的にも優れているはずだとの発想が〕解体され、それによって文明の発展と道徳的完成についての〔両者が結びついているはずだとの〕観念も切断される。[214]道徳というものが貴族によって、あるいは都市での《政治的》な生活様式によって拘束力あるかたちで代表＝表出されるわけではもはやない以上、それを人間の自然＝本性として把握することももはやできない。ましてや歴史の成果として予期することなどできるはずもない。人間はもはや、その自然＝本性からして完全である（堕落することはありうるとしても）などというわけにはいかなくなる。ただ完全になりうるというだけであって、しかも、その後『エミール』において示されることになるように、内に秘めた可能性を実現するためにはきわめて人工的な手だてを必要とする。したがってその実現を社会の自然な歴史の成果として予期することはできないのである。改善が見込まれるほど、懐疑はいや増していく。ジャン・パウルは自らに問いかける。《だから、人間は永遠に改善し続ける能力を持っている。だが、希望も持ちあわせているだろうか？》。(215)かくして、社会性と道徳性との旧来の統一性も解体され始める。道徳的判断が根拠あるものかどうかを扱うのは倫理であるとされるが、それを新たに根拠づけるためには多大の努力を要したのである。ほぼ同時期にイングランドにおいては、ホイッグとトーリーが政治的にグルーピングされ、両者の間で論争が交わされていた。その中で政党というものは政治的競合の中で自己を主張し他の政党から自己を区別できるよう、《原則》を必要とするという点が意識されるに至る。これはすなわち原則が、「誰が、誰に対抗してその原則を支持しているのか」との問いに直面するということである。(216)この世紀の末ごろにはこの種の洞察はフランス語の語法を用いて《イデオロギー》とのタイトルのもとで観念されるに至る。その間にも、知覚と認識の基礎としての生得的な（したがって、自然な）理念についての教説は、言語に関係づけられた理念によって解体され、取って代わられていたのである。

言語に関して言えばすでにノヴァーリスが、言語の見透かしがたい力のもとで発生する状況について反省を加えている。(217)言語は自分自身とのみ戯れる。言語の純粋形式はおしゃべりである。偉大な思想が生み出されるのは言語の内的可能性に従う場合であり、その場合のみである。しかし言語のこの自己言及的閉鎖性は明らかに、関与者がその点を見抜いておらず、単なるおしゃべりをするのではなく、特定のことを話そうとしている点に依存しているように思われる。だとすれば、全体社会について語り書くことも言語的人工物の産出であり、それが可能になるのはそう意図していなかった場合だけなのだということになる。

自然から記号へ、人間学から記号論へのこの転換から生じる帰結は、きわめてゆっくりとであるが可視的になっていった。旧来の記号論の、また特に修辞学の暗黙の前提との結びつきは断ち切られる。そこでも確かに言葉（verba）とモノ（res）とは区別されてはいた。しかし同時に、常にひとつの自然的な連続体が想定されており、ふたつの形式のどちらもそれを踏まえているとされていたのである。ソシュールに至って初めて、記号と指し示されるものとの差異は純粋に記号において認識されるようになり、外部への言及はすべて捨象される。これが意味するのは何よりもまず、価値というものもひとつの区別の構成要素としてしか把握されえないのであり、それ自身からして妥当するものではないという点である。そしてまた、あらゆる区別は疑念の余地なく前提とされる自明性を失い、観察と指し示しの偶発的な条件として把握されねばならないという点でもある。したがってまた、全体社会の自己記述は「何が」の問いから「いかにしてか」の問いへと転換しなければならないということにもなる。問題はもはや「全体社会とは何か」ではなく、「いかにして、誰が、どんな区別を用いて全体社会を記述しているのか」なのである。

われわれの目的はひとつの仮説を証明することなのだから、以上のごく大まかなスケッチで満足しておくとしよう。その仮説とは、「全体社会における、あるいは機能システム特殊的な自己記述のための前提が変化し始める際にはさしあたり、用いられている用語の水準では変化は見受けられない」というものであった。そこでも〔変化が始まる〕以前と同様に政治社会（societas civilis）、市民社会（civil society）、家政＝経済（economy）などについて語ることができた。したがって必要な修正は〔実際よりも〕それほどラディカルではないと評価することもできたのである。全体社会の概念によって開示される内容は、主として経済的なものだった。政治的なものは国家に帰属されるようになっていたからである。経済はもはや家政からではなく、交易のほうから概念化される。そして最後には《国民経済》のうちに重点を求めるに至るのである。同時期に意味のはるか深層においては自然＝本性がゼマンティクへと、記号へと、言語へと解体されていたが、自己記述の用語という水準では、その点までもが考慮される必要はなかった。正しい言明、適切な記述、事柄に即した概念の可能性を信じることは、常にまだ可能だったのである。フリードリッヒ・シュレーゲルの論考《時代の署名》（一八二三年）(218)では、党派的な視点の絶対化によって、「超精神 Ultrageist」というフレーズによって、抽象化と思いやりの欠如によって、あらゆる紐帯と確実性とが崩壊してしまったと嘆いている。そして希望は宗教のうちに求められる。宗教のほうは党派と化してはならないのだ、と。

したがって、「自然＝本性から自分自身を反省するゼマンティクへの転換が引き起こされたのは、全体社会システムが機能分化へと移行することのみによってだった」などと仮定するのには、ほとんど根拠がないだろう。この事態を捕捉しようと試みる概念自体が、別の意味文脈において変異〔しつつ登場〕してきたからである。むしろ、問題となっている変化を、活版印刷術からの帰結だと見なすほうが首肯性があるだろう。書籍による書籍の解釈が常に拡大し続けていき、関心ある者すべてがその解釈にアプローチできるようになったことからの帰結、《文化の自己読解 self-reading of culture》[219]の帰結である、と。すでに見ておいたように、活版印刷術によって新奇なものが選好されるようにならざるをえない（旧来のテクストの新たな読み方というかたちにすぎないにせよ）。かくして印刷された記号が、拡張し分岐していくゼマンティクのための出発点を提供する。そこから最後には、あらゆる必然的言及の腐食が生じてくる。今や自己言及だけで事足りるのである。全体社会は、自身の言語という牢獄の中に引きこもる。そしてそこからアプリオリを、価値を、公理を反省する。それらがまだ必要とされているのは偶発性を補償するという機能においてのみである。それはつまり自身の完結不可能性を完結させるためにということである。ここにもパラドックスが隠されているわけだ。

XII　時間化

近代においては世界を、また世界の中の全体社会を記述する際に用いられる時間概念の構成法が変化を遂げている。この点にはしばしば注意が向けられてきた[220]。歴史上の（全体社会の）時期と関係づけるかたちで現在と過去との間の区別が初めて明確になされたのは、ルネッサンスにおいてのことだった。それによって、過去を歴史的な時期へと分節化する余地が生じる。そして現在は、別のもの、逸脱したもの、新たなものが生じる場所として開示されるのである。したがってそこでは明らかに、観察され報告されるべきことが数多く存在していることになる。新たなことが大量に生じるという点が、また決定を下す必要性が増大していくという点が、考慮されねばならなくなる。この圧力を受けて、時間の伝統的な観念は変化を被る。時間の中には、より多種多様な事柄が収納されねばならないのである。しかし〔この転換によって生じた〕精確な形式も、方向転換がどんな深層にまで及ぶかも、転換が社会構造的な発展と関連しているという点も、十分には明らかにされてこなかった。しばしば想定されているのは、時間の描出において円環ないし直線の観念から開かれた未来の概念への移行が生じたという点である。それに対応して、定位の基礎となるのも経験ではなく予期だということになった〔過去から未来へと移行した〕はずである。したがって近代へと移行する中で事物は、〔自然＝本性を表すものとしての〕名称のみならず、記憶をも失うことになった。つまり、自身の起源〔自然＝本性であれ天地創造であれ〕を可視的にする特性を失ったのである。事物はもはや人間に、〔事物の間の種と類の区別という〕諸形式を創設した、ひとつの端緒を想起させはしない。したがって過去を批判的に探求することによって現在の問題を解決しようとする習慣も〔イングランドにはそのために特化した専門家団体が存在していた。エリザベス朝の考古学協会である〕[63]、廃れていくのである。それに代わって、下されようとしている決定が〔未来において〕もたらす利益へと目が向けられるようになる。だからといって、過去がより複雑〔なかたちで語られるよう〕になるということが排除されるわけではない。むしろ〔この転換によって〕そうすることが可能になるのである。ただし今や過去が主題化されるのは〔事物の本質を示す起源としてではなく〕《歴史＝物語》としてであり、誰もがそれを踏まえねばならないというわけではないのである。〔宗教的に解釈可能な〕永遠に代わって、有限なものの無限の継起が登場してくる。かくして時間測定法の改革が生じ、過去は確固たる開始時からではなく、〔一定の時点から〕遡って数えられるようになる《紀元前》)。そしてついには十九世紀において世界統一的な時間が設けられるに至るのである。[64]〔それとともに、時間の〕加速が経験されていると、また構造変動にますます注意が向けられるようになっていると、語られるようになる。そして結果というものも、運動・行動・行為の目的《テロス》(télos)も、単に自然＝本性のうちで見込まれている完成態によって規定されるのではなく、どんな歴史的状況の中で過程が進行するのかに、《フォルトゥーナ》[65]が噛んでくるか否かに依存する。それしだいで結果は区別されるのである。これらすべては史料の周到な分析による成果ではあるが、さらに全体社会の理論によって解釈される必要がある。

直線的かそれとも円環的かという二者択一は、その空間的な比喩構成によって決定的な点を覆い隠してしまう。それが示唆するのは空間内での、別の地点へと向かう運動である。しかし時間次元が優越することへの転換が意味しているのは全体社会が、まだ存在したことのない世界状態に向かって動いていくということである。前代未聞のものに向かって動いていくのではあるが、しかしそれは(動機づける力をもつ)進歩であるはずだと想定されることによって、未来が未知のものであるという点はとりあえず覆い隠されるのである。

自己言及的な、オートポイエティックなシステムの理論から出発するならば、最初に立てられる問いは「そのようなシステムが時間の中で時間を区別するのはいかにしてか」というものになる。「このシステムは時間的に作動する」ということだけでは、システムがどのような区別を用いて時間を観察するのかについて、まだ何も述べられてはいない。中世後期のヨーロッパ社会ではある特定の時間概念が採用されたが、それはひとつにはアリストテレス派の時間概念(時間とは以前と以後との関連において、運動を測る尺度である）が受容されたことによってであり、またひとつには機械仕掛けの時計が導入されたからでもあった。そして〔最後の審判に至る〕以後の数世紀を規定するのはこの時間のはずだと見なされたのである。[221] 時間の中での時間の区別は、あらゆる時点から等しくなされうる（反復可能な）時間の計測として把握される。アリストテレス流に言えば数・尺度・年表としてである。そこでは計測されるべきものが運動・流れ・過程の形式を取っているということが前提とされる。これは人間の知覚能力にもよく適合した。人間は現に事物を、それが静止状態から運動へと移行する場合でも運動から静止状態へと至る場合でも、同じものとして知覚しうるからである。そしてこの時間を〔被造物の〕「時 tempus」として神の「永遠」から区別することもできた。後者にとってはあらゆる時点が常に現在なのである。瞬間の論理的、存在論的な地位などの残された問題は未解決のままだった。にもかかわらずこれと競合する時間記述は生じえなかったのである。時間に関するアウグスティヌスの反省もまた、非知という結論に至ることになった。[66] そこでは人間の活動を時間的に調整するという実践的な問題は解決されえず、神学的観照に委ねられたままになっていた。一方で尺度目盛と運動との〔つまり測るものと測られるものとの〕区別、他方で測定値の間の区別という二重の区別。これが支配的モデルであり続けた。しかしこれらの区別の中では時間そのものは、またしたがってアウグスティヌスの問いは、当の区別によっては名付けられえない第三項として、いわば見失われてしまったのである。

中世から近世への移行においても、時間の中で時間を区別するこの方式については、基本的には何ら変わらなかった。ただし近代初期（しばしば概括的に《ルネッサンス》と称される）[222] において、時間をめぐる主題構成が劇仕立てのものになったのも疑いの余地がない。一方では時間（まだ《時 tempus》

と見なされていた）は、〔人間にとっての〕巨大な相手方であり、この時間に抗して自分の時間を確保しようとすると、相手は〔こちらが事を為そうとするのは〕どの時点かに、時間と経済的な接し方をしているかに、時間の損失を回避しているかに、急いでいるかどうかに、注意を向けてくるのである。しかし他方ではまさにそれによって政治から商業の世界に至るまでの日常意識が、時間と密接に関わるようになった。その結果、何が生じるかを真に支配する主人は時間ないしそれを代表するフォルトゥーナであるということになる[223]。時間が世界の中でのひとつの力として、〔人間の小賢しい〕賢慮（prudentia）の相方女優として登場してきたわけだ。しかしこれらすべてが演じられたのは〔中世の場合と同様に〕、永遠・持続・静止という徐々に溶解しつつあった反対概念の前でのことだった。時間を劇仕立てにするというまさにそのことこそが、「静止／運動」あるいは「持続／変化」という宇宙構図論的な区別から離れられなかったのである。ハイデッガーによる反省ですら、またその形而上学的前提へのデリダによる批判すら、時間に関するまったく別様に設定された概念構成法に至っているわけではないのである。

その根本的な理由は知覚とコミュニケーションが連関していること〔したがって知覚の身体的メカニズムとまったく無関係にゼマンティクを変化させえないということ〕のうちに、また時間を何らかのかたちで図式化しておくことが、調整の上での利点を有しているという点にも、求められるのかもしれない。その分だけ、次のように問うてみるのは正当だということになる。全体社会が比較的安定した、地域的でハイアラーキカルな分化形式から機能分化に移行した際には、このゼマンティクの内部においていったい何が変化したのだろうか。そうすれば、新たなものが経験されその価値が高く評価されるということのうちに、攪乱をもたらす契機が潜んでいたということがわかってくる。一方では新たなものに関しては明確に日時を特定できた。つまり、時間の中に収めることができた。その一方で新たなものをそれ自身の由来から、《以前》のほうから説明することはできなかったのである。かくして新たなものは苛立たしい挑発であり続けた。その後それは天才・創造性・革新・発明（「発見」ではなく）などの一連の補充概念に、そして最後には全体社会に関する《進歩的》了解に、委ねられることになったのである。

しかしだとすれば、全体社会システムの観察と記述のうちで新たなものが生じてくるのはなぜなのだろうか。

全般的に言えば十六世紀が始まってもなお、新たなものよりも古いもののほうがよいということが出発点とされていた。古代人の知と技能とを再確立する努力がなされるべきである、と。ルネッサンスについても、プロテスタントの改革運動に関しても、エラスムス流の人文主義についても事は同様である[224]。「現代は退廃の時代である」との観念は維持されていくが、それでも十六世紀が経過する中でようやく変化が浸透していったように思われる。その出発点となったのは、印刷機というテクノロジーによってそれまではなかったような範囲で情報を用いることが可能になったという事態なのかもしれない。しかもそれは教会という伝統的な〔知の〕コントロール経路や、貴族や交易による地域的に広範囲にわたる接触網から独立したかたちで生じたのである。しかし情報が情報であるのは、それが新しい場合のみである。情報を反復することはできないのである〔したがって情報を重視する以上、革新が継続的に生じていかねばならなくなる〕。それと並行することだが、芸術と学術における急速な発展が生じてくる。ここでもまた、当該分野に関する情報が流布され、それがまた再び、さらなる革新のための前提となるのである。古いものと新たなもののうちどちらを優先させるかという議論がさまざまに生じてくるが、それらはなおも〔事物の本性に基づく〕位階の問題をテーマとして取り上げているという点で、旧来の構造に従ったものだった。(225)しかしそれに先だって、新たなものは新たであるがゆえに好まれるというテーゼが提起されていたのである。だがそれはなぜか。他でもない、情報を、したがってコミュニケーションの原動力を期待しうるのは新たなものからだけだからである。いわく、神ご自身が自然に、変化というものを付与された。それは楽園追放後の流刑地での〔人間の〕暮らしを快適なものにするためである云々。(226)人間が〔自然な態度で、ではなく〕あらゆる手だてを用いて新奇なものを手配するのだとしても、もちろん〔＝自然の理として natürlich〕この点は何ら変わらない。十六世紀にはまだ動乱と不安定を嘆く声が支配的だったが、領域国家が強固になるとともにそれも後退していく。

新たなものへの評価には、限界が設けられていた。宗教は新たなものがもたらされることによって自身が脅かされると考えてそれを拒絶するものだが、(227)政治もまた同様であった。グラシアンいわく、叡智とは既知のもののうちに何かしら新たなものを見いだすことであって、新たなものの魔力に魅せられて古いものを貶めることではない。(228)芸術理論内部においても依然として、プラトン－アリストテレス流の模倣の原理が通用していた。もっともそれは今や緩められ、単なる模写に対置されていたのだが。模倣（imitatio）としての芸術は、認識の場合と同様に、ある種の自然概念に服するものとして位置づけられる。すなわちその概念では、自然は自分自身を模倣するものと理解されているのである。(229)しかし情報を獲得しコミュニケーションに関与することができるのは、芸術として、あるいは自然としてすでに現存しているものを越え出ることができる場合だけなのである。

新しさについて語られるのは《気に入る》あるいは《値踏みする》こととの関連においてであること。

そして新たなものの生産は生まれつきの《天才》に帰せられること。これらから明確にわかるように、概念的解明は欠落しており、所与の秩序を単に建て増すだけでよしとされていたのである。ラテン語の「起源 origo」は「独創的 original」へと転用されるが、それは帰属を神秘化することで窮状を隠蔽する結果にしかならなかった。起源は常に現在においても存しておりそうであり続ける、よい家柄の子孫たちがどのようにふるまおうがこの点は変わらない云々。これは古くからの、貴族〔を正統化する〕理論にとって重要な観念だった。しかし独創性が強調されるという新たな事態によって、この観念は放棄されるに至る。例えば法学においては〔現在の法秩序を根拠づけるために〕法秩序を創設した掟を、あるいはイングランドの場合ならノルマン・コンクエストの正統性を召喚することに代わって、歴史的過程そのものが頼りにされるようになる。これが意味するのは何よりもまず、その過程は常に改革へと開かれたものだという点である(230)。しかしそのこともまた根拠づけられなければならない。オリジナリティ、インスピレーション、新たなものはどこから来るというのだろうか。おそらくは次のように答えねばならないだろう。マークされざる空間（unmarked space）から、観察されず指し示されることのない世界から、と。だとすればある情報が新しいのはそれが、帰属されえず、正統化されえず、予期されえず根拠づけられないというまさにその限りにおいてであるということになる。あるいは十八世紀の趣味の教説に見られるように、それらはすべて《目利き connoisseurs》および批評家による疑わしい加工によるものにすぎない、とされる(231)。

世界の新たな部分が発見されていくこと、あるいは法制定により法の影響力が増大していくこと。これらはもちろん新たな事柄である。農業技術が、またヨーロッパにおける交通網が改善されていくことも同様である。さまざまな改革、例えば学校のあり方や（十八世紀後半以降の）刑務所のあり方の改革もまた新たな事柄である。そしてとりわけ啓蒙もそうである。啓蒙においては合理性はもはや自然＝本性的なものではなく、〔達成されるべきものとして〕人間に要求されるのである。新たな財政手段として発見された国債の規模においても、もはや顔見知りの顧客にではなく市場へと向けられるようになった生産物の量においても、新しさが生じている。遅くとも十八世紀には、革新は馴染みの事柄になったという点から出発できるようになる。「進歩は近年の歴史における通常的な傾向である」との観念が流布されていったことからも、その点を見て取れる。新たなものの価値を評価するということが尖鋭化されれば、情報への関心が生じてくる。これはとりわけ検閲に抗して出版の自由を守ろうとする、ミルトンからヴェルカーに至るまでの二〇〇年に及ぶ戦いによって示されている。[67]《マスメディア》を介した批判的な議論が登場するまでの間、さしあたりそれを担ったのは、《世論》および批判的に確認された情報に対する肯定的な態度だった。言い換えるならば、全体社会は自分自身に関する情報に批判的に接することができるはずだとされていたのである。伝道者ソロモンの警告は忘れられる。(232) 未来への希望はその点と結びついているのである。

「新たなもの」がゼマンティクとして辿ったこの経歴がどんな効果をもたらしたかを認識するためには、それが受け入れられたということを、またいかにして受け入れられたかを手がかりとするよりもむしろ、「現在」という観念の変化を追うことによらねばならない。新たなものが新たでありうるのは、ただ現在の中でのみのことだからである。現在とはもはや、時間の中での永遠の現前ではない。また、現在とは単にひとつの状況にすぎないが、そこにおいて罪に屈するか抗うかという、魂の〔永遠の〕救済に関わる決定を下しうる云々という話にももはやならない。現在とは、過去と未来の差異に他ならないのである。

この差異図式を踏まえて時間を観察しようとするのであれば、過去の意味も未来の意味も変化せざるをえなくなる。キリスト教の伝統においてはすでに、過去は現在のほうから眺められていた。過去は、かつて生じたままに受け入れられたわけではなかったのである。告解において制度化されていた贖罪の教説を見れば、重要なのは想起／忘却ではなかったという点が明らかになる。過去に関して、何事かがまだ変えられうると見なされていたのである。時間に対する態度を方向づける際の重点がしだいに未来のほうへと移っていくと、過去に対するこの自由も変化することになる。問われていたのは、過去をどのように把握すれば、現在が決定の余地あるものとして立ち現れてくるのかということだった。〔今や〕世界は、その過去からして単に今あるようにあるのではなく、決定の対象となりうる選択肢を提示しなければならないのである。

われわれが「伝統」と呼ぶものが成立したのは、そこから生じた、ほとんど気づかれないほどわずかな転調の中でのことだった(233)。過去が現在的であるというのはもはや自明のことではない。過去は離れたところへ退去させられる。象徴され、示唆されるものとなる。つまりはコミュニケーションに委ねられる。コミュニケーションは受け入れられることも、拒絶されることもありうるのである。かつては自明であったものが、今や特別なものとして提示される。手織りの生地と手編みのセーターが品質のゆえに賞賛され、専門店で売られるのである。

さらに加えて過去は歴史となる。過去においてはまだ未来は未知であった（それが今日では既知である）という点を考えてみれば、過去は現在とは根底的な仕方で区別されるのがわかる。ひとつの単線的な連続体という観念はすべて、この点で崩壊する。時間とは〔無数の〕出来事からなるひとつの連続体の内容であり、それら出来事のすべてを同時に読み取ることができるのはただ神のみである云々という話には、もはやならない。それゆえに未来を時間の一部として把握することもまたもはやできなくなる。その部分がわれわれのほうへと到来しつつあるのだから、それが現時化されるのを（時計とカレンダーを睨みながら）待っていなければならない云々というわけにはいかないのである。むしろ未来とは時間の中で生み出され、継続的に入れ替えられていく構築物であり、それは新たな、まだ知られていない意義をもつ。この意味で未来は過去と異なるだけでなく、新しくもある。したがって新しさ（あるいは情報）という契機によってそもそも初めて未来を過去から区別することが、またこの区別を用いて時間を観察することが、可能になるのである。

しかし新しさが現在へと侵入してくれば、どうしてもその性格を失ってしまう。またさらに、新しさを想起することなどできないのであって、せいぜいのところ過去の〔ある時点から見た〕未来のもつメルクマールとして再構成できるだけである。それゆえに時間は常に自分自身の中へと消え去っていく。差異としての時間は不安定なままであり、したがって加速化を生ぜしめる(234)。過去についてはもはや何も変えることができない。それゆえに過去として時間の中に導入されるのは、冗長性である。それに対して未来として導入されるのは変異性である。未来のための出発点となる状況を定めるのは本質の宇宙や自然＝本性ではなく、過去として現在となっている〔すなわち、現在において過去の事態として把握されている〕ものである。それに対してその同じ現在の中に未来を介して導き入れられるのは、不確実性である。

ここではシステムは、肯定へと傾く評価と否定へと傾く評価の間を、希望と恐れの間を、振動しうるのである。この意味においてフランス革命は「現在」そのものを代表＝表出すると言える。この革命そのものがやがて過去となり、論争としてだけにせよさらなる革命としてにせよ再現時化されうるものとなる[68]という点においても、またまさにその点においてこそ、である。しかし実践的にはこれはすなわち、本質的なのはただ「新たなもの」だけであるということである。現在に関する不確実性を除去し、それをそのつど常に新たな未来へとずらすことができるのは、新たなものを介してだけだからである。この点に関してもまた全体社会総体から見れば、予備的訓練が実施されたのは芸術システムにおいてであった。

　過去がもはや現在でないというのなら、原罪がもはや罪でないというのなら、未来を救済として把握することもはやできなくなる[235]。時間は救済史的な意味を失う。この意味を《現在化する＝如実に想起する vergegenwärtigen》ことなどもはやできなくなる。現在にとって何が過去ないし未来であるのかは、〔現在とともに、常に〕変化していく。今やこの点がどの現在においても考慮されねばならないのである。十八世紀および十九世紀の小説は、またそれに由来する娯楽の形式すべては、テクストを編むための原理として、未来がこのように未知であるということを選ぶ結果になった。ただしそこでは当のテクストの内部で救済がとは言わないまでも緊張が解消されることが、見込まれているのであるが[236]。今日において語りのこの形式が一定の役割を担っているのはただ娯楽部門においてだけだというのは、おそらく偶然ではないだろう[237]。われわれはもはや、テクストとして収蔵された過去のうちに、緊張を解消するための保証も含まれているはずだ[238]などと信じることはできなくなっているのである。どの現在においても常に新たな、〔先ほどまでの未来と同様に〕やはり未知の未来が形成される。それによって、現在の問題を抵抗なしに未来へと移管することが可能になる。今や未来が保証するのは、世界が了解不可能であり、そうであり続けるという点なのである。

かくして現在とは、過去と未来との差異の統一性であるということになる。したがってまた、冗長性と変異性の統一性でもある。同時にまさにその点こそが、新しいものを観察するという可能性の条件となる。新たなものが変異性として認識可能になるためには、常に冗長性を前提としなければならないからである。新たなものの新しさ自体も冗長である。われわれは新しさを経験することによって、〔「新しい」ということで〕問題となっているのが何であるのかを、常にすでに知ってしまっているからである。またさらに、新たなものをくり返し区別できるよう、《旧い》という同一の反対概念が常に用いられるからである。新たなものと革新者を〔天才を、発明者を、創造的企業家を〕取り巻く謎めいたオーラは、まさにこの点によって説明できる。そこで問題となっているのはマークされていない領域からの情報を導入すること、反復されえない現在を反復可能にすること、「違いを生む違い」という意味での情報である。あるいは、ひとつの現在から時間を観察することである。この現在そのものは時間ではなく、時間をそもそも差異として観察できるための前提となる盲点としてだけ働く。言い換えるならば、問題となっているのは、異なるものの統一性というパラドックスを、「新たな／旧い」という容易に取り扱いうる区別によって分解することなのである[239]。

新たな情報が流布されると、その代替物を調達する必要が生じてくる。新たな情報は、知られるようになった段階ではすでに古くなっているからである。さらに加えて活版印刷術によって前代未聞の仕方で、どんな未来が投企されているかがコミュニケート可能になる。意識そのものを取り上げてみれば、未来については何も知られていないのがわかる。その代わりに用いられるのが《先取り反応 anticipatory reactions》である。時間計測によって、〔単に「一時間後」というように、具体的内容を伴わない〕空の予期も可能になる。口頭コミュニケーションでも警告したり約束したりすることはでき、そうすることで自明な反復を越えるのも可能ではある。ただしそれはまだきわめて短期的な目の前にある時間地平の中でだけのことである。手書きの文字によるコミュニケーションも、投企することよりもむしろ確認することのほうに適合的だった。活版印刷術に至って初めて想像的な、にもかかわらず内容が描き込まれた未来へと移行することが可能になったように思われる。ただしこれもまたすぐにではなく、大規模な拡張効果を伴いつつ十八世紀になってようやく生じたのだった。この時代には過去の消失を埋め合わせるために未来が必要となっていたからである。ユートピアの時間化が生じたのは、十八世紀後半のことだった。[240] ただし「現在が未来を孕んでいる」という定式化は、十八世紀全体を通してなされてきた。だからフランス革命を、予想の実現として理解することもできたのである。[241]

かくして現在は出来事となり、行為となる。いずれにせよ過去と未来との境界線となるわけだ。現在を新たなものの湧出点として把握できるが、それはただこの差異から見てのことである。現在とは他ならぬこの差異の統一性であり、したがってパラドキシカルな関係点である。そこにおいてあらゆる観察は挫折する。一方で現在は作動の唯一の、常に与えられている基礎であり、その点では《永遠》的である。しかし現在がこの特質をもつのはただ、常に過ぎ去っていきオートポイエティックに更新されねばならない（これは確実に生じることである）という理由のみによっている。このパラドックスは、出来事が〔構造とは異なって〕、たちまち消え去るがゆえに変化しえない唯一の形式であるという経験に対応するものである。このパラドックスこそが、過去と未来の区別によって展開される。そして時間ゼマンティクが、「現在とは過去と未来の違いに他ならない」と教えるわけである。旧ヨーロッパの形而上学的‐宗教的思考において区別されていたものは、すなわち世界の現前としての「現在」と、場所をもたない「瞬間」〔無場所 átopon〕(242)との区別は崩壊する。それでもまだ、時代全体を〔自己同一的な物であるかのように〕《現在的な》ものとして指し示すことはできる。しかしそうしてみたところで、時間を最小の単位にまで分解することに、そして結局は過去から未来への単なる移行〔としての現在〕という概念に、何ら抗うことにはならないのである。

しかしだとすれば現在にとっては、非現時性への逃避以外に何が残されているというのだろうか。いずれにせよ近代の時間ゼマンティクでは時間のパラドックスは、これだけですでに〔他の時間ゼマンティクとの〕違いが明確なメルクマールなのだが、現在を非定常的なもの、流動的なもの、無に等しいものとして記述することによって分解されるのである。したがって現在は、こちらの記述も同様に可能なはずなのだが、持続的現時性として記述されはしない。後者のように記述される現在は、意識およびコミュニケーションの作動が持続的に更新されていく唯一の時間上の場所であり、そこにおいて一貫性要求に応じるかたちで過去と未来とが構成されるということになるはずなのだが。[69] かくして〔瞬間的現在のみが強調されることにより〕不確実性が生じるが、それはさしあたり主体という構図のほうへと導き入れられていく。そこでは、きわめて奇妙なことに、誕生と死からの抽象化がなされる。主体の反省は無限なものへと向けられ、主体の記号使用はアイロニカルなものとなる。〔主体の不安定さ・空虚さは〕自然への関係によって埋め合わされるが、〔その分だけ〕真正さが問題と化す。いずれにせよロマン派はこれらの形式によって状況に対処しようとしたわけだが、同時にその形式のゆえに、事を《間主観性》という論理的に不可能なはずの概念を介して、全体社会の理論として定式化する必要などなかったのである(243)。

現在を差異として、つまり過去のものと未来のものとの不一致として把握するのであれば、現在を決定としてマークすればよいのではないかとの考えが浮かんでくるだろう（その決定をいかにして、誰に帰属させるのかは別の問題であるが）。ただしこれは、そのようにすれば失われた一致が再確立されるなどという話ではありえない。しかし選択的に想起された過去が選択的に投企された未来と統合されるというようになら考えうる。その場合決定にとってはあたかも、選択肢は過去によって用意されているのであり、また未来が未知であるのはただ、今、あるいは未来の現在においていかに決定されるかがまだ確定していないという理由のみによるかのように見えてくることになる。だとすればあらゆる決定はひとつの新たな歴史の始まりであり、また同時に、予測が可能であるということの前提でもあるとの話になる（ただし、当の決定の帰結によって未来においていかなる決定がなされることになるかは未知のままであるとの留保はつく）(244)。この議論を踏まえて時間理論を精錬していけば、流れるものと固定したものとの区別を用いて時間を同定することを、もしかしたら完全に放棄してしまえるのかもしれない。そうなればその時間理論は、時間独自のパラドックスの統一性を、すなわち過去と未来との相違の統一性を絶えず分解し再結合していくための、ゼマンティク上の等価物となるはずである。

時間が「過去と未来との差異の継続的再生産」として理解されるならば、「未来の状態は過去の状態によって因果的に決定される」という観念は、徐々に覆されていくことになる(245)。因果性という観察図式がこの事態に反応する仕方はさまざまである。科学的《説明》をモデル化することへと退却する場合もある。しかし説明モデルは完全なものではありえない。モデルがより多くの変数を取り入れればその分だけ、モデルを経験的なものへと鋳造するための《値踏み》に取り組まなければならなくなる。結局のところモデルが提供できるのは、将来の説明作業のためのプログラムに他ならないのである。さらに今日では、因果性は〔原因と結果とを〕帰属させる決定を必要とするという点が明らかになっている。あらゆる原因があらゆる結果に関係づけられること（またはその逆）など決してありえないからだ[246]。それゆえに因果図式を用いる観察者は、考慮すべき因果要因と考慮されるべきでない因果要因とを選択する義務を負うのである。したがってどの原因がどの結果を引き起こしているのかを確定しようとするのであれば、観察者を観察しなければならない。今日では《自然＝本性》によって、その点については合意が成り立っているということが保証されるわけではない。因果判断は《政治的》判断なのである。

　以上の時間理論的な考察は、テーマの上で近代の全体社会の自己記述として現存しているもの、可能となってきたものを明らかに越え出ている。しかし〔これまでになされてきた自己記述からの〕帰結のうちで注目に値しまた明らかに見て取れるもののひとつとして、近代社会が自分自身を近代的なものとして指し示し、その指し示しに一定の評価を結びつけているということが挙げられる。修辞学のより古い用語法では、「古代／近代」（antiqui / moderni）という概念は時代にではなく人物に関係づけられていた。それが指し示すのは以前に、あるいは現在生きている者だったのであり、行いの評価に関しては未決のままとされていた[247]。歴史に関する新たな了解によって、この事態は変化する。歴史が見失われ未来は不確実であるというまさにその理由によって、全体社会は自身の過去ないし未来との関連において自己を評価するよう求められているると考えるのである。その評価は肯定的でも否定的でも、楽観的でも悲観的でもありうる。あるいはルソーの場合のように、同時に両方でもよいのである。十七世紀にはすでに次のような洞察が登場してきていた。なるほど行為の可能性は歴史によって規定されている。古代人が今日まで影響を及ぼしえているのは確かだろうが、彼らは自分自身をやり直すことがもはやできないのである。彼らは可能性を有していたが、それはもう過ぎてしまったことなのだ云々(248)。近代性に関する議論の近代性から結局のところ生じてくるのは、時代へのこの依存においていったい何が問題なのかを明らかにすることが困難になるという事態なのである。

はるか今日に至るまで、この点に関して用いられるゼマンティクは、存在論的な根本仮定と二値論理学とによって規定されてきた。すでに述べたように人間は(多くの動物とは違って)、ある客体は静止状態から運動へと、あるいはまた運動から再び静止状態へと移行したとしても同一であり続けるということから出発できる。この点だけからしても人間にとっては、時間概念の存在論的埋め込みには首肯性が感じられることになる。したがって(在り続ける)事物という観念は、運動と非運動の差異を超えて広がる。事物の観念はこの区別の中での境界の横断を超えて持続するのである。そしてそこではこの違いを超越する存在基盤が参照されている、というわけだ。したがって時間が運動において知覚されているなら、それは存在世界の部分現象として理解されるしかなくなる。時間の観念が歴史化された場合においてすら、この点が疑念に付されることはなかったのである。ヘーゲルの精神の形而上学は明確に時間と歴史とに定位していたが、そこでもまだ運動ないし過程という概念が用いられていた。そしてその到達先である精神の概念が明確なものとなるのは、この概念が歴史の終焉においてあらゆる区別を自身のうちに引き受け、ただ排除のみを除外するに至った場合だけなのである。ついでながらこのゼマンティクの境界は、非合理性としてマークされている。しかしそうすることによって、この記述を当の記述へと包摂することの境界＝限界がマークされてもいるのである。今日ではもはやその境界が必然的だと感じられはしないだろう。

今挙げたような仕方で境界を越えることによって、〔本章で〕探求されている、近代のゼマンティク的側面と構造的側面の連関を証明することもできる。時間図式は、伝統的な存在図式とは異なって、冗長性と変異性とを組み合わせるより大きな可動域を可能にする。こうしてこの図式は、機能分化の帰結として生じてきた、全体社会の水準でコミュニケーションの被刺激可能性が極端に増大するという事態に対応できるのである[249]。そこから生じる結果もまた、時間図式において可視的となる。すなわち社会的地位はもはや出自によってではなく、ただキャリアによってだけ根拠づけられうるのである[250]。自身の座を守るために座を争うということは、もはやなされない。むしろ、成功を収めるか他人の後塵を拝するかをめぐる争いがなされるのである。現状に基づく保証は福祉国家に対して〔自分はこれだけの年金をもらえるはずだ、というように〕請求できるだけであり、それも〔制度〕改革によって常に掘り崩されていく。時間によって、いわばあらゆる座は空位となる。座というものは今現在の時間的位置にすぎず、過ぎ去っていくものだからである。確固たる、占有し所有できる座という空間的な隠喩表現に代わって、時間的な隠喩表現が登場してくる。後者においては〔他人によって今の座から〕追放される危険は、〔自身の〕決定によって不利な立場に陥るリスクに取って代わられるのである[251]。したがって《歴史》はもはや、占有された座を正統化するためには役立たない。むしろ《歴史》の中で、将来の地位をめぐる競争の中で、

〔一度は掲げられた〕さまざまな要求を〔現在の自分から〕切り離すために役立つのである。今日では軽い憫笑の対象となっている六八年世代は、その格好の例だろう。この世代はもはや全体社会〔の批判者〕としてではなく、ただ組織の中でだけ自身を支えているではないか。

すでに述べておいたように時間ゼマンティクにおけるこの変化はしばしば時間の直線化として指し示され、循環的な時間意識と対置されてきた。しかしこの点に関しては修正とまでは言わないにしても、詳論が必要である。直線と円環とを単に対置するだけでは不十分である。絶えざる革新が、また過去と未来との鋭利な断絶が時間ゼマンティクへと導入されねばならなくなると、時間を非一貫性と両立可能な図式へと拡充する必要が生じてくる。あるいは、一貫しない事どもを《歴史》というひとつの統一体と互換可能なものとしなければならないのである[252]。そうなれば短期の〔二世代か三世代前にしか達しないような〕、言わば直視できる時間記憶だけではもはや満足できなくなる。そうした時間記憶は日付のない、そのつどの現在にとっての過去へと移行してしまう。世界の創造や出自となる家系の起源が、他ならぬその端緒の現在〔すなわち、現在において当の端緒が引き合いに出されていること〕以外の何も意味しないのと同様にである。それに対して今や時間を計測可能な距離として、日時を付された直線として考えねばならなくなる。時間とは時間化された複雑性であり、順次に起こりさえすればきわめて多様なものをその上に書き込むことができるのだ、と。そこからの帰結として、過去というものは《時間が進む》につれて遠くへと退いていき拘束力を持たなくなるという話になる。こうしてある意味で時間そのものがどのみち経験される事柄を裏書きする。すなわち事物の由来は、あるいは事物のこれまで常にすでに存在してきた本質は、もはや何ら頼りにならないということを裏書きするのである。

時間ゼマンティクにおけるこの変化は、独自の機能システムとしてのマスメディアが世界と全体社会の記述を引き受けたことによって、見る間に不可逆的なものとなっていく。マスメディアというシステムは、どのプログラムセクター（ニュース／ルポルタージュ、広告、娯楽）においても、「情報／非情報」のコードのもとで作動する。情報として選び出された伝達は、そのことによって自動的に非情報と化す。情報を反復することはできないからである。このコードの負の値は、情報の選出を操舵するという点では反省のためにも役立つ。しかし同時にそれは、あらゆる情報を飲み込んでしまう。情報は、伝達されたという事実だけによってすでに、非情報へと転化する。したがってこのシステムは、絶えず新たなものを提供するよう強いられるのである。これはニュースとルポルタージュに関してはほとんど自明の事柄である。両者は〔受け手の〕知の現状を想定しつつ〔まだ知られていないことを報道するために〕なされるのだから。しかし広告もまたブランドへの信頼性を不断の更新を介して、つまりは冗長性と変異性を介して、達成できるのである。さらに娯楽は、自ら生み出した不確実性からなる空間を形成できねばならない。そうすれば今度はその不確実性を、〔新たな〕情報を通して解消できるのである。[253] この種の《落ち着きのない》時間を嘆いてもよい。しかしこの時間体験を批判的に拒絶する際にもマスメディアが利用されねばならないはずである。さもなければコミュニケーションを放棄することになり、注目されないまま終わってしまうだろう。反対を禁じる必要などない。もはや反対は、単に生じないだけなのである。支配的なこの時間スキーマは、価値による、あるいは規範による支えなど必要はしない。この点では伝統的な存在スキーマと同様である。しかし伝統の場合とは違い、これを理性的だと見なすのは躊躇されるはずである。

これこそが、われわれが知っていることを生み出し再生産していくために用いられる形式スキーマであるとすれば、時間というものは全体社会の自己記述とその世界の記述に、主題としてのみならずはるかに深く、作動としても組み込まれていることになる。だとすれば本来ならもはや、〔事物の〕同一性（客体であれ主体であれ）が時間に先立って与えられているということに固執できなくなっているはずである。むしろ同一性は時間のただ中において、そのつど現在的に構成され、再生産される。それによって一定の時間に関して時間結合が生じてくる。[70]この結合によって、過去（記憶）と未来（観察にとって意義をもつあらゆる区別の間の振動）という極度に異なる時間地平が媒介されるのである。哲学的な、また物理学的な時間理論からも（ハイデッガー、デリダ、アインシュタイン）、近代における時間への定位が〔今述べたことと〕対応するかたちで転回を遂げているとの印象が生じてくる。

しかしこれは、人間の知覚が導く時間体験とは矛盾するはずである。それは人工的なものだとか幻想であるというように記述されることもあるかもしれない。だが知覚ないし直観の中で幻想と現実とを区別せよなどと要求することもできないのである。他でもないマスメディアこそ、この点を考慮に入れておかねばならない。

時間構造が過去／未来という差異図式の方向へと転換するには、何百年をも要してきた。われわれがこの転換を正しく捉えているとすれば、それはシステム形成の作動的概念を先取りするものであることがわかってくる。今やそのつど現時的な出来事の現在性は二重の機能を担うことになる。一方ではこの現在は、過去と未来という相異なるものが出会う位置である。そしてこの位置において両者は、時間の中で再び時間へと歩み入っていくことを通して、ひとつの特定の関係を取り結ばねばならない（未来の事柄に関しては〔予測による〕判断を行いつつ、であるが）。現在はまた〔他方では〕、生じることすべてが同時に生じる時点でもある。かくして時間は同時性として、また順次性としても、把握されることになる。だが全体社会が、このパラドックスを原理的に解決しようと試みる時間を《もつ》ことなどないのである。

XIII　主体への逃走

近代流の個人主義は、また特に諸個人の平等という観念はごく周知のものとなっている。それゆえにこの配置が進化上蓋然性の低いものだという点を認識するためにはまずもって人為的に距離をとる必要がある。《個体》とはさしあたり、分割できないものを意味している。その点では、一枚の皿も一個体なのである。十七／十八世紀にはこの概念が人間へと限定されるが、当初それが意味していたのは、個人は相異なる状況を通して人として同じメルクマールを持ち続けるということだった。それゆえにある程度の社会的な計算可能性が保証される。個人は場面が変わるごとにまったく別人になる、というわけではないのである。

社会学はあらゆる人間の、したがって未知の人間をも含めてその個体性が文化的な人工物であり、生物学的にも心理学的にも説明できないということから出発できる。なるほど、どの人間の身体も意識も単独的であり、対応する各オートポイエーシスが作動上閉鎖的であるのは自明の理である。そしてその閉じは全体社会のあらゆる歴史的変化に先だって与えられているのである。どの人間の脳も他の人間のそれとは異なっている。二人の人間が同じ脳をもつことなどない。しかし個人であるということが制度化され、個人が個人として相応しくふるまうのが許される、それどころかそう期待されるようになるのは、近代になって初めてのことなのである。《この神話によって人々は、個人としてふるまうよう導かれていく[254]》。その時初めて《個体＝個人》の意味は（文字通りの）分割不可能性からかけがえのなさへと移っていくのである。

個人は生まれながらにして独自の（したがってそれぞれ異なる）知覚・見解・行為への権利を備えている。十七世紀および十八世紀初期にはすでにそこから、問題設定のラディカル化が生じていた。しかし問題解決のほうはさしあたり、伝統的なものに留まっていたのである。ホッブズは政治的支配が必要だと、バークリーは知覚が現実と結びついていることを保証するのは神だと、示唆する。十八世紀最後の三〇年に至って初めて、機能領域の自律性は（これは何よりもまず、超越的根拠づけからの独立を意味していた）、そこで活動する者たちの個体性によって支えられると見なされるようになっていく。経済に関してはアダム・スミスを、政治に関しては一般意志（volonté générale）の構想を伴っていたフランス革命を、考えてみればよい。

〔それぞれの〕個体性はかけがえのないものであり、その点では平等であるはずだ。この要求は驚くべきものであり、歴史的に一回限りのものであり、まさに比較を絶するものである。この点についてはすでに十八世紀において、新人文主義的な主観主義が浸透する以前の段階ですでに、書き記されている。ヘルダーいわく、現今においては《各自自身が世界における自身の神》である[255]。しかし社会学的に見て驚くべきは、この個体化が相互的知覚の水準へも侵入してくるが、そこではあらゆる明証性に抗するかたちで貫徹されねばならないという点である。ことさら異なるかたちで行動し知覚しようと欲する者は、ルサンチマンをかき立てるかもしれないという結果にならざるをえない。違いというものはスペクタクルの様相を呈するのであり否応なく目に入ってくるものだ。年齢の、性の、人種の、外見の、馴染みか馴染みでないかの、表情の動きの、[71] 状況と関連する《雰囲気の上での》違い。これらすべてにもかかわらず、われわれは個々の人間を何よりもまず個人として、したがって等しい（平等な）ものとして知覚するのであって、あらかじめ分類しておくようなことはしない。幼児も物乞いも、芸能界の著名人でも強盗でも泥酔者でも、召使いでも、である。あらゆる明証性に抗してすべての個人は平等であると主張するのであれば、平等なのはどの点においてなのかを示しえなければならない。そしてそれが明らかにされるのは、再び明証性に抗して、自由の概念によってなのである。少なくとも自然＝本性からすれば諸個人は平等かつ自由である云々。これに反するあらゆる事実は、批判の標的としてリストアップされるのである。

背景となるこのような想定を踏まえて相互作用の文脈が、何に関心が向けられるか、何が特に重要だと見なされるのかを分化させていくことになる。しかし以前の社会構成体すべてにおいては、事情は違っていたはずである。例えばトクヴィルはまだ、このことを書き記す際にかなりの驚きを示している。バルザックが（そしてその後にはピエール・ブルデューが）示すように、今や不等性は区別のシンボルを操作することによって打ち立てられねばならない。それゆえに〔相手の〕注意を引き続けることが前提となる。この転換が生じた理由については多数考えることができる。例えばわれわれの誰もが、こちらに直接関心を抱いているわけではないような他人と関わることになる度合いが〔増大した点が〕そうである。〔いずれにせよむしろ〕肝心なのは、平等と自由という仮定が通常的であり周知のものであるのに抗って、この達成物が進化上蓋然性が低いものであり直観に反するものであるという点に対する、またそこから社会進化の上でいかに深甚な帰結が生じてくるかについての、感覚を保持しておくことである。この根本的事態に比べればゼマンティクに、また用語に関する問いはすべて二次的なものである。しかしそうはいっても、近代の全体社会が自分自身を記述するために用いる素材は、そこから生じてくるのだが。

　近代において個人が優遇されるようになった理由のうちで、これまでほとんど強調されたことがなかったにもかかわらずおそらくは最も重要なもののひとつとして、個人が人格（Person）として観念されれば、その形式のうちで個人が未来の未知性を象徴することができるという点が挙げられる。ある人格を知ることはできるが、どうふるまうかまではわからない。過去と未来のこの独特の統合は、個人／人格というゼマンティク上の形式のうちで、また自由が社会的に認可される中で、制度化される。だが容易に見て取れるように、そのために社会的な確かさが犠牲に供されることになる。[256] 言うまでもないことだが、ある人格がどのように行為するかは他の人格がどう行為するかしだいである。したがって社会的相互依存によって未来の不確実性は倍加する。こうして全体社会は、過去と未来の断絶が尖鋭化していることを知るのである。この尖鋭化は全体社会がシステム分化を通して生じさせたのだが、その後首肯性あるものとなったのは、人格という形式においてのことなのである。ある人格が倫理的に高く評価されるという点が確かめられるのは、行為の自由においてである。しかし近代における個人化／人格化の潜在的機能はむしろ、全体社会の進化によって引き起こされ、以後耐え忍ばれていかねばならなくなった時間状態を首肯性あるものにするというところにあったように思われる。そこから、オリジナリティ、かけがえのなさ、自己への意味付与が本当のものであることが驚くほど要求されるという事態も説明できる。近代の個人はこの要求に直面せざるをえず、心理的には個性についての手本をコピーすること以外の仕方でそれに応えることがほとんどできないのである。

したがって（人間の）個体を《主体》（subiectum）として指し示すという着想は、まったく突然に登場してきたものではなかった。またそれは、哲学理論による構築物にすぎないというわけでもない。その前兆を求めればはるか古代にまで遡りうるのである。特に魂および魂の思考する（さらに、思考することを思考する）部分という概念がそうである。その後十六および十七世紀になると、駆け引きにおいて現れる個体性と内面的個体性が分裂するに至るが、それは以下の事態との連関のもとで生じたことだった。全体社会構造の変化。自然的な、家系によって与えられた確かさが放棄されねばならなかったこと。貴族および上流市民における複雑なパトロン／クライアント関係。交易の拡大。通貨危機。宮廷ないし領域行政において新たな種類のキャリアが可能になったこと。善き事柄（le bien）は他者によっても判定されうるものだが、今やそれに代わって気に入る事柄（plaisir）への定位が登場してくる。何を気に入るか判断できるのは、当人自身だけなのである。もはや記号の用法が確かなのは目の前の現実と一致していることによるなどというわけにはいかない。記号が用いられるのは描出の手段としてなのである。(257)

したがって見せかけや偽装を見抜けるよう、利害関心を知らねばならなくなる。ある人が何であるかは、その外見のコントロールしだいである。自己言及と他者言及は、そもそも両者が出会わねばならないということからしても、相互に分離していることがわかる。この点についてはすでに指摘しておいた。それに対応することだが、以前においては「上／下」の区別が占めていた位置に、しだいに「内的／外的」という区別が進出していくのである。

それゆえにさしあたり、主体へと注意を向けさせたのは、社会的な記号の用法の不確かさとその言及先の移ろいやすさという問題だった。美の仮象が、流行に付いていくことが肝心だと見なされる。だがそんなことはありえないはずではないか。全体社会という文脈から見るならば主体の理論が発展してくるのは、ここにおいて意味を事後的に補塡するためになのである。それを為すよう求められる際には、反省＝省察（自己言及）がそのための構図となる。

十七世紀以降においてはさまざまなゼマンティク上の技法が登場してくるが、それらは伝統的な社会的区別からは距離を取っていたのがわかる。そのうちのひとつは（顕著だったのは一時期だけだったが）倫理学および社会理論（Sozialtheorie）における《幾何学様式 more geometrico》による論証だった。十八世紀には啓蒙の言説がそれに続く。どちらにおいても問題となっていたのは、具体的なものによってそれ以上乱されることのない、純粋なコミュニケーションであった[259]。この方向に進んでいけば個人の個性を強調するのを放棄できるはずである。伝統的な分割への拘束から脱するという点では、両者は機能的に等価だったのである。しかし全体社会の自己記述という文脈において後々に至るまでの影響を発揮したのはむしろ、倫理学と社会理論とを個人の自己言及（それは肯定的に捉えられることもあれば否定的な場合もあった）へと尖鋭化することのほうだった。こちらでは感情移入がより容易だからである。こうして登場してきたのが自己愛であり、自己利害であり、自己反省であった。芸術および文学では個人が、観察されている観察者として描出されているのがわかる。自分がいかに観察されているかを観察すべく義務づけられている観察者として、である。そうすると個人にとって確実さ(260)として残るのはデカルト流の、現にそうであるという事実による自己確認だけである。つまり「思う我」というデカルトの概念によるわけだ。この「我」は「考えている」ということに関しては(少なくともその点だけは)確信しうるのであり、その考えが真であろうが偽であろうが何ら事は変わらないのである。やや後になると個人は、正しく思考するということに対する要求すら諦めてしまう。社会的位階も、道徳的正当化までもが放棄され、欲されるのはただ他人とは違うということだけになる。《私のほうがすぐれてはいないにしても、少なくとも別の人間である(261)》。しかし厄介なことに、まさにこの点ではすべての個人が等しいのである。

しかし旧来の社会的区別を掘り崩すために個性のゼマンティクが用いられると、そこからは深甚な帰結が生じてくる。各個人が自身の世界の中心として、ライプニッツ的なモナドとして考えられるのであれば、社会的なものについてもまったく新たな了解が必要になる。そうなれば人間が相異なる特質をもつ存在であるという点から出発することも、もはやできなくなる。地方で暮らしているのかそれとも都市でか、どの社会階層に生まれ落ちたのかによって質が異なるなどというわけにはいかないのである。今や、人間の個人的主体性にもかかわらず社会秩序がいかにして可能なのかを説明しなければならない。ひとつの社会契約によってであれ、相互的反省によってであれ、万人に共通するひとつの《超越論的残留物(Residualsubstanz)》によってであれ。しかしこれらの仮定からはもはや全体社会の理論は生じてこない。

〔この種の議論が登場した時点においても〕自由と平等はさしあたりまだ、人間個人の《自然的》な属性だった。市民社会の中では実現されていないがゆえに、それらの価値は《人権》にまで高められる。尊重せよと要求することができるわけだ。そして今日の人権原理主義にまで至っているのである。人権が受け入れられているのは、全体社会というもはや統一性として観念されえないものを表す代理シンボルとしてである。それゆえに、この権利のさらに背後に位置する何らかのゼマンティクによって制限が加えられるというわけにはもはやいかない。人権によって、かつては宗教として承認されていた拘束が、何かしら外的なもの、よそよそしいものとして蔑まれるようになる。それを受け入れることができるのは強制によるかあるいは偶然の理由による、というわけだ。十九世紀において宗教に関わっていた著作家は、この喪失に対して嘆きの声をあげていた。そして個人主義という集合的イデオロギーに抗おうとしたのだが、それは所詮空しい試みだった(262)。

しかしそれはまだ、他者の意識へと、また特に感情へと到達することはできないという点を認識するに至るための、小さな一歩にすぎなかった。社会的なものの理論はさらにまだ、他者の〔意識と感情という〕このラディカルな疎遠性（Fremdheit）をも考慮に入れねばならないのである。まさにそれを試みたのがアダム・スミスの『道徳感情論』（一七五九年）だった(263)。そこでは自然な〔類に即した〕類似性を前提とすることはすべて放棄され、社会性（スミスの言う「共感」）の成立は、他者の行動が生じている状況を観察することから説明される。つまり、他者が観察しているのを観察することから、である(264)。言い換えるならば、重要なのは態度をコピーすること（これは個人主義とは相容れないだろう）ではなく、差異をコピーすることなのである。

〔個性のゼマンティクから生じる〕第二の、同様に重要な〔また同様にしばしば忘却される〕帰結は、絶対的に妥当する基準が放棄されることのうちにある。その種の基準に訴えようとするならば、意見のコンフリクトには合理的な決定を下しうるはずだという話になってしまう。そうなれば不可避的に、一部の人々は他の人々よりもよりよく知っており理性をよりよく行使しうるという結論に至るだろう。そしてさらには、やはり不可避的に、制度的に保証された不平等が求められることになるのである。したがってこのような策動全体が、不平等をリサイクルすることに他ならないのである。

イギリス起源の政治的自由主義はこの問題を解決しえない。なるほどそこではコモン・センスが、趣味が、誤った用法が歴史の中で通用してきたことが、出発点となりうるのかもしれない。しかし「正しい」と「誤っている」との間で決定を下すために必要な基準を名指すことはできないのである。政治的自由主義は《生得的な》、つまり生まれによって分化した理念に異を唱える。理性は万人にとって到達可能なのである。しかしこの新たな社会的普遍主義は、各自が努力しなければならないのであって、怠惰や陶冶の欠如は非難されるべきだとも述べていることになる。こうして新たな、自己意識をもつ《教養市民》階層が正統化されるのである。この自由主義は「個人は利害関心によって自身を規定する」という観念によっていたわけだが、それが旧来の秩序を解体していくことになった。政治的・経済的に言えば、政治への要求を身分秩序という決定要因から切り離すために役だったのである。しかし以上のような道筋によっては、どんな人間でも自らの理性に問いただしさえすれば明確になるはずの基準には到達できなかったのである。

ある時期においてまさにそうしようと試みたのは〔超越論的な〕主体の理論だった。十八世紀末ごろには人間は、厳密かつ最終的な意味において主体として考えられるようになっていた。したがって自然からは除外されることになる。思想史的にはこれは、カントが因果性の王国と自由の王国とを、経験的概念から超越論的概念を、区別したことからの帰結とも見なしうる。あるいは、あらゆる学術はまず、自分自身を定立する自我から始めねばならない云々というフィヒテによる洞察からの帰結であると考えてもよい。主体は超越論的な意味では統一性を、経験的な意味では多数性と相違を保証する。つまり「超越論的／経験的」という区別によって、同一の思考が《ただ経験的にのみ》異なって現れてくるとの観念が可能になるのである。

ここにおいてもやはり、この形式のもう一方の側についての問いを立てておくのは意義あることだろう。主体が指し示されるとき、指し示されないままになっているのは何なのか。(265) ある人間が主体として指し示される場合に、思念されていないのは何なのか。主体の他の側は明らかに世界である。世界は主体が設定されることによって、マークされない空間という指し示されざるものへと退いていくのである。それに対して個人としての人間の他の側は、他の人間たちである。こうしてみれば、個人が主体と呼ばれるときに何が生じているのかを見て取れる。両方の「他の側」が、マークされない空間とマークされた空間とが、融合する。そして全体社会の理論が占めるべきだったはずの場所を、この融合が占拠してしまう。こうして全体社会概念は遊離したものとなり、とりあえずは《欲望の体系》へと、経済へと転用されるのである。

ここではこの種の議論の盛衰にまで関心を向ける必要はない。社会学者の目を引くのは、それが生じ、説得力をもち始めたのはある時代のことだったという点である。その時代においては、ヨーロッパで形成されつつあった近代社会はもはや、旧世界で前提とされていたような身分社会の形式を取るものではないということが、一般に受け入れられていた。しかし同時にまた、その位置に何が登場してきた、あるいは登場しつつあるのかについては明確に認識できないとも見なされていたのである。主体という奇妙な構図は、この《もはやない》と《それでは何が》との間の空隙を架橋するものだったように思われる。この構図は、少なくとも一時期の間は、全体社会の記述の機能を担っていた。他でもない、そのためにはまったく適していないという理由によってである〔だからこそ新たに生じつつあったものを、未知のまま記述できたのである〕。ミシェル・セールとともに定式化すれば、この構図が表していたのは《第三項の問題》だった。[72] 世界が、また全体社会が記述される際には常に第三項が、その記述の中で客体化されえないまま前提とされているのである。

この種の記述の中には他の諸主体も登場してくるが（それらを無視することなどできないではないか）、しかしその時にはもはや主体ではなくなっている。さしあたり主体に関して知られているのは次の点だけである。主体は自分自身を知っている。そして主体はその知によって、知っていることすべての基礎となるのである。したがって主体はまた、普遍的なものと個別的なものとの区別の基礎でもある。主体は、普遍的な個物なのである。〔一方で〕主体は事態として見いだされる。〔他方では〕自己設定の作用において自身を生ぜしめうるのである。主体は反省によって自分自身へと到達しうるが、ただしそれはただ自分自身を〔一定の個別的事態として〕構成してしまった後でだけなのである。今や世界について語りうるのはただ、主体との相関においてだけである。以前にはまったく必要でなかった《環境＝周囲世界 Umwelt》（後には《environment》〔英〕、《environnement》〔仏〕もまた）という概念が発案されて加わってくるのは、そこからの当然の帰結である。これらすべてが説得力を有していたのは、意識の自己言及的な構造においてだった。この構造には個人として到達でき、個人がそれを領有できる。それゆえに主体はただちに個人として登場してくるのである。しかし人間というものは、主体ないし個人であるというその特性においては区別されない（特徴をもちうるのは、そうであるということによって何をなすのかにおいてだけである）。だからこそ《人間一般》の代弁をなしうると主張できるのである。主体はいわばあらゆる集合的単数語のプロトタイプ、個体性の聖体（corpus mysticum）[73]なのである。

主体の構図は、各自の自己言及へと訴えることを通して、万人が全体社会へと包摂されることを根拠づけるという機能を有していた。つまり全体社会の理論によってでも、経験的にでもなかったのである。さらにこの構図は、「近代社会の中では人間に関して何が言われうるのか」という問いに答えを与えるという点からも、首肯性を引き出すことができた。ポスト身分的な全体社会ではもはや階層によっては、また宗教への所属、出自、家系によっては、というよりもそもそも何らかの固定された社会的準拠点によっては、《個性化》を行いえない。全体社会は、機能システムの自律性と独自の動態に直面するがゆえに、総体システムによって包摂基準を設定しておくことができなくなる。もはや人格を排除することもできないのである。包摂の規制は機能システムに委ねられたままとなる。そのための一般的定式化も、相応に抽象化されねばならない。その回答が、個体＝個人の概念が新たに強調され、十八世紀以降においては人間へと限定されるようになったことだった。《人間》は今や、個人でありまた同時に人類でもある。少なくとも、そう要求されるのである。(266)

近代的個人には、自分自身が観察しているということを観察する観察者たるよう求められる。つまりセカンド・オーダーの観察者であれ、というわけである[267]。自由が広言される。十九世紀へと向かおうとしていた時にジャン・パウルが予見していたように、民族の、女性の、黒人の、恋愛の自由が、である[268]。その背景となる了解をもたらしたのが、主体の概念だった。そうすれば次のような事例において何が問題になっているのかについて、少なくとも論じることはできる（あるいは、その点についてはわかっているものと前提できる）。すなわち、自由や平等などの普遍理念が権利として前提とされること。普遍的権利能力と国籍とが近代国家の属性にまで高められること。さらに市民権が、きわめてゆっくりとではあるが、性や経済的自立性を前提とするものではなくなっていくことにおいて、である。その反面、財産ないし貨幣を所有している人がその使い道について制限を受けねばならない理由は見いだしがたくなる。所有者を教育するのは私利であると考えてよい、というわけだ。自由や平等などの定式は、市民権を越えて、人権として仮定される。それは秩序モデルであることを放棄する。秩序モデルというものはコミュニケートされるや否や観察され批判されうるからだ。むしろそれらの定式が行うのは、多数の考えうるパースペクティヴを、規定できないものの中で収斂させることなのである。歴史的に見れば自由の概念は、自然的な必然性と分化の自明性に抗おうとするのだった。今や自由が指し示すのは、偶発性の新たな形式である。すなわち、自身の行動選択を偶然によって規定せしめる可能性なのである。平等の概念は、出自によって条件づけられた不平等性を中和する。そうすることで、機能システムに条件づけられた不平等性（当初は何よりもまず財産における、今日ではむしろ組織の中での地位における）を進展させる可能性が与えられるのである。どちらの事例においても準拠点となっているのは個人主体である。要するに主体は、包摂様式が近代の、機能システム特殊的な条件へと転換するために救いの手を差し伸べる定式として登場してきたわけだ。それはきわめて広範囲においてのことであった。

近代社会では、個人が個人として観察されうる（自分自身によってであれ、他者によってであれ）という点により大きな価値が置かれている。この点は十分に跡づけ可能である。主体概念によって、それが必要だということを考慮しようと試みられているわけだ。同時に主体概念は、レトリカルな機能を有してもいる。すなわち個人を、「自分は何十億人のうちの一人にすぎず、無意味である」との洞察から守っているのである。個人はともかくも（単なる一客体ではなく）主体である、だから相応に扱われることが求められる云々。特に知識人たちがこの言葉から離れようとしないのは、何ら驚くべきことではない。しかしそこでは「観察することは常に区別に依存する」という点が見過ごされてしまいがちである。主体概念によって自律に賛成・他律に反対、解放に賛成・操作に反対の票が投じられる。ハーバーマスですら《ポスト形而上学的》な条件の下で、主体概念を放棄しているにもかかわらずなおもこの方針に頼っているのである。しかしそもそも自律性を観察しうるのは他律性との関連においてのみであり、この形式の他の側も常に付帯現前化されているのである。[269] 対義語を忘却したり悪魔化したりしてしまうならば、残るのは理想化という可能性だけである。そうなれば、現実の世界では理想的なものに関する了解はさほど示されないという点があまり了解されなくなってしまうだろう。

かくして全体社会は、諸主体の全体社会として把握されることになった。しかし容易に見て取れるように、これはパラドキシカルな構築物である。ある主体が自分自身および世界の基礎となっているのであり、その外には何ら所与のものはないというのなら、それは他の《主体》すべての基礎となっているということになる。したがって誰もが誰もの、という話になるのだろうか。そう主張するためには、主体概念に超越論理論的な（transzendentaltheoretisch）意味を付与するしかない。というのはもし経験的な個人を問題にすべきだというなら、名前と住所を探り当て、その主体が本当に他のどの（そして、すべての！）主体の基礎ともなっているのか否かを確かめねばならないという話になるだろうから。超越論理論的な転回によって、主体の概念にとって必要不可欠なのは哲学的根拠づけであると見なすことが可能になる。経験的な意識が実際になしうることは何なのかという点は、無視できるのである。超越論理論的な前提のもとでのみ、次の点から出発することができる。どの主体も自分自身のうちに必然性／不可能性を（つまりは旧来の自然＝本性の代替物を）見いだしうる。そしてあらゆる他の主体においてもそれを同じ形式において前提できるのである云々。この構築物の欠陥は主体性と普遍性とが等置されている点に、そしてこの等置を自分自身に与えられた意識に帰属させているという点に存している。個体性は個体的にではなく、最も普遍的なものそのものとして考えられる。それは〔個体的／普遍的という〕この点に関しては主体と客体とを、つまり個人の概念（これは言うまでもなく、ひとつの普遍的な、あらゆる個人を指し示す概念である）と個人とをひとつのものと見なすということによっている。しかしそうなると原理的に言って、あらゆるコミュニケーションは無用であるという話になる。この問題は、フッサールの超越論的現象学において最もラディカルなかたちで登場してくる。その理由は他でもない、この超越論理論が現象学として設定されたからなのである。[270] しかし概念上のこの失敗を公然と認めるのはやはり困難だった。主体から超越論的な地位を再剥奪せざるをえないということが明らかになった場合でも、近代社会の自己記述の準拠点としての主体を放棄して、ひとつの自然客体へと戻すのは難しかったのである。主体には、近代社会に結びつけられてきた規範的予期が付着している。それゆえに、主体なき社会はもはや近代社会ではなく、ポストモダン社会ではないかとの疑念を禁じえない。かくしてこの点をめぐって今日でも論争が生じているのである。

あれこれと脱出策が試されてきたが、しかしそれらの試みはむしろ窮状を示す指標に他ならない。かくしてアリストテレス流の（自分自身で充足する）プラクシスと（作品を制作する）ポイエーシスとの区別がここにはめ込まれることになった。この区別は「倫理と政治」を介して社会理論と結びつけられてきた。かつては倫理的－政治的行為は自分自身で充足するプラクシスと見なされていた。国家の政治に関する近代的な了解にとっては〔国家は「国民の福利」などの目的を実現するための手段と見なされるがゆえに〕、もはやそのような言い方は望ましいものではなくなる。しかし他方では、「自己目的であれ」との理念は個人としての、主体としての人間へと転移され、カントとともに自由として解釈されるのである。この事態によって実践（プラクシス）と技術の区別が尖鋭なものとなり、最後にはハーバーマスにおいて、実践的合理性という規範的な理念にまで高められていく。他方の側は、今やシステム、技術、戦略的行為、モノローグのかたちを取るコミュニケーションなどと呼ばれるのだが、やむをえず容認されるだけなのである。しかし全体社会を両者の統一性として捉える必要がありはしないだろうか。

別の解決案としては《類型的なもの》という概念を用いて、《心理的な近づきがたさ Fremdseelischen》にもかかわらず社会的行為の理解可能性を保証するというものがある。ただちにマックス・ヴェーバーが思い浮かべられるだろうが、フッサールをも、また両者を結びつけたアルフレート・シュッツを考えてもよい。(271) しかし社会的な（全体社会の水準での）秩序という問題においては理解の可能性の条件のみならず、理解した事柄を受け入れるか拒絶するかも（まず第一に、というわけではないにせよ）重要になってくる。この点に関しては、コミュニケーションのテーマが類型的であるということによっては何ら答えが与えられない。少なくとも、法学者の言う《難解な事案 hard cases》においてはそうである。[74]

結局のところ洞察されねばならないのは次の点である。すなわち、主体というゼマンティクの説得力は他でもない、ひとつの社会秩序としての全体社会についての問いをうまく排除する、あるいは少なくとも回避するということに基づいているのである。認識論は《主体一般》に言及しえたし、それによってあらゆる認識が社会的に（コミュニケーションによって）構成されているという厄介な問題を回避できた。しかし社会的なものを主体のほうから把握することはできない。少なくとも主体の概念を真剣に受け取るかぎりはそうなのである。この意味で主体概念は、十分な全体社会の記述がまだ不可能だった移行期において急場を救う機能を担っていた。そこでは社会的なものは、共感と警察力との間のどこかに住まい続けていた。政治的－イデオロギー的なプログラムに留まるか、さもなければ秩序づけられた状況の周辺で赤く猛り狂う動乱へと制限されてきたのである。

社会学はその端緒からして、この症候群から解放されていた。なるほど社会学においても《主体》という語は、個人・人間・人格を意味する代替語として、語彙の中に収められている。この語のもとで人間は、認識し思考し行為する個人として理解されているのである。[272] したがって経験的社会学においては、主体という概念を没にしよう、あるいは《脱構築》しようと提案することが、そもそものようなものが存在しているということに異を唱えようとしているかのように理解されてしまいがちなのである。今日の社会学においては、《行為理論》に固執する見解が支配的である。そこで示されてきた頑迷さは、主体の第二次防衛線として理解することができる。この線でなら「「行為」や「行為者」にまで後退することで」主体概念なしでもやっていける、というわけだ。学科内ではこの《行為理論》が命を長らえているのは歴史的追憶によって、[273] あるいは経験的社会研究を方法論的に教導することによってである。《行為者再来》が告知される。[274] 主体は偽名によって舞台復帰する。しかしこの種の議論によってはそれ以上のものは得られない。むしろ多数の主体の論理について問い返すことが妨げられてしまう。[275] であるならむしろ、この構図のゼマンティク上の位階と全体社会の理論にとっての射程とはもはや歴史的なものとなってしまっているという点を明示することなどしないほうがまだよいという話になるわけだ。

主体は最後には、コミュニケーションへの関与者として命を繋ぐようになる。少なくともハーバーマスにおいては、超越論理論的な要求は取り下げられ、理性という規範的に導入された概念によって置き換えられる。個人が主体として登場してくるのは、「自身の行動（他者の行動を承認することを含む）は理性的な根拠によって方向づけられている」との要求を根拠づけられたものとして通用させることができるかぎりにおいてである。「超越論的／経験的」という区別は、この理性要求を現実に見いだされる全体社会の所与性から区別することによって、置き換えられているのである。

もちろんこれはひとつの限界事例である。そこでは主体について語ることが、かろうじてまだ許されているにすぎないからである。行為理論の場合と同様に、ここにおいてもまた核心となっているのは、概念上の要求を切り詰めることで延命させようとする試みなのである。理性的な自己規定への権利が前提となるが、それは実行が困難であるという点によって、いわば否定的にテストされる。そしてカントに依拠しつつ、《解放》という法学的なメタファーを、コミュニケーションのかたちを整えるに際して課される要求を表す主導概念とするわけである。しかしここでは主体が、コミュニケーションへと関与

《参加 Partizipation》）することを通して《解放される》云々という、結局のところパラドキシカルな予期のほうから把握されていることになる。それでもなお主体について厳密に考えるなどということが、いかにして可能だというのか。コミュニケーションにそう要求することは、ユートピア的なものへ向かう姿勢があからさまな場合であっても、なるほど可能だろう。[276] しかし自分自身によって規定された、かつ他のものすべてを規定する主体という構造が放棄されるというなら、他者の《コミュニケーション行為》に対して要求を課すことの根拠として何が残っているというのだろうか。コミュニケーションそのもの、つまりは全体社会しかないではないか。

今日では主体の構図は、超越論的なヴァージョンにおいても社会経験的な（人間中心主義的《ヒューマニスティック》な、全人間に及ぶ）ヴァージョンにおいても、より懐疑的に扱われるようになっている。にもかかわらずそこからの本質的な帰結は、二十世紀末においてもなお影響を及ぼし続けている。それは他でもない、この構図が自由主義と社会主義、両方のイデオロギーにおいて用いられてきたから、つまり過去一五〇年における主要な政治的‐イデオロギー的論争において両方の陣営によって前提とされてきたからだった。人間の主体性が自由として把握され、自由とは強制の欠如であると定義されてきた。見解の相違の対象となったのはただ、強制の源泉は国家が制定した法なのか資本主義社会なのかという点だけだったのである。同じくらい以前から、少なくともフロイト以来、「自由と（外的）強制」という区別は維持しがたいものであるという点も知られるようになってきた。この差異はどの水準においても、したがって心理的にも社会的にも、自己記述による、とりわけ因果帰属による人工物なのである。今日では知られているように、自由をひとつの反対概念を通して定義することはできない。定義は、自由の可能性の認知的条件によってのみ可能なのである。問われるべきはこうであろう。常に現にあるままである決定された世界の中に、代替選択肢と決定を下しうる未来とが潜んでいるはずだとの読み込みを行うための条件は何なのか。あるいはより自由に焦点を当てて言えば、ある代替選択肢について、それに関する決定が個人に帰せられうるものと見なされるのはどんな場合なのか、ということになる。こう問うことによって初めて、全体社会の中での自由の配分に関する決定が下されるのである。

主体のもうひとつの《遺物 survival》を、世界の脱呪術化と内面化という二重定式のうちに見いだすことができる。この二重化によって一方では歴史の終焉、芸術の終焉、哲学の終焉などについて語ることが動機づけられる。しかしそこで考えられているのは、もはやそれらが生じてこなくなったということではありえない。せいぜいのところ、主体が旧来の統一性を象徴し実現することなどもはやできないという点だけだろう。今や扱われねばならないのは差異現象であり、主体の失望である。主体はもはや世界ではありえないし、教養として世界を領有することもできないのである。しかしこれもまた、現実に生きている人間の状態についての判断なのではまったくない。それは近代社会の自己記述のひとつにすぎない。そしておそらくは、当該問題の最善のヴァージョンとは言えないのである。

主体への逃走が命を長らえてきたのは、人間中心主義的《ヒューマニスティック》な前提によってだった。すなわち「個々の人間のうちに存する自然＝本性的ないし超越論的な前提によって、最低限の社会的一致は保証される」との仮定によってだったのである。それは同時に、この前提への違背を（特に、理性の判断への違背を）規範への違背として扱うことを、またそれに対応して逸脱者を断罪することを、可能にした。二十世紀末ごろに至って初めて、これはひとつの構築物であって、社会構造的にそれに相関するのは何なのかと問われねばならないという点が可視的になったのである。《主体》の、また《人間》という集合的単数語のゼマンティクがもはや異論の余地なく通用するわけではないとしても、二十世紀末に至ってもまだ全体社会の水準でのコミュニケーションを支配しているのは、動機に関する還元主義的な構想なのである。それは十七世紀において機能分化のゼマンティク上の相関物として発明され浸透していったのと同様のものである。特に、自身の利益を計算する個人という経済学的な概念を考えてみればよい。貨幣経済が分出することによって、取引において望みを直接満たしうるのはそのつど一人の関与者だけであるという点が観察されるに至る。もう一方が入手するのは貨幣だけである。さらに加えて、この種の取引への関与者には、何に対して貨幣を支払うのか、あるいは受け取るのかを選択できるという点が考慮されねばならなかった。この選択の自由を、具体的な欲求や身分に相応しい生活費、あるいはそれに類したものとの関連で説明することはできない。むしろ選択の自由は、当の自由が依拠する新たな秩序を反映したものなのである。システムの統一性を個人動機の水準で構成するためには、動機の斉一性によってこれら相異なるものが架橋されるのだと仮定されねばならなかった。そして同時に、本当に重要だったのは取引そのものを代表＝表出することだったがゆえに、身分、家系、名声などの重要な社会的メルクマールまでもが度外視されねばならなかった。さらに加えて、動機の仮定が人間学的に（人間中心主義的に《ヒューマニスティック》）一般化される必要もあった。「人間にとっては、自然な互酬性という旧来の形式よりも分出した貨幣経済のほうが好都合である」ということを根拠づけうるように、である。政治もまた、この《功利主義的》構想に加わるように求められた。政治には、自由主義の側であろうと社会主義の側であろうと同様に、経済的には解決されずに残っている利害対立を、解決するとは言わないまでも沈静化するよう要求されたのである。そこでもやはり斉一化された動機構造が想定されていた。すなわち独自の、自身によって規定された利害関心が、である。

しかしこの意味での動機とは、ひとつの仮定に他ならない。それは経済的および政治的コミュニケーションにおいて、つまりは全体社会システムにおいて用いられてきたし、またそれらシステムの反省理論も、今日に至るまでそれに追随してきたのである。個人の動機状況に関してそれによってはカヴァーできないところは、語りの形式において伝承されてきたのがわかる。当初は十六世紀後半の劇場においで、(277)その後になると小説においても、そして最後に、フィクショナルなこれら諸形式の終局として、ジグムント・フロイトによる、諸形式を包括するメタ語りにおいて、すなわち精神分析においてである。近代社会は、少なくともこれまでのところ、あらゆる目的設定の背後に想定されるはずの動機についての問いを、機能特殊的なヴァージョンと、語りによるフィクショナルなヴァージョンとに分割することでなんとかやってきたように思われる。フィクショナルなヴァージョンのほうには、個人の動機の生活史的な特性を描出でき、観客ないし読者に自分自身への逆推論を許すという長所を有していたのである。

個人と全体社会との関係についてのこの記述では、全体社会におけるコミュニケーションの需要が示され、その問題は動機記述の分化とフィクション化によって解決される。しかし二十世紀の終わりには、心的システムと社会システムの関係における危機的兆候を、この記述によって適切に把握することがまだできるのかと問わねばならなくなる。個人間のコミュニケート不可能性、意味とアイデンティティの探求、同調と逸脱に関する、全体社会が押しつけようとしてきた図式すべてに対する無関心。これらのテーマについて、すでに以前から語られてきたではないか。また特に、原理主義的なアイデンティティ確定が魅力を放っているという点も考え合わせなければならない。そこではアイデンティティはすべての人々との一致にではなく、境界づけへと向かうのである。ここで、今述べた問いに答えることはできないし、またそうする必要もない。いずれにせよ、作動上閉じられたシステムの理論による別の記述の可能性は残されている。この理論では、心的なオートポイエーシスと社会的なそれとがより強く分離されているものと想定されるのである。

最後に次の点に注意を促しておこう。人間を主体として記述することが、近代の哲学的伝統において支配的なのは確かである。しかしそれが、近代における構造的に条件づけられた個人主義に対するゼマンティク上唯一の応答であるというわけでは決してない。人間を科学的に研究しようとする、まったく別様に定式化された関心も存在してきたのである。それが顕著になったのは十八世紀において、主観主義と並行してのことだった。統計的研究が登場してくるが、そこでは個人は集計上の単位として働くのである。(個人からなる)人口という新たな概念によって、種と類に基づく旧来の思考は解体される。さらに続いて人口統計学的研究が、進化論的な構想が、《優生学的》政策の推奨が現れてくる(278)。それ以外にも、他ならぬスペクタクルじみた逸脱から、つまり〔一方では〕犯罪者の生活歴から、〔また逆に〕アインシュタインの染色体から、人間についての情報を獲得しようとする試みもなされていく。かつては、創設する知の位置を占めていたのは宗教だった。今や人間の科学がその位置に進み出る。研究というものがおよそ科学であるとの主張を掲げうるためには、個人から出発しなければならない(だがこれは全体社会の構造によって与えられた基準なのである)。しかし同時に、個人それぞれの具体的なかけがえのなさが考慮されることはない。関心の的となるのは統計的頻度、平均値、あるいは限界事例間の幅なのである。言い換えるならば、個人は前提とされねばならないが、同時に中和される必要もある。超越論理論的な還元によってではないにしても、統計的に、である。

XIV　道徳の普遍化

十八世紀には人間／個人／人格のゼマンティクの主体化と並行して、倫理と道徳の領域においても変化が生じてくる。これもまた機能分化への移行と活版印刷術によって引き起こされたものだった。中世以降において、道徳を孕む予期がしだいに内面化されていくのを観察できる。内面化と呼びうるのは、今や予期は自己コントロールに、自身の自由を自由に行使することに向けられているのであって、行動から尊敬ないし軽蔑をただちに導き出すことはもはや許されなくなっているという点においてである。倫理の古いヴァージョンでは、善い行動を善くない行動から、美徳を悪徳から区別することが手がかりとされており、（オイディプスの例に見られるように）善意がその意図と違う結果をもたらす場合は運命と受けとめられていた。このヴァージョンが、意図と行為とを比較することによって補完されることになった。意図に対してはより高度な要求を課しつつ、同時に洗練された言い訳を用意しておけるわけである。この展開は長期間にわたって、宗教の道徳観念のうちへと、また貴族倫理のうちへと、浸透していくことができた。信仰への懐疑に悩む魂という構図を考えてみればよい。この魂にとっては全体社会の道徳的要求はただ外的な、ただ表向きの規律化としてしか体験されないのである。あるいは自己コントロールが倫理上中枢的な価値となったという意味でもそう言える。自己コントロールによってこそ優美な物腰が、道徳と作法との統一性が、したがって内的なものと外的なものとの統一性が確立されるのである云々。特に十六世紀においてストア派の思考財が再度取り上げられたことによって、この要求に集中していた倫理は、平静と尊厳のうちで時代の動乱に耐えうるものとなったのである。

十六世紀以降になると、全体社会における道徳を新たなかたちで記述しようとする兆しが現れてくる。すなわち道徳とは、礼儀と〔不備を補う〕偽計〔新たな概念としての「偽善 hypocrisy」〕との共存である、というわけだ。十七世紀の道徳学〔習俗の科学〕はそれ以上にヤヌスじみた相貌を呈することになる。社会生活の中心的構図としての道徳を放棄するわけにはいかない。しかし道徳的態度をコミュニケートすることと、宗教が、あるいはまた人文主義的な自己像が要求するものとの齟齬が経験されもする。《人物》となりうるためには、再帰的な技法としてのコミュニケーションを駆使しつつ、自分自身はそれによって欺かれてはならない。〔他方では〕人間の神に対する直接的関係は、また自分自身に対する直接的な関係も、《俗世》から切断され、コミュニケーションに関与すること〔の虚しさ〕を反省する中で安定化させられねばならない。宗教との関連でそう述べているのがパスカルあるいはニコルであり、グラシアンは人間の自己支配に関して、この世を堪え忍ぶ一種のエートスに関して、同じことを語る。そこで扱われていたのは道徳的〔社会的〕実存〔すなわち、人間のあり方そのもの〕の可能性であって、十八世紀後半のように、特殊道徳的な判断を根拠づけることではまだなかったのである。美徳と悪徳という語は、いまだ拘束力を保ちつつ通用し続けていた。その点では道徳問題のこのヴァージョンにおいても、伝統的な倫理学と修辞学へと回顧的な視線が向けられていたのである。しかし同時に個人は、自分自身のうちに安らげる地点を求めもする。それが後に主体の概念によって定式化されるのである。伝統的な道徳カタログはなお通用している。しかし人間は「普遍的人間 homme universel」と見なされもする。つまり自身の社会的行動の意味を、自分自身で発見しなければならないとされるのである。[27]

しかしこれらすべてによってはまだ、十八世紀に生じた変化を説明するための手がかりは何ら得られない。道徳と作法との統一性は崩壊する。今や道徳は、《社会的なものによる社会的なものの自己限定》[280]として用いられるのであり、自然＝本性や理性などの偽名による扮装が施される。道徳に対する新たな《倫理的》要求は、家族や部族などのローカルな単位の境界を越えていく。それらの単位では、道徳は内部においてのみ拘束力を有していたのである。[281]コミュニケーションへの関与者は、見知らぬ他者に対応する必要にますます晒されるようになっていることに気づく。その他者に対してどのような社会的拘束が働いているのかを知ることはできない、いや推測することすらできないのである。特に読者としてそうなのだが、多くの相互作用においても、例えば旅行先においても事は同様であった。全体社会はこの事態に、道徳的要求を一般化し普遍化することによって対応した。無数のテクストが、またクラブや討論サークルが、この新たな、普遍主義的で《愛国的》な道徳を確認するために力を尽くしたのである。そこでは誰もが積極的に道徳図式の善き側に同一化し、そのことを示すはずだと予期されていた。道徳普遍主義的な道徳によって一方では、個々人にとって見通し可能な個別的拘束は不安定化される。道徳にとって不可欠である外的世界を《サラセン人》に求めるわけには、もはやいかなくなるのである。[282]しかし他方では尊敬ないし軽蔑は、常に具体的にしか表明されえない。今日ではこのパラドックスに対して、独特の解決策が与えられているように思われる。飢えた人々、抑圧された人々、人権侵害ないしその他の政治的迫害による無辜の犠牲者たちに、つまり自分が決して陥ることのない状況にコミットする、というわけである。パーソンズとともにこれを、限定的普遍主義として記述できるかもしれない。この普遍主義は具体的な、マスメディアに向けられた行動によって説得力と反響を得るのだが、しかしそうすることで個別的になるわけではないし、別の道徳化が排除されるわけでもない。さらにまた普遍化のこの公準は、倫理の水準に限定されているのである。

　この種の道徳を支えることになる倫理学においては、道徳的な判断を理性によって根拠づけようとの試みがなされる。この点を吟味する権限をもつのは、もはやサロンではなく哲学部である。それとともに、社交的態度の中で、また口頭での洗練された振る舞いの中で多義性・アイロニー(283)・滑稽さへの感覚を学ぶということもなされなくなる。かつてはその感覚によって、道徳という奈落を回避する〔すなわち、道徳的問題が浮上した場合にそれをやり過ごす〕ことが可能となっていたのである。道徳は〔応えねばならない〕要求のための〔やり過ごすことのできない〕メディアと化す。宗教ですらこの要求に対して態度を決めねばならない。それは神義論の問題という形式を取ることもあれば、文化比較の形式においてのこともあるだろう。後者の場合なら、あらゆる宗教は道徳の試験にパスしさえすれば資格として同等であるということが証明される結果となる。根拠づけを必要とするのは、宗教ではなく道徳そのものとなる。そしてそのための場所は（今やアカデミックなものとなった）倫理学なのである。宗教的根拠づけが脱落すれば、道徳はさしあたりダブル・コンティンジェンシーの循環（君が私にしてくれることを私も君にしてあげよう）へと後退することになる。そして道徳はそこから自分自身を外化して、自身にとっての絶対的なもの（Absoluta）を構成しなければならないのである。(284) 社会次元の領域においては、それはほとんど生じえない。そこではほとんど不可避的に、意識的ないし無意識的な利害関心をかいま見ることができるからである。時間次元もやはり駄目である。伝統へ結びつこうとしても、そうしていることが明らかになれば、万人を説得することなどできなくなる。そしていずれにせよ短期間のうちに古びていかざるをえない。また未来のほうも、あまりにも未知であるがゆえに、コンフリクトを伴わない評価を可能にしてはくれないのである(285)。

今や倫理学は、道徳の普遍的理論として登場しようとする以上、自分自身をも道徳的な企てとして描出しなければならなくなる。さもなければ他ならぬ倫理学によって、道徳の宇宙に〔非道徳的な企てという〕穿孔が生じることになるからだ。道徳の圧力はその穴から漏出し、情念と利害関心という広範な領域の中で解消されてしまう結果になりかねない。この比喩を続けるなら倫理学は道徳を圧力のもとに置かねばならず、自分自身をそのための根拠として用いねばならないのである。にもかかわらずアルキメデスの支点への、ゲーデル問題を解決してくれる超越者への、ほとんど反射運動じみた希求も生じてくる。「善き行動には善き根拠が存在する」ということが、どうにかして証明されねばならない（しかし理論的にはもはや意見の一致は存在しないのだが）。言い換えるならばコードの正の値が二重化され、「善きことと善からぬことを、あるいは善と悪とを、区別することは善きことである」という点を根拠づけるためにも用いられるのである。この論証は強い説得力を有するものではある。「善い／善くない」の区別を道徳的に要求することがもはやできなくなったり、あるいは（サドが教えるように）自然に反するものとして禁止しなければならないなどということになったら、いったいどうすればよいというのだろうか。しかし逆の見解もやはり首肯性あるものに聞こえる。いわく、道徳的価値づけを用いることこそが最も反道徳的である(286)。というのはそうすることによって不可避的に、「それはどんな理由・動機・利害関心からなされているのか」との問いが生じてくるからだ。道徳に訴えかける理由はもはや、ただちに《善き》理由だということにはならない。倫理学自体が、ゲーデルに耳を傾けねばならなくなる。

バイナリー・コード化（の統一性）というパラドックスを、コードそのものによって揚棄すること。その説得力はきわめて強力だったはずである。それゆえに倫理学はもっぱら根拠づけの問題にのみ取り組むことになった。倫理学理論の適用可能性が実地に示されるのもやはりこの問題においてである、というわけだ。倫理学は自身の定理を超越論的に、意識という事実（！）へと回帰させることによって《ゲーデル化》する。意識なら誰もが自分自身への反省を通して確認しうるではないか、と。あるいは「倫理学は結局のところ、自身の効用によって立証されねばならないはずだ」というベンサム流のテーゼによって倫理学に自己言及を組み込んでもよい。これらの立場から帰結する理論上の（《哲学的な》）負荷に関しては、今日では容易に認識できる。哲学者の豊富な解剖経験が、その点を考慮するためにすでに用いられてきた(287)。しかし社会学的に見れば問われるべきはむしろ、倫理によって監視された道徳の自己根拠づけという途方もない試みが、そもそもなぜ生じてきたのかという点なのである。

われわれを導く仮説によればそれが生じたのは活版印刷術によるコミュニケーションの拡張との、地域間交通が容易になったこととの、そしてとりわけ階層を主とする分化から機能を主とする分化へと移行したこととの関連においてだった。つまりは全体社会構造の変動との関連においてであって、この変動が実現されたのは道徳的コントロールの外側でのこと、つまりは進化によってだったのである。

古い全体社会形式においては常に、道徳的な、つまり尊敬と軽蔑に関連する、包摂し排除するコミュニケーションを、基本的には部分システムへと制限しておくことができた。異邦人に対しては、コミュニケーションは可能だとしても、道徳的な拘束力は発揮されなかった（その代わりとなったのは利害関心であり、あるいは場合によっては客人歓待やローマの万民法 ius gentium などのタイプの権利保護でもあった）。明確に階層化された全体社会においても、道徳を部分システムの内的規制として形成することが可能だった。そしてその際には境界に依拠できたのである。インドではカースト間の交通に関しては儀礼的規則とタブーとが設けられていたが、普遍的に妥当する道徳の類はまったく存在していなかった。近年強調されているように、旧ヨーロッパの所領経営においてもある種の《モラル・エコノミー moral economy》が営まれていた。しかしだとしてもそれに対応する単位は家政だったのであり、まさにそれゆえに貨幣経済が分出することによってこの《モラル・エコノミー》は頓挫するに至ったわけだ。(288) 一般的な（当時の語彙で言えば《政治的な》）交流においては、貴族が農民の尊敬を得るよう努めるとかその逆とかは考えられなかったはずである。その種の行動をとれば自身の集団の、自身の部分システムの道徳プログラムに違反することになっただろう。道徳の射程は（問題となっていたのはやはり常に「善い／善くない」のコード化であったとしても）全体社会の分化の図式によってあらかじめ規制されていた。そしてその図式のほうもまた、〔全体社会の〕内部で引かれた境界と相異なる道徳とが収斂するということによって支えられていたのである。

十七世紀においてはこの秩序が今一度力を込めて強調されることになった。貴族にも金銭の心配事はあるが、その点は道徳によって無視される。ラシーヌの悲劇においては日常行動へと向かう比較の余地もなければ、すでに分出を遂げていた国家を形式とする政治的業務の重要性に視線が向けられることもなかったのである。確かに、機能システムの分出から生じる特定の道徳問題に例外的地位が付与されることもあった。とりわけ「国家理性」というタイトルのもとにおいて、である。しかし同時に諸機能システムはすでに、〔それぞれ〕独自のコードのもとで作動していたのであり、それらのシステムを政治によって、あるいは宗教によって画一化することなどできなかったのである。ただし諸機能システムのこのコード化はなおも長きにわたって、全体社会における承認を受けないままの状態に留まる。十八世紀において道徳が肥大化したのは、他ならぬそこからの帰結であった。しかしついには以下のように問われるに至る。非難すべき行動であっても、文芸が独自の基準に従いつつ、それをよく為された（美しい）ものとして描出することがどうしていけないというのか。新たに登場してきた立憲国家の理論において、道徳との一致がなぜめざされねばならないというのか。そんなことをすればその帰結として公職者は善く、公職者に服属する者は善くない（あるいはその逆）という話になってしまうではないか。愛する者は何よりもまず相手の美徳を愛するべきであって、相手が道徳から逸れた場合にはそれに理解を示してはならない云々と、なにゆえに主張できるのか。所有権は、〔財産に関して〕経済的－合理的に自由裁量を行うための前提として取り扱われる。しかし所有権者においては合理的なものと財とが収斂するからそれは善きことであり、非所有権者は善からぬ存在であるなどと、どうして見なせるのか。法は自由を生み出し擁護するために召喚される。そしてそこには、法に反する行動への自由ではないにしても、非道徳的で非理性的な行動への自由が含まれることになる。そんなことは認められない、あるいは認めたくないというのであれば、〔道徳に訴えかけるのではなく〕他でもない法による禁止に頼らねばならないのである。以上すべての点において、中世以来の道徳の内面化は一種の前適応的利点として、コード化が〔相互に〕より強く分離していくという事態を用意することになったのである。

要するに機能システムの自律性が独自のバイナリー・コード化を介して確保されることによって、道徳の超コードによる単一のメタ規制は排除されるのである。そして道徳自身もこの条件を受け入れる。のみならずそれを再道徳化しさえする。今や、〔各機能システムの〕コードを妨げることは道徳的問題となるからである。政治や法における腐敗を、スポーツにおけるドーピングを、愛を買うことを、経験的研究におけるデータ捏造を考えてみればよい。機能コードが〔道徳よりも〕より高度な非道徳性をもつという点は、道徳自身によっても承認される。しかしそこからの帰結として、全体社会の道徳的統合という観念が放棄されることにもなる。道徳は、病理状態に注意を向けることに集中する。その病理状態は、全体社会の構造によって優先された行動が〔それ自体としては〕蓋然性が低いということから生じるのであり、継続的に再生産されていくのである。より抽象的に言えば道徳は全体社会の自己記述が多次元的な形式を採っているという事態に直面して、道徳のコードそのものも他の諸次元と並ぶひとつの次元であると見なさざるをえなくなるのである。全体社会は、ゴットハルト・ギュンターとともに定式化するならば[289]、超言的な作動を許容する。あるいは必要としさえする。この作動はさらに、特定の問題状況のために道徳的コード化を持ち込むか否かを決めることもできるのである。

一方では道徳の普遍化からは、道徳化の放棄が生じてくる。あるいはあまりにも執拗に道徳を負わせようとすることに対する警告がなされるに至る。他方ではそれによって道徳というメディアが、インフレないしデフレの傾向に晒されもする[290]。道徳のこの《脱埋め込み化 disembedding》の帰結として、多くの事柄が道徳化する音調で語られはするが、そこからコントロールされうる行為義務が生じてくるわけではない、という事態が生じる。また他方では、その義務が問題になるはずのところでは道徳を当てにするわけにはいかなくなる。これは一種の《スタグフレーション》である。つまりインフレとデフレとが相まって道徳を無力化しているのである。

この種の構造的変動がまず生じ、ゼマンティクがそれに適応していく。したがって理念が独自に進化していく際には、適応が著しく遅滞することもありうるのである。[291] さしあたりそれによって、十八世紀初頭において観察されうる道徳の高揚を説明できる。〔社会構造的背景を欠いた道徳的高揚という〕この事態が今度は道徳の近代的形式の基本的メルクマール、すなわち限定的な、コードに基づいた普遍性を説明してくれる。そしてさらにそこから、近代倫理学の根拠づけ問題が説明される。この倫理学は相変わらず、規制による問題解決を求める自身の試みを道徳にとって善きものと見なすのだが、原理を根拠づけ社会的に弁別を行うメカニズムを発動させることを、暗黙裡に放棄してもいる。論争の的となっている見解に与することで軽蔑を受けるリスクがある場合には、倫理委員会の協議やその他の倫理的討議に関与しようとする者などまずいないだろうからである。以上すべてからして、《倫理》という名称にまだ残されているのは〔当事者の議論から〕距離を取るメカニズムだけであって、それは何ら内容をもたないのである。このメカニズムが表しているのは、対話というものはあらかじめ〔道徳とは〕別様にコード化された、あるいはすでに組織化された文脈において生じるはずだということである（もちろん実際にどの程度そうなのかという点は無視しておかねばならない。そのためには〔倫理学の〕アカデミックな素朴さが役立つのかもしれない）。言い換えるならばゼマンティクの上で《倫理》が参照される際には、近代においては政治・法・道徳が分離しているという点が当てにされているのである。[292] しかしまさにそれゆえに倫理学は、自己を貫徹しようとしうるなら失望が生じるものと覚悟しておかねばならないという結果になる。つまり倫理学は多次元性を、そこから生じるすべての帰結ともどもも反省することを学ばねばならないはずなのである。

他方では個人主義的なイデオロギーの駆動力もまた、過小評価されるべきではない。例えば市場経済への移行は、個人主義的イデオロギーからの副次効果として以外の道筋では生じえなかったのではないかと考えてみることもできる。そうすれば、必要な修正策が「個人」ではなく「社会的なもの」という見出し語のもとで導入されることになるという点も視野に入ってくるだろう。

特に宗教は、啓蒙主義的で普遍的なこの道徳を重荷として担っていかねばならなかった。道徳を根拠づけるという課題は、宗教の手から奪われてしまう。啓蒙家が善きキリスト教徒だということもなるほどありうるだろう。しかし啓蒙家の倫理は、この倫理によれば神から何が生じてくることになるのかを顧みることはしない(また顧みることができない)。神学が携わることができるのは、自律的なものとなった倫理学に付加的な意味を付与してやるという点にすぎないのである[293]。

XV 《諸国＝諸国民 Nationen》の区別[75]

機能分化に対するゼマンティク上の反応に随伴する現象として顕著なもののひとつとして、国＝国民というゼマンティクによって〔機能分化という事態を〕受け止めようとされたことが挙げられる。このゼマンティクが焦点を当てたのは機能分化ではなく環節分化であった[294]。確かにヨーロッパの地域的・言語的・文化的分化のうちに、そのような自己記述のための歴史的条件が存していた。あるいは、宗教的－政治的な帝国形成が阻止されたことのうちに、と述べてもよい(295)。なるほど中世においてすでに、血統共同体（natio）の概念が存在してはいた。それは外国に滞在している者（学生や公会議参加者など）の出自を指し示すものであった。さまざまな《諸国民》が行き交っており、それゆえに単に（ロンドンで）《ロンバルディア人》と、また（ポルトガルで）《ジェノヴァ人》と呼ぶだけでは不十分な場合には、常にその語が用いられたのである[76]。十六世紀以降ヨーロッパのいくつかの（と言っても、ほんのわずかの）領域において、言語的・文化的・行政的水準で国家のかたちで集権化された政治への端緒が生じていた。特にフランスおよびスペインにおいて、である（後者は軍事的にポルトガル併合に失敗したのだが）。そこにおいて、地域的境界の内部で国家・法・文化・言語を統合する新たな形式を用いた実験がなされていたのを認識できるだろう。この実験のほうもやはりヨーロッパの地域的な《国》の、ではまだないが）多様性を前提としていたのである。

初期における国家の定義は、支配を指し示すことと領域を指し示すことの間を振動していた。蛇足ながら十五世紀から十七世紀にかけての初期近代においては、イタリア、フランドルおよびその後のオランダなどのように文明・手工業・商業の面で高度に発達を遂げた地域は、国として理解される同一性を欠いていたという点で特徴づけられていたのである。ヨーロッパにおる人口構造は全体として見れば複数のエスニシティに基づくものだったが、それは伝染病と飢饉の、したがって人口統計学的に見れば特に地方から都市へと向かって生じた移動の、またさらに遠隔地交易と貴族の婚姻からの帰結であった（中世では農民が領主の土地に拘束されていたことだけを考えても、この移動圧力がまちがいなく強かったことが、その程度とともにわかる）。ゲットーが形成されたことや商人たちが狭い場所に囲い込まれたことを見れば、区別が積み重ねられて国民という方向へと向かいつつあったというわけではないのは明らかである。

活版印刷術によって、またしだいに成立しつつあった公法によって後押しされつつ、領域国家のかたちで集権化された政治が確立されたのは、ようやく十七世紀に至ってのことだった。しかしそれが国を基盤として生じたのは、ごくわずかな場合のみであった。十六世紀スペインのバスク政策にしても十七世紀フランスのアルザス政策にしても、当該地域がその国に帰属しているということによって正当化されえはしなかった[77]。サヴォイア家への叙位政策も、ボヘミア貴族をウィーンの宮廷へと引き入れたことも、国としての政治という流れの中で生じたものではなかった[78]。一六〇〇年ごろにはすでにスペイン的・イタリア的・フランス的・ドイツ的な貴族概念を相互に対置する文献が存在していたにもかかわらず、である。

頁がめくられるのはようやく十八世紀半ばになってのことだった。文化比較が歴史的にだけでなく、地域的にも行われるようになっていく。その際には諸国がそれぞれ固有の名を持つということが、コミュニケーションを実践するうえでの利点として使用された。そうすればスペイン、ハンガリー、ポーランドといった語を用いるときに何を考えているのかを説明するのに困ることなどないからである。今日においてもなお、ヨーロッパの統合について議論される際には、それらの語が用いられているではないか。十八世紀が経過していくとともに、「国＝国民」、「国内の＝国民の national」という語の使用は増大していった（「国内流通 circulation nationale」や「国民教育 éducation nationale」などの複合語のかたちも含めて）。それは明らかに、フランスやイングランドなどの固有名だけでは不都合な場合に生じる類概念の必要性を満たすものだったのである。しかし国＝国民の概念が初めて不可欠のものとなったのは、フランス革命によってのことだった。それは伝統的な社会的相違が揚棄されるということを証すものだったのである。[296] 国が存続していくべきであるなら、殺害された君主の身体の後を継ぐものが整えられねばならなかった。[297] 三部会（Etats généraux）は決議によって国民議会（Asseblée nationale）へと変貌を遂げる。[79] そして議会はこの区別によって、伝統的な〔身分間の〕諸区別に対して自身が優越することを、また特に政治システムはそれ自身の上に据えられるということを宣言するのである。しかしだとすれば国＝国民というものを、言わばフランスの固有名として温存しておくことはもはや不可能となる。この概念は別の箇所へと転写され、その機能は文化的・政治的な比較のための開かれた概念へと変化する。この革命が歴史的なものとなるにつれて、革命原理の普遍主義も個別性として、フランス的個別性として見えてくるからだ。他の諸国はそれを引き受けることもできるが、そうする必要もないのである。国としての感覚を育むこと、すなわち革命にもかかわらず統一性を保持することは、ティエリやキネ、ミシュレのような歴史家の仕事となる。[80]

移行期のゆえに、この概念は両義的なものとなった。当の地域における全体社会はひとつの国であると同時に、政治的なものともならねばならなかった。[298] 当初、国＝国民は想像上の統一体であり、したがって現実によって満たされねばならなかった。例えばひとつの共通言語、ひとつの共通の宗教、ひとつの統一的通貨制度、ひとつの共通の法システムによって。それらはローカルな習慣や風習からは独立したものである、というわけだ。〔それに対して次の段階では〕国＝国民が定義されるのは、その歴史によってである。しかし当の歴史は改めて書き起こされねばならない（そしてはたしてその歴史はどの程度まで村落のあるいは工場の、農民および労働者の歴史でもあるのかという問題が残る）[299]。今や新たに把握された概念に内容を書き込むことができる。政治の形態を選択するという問題を論じることが、それを特定の国の歴史と性格とに合わせて裁断することが、集合的意識のための観点を作り出すことが、可能になる。この集合意識には上から下へも、また下から上へも訴えうるのである。国＝国民の概念が幅を持っているがゆえに、国民内部における利害コンフリクトを容認することが、またそれを平和的に解決できると考えることが、可能になる。相手の絶滅をめざすようなコンフリクトが排除されさえすればよいのである。今や求められているのは、連帯の新たな形式である。それはついには、戦争において〔同国人であるという点以外は〕まったく見知らぬ人々のために自らの命を犠牲にすることにまで及ぶ。かくして国家として組織された国民という観念が、領域による分節化の標準的なイメージとなるに至る。以降、それを駆使できない国家は不正常だと見なされるようになるのである[300]。この事態のゆえに十九世紀においては、イタリアおよびドイツにおける国の統合の試みが生じてきた。ノルウェー問題とフィンランド問題の独自の憲法による解決[81]、オランダからのベルギーの分離（そこからは新たな多国民問題が生じてくるのだが）、そして最後にオーストリア＝ハンガリー二重帝国および大トルコ帝国の解体に関しても、事は同様である。国民意識へのこの転回は、一部にはそれが正常なことだという虚構によって、また一部には規範的な要求によって生じてきたものだった。しかしそれが生じたのがちょうど十八世紀半ばだったのはなぜなのだろうか。

こう述べることもできるかもしれない。今や内部では平和を保つ領域国家が完全に確立されているのであり、それは住民への関係において正統化されねばならないのだ、と。また疫病対策・農業技術・アメリカ産穀物の輸入という点で進歩が生じたことを引き合いに出してもよい。それによって、かつてヨーロッパ内部において広範にわたる人口移動を生じさせていた諸原因は過去のものとなった。比較的安定した（〔移民等によることなく〕それ自身で増大していく）国民が居住しているという状態を信じることが可能になったのである。子孫が過剰になった場合には海外に移住すればよい（人口は世界のどこでも、アメリカの奴隷農園でさえ、増加していたのだが）。そうしても国民の統合が揺らぐわけではないのである。以上を考え合わせてみれば、通常的形式でありかつ規範的要求でもある国民の理念が、歴史的にまさにこの時点において浸透していったのは、偶然のことではないのがわかる。それは、機能分化への移行が不可逆のものとなり、数多くの領域において目に付くようになっていた時点だったのである。

国＝国民のレトリックの増大と階層分化から機能分化への転換とが連関していることを示すために、中間考察を差し挟んでおこう。十八世紀末においては明らかに、国の違いへと定位することと、歴史上特別な時代に生きており特別な《時代精神》に従っているのだという意識とが競合していた。後者における時間的な非連続性があらゆる国において顕著だったために、国の比較は歴史的比較の背後に退いていたのである。それゆえにフランス革命は、フランスの革命だけに留まりはしなかった。ヨーロッパの貨幣経済化と産業化も、国の特性としては把握されえなかった。《ヨーロッパの同質性を前にして、国の違いなど実際には消え去ってしまった》と、フリードリヒ・シュレーゲルは一八〇二年に証言している(301)。

しかしこの事態が、国としてのアイデンティティを犠牲にするかたちで生じる必要はなかった。当時すでに広まっていたこのパースペクティヴの中には、国が組み込まれていた。ただしそれは、展開されたパラドックスであるかのようにである。つまり外に向かっては個別的なもの、内に向かっては普遍的なものとして構想されていたのである。[302] 国が世界社会へと向かう発展を耐え抜くことができたのは、それゆえにである。《植民地》が放棄されていく中で、世界社会のあらゆる地域において部族的な、エスニックな差異が国へと溶解していくわけでは決してありえない（それらの差異に国家としての性格が、つまりは集権化が要求される場合でも、あるいはむしろその場合にこそありえない）という点がまったく明白になっていっても、やはり国は維持されてきたではないか。

十八世紀後期と十九世紀になると、ヨーロッパにおける国＝国民の形成は、全体社会の転換によって後押しされることになった。この転換は〔国の形成の動きからは独立に〕いずれにせよ進展しつつあり、今や否定しがたいものとなっていたのである。他でもない、新たな分化が生じ旧来の社会的区分が消滅することによって、国への帰属がさらに必要とされるようになる。個人および主体としての人間という概念の場合と同様に、全体社会の自己記述は国の概念のうちで、高度な首肯性をもつ脱出策を用意することになった。つまり機能システムによる包摂形式によっては与えられないようなアイデンティティ資源を活用できたのである。国民の概念のうちには、民衆（Volk, peuple, people）概念がもつ下層の風味が取り込まれる。そうすることで政治システムを脱貴族化するための根拠が与えられるとともに、十九世紀初頭において民族（Volk）の概念が、特殊政治的な概念として再導入されることも可能になった。[303] この概念は出自の概念から未来の概念へと転換する。パーソナルなアイデンティティと民族的アイデンティティとの統一性を要求するための概念となるのである。この概念によって、きわめて明確な、まったく単純に扱われうる区別図式が与えられる。ある国が区別されるのは、他の国に対してである（貴族制、田舎暮らし、経済、学術などに対してではない）。こうして機能に定位することの普遍主義に対して地域的共同体の個別主義をより高い価値をもつものとして対置することが可能になった。それによりパーソンズの言う《パターン変数》間の緊張を解消することもできたのである[304]。そしてまた、市場経済による過程が解き放たれることの帰結として（いわゆる階級構造において）、また宗教的ないし《世界観》的対立からの帰結として生じた断絶を、アイデンティティを踏まえて架橋することも可能になったように思われる。要するに国＝国民の概念によって、ひとつの包摂の構想が与えられたわけである。それは個々の機能システムの特殊条件に依存するものではなく、したがって政治ですら、自身の国に属する者すべてを平等なものとして尊重しなければならないことになる[305]。

古い世界における社会的区別、すなわち「貴族と民衆」による、また各階層内部での位階集団による区別、「都市と地方」による、あるいは軍事的強制力と交易によって得られた貨幣との区別は、あまりにも強固であり自明であり、首肯性を有するものだった。それゆえにそれらを国＝国民へと変形することはできなかった。〔しかしまた、それらの違いを架橋するには〕ひとつの宗教的コスモロジーで十分だった（それを耳にするのが誰であろうと）。活版印刷術と国語が導入される以前においては、言語による了解可能性はきわめて狭い範囲に留まっていた（それとは別にラテン語も存在してはいたのだが）。機能分化へと移行する中で、区別の種類と可視性も変化していく。今や区別が区分けするのは全体社会なのである。新たな役割相補性は、例えば統治者／服従者、生産者／消費者、教師／生徒、医者／患者、芸術家／芸術愛好者は、あるいは聖職者／信徒ですら、もはや具体的個人を同定するものではない。それらが同定するのは、機能システムへの帰属に従う役割だけなのである。そしてそれら役割によって定義されるのはもはや生活様式の意味ではなく、課題と規則とにすぎない。さらにそこから、公的なまた私的な、社会的なまた個人的な水準において新たな、包括的な同定を行う必要性が生じてくる。それに応えたのが〔個人〕主体などの単数概念であり、他ならぬ「国民」もまたそうだったのである。

したがって国民概念はもはや、語のもともとの意味である血族共同体（natio）には対応しない。問題はもはや、出自のアイデンティティに従って分類を行うことではない。統一性がすでに存在しているのであり、それを認識し名指しさえすればよいなどと前提とされることはもはやない。今やむしろ国民概念こそが、自身の国家の内部において統一性を確立する必要性を主導していく。そして必要な場合には、文化上の国民と国家としての国民の区別に、二次的な意義が付与されることになる。文化的な、また言語上のルーツがどうであろうと、〔国家としての〕統一性を達成するためにわれわれは合同し一体とならねばならないのだ、というようにである。

国民的なものというこのゼマンティクは、古代のテクストが伝承されてきたということによって育まれたものでもあった。その出発点となっていた市民社会では人口としての、あるいは経済的なまとまりは背景に退いていたがゆえに、全体社会の統一性と政治的統一性とをひとつの概念で表すことが可能だったのである。しかしこの伝統は政治的統一体としての都市を起点としていた。したがって政治的なものが〔都市を越えて〕領域化されたる際には常にためらいが生じていた。領域化がなされたのはようやくローマ帝国が形成された後になってのことだった。都市においては、政治的に結束しているという感覚が著しく有利に働いていた。例えば誰もが地形の記憶を用いて、行くべき道を発見できたし、上層は個人的に顔見知りだったのである。都市が国に置き換えられることによって、都市の政治的文化に関する、またそれと結びつけられた、都市住民（citizen）の地位に関するこの感覚は消滅する。地形の記憶も印刷された記憶によって置き換えられねばならなくなる。さらに上層が個人的に顔見知りであることも、まずは領主の宮廷によって、次にはかろうじてマスメディアを通してだけ知られているエリートによって、置き換えられていくのである。

その一方で国民の概念によって、古い市民社会に新たな現実的意味が与えられたのではないかと推測してみることもできる。特に国家と全体社会との区別が、それどころか両者の分離が不可避的であることが明らかになった後では、特にそうである。さらに加えて、当時はまったく正当なことだったのだが、国民国家が戦争を遂行し、勝ったり負けたりしうるのだということが出発点となってもいた。兵役義務には祖国のために死ぬということが含意されているが、それは国民概念を介して正当化された。憲法の水準で普通選挙権によってただちに報いてやる必要などなかったのである。[82] 戦争は最終的な決定手続であり、今日のように、勝者も敗者もないエコロジカルなカタストロフィーだというわけではなかった。国民概念は以上のすべてをカヴァーしていたのである。

十八世紀において階層が脱正統化されるとともに、人生が相異なる運命を辿るという点を生まれによって、つまりは階層によって根拠づけるという可能性も放棄されることになった。したがって不満を、抗議を、騒乱を秩序一般に反するものとして撲滅するのも不可能になる。全体社会が自分自身に対する不満を表現し、未来において〔事態が〕改善されるべきことを訴えるための洗練された形式は、すでに十八世紀の自由主義によって、さらにその後特にナショナリズムにより、そして十九世紀が経過する中で社会主義によって形成されてきた[306]。ただしそこでは、未来において当該の理念が実現されるものと予期できるという点が前提とされていた。その点が疑わしくなり、また民衆による民族自決への希望が、まさにその理念によって挫折するようになると、事は違ってくるのである。

第一次世界大戦が終結するとともに、国民〔＝民族〕の自決権が宣言された。ところがアイロニカルなことにそれが当の理念の終焉をもたらすことになった。この理念を実現しようとする試みによって、当の理念の挫折が明らかになったわけである。それはそもそも当初から自身を脱構築していたのだと述べることもできるかもしれない。この理念により、〔各国民＝民族に〕決定が強いられてしまう。だが、その決定の帰結を当の理念によって正当化することはできない。ヒトラーの大ドイツ政策は、そのセンセーショナルな事例であり、それは結局のところ《民族浄化 ethnic cleansing》が世界規模で採用されるという事態へと至ったのである[307]。

国民の概念を支えていた条件は当の概念のうちには取り入れられず、したがって不可視のままだった。二十世紀末の時点ではその条件は決定的な点において変化するに至っている。世界社会の中で十分な規模をもつ国民国家を形成するチャンスを有する地域はごくわずかにすぎない（日本はその最も明確な事例だろう）。エスニシティの点で、あるいは宗教の上で非同質的な国家形成（いくつかだけ挙げておくなら、南アフリカ、レバノン、ユーゴスラヴィア、ソ連、インド、アイルランド）の経験から明らかなように、〔マイノリティへの優遇政策を伴わない〕純粋に量的な、選挙に基づく代表制では、国＝国民としての特性をもつひとつの領域国家内部に存する対立を架橋するのに十分ではないのである。他ならぬ民主制が前提となることによって、国民としての統一性が実現されえないということが明らかになる。したがってエスニシティの点で同質的な国家形成を望もうとすれば（空間的な分離がそもそも可能だとしての話だが）、経済的に存続する力をもたない、あるいは危機に対してきわめて脆弱な極小単位に至ることになる。個人主義がきわめて広範に行き渡っているがゆえに、国民であるという点に訴えることで個人を駆り集めることはできなくなる（エスニシティあるいは宗教を中心とする原理主義が、個人を抵抗へと駆り立てるということがないわけではないが）。近代的技術という状態のもとでは戦争はもはや、エコロジカルなカタストロフィーを伴わないわけにはいかない。これはすなわち、限定的な目的を設定しつつ戦争に勝つことなどもはや見込みえないのを意味している。経済的不均衡によって引き起こされる移民の動きが生じている（生じようとしている、と言うべきか）。以上のすべてによって、ひとつの国民的アイデンティティという概念（個人はそれによって自己を同定できる云々）は、首肯性を失うことになる。この点で明らかに国民という理念もまた、一群のあの移行的ゼマンティクのうちのひとつであるのがわかる。それらは移行期においては、どのような全体社会システムに関連づけられていたのかを示さないまま人々を魅了しえたのである。したがって今日この理念は終局を迎えつつあるのではないかと考えてみることもできる。そこではこの理念がもたらすのは利得よりもむしろ損害であり、またそれは社会学においては認識論的障害（obstacles épistémologique）となってもいる。つまり過去の首肯性を踏まえることによって、現時点で必要な洞察を妨げているのである。

全体社会の自己記述のうちで最も成功した、近年まで支配的だったもののひとつに、次のような仮定がある。〔近代社会ということで〕問題となっているのは社会的諸階級からなるひとつの全体社会である。したがってそれら諸階級間の関係の不平等性によって特徴づけられることになる云々。この記述が成功したのは、次の点から説明できる。すなわちこの記述は位階に従って垂直的に整序された全体社会という旧来の観念と完全に決別したわけではなかった〔がゆえに、古い観念を踏まえていた人々にも受け入れられやすかった〕と同時に、それを強力に分解することにより、近代社会の重要な諸要因を注入することもできたのである。《階級社会》のテーゼは、移行期におけるゼマンティクによる成果のうちで、最も印象深いもののひとつに数えられる。それはヤヌスの頭部のように形づくられている。すなわち旧い全体社会をまだ睨みつつも、ラディカルな変動を記録するための手がかりをすでに与えてくれてもいるのである。

《身分》(status, états, estates) という用語と比較すれば、新しくなっているところは以下の四つの観点に要約できる。(308)

1　《階級》も旧来の伝統に従えば、分類的概念である。したがって多種の事柄に関わるさまざまな分割を扱うことができる。艦船・軍隊・学級・税制〔それぞれにおける「階級」〕を考えてみればよい。この概念は常に現実との関係の中で扱われてきた。ただし〔かつての「種と類」の場合のように事物の本質からして分類が生じるわけではなく〕さまざまな分割が存在しうるということが意識されてもいた。十八世紀に至ると特に生物の分割が、である(リンネ)。

2　今や分割されるのは家系ではなく個人である。社会階級は、生まれによる階級ではない。もちろん人は家族の中で生まれ育っていくのであり、家族が階級への所属に影響を及ぼすことになる。この点に異を唱える必要もないし、またその余地もない。しかしある社会階級への所属は、相続可能なメルクマールなどではない。出自によって、家系の起源によって、先祖の記憶によって、生活形式と行動が規範的に規定されるわけではない。行動は自由であり、チャンスへと目を向けることが可能となっているのである。それによって、

3 階級への所属を主として経済的に（それだけによって、というわけではないが）規定する可能性が与えられていることになる。「富／貧」の区別も依然として重要ではある。しかし問われるべきは経済過程における機能のほうになっているのである。特に重要なのは工場組織から読み取られる所有者と労働者の区別であり、それがマクロ経済学的に、さらには政治的に一般化されれば資本と労働の区別になる。同時にこの一般化によって階級関係が（人が入れ替わっても）再生産されるという点が証明されてもいるように思われる。マルクスが革命として予見したようなカタストロフィーに至らないかぎりは、というわけだ。

4 階級図式は、二十世紀の社会学はこの点を大いに活用することになるのだが、経験的データを統計的に評価するための理論的バックグラウンドとして特に適していた。工場のパラダイムがはるか昔に意義を失ってしまっていた時点でも、可能な指標と方法とを手当たり次第に駆使すれば、不平等性に関するデータを簡単に調達することができたのである。経済学者と組織社会学者は以前から官僚制・経営者革命・不在所有（absentee ownership）について論じてきた。しかしその場合でも工場組織のパラダイムを常に新たなデータによって書き換えていくのは容易なことなのである。私的

資産において、学校と大学への進路に関して、裁判所への近づきやすさにおいて、病気の性質と医療的サポートにおいて、またその他の多くの点で、厳然として不平等が存在するではないか、というようにである。不平等は不正である。それによって、市民的な公式価値である自由と平等はイデオロギー的性格をもっているにすぎないという点が証明される云々。

生まれによる身分の区別が自然的かつ必然的な秩序としての内的正統性を失うとともに、それを補う観念が発展してこなければならなくなった。全体社会の記述の内部において補償の働きを担う観念が、である。十七世紀終わりから十八世紀遅くに及ぶまで、くり返して次のように述べられてきた。誰もが社会的地位の如何によらず幸福になる可能性を有している、そのためには自分の立場に満足しさえすればよいのだ云々(309)。今や幸福とは、個人が自分自身に対して取る態度である。したがってその可能性は、《外面的》な財と名誉とを備えているか否かとは無関係なのである。この点を証明するためには最上層からも最下層からも例を引いてくることができる。首肯性をもつかたちで、物語ることができるのである。

十九世紀に至ると、フランス革命および産業の急速な発展という刻印を受けて、幸福は自然に得られるものだというこの議論に代わって、連帯が道徳的に要求されるようになる(310)。それによって階級の違いに対する補償は、より強く道徳的な、また同時に戦闘的な色調を帯びることになる。社会的公正を求めることが、不利な立場にある者たちを団結させる原理となる。それは同時に、不平等な分配によって利益を得ている者たちにアピールするための視点でもある。《社会的》であるということは今や、ひとつの態度の、ひとつの価値の表現でもある。社会主義政党が形成され、政治的競合の中で統治能力をもつものとして現れてくるとともに、最後には全階層の生活条件を平等化することが政治的至上命令と化す。それは福祉国家的諸制度によって、開発政策によって、そして特に分配可能な豊かさを増大させることによって、インフレに傾きがちな経済政策を選好することによって実行されるべきだという話になる(311)。

二十世紀末から見ると、この構想全体が破綻しているように思われる。不平等が存在するのは明白だし、以前よりも大きくなってすらいる。しかし《新たな》不平等に関する議論が教えてくれているように、この事態を階級構造へと還元することはもはやできない。今日ではよく聞くように、状況特殊的な影響があまりにも多数存在しているのである。性および年齢の差異などの自然な所与条件も、以前に考えられていたよりも強く影響を及ぼすことが明らかになっている。そしてとりわけ、高度に個人的な予期・要求・アイデンティティ投企を表すコミュニケーションが解き放たれることによって、階級社会という図式は破綻するに至るのである(312)。しかし同時に、全体社会が人間を幸福にもしていなければ連帯をもたらしてもおらず、さらにまた生活条件の平等化が達成されてもいないという点に関しては、もはやほとんど否定できない。それに代わってますます明白に表に出てきているのは、その種の補償的観念がユートピア的な性格を有しているという点である（《市民社会》などの、当節流行している、後続する構想を考えてみればよい）。

生まれによる身分からなる秩序が崩壊するとともにその地位を奪ったのは、階級社会という構想だった。しかしふたつの世紀が経過する中でますます明らかになっていったように、この構想は規範的な補遺に依拠し続けていたのである。全体社会の統一性は階級の違いのうちにあると見なすことなどもはやできなくなっていた。こうして正統性の欠如が生じてくる。それへの対処は二通りの仕方でなされた。

ひとつには上層から権力を奪い〔財産を〕公用徴収することを通して違いを平準化できるだろうとの希望によって。またひとつには抗事実的な反対概念を挿入することによって。その概念によって差異と統一性の関係が事実と規範の関係へと変換されるはずだ、というわけである。しかしこの自己記述症候群を提起する論拠は、ますます説得力を失っていく。しかもこの構図が何によって置き換えられうるのかを明らかにすることもできなかったのである。少なくとも、いわゆるポストモダンに媚びを売る《実感社会 Erlebnisgesellschaft》[83]によってではないだろう。それによっては、異なるものの統一性というパラドックスを、新たな基盤の上で展開することがいかにして可能になるのかという点に関する提案が、何らなされないからである。

以上の経過は、そこから多くの帰結が生じてはいるが、あくまで歴史上の偶然事であると見なすこともできるだろう。しかしいずれにせよ、階級社会を革命しようとする意図から二十世紀において生じてきたのは、《社会主義的》(共産主義的)な全体社会秩序と《自由主義的》(資本主義的)なそれとの間の《領土》争いという固定的構図だった。そこに政治的、軍事的および組織上の戦いが絡んでくる。この対立があまりにも世間の耳目を集めてしまったために、それから独立した全体社会の理論を展開することは不可能だったのである。発展途上諸国の《第三世界》もやはり、この図式に従って評価されたものだった。現実の、またイデオロギー上の不一致がかくも強固だったがゆえに、「統一的な世界社会」というテーゼが傾聴される見込みなどほとんどなかったのである。

振り返って見て印象深いのは、対立よりもむしろ一致のほうである。どちらの陣営も不確実な未来を睨みつつ、(その不確実性を克服すべき) グローバルなパースペクティヴを備えていた。どちらの陣営においても、過去による決定は放棄されるに至っていた。その結果、統一性は自然＝本性によって、あるいは天地創造によって与えられているものとしてではなく、何かしら達成される、あるいは制作されるべきものと見なされることになる。どちらの陣営でも、それぞれまったく異なる道筋においてではあるが、政治と経済の連動が自明視されており、他の機能システムは後回しにされるか用具化されていた。どちらの陣営においても他陣営へと向けられる視線が、また世界支配をめぐるコンフリクトが、しだいにすべてを圧する動機と化していった。組織が過大評価され、世界規模での機能分化が過小評価された結果として崩壊へと至ったのは東側だけだった。しかしもちろんのことだからといって生き延びたシステムのほうで、自身による全体社会の記述が確証されたと見なしてよいなどという話にはならないのである。

XVII　同一性のパラドックスと、区別によるその展開

機能分化によって全体社会の個々の部分システムの分出が推し進められて、完全で独自の、オートポイエティックな自律性という極にまで至る。そこから予測できることとして、全体の統一性をなおも象徴しうるゼマンティクもまた極端にまで一般化されねばならないという点が挙げられる。そしてそうなれば種のかたちを取る分類すべてが、最後には存在論的記述すべてまでもが、放棄されねばならなくなるだろう。残るのは、パラドキシカルに、あるいはトートロジカルに同定するという可能性だけである。観察者には沈黙の刑が科せられる（何人かの詩人が考え、述べている！ように）というわけではない。

しかし観察者は（自己観察者もまた）、自身が見ることができないものを（とりわけ自分自身を）見ることができないという点を認めねばならなくなる。全体社会の統一性は自己観察の中で、観察者というパラドックスと化すのである。

　客体そのものに即して、つまり全体社会に即して今やなしうるのはただ、統一性の喪失を秩序の喪失として嘆くことだけである。多くの論者から一人だけ挙げておこう。フリードリヒ・シュレーゲルは、ナポレオン戦争の後で外見上の秩序がなるほど再確立されはしたが、それは依然として残っていてさらに高まりつつもある内部の不安定性という条件のもとでのみのことだったという点を確認していた。これぞ観察者である[313]。今や理念は、これは観察できることだが、絶対性要求を伴って主張されるというまさにそのことによって、言わば超絶化によって、疑わしいものとなる[314]。党派的な美辞麗句と化してしまうのである。

　フランス革命においてはまだ、人間性を直接実現しようとの目標が追求されていた。しかもそれは革命によって、つまり旧い世界とは決別を遂げるというそのことだけによってであった。国民議会は、自身が一般意志（volonté générale）であると考えていた。この試みが破綻した後で状況に反省を加えたのは、ロマン派であった。《ロマン化することとは》、ノヴァーリスの説くところによれば、《特質を積み上げることに他ならない。……陳腐なものに高尚な意味を、馴染みのものに秘密に満ちた外見を、既知のものに未知なるものの威厳を、有限なものに無限の仮象を与えることによって、私はそれらをロマン化する》[315]。ロマン主義の《主観性》に対するヘーゲルの批判は、核心から外れている。問われるべきは、このようにして育まれたパラドックスが提示されるのはなにゆえになのか、ということなのである。

明白なパラドックス化が見いだされるのは、よく見られるレトリカルな戯れを別にすれば、特に道徳から自己を引き離すという文脈においてである[316]。直接そうされる場合もあれば、個々の機能システムという文脈においての場合もある。機能システムは、高次の非道徳性の水準で組織化されねばならないからである。マンデヴィルの有名な蜂の寓話[317]で（また経済学の文献ではすでにその何十年も前から）詳論されているのは利己的な、したがって道徳的には非難されるべき動機が、全体として見るならば有益な結果をもたらすという点である。フランス革命という事例は、逆の教訓を与えてくれる。すなわち最善の政治的意図が、結果として殺戮とテロルをもたらしたのである。自由権および憲法による自由権の保証という機構の総体が、依然としてひとつの仮定の上に成り立っている。すなわち、行為可能性の広大な領域が存在しており、その中では個人は自分自身にとって有益に、かつ他の人々にとっての帰結は中立的となるように（つまりパレート最適に）行為しうる。あるいは必要な場合には契約によってコンセンサスを見いだしうる云々というわけである。しかし同時に動機と帰結とを功利主義的に区別しつつ道徳に反省を加えるならば、そこでは逆転関係が、したがって今述べたタイプのパラドックスが成立しうるということが明らかになりもする。さらに多数決によって推移的順序を確立することなどできないのであり、その結果時間の経過の中で道徳的にコード化されえない矛盾が登場してくるという点もすでに知られていた、あるいは少なくとも知られえたはずだったのである[318]。

その結果として登場してくるのは、徹底してバランス重視の解決策であり、それは《自由主義》という名称のもとで提起された。これは、全体社会の理論を欠いた解決策だった。件のパラドックス問題は、政治システムと経済システムとに分割される。政治家の善き意図をコントロールするという点に関して管轄権を有するのは、国家の憲法である。そこでのパラドックスは、不穏を固定化するということである[319]。利己心を福利へと変換することに腐心するのは、市場経済の《見えざる手》の仕事である。反省が《国家》と《社会 Gesellschaft》の関係だけに集中できたのは、このふたつのパラドックスが存在していたからに他ならない。道徳は《倫理学》へと委ねられたままだった。その間に倫理学はアカデミックなディシプリンとして確立され、道徳的判断の根拠づけへと特殊化していたのである。

明示的に近代的なものとして提示されているこの区別の中には、なるほどパラドックスは見あたらない。しかし同時に全体社会の統一性もまた見あたらないのである。事が進められるのはひとつの問題という重力場においてなのだが、その問題自体は首尾よく（erfolgreich）（そして多様な結果をもたらしつつ folgenreich）不可視化されていたのである。したがって十七世紀および十八世紀において《不可視性》が秩序のメタファーとして浮上してきたのは、何ら驚くべきことではない。《啓示》は《見えざる手》によって取って代わられる[320]。件のパラドックスは認識されない。しかし〈見えない＝認識されないものとして〉指し示されるのである[321]。実際上の解決策として採られたのは、多数の区別を提示することだった。区別によって現象が秩序づけられうるが、区別そのものの統一性についての問いを立てることは許されない。ヘーゲルのようにその問いを提起したとしても、その結論はたちまちのうちに新たな区別へと分解されてしまう。精神と物質、理論と実践などのように、である。

ここで、山積する素材をおおまかに整理し秩序づけることができるよう、それらを意味次元に従って選別しておきたい。すなわち、「事象次元／時間次元／社会次元」の区別に従って、である。所与の事態を特に際だたせるかたちで捉えようとするときに用いられるのが、事象に関連する区別である。ヘーゲル以降周知のものとなった、また諸国の憲法にも前提として組み入れられている《国家と社会》[322]の区別については、すでに言及しておいた。命令権（imperium）と所有権（dominium）というより古い区別[323]においてはまだ、政治と経済に従って分離がなされているわけではなかった。初めてシステムの区別が用いられたのは、重商主義的経済政策の破綻への反応においてだった。フランスにおいて用いられたのは、「権力／財産」（force / propriété）という区別だった[324]。同時に憲法政策をめぐる議論の中では、所有権の問題が重要になってくる[325]。しかし国家と社会の区別が現実を記述したものとして周知のところとなるのは、ようやく十九世紀半ばに至ってのことだった。そしてそれはヘーゲル理論の中での本来の位置づけとは無関係に生じたのである。今や論じられようとしているのは、国家は社会に対して、また社会において生じる分配問題に対して、特別の機能を担うべきなのか、またそれはどの程度までのことなのかという点だったからである。この目的のためには、当の区別がヘーゲルの文脈から切り離されねばならなかった。とはいえそこでは、この区別そのものが本来もっていた国家との関連が保持されてもいた。なるほど国家はもはや、歴史の弁証法から生じる、すべてを《止揚する》結果などではない。しかし国家は件の区別の一方の側であり、そこにおいて当の区別そのものが設けられ、尊重され、実行されねばならないのである。形式的に見ればこれは、スペンサー＝ブラウンの言う区別の中への区別の《再参入》である。

われわれの全体社会概念から見れば国家と社会のこの区別によって記述されているのは、全体社会内部における分化である。それに対して個人と社会（Gesellschaft）との区別――十九世紀以降、それは「個人と集団」というように定式化されてもきた[326]――において問題となっているのは、全体社会外の分化である。この区別によって示唆されているのは（容認されているわけでも、理論として採用されているわけでもないが）、近代の全体社会は個人からなるわけではないし、もはやそのように記述されるわけにもいかないという点である。むしろ身体的－精神的実存としての個人には、外的な位置が割り当てられねばならない。これもやはり、機能分化からの否応のない帰結である。というのはこの分化形式では、個人を具体的にどれかひとつの機能システムに配置することは排除されるからである。この人はこの家系に、世帯に、村落に、都市に、あるいは社会的身分になどというわけにはいかない。どの個人も、すべての機能システムに関与できねばならないのである。その結果として社会的包摂が何を意味すべきかについて新たに熟考し、「自由と平等」などの新たな価値概念を介してその点を規制する必要が生じてくる。(327)では個人そのものから何が生じてくるのか。他ならぬこの点こそが、「個人と社会」という新たな区別を用いて取り扱われるべきテーマなのである。

この区別によって、十八世紀から十九世紀への移行期において、個人が最高に価値ある位置（すでに見ておいたように、(328)《主体》とも呼ばれる）を獲得したということが記録されている。全体社会で流通する諸価値を超越し、それらの価値に先だつ位置に置かれたのである。すでに述べておいたようにこの位置づけは、全体社会の分化の形式が転換することによって伝統的な包摂のゼマンティクが覆され、個人を全体社会の外に据えざるをえなくなったということによって条件づけられたものであった。外的存在としての個人は一定範囲において、（やはりそう主張する）宗教を排除できる。あるいは少なくとも、最高の価値規定を行うという宗教の特権を簒奪できるのである。(329)個人への言及がそのように編成されることによって、言及する際には反対概念を求めねばならなくなる。だが一八二〇年代に《個人主義》という用語が登場して以来、個人へと言及してみてもそれは全体社会内部でのオプションであり一面的である云々とコミュニケートできるようになってもいた〔したがって、個人について語ることが社会次元を伴わざるをえない以上、「個人／社会」はもはや対概念を形成しえないのである〕。今や個人はその反対概念を、フロイトによる無意識の理論を用いつつ、自分自身の内部に見いだすことになる。ここにいたってようやく個体性のゼマンティクは完成を迎える。個人は自分自身に対する違いとして把握されうる。そして全体社会の概念のほうは、イデオロギー化されるがままとなるのである。

　生物学的、人口統計学的な目的のためになら、個体群の概念によってある程度の架橋は可能である。この概念は十九世紀前半にはすでに人口に膾炙していたが、ダーウィン以降さらにポピュラーなものとなった。ダーウィンは人間（あるいは他の生物）の自然＝本性に関する本質主義的な観念に代えて、外的に境界づけうる〔個体群の〕存続を提起した。その内部では同時に著しい違いが、最後には個々の個体の完全な個体性までもが、許容されるのである。他方で当然のことながらこの概念によって、主体理論的な基礎の上でなら個人の名により要求されうる自己実現に関して定式化されうるものが実現されるわけではない。かくして過度に自然科学的なヴァージョンと過度に精神科学的なヴァージョンとが登場してくる。しかも同じ関心を、すなわち個人＝個体と社会との差異についての問いを携えて、である。

　さらに、「自然的／人為的（人工的）」という区別を挙げることもできるかもしれない。それは、統一性が（例えば、国民の統一性が）しだいにそれ自体からは理解されなくなり、一から制作されねばならなくなるという経験に反応しようとするものだった。あるいは統一性は進化に委ねて、それが自然的なものなのか人為的なものなのか不明確なままにしておいてもよい。いずれにせよ〔統一性の構成は〕起源には依拠しない手続きなのである。すでにギリシアの時代から、人為的なものに対しては宗教的ないし道徳的な留保条件が付せられてきた。しかしこの区別の統一性は何であり、なぜこの区別が重要なのかという問いは、発せられてこなかった。区別の一方の側を懐疑する、あるいは拒絶する判断を下すだけで満足してきたのである。

最後にもうひとつ、フェルディナント・テンニースによって提起された、ゲマインシャフトとゲゼルシャフトの区別を挙げておくべきだろう。(330)《ゲマインシャフト》ということで想起されるのは人格を取り込む社会システム、家庭の温かさ、純朴さである。そして《ゲゼルシャフト》が述べているのは、近代社会においてはその種の状況は生き延びているにしても絶望的な状態にあること、にもかかわらず公式の社会学では、言わば顧慮されるべきものとして扱われるのだということである。この区別はまた、初期の社会学の手法のうちに含まれていた進歩への信頼が失われたという事態に対する反応として生じたものでもあった。すなわち〔この区別は〕構造的なものであり、〔時代の新旧ではなく〕類型の区別によっているのである。とはいえこの区別においても暗黙のうちに歴史的差異が想定されている。すなわち伝統的な全体社会構造と近代的なそれとの区別が、である。分析の対象となるのは、現在における両者の混合状態なのである。

以上の三つの区別を連関させることとは、近代社会を《事象的に＝ありのままに sachlich》記述するために役立つはずである。[84]しかしこの連関はほとんど認識されていないのである。明らかにどの事例においても、それら区別に共通なのは何であり、あるいは当の区別が他の区別に対して際だつのはどの点においてなのかを表すための使用可能な（十分に具体化されうる）概念が欠落している（その点に注目できていたなら、ヘーゲルが繙かれていたはずである）。その代わりに問題となっているものが、つまり近代社会が、どれかの区別の一方の側に位置づけられる。そして当該の区別の他の側と対比することによって、ひとつの色に染め上げられるのである。かくして全体社会が何から区別されるかに応じて、多数の全体社会概念が成立することになる。なるほどこのようにして新たな状況がもつ複雑性を記録することはできる。しかしその状況を直接指し示すひとつの統一的概念が使用可能になっているわけではない。全体社会の理論は、全体社会という包括的システムの概念を欠いたまま営まれざるをえないのである。

　統一性への問いが立てられなかったというこの事態はおそらく、十九世紀に至ってすら秩序はなお常にハイアラーキーのかたちでのみ考えられていた（しかしそれはもはや説得力をもつ描出ではありえなくなっていたのだが）という点と関連している。統一性は上から保証される、というわけだ。見えざる手によってであれ、国家によってであれ、である。対抗する構想を定式化しようとすれば《アナーキズム》にならざるをえず、それは受け入れがたいという話になる。(331) この理念をまったく誤っているというわけではないものとして捉え直し、自分自身を《アナーキスト》として指し示すことすら可能になったのは（最初の例はやはりプルードンだろう）、ようやく十九世紀に至ってのことだったが、これはおそらく偶然のことではないのである。それによって述べられているのは、形式としてのハイアラーキーは近代社会において不可欠のものではないという点である。しかしこの時点ではまだ、ハイアラーキーを他のどの形式によって置き換えることができるのかについては述べることができなかった。

　時間次元に関しても近代初期においてすでに、世界および全体社会の記述に明確な変化が生じていた。

この点には時間化についての節（本章第XII節）ですでに注意を促しておいた。旧い世界においては時間は運動を観察する中で「動くもの／動かざるもの」という区別を用いて、またそれとの結びつきの中で時間（tempus）と永遠（aeternitas）の区別によって性格づけられていた。したがってまた、宗教に関連づけられてもいたのである。近代へと移行する中で時間性＝現世（Zeitlichkeit）の問題が重要になっていく。しかし時間的単線化もやはり、「時間／永遠」の図式に帰属させられていたのである。ジュスイット教団の説くところでは、人間は死の前に、魂の救済に値するだけの功績をあげる時間をもっている。その後で人は死（出来事としての！）に差異を付与する。死の後で永遠が始まるのであり、その後で人に残されているのは永遠の悔恨だけなのである。(332) しかし同時に流行が発見されることによって（様式 le mode とは区別される流行 la mode が、時間的に区切られた意味を帯びるようになる）、形式の持続的妥当性が、またそれとともに人間をハイアラーキー化する可能性が、掘り崩され始めもする。時代状況と関連する宿命のほうが、立場よりも重要になる。(333) なるほど公式の議論は依然として「宗教的／世俗的」という区別へと固定されつつ流れていく。しかしこの区別のどちらの側も、それぞれ他の側を包含するのである。献身それ自体が流行と化す。そして流行であること自体が罪と化す。流行は生において真に重要なものから、つまり魂の救済から、切り離されているからである。

十八世紀になると、多くの点で根本的なものとなるひとつの変化が導入される。新たな全体社会は、その端緒からは独立しているものとして把握される。徐々に、ますます文明化されていくものとして、である（例えば暴力を法へと変換し、女性をより尊重することを通して）。かつてはさまざまな歴史＝物語が、善い生活様式と善からざる生活様式とを例示するために語られてきた。今やそれに代わって定冠詞付きの《歴史》が登場してくる。それは現在を過去から切り離すために発明されたものだったのである。

この事態は、すでに論じておいた、全体社会における時間記述の転換に直接関連したものだった。現在ということで出来事のかたちを取る現時性が、またそれとともに過去と未来との差異が産出されることが強調されるようになると、全体社会は以前とは別の仕方で記憶というものを必要とするに至る。言い換えるならば、以前において当てにされていた既知の事柄は、過去と未来との差異へと換算されねばならないのである。慣れ親しんだ事柄からなる世界では、記憶は気づかれないままに、したがって無批判的に働く（誰もが、花は花瓶に生けるのがよいということを知っている。しかしいつ、どのようにしてそれを学んだのかは知らない）。今やこの慣れ親しみは時間化されねばならない。それによって、再現時化することが適切か否かを検証できるようになる。かくして、もはや確かならざる現時性という意味での歴史が成立する。それを専門的に研究することも、ノスタルジックに育むことも、国民政策的に解釈することもできる。あるいはそこから、失われた時代を求める絶望的な試みを呼び起こすこともできるのである。

そこから、《革命》という概念がもつ新たな意味も了解可能になる。この概念は、いわばフランス革命の間に生じた事柄が自己を指し示すこととして成立したのである[334]。語としてははるか以前から周知のものだった。一部には旧き良き秩序へと（意図的に）立ち返ることを指し示すために、また一部には暴力的な転覆を指し示すために用いられてきたのである。革命は今や、全体社会の旧い秩序と新たなそれとを分離する区切りとなる。つまり区別のひとつの形式となるのであり、それによって近代社会が自分自身を指し示しうるようになる（あたかもその際、事象的な意味境界が、例えば「システム／環境」関係が定義される必要はないかのように、である）。切断面が歴史上明確にマークされており、具体的経験を取り消しようがないがゆえに、帰結の仕上げは再び歴史に委ねることができるのである。

肝心なのは明らかに、外化のための準拠点としての過去を獲得するということだった。《もはや……のようではない》によって自身を定義するわけである。しかしだからこそ過去は提示されえねばならず、かつ以前のとおりに取り戻すことは決してできないのである。この種の不在の現前を作り出すことができたのは文字によってであり、活版印刷術によってそれは普遍的現前として確立されるに至る。しかし歴史のほうへと外化を行いうる、また現在を《革命》という範型（または範例 exemplum）によって区切りとして扱いうるというのであれば、未来が無規定であることに耐えていかねばならなくなる――少なくとも、〔その未来に到達するまでの〕しばらくの間は。ただしそれが示しているのは世界の未規定性ではなく、人間が現実に進歩を遂げることによって生じうる状態が開かれているという点なのである。

この歴史の中には、歴史自身の記述が含まれる。そしてその記述は《時代精神》に対応するのであり、歴史とともに変化する。これはおそらく、自己記述が記述された最初の事例である。記述が自分自身を、記述されるものの中へと包摂させるわけである[335]。それ以降、《社会史》についても語りうるようになる[336]。この歴史は、構造変動の歴史としてのみ把握される[337]。そのような歴史は、傾向（進歩）を陳述することやさまざまな時代の分割によって《満たされる》わけである[338]。そうした時代分割においては、最新の時代を過去の時代から区別することによって、近代社会が特徴づけられるのである。したがって歴史学が地歩を固めるのはセカンド・オーダーの観察の水準においてのこととなる。問われるのは「何が」について、歴史の内容に関わる概念についてよりもむしろ、歴史が書かれるのは《いかにして》なのかについて、方法についてなのである(339)。最後には社会学が、帰属と立証とがますます困難になってゆくという事態を、伝統的社会と近代社会の違いへと極端な縮減を行うことによって解きほぐそうとする。しかしその結果当のこの区別がたちまちのうちに破綻するに至る(340)。さらに加えて出自によって規定されることを拒絶すれば(341)（それは、身分秩序の拒絶に伴って現れてくるのだが）、近代の自己解釈への需要が増大することにもなる。そして結果として、その点に関する合意は不可能になる。イデオロギー的な論争が生じてくるわけである。

時間そのものの概念化における変動は、歴史概念において生じたこの変動の背後へと退いていく。少なくとも文献においてはそうであった。しかし前者は影響という点でははるかに大きな意義を有していたのである。今日では時間はますます、ただ過去と未来の差異だけによって記述されるようになっている。したがって全体社会はもはや妥当しない、もはや拘束力をもたない過去と、まだ規定されていない未来との間に見いだされるということになる。青年がもはや実家によっては確かさと尺度とを得られなくなっているが、まだ職業には就いていないようなものである。近代社会がまだ完全には認識されえなかったうちは、未来への白紙小切手を受け取ることができた。現在では事情が変わってしまったように思われる。未来へのパースペクティヴには闇がかかり、その分だけまた現在における決定への圧力が増加する。われわれが決定し行為する能力をもつのはただ現在の中でのみ、同時に与えられているひとつの世界という文脈の中でのみだからである。それに対応して、時間はより速く過ぎていくように思われてくる。決定を下す組織が、特に政治システムが、この圧力とそこから膨れあがってくる不信とにどれくらいまで対処しうるか。これは現在において最も重要な問題のひとつなのである。

以上の事態によって、時間次元を規定するための、したがって時間のパラドックスがどのように現れ分解されうるのかを確定するための根本的区別が、旧ヨーロッパの時間ゼマンティクと比較して根本的な変化を遂げることになった。問題となっているのが「時間／永遠」の区別なら、パラドックスは（ゼノンの運動のパラドックスを除けば）その区別の一方の側に、すなわち永遠のうちに存していることになる。永遠とは時間であるが時間ではないからである。この場合パラドックスを収容できるのは、神の概念によってである。「過去／未来」の区別がパラドキシカルなものとなるのは、過去と未来とが常に同時に、つまり現在の地平として与えられているという点を熟考することによってである。現在とは、過去と未来との差異の統一性なのである。現在は、時間そのものの観察者の時間として、時間から飛び出していく。現在という時間のうちでは、われわれはいかなる時間ももたない。時間として把握されうるのはすでに過去のものであるかまだ未来におけるものだからである。近代的な思考においては永遠に代わって、現在という無時間的な《総体的時間性》が登場してくる。[342] そしてこの総体的時間性は、現在における過去ないし未来と、過去ないし未来における現在とが区別されることによって、脱パラドックス化される。つまり時間概念が二重に様相化されることによって、である。より具体的な研究の水準において他ならぬこのことが実行されるのは、歴史意識を歴史化することによってなのである。

最後に社会次元に関して言えば、そこで問題となるのは「全体社会は、自我と他者という差異形式との関連の中ではどのように描出されうるのか」という点である。ファースト・オーダーの観察者は人々とその運命との違いに着目し、公正についての問いを発する。セカンド・オーダーの水準では、全体社会において人がどの位置に配置されるかを、またそれがどのようにして正当化されるかを規制するのは全体社会自身であるということが、またそれはいかにしてなのかが、観察可能になる。われわれが包摂原理について論じたのは、この点との関連においてであった(343)。

旧い全体社会では包摂は、家族ないし団体に（そしてそれによって間接的に、人に）確固たる場所を割り当てることによって規制されていた。機能分化へと移行する中で、この単純な解決策は放棄されねばならなくなる。人を機能システムへと分配することなどできないからである。その代わりとして求められ見いだされた新たな包摂原理では「自由と平等」という名辞が保持され、市民権という、あるいは人権という形式までもが採用された。「自由」が意味するのは、人の（家族の、ではもはやない）全体社会への帰属はもはや全体社会の構造によっては決定されないのであって、自己選択と外からの選択の組み合わせに依拠するのだという点である。「平等」とは、機能システム自身によって定められるもの以外の包摂原理は承認されないということである。言い換えるならば、システム内的な（その限りでは、システムにとって合理的な）根拠から不平等を産出する権利をもつのは機能システムだけなのである。どんな基準でも、それをシステムへと持ち込む際には平等という観点が採られねばならない。つまり構造なしで導入されねばならないのである。例えば万人は法の前で平等であるが、法システム自身によって根拠づけられた違いは別である、というようにである。したがってこの人権の潜在的機能は、《人間の自然＝本性》によって与えられている基準を称揚し認可することのうちにあるわけではない。むしろ、近代社会においてはどんな社会的文脈で誰が何を述べる（あるいはその他の仕方で貢献する）べきかをあらかじめ予測することは原則としてできなくなっているという点に存しているのである。つまり未来を、あらかじめ確定することすべてに抗いつつ開いておくということが人権の潜在的機能なのである。かつては人間を分割ないし分類すること（例えば、より高貴な者とより下賤な者へと）から、また特に政治的選別から、その種の確定が生じえたのだったが。

われわれの注意を引くのは自由と平等というこの包摂原理が、固有の形式を〔つまり、それぞれが何から区別されるのかを〕明らかにすることはなかったという点である。なるほど、自由と不自由とを区別することは即座に可能だったし、それは平等と不平等とに関しても同様であった。しかしそのような抽象の水準においては全体社会は常に、区別の両方の側を同時に実現することになる。したがって具体的には、どんな種類の不自由に抗して自由に訴えかけることができるのか、どんな種類の不平等に抗して平等に訴えるのかを明らかにすることが常に必要となるのである。包摂原理は、特にフランス革命によって、未来への白紙小切手として布告された。しかしそんなに自然に実現されうるものでもなかった。この形式においては解決されえない問題が、現在から未来へと先送りされたにすぎなかったのである。したがって具体化は理念によってなされねばならず、その機能を受け持つ理念には「イデオロギー」という名称が与えられることになった。しかし〔自由と平等という〕原理によって具体化への歩みが規定されるわけではないのだから、イデオロギー化する可能性はひとつに限られないのである。

『歴史的基本概念事典』のプログラムでは、近代社会が自分自身を発見するに至ったゼマンティク上の転回のメルクマールのひとつとして、時間化と並んで多くの表現の《イデオロギー化可能性》が挙げられている[344]。それによって示されているのもやはり社会次元である。イデオロギーと関わる場合、誰もが他者のことを考えるものだからだ。そのための前提は、すでに論じておいたように、自然＝本性による基準を放棄し、その代わりに自己言及の能力をもつゼマンティクを用いることだった。この事態は、イデオロギー概念が案出されるはるか以前においてすでに周知のものとなっていた。ヒュームは一七四八年に、次のように記している。《現代の政党には、政治的または実践的な理論に加えて、哲学的または思弁的な理論さえも必要とされており、後者なしには立ちいかなくなっている。このような事情から、わがイギリス国民を二分しているふたつの政党（トーリー党とホイッグ党）はそれぞれ思弁的理論を考案して、各自の遂行する行動計画を擁護しようと努めている(345)》。そのような原理と理念とは、社会的実践上の差異を基準として分化する。マルクスが考えたようなイデオロギー概念は、このことに対して「こうした差異もまた社会秩序から説明されうる」という洞察を付加したにすぎなかったのである。

特に詳細な知見を踏まえずとも、さまざまなイデオロギーを区別すれば、フランス革命によってひとつの選択肢が開示されたのだという点を描出しうる。つまり、この革命に賛成するのかそれとも反対するのか、というわけである。十九世紀最初の一〇年において立憲運動と王政復古運動が存在したのはそれゆえにであった。その後、産業化からの帰結との関連において、自由主義と社会主義をめぐる論争が加わってくる。イデオロギー概念によって、この種の区別のための形式が与えられたのである。〔論争への〕関与者は、つまり状況の観察者は、このような道筋で論争を戦わせつつ、近代社会の構造的問題に反応したのだった。それら観察者を観察してみれば、そこではやはりパラドックスとしてしか把握されえない統一性を分解するための、相異なる戦略が実現されていたのがわかる。全体社会をパラドキシカルに定義することもできる。全体社会は、そうである〔べき〕ものでは（まだ）ない、というようにである。しかし全体社会は、まだそうではないものとして、すでに在るではないか。つまり全体社会は進歩の途上に位置するのであって、自由化によってそれを支えてやらねばならない。あるいは全体社会は革命のための力をすでに蓄えている、そのために必要な危機がますます深まっているではないか云々。未来における現在が、合理性の約束が果たされるための、まだ規定されていない場所として働くわけである。(346) このようにして理念の実現を探求する者は革新的にふるまうことになる。計画によってもユートピアによっても、対抗規定性が形成される。それによって、まだ規定されていない未来への逃避が可能になるのである。そして《民主化》によって、われわれは時が来れば自分自身と和解しうるだろうとの約束がなされるのである。あるいはパラドックスを逆方向へと分解してもよい。まずもってパラドックスをトートロジーとして定義し（つまり、区別ではないと主張する区別を用いるわけだ）、「全体社会はそうであるところのものである」という点を確認するのである。何もなしえないが、災厄を阻止し誤った道へと進むのを防止することはできる。この場合は保守的だということになる。

保守派におけるプログラム問題から容易に読み取られうるように、全体社会の時間が歴史化されることによって、なるほど保守派の立場が可能になりはするが、同時に不利な状態に置かれもする。ひとつの区別の要因としての未来が意味をもつのは、未来が過去とは異なる場合のみである。しかしこれは保守派にとっては望むことのできない話である。保守派にとって最も好ましいのは、すべてがこれまで生じてきたままに留まることであろう。そもそもそのことを要求する必要すらないはずである。それに対して革新派のほうは、自身が時間によって利を得ているものと理解できるのである。他方でより高度な反省文化をもつチャンスを有するのは、保守派だけである。「全体社会は、あらゆる変化を被る中でどこまで同一であり続けるのか」という問題が提起されるのは、保守派にとってだけなのだから。それゆえに保守派は、具体的な論争と反省の間を振動するのである(347)。革新派にとってはひとつの理念だけで十分である。そして当の理念がこれまで勢いがなかったのはなぜなのかを説明するためにだけ、理論というものを際だたせるのである。

両者の立場は、他の理念群に対する親和性という点でも相互に異なっている。例えば《有機的に》思考し、人間に関する疑念をあえて差し挟むことができるのは、保守派だけである。しかしこの対立スタイルによって特に容易になるのは、時間を相異なるかたちで視野に入れることである。一方で未来は現在から生じてくるのであり、過去と未来との対照はむしろ弱められるべきだということになる（したがって過去がそれ自体として価値を帯びたり、単に継続されたりする必要はないはずである）。他方ではこの対照を尖鋭化し、古くなった歴史の欠陥が、特に不平等が、現在まで持ち越されることによって生じている事柄が未来において克服されるべく心を砕かねばならないということになる。

パラドックスへの連関は隠され、歴史への連関は明示される。そこからの帰結としてこの形式では、論争含みの判断が下される事柄の統一性についての問いを省略することが可能になる。そしてこの点もまた、観点と政治的アンガージュマンに応じて、異なる仕方で眺められるのである。そうすればこのようなかたちで与えられた形式を明示することによって、ここで問題となっているのは《世界観》であって、それに関してはもはや交渉の余地がないのだ云々という印象が、さらにもう一段強められることになる。同時に価値概念の履歴が始まりもする（この概念は今述べたことを裏書きすることにしかならないのだが）。価値概念によって、何らかの指示がなされるわけではない。しかし「あらゆる意見の相違にもかかわらず、〔無傷で妥当する〕不可侵のレヴェルが知られていなければならない」という必要性を考慮に入れることはできる。そして再び、その統一性が主題化されえないひとつの区別が用意される。それはすなわち、《存在》と《妥当》との区別である。

それによって全体社会の自己記述の社会次元に関してどのような決定がなされることになるのかをより精確に知ろうとすれば、次の点が容易に視野に入ってくるはずである。時間次元において過去と未来との違いが尖鋭化されるのと同様に、社会次元を定義する区別も、すなわち自我と他者の区別もまた尖鋭化される。イデオロギー概念そのものが、さらにいくらか明確な手がかりを与えてくれる。当初イデオロギー（観念学）の概念によって指し示されていたのは、経験的な行動を理念によって制御すること（つまりわれわれが《ゼマンティク》と呼んだものなど）についての学術だった(348)。しかしその後マルクスによって新たな意味が付与されることになる。論争的で侮蔑的な要素のみに着目するのは短絡的にすぎる。問題は罵倒することだけではないし、それが主要な問題でもない（マルクス自身がそのような音調へとしばしば迷い込んでしまっているのも確かだが）。決定的なのは、全体社会における方向づけをセカンド・オーダーの水準へと拡張すること、合意されたリアリティを放棄することである。観察者は他の観察者を、後者が何を見ることができないかに関して観察する。言い換えるならばイデオロギーとは、含まれていないものを含んでいるテクストなのである。つまりそこには起草者ないし利用者に関する消息が、通常の解釈で言えばそれらの人々の利害関心に関する消息が、含まれているのである(349)。換言すればここで扱われているのは盲点であり、潜在性の問題なのである。マルクスによれば資本家の働きからは資本家自身の没落が生じてくる。だが資本家は他ならぬその点を知ることができず、修正できもしないのである(350)。

すでに十九世紀には社会次元の問題を新たにラディカルなかたちで把握することが、さらには社会的利害関心を、観察しえないということを観察することのみに向けることすら、広く行われていた。その先駆者として十八世紀および十九世紀の小説を、また後に《反啓蒙》として指し示されることになる文献を挙げることもできよう[351]。さらにはマルクスの後では多くの新ヴァージョンが登場してもきた。例えばフロイトの精神分析や、潜在的な構造と機能を扱う社会学がそうである。《観察者》ということで心的システムだけが理解されている限り、今述べた事態は些末な、せいぜいのところセラピーのために用いられるにすぎない私的な趣味に留まる。しかしそれがコミュニケートされることによって何が生じるのだろうか。

移行期のゼマンティクが取るこれらの複雑な形式すべては、ひとつの問いへと集約されうる。すなわち、「観察者とは誰か」という問いへ、である。この問いに答えることはできない。それゆえに問いが立てられえもしなかったのである。通常の場合観察者は《主体》として性格づけられるが、そうすることによって可能になるのはせいぜいのところ、社会次元の問題を《間主観性》の問題として指し示すことだけである。いずれにせよこの指し示しによって厳密にパラドキシカルな概念に助力を請うことになるのだが、もはやそうできはしないということにもなる。というのは《間》なるものは、主体が主体である限り、主体の根底に位置することもできなければ位置しないこともできないからだ。小説は、恋愛小説もそうだがヘーゲルによる世界史と哲学の間の恋愛についての小説もやはり、観察者を（この観察者もまた、自身がそれまで何を見ることができなかったかを見ることができない）物語＝歴史の終局に位置づける。そうすることによってヘーゲル自身を含めて物語る者を、常にすでにすべてを知っているのだから、歴史から閉め出さねばならなくなる。しかしそれでもまだ、観察者についての問いに答えるには不十分である。もちろん当世流行の脱出策でもうまくいかない。ウィトゲンシュタイン流の言語ゲームの複数説、文化相対主義のテーゼ、あるいはいわゆる《ポストモダン》の複数言説などである。これらの相異なる立場の間の論争に関与してみてもやはりほとんど無意味である。それぞれがアプローチできない事柄を相互に再構成しあうという結果にしかならないからだ。

　われわれの分析から浮かび上がってくるのは、近代社会は「観察しえないということを観察する」というこの技法を用いて観察者のパラドックスを、排除された第三項を包摂するというパラドックスとして跡づけているのだという点である。しかしそれによって、観察することを観察することから自分自身に関するオートロジカルな結論を導き出さねばならなくなる。そしてついには、結論として「観察者とは観察されえないものである」との結論に至ることになるのである。しかしだからといって絶望へと行き着くというわけではない。オートポイエティック・システムにおいては終結など存在しない。端緒も終局もないのである。あらゆる終局は端緒である。かくしてパラドックスは時間の中で分解される。システムはそうすることで、対象として観察されえないものを作動へと移し入れるのである。そのことが生じるなら、またそのような観察の作動が常にくり返しそれ自身の帰結へと適用されていくならば、結果として安定した《固有値》が生じてくるということもありうるかもしれない。すなわちこの事態に耐え、それゆえに好まれるようなゼマンティクが、である。

XVIII 近代化

近代社会の自己記述の奇妙な点のひとつに、さらにまだ《近代化》が求められていることが挙げられる。個人に対しては、個人は現にあるだけでなくさらにまだ自己実現を要するのだと示唆しようと試みられる。同様に近代の全体社会は、近代社会はまだ近代的ではないのであり、最終的に近代的なものとなるためには、いわば自分自身に熱中しなければならないという点から出発するのである。確かに近代性の相異なる概念を区別しさえすれば、このパズルは簡単に解ける。しかしだとしてもこう問わねばならなくなる。他ならぬ近代社会が近代化を熱望するというこの奇妙な構図を持ち出すことには、どんな根拠があるというのだろうか（古代のローマ帝国において《近代化》が要求され、それがうまくいかないと嘆かれるなどということはおよそ考えられないだろう）。

奇妙なことに辞書ではむしろ冷淡な扱いが目立つ。『歴史的哲学事典』には《近代的な、近代》および《モダニズム》（第六巻、一九八四）、『歴史的基本概念事典』には《近代：近代性、近代的なもの》（第四巻、一九七八）の項があるが、《近代化》という見出し語はないのである。他方で十九世紀半ば以降、進化的パースペクティヴと結果への定位が相並んで登場してきた。存在するものは進化によって成立するが、作られもしなければならない。この点だけでも、近代的なものの概念をまだ達成されていないものへと狙いを定めることへと解消するための十分な契機となったのである。

フランス革命は、貴族社会の終焉を示すものだった。それに対応する法構造は揚棄され、すでに以前から脆くなっていたハイアラーキカルな全体社会秩序という自己理解も取り払われた。しかし近代社会に関する代替的な構想が視野に入ってきたわけではなかったのである。革命の〔達成すべき〕状態の観念は、政治システムに限定されていた。他の点では個人が生活態度を自己規定する余地が与えられたにすぎなかった。この理念はたちどころに、《自力で豊かになれ enrichessez vous》という意味に解釈されうるようになるのである。ゼマンティク上の空隙は、歴史的には未来を参照することとして解釈できた。近代社会は、実際に近代的なものとは《まだ》なっていない、とである。具体的な定位のためには、地球上には発展した地域と未発展の地域があるという区別に依拠すればよかった。こうして、「自由」「平等」「連帯」「階級の違いを止揚すること」「世論の支配」などの空虚な定式を満たすことができた。そうすれば理論的ないし経験的に基礎づけられた全体社会のモデルを経由せずに済んだのである。哲学におけるそれと並行する構想としてはフッサールやハーバーマスの名を引き合いに出すことができるだろうが、そこでは次のような仮定が設けられていた。個人の批判的理性という原理のうちに、まだ見いだされていない、未聞の合理性ポテンシャルが隠されている。それは技術的・科学的文明の、あるいはその経済的（《資本主義的》）実現の成果をはるかに越えていくことができるのである云々。

この種の《まだ……ない》の定式化によって、社会学的な問題はむしろ隠蔽されてしまう。それはすなわち、「すでに近代的である社会を近代化することが、そもそもいかにして可能なのか」という問題である。この点に関しては二十世紀の終わりにおいて、ふたつの異なる実験系列を回顧してみるのがよいだろう。つまりソ連での社会主義実験と発展途上国による近代化実験であるが、どちらの前提も今日では疑わしくなってしまっている。《冷戦》が前提とされていた間は、どちらの試みも相手が失敗していると宣言できた。すでに近代的である全体社会を近代化していくという問題に直面する必要はなかったのである。二十世紀の終わりにおいてわれわれが直面する状況は、それとは異なるものとなっている。

さしあたりどちらの実験系列においても目につくのは、構想が地域的に限定されたかたちで立てられており、それゆえに近代社会が世界社会として確立されているという事実が無視されていた、あるいは少なくとも過小評価されていたという点である。(353) 一方の構想はゼマンティクの上で革命の概念と密接に結びつけられていた。一七八九年のパリ、あるいは一九一七年のサンクトペテルブルクのような政治的出来事は革命として記述され、したがって近代化プログラムの一部であるとされてきた。一般化の方向は、常に存在してきたようなひとつの暴力的騒乱から世界規模での要求を伴う継続的プログラムへと、またそれが各地域において阻止されていることへと向かう。特にマルクス主義は世界革命を視野に入れてはいたが、しかし革命が遂行されえたのはただ特殊政治的な企てとしてだけ、したがって領域国家の内部においてだけのことだった。さらに加えて無階級社会、社会的に公正な分配、あるいはまた解放などの構想は歴史的な概念だったし、そうであり続けた。それらは一種の再臨遅延のもとにあり、その点によって信憑性を失ってしまったのである。可能なのはこの目標投射を中枢組織を介して実現すべく試みることだけだったが、そうなると理念と現実とはますます乖離していくのである。結局のところ領域国家の内部でこれらすべてが生じる際に枠組とならねばならないのは世界社会だったし、その点は何ら変わらなかった。世界社会は機能分化したシステムである。その遂行能力は諸機能システムの自律性に依拠しているのであり、したがって中央からのいかなる種類の操舵とも結びつけることはできない。これは特に、国際的金融経済の信用システムに関して言えることである。そこでは投資と消費の時点を選択するに際して一定の可動性が保証されており、それゆえにある地域が集中的に発展していくことはほとんど不可避だからである。しかしもちろん同じことが国際政治に関しても、科学研究についても、そして特に知識人が関心をもつ事柄すべてに関しても成り立つ。組織によってコントロールされた、地域的な自律性に固執することは、この事態とまったくもって両立不可能である。その種の近代化を近代社会へと導入しようとする試みは、停滞によって、最終的な権力資源の濫用によって、受け容れられなくなっていくことによって、そして最後にはこの《システム》の崩壊によってしっぺ返しを受けねばならなかった(354)。西側では、革命を放棄しつつ了解へと定位した《討議》にまで撤退することが生じたが、社会学的に見れば、これを全体社会に関わる政策上の代替選択肢として評価することはまずできないのである。

マルクス主義のドクトリンは、階級闘争が尖鋭化していくはずだということから出発していた。しかしその外側においてもやはり、そもそも全体社会が階層化されたシステムとして、つまりは不平等分配のシステムとして記述される場合には、近代化とはすなわちこの不平等を減少させていくことであると理解できるのである。というのは不平等は近代社会の中ではいかなる機能も担っておらず、不愉快なこと以外の何ものでもないからだ。だとすれば近代を近代化するとは、階級の差異を撤廃することだとの話になる。それは特に福利を増大させることによって、余剰を生み出してそれを恵まれない人々を利するために投入できるようにすることによってである云々。機能分化が一次的であるという点は、視野の外に置かれたままになるのである。

開発政策における近代化の構想の場合は事情が異なってくる。この構想は、少なくとも暗黙裡には、もはやフランス革命の抽象的理念にではなく、個々の機能システムの主導モデルに従うのである。そこにおいてきっかけを与える出発点となるのは、理念ではなく状態だった。世界社会の個々の地域の発展状態がきわめて異なっているということだったのである。遅れているということが、あるいは追いつく必要があるということが、記述される結果となる。それは容易に首肯性を獲得しえたのである。結果として、すでに発展を遂げた、とりわけ産業の点で発展した社会が、より発展の度合いが低い社会にとって模倣に値する模範として通用することになった[355]。比較が、国=国民へと定位する政治を加速させる。そのためのエスニックな基礎も文化的基礎も存在していないところにおいてすら、そうだったのである。そこでもやはり、少なくとも暗黙裡には、世界社会的な出発点が踏まえられていた。さもなければ違いに着目し、それを問題として持ち出すこともなかったはずだからである。他方では近代化の構想が関係づけられたのは世界社会そのものにではなく、遅れた地域に、つまり実際には発展途上国にだった。そこでは《国家》が開発政策を実行すると同時に、国家自身が民主制と法治国家の方向へと近代化されるべきだとされていた（両方が同時に可能なはずだと仮定されていたのである）。近代社会の中での近代化は、どのように考えられ、実行されるべきか。この問いは地域単位へと分割される。より小さな、限定された単位へとそのように分解されることによって、結局のところローカルな計画（例えば、それまでは恒常的な稲作ができなかったところに灌漑システムを備え付ける、というような）においてのみであるとはいえ、実際の解決のチャンスを与えてくれるように見えるフォーマットへと移されたのである。

しかしこのように問題を地域へと、さらには地方に至るまで分割することと並んで、個々の機能システムを近代的なものとして特徴づけるようなさまざまな構造も頼りにされてきた。例えばいわゆる市場経済がそうであった。市場経済では、経済的投資（信用引受を含めて）の合理性に関する判断は個々の企業内での計算に委ねられるのである。あるいは「近代的な政治システムは《民主的》国家から成るべきであり、民主的国家では政治的頂点における権力の交替が《自由な》（買収等を伴わない）選挙によって組織されうるはずである」という観念を挙げてもよい。それに対応して、（能動的および受動的な）意見表明の自由、報道の自由などが、マスメディアのシステムが政治や宗教などに関して自律的であるための法形式上の条件であるとされていた。そして以上すべての前提となっていたのは、《腐敗》によっては影響を受けることのない、法に基づいて作動し、憲法によって方向づけられた法システムだったのである。近代的様式の教育とは、学年学級のシステムに従う学校教育であり、そこでは大学への、したがってまた社会的に評価されるポストへのアプローチが規制される。科学研究もまた自由でなければならないとされた。つまり宗教的ないし政治的コントロールに服するのではなく、自身が定式化した理論と方法にのみ定位すべきである、というわけだ。そしてもちろんのこと、ある宗教への信仰を表明するか否か、どの宗教になのかは個人の決定に委ねられねばならなかった。そうであってこそ、宗教はパーソナルな関心事であって伝統的習慣や政治的に強制された同調性へと適応していることを表すものではないという事態が達成されるように思われるからである。

そこでは暗黙裡に次の点が前提とされていた。すなわち諸機能システムにおいて領域ごとに構想された近代化の方向は相互に前提としあっているし、互いを必要としているという点である。それらの近代化から《収斂》を導き出さねばならないか否か、伝統によって条件づけられた地域的な違いが残存していくことになるのか否かについて、例えば日本やソ連を引き合いに出しつつ、議論されてはきた。しかしこの議論が関わっていたのはあくまで相異なる伝統をもち、近代化に際しての相異なる人口統計学的および生態学的条件をもつ諸地域にだったのである。より重要な問題は、諸機能システムが相互に負担となり、ついには機能システムが機能分化そのものへの構造的適応能力の限界に突き当たってしまうということがありうるかどうかである。科学システムが原子核を分解することによって（戦争のために、あるいは平和的–産業的に）エネルギーを解き放つ可能性を与えてくれる場合に、そこから政治システムにとってどんな帰結が生じてくることになるのだろうか。あるいは国際金融システムの動態が、リベラルな政治と社会主義的なそれとの区別を無意味なものにしてしまう場合はどうだろうか。両者の経済政策上の公約を区別することもできなければ実行もできないという点が最初から明確になっているとしたら、政党の立場と選挙キャンペーンを、どんな差異を介して組織すればよいのだろうか。福祉国家へと至る発展を、法解釈学という古典的用具を用いつつ憲法に即してコントロールすることは、そもそも可能なのだろうか。可能でないとすれば、憲法裁判所が民主主義的には正統化されないような仕方で継続的に政治に介入してくるのを、いかにして阻止しうるのだろうか。経済は、あるいは経済によって資金を与えられた行政は、教育システムによって用意される教養水準に相応しいだけの職場をいかにして調達できるのだろうか。増大しつつあるアカデミックな中産階級にとって、権力も収入もなく教養だけで満足することがもはやできなくなっているとすれば、そこからどんな政治的帰結が生じてくるのだろうか。この種のアンバランスは個々の国においてきわめて多様な仕方で追尾可能なはずである。先進国のみならず、近代化に関する豊富な経験を振り返ってみることのできる国々においても、またそこにおいてこそ、この事態を見いだすことになるだろう。その点を叙述するためには、地域研究という形式が必要になるのかもしれない。いずれにせよこの事態によって、近代化についての従来のいわば直線的な構想は、疑念に付されることになる。

だとすれば、近代的な社会の近代化という奇妙な構図を放棄すべきだという話になるのだろうか。そう決めたとしても、既存の状態を無気力に受け入れるということにはならないはずである。しかし近代社会というすでに可視的なものとなっていた問題が、また特に機能システム相互の関係における際だった食い違いが、以前よりも深刻に受け止められるという結果にはなるかもしれない。

XIX 記述形式としての情報とリスク

近代社会の自己記述においてはスペクタクルじみたメルクマールが優先されがちであるが、その理由は十分理解できるところだろう。とはいえその種のメルクマールは仰々しく用いられてきたがゆえに、個々の現象しか視野に収められないという結果にもなった。システム〔自身が実現している〕総体の複雑性へと〔同定可能なかたちで〕再度到達しうるためには、システム内において縮減をめざす以外には道はない。近年まで普通に行われていた脱出策は、どれかひとつの機能システムのメルクマールへと狙いを定めて、それこそが決定的であり支配的であり形式を付与するものなのだと仮定することだった。これは特に、資本主義（貨幣経済）、産業（市場へと定位した生産）、科学化された技術などについて言えることである。国民国家の形式をとる政治へと定位しようとする試みも常にくり返してなされているが、それも今述べた範型に対応するものである(356)。しかし最近では別の記述が加わってきてもいる。そこでは個々の機能システムへのこの限定はもはや用いられず、そのかわりにコミュニケーションの一定の側面が強調され、歴史的差異の分析のために用いられるのである。私が考えているのは《情報社会》[357]や《リスク社会》[358]のことである。

これらの定式化においてもやはり、複雑性を縮減しつつ歴史上新たなものを強調しなければならないという二重の必然性に幻惑されて、スペクタクルの様相を呈する個別現象が代表的なものと見なされるに至っている。《情報社会》の場合なら、新たな流布メディアおよびコンピュータ化されたデータ処理によって引き起こされた情報の氾濫によってである。われわれの社会が情報社会であるという点は通常の場合純粋に経済的に、生産／消費の図式を用いて根拠づけられる。常により多くの労働時間が情報の生産へと、より多くの労働時間と自由時間が情報の消費へと振り向けられているではないか、というようにである[359]。そこでは疑わしい前提が、吟味されることなく受け入れられてしまっている。すなわち情報は経済上の財であり生産され譲渡され消費されうるはずだ、というわけである。しかし情報の概念から見れば、そこで前提とされているような安定性を証明することはほとんど不可能である。情報は崩壊していく生産物であり、実現されるや否や消え去っていく。それに従うなら情報社会は自分自身を常に驚かせることを必然的だと見なすが、その理由はさしあたり理解できないということになるだろう[360]〔理解する前にまた新たな情報が生じてくるのだから〕。情報の産出がスペクタクルの様相を呈するまでに膨れあがっているのは確かに目にできるが、利用の程度は低いままである。したがって大半の情報はそもそも情報ではないか、あるいはせいぜいのところ潜在的な情報にすぎない。それゆえに「経済総体にとっては、ますます多くの情報によって生産性が増大していく」ということは証明しがたいのである。むしろ逆に、改善された生産技術によってもたらされるものには、コストがのしかかっていくことになる。[36] ここで問題となっているのは明らかに、合理的には根拠づけられえないエントロピーなのである。《リスク社会》に関しては反対のことが言える。こちらの場合前面に出てきているのは新たな種類の、技術的に条件づけられたリスクとそれに対応する不安のほうなのである。しかし《情報》および《リスク》というキーワードは、それ以上の事柄を告げてもいる。それらはもはや個々の機能システムには関係づけられえない（技術の発展が常に強調されているとはいえ）。形式としての機能分化に適合してはいるが、機能分化に拘束されているわけではないような全体社会の記述と両立可能だからである。

全体社会を情報社会として、あるいはリスク社会として記述することを拡大する機会となったような要因を正面から取り上げることもできる。その場合情報社会に関して重要だったのは単にコンピュータがもたらす影響だけでなく、より普遍的に、「今やコミュニケーションの構成要素のうちで情報のほうが伝達に比してより重要なものとなっているのかどうか」と問うことだった。そうなっているとすれば、それは少なくとも二重の意味においてであろう。伝達のもつ説得的な構成要素が、それとともに社会的地位および階層への依存性が後退すること。そしてコミュニケーションの情報が新奇で、現時的で、《ジャスト・イン・タイム》であることがより重要になり、持続の保証は意義を失っていくということである。そこからは意味の社会次元ないし時間次元にとっての著しい帰結が生じてきて、それがあらゆるコミュニケーションにおいて持続的に経験され再活性化されていくということになるかもしれない。リスク社会の場合、問題は近代社会が技術に依存しているという点だけでなく、より一般的に、「未来は基本的な面すべてに関して、現在において下されるべき決定に依存する」という仮定でもあった。したがって未来については知りえないにもかかわらず、常に今現在においてすでに、未来における現在に関する決定が下されることになるのである[362]。それによって例えばあらゆるリスクを政治化する傾向が、(単なる分配政治に代わって) ある種の防衛政治へと向かう傾向が、強められることになるかもしれない。

明らかにこのように拡張してみたところで、この種の記述はそもそもどれくらい十分なものなのかという点に決着が付けられるわけではない。どちらの公式においても、用いられる概念がもつある種の不明確さが利用されている。特に、明確な区別が欠落していることが、である。例えば情報概念は、「驚きをもたらす選択」および「移送可能な、運搬し取り扱うことのできる粒子」という二重の意味において用いられている(一方の意味は他方を排除するはずなのだが[363])。したがって規定性の獲得を情報を通して達成することもできるが、そこには常に驚きが結びついており、規定性は偶発的なものとして、別様でもありうるものとして表出されるのである。さらに加えて、情報が驚きをもたらすのはただ一回限りのことである。情報が一度知られてしまえば、なるほど意味は保持し続けるものの、情報としての性格は失われることになる。したがってそもそも情報がコミュニケートされるべきであるなら、常に新たなかたちでコミュニケートされねばならない。その点がわかっていれば、未来は知られえないという点もわかるはずである。それゆえに情報とは、根底的にアンビヴァレントな事態なのである。情報のうちには、言わばそれ自体の反対概念が含まれている。情報は、一瞬ごとに常に新たに、知と非知とを産出する。情報は情報としては接続可能性を提供してくれるのだが、それとともに別の側において、その形式の《マークされない空間》において、「他の可能性も存在しうる」という背景知を常に更新してもいくのである。つまり情報の概念は何ものをも排除しない。そしてそれゆえにこそ、普遍的関連性を要求することができるのである。この概念は、原理上偶発的な諸選択から成るひとつの空間の中での接続の探求を規制する。古い全体社会ではそのために宗教による安全網が用意されていた。しかし今やそれなしでやっていかねばならなくなっているのである。(364)

リスクもまたある意味では、うまくいかないかもしれないものすべてである。反対概念としてただちに思い浮かべられるのは《安全》だろうが、しかし同時に、厳密な、リスクを含まないという意味での安全性など、そもそも存在していないのだという点を認めねばならなくなる。したがって通常の意味で了解されているリスク概念もまた、ひとつの普遍概念である。それは何ものをも排除せず、自身に固有の形式という文脈において自分自身をマークするだけなのである。〔情報およびリスクという〕これらの概念によって、歴史的に新たなものが把握されるわけではまったくない。少なくとも、通常の場合〔それらの概念を持ち出す〕根拠として挙げられるような成果(マスメディア・コンピュータ・産業技術)のうちに新しさが存しているわけではない。新しいのはただそれらが、形式的にはアンビヴァレントな概念として、近代社会を記述するために用いられるようになったという点だけである。さらに加えて注目すべきなのは、《情報社会》および《リスク社会》という特徴づけが、オートロジカルに組み立てられているということである。少なくとも次のように問うことはできる。情報社会という見出し語そのものによって、当の社会についての情報が与えられていないだろうか。《リスク社会》という用語を用い、そうすることでリスクを忌避するというリスキーな態度を醸成すること自体がリスキーなのではないか。

これらの概念の形式に、つまりはそれらが《他の側》として指し示すことなく伴っているのは何なのかに注目してみれば、それらの自己記述定式のもつ深みが、また同時に限界もが、明らかになるだろう。その点から言えば情報は〔常にそのつどのシステム内的な状態を基準とし、それに対する新しさによって効果を発揮するのだから〕システム特殊的な区別の出来事であり、外からは観察されえないということになる。情報社会の特徴は、構造的かつ慢性的に情報を与えられていないという点に存するのである。どのシステムも独自のかたちで情報を発生させ、それを踏まえて自分だけでやっていく。構造的カップリングを、刺激を、それに関連する反応と構造の組み直しを踏まえて、自身のオートポイエーシスを継続していく。しかし内から、あるいは外から、統一体としてのシステムに到達することはできない。もっとも、特殊な区別に依存する特殊な観察様式によるのなら話は別である。その際やはり情報が産出されはするのだが、それはあくまで区別を作動において用いるシステムにとってだけのことなのである。またリスクも、システムの自己記述のための見出し語であろうが、そのシステムは自身の決定によって、未来における可能な変異領域を制限しはするが、しかし自身の未来を決定してしまうことはできないのである。未来における現在は、進化の結果となるはずである。パラドキシカルに定式化するならば、未来に関して決定を下すのは決定ではなく進化なのである。決定状況が生じる際には実行可能性への信頼が、また錯誤を認識する可能性への信頼が、すでに失われてしまっている。そのような状況へと今述べた事態を引き写そうとするのであれば、リスクはそれに適した記述だということになるのである。

いずれにせよこれらの標語から明らかになるのは、個別的なものから普遍的なものへの移行が生じていること、またしたがって世論の中で一時的にセンセーションを巻き起こすがやがて再び消えていくような記述から理論に導かれた分析への移行が生じていることである。この分析は、科学の内部において確証されさえすればよいのである。かくして観察者の立脚点は、サード・オーダーではないにしてもセカンド・オーダーの水準へと移っていく。《こうである》〔と断言する〕態度は概念の戯れによって置き換えられる。後者は自分自身のうちに支えを求めるのである。〔したがって〕《情報》および《リスク》の概念をより精確に規定することに関する決定が、とりわけ、それぞれの形式の反対の側に関する、つまりは形式が排除しつつそうすることで包摂するものは何なのかに関する決定が、全体社会の自己記述にとって著しい射程を有することになる。[365] それにより、自己記述もまた自己記述のテーマとなる。全体社会は、自分自身を記述するシステムとして記述されうるはずである。そこでは同じくらい首肯性をもついくつかの自己記述が存在しうるという点が容認されることになるだろう。そうなれば観察すること・記述することの論理学は、単一次元的構造から多次元的構造へと転換しなければならない。唯一の区別を用いてある事柄を強調し、他の事柄を退けるというわけにはもはやいかない。また同様に、単一次元的な閉じられた論争（例えば、資本主義と社会主義）で満足することももはやできない。いかなる決定に際しても第三項（世界、全体社会の統一性、観察者自身）が排除されるが、それは別の区別の対象となりうるのである。ただしその区別のほうも、独自のかたちで発生させた排中律（第三ノモノハ与エラレズ tertium non datur）を、再び別の観察者による介入に晒すのであるが。選択されたどの切片も最終的妥当性を、あるいは他のすべての切片に対する裁判官機能を、主張しえない。どの切片も、自身が扱う事柄に関しては盲目的に作動する。しかし同時に、原理的に区別と指し示しから逃れうるものなど何もない。その《本質》を理由に秘密に留まらねばならないものなど存在しないのである。すべては歴史となる。《ポスト歴史》などとは口にできない！　何かに関して言われることはすべて、言うということ自身にも当てはまるという条件のもとでのみ言われうるのである。

端緒も終局もないこの状況の中では、自己記述という意味形式の候補となりうるものを数え上げておくことはもはやできない。事前に限定しておくことなどもはや不可能なである。というのは、それもまた再び、他の自己記述と並ぶ自己記述のひとつにすぎないという話になるはずだからである。しかし理論手段をできる限り明示し、そうすることで観察に晒すという課題は残る。理論手段とはとりわけ概念である。概念とは区別である。区別とは、境界を横断せよとの指令である。区別は形式としては閉じられてもいるが、それ自体が区別可能でもある。《区別とは、自己完結である》とスペンサー＝ブラウンは述べている。(366) しかし他ならぬその完結性こそが、取り扱い可能性を与えてくれる。理論はその形式によって、区別によって、自身の盲点を露出させる。盲点とは、理論にとって見えざるものなのであり、この見えざるもののおかげで、理論は物を見たり、示したりすることができるのである。理論と盲点のこうした関係を明らかにすることは、最終的に論駁不可能な根拠への帰還を導くという意味を有してはいない。重要なのは、特定の手段によって何を構成しうるのか、そのように（他のように、ではなく）設定することによってどれくらいまでの感受性が開かれる（明示される）のかということだけである。この種のややこしい企てを敢行することの意味は、批判を容易にしかつ困難にするところにある。つまり、別の仕方で観察してもよい、しかし少なくとも同じくらいはうまくいかねばならない、ということが要求されるのである。

全体社会を、自分自身を記述する全体社会として記述しようと試みれば、当の試みがその対象の中に入っていくことになる。この種の企ての輪郭が明瞭になればなるほどその分だけ、少なくとも社会学者にとっては、その可能性のリアルな条件についての問いが緊急のものとなる。あるいは前段落との繋がりの中で取り上げることのできる問いが、と言ってもよい。すなわち、このように観察者を観察し、記述を記述する際には、いかにして《固有値》へと至りうるのか、と。固有値が意味するのは安定したアトラクターであり、さらなる記述を促し、そうすることでもはや変化しえないものとなるのである。さらにこうも問わねばならない。この点を問題とする場合には、そもそもどんな作動上の文脈が保持されねばならないのか、と。

XX　マスメディアと、マスメディアによる自己記述の選択

そもそもその種の固有値は生じてくるのかこないのか。生じてくるとしたら、どんな固有値なのか。二十世紀末の時点では、この点を確認することはできていない。この概念自体が、その発想からして、予測というものを許さない。観察されうるのはゼマンティクとリアリティとの乖離が増大しつつあることだけだろう。一方では知的なゴミ収集業が理念のリサイクリングに努めているが、その商売道具は《ネオ》《ポスト》などの称号によってかろうじて区別されるにすぎないのである(367)。他方では全体社会のコミュニケーションが新たな問題に対して集中的な、素早い反応をもたらす感受性を獲得するに至る。例えばテクノロジーの帰結、エコロジー、決定のリスク、金融市場の国際化。政治が国家に関係づけられていることは、多くの点で時代遅れになっているにもかかわらず、民主化のためにはいまだに不可欠であり、そこからの帰結として戦争の危険が生じていること。これらの問題を考えてみればよい。さら

には、産業国と発展途上国との格差が増大しつつあることから、あるいは個人の非妥協的な要求態度から生じる問題、さらに他の問題でもよい。かくも多くの、さしあたりきわめて具体的に規定された困難に直面しては、全体社会の理論がその点で《問題解決》への提案をとは言わないまでも適切な記述を提供できるのかどうか、またどのように提供できるのかを、見通すことは難しい。

近代社会の自己記述の可能性に関する判定を下そうとするのであれば、何よりもまず次の点を考慮に入れねばならない。すなわち自己記述はもはや智慧の教えとして口頭で伝承されるわけでもなければ、哲学として高度な最終的思想を論じるものでもない。自己記述は、マスメディアの固有法則性に従うのである。毎朝毎晩、報道の網の目が不可避的に地上に降り積もり、何が生じたのか、何を覚悟しなければならないのかを確定していく。一定の出来事は自ずから生じる。また全体社会は騒乱に満ちているので、常に何かが生じてくる。その他に、マスメディアのために生産される出来事もある。特に、意見の表明がひとつの出来事として取り扱われうる。その点でこのメディアは、自身の素材を自分自身のうちへと再帰的に登場させることができるのである。これらすべてにおいて、印刷機の産物と放送とが協働して作用する。マスメディアが分出することとそれ自体からしてすでに、コミュニケーション過剰の可能性が生じてくる。そこからまた、何が伝達されうるかに関してきわめて鋭利な選択がなされるということにもなる。さらには何が（ジャーナリスティックに、あるいは放送技術上）《よく》伝達されるのかが選択されもする。われわれの全体社会の記述には、不可避的にこの手段が（そしてその限りで、記述固有の手段が）、また手段の記述自身への関係が含まれている。社会学的記述においては《マスメディア》が固有の研究領域として分出するに至っているが、そこで今述べた事態が生じているのはさしあたり稀なことでしかない(3)。マスメディアの《文化的ヘゲモニー》が確かに知覚されてはいる。抗議運動は、最初から成功を諦めようとするのでない限り、それに順応しなければならないのである(369)。しかしそれは現象として記述されているにすぎない。より精確に把握し限定するための、全体社会の理論という文脈が欠落しているからである。

《マスメディア》という指し示しの中では、われわれならば慎重に区別しなければならないはずの種々のパースペクティヴがひとつにまとめられてしまっている。《メディア》という語を口にしうるのは、一群のルースにのみカップリングされた、形式形成のために用いられる諸要素が指し示されている場合のみである。この意味でのメディアとは、《世論》である。諸要素の総体が心理的に、拡散して散在する注意のポテンシャルとして理解されるか(この場合、そのポテンシャルが形式形成を通して一時的に束ねられるということになる)、あるいは社会的にコミュニケーションのテーマへの貢献として理解されるか(この場合、形式形成は周知である事柄、あるいは周知であると仮定可能な事柄のうちに存している)に関わりなく、である。それと区別されねばならないのは「どのような社会システムがこのメディアを生産し再生産するか」という問いである。全体社会そのものなのか、それとも特にそのために分出した機能システムなのか、と。マスメディアという概念によって指し示されるべきは、〔われわれが言う「メディア」ではなく〕この機能システムのみなのである。

十八世紀以降、伝統に抗して高く評価されつつ、《世論》という語が用いられるようになった(370)。しかし十八世紀および十九世紀において期待されたのとはまったく反することだが、このようにして成立した世論がもつ本来の近代性は、それは何ら統一体を形成するものではないという点に基づいていたのである（その点で、市場と比較可能である）。世論は理性と一致するものを選び出すわけではない。世論は、そこで生じているのが他ならぬコミュニケーションである以上、全体社会のオートポイエーシスに貢献する。しかし世論によって、全体社会とは何であり何であるべきかに関するコンセンサスが定式化されるわけではない。世論の機能は全体社会を統合することではなく、観察者の観察を可能にすることのうちに存している。あらゆる瞬間的な状態は、およそ差異として観念されることがない場合でも、差異のための出発点となる。世論として現れてくることになるものがいかにして生み出されるのか。〔世論を〕記述することから、この点に関する分析へと移行すれば、今述べた事態が明らかになる。世論となるものが生じるのは、きわめて特殊な選択様式を介してである。まさにそれゆえにその帰結は偶発性を、またとりわけ別の判断へと至りうる可能性を、排除できはしないのである。

マスメディアのこの効果をふまえて《世論》として捉え返されるものが、どんな選択性を有しているか。この点は、三つの意味次元において明確に記述できる。事象次元では量的な陳述が特別な意義をもつが、その算定法が同時に反省されることはまずありえない。並外れた量が絡んでくる場合には（多重衝突事故、何千匹ものアザラシの死体、膨大な損傷など）、「カタストロフィーだ」と報道するのが好まれる。国民総生産の増加は歓迎され、減少には嘆きの声が寄せられる。数字が明らかになれば、政治と相場はそれに反応することになる。しかし国民総生産は、それまで支払われてこなかった労働に対して支払いがなされることや、災害とカタストロフィーが増えて損害の補償が支払われることによっても増大しうる。[371] この点が考慮されることはないのである。

結果として全体社会は、一種の統計上の常態的不況に陥ることになる。増大が生じるごとに反対方向を振り返って、以前の状態はよりわずかだったと見なされるのである。成長が報告されたなら、数年前ならまったく標準的だと見なされていた状態と成果ではもはや満足できなくなる。成長が鈍化しただけであっても、それは悪いニュースになる。より多い＝より少ないというこのパラドックスの結果として、数年前まではまったく満足すべきものだった数値に戻ることは後退として経験されるのである[372]。

　量の抽象度を埋め合わせるかのように、情報がもつローカルな（あるいはそれと機能的に等価に、パーソナルな）連関が予期され、確立される〔この地方では、あるいはこの人々には増大が生じたが、他ではそうでない、というように〕。こうして「より多い＝より少ない」ないし「より高い＝より低い」型のパラドックスは、つまりは生成のパラドックスは、同一性テーゼへと分解される。このテーゼがパラドックスによって疑念に付されることはないのである。そこからはエスノセントリックなパースペクティヴが、また出来事のドラマトゥルギーのために個々の人格の意義を過大に評価することが、生じてくる。つまり結局のところ生じてくるのは、社会学的にはほとんど訂正不可能な、独自の種類のリアリティ構成なのである。

　時間的な観点では報道価値は新奇でなければならない。つまり、何らかの驚きをもたらす価値（情報価値）を伴う出来事でなければならないのである。報道がもつ時間的深度（前史および推測される帰結）は、その点から組織されることになる。社会次元はコンフリクトとして提示されるが、そこでは「本来なら了解へと至らねばならなかったはずだ」ということが、背景として予期され続ける。コンフリクトの描出はたいていの場合、道徳的な評価と手を携えながら進められる。それにより場合ごとに、「コンフリクトに決着を付けるための規則が存在する」という幻想が更新されていく。そしてこれは、誰もが共に判断を下すよう要求する観点という形式で生じるのである。これらのフィルターが重なることによって生じる効果は、興奮の増幅という意味をもつ。もちろんこれは、心的システムの内部において実際に興奮が生じては止んでいるということを意味するものではない。しかしコミュニケートされるもの、コミュニケーションとして接続していくものの水準においては全体社会は、自身を介して自身を興奮させる、自分自身に警告を発する全体社会であるように見える。したがって全体社会はそれ自身において、二重の欲望の統合失調状態を再生産していくことになる。すなわち変化に関与しうることと、変化の帰結から守られていることである。そして全体社会はこの統合失調状態のために、関与しない＝関与する観客という立場を作り出すのである。

　この事態を認識するための格好の範例となる、特別な事例を取り上げてみよう。それはすなわち、エコロジーのテーマが浮上し、顕著な場所をしめるに至ったその道筋である。[373] このテーマ群が導入され処理されていったテンポが、メディアに接近して作動する抗議運動に、また特にマスメディアそのものに依拠しているのは確かである。そこでは多数の選択基準が重なり合って生じてくる。膨大な量。カタストロフィーへの恒常的な備給。技術によって引き起こされる、したがって偶発的な出来事。事を扱う適切な態度に関するイデオロギー的な、また政治的なコンフリクト。さらに、局所的であると同時に局所を超える連関、個人が当事者となる可能性、広範な脅威が不可視の形式を取ること（放射能、閉鎖された工場、不可視の化学物質）が加わってくる。しかし他方で他ならぬこれらの促進条件によって、何が報道されないか、何が不可視に留まるのかが規定されもする。これは、全体社会の自己記述にとって決定的に重要である問題に関しても当てはまる。それはすなわち、全体社会の中にはカタストロフィーに至る前に〔そこへと向かう〕傾向がすでに埋め込まれており効果を発揮しているという問題、《カタストロフィックな発展》の問題である[374]。このテーマが扱われる際には通常の場合警告が発せられ、細部が疎かにされ、さらなるカタストロフィーへとあらかじめ視線を向けておく姿勢が固定化される。そして報道を受け取る個々人においては、無力さの感情が生じてくるのである（言うまでもなくそれによって、抗議運動への人員補充の潜在的可能性も生じてくる。しかし抗議運動のほうで要求できるのは、他の誰かが事態を変えるだろうということだけなのだが）。

マスメディアが日常的に登場してくること、またマスメディアの生産テンポだけからしてすでに、視聴者の側でどんな意見があるのかをあらかじめ調べておくことは排除される。マスメディアの諸組織はこの点で推測に、結果としては自己成就的予言に、依拠しているのである。そこでは広範にわたって、自己刺激的に事が進められる。自分自身が生み出したものを読み上げることによって、自分自身が放送したものを観察することによって、である。その際には十分な道徳的斉一性が仮定されねばならない。毎日のように規範への違背について、スキャンダルについて、その他の異常な事柄について、報道できねばならないからである。〔マスメディアそのものが引き起こす〕事態の推移を計算に入れておくこともできる。《価値変動》がその見出し語となる。しかし自身のそこへの関与が十分に特定されることはないのである。その点では、固有値生産という言葉を使ってもよい。ある作動が自分自身の帰結へと適用される中で、相対的に安定した態度が生じてくるのである。

マスメディアの持続的効果の結果として成立するもの、すなわち《世論》は、それ自体で自足している。それゆえに、「マスメディアが現存のリアリティを歪めて再現しているのか否か、またそれはどのようにしてなのか」と問うのはほとんど無意味なのである。マスメディアはリアリティの記述を、世界構成を生み出す。そしてそれこそがリアリティである。全体社会が自身を方向づけるのは、それによってなのである。(375) 情報が大量に散布され、日々更新される。こうして巨大な冗長性が成立し、個々人が実際に何を知っており考えているのかを調べる必要はなくなるのである。誰もが情報を与えられているものと仮定できるし、そうする以外にはない。つまり世論は鏡のように働くのだが、その裏面にもやはり鏡が貼り付けられている。情報提供者は今流通している情報というメディアの中で、自分自身と他の送信者とを目にするのである。情報受容者は自分自身を、また他の情報受容者を目にする。そして次第次第に、そのつどの社会的文脈の中で(それが政治であろうと、学校・仲間集団・社会運動であろうと)協力していけるためには、高度に選択しつつ何を知らしめねばならないかを学んでいく。鏡そのものが不透明なのである。

多くの点によって、ここにおいてひとつの特別な機能システムが成立しているということが示されている。ただし今のところ明確な概念があるわけではないし(しかし結局のところ伝統的には、われわれが今日では「家族」と呼んでいるものを表すひとつの語すらなかったのである)、広く承認されるかたちで機能が割り当てられているわけでもない。独自の機能システムを想定することに反対して「マスメディアは、全体社会的環境の側でのコミュニケーションと密接に結びつけられている」と述べることもできるだろう。さらに「まさにその点にこそ、マスメディアが全体社会において担う機能が存している」とすら、である。マスメディアは、〔情報の〕公表に引き続いてメディアの外側においても当該のテーマに関するコミュニケーションがなされるという点を考慮に入れる。さらに、この可能性こそがメディア・コミュニケーションへの参加を強いるのであり、またそうすることで全体社会をメディアによる自己観察に晒すのだという点をも、である。またインプットの側でもやはり、〔環境との〕ネットワーク化は濃密であり不可欠である。メディアが情報を全体社会のコミュニケーションそのものから引き出す（調査した事柄、漏洩された秘密、公式の新聞報道その他何であれ）のでないとしたら、メディアの信憑性と真正さはどうやって獲得されうるというのだろうか。

にもかかわらずこのシステムの作動上の閉鎖性を見逃すことはできない。このシステムは自身の作動を、「情報／非情報」というバイナリー・コード化を基準として規制する。つまり恒常的に、自身のアウトプットに反応する。自分自身が生み出したものに、つまり事態が周知のものとなったことに、である。同じことをもう一度報道するのは排除される。このシステム自らが周知であるという事態を生産していく、つまり情報を無化していくのだから、自ら恒常的に新たな情報を生み出し、新たな驚愕値を産出しなければならない。用いられている流布技術という点だけからしてすでに、このシステムは全体社会の拡散的なコミュニケーションの流れから区切られる。その技術によってこのシステムは全体社会的環境との関係において非対称化される。また通常の場合、当の技術によって、流布されたコミュニケーションに対してただちに答えが返ってくるということは排除されるのである。

閉鎖性と開放性の、自己孤立化とネットワーク化の〔同時的〕増大というこの特性の他にも、分出した機能システムの多数のメルクマールを、マスメディアの中に見いだすこともできる。歴史的に見ればマスメディアの機能は、旧い全体社会では〔競合抜きの〕代表＝表出を介して規制されていた事柄に取って代わることのうちに、つまりは全体社会の記述を確立し再定式化するに際して不確実性を吸収することのうちにある。そこでは、構造的に競合なしの代表＝表出を基礎としてのみ可能だった拘束性が、不安定性によって取って代わられている。今や記念碑（モニュメント）の代わりとなるのは、ある瞬間（モメント）において特定の知の状態を仮定しうるということである。意見知（Meinungswissen）に代わって情報知（Informationswissen）が登場してくる。後者はいかにすれば正しく、コンセンサスが得られるよう行為できるかを示してくれるわけではないが、自分自身を再生産していくには十分なのである。

したがってこのシステムのコードは情報と非情報との、そのつどの瞬間に関連する差異から成っている。この差異が時間的にプロセシングされる中で、すでに知られていることすべては非情報と化していくが、しかし同時に、新たな情報を理解するために必要な限りでは想起されうるものに留まらねばならないのである。このシステムにとっての、情報の選択を操舵するプログラムはテーマに関する選好のうちに見いだされる。さらにより高度な集積段階においてはテーマ類型のうちに、である。それが紙面として、あるいは放送時間帯として、情報へのアプローチを容易にするのである。システムのオートポイエーシスは、そこにおいて考慮される情報が回帰的にネットワーク化されており、そのようなかたちでのみ再生産されうるという点に存しているように思われる。メディアの中での報道についてメディアの中で報道される。この高度の再帰性は、日常的な事柄に属している。情報は、〔そのつどの瞬間における〕情報状態を基礎とすることによって初めて了解される。そしてその情報のほうは先行情報として、以後の関与にとって不可欠の条件となるのである。そのつど現時的な世論は、すなわちメディアの形式をそのつどのテーマとして規定することは、それまでのコミュニケーションの帰結として、未来のコミュニケーションの条件となるのである。それゆえにこれまた〔あらゆる機能システムにおいて〕まったく典型的なことながら、このシステムの要素は出来事としての性質を有している。その意味は消失していくことのうちに、支出されることのうちに、システムのさらなる要素を再生産するのに貢献することのうちに、ただそこにのみ、存している。そして最後に、〔他の〕機能システムの場合と同様に、今述べた事柄をひとつの組織システムの統一性へと縮減することはできない。ここでも他の場合と同様に組織というものが不可欠の役割を演じているとしても、その点は何ら変わらないのである。

システム理論においてしばしば提唱されるテーゼに、次のものがある。速やかに変異する構造を伴う高度に可動的なシステムは、不活発なシステムを操舵するのに適している。これが当たっているとすれば、マスメディアはその点で大きなチャンスを有していることになる。マスメディアによってリアリティが確定される際に見られる巧妙さに関しては異論の余地がないし、ここ数十年の間に効果の確実性が著しく増大してもきた。広告の分野では特にそうである。広告が販売上の成果への希望によって動機づけられているのは確かなことかもしれない。しかし広告の潜在的機能はよき趣味の基準を、もはやそれを駆使できはしない人々のために生み出し確定することのうちに存している。つまり客体および行動様式のもつ象徴的特質に関する判断の確実性をもたらすことのうちに、である(376)。今日では上層においても、またそこにおいてこそ、この点に対する需要が存在している。上層は〔地位の〕急激な上昇と無規制な婚姻の実行によって、どうすれば模範として働くことができるのかがわからなくなっているからである。広告のこの潜在的機能は、売れ行きを促進するために戦略的に用いられもする(377)。しかしその機能はもちろん、まったく買わない人々においても効果を発揮するのである。

しかしそこから《世論の操作》を導き出すことはまだできない。テーマが錯綜しておりニュースの選択基準が多数に及ぶという点だけからしてもできないことがわかる。マスメディアをシステムとして捉えるならば、つまりその固有の動態を考慮するならば、マスメディアに責任を押しつけることはほとんどできない。ジャーナリズムの倫理に関して広範な討論が常に生じているとしても、この点は何ら変わらない。しかしまた、この文脈において《操舵》の概念が何を意味するのかを精確に述べることもできないのである。確認しうるのはただ、世界の、またすべての機能システムを含む全体社会の記述は、マスメディアという機能システムによって動員されるということ、それによって時間の差異が支配的な意義を獲得し、あらゆる規定は時間的に位置づけられねばならなくなるということだけである。文字、活版印刷術、近代的な電子的記憶技術にともなう記憶の過剰は、今述べた事態によってある程度中和される。データを引き出すことはいつでも可能だが、方向づけを確認できるのは瞬間においてだけなのである。

日ごとに、また何か事が生じるたびにマスメディアの伝達が続き、それによって、全体社会のコミュニケーションにおいて《知》として取り扱われうるものが結晶化していく。言い換えるならばマスメディアによって日常的に不確実性が吸収されることで事実が生み出され、それが以後のコミュニケーションにおいて事実として取り扱われうるようになるのである。論争の余地は十分に残される。しかし論争ですら、どちらの陣営も知を、たとえ異なる知であろうと、提出しうるということによって条件づけられることになる。しかし実際には、特に科学研究を基礎として、また一般に知がより複雑になっていくにつれて、非知が桁外れに増大していくのである。その点を示唆するのはセカンド・オーダーの観察の課題であろう。しかしこちらのほうもまたマスメディアを介してコミュニケートせざるをえないのであり、それゆえにどうしても自身の非知を《批判的》な知として提唱せざるをえなくなるだろう。この点については、またこの文脈における社会学の役割については、後で再度論じることにしよう。

継続的な情報コミュニケーションのこの過程の中でほとんど気づかれないままに、いずれにせよ不可避的に構造が濃縮されていく。それが心的システムと社会システムとの構造的カップリングのために役立つのである。われわれはすでに「スキーマ」、あるいは行為が関わっている場合には「スクリプト」という語を用いてきた[378]。そこには《何かを何かとして》指し示すことも、またどんなに強い短絡化を伴うものであれ因果帰属も含まれる。さらにはまた、行動を行為として記述し場合によっては政治的ないし道徳的に評価するために役立つような情報への明確な帰属を考えてもよい。これらの図式では、当の情報に対してどのような態度を取るのかは、多かれ少なかれ未決のままである。何が想起され何が忘却されるか、反応を適切なものと見なすか否かについても同様である。またそれらを行うのはこの場合、個人でも、あらゆる種類の社会システムでもありうる。したがって世論において問題となるのは、常に更新され忘れられていく膨大な量の情報だけではない。また、典型的な態度が形成されるということでもない。むしろ〔世論の〕構造的構成要素は図式から成り立っている。図式が既知であり適用可能であるということを、コミュニケーションをスタートさせ継続していくことが問題である場合には前提とできるのである。マックス・ヴェーバーからアルフレート・シュッツにまで連なる社会学の伝統を引き合いに出しつつ、重要なのは類型（ステレオタイプな予期範型）の再生産なのだと述べてもよい。類型は行為ないしコミュニケーションを理解するためには不可欠である。また類型は、単に語ないし文法的規則を正しく使用することだけによって、つまりは言語そのものだけによって、保証されるものではないのである。

こうしてマスメディアは、この種の図式をいつでも呼び出して用いうるということ、その範囲と多様性は全体社会総体のコミュニケーションの必要性に対応でき、また必要に応じて容易に変化させ新たに組み合わせうるということを保証する。そこで問題となっているのは高度に複雑で急激に変化する諸条件のもとでコミュニケーションを継続していくための作動上の条件なのであって、リアリティの記述における最小限のコンセンサスを確立することではない。そして必然性と非拘束性の他ならぬこの組み合わせから生ずる帰結として、固有値をこのような仕方で産出することは、他の道筋ではほとんど達成不可能だということになる。いずれにせよ科学によっては不可能である。科学の方法論が狙いを定めるのは他でもない、観察者の違いを中和すること、全体社会およびその世界のひとつの記述を確立することだからである（いったん確立された記述は批判および検証に付されうるとしても）。

以上すべてによれば世論とは、十七世紀において考えられていたように単なる流行している意見なのではない。また合理的啓蒙のメディアでも、十八世紀において伝統からの解放をもたらしてくれるものと期待された《不可視の権力 puissance invisible》でもない。[379] 世論は近代の全体社会が自己を記述し世界を記述するメディアなのである。世論はこのシステムの《聖霊》であり、[380] コミュニケーションの帰結をコミュニカティヴに使用しうるということなのである。十八世紀において予期されていたのとは異なって、問題はもはや統一性の内部で統一性を代表＝表出するかたちで（あるいはまた理性的に、ないしは強力に）表現することではない。肝心なのは構造上の差異とゼマンティク上の区別とを継続的にプロセシングしていくことなのである。かくして全体社会という作動の上で閉じられたシステムが高度な被刺激可能性をもつことが、またそのつど関連する構造が同時に不確かさを吸収しつつ高度な独自の複雑性を備えることが、達成されるのである[381]。

マスメディアと世論とをこのように位置づけることによって、社会学にとってはひとつの問題が浮上してくる。それはすなわち、「社会学はいかにして全体社会の自己記述に関与しうるのか」というものである。社会学は新たな自己記述を投下するかもしれないが、貫徹させることはできないだろう。社会学が自家用に理論を産出しては解体し、また新たに産出できるという点は自明の事柄である。しかしそれは自分自身のオートポイエーシスへのひとつの貢献でしかないだろう。全体社会システムのサブシステムである科学のサブシステムの作動でしかないのである。《知識人》に対してしばしば、この制限を踏み越えてくれるものとの期待が寄せられる[382]。実際にはこの種のプログラムは明らかに、社会学的な物書きによって実行されるのである[383]。

この方向において企てられてきた実験は同時に、そうはいかないということを示してもいる。社会学が全体社会の理論を提出するとしても、そうしうるのはただ自分自身の状態を反省する中でだけのことである。つまり専門に拘束された独自の遂行としてだけであり、そこでは独自の、作動の上で閉じられたシステムの基準が満たされねばならないのである。他ならぬ社会学の自己反省が示しているようにこれもまた、コミュニケーションが用いられている以上、全体社会において生じる観察と記述であり、そうであり続ける。それは留保抜きに全体社会の自己記述ではあるのだが、やはり特別なシステムによって防護された自己記述のひとつなのである。それゆえに特別な形式が、つまりは特別な区別が用いられるのだが、ただし世論の場合とは異なって、その点が反省されもするのである。

社会学がさらに踏み込んで自身を対抗科学として把握し、そうすることで進歩的イデオロギーと保守的イデオロギーの争いの一方の側に与することになれば、前段で述べたことによって与えられる可能性は誤解されるか、いずれにせよあまりにも狭く解釈されてしまうことになる。そうなれば差異の統一性がまた反省されないままに留まるという結果にしかならないだろう。社会学が自身を《批判的》科学として把握する場合に関しても、同じ弱点を想定できる。しかし《批判的》ということは、こちらのほうがもともとの語義により近いのだが、「社会学は、区別を行い区別の使用を反省する状態になければならない」という意味でもありうる。かくしてわれわれは改めて、観察者の概念へと至るのである。

XXI 不可視化──観察者という《マークされない状態》とその移動

前節までの論述では全体社会の自己記述を歴史的ゼマンティクとして扱い、それを現在に至るまで辿ってきた。しかしもちろんのことそれらのゼマンティクは、それ自体として《ゼマンティク》であったわけではない。むしろ現に何が生じており、何が生じるべきなのかを記述できるものと信じられてきたのである。時折、「今問題となっている記述はすでに不適切なものとなってしまっている」との洞察が生じてきはした（例えばヘレニズム時代におけるヘレネイ人／バルバロイの区別のように[85]）。しかしそこから生じたのは、盲点の位置を変えることにすぎなかった。その盲点のうちには、観察者自身が潜んでいるのである。今日においてもなおマスメディアの報道は、あたかも事実を再現しているかのように作成されている。その結果、そこから組み立てられる全体社会の描出は、われわれにとっては事実からなるモザイクとして通用することになる。その選択性が反省される場合でも、「他の事実が報道されることもありえたはずだ」という点を知るという結果にしかならないのである。

しかしこれらすべては当たっていない。少なくとも、そこで想定されているようなかたちでは当たってないのである。われわれはすでに本章冒頭で、記述は観察であり、観察は区別する指し示しとして実現されねばならないという点を示唆しておいた。そこからは二重の効果が生じてくる。一方でマークされない空間としての世界が構成され、他方で観察者の作動は（またそれとともに、作動を実行する中で観察者そのものが）観察されざるものに留まるのである。したがって全体社会の自己記述に際しては常に二重の盲点が存在する。あらゆる区別を超越する世界の統一性と、そのつど働いている観察者とである。われわれが歴史的ゼマンティクについて論じる際には、この点が前提とされている。それゆえに、「それらのゼマンティクが内在的なものを保護し超越的なものを隠蔽するということを成し遂げるのはいかにしてか」と問うことができる（また、そう問うことで当の素材にもう一度目を通すことができる）のである。あるいは、「いかなる神秘化が組み込まれており、それによって、何を見ていないかを見ていない、ということを見ていないという事態が生じるのか」と問いうると言ってもよい。

ここでこの二次的分析を全うすることはできない。それを行おうとすれば明らかに、世界に関しては宗教的基礎に行き着いてしまうだろうし、観察者に関しては二値論理学の公理に至ることになる。後者は明証的であるがゆえに、それが観察の道具として設置されたものであることを、したがってまた観察者を、覆い隠してしまうのである。そこから、伝統を規定してきた（伝統への批判すら規定してきた）存在論的形而上学を、その《怠慢》に関して批判するという事態が生じてくるのも明白である――これは今日においてはとりわけジャック・デリダが取り組んできた課題である。(384) マスメディアによる全体社会の描出に関しても次のことが言えるだろう。事実と意見とが選択されたものであるということが周知でありまた可視的であるがゆえに、世界は単にさらなる事実から、またさらなる意見から成る《以下同様》ではなく、神学者なら神に関してそう言うであろうように、まったく異なる何かなのだという点が覆い隠されてしまうのである。

この点を明らかにするためには、アクチュアルな例をひとつ取り上げるだけで十分だろう。われわれが選ぶのは、近代社会の自己記述の背景としてますます考慮されるようになりつつある、エコロジカルな問題である。

近代社会は過去のどの社会にも増して、環境における不可逆的な変化を引き起こしている。一般的にはそう仮定されている。この事態は特に近代的な技術に、同時にまた市場および市場に定位した産業生産に、そしてもちろん人口統計学的な変化に、つまりより多くの人間がより長い人生を全うすることが可能になったという点に、帰せられている。これはエコロジカルな文脈における全体社会の〔言うまでもなく高度に選択的な〕記述である。それはすなわち何よりもまず、人間という生物によって担われているものとしての〔全体社会〕、ということを意味している。

われわれのパースペクティヴから見て注目すべきなのは、この記述がもつふたつの側面である。エコロジカルな連関に関する知は、ますます進展していく自然科学的な認識のおかげで、急速に増大していく。われわれはこの点では以前のどの社会にも増して、複雑性を意識するようになっている。他のどんな社会よりも、成果を約束する研究可能性が用意されているのである。しかし同時にそれによって非知が増大していきもする（しかも桁外れにである）。数学とシミュレーション技術がこの事態に適合させられても、予測不可能性を裏書きする結果にしかならない。全体社会は増大する知のもとでは（知が増大するにもかかわらず、ではなく増大するがゆえに）、全体社会の変動と環境の変動との連関に関して情報を得ることはもはやできなくなる。旧来の自然法則も技術に関する経験も、役に立たない。問題になっている事態はタイトにではなくルースにカップリングされたものであり、にもかかわらず突然変化しうるものなのである。以前には、よく秩序づけられたコスモス（kósmos）と見えていたものが、今日ではカタストロフィーが生じるかもしれない領域として描出される。一方もまた他方もひとつの形式であり、そこではマークされない空間が標語によって覆い隠されるのである。

この種の記述を申し立てる観察者は、自分自身を警告者と見なすことになる。しかしその役割を反省することはできない[385]。この観察者＝警告者はひとつの二値論理学のもとに留まる。すなわち、全体社会は、自身をラディカルに変化させない限り、自らを抹消してしまうことになる。あれか／それともこれか、である。可能なカタストロフィーから、現在すでに進行しているカタストロフィックな展開が生じてくるのである[386]。スキーマがスクリプトを示唆し、スクリプトが評価を示唆する。〔全体社会の〕窮状が、誇張や道徳化、告発を正当化する。またゼマンティクの上で、起こりうることをすでに現実となっているものに移し入れることが正当化されるのである[387]。動機によって、反省を放棄するよう求められる。窮状が有徳性へのアピールとなる──〔環境破壊を引き起こしている〕他者が有徳であるように、とである。

エコロジカルな変動を被るのは、まずもって人間である。天寿を全うする前に死んでしまうか、カタストロフィーの時点できわめて多数の者が命を落とす。あるいは慢性の病気に見舞われるかもしれない。

人間が苦しみ死んでいくのは伝染病よりもむしろ、いわゆる文明病によってである。この種の事態が注意を引きつけ、その結果として人類と全体社会とが明確には区別されなくなる。つまり全体社会を、〔全体社会〕自身によって誘導されたエコロジー問題という観点のもとで主題化することによって、別の場合ならどうしても考慮しなければならないはずのひとつの差異が覆い隠されてしまう。それはすなわち一方のコミュニケーション・システムと、他方の有機体的ないし心的システムとの差異である。まず第一に不安をかき立てるのはもはや〔人間＝社会が存続していくためには〕さらなる発展とさらなる成長〔が必要だと〕の問題だけではない。全体社会のエコロジカルな記述もまた、〔人間＝社会の存続に関する〕不安という旗印のもとで生じているのである。

知と興奮との高度に近代的なこの混合こそが、二重の不可視化というわれわれのテーゼを証明してくれるかもしれない。仮構の《シナリオ》と、蓋然性の高いこと／低いことに関する利害関心によって条件づけられた想定によってのみ記述されうる事柄に伴うマークされない空間の内部において、全体社会のひとつの記述が確立される。それはこの事態に、自己不可視化を用いて反応するのである。そのコード化の二値性〔論理的であれ道徳的であれ、予測における分岐であれ〕のゆえに、自身の位置の統一性は覆い隠されることになる。こう述べるのは非難しているわけでも、ここで扱われている事柄そのものに向かって〔こうするべきだと〕発言しているわけでもない。われわれが主張しているのはただ、他にはまったくやりようがないということだけである。観察するということは、区別しつつ指し示すということなのだから。

幸いなことに、世界およびそのつど作動している観察者が不可避的に不可視であることは、存在論的な事実などではない。問題となっているのは特定の事物の、あるいは事物総体の特性ではないのである。問題はそのつどその背後にあり、他の観察者を観察する観察者が見いだされるたびに、その問題は移動していくのである。そうした移動は時間次元においても、社会次元においても生じうる。以前の観察においてふるい落とされていたものを後になってから眼にすることもある。あるいは他の者がそれを見ることもある。言うまでもなくどの観察者にも当てはまることは、セカンド・オーダーの観察者にも当てはまる。しかしまさにそれゆえにここにおいてもまた移動が、転移〔displacements〕、差延〔différance〕が生じうるのである。(388) それゆえに問題はむしろ〔事物の特性ではなく〕セカンド・オーダーの観察の実践を、全体社会において制度化することのうちにある。近代社会ではそれが通常的なものになっているという点は、多岐にわたって、また特にさまざまな機能システムに関して、証明可能である。さらに認識する必要があるのは、次の点だけである。ここにおいて形而上学的な最終的根拠づけに対する代替選択肢が――〔「生じうる」というだけでなく、近代社会において〕すでに確立されているのである。

世界は自分自身をいかにして観察しうるのか。この問いが立てられるようになったことは、世界の近代的描出の特性のひとつである。キリスト教的な世界描出においてはこの種の問いは、神が世界を観察しているとの想定によって阻まれてきた。そうなればあとは、神が世界をいかに観察しているかをあらゆる謙虚さをもって（悪魔のように欲望をもつことなく）観察しさえすればよい。そこから、自身の行動のために結論を引き出せばよいのである。〔この想定の下では〕増大する複雑性は、ゼマンティク上の変異性によって受け止められてきた。事物の本質を区別することによって、上と下への分化によって、そして自然な秩序という観念によってである。この観念は、秩序に反する何かが、あるいは秩序の外で何かが生じうるということを排除するものではなかった。ただし違背は、受け入れられている区別を確証するものとしてしか読まれえなかったのである。この点ははるか近代初期に至るまで変わらなかった。(389) 偶発性の反省は神学の保護区に留まっていた。反省は神学によって、全体社会にとっては無害な形式を獲得していたのである。相手を個人的に知っている場合のような通常のケースを超えてセカンド・オーダーの観察を行う可能性は、神の観察者〔たる悪魔〕に委ねられたままだった。

宗教的な世界設定が後退するとともに、「世界は世界の中でいかにして観察されうるのか」との、したがって「世界はいかにして自分自身を観察するのか」との問いが解き放たれる。こうしてこの課題は、人間へと委ねられる。人間はその点で《主体》と呼ばれることになった。そうすれば人間が経験的にどんなに異なっていようとも、世界の観察に関して最終的な確実性と統一性が保証される、というわけだ。思考上のこの構図はほとんど不可避的に、主体のために《外世界的》とまでは言わないまでも《超越論的》な立場を請求することに繋がっていく。しかしこの請求は満たされえなかった。それゆえにわれわれは「世界はいかにして自分自身を観察しうるか」というよりラディカルな（パラドックスを孕んだ）問いへと戻らねばならない。そして社会学的な視線からすれば明らかに、この問いの図式は同時に「全体社会はいかにして自分自身を観察しうるか」という問いの雛形としても役立つのである。

フィヒテに由来するロマン派の伝統においてすでに、〔その種の観察の担い手の〕候補者として登場してくるのはもはや主体だけではなくなっていた。可能性のひとつは、言語と並んで、文芸であった。そこからすれば〔文芸による自己観察に対して〕代替選択肢として登場してくるのは、〔文芸よりも〕悪しき構図でしかありえなかった。例えばアウグスト・ヴィルヘルム・シュレーゲルはこう述べている。《自然総体が自己意識を持つ生命だと考えられるとしたら、自分自身を実験物理学を用いて研究するなどということをどうして為しうるというのか[390]》。それに対して二十世紀においては、他ならぬ物理学こそが、われわれの問題に対する模範例となる。この世紀の物理学にとっては、世界の自己観察が物理学的な用具に、なかでも生ける物理学者に割り当てられているのは明らかである。それら用具こそが自己観察の作動を初めて可能にする――そして同時に、刺激しもするのである。この経験が――そう呼んでもいいだろうが――主体哲学および言語哲学によって視野のうちに収められてきたものすべてを確証し、またそれを超えていくのである。そこでは自己記述の形式として数学が要求されるが、それはこの課題に適したものでなければならない。また反省の形式としては観察することを観察することが、セカンド・オーダーの観察を行うことが、必要となるのである。

このことは、盲目的な態度を取ろうとするのでない限り、全体社会の理論として、つまりは世界を記述する全体社会システムの理論として登場してこようとする社会学にとっても数々の帰結を有しているはずである。この理論もまた、全体社会の中で全体社会が、それとともに全体社会にとっての世界が、いかにして観察され記述されるかを観察し記述する際に、自身が何をしているのかを徹底的に考え抜かねばならない。そうすることによって全体社会の社会学的《批判》として提起されてきたもののすべての伝統的枠組は、破砕されてしまうのである。

批判的社会学は、よりよく知っているという態度を想定してきた。自身は〔主要な記述と〕競合する記述者であり、欠点のない道徳的熱意とより透徹する視線を伴っているかのようにふるまってきたのである。いかに慎重に定式化されていようと、また科学性への要求を満たそうといかに努めようと、そのパースペクティヴはファースト・オーダーの観察者のものだった。批判的社会学は全体社会の競合する記述を提供し、そうすることによってひとつの課題に直面することになった。すなわち、他の者たちはなぜこのヴァージョンを共有しないのか、利害関心に目が眩んで全体社会を別様に（例えば、商業社会commercial society〔86〕として）記述するのはなぜなのかを説明しなければならなかったのである。それゆえに説明概念は、中傷しようとする意図とは無関係ではいられなかった[391]。しかしまたそれだけからしてすでにアンビヴァレントで、持続しがたい立場へと至ることになった。全体社会に同調的に、また保守的、肯定的等々に思考する者を記述し、その人はなぜそうするのかを、さらにはなぜそうせざるをえないのかを説明することが、自身の理論展開の停滞をある種補償したのである。イデオロギー批判が重点となり、自身の全体社会記述は一定の範囲において、他者の振る舞いを説明しようとする試みへと変化していった。他者が、全体社会のいかなる条件のもとで、批判者が正しいと見なすようなかたちで全体社会（他者自身を含む）を記述できる状態にないかということを説明しようと試みられたのである。そして保守的な態度が（つまり、フランス革命の理念に反対する態度が）説得力を失っていくにつれて、またリベラリズムの観念世界が経済的な事態に転用されることによって動態的安定性を獲得するにつれて、批判者はますます敵対者に魅惑されていくことになった。最後には、批判者は敵対者を定式化し、自身が批判という仕事を遂行することができるように、《新保守主義的》というレッテルが発明されねばならなかったのである。理性的了解への展望という点における不合意の持続的生産こそが、危機と批判というこの偉大な市民的伝統の帰結としての最終的立場なのである。ここで誰もが、ユルゲン・ハーバーマスの知的運命のことを思い浮かべるはずである。

（通常了解されている意味での）批判においては、全体社会に関するある種の診断が前提とされている。そこでは全体社会は、何らかの危機に陥っているものとして記述されるのである。ただし危機は一時的な状態である。希望を放棄する必要はない。現在の危機的な諸現象は誤った発展に、とりわけ産業資本主義に由来するのであり、それらは正すことができるのである。言わば全体社会の背後に、よき全体社会が控えているはずである。よりよい未来に到達できるよう、よき全体社会に向けて構造や効果的な手段の舵を切り直すことができるのである云々。七〇年代に至ってもまだ、近代社会におけるエコロジカルな問題は資本主義社会の現象であって社会主義的な条件のもとでは生じないだろうなどという文章が散見された。しかし近代社会が自分自身に関する経験をリアリスティックに考慮に入れることを学ぶにつれて、帰属水準のこの二重化は消え去っていく。そしてそれとともに危機も消滅するのである。どんな困難に遭遇しても、また汲み尽せないほどの修正可能性に直面しても、われわれは進化の結果として成立した全体社会と折り合っていかねばならない。ユートピアの必要性ですらやはりこの全体社会に帰せられうるのである。

このような状況を観察するためにはサード・オーダーの立場が必要であるが、それをセカンド・オーダーの観察の立場から原理的に区別することはできない（区別されうるのは、反省の度合いにおいてだけである）。問題なのは単なる連鎖現象ではない。単に、「Aは、BがCをどのように観察しているかを観察する」あるいは「ハーバーマスが、ヘーゲルがカントをどのように記述したかを記述する」ではないのである。むしろ、問題はセカンド・オーダーの観察の可能性の条件についての反省である。また、セカンド・オーダーの観察がおこなわれていてもなお、共通の世界あるいは諸記述を可能にする全体社会たりうるものに対して生じる帰結を反省することなのである。このような状況の中で、いわば批判的社会学のさらなる展開として、《批判》によって指し示された区別を、〔相異なるオーダーの〕観察者を区別することによって置き換えようとするのは自然な発想だろう。そこでもやはり、「あらゆる観察および記述において（セカンドないしサード・オーダーの場合も含めて）問題となるのは、文脈に依存したリアルな作動である(392)」との洞察が前提となる。セカンド・オーダーの観察者もまた、常にファースト・オーダーの観察者である。この観察者は他の観察者を通して世界を（いかに批判的にであれ）見ることができるように、後者を客体として把握しなければならないからだ。セカンド・オーダーの観察者もやはりまた、他の観察者をその対象として取り出して、これを通して世界を（どんなに批判的にであれ）見ている限りは、ファースト・オーダーの観察者なのである。そこから前者は、オートロジカルな推論を行わざるをえなくなる。すなわち、観察の概念を自分自身に適用しなければならなくなるのである。観察者はもはや、超越論的に根拠づけられた特別の権利を伴う主体として保護されているわけではない。観察者は、観察者が認識する世界に引き渡されている。観察者には自己除外など許されてはいないのである。観察者は自身を、自身が用いている形式の内側に、さもなければ外側に位置づけねばならない。スペンサー＝ブラウンいわく、観察者自身がひとつの《マーク》なのである(393)。

世界に対するいかなる観察も、世界の内部で生じる。同様に全体社会の観察も、コミュニケーションとして実行される以上、全体社会の中で生じる。全体社会の批判は、批判されるシステムの一部なのである。批判は〔全体社会によって〕インスパイアされ助成され、観察され記述される。批判が自分自身で、よりよい道徳ないしよりよい洞察を備えているなどと主張するならば、それは今日の条件のもとではまったく困った結果を導くことになるだろう。

さらなる帰結は、あらゆる観察が用具に依存しているということのうちに存している――量子物理学に至るまで、である。これはまた、選択が不可避であり完全性は排除されるということを意味してもいる。他者観察においても自己観察においても、ひとつのオートポイエティック・システムのリアリティ総体を捉えることなどできない。他方で観察者は〔やはりいずれの観察の場合でも〕、システムのオートポイエーシスの実行条件には属さないような規則性を確認できる。話すことができるためには文法を知っている必要などない。しかし観察者なら、当該の規則を認識できるのである。システムの外的関係における規則性についても、同じことが言える。外に対してシステムがどのような形姿で立ち現れてくるかについても、インプットとアウトプットについても同様なのである。これらすべての点に関して全体社会の自己観察の形式としての社会学はやはり、対象よりも優越する〔対象のオートポイエーシスを捉えるという点においては〕。しかし社会学は、オートポイエーシスにとっては冗長なのである。社会学の知は全体社会の知であり、そうであり続ける。にもかかわらず社会学は、社会学をもたない全体社会が知っているであろうこと以上に知っているのである。ポール・ラザースフェルドはこの事態を名指すために、潜在構造分析の概念を導入し、経験的社会研究の方法論と結びつけたのだった。

このように了解された潜在的なものは、ファースト・オーダーの観察者の観察〔の対象となる〕領域である。この観察者は、〔観察が実行される〕以前よりも多くのことを知ろうとしているわけである。〔しかし自身の観察がどんな「潜在的なもの」を前提にしているのかを、反省しようとはしない。〕いわゆる《実証主義論争》において不十分だと批判されたのは、この点であった。[394] この論争に関してどのような判断が下されようと、セカンド・オーダーの観察の可能性もまた、つまり全体社会を観察を行うシステムとして観察するという可能性もまた存在しているという点は変わらない。セカンド・オーダーの観察者に関しても、「観察される観察者よりもわずかしか見ることができないが、しかし別様に見うる」ということが言える。それゆえにこの観察者にとっては潜在性の概念は別の意味を帯びることになる。すなわち観察される観察者の盲点に、この観察者が見ることのできないものに、関係づけられるのである。そして全体社会において自然かつ必然的だとして通用しているものが、このパースペクティヴの中では人工的で偶発的なものとなるのである。しかしだからといってそこから、それはいかに別様に作られるべきであったかを述べることができる云々という話にはならないのである。

社会学が自身を今述べたような意味で《批判的》なものとして理解するとしても、《フランクフルト学派》の指令に従うということには必ずしもならない。単なる対置を、《資本主義》、《システム》、《階級支配》を拒絶することを回避するのも可能である。それらは代替選択肢の構想がないまま、否定の中で身動きが取れなくなってしまっているからだ。潜在的なものを、イデオロギーを、全体社会の自己観察が皮相であり視野を塞いでしまう[395]ということをも含めたとしても、また全体社会システムの構造からほとんど耐えがたい帰結が生じてくるという点を視野に収めたとしても、その種の記述によってもうひとつ別の全体社会という対象を確立するための処方箋が与えられるわけではない。全体社会の内部において、注意力と感受性とが移動するだけの話である。《批判的》を以上の意味で受け取るならば、それがさしあたり意味するのは、社会学はセカンド・オーダーの観察者の立場を引き受ける、ということである。社会学が関わるのは、観察者を観察するということなのである。すでに注意を促しておいたように、そこには《オートロジカル》な理論構成要素が含まれている。この「観察すること」の対象は観察することなのであり、それが他の観察か自身の観察かという問いは二次的なものにすぎないからだ。さらにこのプログラムは不可避的に、科学に関する《構成主義的》な了解へと至ることになる。(396) 科学が自分自身をセカンド・オーダーの観察者として把握するのであれば、観察とは独立して与えられている外界に関する言明は回避されるはずである。今や科学が、自身の認知がリアリティと関連しているということの最終的保証を見いだすのは、ただ自分自身の作動の事実性のうちにのみである。また、「それは高度に複雑な諸前提（われわれは「構造的カップリング」と呼んでおいた）なしではまったく不可能である」という洞察のうちにのみである。したがってここにおいて《独我論》の危険を嗅ぎつけるのは誤りであろう。矯正策はセカンド・オーダーの観察そのもののうちに存している。すなわち認識の《オートロジカル》な構成要素のうちに、「認識するということはすべて区別の使用であり、その限りでの限りでのみ！――常にシステム独自の働きである」という洞察のうちに、である。自己言及と他者言及との区別が存在しないとしたら、ここで論じている問題をそもそも定式化することすらできなかったはずである。そしてこの区別がなされるのは、「「自己」「他者」という語を用いている」定式化そのものからしてすでにそうなるのだが、ただシステムそのものの中においてのみ、環境におけるいかなる相関物もなしでだけのことなのである。

ファースト・オーダーの観察者は、つまりここでは全体社会における通常のコミュニケーションは、マトゥラナによる定式化を採用するならば、世界をひとつの《ニッチ》の中で観察する。(397) それゆえファースト・オーダーの観察者の哲学からすれば、世界は存在的に与えられているのである。それに対してセカンド・オーダーの観察者はシステム／環境関係を認識できる。その関係は、この観察者にとって与えられている世界の中で（この観察者のニッチの中で）別様にも組織されえたはずなのである。セカンド・オーダーの観察者から見れば、ファースト・オーダーの観察者が何を眼にして何を目にしないかは、観察においてどんな区別が踏まえられているか次第である。そしてそれは常に別の区別でもありうる。

今述べたことはあらゆる観察に関して、したがってセカンド・オーダーの観察に関しても成り立つ。いかなる観察も、ひとつの区別を用いて何かを指し示す（しかしその区別そのものが指し示されることはない）。言い換えるならばいかなる観察においても、作動上用いられる区別が、盲点として利用される。さもなければ、何かを取り上げてそれを指し示すような状態にはなりえないだろうから。そしてこれはセカンド・オーダーの観察についても、成り立つ。理論がこの意味でラディカル構成主義的に改訂されていくほど、構造的潜在性という前提は作動的潜在性という前提によって置き換えられねばならなくなる。セカンド・オーダーの観察の水準にとってこれが意味するのは、必然的な潜在性が偶発的になるということ[398]、つまり選択可能であり常に他でもありうるということである——観察においてどんな区別が踏まえられているのか次第で。

全体社会システム、つまり自分自身の内部においてファースト・オーダーおよびセカンド・オーダーの観察を可能にするシステムに関して言えば、ファーストの水準からセカンドの水準への移行によって生じる帰結として、リアリティが偶発的な、他でもありうるものとして記述されるようになることが挙げられる[399]。ファースト・オーダーの観察にとっては自己記述は、不変の基礎についての、自然＝本性および必然的なものについての陳述をもって終了する。今日においてこの地位を占めているのは、いかなる意味でも懐疑不可能なもの（Superunbezweifbares）を象徴する価値概念である。それに対してセカンド・オーダーの観察者にとっては世界はそのつど相異なる区別を介しての構成物として現れてくる。したがって世界の記述は必然的ではなく偶発的である。自然＝本性との関連で正しいものではなく、人為的なものなのである。記述そのものがオートポイエティックな産物となる。そこでは（この点のうちにオートロジカルな構成要素が存しているのだが）「必然的／偶発的」の、また「自然的／人為的」の差異がさらにもう一度反省され、ファースト・オーダーおよびセカンド・オーダーの観察による区別へと帰せられるのである。ひとつの共通の基礎、ひとつの基礎的シンボル、ひとつの最終的思想という野心は放棄される。あるいはそれは哲学者へと委ねられるのである。いずれにせよこのような道筋では社会学は、かつてヘーゲルが《精神》と呼んだものへ至ることはない。社会学は精神科学ではないのである。

今日の文脈では、今示唆した違いはもっぱら価値概念によって論じられている。どんな科学も、社会学もまた、価値をもたないコミュニケーションを産出しようと欲しているわけではないのは、自明の理である。その意味では《価値自由》な科学など存在しない。しかしその点以外にこの定式化によって考えられていたのは何だったのだろうか。この問いもまた、ファースト・オーダーの観察とセカンド・オーダーの観察とを区別することによって解明される。ファースト・オーダーの観察者は、価値を用いて観察する。この観察者にとっては自身のそのつどの価値が、認識と行為とを操舵する違いを形づくるのである。(400) セカンド・オーダーの観察者は価値のゼマンティクを、コミュニケーションの中でそれが使用されることへと関係づける。この観察者は例えば、価値を引き合いに出すことによって決定が導き出されうるわけではないし、コンフリクトが回避されうるわけでもないということを認識できる。しかしとりわけ、価値の懐疑不可能性がコミュニケーションの中で産出されていくのはいかにしてかを目にしうる。それはすなわち直接的にではなく間接的に、価値についてではなく価値を用いてコミュニケートすることによってなのである。正義・平和・健康・環境維持などに賛成であるなどという伝達がなされるわけではない。そんなことをすればその伝達に対して、引き受けないし拒絶によって反応する可能性が開かれてしまうことになる。そうではなくて、正しいと、あるいは正しくないと考えられている事柄が単に口にされるだけなのである。価値の妥当は前提とされる。そしてコミュニケーションのこの形態においてのみ、懐疑不可能性が日々新たに生じてくることになる[401]。

したがってセカンド・オーダーの観察者のパースペクティヴにおいては、何かしら《価値自由》に議論がなされるわけではない。価値づける区別は自分自身に関して盲目的に作動する。この区別が「価値の妥当／コミュニケーション」という区別によって置き換えられるだけのことである。この区別もまた、オートロジカルな逆推論が教えてくれるように、盲目的に機能する。研究の実践の中でこの区別が確証されず、他の区別によって置き換えられねばならないということもあるかもしれない。かくして全体社会の自己記述というコミュニケーションの文脈では、価値への直接のアンガージュマンに対する距離が、全体社会の内部において作り出されることになる。社会学はこの距離のゆえに、自身の作動上閉じられたシステムの内部において、自身のコミュニケーションのネットワークを達成することが可能になるのである。

社会学にはさらにまだできることがある。それは、セカンド・オーダーの観察者としての自身の立場のための構造的条件を反省することである。容易に見て取れるようにそれは、全体社会システムの機能分化のうちに存している。全体社会システムの機能分化によってどの機能システムにも、独自のオートポイエーシスを備え付けることが可能になる。同時に、他のすべてを代弁しえたかつての《支配的》な立場は除去されることにもなる。こうして論理的に豊穣な構造が成立するが、それは伝統的な期待を尺度として見れば相対主義ないし多元主義として記述されることになる。機能システムはそれによってとりわけ、独自の境界を獲得し再生産する。この境界によって、自己言及と他者言及との差異を通して全体社会を再構成することが可能になる。ただしそれはあくまで当の全体社会自身の機能システムとの関連においてのことであるが。科学も、また特に社会学もやはり、この枠条件のもとで作動する。社会学は全体社会を記述する中で、社会学自身がその全体社会の中で全体社会によって可能となっているという点をも把握するのである。

以上の議論は結局のところ、「コミュニケーション連関の中で、セカンド・オーダーの観察の水準における安定性はいかにして生じうるか」という問いへと戻っていく。ファースト・オーダーの観察者は、「秩序づけられた世界があり、その世界は明確なメルクマールを有している。それを記述できるが、その記述は正しいこともあれば誤っていることもある」という前提から出発する。それに対してセカンド・オーダーの観察者は論理的－存在論的なこの仮定を放棄しなければならない。世界は多様な観察を許容するということを、しかも世界が相異なる区別において示すものをどれかの、あるいは他の観察の錯誤として常に除去できるわけではないということを、前提としなければならないのである。回帰的作動の一般的理論を踏まえるならばこの問題を、システムの《固有値》についての問いとして定式化できる。[402] 相対的に不変の客体世界は、またその変異の規則性（予期可能性）は、今やシステムの《固有値》として観察されうる。固有値はシステムによって構成されるのである。潜在性の観察をも含めることによって、問題はさらに尖鋭なものとなる。そうなれば、現象をもはや了解できないということを知りうるのであり、したがってにもかかわらずコミュニケーションの継続を可能にするような言語形式を発展させねばならなくなる。そのための手がかりは、実体概念から関数＝機能（Funktion）概念への移行によって与えられうるかもしれない。[403]

あるいは、「機能の機能とは機能である」と定式化することもできるかもしれない。そう述べることによって、次の点を明らかにできる。機能ということで問題となっているのは普遍的に、したがって自己言及的にも実践されうるひとつの形式である。そこにおいてさらにまだ問われうるのは有益さや機会適合性などについてであって、可能性の条件について問うことはできないのである。そこで扱われているのは問題への関連によって限定された比較手続であり、それは実践的な目的にも、また理論的な目的にも適合的である。また、潜在的機能についての問いという形式を取る場合には特に、他者が何を観察しえないかを観察するために適合的なものとなる。機能的な考察様式が《批判的》に（ここでは、拒絶のために召喚されるという意味だが）意図されるか否かについては、やはり未決に留まる。[404] その点の評価は観察者へと委ねられる――その観察者自身が「批判的／同調的」という区別を用いて観察しようとしている場合に限っての話だが。

機能の機能は、セカンド・オーダーの観察の水準でのオートポイエティックなコミュニケーション連関の中で固有値たることである。この示唆は典型例として理解されるべきである。典型例として、また歴史的なものとして、である。現にそのように生じたものとして、と言ってもよい。自己記述のこの水準において回帰的な作動が生じているということだけから固有値が生じうるということを、またどんな固有値が生じるかを、導き出すことはできない。ファースト・オーダーの観察者が同時に常に随伴しており、そこでは世界は事物からなる世界として受け取られている場合には、固有値を見いだすことはやはり困難である。さらにまた、他の固有値が存在するかもしれない(405)。特に、自己言及的な不可欠性〔と当初は思われたもの〕が、他でもありうるものとして証明されるかもしれない。例えば、効用を反省することを拒絶することの効用についての問いにおける効用概念の場合のように。またとりわけ、理性の概念を自然的で人間を動物より区別する現象から、超越論的な、自分自身を明白にするものへと改造する場合のように、である。これらすべては秩序づけられた無配慮であり、それによって、客体の一致した把握を放棄しなければならない場合でも、その結果まさにその反省を放棄しなければならない場合でも、全体社会の内部において全体社会についてのコミュニケーションを継続することが可能になるのである。近代社会の固有値は結局のところ機能を挙示することのうちにある。したがって自己記述は、自己記述の機能へと定位しなければならない。だがこれが当たっているとすれば、他の可能性を一瞥することが常に組み込まれているということになる。そして言うまでもなくこれは、記述の構想の精緻さについての新たな要求が生じてくるということを意味している。この構想においては、〔他の可能性の存在〕にもかかわらず問題および機能的等価物に関して合意に達しえねばならない。また意見の多様性を保持しつつ、任意なものへ通じるドアを開いたままにしておいてはならないのである。

この点に関しては最後に、記号論とテクスト理論に由来する考察に触れておくのもよいかもしれない(406)。

テクスト分析の言語学的・構成主義的・脱構築主義的な技法は現在までの間に大きな前進を遂げており、その結果、形而上学的な前提を介してリアリティ概念を保持している社会学者に脅威を及ぼすまでに至っている。この〔技法による〕批判の出発点は、記号と外界との関係の可能性を問題化することだった。その結果、リアリティ概念の定式化が修正されることになった。リアリティが以前と同様に任意の主題化に対する抵抗として把握されるべきだとすれば——他にどんなリアリティ概念があるというのか——、問題となるのは記号に対する記号の、言語に対する言語の、コミュニケーションに対するコミュニケーションの、抵抗であるはずだ[407]。これはすなわち、回帰的に形成された複雑性が問題となる、ということである。この見方からすればシステムは継続する作動の中で、自ら生み出した不確実さを用いて、自ら生み出した抵抗を用いて、その瞬間ごとに固有値として扱われうるものをテストするのである。社会学的な理論構成の中でこの点を考慮に入れようとするのであれば、全体社会の理論もまた自己言及の構想のほうへと転換を遂げねばならない。

近代社会は、アリストテレスにおける神の場合と同様に、自分自身に関わり合う。この社会はキリスト教における神の場合と同様に、自分自身のために行うことすべてを〔自ら〕行うのである。しかしヨーロッパ旧来のゼマンティクとの違いもある。このゼマンティクでは、閉じられた自己言及というこの種の構図は超越的なものへと移され、無条件の善という特質が付与されてきた。そうすればそれとの対照で、時折生じる堕落を、さらには〔人間の〕自然＝本性が（またその点で、全体社会が）原理的に腐敗しているということを際だたせられる、というわけだ。それに対して近代の、自己言及的に閉じられた全体社会は自分自身を、欠陥を孕むもの、批判を要するもの、改善可能なもの、そして再び、啓蒙を負わされたものと見なすのである。旧世界では、世界は第一観察者である神の眼によって観察されているものと、あるいはこの基準が明確でなくなった場合には（そもそも神は区別を行う〔つまり観察者である〕のか?）、より善きものを鏡として観察されうるものと、考えられていた。それに対して近代社会が関わり合うのはとりわけ、自身の惨状になのである。自分自身しか頼りにすることはできない。しかし自身が観察しているということを観察する中で常に、何かが止まってしまう地点へと至ることになる。それは結局のところ、そこにおいて善きことと悪しきことが融合してしまうような中心点なのかもしれない。つまりそこにおいては、観察者が自身がいかに観察しているかを観察できないということが観察されうるのである。この構造がもつ独特の逃れがたさは、もはや彼方において、無条件に存在する本質という形式において現れてくるのではない。われわれにとっては、それは観察することの作動そのもののうちに存している。メディアとしての意味に依拠していることのうちに、と言ってもよい。このメディアはただ選択的にのみ、形式形成のためにのみ、何か他のものへの参照を伴うかたちでのみ、用いられうるのである。もはやそれを嘆く理由は見あたらない。嘆くことそのものに関しても、同じことが成り立つからである。

XXII　反省されたオートロジー——全体社会の中での、全体社会の社会学的記述

締めくくりとして、本書で描出されてきた「全体社会の中での全体社会の記述の提起としての全体社会の理論」という構想を定式化し直しておこう。その際、構造的な問いとゼマンティク上の問いとを区

別しておかねばならない。ただしどちらの点においても出発点とされるべきは次の洞察である。全体社会システムの記述はただ当のシステムの中でのみ、システムの用具によってのみ、そして常にシステムの作動の一部によってのみ生じうるのである。構造的にはこれはすなわち、社会学という部分システムの部分システムである以上、競合を考慮に入れねばならないということである。このことはとりわけ、そのつど何が世論として通用するのかを規定する要因に関して成り立つ。マスメディアを、また影響力の強さという点では差はあろうが、さまざまな抗議運動を考えてみればよい。その点で社会学は、世論を動かす事柄（チェルノブイリ、ドイツ再統一、ソヴィエト帝国の崩壊、湾岸戦争）に即座にコメントせよという圧力のもとに置かれている。あたかも社会学が、あらゆる事柄を説明しようという自身の試みを成し遂げるために、自分自身が出来事＝事件とならねばならないかのようだ。社会学がそうふるまえるようになるには、明らかに、まず体験がなければならない。社会学が、自身に由来するわけではないこの条件と折り合うことができないのは明白である。それゆえに社会学は、自身の理論形式の回りくどさのゆえに、また自身のゼマンティクを方法論的に確証しなければならないがゆえに、世論の領域においては劣位に立っているのだという点を反省しなければならないのである。

　この状況の中で同様に重要となるのが語の選択についての問いであるが、それは文学的[408]形式についての問いにまで至る。もちろん社会学は、哲学なら与えてくれるような文学的造形の可能性を豊富に有しているわけではない。社会学は《科学性》を尊重しなければならない。これはとりわけ、文体上の問題である。論理実証主義の検証／反証文体は乾いたものだったが、そこでは他のあらゆる表現形式が詩ないし形而上学として貶められていた。しかし今日ではおそらく、そのような文体こそが適切であるということから出発できはしないだろう。論理実証主義が哲学的に、また認識論的にもはや擁護できないという点は措くとしても、(409) そこで示されているのは他でもない、客体を正しく表現するということ、つまり客体を外から眺めているということなのである。その場合でもなお選択の余地は残されている。当事者であることや同情を抱いていることを表現する描出形式を優先してもよい。ただしそのためには事柄そのものに関して肩入れすることがほとんど不可避だろうが。あるいはまた、(ロマン派的な)アイロニーという反省形式を優先してもよい。そこでは当の事態に巻き込まれていることが、にもかかわらず(malgré tout)距離として表現されるのである。社会学においては、カール・マルクスとマックス・ヴェーバーなどの対照的な著述家の場合ですら、粗野と洗練の程度の違いはあるとはいえ両方の可能性が知られていた。追加的に科学としての要求が反省される場合には、理論的に強いられた抽象による無感情性に表現形式としての効果を発揮させることもできるだろう。それは最後にはパラドックスにまで至ることになる。つまりテクストがあまりにも難解であるがゆえに読者は共に考えることから免除され、ただ文の流れに沿って読み通してゆけばよいということになるのである(410)。

近代社会の記述においては、道徳的に支持可能なメルクマールが優先されてきた。これに関してなら全体社会においてコンセンサスを期待できるはずだ、というわけである。その理由は了解可能だろう。特に、世論というメディアの中で成功しなければならないということに基づく理由を考えてみればよい。他の場合と同様にここにおいても、思考し定式化する際には時流に適った流行に定錨することが、何かが想起される(また何かが忘却される)ための前提であるように思われる(411)。当然のことながらこれは、全体社会はただ善きものとしてのみ、したがって関与者は同調する義務を負うものとしてのみ扱われてきたということを意味するわけではない。道徳は悪しき面をも有している。しかしそれでも道徳は、悪しきものに抗うことを、全体社会を変革することに（まったく別の全体社会のために、とまでは言わないにしても）力を尽くすことを、要求するのである。とりわけアメリカ社会学は驚くほどに、善きもののために尽力することに関わり合ってきた。悪しきものはせいぜいのところ《逸脱 deviant》として受け取られ、社会改革的な努力の目標として描出されてきた。[412] そこではまさにアメリカ映画のストーリーがコピーされているのである。善人が困難に直面し、考えられる限りの不都合によってあやうく破滅しかける。しかし最後にはピカピカの新車で凱旋し、キスで報いられる、というわけだ。明らかにパーソンズ自身はそんなことをもくろみはしなかった。そんなことをすれば、サイバネティック・ハイアラーキーの頂点に位置するL機能が悪魔によって占拠されてしまうということになりかねないではないか。マルクス主義者はまさにそう仮定しているからこそ、それに対抗する義務があると考えているのである。

言うまでもなく道徳という観察と記述の水準においては、今述べた姿勢に反対することなど何も述べられえない。問題はただ社会学理論がこの水準を、それが全体社会においてコミュニケートされねばならないという理由だけによって、受け入れねばならないのか否かという点だけである。道徳を、多くのコード化のうちのひとつと考えて、道徳それ自体は拒絶しつつ、他者が道徳のコードを踏まえて語ることは容認するという態度を取ることもできるのではないか。善きものに与し悪しきものに抗うべしとの強制が存在しているとしても、いずれにせよそれが生じてくるのは理論の真理プログラムからではなく、マスメディアの選択様式から、特にテレビ文化からである。テレビ文化では道徳を、見えるように、聞き取れるようにはっきりと否定する者は、《冷笑家》として現れてくるのである。

〔道徳を扱うための〕最初の、しかしあまりにも弱すぎるヴァージョンが見いだされるのは、「価値変動」という語が用いられている場合においてである。それによって歴史的相対性が認められはするが、事態そのものは探求されないままとなる。その際求められているアンガージュマンは、そのつどの現時的な価値に制限されている。世論の中で重要になるのはこの価値だけである。それは自ずから生じてくる。この可能性には、構想が与えられる。〔価値転換のための〕前衛として働くこともできるし、〔新たな価値に〕接続するためのタイミングを計ってもよい。しかしそこでは次の点がまったく洞察されないままである。すなわち価値は常にふたつの部分から成る観察図式であり、そのつど善き値とともに、この図式に属する悪しきものを伴いつつ生じてこざるをえないのである。実際には価値変動への動機づけは、どちらか一方の側により強く存している。しかしそのこと自体ほとんどもうコミュニケートされえないのである。ましてや次のように主張してみたところで、世論において反響を巻き起こすことなどできないだろう。戦争と平和の間の、あるいは将来の世代の生と死の間の選択は、価値観点としてはどんなに重要であろうとも、区別としてはほとんど重要性を有してはいないのだ、と。

同様に、というよりはおそらくさらに強く、マスメディアにおいてはパンチの効いたメルクマールが優先される。そのようなメルクマールのもとでは一定の観念がただちに喚起され、コミュニケーションの中へと持ち込まれうる。しかしまさにそれゆえに、個々の現象が強調されるしかなくなるのである。日常的コミュニケーションにおいては、マスメディアが生み出す知から出発できる。これは資本主義、産業、科学に基づいた（ブラックボックスのように機能する）技術、情報、そしてリスクなどの見出し語についても言えることである。注意深く共に観察する者なら、自分の経験をそれらに結びつけることができるだろう。そしてそのうちのいくつかは（例えば「情報とリスク」は）他でもないオートロジカルな推論を強いることになるのである。

いずれにせよこれらの標語は、個別的なものから普遍的なものへの移行を連想させる。したがってまた、世論において一時的なセンセーションを巻き起こすような記述から、理論に導かれた、科学の内部においてのみ確証されるべき分析への移行を、である。それによりまた観察者の観点も、サードではないにしてもセカンド・オーダーの水準へと移行していく。《事態はこうである》との態度は概念の働きによって置き換えられていく。後者は自分自身に支えを求める。自己記述が自己記述のテーマとなるのである。(413)

観察することと記述することの論理は、単一次元的な構造から多次元的な構造へと転換されねばならない。これはすなわち（ゴットハルト・ギュンターの言うように）、記述を作成するための論理的な場所が斉一である、あるいは代理可能であるということが放棄されねばならないのを意味している。全体社会の記述はもはやただひとつだけの区別を用いて、あることを際だたせ他のことは脱落させればよいというわけにはいかない。そのつど用いられている区別の中で排除された第三項（世界、全体社会の統一性、観察者自身）は他の区別の対象となりうる。そしてその区別のほうも、自身の排中律（第三ノモノハ与エラレズ tertium non datur）をさらなる観察者の介入に晒すのである。選ばれたどの断片も、最終的妥当性を、あるいは他のすべてに対する裁判官機能を主張できない。どれもが自分自身に関しては、盲目的に作動するのである。しかし同時にまた、原理的に指し示しから逃れるもの、その《本質》を根拠として秘密に留まらねばならないものなど存在しない。何かについて言われうることのすべては、言うことそのものにも当てはまる条件のもとでのみ言われうる。道徳の場合と同様に社会学についても、自己除外の禁止が成り立つ。無条件に成り立つのはこのことのみである。

二十世紀の社会学は、これらの要求を満たすことができなかった。社会学が《危機の科学》として確立された以上、自身の理論的危機の中で立ち往生するしかなかった。社会学が、自身は科学であると主張できるように《経験的》研究として営まれている以上、全体社会の理論に到達することはできなかった。到達するためには自身の論理を、因果概念を、方法論をオートロジーへと、したがって自己包含へと合わせなければならないだろうからだ。社会学は数多くのテーマを取り上げ、有益な研究結果を提示することができた。しかし対象に即した全体社会の理論を精錬していくためには、自分自身を自身の対象の中に含めることが要求されるはずである。それはすなわち、歴史と価値を含めたあらゆる固定点を放棄するよう求められるということなのである。

端緒も終局もないこの状況の中では、「理論手段を可能な限り明確に解明し観察に晒すべし」という課題が提起される。理論手段とは何よりもまず概念である。概念とは区別である。区別とは「境界を横断せよ」という指令である。区別は形式としては、閉じられていると同時にそれ自体区別されうる。《区別とは、自己完結である》と、スペンサー＝ブラウンは述べている(414)。しかし他ならぬこの完結性こそが、区別を扱う可能性を与えてくれる。理論はその形式によって、その区別によって、自身の盲点を露出させる。すなわち、理論にとっては不可視であるが、理論が何かを見るに際してはそれに依存するものを、である。ただしそれを露出させることは、最終的に争う余地のない根拠への帰還を導いていくという意味をもつわけではない。肝心なのはただ、ああではなくこう始める時に何を構成しうるのか、どのくらいの感受性が展開されうるのかという点だけである。その意味は、批判を容易にしかつ困難にするという点に存している。別様に行うべしと要求することはできるが、少なくとも同じくらいうまく行わねばならないのである。

社会学が自分自身を、全体社会の自己記述への貢献として反省するのであれば、認識論および方法論に関して、それに適した観念を発展させねばならない。その課題はもはや、あらかじめ与えられている客体を、静態においてであれ動態においてであれ模写することにあるのではない。問題はむしろ、日常の自明性からの距離を引き受けて、というよりも意識的につくり出して、より抽象的に確証された一貫性の水準を達成するような理論を生み出すということなのである。古典的修辞学のパラドックス化技法の再生のことを考えてみてもよいだろう。そこでは、問題を別様に、新たな解決策との関連において定式化するという他ならぬこの目的が追求されているのである[415]。実際に近年における科学批判の文献の中には、あたかもこの伝統を意識していたかのように聞こえる定式化が含まれているのである[416]。

とはいえ十六世紀以降、事は決定的に変わってしまった。特にわれわれは当時のように口頭伝承に由来する、言葉の力に対する信頼をもつことはできなくなっている。言語的テクスト、機知に富む用法、曖昧さだけからパラドックスが生じてくるわけではない。しかし今日ではもはやそれすら必要でなくなってしまっている。観察すること（認識することおよび行為すること）はすべて、パラドキシカルに設定されているからだ。それらはすべて区別に依拠しているが、その区別は作動として投入されはするものの、統一性として反省されることなどできないではないか[417]。その種の反省が試みられれば、ひとつのパラドックスによって罰が下されることになるだろう。すなわち、「異なるものは同じである」ということになる。再度述べておくならばこれは認識することにも行為することにも、ファースト・オーダーおよびセカンド・オーダーで観察することにも当てはまるのである。

（合理的に）認識することと行為することに関するヨーロッパの伝統においては、最終的根拠について、原理について、異論の余地のない格律について問われてきた。それを続けようとするのであれば、全体社会の自己記述のひとつについて、「それで正しい」と宣言してやらねばならないはずである。〔そのためには〕権威を利用しなければならなくなるだろう。さらにまだ根拠をあげることができるのであり、そうしていけばやがては誰もが説得されるだろう云々という仮定も、その種の権威のひとつなのである。しかしそのような主張を観察する（これは常に、「全体社会の内部において観察する」ということである）ならば、それは自身がそうであると考えているものではもはやなくなってしまう。この主張は自身が観察する領域において区別を行い指し示しを行ってきた。今やそれ自体が区別され指し示されるのである。世界は、全体社会は、区別することの可能性の条件としては、観察者にとって同一である。しかしどんな区別が出発点となるかによって別様に分かたれ、したがって別の道筋でパラドックスとなるという点では、同一ではないのである。全体社会の自己記述を、それもまた全体社会の内部において観察されえ記述されうる作動として把握するならば、観察することと記述することすべてを統一性のパラドックスを隠蔽し展開することとして把握するのを避けるわけにはいかなくなる。そうなれば、それが相異なる仕方で生じうるのは自明の理であろう。

今日の学術的風景のもとでは、このパラドキシカルな出発状況を、構成主義と脱構築主義の統一性として記述するのは自然な発想だろう。社会学による構成が自分自身の脱構築可能性を同時に反省しなければならないということも、そこに含まれる。この事態を精神医学的な意味でコミュニケーションの報告的構成要素と指令的構成要素との緊張として理解することもできるし[418]、また記号論的なテクスト理論の言う意味でテクストのコンスタティヴな構成要素とパフォーマティヴなそれとの緊張として理解してもよい。いずれにせよ社会学は、自身が産出するあらゆるテクストにおいて、単に反証可能性のみならず、あらゆる同一性と区別の脱構築可能性をも視野のうちに保持しておかねばならない。社会学がそもそも発話を行うということのうちにすでに、社会学が自身の自己可視化を理解する様式と方式に関する情報が含まれている。忠告として、批判として、他者によって引き受けられるべき真理を駆使することとして、あるいは意味を付与する審級として、というように。そもそも社会学はコミュニケートされるのであって、物語の作者の場合とは異なって、著者としては姿を隠しえない[419]。この点からしてすでに、伝達の作動そのものによって主張が脱構築されるというパラドックスが潜んでいる。この要求に適切に反応する可能性についてはすでに述べておいた。それはすなわち理論的構造を可能な限り明確に描出して、さらなるコミュニケーションの中で、何が観察に、受容ないし拒否に、供されているのかを少なくとも確定可能にすることである。

以上によって、自己記述が用いうる自己記述の形式についてはいくらかのことが明らかにされたが、特定の区別についてはまだ、したがってまた特定の理論についてはまだ、何も述べられていない。ここから先へ歩を進めようとするなら、それはただ形式の、区別の、次元の偶発的な（これは決して「任意の」ということではない）選択としてだけ実行されうる。われわれの出発点は、あらゆるコミュニケーションは意味というメディアの内部でのみ作動しなければならないということだった[420]。これはすなわちごく簡単に言えば、あらゆる作動は、観察される場合には、多数の可能性からの選択として現れてくるということである。そしてまた、自分自身へと帰っていく意味連関の循環性が打破されて、コミュニケーションの非対称的な連続が可能にならねばならないということである。これは三つの意味次元において生じるのであり、各次元は次元特有の区別によって構成される。事象次元（伝統的にはカテゴリー学説のうちで表象されていた）においては形式の《外》との違いにおける《内》が存在する。システム理論版では「システムと環境」という語が用いられる。時間次元（伝統的には運動概念によって表象されていた）において問題となるのは以前と以後の区別、今日においては過去と未来の区別である。最後に社会次元（伝統的には社会的動物 animal sociale の教説によって表象されていた）において問題となるのは、自我と他者の区別である。その際われわれが自我として指し示すのはコミュニケーションを理解する者であり、他者のほうは伝達が帰属される者だということになる。

　このように把握することで意味の諸次元はあらかじめ非対称化されたかたちで観念されることになる。〔各次元において〕区別されるものは、交換不可能である。内は決して外ではない。以前は決して以後ではない。自我は決して他者ではない。ただし今の観察の次の観察において（それもまた時間の消費によってのみ可能なのだが）区別が移動するということはありうる。以前は内であったものが今や外となる、というようにである。

　全体社会システムは、そのオートポイエーシスを実行することを通して、意味というメディアの内部において形式を生産していく。それゆえにこのシステムは、以上の三つの次元において作動しなければならない。言うまでもなくこれは、これらの次元がコミュニケーションのテーマとならねばならないということを意味するものではない。さもなければコミュニケーションは生じないだろうし、コミュニケーションを継続していくこともできないはずである。方向づけと継続のためには構造的ストックが必要であるが、それはこのようにして生産される諸形式のうちにのみ存している。意味次元だけによってすでに全体社会は構造的に決定されたシステムとなる、というわけではない。そうなるのは歴史によって初めて、すなわちコミュニケーションのオートポイエーシスがもたらす結果を回顧し、また先取りしながらこのオートポイエーシスを進めることによってなのである。しかし全体社会を統一体として記述しようとする場合には、意味次元のうちに、記述において考慮されるべきテーマについての手がかりを求めることができる。言い換えるならば、全体社会システムの自己記述の中では意味というメディアそのものが形式となる。意味そのものが再帰的になるのである。だからこそわれわれは、意味次元のそれぞれを区別として区別しなければならなかったわけだ。

以上の議論を受け入れる場合でもまだ、オートポイエーシスの意味次元を解釈するさまざまな可能性を考えうる。どんな自己記述も、記述として観察されるその状況の中での歴史的な首肯性を必要とする。いずれにせよわれわれは、セカンド・オーダーの観察の位置が生み出しうるのは偶発的な現象だけであるということを知っているのである。この留保条件によって記述されるのは、われわれが意味の次元をどのように配置してきたのかという点である。すなわち社会次元はコミュニケーションおよびそのメディアの構想によって。時間次元は進化の構想によって。そして事象次元はシステム分化、すなわち分出と、すでに分出したシステムの中での分出の反復という構想によって、である。以上の結果を略図にまとめておこう。

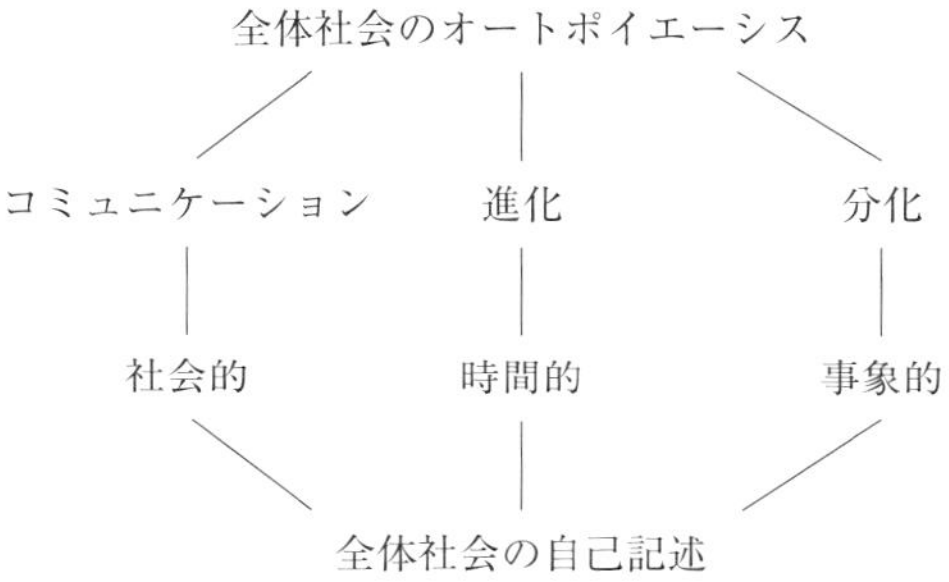

これら意味次元は相互に前提としあっており、それらのどれもが他の次元を観察するための出発点として用いられうる。同様にコミュニケーション理論・進化論・分化理論は理論総体を描出するための、それぞれ相異なる入場口なのである。社会システムが成立するのはコミュニケーションが始動し、コミュニケーションが自身をオートポイエティックに自分自身から形成していくことによってである。進化へと至るのは、システムと環境の間の差異が構造的カップリングにより架橋されることによってである。どの理論も、他の理論との共作用を放棄しえない。本書の提示法において選ばれた順序は恣意的なものである。全体社会の理論を、システム理論の前提からの論理的帰結として理解することもやはりできない。例えば仮説－演繹的認識体系というすでに廃棄された理念のような意味において、である。最後に全体社会の理論は、特定の構成原理の、例えば弁証法的手順やクロス表形成技法（パーソンズ）の厳密な帰結なのでもない。全体社会の理論は、多数に及ぶさまざまな理論決定を相互に調整しようとする試みからの帰結なのである。理論デザインのかなり緩やかなこの形式によって、これこれの位置で別の決定を下したならどの決定に影響が及びどんな帰結が生じてくるかを可能な限り認識することができる。われわれから見れば、近代社会の自己記述の提案と

して相応しいように思われるのは、この形式なのである。

社会学的分析によって、全体社会の十分に複雑な自己記述は、事象的な、時間的な、社会的な意味次元において実現されねばならないということが確証される。しかし同時にまた、それらの次元が自己記述の諸形式へと圧縮されるに際しては、制限を課すどんな要件が考慮に入れられることになるのかが観察されもする。その限りで社会学理論は、自身の分析法をこの圧縮物に適用する場合には、《批判的》にふるまうことになる。この理論によって、個々の意味次元がすでに配置されており、したがって理論は全体社会システムの自己記述の《再記述》に取りかからねばならないということが(422)、またそれはいかにしてかなのかが、確定されるのである。

かくして社会学理論は事象次元において、つまり分化理論において、システム言及の選択という問題を見いだすことになる。もはや、多数のさまざまなシステムが同時に存在しているということに甘んじるわけにはいかない。社会学理論は、自身がセカンド・オーダーの観察者であり、みずからがどのシステムから環境とは異なる見方をしているのかを決定する必要があると見なすのである。時間次元において、社会学理論は、全体社会の自己記述が時間を歴史的過程として把握していることを観察する。またそれは、「進化」という語が用いられている場合でも同じである(423)。もっとも、過程概念によって強調されるのは連続性であって非連続性ではない。さもなければ特定の過程の同一性と区別可能性が確定されえなくなってしまうだろうから。したがって出来事は二次的な場所においてのみ、区切りとして、中断として、革新として、あるいは必要な、方向性を付与する障害としても、現れてくることになる。それに対してオートポイエーシスの理論を用いて出来事ないし作動を出発点とすれば、根本的仮定となるのは非連続性のほうである。絶え間ない崩壊が通常の事態となる。そうなればそれに抗して過程を構成することもできる。そのためには、それぞれの出来事が十分な可能性の余剰[424]（＝意味）を保持していればよい。それによって、過程形成のために適切なものを選択できるからである。最後に社会次元においては、自己記述は常に拘束用具を強調する（道徳であれ理性であれ価値であれ、了解であれ望ましいコンセンサスであれ）。それに対して社会学的な分析法は、あらゆるコミュニケーションは「イエス／ノー」の分岐へと開かれているということから出発する。それなしにはオートポイエーシスを継続することはできないだろうからだ。受け入れの蓋然性の高さを増幅することをめざす選好は、そこから初めて説明されうるのである。

記述をこのように再記述することは、全体社会を肯定的に性格づけることにも否定的に性格づけることにも行き着くわけではない。再記述ではシステムの同一性は、全体社会やその中での行動を評価しうるような価値として、ましてや規範として定式化されるわけではない。革新的な態度と保守的な態度との間での選択を促すものでもない。それらすべてにおいては模範としうるような外的観察者が前提とされている。あるいは、唯一正しい観察のための内的な位置が前提とされている場合もある。必要なのはただ、その立場から物事がどう見えるかを他者に伝達することだけである云々。われわれはこの種の想定を、「全体社会は自身を意味というメディアの内部で形式として生産し再生産することを通して、意味それ自体を構成する」というテーゼによって置き換える。善いか善くないか、真か非真か、合理的か非合理的か、機能的か逆機能的かに関する基準はすべて全体社会の中で、コミュニケーションによって生み出されねばならない。これはすなわち、観察されうる、かつ受容か拒否かに開かれているような仕方において、ということである。

これはまた、自己記述の形式が変化せざるをえないということをも意味している。この変化は機能分化への移行と同様にラディカルなものだった。機能分化への移行からは等しくない諸システムの等しさが生じ、全体社会における特権的秩序が広範囲にわたって無効化されたのだった。あるいは、進化の上で安定化と変異との分化が崩壊したのと同様にラディカルだった、と述べてもよい。その崩壊の結果として、非静止的な全体社会システムが成立することになったのである。全体社会システムの自己記述という文脈においても同様にラディカルな変化が生じているように思われる。それはすなわち、ファースト・オーダーの観察からセカンド・オーダーの観察への移行である。

およそ自己記述について論じようとしている以上、自己記述の《自己》が同定されえねばならないという点は依然として変わらない。そしてこれは常に、区別されうるものであり続けねばならないということでもある。全体社会の中で全体社会の記述が多数存在するとしても、それだけではまだ多数の全体社会が存在するということにはならない（あたかも各々の観察者が別々の客体を観察しているかのように——ある者は天使を、別の者は悪魔を、と）。この理由からして、多次元的な記述に際しては、統一性が表現されるのはセカンド・オーダーの観察という形式においてのみであるということになる。他でもない、どの記述者も自身の記述の中に、他の記述者が別様に記述しているという点を含ませておくことによって、である。そこから、先進的な試みにおいては、記述の中に記述そのものを超越する契機を取り入れるということが生じてくるかもしれない。それは言い換えるならば、記述の有意味性が選択性として同時にコミュニケートされるということである。そしてそこから、今述べたことすべてが全体社会の中で生じるものとして記録されている以上、全体社会が自己修正可能な統一体として把握されねばならないということになるだろう(425)。

《近代のプロジェクト》が終焉を迎えたのか否かについては議論の余地があろう。あるいはそれが立派に仕事を終えたのか否かについても同様である。この論争は、すでに見て取れるように、立場の混合へと至る。その根底にあるのはとっくに古くなってしまった概念構成であり、それ自体が自己記述のテーマとしてのみ論じられうるのである(自由・解放・平等・理性への定位など)。これに対して変化していると思われるのが、自己記述の形式である。この変化はそれらすべてを掘り崩すと同時に支えともなっている。旧世界の静止した全体社会は、自身を客体として記述していた。存在・本質・自然＝本性・類などの概念を用いて、である。この構造的およびゼマンティク上の枠組内でも、進化の可能性が排除されるわけではない。しかしその観察と記述は表面をなぞっていればよかったし、運動という分かりやすい概念によって仕事を進めることができた。そこでは反対概念として何かしら固定的なものが前提とされていた。川の流れが岸を前提とするように、である。近代社会は自分自身を観察者として観察し、記述者として記述する。そうすることで初めて、論理的に厳密な意味で自己観察ないし自己記述が生じる。今や初めて観察の自己は観察者となり、記述の自己は記述者そのものとなるのである。

さらにまだ《近代のプロジェクト》について語ろうとするのであれば、このプロジェクトは未完である、というよりもそもそも適切なかたちでデザインされてはこなかったのだということになる。それは主体概念を基礎としては実行されえない。この概念が依然として個人の意識のみを指し示している以上、そう言わざるをえない。さらにヘーゲルのことを考えてみてもよい。それこそが完全に考え抜かれた唯一の試みなのだ、と。しかしその場合でも、「精神」といった用語を歴史の終局に据えることはできないだろう。そこに最終的思想を、優越した構図を見いだすわけにはいかないのである。むしろわれわれは（ヘーゲルに抗して、ダーウィンとともに）《より低次の》ないし《より高次の》といった表現を一切避けねばならないはずである。観察者の観察者は《よりよい》観察者ではなく、単に別の観察者にすぎない。この観察者は価値自由を〔価値ある態度として〕評価するかもしれないし、先入見をもたないという先入見に従うかもしれない。しかし少なくとも、今述べた定式化が示しているように、自身がオートロジカルに作動しているという点に注意しておくべきだろう。

われわれが辿ってきた構造的転換の規模はこれまでのところ、完全に観察され記述されてはこなかった。〔そうされるにしても〕せいぜいのところ、まったく不十分な概念のもとで、崩壊した伝統を回顧しつつのことでしかなかった。ゼマンティク上の変動は構造的変動に続いて生じるが、それはかなりの距離を伴ってのことである。反復による意味の圧縮には、また新たな条件のもとでの忘却には、時間を要する。われわれの印象では、この点に関しては近代社会はようやく緒についたばかりである。目下のところ供されているものすべてに関しては、明らかに不備が目に付く。しかしそれは実りの多い端緒なのかもしれない。

XXIII　いわゆるポストモダン

今世紀〔二十世紀〕の、おそらくはその後半のどの時点において時代の区切りが観察されうるのか。

全体社会システムそのものに関わる区切り、近代社会からポストモダン社会への移行を主張することを正当化してくれそうな区切りはいつ生じたのか。われわれのこれまでの分析によっては、そのための手がかりは何ら与えられていない。個々の機能システムの内部における注目すべき構造的変動なら、数多く存在する。特にグローバル化傾向からの、また個々の機能システムが相互に負担をかけあっていることからの帰結として、である。しかし近代の達成物はすべて相変わらず保持されている(いくつかだけを挙げておくならば、学校システムにおける年齢別学級、国家形式としての政党民主制、結婚が無規制になされること、実定法、資本と信用とに定位した経済がそうである)。その帰結はむしろより鮮明に刻印されていることがわかるはずである。芸術システムにおいてすら、近代芸術とポストモダン芸術との明確な時代境界は存在していない(おそらくは建築を例外として)[426]。したがって《ポストモダン》という語を用いうるのはせいぜいのところ、全体社会システムの自己記述との関連においてのみのことである[427]。かくしてわれわれは、「特殊《ポストモダン》な(モダンとは異なる)記述を認識しうるか否か、またそれはどこにおいてなのか」という問いに直面するのである。

《ポストモダン》について語られるようになったのはおそらく、近代社会の動態が従来は過小評価されてきたためであり、またその結果あまりにも静態的に記述されてきたためだろう。これはデカルト的主体の優越に関しても、人権の理念に関しても、さらにまた近代は未完のプロジェクトであるというハーバーマスによる想定に関しても言える。近代の署名がそのようなかたちで書き記されれば、ポストモダンの理論によってそれに反応しようとするのは当然の話である。しかし実際にはその理論によって仮定された区切りなど認識できない。それゆえに、近代社会に関する了解を、その自己記述ともども動態化するほうがより正しい道筋というものであろう。

ポストモダンの概念によって、多くのことが論じられている。しかしかなり異論の余地のない（解釈は必要だが）出発点は、大きな物語の終焉というテーゼのうちにあると言えるだろう(428)。即座に、これそのものがひとつの物語、メタ物語（métarécit）であるということに気づくだろう。このテーゼがオートロジカルに用いられれば、つまり自分自身を包含するならば、自分自身を反駁する結果になる。真であるとすれば偽になるのである。したがって定式化し直してこう言わねばならない。全体社会の統一性は、あるいはそこから見た世界は、もはや原理としてではなくパラドックスとしてのみ主張されうるのである、と。パラドックスの中で最終的な根拠づけを行うことは、ポストモダン思想の中心的メルクマールのうちのひとつと見なしうる。パラドックスは、われわれの時代の正統派なのである(429)。これは何よりもまず、区別と指し示しはひとつのパラドックスの分解としてのみ《根拠づけ》られうるということを意味している。自己記述の問題（全体社会の中での全体社会の自己記述であれ、世界の中での世界の自己記述であれ）に際しては、これはかなり容易に生じてくる。自己記述の複数性を容認しさえすればよい。つまり自己記述の《ディスクルス》においては多数の可能性が存するのであり、それらは相互に容認しあうわけでも容認しあわないわけでもない。もはや相互に知りえないだけのことだ、というようにである。われわれは「普遍的な（自分自身を包摂する）自己記述は唯一正しい、排他的な自己記述である必要はない」というテーゼによって、この点を先取りしておいた。自己記述の機能に注目するならば、「排他的ではありえない」と付け加えねばならない。機能の機能とは、機能的に等価なものを許容することにあるのだから。

ポストモダン思想を脱分化として把握しようという第二の提案は、[430] 何かしらより困難なものをもたらすことになる。脱分化とは、分化を忘れるということではありえない。そうできるとすれば、《脱》など無意味だということになるだろうから。脱分化が記憶を前提とするのであれば、この提案は差異の保持を（例えば、ポストモダンな芸術作品において様式の差異を保持することを）介して進んでいくことになる。ここでも提案に一定の解釈を加えるのがよいだろう。問題となっているのは、区別の内部において一方の側から他方の側へと場所を変えることではない。例えば生産への定位から消費への定位へ、[431] あるいは過去への定位から未来への定位へ、拘束されていることから拘束されていないことへ、というようにである。問われるべきはただ、区別への態度が、あるいは対立に即して考えるなら差異への態度が、変化したか否かということだけである。

次の点を想起しておこう。近代的思考が所与としての本質の区別から分化へと転換したことからしてすでに、ひとつのゼマンティク上の革新だった。それは十九世紀半ばにおいて反響を獲得したのである。[432] 観察することと記述することの形式というこの水準において再度の転換が書き留められるべきだというのも、ありうる話である。そしてそれは、ほとんどポストモダン流に定式化することになるが、あらゆる区別について脱構築的な熟考を行うという方向への転換であった。言い換えるならば、誰が区別を行っているのかと（誰が観察者なのかと）、また、一方の側がマークされていて他方の側がそうされていないのはなぜなのかと、常に問いうるのである。だがこの問いへの答えは再び、誰が問いを立てているのかに、つまりはその点で誰が観察者なのかに、依存するのである。

ポストモダンなかたちで記述することを、自ら生み出した未規定性の領域内で作動することとして把握してみよう。そうすればたちどころに、他の科学におけるトレンドとの並行性が視野に入ってくるだろう。それはすなわち、数学やサイバネティクスやシステム理論において、自己言及的な、回帰的に作動するマシーンの特性を扱おうとするものである[433]。カオス理論やフラクタル幾何学も周知の名称であろう。そこでは複雑性は、世界をある程度事に即して模写しようとする試みによって成立してくるのではない。複雑性は反復的作動から生じる。その種の作動は自己産出された初発状態に結びつくのであり、どの作動もさらなる作動のための出発点を書き込み続けていくのである。そこでは時間が決定的変数となる。今述べた推移を同じシステム内部で可能にするのは、時間だからである。そして予見不可能性は、この種の回帰の連続からの、言わば時間に即した帰結なのである。

それゆえに最も有益なのは、過去と未来という時間の区別を分析することであろう。その理由は言うまでもなく、ポストモダンの概念そのものがこの区別を踏まえているからである。存在論的形而上学に対するデリダの批判も、存在が現前する場所として現在を過大評価することに苦情を申し立て、その代わりにより強く時間に結びついた分析を提起したものとして読解されうる。作動として経過していくものは、世界の中に差異を刻み込んでいく。世界はそのことを許容し、《刻み直し recutting》を可能にする。これは《書字》を通して生じる。しかしそれは差異である以上持続しえないのであって、一瞬ごとにずらされていかねばならない。差異は差延なのである。このことは再び、過去と未来との関係が継続的にずらされていくことを含意している。そしてその移動は、常にすでに与えられているひとつの存在世界の中での空間的‐時間的運動としては把握されえないのである。コミュニケーションとして把握されるならこの作動は、自分自身の前提を解体していく。自身が用いる区別を脱構築していくのである。

その区別が用いられるのは、別の研究によって知られている、報告（情報）と指令（受容要求を伴う伝達）との間の遂行的矛盾という意味においてなのである。

日常生活のコンピュータ化が急速に増大しているが、それもまたまったく異なる道筋を通ってではあるが、同じ問いに行き着く。すなわちコンピュータ化は、存在形而上学の批判のための文献上の努力とは無関係に、アクチュアルなものとなっているのである。コンピュータのうちには不可視のマシーンが潜んでいる。このマシーンが可視的になるのはただ、指令の投入を介してだけなのである。この不可視のマシーンを《現前する》ものとして指し示すのは、ほとんど無意味というものだろう。いずれにせよこのマシーンは時間的および局所的に位置づけられた問い合わせによって初めて情報を可視化するに至るのである。そしてその情報が問い合わせの文脈において、過去と未来との独自の差異を生み出すのである。このマシーンの不可視で予見しがたい計算の経過と、機会ごとの、関心によって条件づけられて現れてくるその状態との間の破断線の行き着く先として、永遠（aeternitas）と時間（tempus）との、また現前と不在との旧来の区別が、世界構成上の第一の位階から追い出されてしまうということになるかもしれない。すでにそれとの関連で《ヴァーチャル・リアリティ》について語られているではないか[434]。そこから、ポストモダン的近代に関する議論との関連を見いだすのは自然な発想だろう。

ジョージ・スペンサー゠ブラウンによる形式の算法においても、時間を同様にラディカルな、ポスト存在論的なかたちで主題化することが踏まえられているように思われる。そこでは形式は、ひとつの区別をマークすることとして把握されている。つまりふたつの側を伴う統一体として、である。そのふたつの側のうちで指し示されるのは一方のみであり、他方はマークされないままに留まらねばならない。

他の側への移行（《横断 crossing》）のためにはさらにもうひとつの作動が必要である。つまり、時間が前提とされるのである。この点は遅くとも、算法が自分自身の前提に追いつこうと試みて、マークされた空間とマークされない空間との間を振動し始めるに至る段階で明白になる。(435) 古典的な形式理論では形式は静態的形象として把握されており、「成功／失敗」に従って判断されるべきものとされていた。今や形式は観察者による選択的なもの（Dispositiv）として把握される。それはまた、今居るところに留まる（反復する）か、それとも反対の側に移るかを決定するための規制要因（Regulativ）ともなる。伝統において理性とか意志（自由）とか呼ばれていた審級に対して形式が優越するということになれば、形式を時間化する必要が生じてくるように思われる。ハーバーマスですら現在では理性を――「待つ」用意ができているのである。

ポストモダンに関する通常の議論は結局のところ、「歴史的に保存された、しかし今日では時代遅れになってしまった形式を用いれば何が生じることになるか」という問いに行き着く。それら形式は、素材として用いられるのである。こう言ってもよい。新たな形式を形成するためのメディアとしてであり、その形式は再結合を通して獲得されるのである、と。この議論がなされているのは芸術の形式世界に関してのことであるが、それは学術の概念世界に関しても、あるいは他の知的ディスクルスに関しても成り立ちうるのではないか。ポストモダンの形式によって、再発見が可能になる――そして同時に禁じられもする。再発見で満足すること――《主体》について、あるいは《民主制》について語られる場合のように――で満足してはならない。形式の武器庫が再度用いられる場合、それは別様に考えられているのである。伝承されてきた形式は、いかに存在として固定されているように見えようとも、異なる全体社会の条件のもとでの自己了解のためのひとつのメディアにすぎない。アイロニーという話法によってこの事態を表現することもできる。しかしそうすることで獲得されるのはおそらく表出的な脱出策にすぎず、構成のための指示は得られないだろう。これが意味するのは、構成主義的な理論の試みはポストモダンを継続するのではなく、終わらせることになるという点であるように思われる。しかしこの試みは歴史に対する距離と、歴史をメディアとして新たに記述するということとを、引き継ぎもするのだが。《ポストモダン》という表現を選ぶのがよいのかどうかについては不確かなままである。いずれにせよ、原罪の帰結をもはや労働ではなく享受によって堪え忍びうるものにしようと試みるだけで、記述がポストモダンなものになるわけではない。これまで統一性と差異とをめぐって素描してきたことが示唆しているのは、形式について厳密な理論的反省が必要だということである。そのための、目下のところ「ポストモダン」というレッテルによってまとめうるよりも多くの提案がなされている。しかしまた、準備作業はなされているとしても近代社会の理論が欠落しているという点も明らかである。それは、「モダン／ポストモダン」という区別のせいでその種の試みが妨げられているということによっているのかもしれない。しかしポストモダンな記述の特性が、区別を問題として取り上げることのうちに、またマークする形式を時間化することのうちにあるとすれば、次のように推測してみることもできるはずである。《ポストモダン》な全体社会理論の課題は近代社会を、われわれが今日駆使できる経験を踏まえて新たに記述することのうちに存するのではないか、と。いずれにせよ今日において適切な全体社会の理論においては（ポストモダン芸術の理論の場合と同様に）、再発見を単に享受することは放棄されねばならず、理論構成はそれ自身からして判定されねばならないだろう。

本書で素描してきた、全体社会の理論に向けての考察は、このような意味において理解してもらうことを望んでいるのである。

原　註

第四章

（1）古典的モノグラフとしては、Georg Simmel, Über sociale Differenzierung: Soziologische und psychologische Untersuchungen, Leipzig 1890〔居安正訳「社会分化論」、『現代社会学大系1』青木書店、一九七〇年〕; Emile Durkheim, De la division du travail social, Paris 1893〔井伊玄太郎訳『社会分業論　上下』講談社、一九八九年〕がある。Niklas Luhmann（Hrsg.）, Soziale Differenzierung: Zur Geschichte einer Idee, Opladen 1985では、分化という理念の歴史の一部を扱っておいた。より近年における業績としては特に、Renate Mayntz et al., Differenzierung und Verselbständigung: Zur Entwicklung gesellschaftlicher Teilsysteme, Frankfurt 1988; Jeffrey C. Alexander/ Paul Colomy（Hrsg.）, Differentiation Theory and Social Change: Comparative and Historical Perspectives, New York 1990を挙げておこう。

（2）Charles Tilly, Big Structures, Large Processes, Huge Comparisons, New York 1984, insb. Kap. 2 und 3における批判を参照。

（3）後ほどの分析のために、もう一度注意しておこう。ここで語られているのは、システムと環境とを分離する作動についてである。観察が問題となっている場合には、対応する再参入から、自己言及と他者言及というシステム内的な区別が生じてくることになる。

（4）この点については本書第五章で詳しく論じることになる。

（5）ジャック・デリダもこの点を論難していることは周知のところだろう。彼が時間に関連する差延（différance）という概念を提唱したのは、それゆえにであった。以下の分析にとっても重要なのはやはり、根源的な統一性を分解することではなく、マークされていないものとして前提とされているはずの世界状態の内部において違いが創発することなのである。

（6）この点に関しては、本章XIII節を見よ。

（7）サイバネティクスではこの点は、《ポジティヴ・フィードバック》という概念によって扱われている。Magoroh Maruyama, The Second Cybernetics: Deviation-Amplifying Mutual Causal Processes, General Systems 8（1963), S. 233-241〔佐藤敬三訳「セカンド・サイバネティクス」、北川敏男・伊藤重行編『システム思考の源流と発展』九州大学出版会、一九八七年〕を見よ。

（8）理論的な定式化を試みている生物学においてはしばしば、この事態が見逃されてしまっている。それによってまた、生じることはすべて同時に生じるという点も見逃されることになるのである。そうでなければ、John Maynard Smith, Evolution and the Theory of Games, Cambridge England 1982, S. 8〔寺本英・梯正之訳『進化とゲーム理論』産業図書、一九八五年、九頁〕に《進化は歴史的な過程である。それは一度きりの出来事の連なりなのである》と書いてある理由が説明できないではないか。

（9）Michael Hutter, Die Produktion von Recht: Eine selbstreferentielle Theorie der Wirtschaft, angewandt auf den Fall des Arzneimittelpatentrechts, Tübingen 1989, insb. S. 43 ff. ではこの理論を背景として、経済システムにおける変化と法システムにおける変化との、相互に動態化しあう関係について論じられている。

（10）というのは全体／部分図式を用いてきた伝統においては、そもそも進化論は知られていなかったからである。そこで全体社会の生成という時間次元を描出するために用いられていたのは、「創造」や「単一性からの多数性の流出」などの観念だったのである。

（11）この種の分析が最初に実行されたのは、十八世紀の道徳哲学においてだった。ただしそこで扱われていたのは人格であり、分析の目的は利己主義と利他主義の区別を相対化することに置かれていたのである。例えばアダム・スミスの『道徳情操論』〔上下、米林富男訳、未來社、一九六九―一九七〇年〕における共感概念を考えてみればよい。

（12）Edward Reynolds, A Treatise of the Passions and Faculties of the Soule of Man, London 1640, Nachdruck Gainesville Fla. 1971. S. 76 などでは次のように述べられている。《造物主の遍きお心遣いについて。主はあらゆる被造物に、

それぞれ自身の本性が要求するものを満たしたいという私的な欲望を結びつけるのみならず、聖体拝受という遍き慈悲と感情をそれらに刻印しもされた。被造物が宇宙の、あるいは共通の身体の調和ある部分となるように、である。そこではいかなる混乱も離反も許されない〔諸部分の間の結びつきが必然的であるという理由によって〕。それらはただちにあらゆる成員を害することになるからである》。

(13) De la division de travail social (1893), Zit. nach der Ausgabe der zweiten Auflage Paris 1973, S. XX〔井伊玄太郎訳『社会分業論　上巻』前掲、四七頁〕.

(14) Talcott Parsons, Comparative Studies and Evolutionary Change, in: Ivan Vallier (Hrsg.), Comparative Methods in Sociology: Essays on Trends and Applications, Berkeley 1971, S. 97–139 (101 f.), neu gedruckt in Talcott Parsons, Social Systems and the Evolution of Action Theory, New York 1977, S. 279–320〔田野崎昭夫監訳『社会体系と行為理論の展開』誠信書房、一九九二年、三八六頁[1]〕.

(15) 定義を提起しているものとしては、Walter L. Bühl, Ökologische Knappheit: Gesellschaftliche und technologische Bedingungen ihrer Bewältigung, Göttingen 1981, S. 85などがある。《〈統合〉によって考えられているのは、分化した部分ないし構成要素の機能的結合の度合いである。結合によってひとつの構成要素は、他の構成要素なしでは働きえなくなっているのである》。これに対しては次のような疑念を呈さねばならないだろう。機能分化という条件の下での《機能的結合》は、「個々のシステムは同じ機能を満たすのではない」という点にこそ存しているのではないか、と。

(16) 現下の状況の概観として、Helmut Willke, Systemtheorie, 3. Aufl. Stuttgart 1991, S. 167 ff. を見よ。

(17) この点についてはすでに本書一三—一四頁において批判的に論じておいた。

(18) 次の点に注意しておくべきだろう。ガブリエル・タルドによって、まったく異なる手がかりが与えられている。それはすなわち差異から出発して、それに続く展開を模倣ないし普及として記述するというものである。しかしこの発想は貫徹されえなかった。この点についてはAndré Béjin, Différenciation, complexification, évolution des sociétés, Communications 22 (1974), S. 109–118を参照。

(19) 《社会統合は、自由と拘束とが成功裡に関係を取り結ぶことを意味している》と、Bernhard Peters, Die Integration moderner Gesellschaften, Frankfurt 1993, S. 92で述べられている。

(20) Robert Anderson, Reduction of Variants as a Measure of Cultural Integration, in: Gertrude E. Dole/ Robert L. Carneiro（Hrsg.）, Essays in the Science of Culture in Honor of Leslie A. White, New York 1960, S. 50–62では文化人類学の文脈において、きわめて類似した定式化がなされている。Helmut Willke, Staat und Gesellschaft, in: Klaus Dammann/ Dieter Grunow/ Klaus P. Japp（Hrsg.）, Die Verwaltung des politischen Systems, Opladen 1994, S. 13–26も参照。近代社会の存続にとって問題となるのは、全体社会そのものによって創り出された選択肢を縮減することである云々。

(21) Helmut Willke, Zum Problem der Integration komplexer Systeme: Ein theoretisches Konzept, Kölner Zeitschrift für Soziologie und Sozialpsychologie 30（1978）, S. 228–252も、この点を取り上げている。

(22) Floyd A. Allport, A Structuronomic Conception of Behavior: Individual and Collective, Journal of Abnormal and Social Psychology 64（1962）, S. 3–30を参照。

(23) Niklas Luhmann, Die Wirtschaft der Gesellschaft, Frankfurt 1988〔春日淳一訳『社会の経済』文眞堂、一九九一年〕における、より詳しい描出も参照のこと。

(24) 一例としてKarin Knorr Cetina, Zur Unterkomplexität der Differenzierungstheorie: Empirische Anfragen an die Systemtheorie, Zeitschrift für Soziologie 21（1992）, S. 406–419を挙げておこう。

(25) パーソンズならここで組織ではなく《集合性 collectivity》について語るところだろう。社会的行為のシステムにおいては集合的行為能力と濃縮された価値コンセンサスが前提とされているが、集合性とはこのシステムがハイアラーキカルに形成されている中での特別な水準である、というように。

(26) 本書五四三―五四五頁および第四章XIII節を見よ。

(27) この点については本書第四章XIV節を参照。

(28) 例えばRichard Münch, Theorie des Handelns: Zur Rekonstruktion der Beiträge von Talcott Parsons, Emile Durk-

heim und Max Weber, Frankfurt 1982を、またそれに続く多くの刊行物を見よ。

（29）〔特定の〕分化形式の第一次性というこの問題を無視すれば、そこから帰結する〔例えば「支配／被支配」などの〕ある種の問題に関して、歴史的連続性を過大評価してしまうことになる。今日における、中心と周辺の分化をめぐるいわゆる世界システム分析を考えてみればよい。以下などを参照。Christopher Chase-Dunn, Global Formation: Structures of the World-economy, Oxford 1989, insb. S. 201 ff.; Christopher Chase-Dunn/ Thomas D. Hall（Hrsg.）, Core/ Periphery Relations in Precapitalist Worlds, Boulder Cal. 1991. そしてもちろん、イマニュエル・ウォーラーステインの著作をも。

（30）Alexander Goldenweiser, The Principle of Limited Possibilities in the Development of Culture, Journal of American Folk-Lore 26（1913）, S. 259–290が言う意味での。

（31）ここで《二大階級》によるマルクス主義のトリックが想起されるかもしれない。そこでは〔この図式に〕適合しない階層すべてが、例えばプチブルや公務員が、無視されているのである。

（32）Heinz von Foerster, Observing Systems, Seaside Cal. 1981, insb. den Beitrag: Objects: Token for（Eigen-）Behaviors, S. 274–285を参照。

（33）この議論を、部族社会（エスニックな分化を伴っていようがいまいが）が世界社会によって国家形成を強いられる場合には困難に直面せざるをえないという点によって検証することもできよう。ソマリアやアフガニスタンはその例である。

（34）同様の順序が別の名称によって示されてもいる。例えばStanley H. Udy, Jr., Work in Traditional and Modern Society, Englewood Cliffs N.J. 1970では労働の組織化に関連して原始社会／伝統的社会／工業社会について語られている。Eric R. Wolf, Europe and the People Without History, Berkeley 1982も参照。

（35）この事態が、全体社会システムがますます《絶縁 Insulation》されていくこととして記述される場合もある。例えばColin Renfrew, The Emergence of Civilization: The Cyclades and The Aegean in the Third Millennium B.C., London 1972, insb. S. 12 ff. がそうである。

（36） David Lockwood, Social Integration and System Integration, in: George K. Zollschan/ Walter Hirsch（Hrsg.）, Social Change: Explorations, Diagnoses and Conjectures（1964）, New York 1976, S. 370-383を見よ。Jürgen Habermas, Theorie des kommunikativen Handelns Bd. 2, Frankfurt 1981, S. 179〔河上倫逸他訳『コミュニケイション的行為の理論　下巻』未來社、一九八七年、九頁〕でも社会統合とシステム統合とが区別されているが、どうやらこれは〔ロックウッドとは〕無関係のようだ。少なくとも引用はなされていない。理論史的に見ればこの区別は、パーソンズの一般行為システム理論における不明確さという背景のもとで理解されるべきである。この理論では一方で《統合》は、特殊な機能〔を担う「I」セクション〕として行為システムの内部に位置づけられている。他方で相異なる機能システムの連関（人格システムと社会システムとの連関も含めて）〔という意味での「統合」〕についても論じなければならないはずなのである。もっともパーソンズ自身は、統合（特殊機能としての）と〔システム間関係としての〕相互浸透とを区別しているのだが。

（37） まったく異なるパースペクティヴからではあるが、相互作用との関連で包摂を分析したものとしては、Bernhard Giesen, Die Entdinglichung des Sozialen: Eine evolutionstheoretische Perspektive auf die Postmoderne, Frankfurt 1991, S. 176 ff. がある。

（38） T.H. Marshall, Class, Citizenship, and Social Development, Garden City N.Y. 1964を、特に市民権と階級についての議論（S. 65-122）を見よ。

（39） Talcott Parsons, Commentary on Clark, in: Andrew Effrat（Hrsg.）, Perspectives in Political Sociology, Indianapolis o.J. S. 299-308（306）.

（40） Talcott Parsons, The System of Modern Societies, Englewood Cliffs N.J. 1971, S. 11, 27, 88 f., 92 ff.〔井門富二夫訳『近代社会の体系』至誠堂、一九七七年、一七頁、四一頁、一一三頁以下、一二〇頁以下〕

（41） 特にこの点についてはTalcott Parsons, Equality and Inequality in Modern Society, or Social Stratification Revisited, in ders., Social Systems and the Evolution of Action Theory, New York 1977, S. 321-380〔「現代社会における平等と不平等――社会成層再論」、田野崎昭夫監訳『社会体系と行為理論の展開』前掲、四四三―五一七頁〕を参照。

（42）ここでの《人 Person》は、〔ルーマンの著作における〕他の場合と同様に、コミュニケーション過程の中で引き合いに出される同一性のマークとして理解しておいてもらいたい。それは、環境においてそのつど事実として経過していく細胞の、有機体の、心の過程とは異なるのである。Niklas Luhmann, Die Form "Person", Soziale Welt 42（1991）, S. 166-175 を見よ。したがって〔「人」ということで〕扱われているのは、完全に異質なオートポイエーシスの混合という意味での編入ではなく、相互浸透だけなのである。相互浸透とはすなわち、高度に複雑で、個々にはコントロールできない（同時に現時的な）環境の過程に一括して言及することを意味する。

（43）例えば Bronislaw Geremek, Les marginaux parisiens aux XIVe et XVe siècles, Paris 1976, S. 11 はそう論じている。

（44）A.a.O. S. 26 ff.〔『近代社会の体系』前掲、四一―四三頁〕

（45）ただし、荒涼たる島へと追放された犯罪者にしても、接近困難な山岳地方に棲む強盗と同様に長期にわたる生存の可能性を有していたとの報告もある。明らかに、羊が十分いたのだろう。

（46）特にこの点に関してはWerner Danckert, Unehrliche Leute: Die verfemten Berufe, Bern 1963 を見よ。

（47）さらに述べておけば、中国では強盗がギルドのかたちを取って連携していたことも、その点を示唆している。ヨーロッパに関しては、以下などを見よ。Christian Paultre, De la répression de la mendicité et du vagabondage en France sous l'ancien régime, Paris 1906, Nachdruck Genf 1975; Geremek a.a.O.（1976）; John Pound, Poverty and Vagrancy in Tudor England, London 1971; Ernst Schubert, Mobilität ohne Chance: Die Ausgrenzung des fahrenden Volkes, in: Winfried Schulze（Hrsg.）, Ständische Gesellschaft und soziale Mobilität, München 1988, S. 113-164. スペインでは宗教的に規定された排除政策の結果、きわめて特殊な事情が生じていた〔2〕。この点についてはAugustin Redondo（Hrsg.）, Les problèmes de l'exclusion en Espagne（XVIe-XVIIe siècles）, Paris 1983 を参照。

（48）特にこの点について、また舞台劇を理解するための前提との関連については、Jean-Christophe Agnew, Worlds Apart: The Market and the Theater in Anglo-American Thought 1550-1750, Cambridge Engl. 1986, insb. S. 57 ff.〔中里壽明訳『市場と劇場』平凡社、一九九五年、特に七二―八四頁〕を参照。

（49）この点に関してはPhilip G. Herbst, Alternatives to Hierarchies, Leiden 1976, S. 69 ff. を参照。

(50) 近年において《残余》概念が辿ってきたゼマンティクとしてのキャリアは〔例えば、「残余リスク」〕、特別な研究に値するかもしれない。残余が残余であるのは、〔残余とそうでないものとを区別する〕特定の差異との関連においてのみである。件のキャリアは、この差異に対する反省がなされていないという点に依存しているのである。

(51) この点に関しては Hans-Georg Pott, Literarische Bildung: Zur Geschichte der Individualität, München 1995 を見よ。

(52) Robert Mauzi, L'idée du bonheur dans la littérature et la pensée françaises au XVIIIe siècle, Paris 1960 を参照。典型的な個別事例としては、Jean Blondel, Des hommes tels qu'ils sont et doivent être: Ouvrage de sentiment, London – Paris 1758 の、「ある農夫との対話」の章（S. 119 ff.）を見よ。そこでは一人の農夫が持つ幸運の可能性を用いて上層の者に、自分自身が幸運であるチャンスについて反省するよう促しているのである。さらにイギリスからの声として、Alexander Pope, Essay on Man（zit. nach: The Poems of Alexander Pope Bd. IV, London 1950, Epistel 4, 50–52〔上田勤訳『人間論』岩波書店、一九五〇年、八六頁〕がある。《ある者が他の者より偉かったり豊かだったり賢かったりするのは当然である。しかしだからといってそれらの人々がより幸福であるとするのは、まったく常識に反している》。

(53) この点については Niklas Luhmann, Die Homogenisierung des Anfangs: Zur Ausdifferenzierung der Schulerziehung, in: Niklas Luhmann/ Karl Eberhard Schorr（Hrsg.）, Zwischen Anfang und Ende: Fragen an die Pädagogik, Frankfurt 1990, S. 73–111 も参照。

(54) 特に徹底していたのはイギリスである。David Lieberman, The Province of Legislation Determined: Legal Theory in Eighteenth-Century England, Cambridge Engl. 1989 を見よ。

(55) この時代は、ミシェル・フーコーの著作において扱われている。以下を参照。Wahnsinn und Gesellschaft, Frankfurt 1969〔田村俶訳『狂気の歴史』新潮社、一九七五年〕; Die Geburt der Klinik, München 1973〔神谷美恵子訳『臨床医学の誕生』みすず書房、一九六九年〕; Überwachen und Strafen, Frankfurt 1976〔田村俶訳『監獄の誕生』新潮社、一九七七年〕.

(56) この点に関しては、Jan J. Loubser, Calvinism, Equality, and Inclusion: The Case of Africaner Calvinism, in: S.N.

Eisenstadt（Hrsg.）, The Protestant Ethic and Modernization: A Comparative View, New York 1968, S. 363–383 による分析を見よ。

（57） Marcelo Neves, Verfassung und Positivität des Rechts in der peripheren Moderne: Eine theoretische Betrachtung und eine Interpretation des Falls Brasilien, Berlin 1992 では、ブラジルから採られた多くの素材を用いて、この点について論じられている。Volkmar Gessner, Recht und Konflikt: Eine soziologische Untersuchung privatrechtlicher Konflikte in Mexiko, Tübingen 1976 も参照。

（58） Dirk Baecker, Soziale Hilfe als Funktionssystem der Gesellschaft, Zeitschrift für Soziologie 23（1994）, S. 93–110; Peter Fuchs/ Dietrich Schneider, Das Hauptmann-von-Köpenick-Syndrom: Überlegungen zur Zukunft funktionaler Differenzierung, Soziale Systeme 1（1995）, S. 203–224 ではそう論じられている。

（59） 最も重要な例外は、ニューギニアである。特に Fredrik Barth, Ritual and Knowledge Among the Baktaman of New Guinea, Oslo 1975 を参照。

（60） 言うまでもなくその際には、エコロジカルな条件が〔集団の〕多数化を許容しうるという点が前提となる。つまり、十分な土地が使用可能でなければならないのである。ただしだからといってエコロジカルな制限こそが、より大規模なシステムが、またそれに対応する帰結が（ハイアラーキー形成、役割分担、儀式化が）成立するための唯一の根拠である云々という結論が導き出されるわけではない。それらが成立するだけの社会文化的な根拠も存在するのかもしれない。例えば狩猟社会においてよりよい情報創出がなされること、リスクが分配されることなどを考えてみればよい。

（61） この点に関しては Isaac Schapera, Government and Politics in Tribal Societies, London 1956, Neudruck 1963, S. 2 ff. を参照。境界づけの問題をめぐる近年の論争については、Richard B. Lee, !Kung Spatial Organization: An Ecological and Historical Perspective, in: Richard B. Lee/ Irven DeVore（Hrsg.）, Kalahari Hunter-Gatherers: Studies of the !Kung San and Their Neighbors, Cambridge Mass; 1976, S. 73–97 を参照。

（62） われわれがここで用いているのは、Ralph Linton, The Study of Man: An Introduction, New York 1936 による、「帰

属された地位／達成された地位 ascribed / achieved status」という周知の区別である。パーソンズはそれを「特質／遂行 quality / performance」と言い換えたのだった。どちらの指し示しも用語としては失敗している。達成された地位ももちろん帰属されるし、人の特質として現れてくるからだ。この不明確さは、理論的解明がなされていないことによっている。

(63) Stanley H. Udy, Work in Traditional and Modern Society, Englewood Cliffs N.J. 1970 を参照。

(64) この種の事例のひとつとして、Alfred R. Radcliffe-Brown, The Social Organization of Australian Tribes, Oceania 1 (1930–31), S. 34–63, 206–256, 322–343, 426–456 を見よ。

(65) この点は、特に民族学者にとっては問題である。以下を参照。Raoul Naroll, On Ethnic Unit Classification, Current Anthropology 5 (1964), S. 283–291; Michael Moerman, Ethnic Identification in, a Complex Civilization: Who are the Lue?, American Anthropologist 67 (1965), S. 1215–1230; Morton H. Fried, The Evolution of Political Society: An Essay in Political Anthropology, New York 1967, S. 154 ff.

(66) 以下を参照。Schapera a.a.O. (1963), S. 153 ff., 175 ff., 200 f.; David Easton, Political Anthropology, in: Bernard J. Siegel (Hrsg.), Biannual Review of Anthropology 1959, S. 210–262 (232 ff.); Marshall D. Sahlins, The Segmentary Lineage: An Organization of Predatory Expansion, American Anthropologist 63 (1961), S. 322–345. 政治人類学が特にこの問題に取り組んできたのは、近代国家に先行するものを探し求めたにもかかわらず見いだせなかったという理由によっている。この点は注目に値しよう。

(67) Aidan W. Southall, Alur Society: A Study in Processes and Types of Domination, Cambridge o.J. (1956)

(68) 規範的予期そのものもまた規範的に予期されるという点を考慮すれば、「維持されるべきである」と言ってもいいかもしれない。

(69) 代替選択肢となるのは、ひとつの部族を半分ずつへと二分化することである。その差異がコンフリクトを構造化するわけである。その例として P.H. Gulliver, Structural Dichotomy and Jural Conflict Among the Arusha of Northern Tanganyika, Africa 31 (1961), S. 19–35 を見よ。

(70) この点に関してはSally Falk Moore, Descent and Legal Position, in: Laura Nader (Hrsg.), Law in Culture and Society, Chicago 1969, S. 374-400を、特にS. 376の論拠を見よ。

(71) この概念の由来としてはチャールズ・S・パースの多様な業績を参照。例えばCharles S. Peirce, Semiotische Schriften Bd. 1, Frankfurt 1986, S. 206 ff. など。社会学者がたいていの場合引用するのは、Harold Garfinkel, Studies in Ethnomethodology, Englewood Cliffs N.J. 1967, S. 4 ff. である。さらにBernhard Giesen, Die Entdinglichung des Sozialen: Eine evolutionstheoretische Perspektive auf die Postmoderne, Frankfurt 1991, S. 25 ff. も参照のこと。

(72) 蛇足ながらこの点で、デュルケーム社会学との関連で考えられてきた集合的精神や集合意識の観念は、限界を有していることになる。むしろ次に来る状況がそれらによって影響を受けることがどれほど少ないかを考えてみたほうがよいだろう。

(73) したがってまた、〔進化の〕進展とともに人間がますます個人化されていくはずだというテーゼは退けられることにもなる。この点に関しては、Eleanor Leacock, Status Among the Montagnais-Naskapi of Labrador, Ethnohistory 5 (1958), S. 200-209による事例研究も参照のこと。

(74) これについてはE. Evans-Pritchard, The Nuer: A Description of the Modes of Livelihood and Political Institutions of a Nilotic People, Oxford 1940, S. 136 f.〔向井元子訳『ヌアー族』平凡社、一九九七年、二三八頁〕から、いくらか詳細な引用をしておいてもよいだろう。《人は、同種類の他の集団の成員ではないという資格によって、一つの政治集団の成員としての資格を得る。彼は他集団を集団として見るが、それらの集団の成員も彼のことをある集団の一員として見る。彼と他集団の成員との関係は、関与している集団のあいだの構造的距離によって決まる。しかしながら、彼がその集団のある分節の成員であって、しかもその分節が集団から独立し、かつ同集団内の他の分節と対立しているかぎりにおいては、彼は自分がその集団の成員であるとは考えない》S. 147 f.〔前掲訳書、二四九—二五〇頁〕も参照。これを今日の状況へと翻訳すれば、ローマ市民はローマ市民であることでイタリア人なのではないし、イタリア人はイタリア人であることでヨーロッパ人なのではない、また白人は白人であることで人間だというわけではないという話になるだろう。環節社会では、個々の人が包括的システムに属している〔と言いうる〕のはその人が家族の一員であり、その家族が包括的システムに属しているという理由によるのではない。そうではなくて、その人が所属していない他の家族や集団との関係を維持していかねばならず、その関係の中では自分の家族だけによって支えられているわけではないからなのである。〔このように〕全体社会の統一性が構成されるのは分化によってであり、主として外的境界によるのではないという点が明確に述べられることはほとんどない。

(75) この例は Godfrey Lienhardt, The Western Dinka, in: John Middleton/ David Tait (Hrsg.), Tribes Without Rulers: Studies in African Segmentary Systems, London 1958, S. 97–135 (107) による。

(76) 一例として A. Irving Hallowell, Ojibwa Ontology, Behaviour and World View, in: Stanley Diamond (Hrsg.), Culture in History: Essays in Honor of Paul Radin, New York 1960, S. 19–52 を参照。

(77) 今日ではこの点に関する浩瀚な研究が存在している。とりあえず以下を見よ。Ruth Finnegan, Oral Poetry: Its Nature, Significance and Social Content, Cambridge 1977; Jan Vansina; Oral Tradition as History, London 1985; D.P. Henige, Oral History, London 1988.

(78) 本書第三章XIII節を参照。

(79) すでに発展を遂げた文明状態に関しての Gerdien Jonker, The Topography of Remembrance: The Dead, Tradition and Collective Memory in Mesopotamia, Leiden 1995 を参照。

(80) この点については、Margaret W. Conkey, Style and Information in Cultural Evolution: Toward a Predictive Model for the Paleolithic, in: Charles L. Redman et al. (Hrsg.), Social Archeology: Beyond Subsistence and Dating, New York 1978, S. 61–85 を参照。

(81) Alfred R. Radcliffe-Brown, The Andaman Islanders (1922), Neudruck New York, S. 23 f. によれば、数百の構成員からなる部族間においてすでに言語の違いが観察される。そこでは部族の名前が言語の違いへと繋がっていくのである。Barth a.a.O. (1975), S. 16 が確認したところではバクタマン族において、ある言語が到達可能なのは約一〇〇〇人である。それ以上の範囲では了解への準備と善意とをコミュニケートすることもやはりほとんどできない。余所者は了解不可能であり敵であり、食べてもよいのである。

(82) この例は Barth a.a.O.（1975）から引いた。

(83) Jan Assmann, Ägypten: Theologie und Frömmigkeit einer frühen Hochkultur, Stuttgart 1984〔吹田浩訳『エジプト――初期高度文明の神学と信仰心』関西大学出版部、一九九八年〕がエジプトを事例として示しているように、このとりまとめと象徴化とは、長期にわたる高度文化の発展の中で初めて達成されたのである。これは、今日において観察されうる部族文化を古代の状況と結びつけて捉えることがいかに問題を孕んでいるかを示す、印象深い論点である。

(84) Laws of Form, Neudruck New York 1979, S. 56 f., 69 ff.〔大澤真幸・宮台真司訳『形式の法則』朝日出版社、一九八七年、六五頁以下、七九頁以下〕を参照。

(85) 本書第二章Ⅳ節を参照。

(86) 占術の実施法についても同じことが言える。占術は古代に起源をもつが、高度文化に至って初めて文字を用いて智恵の教説へと合理化されたのだった。そこでも重要なのは予言よりもむしろ、諸々の見通しがたい力に依存していることを知っている行為のために好適な／好適でない時点と条件とを探ることと並行する行いだったのである。ここでもまた占術の規則は、複雑ではあるが慣れ親しまれたプログラムへと、つまりは学習可能な知の方向へと徹底して合理化されえた。それゆえに、慣れ親しまれていない条件を慣れ親しまれたかたちで扱うことができたのである。特に Jean-Pierre Vernant et al.; Divination et Rationalité, Paris 1974 を見よ。

(87) Edward Evans-Pritchard, Witchcraft, Oracles and Magic Among the Azande, Oxford 1937, z.B. S. 407, 411, 438 f., 453 ff.〔向井元子訳『アザンデ人の世界――妖術・託宣・呪術』みすず書房、二〇〇一年、例えば四七二、四七五頁、五〇五頁、五一八―五二七頁〕を参照。物の力を呼び覚ます語りを示す多くの証拠は、ホメロスのうちにも見いだされる。文字が導入された後ですら、それどころか活版印刷術に至ってもなお、処方箋を実施する際には暗唱したり読み上げたりする習慣が残っていた。それは記憶や情報を強化するためというわけではなかったのである。この点に関しては Michael Giesecke, Überlegungen zur sozialen Funktion und zur Struktur handschriftlicher Rezepte im Mittelalter, Zeitschrift für Literaturwissenschaft und Linguistik 51/52（1983）, S. 167–184 を参照。肝心なのは物がもつ秘密に対して釣り合いを取ることだったのは明らかである。

(88) Mary Douglas, Purity and Danger: An Analysis of the Concepts of Pollution and Taboo, London 1966, S. 129 ff.〔塚本利明訳『汚穢と禁忌』思潮社、一九七二年、一四八頁以下〕における、《道徳》と《汚穢《けがれ》》との関係に関する細目にまでわたる分析を見よ。

(89) Max Gluckman, Custom and Conflict in Africa, Oxford 1955, S. 85を見よ。逆に魔女＝妖婦（Hexe）を魔術師と同一視すれば、社会は道徳的問題に（近代初期におけるように法的問題に、ではないにしても）直面させられることになる。彼女らが登場してくるのは慣れ親しまれたもののうちにであり、したがって道徳的評決から身を引きはがすことはできないからである。

(90) 例えばWilliam Chase Greene*, Moira: Fate, Good and Evil in Greek Thought, Cambridge Mass. 1944; Meyer Fortes, Oedipus and Job in West African Religion, Cambridge England 1959を参照。

(91) G.E.R. Lloyd, Magic, Reason and Experience: Studies in the Origin and Development of Greek Science, Cambridge Engl. 1979では、この点に関する多くの証拠が挙げられている。

(92) したがって本書の自己記述に関する章では、部族社会を扱う節は設けないつもりである。

(93) Klaus E, Müller, Prähistorisches Geschichtsbewußtsein, Mitteilungen 3/95 des Zentrums für interdisziplinäre Forschung der Universität Bielefeldを見よ。Müller a.a.O., S. 11では、《超階層化社会 Überschichtungsgesellschaften》という語が用いられている。

(94) 細目に関する批判を提起する研究は以前から数多く存在していた。しかし今日においてもなお、この点は一般に承認されているように思われる。古典的なテクストでは、何よりもまず以下を参照。Marcel Mauss; Essai sur le Don: Forme et Raison de l'échange dans les sociétés archaïques, zit. nach der Ausgabe in: Sociologie et Anthropologie, Paris 1950, S. 143–279〔有地亨他訳「贈与論」、『社会学と人類学１』弘文堂、一九七三年〕; Bronislaw Malinowski, Argonauts of the Western Pacific, London 1922, insb. S. 176 ff.〔寺田和夫・増田義郎訳「西太平洋の遠洋航海者」、『世界の名著59　マリノフスキー／レヴィ＝ストロース』中央公論社、一九六七年、一四六頁以下〕; Richard C. Thurnwald, Gegenseitigkeit im Aufbau und Funktionieren der Gesellungen und deren Institutionen, in: Festgabe für

Ferdinand Tönnies, Leipzig 1936, S. 275–297; Claude Lévi-Strauss, Les structures élémentaires de la parenté, Paris 1949, insb. S. 78 ff.〔福井和美訳『親族の基本構造』青弓社、二〇〇〇年、九七頁以下〕; Marshall D. Sahlins, On the Sociology of Primitive Exchange, in: Michael Banton（Hrsg.）, The Relevance of Models in Social Anthropology, London 1965, S. 139–236; ders., Tribesmen, Englewood Cliffs N.J. 1968, S. 81 ff.〔青木保訳『部族民』鹿島研究所出版会、一九七二年、一〇七―一六一頁〕。特に異論が寄せられてきたのは規範的な特質に関してである。精確に言えば、互酬性の形式においては、違反が生じた場合には履行を取り消すことそのものによって制裁が加えられると、どの程度まで言えるのかという点をめぐってである。E. Adamson Hoebel, The Law of Primitive Man, Cambridge Mass. 1954, S. 177 ff.〔千葉正士・中村孚美訳『法人類学の基礎理論――未開人の法』成文堂、一九八四年、二〇二―二四〇頁〕; Isaac Schapera, Malinowski's Theories of Law, in: Raymond Firth（Hrsg.）, Man and Culture: An Evaluation of the Work of Bronislaw Malinowski, London 1957, S. 139–155 では批判的な議論が提起されている。さらに以下も参照のこと。Raymond Firth, Primitive Polynesian Economy（1939）, 2. Aufl. London 1965, insb. S. 314 ff.; Georg Elwert, Die Elemente der traditionellen Solidarität: Eine Fallstudie in Westafrika, Kölner Zeitschrift für Soziologie und Sozialpsychologie 32（1980）, S. 681–704. いずれにせよ、法化の度合いにどんな違いがあれ、〔互酬性ということで〕考えられているのは厳密な双務的関係ではないという点から出発しなければならない。後者は、履行をなしえないこと、過誤、失錯行為（Fehlleistung[3]）などをも規制するのである。

（95） William H. Isbell, Environmental Perturbation and the Origin of the Andean State, in: Charles L. Redman et al.（Hrsg.）, Social Archeology: Beyond Subsistence and Dating, New York 1978, S. 303–313 の定式化による。

（96） この点についてはElizabeth Cashdan*（Hrsg.）, Risk and Uncertainty in Tribal and Peasant Economies, Boulder 1990 で証拠が挙げられている。

（97） 肯定的／否定的な互酬性の関係については、Karl Hutterer, Reciprocity and Revenge among the Ifugao, Philippine Quarterly of Culture and Society 1（1973）, S. 33–38 を参照。

（98） 言うまでもなくこう述べることによって、食糧の貯蔵が発達してくることの意義へと注意を促す契機が生じてくる。

そうすれば狩猟社会、採集社会、農耕社会の差異は、以前考えられていたほど大きくないように思われてくるはずである。

(99) 客観的基準(《価格》の類による)の欠落については以下を参照。Frederic O. Pryor/ Nelson H.H. Graburn, The Myth of Reciprocity, in: Kenneth J. Gergen/ Martin S. Greenberg/ Richard A. Willis (Hrsg.), Social Exchange: Advances in Theory and Research, New York 1980, S. 214–237 (224 ff.) ただし、互酬性の規則に疑念が突き付けられているわけでは決してないという点には留意しておかねばならない。むしろ逆に、基準の欠落によってこの規則はさまざまな状況に対する適応能力を高める。その結果、疑問の余地なく通用するという性格をさらに一段確かなものにするのである。

(100) それゆえに市場もまた、分出した装置として存在している以上、互酬性の原初的領域からは引き離されている。市場によって象徴的な持続的特質が生み出されることはない。市場はむしろ、アドホックな剰余を埋め合わせるために役立つのである。Paul Bohannan/ Laura Bohannan, Tiv Economy, London 1968, insb. S. 142 ff. を参照。

(101) この点に関しては以下を参照。Leopold Pospisil, Kapauku Papuans and Their Law, New Haven 1958; Lorna Marshall, !Kung African Bands, Africa 30 (1960), S. 325–355; Ronald M. Berndt, Excess and Restraint: Social Control Among a New Guinea Mountain People, Chicago 1962.

(102) Firth a.a.O. (1965), S. 371 ff. で、その種の表現が取りまとめられている。

(103) ルネ・トムのカタストロフィー理論の社会科学への応用は、概して言えば単なるメタファーに留まっている。この理論が意味を持つのは、安定性原理が精確に示された場合だけだからである。その原理が変化すればすべてが変わることになるから、「カタストロフィー」と呼ばれるわけだ。われわれの考察ではそれは全体社会の分化の主要形式なのである。もうひとつ別の、より限定的な例として、威信財の交易をコントロールすることに基礎を置いていたさまざまなハイアラーキーが、交易関係の拡大によって同時に倒壊したことが挙げられうるだろう。Jonathan Friedman, Catastrophe and Continuity in Social Evolution, in: Colin Renfrew/ Michael J. Rowlands/ Barbara Abbott Segraves (Hrsg.), Theory and Explanation in Archaeology, New York 1982, S. 175–196 を見よ。生物学における進化論では、C.

H. Waddington, A Catastrophe Theory of Evolution, Annals of the New York Academy of Sciences 231 (1974), S. 32–42が、遺伝子型と表現型の区別を用いて〔カタストロフィーについて論じて〕いる。

(104) Peter Laslett, The World We Have Lost, 2. Aufl. London 1971〔川北稔・指昭博・山本正訳『われら失いし世界——近代イギリス社会史』三嶺書房、一九八六年〕.

(105) この議論は明らかに、分業についての経済学理論の影響下にあった。分業は大規模秩序を必要とするから、というわけである。Thomas Hodgskin, Popular Political Economy, London 1827, Nachdruck New York 1966, S. 117 ff.; Emile Durkheim, De la division du travail social, zit. nach dem Neudruck Paris 1973, S. 237 ff.〔井伊玄太郎訳『社会分業論下巻』前掲、四八頁以下〕などを参照。

(106) ティコピア（英領ソロモン諸島）では明らかに階層的な社会が存在していたが、ファースの調査時点でその構成員は一二〇〇から一三〇〇名であった。Raymond Firth, We, the Tikopia: A Sociological Study of Kinship in Primitive Polynesia (1936), Nachdruck der 2. Aufl. 1965; Firth a.a.O. (1965), S. 187 ff. アフリカに関しても、Middleton/ Tait a.a.O. (1958), S. 28 の表によれば大きさと位階分化に向かう傾向との間に関連は見られないのである。

(107) Roy A. Rappaport, Ecology, Meaning, and Religion, Richmond Cal. 1979, S. 20 ff. を参照。

(108) この点については Robert L. Winzler, Ecology, Culture, Social Organization and State Formation in Southeast Asia, Current Anthropology 17 (1976), S. 623–632 を参照。さらに一般的に、社会文化的進化という文脈で単一要因による説明を（少なくとも、統計的に確認できる説明を）放棄することに関しては Kent V. Flannery, The Cultural Evolution of Civilizations, Annual Review of Ecology and Systematics 3 (1972), S. 399–426 を見よ。

(109) イマニュエル・ウォーラーステインの世界システム理論を近世以前の状況に適用しようとする試みがなされる中で、この理論がその種の交易がもつ社会文化的意義を過小評価しているとの批判が生じてきた。本文で述べた議論は、そこから派生してきたのである。証拠としては Timothy C. Champion (Hrsg.), Centre and Periphery: Comparative Studies in Archaeology, London 1989 などを見よ。

(110) 民族学者はそのために《位階社会 rank societies》という特別なカテゴリーを立てている。そこでは家族の間に、世代を超えて持続する位階と富の違いがすでに存在しているが、階層のかたちでの生活形式の違い、〔誰と誰が〕同等〔であるかという点での〕の違いへの固定化はまだ生じていないのである。Morton H. Fried, The Evolution of Political Societies: An Essay in Political Anthropology, New York 1967 などを見よ。

(111) その他にも、文明が成立していく歴史を記述する際に、《突然》という表現が好まれていることが注意を引く。例えば Alexander Marshack, The Roots of Civilization: The Cognitive Beginnings of Man's First Art, Symbol and Notation, London 1972, S. 12 はこの問いから出発している（そこでは文明の概念が、より広い意味で用いられているが）。

(112) われわれがここで念頭に置いているのは、きわめて一般的なシステム理論のメカニズムである。Alfred Gierer, Die Physik, das Leben und die Seele: Anspruch und Grenzen der Naturwissenschaft, 4. Aufl. München 1988, insb. S. 137 ff. を参照。

(113) Barry Schwartz, Vertical Classification: A Study in Structuralism and the Sociology of Knowledge, Chicago 1981 では、きわめて多様な社会におけるさまざまな形式に関する素材が提示されている。それはまた、《位階の差異》という形式が普遍的であることを証明する結果になってもいる。

(114) 以下などを見よ。Jonathan Friedman, Tribes, States, and Transformations, in: Maurice Bloch（Hrsg.）, Marxist Analyses and Social Anthropology, London 1975; S. 161–202; Kristian Kristiansen, The Formation of Tribal Systems in Later European Prehistory; Northern Europe, 4000–500 B.C., in: Colin Renfrew/ Michael J. Rowlands/ Barbara Abbott Segraves（Hrsg.）, Theory and Explanation in Archaeology, New York 1982, S. 241–280.

(115) 普通の場合《族長社会》はそのように理解されている。Hans Wimmer, Evolution der Politik: Von der Stammesgesellschaft zur modernen Demokratie, Wien 1996, S. 193 ff. だけを挙げておこう。

(116) Elizabeth Colson*, A Redundancy of Actors, in: Fredrik Barth（Hrsg.）, Scale and Social Organization, Oslo 1978, S. 150–162 を見よ。

(117) 典型的な観察事例として、John Gillin, Crime and Punishment Among the Barama River Carib of British Guiana, American Anthropologist 36（1934）, S. 331–344（333）で述べられている次の文を挙げておこう。《時には前首長の息

子や親族が選ばれることもあるかもしれない。しかしその種の関係はいかなる意味でも決定的要因とはならない》。世界の他の地域に関しても同様のことが確認されている。K.E. Read, Leadership and Consensus in a New Guinea Society, American Anthropologist 61（1959）, S. 425–436 を見よ。Marshall D. Sahlins, Poor Man, Rich Man, Big Man, Chief: Political Types in Melanesia and Polynesia, Comparative Studies in Society and History 5（1963）, S. 285–303 では、一般的な類型が区別されている。

(118)　Friedman a.a.O.（1975）, S. 174 による定式化を見よ。《現存のリニエージが、あらゆる祖系のラインが集合する想像上の環節的焦点によって定義される、それまでは〈空位だったカテゴリー〉を占有し始める場合には……》。

(119)　自然科学においても、諸システムの歴史性というこの構想による説明がなされている。何よりもまず Ilya Prigogine/ Isabelle Stengers, Dialog mit der Natur: Neue Wege naturwissenschaftlichen Denkens, München 1981, S. 165 ff.〔伏見康治・伏見譲・松枝秀明訳『混沌からの秩序』みすず書房、一九八七年、二二三頁以下〕を見よ。

(120)　Le Parasite, Paris 1980〔及川馥・米山親能訳『パラジット』法政大学出版局、一九八七年〕.

(121)　Serres, zit. nach der deutschen Übersetzung, Frankfurt 1981, S. 282〔前掲訳書、三〇三頁〕.

(122)　以下などを参照。Elman R. Service, Origins of the State and Civilization: The Process of Cultural Evolution, New York. 1975; Klaus Eder, Die Entstehung staatlich organisierter Gesellschaften: Ein Beitrag zu einer Theorie sozialer Evolution, Frankfurt 1976; Henry T. Wright, Recent Research on the Origin of the States, Annual Review of Anthropology 6（1977）, S. 379–397; Ronald R. Cohen/ Elman R. Service（Hrsg.）, Origins of the State: The Anthropology of Political Evolution, Philadelphia 1978; Henri J.M. Claessen/ Peter Skalnik（Hrsg.）, The Early State, Den Haag 1978; Elisabeth M. Brumfield, Aztek State Making: Ecology, Structure, and the Origin of the State, American Anthropologist 85（1983）, S. 261–284; Henri J.M. Claessens/ Pieter van de Velde/ M. Estellie Smith（Hrsg,）, Development and Decline: The Evolution of Sociopolitical Organization, South Hadley Mass. 1985; John Gledhill/ Barbara Bender/ Mogens Trolle Larsen（Hrsg.）, State and Society: The Emergence and Development of Social Hierarchy and Political Centralization, London 1988.

(123) 生産性の増大そのものを、この文脈において挙げることもできる。少なくともポリネシア社会に関してはそうである。この社会はまた、コンフリクトの密度という点でも知られている。Marshall D. Sahlins, Social Stratification in Polynesia, Seattle 1958 を参照。批判としては Rappaport a.a.O.（1959）, S. 14 ff. がある。

(124) 概観のためには、またこの新たな研究関心の強度に関しては以下を参照。Michael Rowlands/ Mogens Larsen/ Kristian Kristiansen（Hrsg.）, Centre and Periphery in the Ancient World, Cambridge Engl. 1987; Timothy C. Champion（Hrsg.）, Centre and Periphery: Comparative Studies in Archaeology, London 1989, oder Christopher Chase-Dunn/ Thomas D. Hall（Hrsg.）, Core/ Periphery Relations in Precapitalist Worlds, Boulder Col. 1991. 理論史的に見ればこの研究を動機づけてきたのは広範囲にわたる経済的および文化的な連関への関心であって、相異なる分化形式がもつ進化上の位置価を比較するということでは必ずしもなかったのだが。

(125) Carroll Quigley, The Evolution of Civilizations: An Introduction to Historical Analysis, New York 1961, S. 85–87 を引き合いに出している David Wilkinson, Cores, Peripheries, and Civilizations, in: Chase-Dunn/ Hall a.a.O. S. 113–166 を参照。

(126) この種の帝国形成に関する概観と内的な問題構成に関しては、Shmuel N. Eisenstadt, The Political Systems of Empires, New York 1963 を参照。中心／周辺分化については Paperback-Ausgabe New York 1969 の序文を見よ。

(127) 交易が〔中央において〕強化された理由のひとつは、中央と呼ぶに相応しい最初の高度文化が成立したのが、資源が極めて乏しい領域においてだったという点に求められるかもしれない。すなわち、ナイル渓谷およびメソポタミアにおいてである。

(128) この見解はいわば《唯物論的》な歴史理論のものであって（例えば Barry K. Gills/ Andre Gunder Frank, 5000 Years of World System History: The Cumulation of Accumulation, in: Chase-Dunn/ Hall a.a.O. S. 67–112 がそうである）共有される必要はない。むしろ逆であろう。資材を蓄えることは〔近代に至るまでの〕長きにわたって、何ら資本形成を意味しなかったのである。資本形成とは資源を、資源の物質性そのもののうちでは定められていないような目的のために用いることだからである。

(129) Dean MacCannell/ Juliet F. MacCannell, The Time of the Sign, Bloomington Ind. 1982, S. 76 ff. では記号論的な関心という文脈において、この点に対する批判的な注記がなされている。

(130) Shmuel Noah Eisenstadt, Social Division of Labor, Construction of Centers and Institutional Dynamics: A Reassessment of the Structural-Evolutionary Perspective, Protosoziologie 7（1995）, S. 11-22（14 f.）では、S.N. Eisenstadt/ Michel Abitbol/ Naomi Chazan（Hrsg.）, The Early State in African Perspective: Culture, Power and Division of Labor, Leiden 1987 を参照しつつ、この区別について述べられている（アフリカに関して）。同様の区別に関しては Chase-Dunn/ Hall a.a.O.（1991）, S. 19 ff. をも見よ。

(131) 以下の議論は Gerdien Jonker, The Topography of Remembrance: The Dead, Tradition and Collective Memory in Mesopotamia, Leiden. 1995, insb. S. 38 ff., 117 ff. によっている。

(132) Rudolf Stichweh, Fremde, Barbaren und Menschen: Vorüberlegungen zu einer Soziologie der »Menschheit«, in: Peter Fuchs/ Andreas Göbel（Hrsg.）, Der Mensch – das Medium der Gesellschaft?, Frankfurt 1994, S. 72-91 を参照。

(133) Rainer Grafenhorst, Das kosmographische System der Purāṇas: Zur Funktion und Struktur indischer Kosmographie, Diss. Hamburg 1993 では、これらの要求を完全に満たすひとつのモデルが分析されている。円盤状の大地はひとつの中心大陸と、それを取り巻く六つの、海によって分かたれた島大陸へと分割されている。島大陸は異なる構造を有しているが、すべて人が住んでいる。したがってどの大陸もひとつの、異なる環境に取り囲まれている。そしてその環境は最終的にはひとつの海によって取り囲まれており、海は大地の境界にまで達するのである。個々の大陸の上で営まれる生活の質は、宗教や政治的支配などの秩序のための必要条件は同じであっても、中心から離れるに従って低下していく。しかしそれでも秩序のための必要条件によって、自明な秩序として通用すべきものが確証されもするのである。最後の島大陸においてのみ、〔それ以外の大陸で〕通用しているものが揚棄される。この大陸は世界社会の秩序を、それを否定することを通して補完するのである。ただしこの否定は空間的には隔たっており、実際には到達不可能である。すなわち、世界の終わりに位置するのである。（環節分化した）より旧い（ヴェーダ期の vedisch〔4〕）全体社会に由来する伝統と比べれば、単純な空間観念から差異への転換が生じているのを明確に見て取れる。それらの差異は中心から眺められ、学ばれうる。とはいえそれら諸差異をひとつに取りまとめることができるのは、対立するものの包摂というパラドックスにおいてのみなのであるが。

(134) 手短な概観としては、Chase-Dunn/ Hall a.a.O. S. 8 ff. を見よ。Owen Lattimore, Studies in Frontier History: Collected Papers 1928–1958, Paris 1962, S. 480 をも参照のこと。

(135) 大半の文献においては、別の用語法が採用されており、すでにこの〔時〕点に関して《国家の成立》との表現が用いられている。したがってそこにおいてすでに、前国家的社会と国家的社会という大きな二分法を用いる可能性が与えられている、ということになる。本章註(122)の文献を見よ。しかしそうすると、ひとつの違いが抹消されてしまうことになる。すなわち近代初期において初めて生じてきて、自分自身を《国家》と呼んだあの違いが、つまり特殊政治的なシステムの分出が、である。われわれはその代わりに、初期の支配組成においては中央と周辺との分化が第一次的であったという点を強調しておくとしよう。

(136) 議論において理論的な野心が顔を覗かせる場合には、人口統計学的な分析が前面に出てくることになる。しかし近年では、「人口の減少が領域的－政治的支配の成立を促進する」というテーゼも提起されている(Henry T. Wright/ Gregory Johnson, Population, Exchange, and Early State Formation in Southwestern Iran, American Anthropologist 77 (1975), S. 267–289 を参照)。したがって問題をそのように立ててみても、決着はつけがたいのである。明確に生態学的な(したがってまた、人口統計学的でもある)立場からの描出としては、Robert MacAdams, The Evolution of Urban Society: Early Mesopotamia and Prehispanic Mexico, London 1966; William T. Sanders/ Barbara J. Price, Mesoamerica: The Evolution of a Society, New York 1968 がある。

(137) 中国北部境界はよく知られた例である。以下を参照。Owen Lattimore, Inner Asian Frontiers of China, New York 1940; ders., The Periphery as Locus of Innovation, in Jean Gottmann (Hrsg.), Centre and Periphery: Spatial Variation in Politics, Beverly Hills Cal. 1980, S. 205–208; Thomas J. Barfield, The Perilous Frontier: Nomadic Empires and China, Cambridge Mass. 1989. しかしまた、《出エジプト》によって象徴される、近東における遊牧部族の形成をも考え合わせるべきだろう。紀元前三〇〇〇年代の最後の数世紀におけるパレスチナの遊牧民化については、Talia

Shay, A Cycle of Development and Decline in the Early Phases of Civilization in Palestine: An Analysis of the Intermediate Bronze Period（2200-2000 BC）, in: John Gledhill/ Barbara Bender/ Mogens Trolle Larsen（Hrsg.）, State and Society: The Emergence and Development of Social Hierarchy and Political Centralization, London 1988, S. 113-120を参照。重要なのは、〔遊牧民が〕原初的な全体社会形式ではないという点である。

（138） より後の段階について観察したものとしてはJ.H. Boeke, Economics and Economic Policy of Dual Societies as Exemplified by Indonesia, New York 1953〔永易浩一訳『二重経済論――インドネシア社会における経済構造分析』秋菫書房、一九七九年〕がある。

（139） Alexander Filippov, The Observer of the Empire（russisch）, Moskau 1991は（ソヴィエト連邦に関して）そう論じている。

（140） 以下を参照のこと。Edward Shils, Centre and Periphery, in: The Logic of Personal Knowledge: Essays Presented to Michael Polanyi, London, 1961, S. 117-131; ders., Center and Periphery: Essays in Macrosociology, Chicago 1975. さらに、Shmuel N. Eisenstadt, Social Differentiation and Stratification, Glenview Ill. 1971; Stein Rokkan/ Derek W. Urwin（Hrsg.）, The Politics of Territorial Identity: Studies in European Regionalism, London 1982; dies., Economy, Territory, Identity: Politics of West European Peripheries, London 1983なども参照。地理学的研究により強く肩入れしたものとしてはJean Gottmann（Hrsg.）, Centre and Periphery, London 1980もある。その間にも、この図式を用いた注目すべき事例研究が登場してきてもいる。John Bannerman, The Lordship of the Isles, in: Jennifer M. Brown（Hrsg.）, Scottish Society in the Fifteenth Century, New York 1977, S. 209-240やJack P. Greene, Peripheries and Center: Constitutional Development in the Extended Policies of the British Empire and the United States 1607-1788, Athens Ga. 1986はその例である。

（141） Rudolf Schieffer（Hrsg.）, Schriftkultur und Reichsverwaltung unter den Karolingern, Opladen 1996を見よ。アフリカの無文字社会における帝国形成の発端が不安定であったことについてはJack Goody, Die Logik der Schrift und die Organisation von Gesellschaft, dt. Übers. Frankfurt, 1990, S. 187 ff. を参照。

(142) 中国に関してその典型的な事例が報告されている（Jacques Gernet, La vie quotidienne en Chine à la veille de l'invasion mongole 1250-1276（1959）〔栗本一男訳『中国近世の百万都市――モンゴル襲来前夜の杭州』平凡社、一九九〇年〕, zit. nach der Auflage Paris 1978, S. 177 f. などを参照）。この事態は、古代中国社会が有していた多くの特殊性によって説明できるだろう。大家族が多機能に及ぶ強さを有していたこと、ギルドの活動が政治に対する防衛の機能をも伴っていたこと、民法が発達しなかったこと（この点はローマおよびイングランドと比較可能かもしれない）。そして言うまでもなく、中国が日本に比べて近代文明への移行においてはるかに多くの困難に直面したのはなぜなのかも、防衛的メカニズムのこの遺物によって説明できるはずである。ヨーロッパ中世、特にイングランドはそれとは明白な対照を形成している。こちらではすでに所有権が高度に個人化されると同時に、効果的な法的保護が与えられていたのである。Alan MacFarlane, The Origins of English Individualism, Oxford 1978〔酒田利夫訳『イギリス個人主義の起源』南風社、一九九七年〕を参照。

(143) 高度文化を帝国形成なしで、都市形成だけによって達成することもできた。この点はギリシアにおける《ポリス》文化から見て取れるだろう。この文化は明白に、ポリス／オイコスという区別によって定式化されてもいた。そしてその点で、西欧の《倫理的‐政治的》伝統を成立せしめる契機を提供することになった。当初この伝統によって考えられていたのは、都市の内部においてのみ可能な態度と徳とを強調すること以外の何ものでもなかったのである。

(144) この点に関しては、ロバート・レッドフィールド〔5〕の諸著作を参照のこと。例えば Robert Redfield, Peasant Society and Culture: An Anthropological Approach to Civilization, Chicago, 1956〔安藤慶一郎訳『文明の文化人類学――農村社会と文化』誠信書房、一九六〇年〕など。ただしここで、この差異は中心と周辺の差異と同一ではないという点に留意しておかねばならない。言うまでもなくこちらの差異のほうは、中心と周辺の差異を周辺の場所において模写するために、つまり反復するために役立つのである。

(145) Rokkan/ Urwin a.a.O.（1983）, S. 7.

(146) この点に関しての一般的議論としては Bruce H. Mayhew/ Roger L. Levinger, Size and Density of Interaction: in Human Aggregates, American Journal of Sociology 82（1976）, S. 86-110 を見よ。dies., On the Emergence of Oligar-

chy in Human Interaction, American Journal of Sociology 81 (1976), S. 1017–1049 をも参照のこと。

(147) だからあらゆる旧い社会では（ヨーロッパ中世を重要な例外として）すべての貴族は都市貴族であったに違いないと、どの程度まで言えるのか。この点に関しては異論の余地がある。Gideon Sjoberg, The Preindustrial City: Past and Present, Glencoe Ill. 1960〔倉沢進訳『前産業型都市——都市の過去と現在』鹿島研究所出版会、一九六八年〕を参照。歴史専門家の視角からのこのテーゼについて論じ、批判的に分析しているものとしてはPaul Wheatley, »What the Greatness of a City is said to be«: Reflections on Sjoberg's »Preindustrial City«, The Pacific Viewpoint 4 (1963), S. 163–188 がある。もちろんこれは一部には、「貴族への所属」と述べる際に踏まえられている基準の問題である。そして周知のようにこの点は、ヨーロッパ中世後期において〔貴族への所属に関して〕国家による承認と授与が貫徹するに至っても（それは階層が終わりを告げ始めたことを意味した）なお、相当程度曖昧であり解釈の余地が残っていたのである。

(148) だからエジプトあるいは中国は、すなわち官僚制帝国の顕著なプロトタイプは、相当程度の安定した富の違いが見られたにもかかわらず、はたして階層化した社会として指し示されうるのかどうかと疑ってみることもできる。しかし中国において存在していたような、官僚制の下での流動性をより詳細に研究してみれば、たちどころに階層の影響が明らかになる。しかもそれは、能力基準にもとづいて実施された試験システムを踏まえてのことなのである。以下を参照。Francis L.K, Hsu, Social Mobility in China, American Sociological Review 14 (1949), S. 764–771; E.A. Kracke, Jr., Civil Service in Early Sung China: 960–1067, Cambridge Mass. 1953; Robert M. Marsh, The Mandarins: The Circulation of Elites in China 1600–1900, Glencoe Ill. 1961; Ho Ping-ti, The Ladder of Success in Imperial China: Aspects of Social Mobility 1368–1911, New York 1962〔何炳棣著、寺田隆信・千種真一訳『科挙と近世中国社会——立身出世の階梯』平凡社、一九九三年〕; Wolfram Eberhard, Conquerors and Rulers: Social Forces in Medieval China, 2. Aufl. Leiden 1965, S. 7 は、次の点に注目している。相異なる階層を同化することもまた、人口密度の問題だった。同化は都市において、また稠密に居住された地域において、他の地域よりもより強い効果を発揮したのである。

(149) 〔中央から委任された権力だけが認められるべきだという〕この要請は、十六世紀において《主権 Souveränität》と呼ばれることになる。そして独自の領土の内部においてそれが効果的に貫徹されたのはようやく十七世紀に至って、特にフランスにおいてのことであった。

(150) その結果、個々の支配者ないし個々の王朝の統治期間は、きわめて短くなった。John H. Kautsky, The Politics of Aristocratic Empires, Chapel Hill NC 1982, S. 247 f. は、それぞれ六年、一一年、一四年続いた帝国を挙げて、統治期間は一世代の期間に及ばなかったことを示している。Elisabeth M. Brumfiel, Aztec Statemaking: Ecology, Structure and the Origin of the State, American Anthropologist 85 (1983), S. 261-284 も参照のこと。ただしだからといって、この分化形式は不安定であったとの結論を導き出してはならない。

(151) Niklas Luhmann, Staat und Staatsräson im Übergang von traditionaler Herrschaft zu moderner Politik, in: Gesellschaftsstruktur und Semantik Bd. 3, Frankfurt 1989, S. 65-148; Michael Stolleis, Staat und Staatsräson in der frühen Neuzeit: Studien zur Geschichte des öffentlichen Rechts, Frankfurt 1990 を参照。

(152) この点に関してはColin Renfrew, The Emergence of Civilization: The Cyclades and the Aegean in Third Millenium B.C., London 1972, insb. S. 440 ff. を参照。

(153) Talcott Parsons, Societies, Evolutionary and Comparative Perspectives, Englewood Cliff N.J. 1966, S. 95 ff.〔矢沢修次郎訳『社会類型——進化と比較』至誠堂、一九七一年、一四三頁以下〕を見よ。

(154) 特にこの点についてはG.E.R. Lloyd, Reason and Experience: Studies in the Origin and Development of Greek Science, Cambridge England 1979を参照。

(155) 崩壊を扱ったモノグラフとしてはJoseph A. Tainter, The Collapse of Complex Societies, Cambridge Engl. 1988がある。前近代の帝国はすべて崩壊したが（単なる支配の交替が生じたのでない限り）、テインター〔6〕はそれを、複雑性による自身への過剰な要求によって説明している。結局のところ〔帝国を〕維持していくための費用があまりにも大きくなって、その要求を前にして〔帝国〕システムの政治的コントロールはうまくいかなくなるのである。

(156) 上層家系の伝統を見れば、この点を十分に明らかにできるだろう。アテナイで重視されていたのは（ローマとは異なって）、都市の役職を占めていることではなく、戦争およびスポーツにおける卓越性、在外公使、和平交渉およびその他の国際関係の処理であり、またもちろんのこと特に、財政的な気前の良さであった。Rosalind Thomas, Oral Tradition and Written Record in Classical Athens, Cambridge Engl. 1989, S. 95 ff. を参照。

(157) 言うまでもなく、《ランクづけ ranking》、すなわち位階の差異の観察という一般的なゼマンティクははるか以前から用いられていた。この点については Richard Newbold Adams, Energy and Structure: A Theory of Social Power, Austin 1975, S. 165 ff. を見よ。

(158) ただし特に、層としての土着民族の上に征服民族が君臨する場合は例外である。その場合には〔本文で述べた条件が満たされていないにもかかわらず〕相対的に長期にわたって再生産されていくような分化が生じるということもありうるだろう。

(159) 《政府の役人と付きあえるこのような人々は、上流階級の者 gentry と呼ばれていた》。Hsiao-tung Fei（費孝通）, China's Gentry: Essays on Rural-Urban Relations（1953）, Chicago 1972, S. 83.

(160) Jonathan Haas, The Evolution of the Prehistoric State, New York 1982 で、関連文献が挙げられている。より体系的な仕事としては Morton H. Fried, The Evolution of Political Society: An Essay in Political Anthropology, New York 1967 および Elman R. Service, Origins of the State and Civilization: The Process of Cultural Evolution, New York, 1975 を見よ。さらにこの問題を扱った地域研究も多量に存在している。本章註（122）を参照。

(161) われわれはここで、Gilles Deleuze, Logique du sens, Paris 1969, insb. S. 50 ff.〔岡田弘・宇波彰訳『意味の論理学』法政大学出版局、一九八七年、特に四九—五六頁〕による考察を踏まえている。

(162) 現在までの研究が扱っているのはもっぱら個々の地域だけであり、ヨーロッパ全土を概観したものは見あたらないようだ。Wilhelm Stoermer, Früher Adel: Studien zur politischen Führungsschicht im fränkisch-deutschen Reich vom 8. bis 11. Jahrhundert, 2 Bde., Stuttgart 1973 を、あるいは Philippe Contamine* (Hrsg.), La noblesse au moyen âge, XIe-XVe siècles, Paris 1976 などを見よ。

(163) 概念上の、また法に関する入り組んだ問題に関して、例えば職（dignitas）／貴族（nobilitas）の境界づけについて（それは職位の担い手の問題と関連しており、どちらの場合も平民 plebs に対して分化していた）は、Bartolus a

Saxoferrato, De dignitatibus, zit. nach der Ausgabe Omnia, quae extant, Opera, Venetiis 1602, Bd. VIII, fol 45 v–49 r を見よ。このような状況の下では、貴族の特別な社会的立場を自然法的に根拠づけることなど、考慮されはしなかった。貴族にしても平民にしてもすべての人間はアダムの子孫ではないか。しかしこう論じることはできた。貴族ということで問題になっているのは民法上の制度だけなのか、それとも地域を越えた接触を容易にするための万民法を仮定することができるのか、と。しかしでそうきるとすれば、それはローマ的起源の意味においてだということになる。その後近代の領域国家が発展してくるとともに貴族法も分化していき、十六世紀後半に至って初めて、活版印刷術および名誉の概念に支えられて、近代初期における普遍的な貴族概念が確立されていった。中世期イタリアでは都市共和国の水準において、この展開を見て取ることができる。この点に関しては Claudio Donati, L'idea di nobilità in Italia: Secoli XIV–XVIII, Roma-Bari 1988 を参照。

(164) この事態は、イギリスではフランスにも増して貴族の《雄弁》に対する旧来の高い評価が持続しており、またそれが新たな知の形式へと適合させられていったことと関連している。Henry Peacham, The Compleat Gentleman, 2. Aufl. Cambridge 1627 などを見よ。

(165) 階層概念が、不正な分配を批判するという文脈で《階級理論》的にではなく、分化の理論との関連のもとで用いられている場合に関しても、やはり事は同様である。例えば Shmuel N. Eisenstadt, Social Differentiation and Stratification, Glenview Ill. 1971 を、あるいは役割分化から説き起こしている Bernard Barber, Social Stratification: A Comparative Analysis of Structure and Process, New York 1957 を見よ。この意味において〔階層概念が用いられる場合に〕問題となるのは、あらゆる社会（原始社会を除く）において普遍的に見られる次元であるということになる。しかし社会学的〔階層〕概念の他ならぬこの特質こそが、社会人類学によって批判されているのである。Michael G. Smith, Pre-Industrial Stratification Systems, in: Neil J. Smelser/ Seymour M. Lipset（Hrsg.）, Social Structure and Mobility in Economic Development, Chicago 1966, S. 141–176 を参照。

(166) Cristoforo Landino, De vera nobilitate（etwa 1440）, zit. nach der Ausgabe Firenze 1970, S. 41 では、これらの容易に認識されうる違いが挙げられている。

（167）Nicolas Faret, L'honeste homme, ou l'art de plaire à la Cour, Paris 1630, Neuausgabe Paris 1925, S. 70.

（168）ここにおいて設定された法的コントロールの困難さを図解的な事例によって示したものとして、Etienne Dravasa, Vivre noblement: Recherches sur la dérogeance de noblesse du XIVe au XVIe siècles, Revue juridique et économique du, Sud-Ouest, série juridique 16（1965）, S. 135–193; 17（1966）, S. 23–129 がある。

（169）貴族の特別な地位が特別な職業を介して、つまり兵務（Waffendienst）を介して根拠づけられる場合でも、やはり同じことが言える。というのはそこで問題となっているのは当然のことながら自由に選択されうる職業ではなく、むしろ〔貴族としての〕責務《職業 vacation》なのであり、貴族として生まれついたからにはそう定められているのである。特にフランスでは、職業に定位して貴族をこのように記述することが、十六世紀後半の危機的状況に至るまで存続していった。この点に関しては以下を参照。Arlette Jouanna, L'idée de race en France au XVIe siècle et au début du XVIIe, 2. Aufl. 2 Bde. Montpellier 1981, Bd. 1, S. 323 ff.; Ellery Schalk, From Valor to Pedigree: Ideas of Nobility in France in the Sixteenth and Seventeenth Centuries, Princeton N.J. 1986. ついでに述べておくならばこの観念が武器・領主の組織・戦闘戦術の変化を超えてかくも長く生き延びたという事実は、それがはるか以前から、位階の違いを正当化するという本質的にシンボリックな機能を有していたということを示してもいる。

（170）権力の違いと道徳的な違いとの区別に関してはBarry Schwartz, Vertical Classification: A Study in Structuralism and the Sociology of Knowledge, Chicago 1981, S. 79 ff. などを見よ。

（171）Peacham a.a.O., S. 3. 詳細はJouanna a.a.O. Bd. 1, S. 23 ff. を見よ。

（172）一例としてLeon Battista Alberti, De re aedificatoria, Florenz 1485, zit. nach der lateinisch/ italienischen Ausgabe Milano 1966, Bd. 1, S. 264 ff., 270 ff.〔相川浩訳『建築論』中央公論美術出版、一九八二年、九六―九九頁〕を見よ。都市計画のこの観念を、カーディフ［7］のような都市と比較してみるのも面白いかもしれない。カーディフでは十九世紀においてもまだ〔階層に〕対応する秩序が確立されていたが、その基盤はもはや所有権でしかありえなかった。

（173）この点についてBartolus, De dignitate a.a.O. fol. 45 v. und ad 93 はこう述べている。《卓越せる者は変わることなく生まれながらにしてそうである。卑しい者は、どうにかして威信ある者に変わらない限り、長年にわたってそのままであり続ける》。

(174)《農民が有能で豊かで強力だということはありうるが、高貴さを示すことはない》と、Bartolus, De Dignitatibus a.a.O. fol. 45 v. und ad 52 で述べられている。

(175) Poggius Florentinus（Giovanni Francesco Poggio Bracciolini), De nobilitate（1440), zit. nach Opera, Basilea 1538, S. 64-87 でそう述べられているが、これは彼自身の理論とはまったく一貫していない。事実彼は、嘆息しながら述べているのである。

(176) 例えばPoggio Bracciolini a.a.O.（1538), S. 81 には、《他方で、父祖の高貴さが息子たちへと移ることや、〔息子たちが〕その徳（virtus）がまだ認められていない貴族であること、またそう言われることが、否定されるべきだとは誰も思っていない》とある。ただしこれは自明のことではないと強調されてもいる。後継者にとっては生活態度と公的な美徳が重要なのであり、貴族の軌跡のうちに留まらなければならないのだ、と。《そして彼らの子孫たちは、めったに祖先のたどった道から立ち去らない。子孫たちに精神および才能の力が兼ね備わっている限りではあるが》とLandino a.a.O.（1440/ 1971), S. 41 で述べられているように、である。

(177) 法的‐制度的現実と伝統とテクストに定位した貴族文献との乖離については、Klaus Bleeck/ Jörn Garber, Nobilitas: Standes- und Privilegienlegitimation in deutschen Adelstheorien des 16. und 17. Jahrhunderts, Daphnis 15（1982), S. 49–114, insb. 59 ff. を参照。

(178)《というのは生まれのよさは先祖が富んでいて、有徳であることだから》と、『政治学』1294 a 21 f.〔牛田徳子訳、京都大学学術出版会、二〇〇一年、二〇三頁〕で述べられている。この定義からしてすでに、財産に焦点を当てていることがわかる。これは明らかに、以前の一族の位置を都市憲章によって確定することができなくなった、後の時代の産物なのである。Bartolus, De dignitatibus a.a.O. ad 47 und 48 も参照。そこでは、〔貴族の資格を持つために〕重要なのは、個々の人間が長期間（一〇年ないし二〇年）にわたって道徳的に良い状態のもとに置かれることなのだと付け加えられている。したがって個々の英雄的行為だけによって貴族的になることはできない。しかしひとつの悪事によって貴族〔の資格〕を失うことはありうるのである。

(179) 〔貴族とは〕《それ〔＝徳〕をほんの短い間ではなく、もっと長きにわたって自らのうちに持ち続けた者》であると、Landino a.a.O. S. 48 は述べている。そして《それゆえ、さらに古えの徳を身につければ、先祖たちのように、高貴さが輝き出すことだろう》。

(180) 十五世紀のあるテクストではこの事態を、生殖状況における傾向へと（つまりは再び、生まれへと）帰している。Diego de Valera, Un petit traictyé de noblesse, ediert in: Arie Johan Vanderjagt, Qui sa Vertu Anoblist: The Concept of *Noblesse* and *chose publique* in Burgundian Political Thought, Diss. Groningen 1981, S. 235–283（258）を参照。蛇足ながらこれは貴族に関する世俗的な教説の一部だった。神学的に見れば、魂が生殖によって〔新生児へと〕移され条件づけられるなどということはありえない話だからだ。

(181) Landino a.a.O.（1440/ 1971), S. 72 には、《そして彼らは、休みなき労働や長びく不眠やひどい空腹により苦しむことで堕落してはならない》とある。

(182) 特にジャンセニストにとっては。というよりも彼らにしてみれば他のことはどうでもよかったのである。Pierre Nicole, De la Grandeur, in: Essai de Morale Bd. II, 4. Aufl. 1682, S. 154 ff.（179 ff.）

(183) A.a.O.（1627), S. 9 f.

(184) 生得的／獲得的 ascribed/ achieved（ラルフ・リントン）ないし特質／遂行 quality/ performance（タルコット・パーソンズ）の区別を用いてなされていた五〇年代から六〇年代初期の近代化理論ではそのように論じられていた。近代社会への適用を批判する議論としては Leon Mayhew, Ascription in Modern Society, Sociological Inquiry 38（1968), S. 105–120 がある。

(185) それと関連する帰結だが、道徳の中では剛勇だとか禁欲＝精進（Askese）などの功績上の要素のほうが規範的要素よりもより大きく考慮されていたのである。

(186) 《叙事詩の契機》というこの問題をめぐる研究の現状に関しては、Arthur Thomas Hatto, Eine allgemeine Theorie der Heldenepik, Vorträge G 307 der Rheinisch-Westfälischen Akademie der Wissenschaften, Opladen 1991, S. 8 を参照。

(187) ギリシアの都市ではホメロスの神話と、宗教の形式としての多神教が不可欠だったが、この点も今述べたことにより説明できるかもしれない。そこでの登場人物は系図の中でどう用いられるかによって、重要な家系の由来の結節点として定められていたのである。このような文脈へと文字がもつ特性が侵入してきたことに関しては、Rosalind Thomas, Oral Tradition and Written Record in Classical Athens, Cambridge Engl. 1989, S. 155 ff. で詳細に論じられている。後になるとこの連関はプラトンにおいて注目の的になり、一種のセカンド・オーダーの観察の中でアイロニー化されることになる。Platon, Theaitetos 175 A〔渡辺邦夫訳『テアイテトス』筑摩書房、二〇〇四年、一〇二―一〇三頁〕における、誰にも一〇〇人もの祖先がおり、その中には富める者も貧しい者もいれば、王のように暮らしてきた者も奴隷として生きていた者もいたという点についての発言を見よ。

(188) Jouanna a.a.O. Bd. 1, S. 275 ff. で証拠が挙げられている。

(189) 蛇足ながらだからといって貴族が特定の犯罪行為によってより厳しい判決を下されたり、貴族の資格剝奪で脅されたりすることが排除されていたわけではない。

(190) 道徳が、つまり全体社会において常に通用する（durchgehend）重要なメディアが問題となっている場合には、平等性／不等性に焦点を当てた定式化もなされてきた。George Puttenham, The Arte of English Poesie, London 1589, Nachdruck Cambridge Engl. 1970, S. 42ではこう述べられている。《どんな程度、どんな種類の人間においても、美徳は賞賛に値する。しかし平等にではない。単に階級が不平等だからというだけでなく、美徳そのものもどんな点でも平等な価値と評価だとは言えないからだ。王の自制は、荷車屋のそれよりもより大きな価値をもつ》。またS. 43では《それゆえに劣った人物は美徳も劣っているのだから、ある程度劣った賞賛しか受けないのである》とある。この議論は、上層では行為の自由度がより大きいがゆえに道徳コードがより強く必要とされるという点によって根拠づけられる。しかしその背後にあるのはもちろんのこと、道徳が実質的に貴族の定義の一部になっているということである。それゆえに道徳をめぐる状況が平等であることを受け入れるわけにはいかなかったし、また社会の中の誰かを道徳的な有責性から、賞賛と非難による介入から、免れさせることもできなかったのである。

(191) 《モラル・エコノミー〔8〕》をめぐる文献においても、そのように論じられている。E.P. Thompson, The Moral

Economy of the English Crowd in the 18th Century, Past and Present 50（1971）, S. 76–136; James C. Scott, The Moral Economy of the Peasant: Rebellion and Subsistence in Southeast Asia, New Haven 1976〔高橋彰訳『モーラル・エコノミー——東南アジアの農民叛乱と生存維持』勁草書房、一九九九年〕だけを挙げておこう。

(192) Otto Brunner, Adeliges Landleben und europäischer Geist: Leben und Werk Wolf Helmhards von Hohberg 1612–1688, Salzburg 1949; ders., Das >ganze Haus< und die alteuropäische Ökonomik, in: ders., Neue Wege der Verfassungs- und Sozialgeschichte, 2. Aufl. Göttingen 1968, S. 103–127〔「『全き家』と旧ヨーロッパの『家政学』」、石井紫郎他訳『ヨーロッパ——その歴史と精神』岩波書店、一九七四年、一五一—一八九頁〕を見よ。より旧い文献に関してはSabine Krüger, Zum Verständnis der Oeconomica Konrads von Megenberg: Griechische Ursprünge der spätmittelalterlichen Lehre von Hause, Deutsches Archiv für Erforschung des Mittelalters 20（1964）, S. 475–561がある。近代社会への移行の中での解体現象に関しては、Wolf-Hagen Krauth, Wirtschaftsstruktur und Semantik: Wissenssoziologische Studien zum wirtschaftlichen Denken in Deutschland zwischen dem 13. und 17. Jahrhundert, Berlin 1984; Erich Egner, Der Verlust der alten Ökonomik: Seine Hintergründe und Wirkungen, Berlin 1985を参照。さらに三十年戦争による荒廃後に生じた、家政学説の一時的復活に関してはGotthardt Frühsorge, Die Krise des Herkommens, in: Winfried Schulze（Hrsg.）, Ständische Gesellschaft und Mobilität, München 1988, S. 95–112を見よ。

(193) 例えばハイネクツィウス〔9〕（1738）においてもまだ家族は、婚姻、親／子の関係、主人／女主人と使用人の大農場的秩序という単純な結びつき（Gemeinschaft）から成る、合成された結びつきとして規定されていた。この議論は自然法の体系よりもむしろ、自然法によって根拠づけられた万民法（ius gentium）のうちに位置づけられる。ウルピアヌス〔10〕を引き合いに出しているJohann Gottlieb Heineccius, Grundlagen des Natur- und Völkerrechts（Elementa iuris naturae et gentium）Buch II, Kap. V., dt. Übers. Frankfurt 1994, S. 384 ff. を見よ。

(194) 全体社会の水準での位階規制が個々の家族の内部にまで及ぶという現象がしばしば生じている社会との文化間比較を行ってみれば、この特性が明らかになるだろう。M. G. Smith a.a.O.（1966）, S. 157 ff. を参照。

(195) Martin Warnke, Hofkünstler: Zur Vorgeschichte des modernen Künstlers, Köln 1985, insb. S. 142 ff. を参照のこと。

(196) プラトンが彼なりに女性共同体を推奨するにあたっては、先入見が影響してこざるをえなかった。だから『国家』第五巻でそれを導入する際には、回りくどいやり方を取ることになったのである。しかし家政の上に形成された階層化された全体社会において女性に平等な権利と平等な職業チャンスを与えようとするのであれば、徹底的に考えればそうならざるをえない〔つまり、女性の共同体という結論に至らざるをえない〕はずなのである。

(197) ただしゼマンティク上の並行性は存在していた。とりわけ、どちらの領域においても支配のターミノロジーと有機体メタファーが用いられていたがゆえに、である。しかしこれは、経済的・政治的な事柄において明白な違いがあるということを否定するものではない。ゼマンティク上の一致が示しているのはむしろ、今日なら《全体社会》と呼ばれるであろうものなのである。

(198) François Grimaudet, Les opuscules politiques, Paris 1580, opuscules XIV, fol. 93 v ff. では明確に、《政治家は自分自身を維持する義務を負わねばならない》と述べられている。これは家族および子孫を含めての話である。

(199) この点に関しては Renate Blickle, Hausnotdurft: Ein Fundamentalrecht in der altständischen Ordnung Bayerns, in: Günter Birtsch (Hrsg.), Grund- und Freiheitsrechte von der ständischen zur spätbürgerlichen Gesellschaft, Göttingen 1987, S. 42–64; dies., Nahrung und Eigentum als Kategorien der ständischen Gesellschaft, in: Winfried Schulze a.a.O. (1988), S. 73–93 を参照。

(200) これに関しては、広範な地域に及ぶ圏域を扱った数多くの文献が存在している。中世後期および近代初期に関しては特に、Guy Fitch Lytle/ Stephen Orgel (Hrsg.), Patronage in the Renaissance, Princeton N.J. 1981〔有路雍子・成沢和子・舟木茂子訳『ルネサンスのパトロン制度』松柏社、二〇〇〇年〕; Antoni Mączak (Hrsg.), Klientelsysteme im Europa der Frühen Neuzeit, München 1988 を参照。民族誌的比較の観点ないし現在の地域という観点に基づくものとしては Paul Littlewood, Patronaggio, ideologia e riproduzione, Rassegna Italiana di Sociologia 21 (1980), S. 453–469; Luigi Graziano, Clientelismo e sistema politico: Il caso dell'Italia, Milano 1984 がある。また特に信頼の形成という点については Shmuel N. Eisenstadt/ Luis Roniger, Clients and Friends: Interpersonal Relations and the Structure of Trust in Society, Cambridge Engl. 1984 を、この種のネットワークが政治的抵抗組織にとって果たした役割に関して

は Perez Zagorin, The Court and the Country: The Beginning of the English Revolution, London 1969 を見よ。

(201) この点については本書一〇〇五頁で再度論じる。

(202) Mervyn* James, Family, Lineage, and Civil Society: A Study of Society, Politics, and Mentality in the Durham Region 1500–1640, Oxford 1974, insb. S. 177 ff. を参照。この時代のイングランドにおいて読み書き能力が一般へと普及したことについては David Cressy, Literacy and the Social Order: Reading and Writing in Tudor und Stuart England, Cambridge England 1980 を見よ。

(203) この点に関しては J.H. Hexter, The Vision of Politics on the Eve of the Reformation: More, Machiavelli, and Seyssel, London 1973 を見よ。同時代の観察者としては Estienne de La Boétie, Discours de la servitude volontaire (1574), zit. nach Œuvres complètes, Nachdruck Genf 1967, S. 30 を参照。《他の何にも増して書物と学説とが、自分自身を理解し暴君を憎む契機となった》。

(204) この点について広範な観点から論じたものとしては Christopher Hill, Protestantismus, Pamphlete, Patriotismus und öffentliche Meinung im England des 16. und 17. Jahrhunderts, in: Bernhard Giesen (Hrsg.), Nationale und kulturelle Identität: Studien zur Entwicklung des kollektiven Bewußtseins in der Neuzeit, Frankfurt 1991, S. 100–120 がある。

(205) 《威厳こそが、民衆との間に(「民衆との関係において」という意味である)差異を作り出す特質である》と、Diego de Valera a.a.O. S. 251 は述べている。その二〇〇年後に、「高貴である/高貴でない」こそがそれ以外のあらゆる分化の出発点であると論じたのは、Estienne Pasquier, Les Recherches de la France, Neuauflage Paris 1665, S. 337 ff. であった。さらに Otto Gerhard Oexle, Die funktionale Dreiteilung als Deutungsschema der sozialen Wirklichkeit in der ständischen Gesellschaft des Mittelalters, in: Winfried Schulze a.a.O. (1988), S. 19–51 も参照のこと。エクスレ[11]は、中世初期におけるゼマンティクの発展と社会構造の発展がどれほど強く相互に支え合っていたかを明らかにしている。しかしさらに、六世紀から一〇世紀までの修道院文化のうちにも、またその後のシトー会士たち(Zisterzensern[12])においても、口頭での、労働による、あるいは精神的な奉仕活動と農場経営の発展との間に密接な連関を見て取ることができる。

(206) この点についてより詳しくは、Josef Fleckenstein (Hrsg.), Herrschaft und Stand: Untersuchngen zur Sozialgeschichte im 13. Jahrhundert, Göttingen 1977 を見よ。

(207) 例えば Jan Peters, Der Platz in der Kirche: Über soziales Rangdenken im Spätfeudalismus, Jahrbuch für Volkskunde und Kulturgeschichte 28 (1985), S. 77–106 を参照。ついでながらそこで報告されているような類の位階コンフリクトは（もちろん貴族の内部においてもそれに並行するものを見いだしうる）、階層的なシステム分化が内的に制限されていることの指標である。そこではシステム境界が問題となっているわけではなく、システム内部での位置が引き合いに出されているのである。しかし同時にそこでは部分システムのうちに、また役割および人物をめぐる状況のうちに、世界および全体社会の一般的位階構造が写し取られてもいた。〔階層を形成しない違いが階層であるかのように扱われるという〕この種の誇張が同時代人によって知覚された例としては、やや後の話になるが、Julius Bernhard von Rohr, Einleitung zur Ceremoniel-Wissenschaft Der Privat-Personen, Berlin 1728, S. 105 ff.（教会所領をめぐる争いに関しては121 f.）を見よ。

(208) 《むしろ、税の支払いを得るために便利なフィクションである》と、Roland Mousnier, Les concepts d'»ordres«, d'»etat«, de »fidélité« et de »monarchie« absolue en France, de la fin du XVe siècle à la fin du XVIIIe, Revue Historique 247 (1972), S. 289–312 (299) で述べられている。歴史的描出としては以下などを見よ。Ruth Mohl, The Three Estates in Medieval and Renaissance Literature, New York 1933; Wilhelm Schwer, Stand und Ständeordnung im Weltbild des Mittelalters, 2. Aufl. Paderborn 1952; Georges Duby, Les trois ordres ou l'imaginaire du féodalisme, Paris 1978; Ottavia Niccoli, I sacerdoti, i guerrieri, i contadini: Storia de un'immagine della società, Torino 1979.

(209) Michel Perronet, Les Evêques de l'ancienne France, 2 Bde., Lille-Paris 1977, insb. Bd. 1, S. 149 ff. による、フランス（一五一六年から一七八九年まで）に関する周到な研究を参照のこと。

(210) 基礎的文献としては Pitirim A. Sorokin, Social and Cultural Mobility, (1927), New York 1964 を、また一般的描出としてはさらに Barber a.a.O. (1957), S. 334 をも参照のこと。さらに以下をも見よ。Edouard Perroy, Social Mobility Among the French Noblesse in the Later Middle Ages, Past and Present 21 (1962), S. 25–38; Diedrich Saalfeld, Die

ständische Gliederung der Gesellschaft Deutschlands im Zeitalter des Absolutismus: Ein Quantifizierungsversuch, Vierteljahresschrift für Sozial- und Wirtschaftsgeschichte 67（1980）, S. 457–483（459 f.）. 後者には、中世における下級貴族の窮乏化に関する興味深い資料が付されている。Lawrence Stone, Social Mobility in England 1500–1700, Past and Present 33（1966）, S. 16–55 も挙げておこう。そして今日では特に、Winfried Schulze a.a.O.（1988）所収の諸論考が重要である。フランスでなされた、十六世紀に関するこのテーマをめぐる議論についてはJouanna a.a.O. Bd. 1, S. 153 ff. を参照。村落においても、従来考えられてきたよりもはるかに短い世代間隔で多くの家族が消滅したり、新たに登場したりしていたのである。Laslett a.a.O. oder MacFarlane a.a.O. を参照。

（211）ブルゴーニュ（Burgund[13]）では、都市貴族と行政人員の身分への高度な関心を、また高度に発展した文学的関心を基礎として、この点が特に明白に現れていた。Charity Cannon Willard, The Concept of True Nobility at the Burgundian Court, Studies in the Renaissance 14（1967）, S. 33–48; Vanderjagt a.a.O.（1981）を参照。そこでは、《趣味 animus》と《徳 virtus》こそが貴族の本来の根拠であるとの観念が、史上初めて実践へと移されていたのである。

（212）この点に関してはRichard H. Brown, Social Mobility and Economic Growth, The British Journal of Sociology 24（1973）, S. 58–66 を参照。

（213）あまり知られていないこの事例に関してはDonati a.a.O., S. 177 f. を参照。さらなる参照文献が挙げられている。

（214）これについてはGaston Zeller, Une notion de caractère historico-sociale: la dérogeance, Cahiers internationaux de Sociologie 22（1957）, S. 40–74 を見よ。さらに言えば、非貴族的な生活態度という理由で減損を厳密に適用することに反対する思想は、個別事例における実践にも影響を与えていたのである。Dravasa a.a.O.（1965/66）ではこの点が描出されている。

（215）階級の上昇というこの神話に対して批判的な議論としてHelen Liebel, The Bourgeoisie in Southwestern Germany 1500–1789: A rising class?, International Review of Social History 10（1965）, S. 283–307 がある。J.H. Hexter, The Myth of the Middle Class in Tudor England, in: ders., Reappraisals in History, London 1961 も参照のこと。十八世紀および十九世紀における市民階級と市民性についての最近の研究としてJürgen Kocka（Hrsg.）, Bürger und Bürgerlichkeit im 19. Jahrhundert, Göttingen 1988 も挙げておこう。これらの文献が主として扱っているのは、「統一的な階級について語りうるのか否か、またそれはいかなる意味においてか」という問いである。「この上昇の導体はどこに存していたのか」という構造的な問いは、考慮されないままとなっている。

(216) もちろんわれわれがここで念頭に置いているのは、マックス・ヴェーバーの問題設定である。最近のヴァージョンの一例として John A. Hall, Powers and Liberties: The Causes and Consequences of the Rise of the West, Harmondsworth, Middlesex, England 1986, Kap. 1–4 を見よ。農業による大帝国との区別に基づく批判は、特殊ヨーロッパ的な発展が一回的であることを説明する必要を、より鋭く提起する結果にしかならない。

(217) この言明は、貴族社会の上層における資源の集中という点との関連で、少々修正されねばならないのだが。

(218) この点に関しては Niklas Luhmann, Am Anfang war kein Unrecht, in ders., Gesellschaftsstruktur und Semantik Bd. 3, Frankfurt 1989, S. 11–64 を見よ。法制史研究への参照を行っておいた。

(219) これに関しては John A. Hall, Powers and Liberties: The Causes and Consequences of the Rise of the West, Berkeley 1986 を見よ。この反神権制政策が法的に用具化されたこと、またそれが領域国家の成立と関連していたことについては Harold J. Berman, Recht und Revolution: Die Bildung der westlichen Rechtstradition, dt. Übers. Frankfurt 1991 をも参照のこと。

(220) Immanuel Wallerstein, The Modern World-System: Capitalist Agriculture and the Origins of the European World-Economy in the Sixteenth Century, New York 1974〔川北稔訳『近代世界システム１・２』岩波書店、一九八一年〕を参照。

(221) Alois Hahn, Identität und Nation in Europa, Berliner Journal für Soziologie 3（1993), S. 193–203 では、この点が正当に示唆されている。しかし私には、「ネーション」の概念によって、地域的分節化という複雑な問題が十分に把握できるとは思われない。十八世紀末に至るまで、ネーションの観点のもとで取りまとめられていたと把握できるのは、わずかの領域でしかなかった。特に〔そのような領域として挙げられうるのは〕フランスおよびスペイン（ポルトガルを除き、カタルーニャとバスクを含む）、さらにイングランド（ただし十八世紀半ばという歴史上より近年になってクラン構造が壊滅し、最大級の民衆虐殺のひとつが生じるまでは〔14〕、スコットランドを除く）。ドイツもオーストリアもイタリアも、そうではなかった。もちろんポーランドも同様である（リトアニアが含まれることも含まれないこともあったし〔15〕、都市の自立性が存在したことも存在しなかったこともあった〔16〕。また常に外からの強い文化的影響を受けていた）。おそらくスウェーデンも、またおそらくはデンマークも（ノルウェーも含めて？〔17〕）。ネーションの成立は、活版印刷術および国家による文化政策（モンペリエ〔18〕のような行政都市、バスクのオニャーティ〔19〕におけるような大学設立）を用いて実現された特別な経緯なのである。それは特に、貴族を国家制度へと形成しなおすことによって促進された。しかし地域的な差異を〔特定の〕機能〔に〕重点〔を置いた新たな社会編成〕を実験してみるために利用することは、領土をネーションとして統一することに依拠していたわけではほとんどなかった。むしろそれが依拠していたのは所与の、そして消滅しつつあった発展の違いなのである。要するにネーションとしての統一体の形成が注意を引くのはむしろ歴史的回顧の中でのこと、十九世紀において地図が国民国家へと分割され、それに馴染まない領域は異常事態として扱われるようになった後でのことなのである。

(222) 注意しておくべきはむしろ、イタリアでは交易の利益を政治的に利用することを中世の都市的文脈から中枢権力へと移せなかったという点である。他の場所ではそれは官職の購入、爵位の購入、信用のかたちで生じたのだが、イタリアでそうならなかったのはその種の中枢権力が存在していなかったからだった。むしろ中世の都市共和国から諸侯の小国家への移行は自由の喪失として体験された。それゆえに〔芸術に対するパトロン活動による〕あからさまな正統化を必要としたのである。この点に関してはNiklas Luhmann, Die Kunst der Gesellschaft, Frankfurt 1995, insb. S. 256 ff.〔馬場靖雄訳『社会の芸術』法政大学出版局、二〇〇四年、二六四頁以下〕も参照。

(223) だからといって、教会内における改革の試みが停滞したことを受けて、諸侯が教会改革へと動機づけられたという点までもが否定されるわけではない。Manfred Schulze, Fürsten und Reformation: Geistliche Reformpolitik weltlicher Fürsten vor der Reformation, Tübingen 1991 を参照。

(224) 実際のところヨーロッパでは、諸侯の支配と教育に関するどの論考をとってみても、この点を読み取ることができる。十六世紀最後の十年間には国家理性の学説によって転換が導き入れられたが、それでもやはり支配者の徳は国家理性が命じるものであると常に見なされていたのである。儒教的な支配の構想においても、まったく同様の構造を見いだすことができる。Pyong-Choon Hahm[20], The Korean Political Tradition and Law, Seoul 1967を参照。現在ではKun Yang, Law and Society Studies in Korea: Beyond the Hahm Thesis, Law and Society Review 23（1989）, S. 891–901をも見ておくべきだろう。

(225) 多くの場合権能は法（ius）として定義されるが、そのことのうちにこの点が含意されているように思われる。そこではこの概念は政治的支配にも家政の支配にも適用されえたのである。一例としてHermann Vulteius, Jurisprudentiae Romanae à Justiniano compositae libri II, 6. Aufl. Marburg 1610, S. 53を参照。《権能とは、他人に服従するよう命じることのできる地位にいる人の法＝特権である》。

(226) 特にこの点で、上下の立場の関係が不可逆的であるということを、技術的‐法的議論にまで踏み込んで確かめることができる。家僕の主人に対する法＝権利を同様に権能（potestas）ないし支配（dominium）として指し示すことなどできない。それゆえにより抽象的な概念が必要となる――他ならぬ法＝権利（ius）の概念が。そうすれば今度はiusが、支配を定義するための背景となるのである。

(227) Richard Saage, Herrschaft, Toleranz, Widerstand: Studien zur politischen Theorie der niederländischen und der englischen Revolution, Frankfurt 1981を参照。

(228) 以下などを参照のこと。Giovanni Botero, Della Ragion di Stato（1589）, zit. nach der Ausgabe Bologna 1930; Ciro Spontone, Dodici libri del Governo di Stato, Verona 1599; Giovanni Antonio Palazzo, Discorso del Governo e della Ragion vera di Stato, Venetia 1606.

(229) （特にイギリスにおいて）多数の事例研究が存在しているが、〔パトロン／クライアント関係という〕この秩序形式を体系的に研究したものはまだほとんどない。下層までをも把握しようとする研究は例外的だが、特にそこにおいても事は同様である。研究の現状に関してはAntoni Mączak（Hrsg.）, Klientelsysteme im Europa der Frühen Neuzeit, München 1988を見よ。

(230) この点に関してはHelmut G. Koenigsberger, Patronage, Clientage and Elites in the Politics of Philip II, Cardinal

Granvelle and William of Orange, in: Antoni Mączak a.a.O., S. 127–148 での、十六世紀後半におけるオランダ－スペイン関係の尖鋭化をめぐる分析を見よ。教会国家における役職後援という特殊条件に関しては Wolfgang Reinhard, Freunde und Kreaturen: »Verflechtung« als Konzept zur Erforschung historischer Führungsgruppen: Römische Oligarchie im 1600, München 1979 を見よ。

(231) 同時代におけるその種の批判がなかったわけでもない。ブルゴーニュとオランダを扱った[21]Wim Blokmans, Patronage, Brokerage and Corruption as Symptons of Incipient State Formation in the Burgundian-Habsburg Netherlands, in: Winfried Schulze a.a.O.（1988）, S. 117–126 を参照。

(232) Theodore K. Rabb, The Struggle for Stability in Early Modern Europe, New York 1975 では経済と文化への影響すべてとともに、この点が強調されている。

(233) いわゆる《絶対国家》は《法治国家》ではなかった云々というのは、リベラルな立場からの歴史の捏造と見なされねばならない。絶対国家が、リベラルな人々が問題にしていたようなものではなかったのは確かである。つまり自分自身をより高次の、しかし実定的な法によってコントロールする《立憲国家》ではなかったのである。

(234) ドイツ語文献に関する概観として、Bleeck/ Garber a.a.O.（1982）を参照のこと。

(235) Donati a.a.O.（1988）を参照。

(236) むろん同様の影響はそれより以前においても存在していた。ゲルマン貴族全体が、帝国ローマの称号の名残によって身を整えていたように、である。中世の法＝権利の状況下では叙位へ権利が立法への権利と結びつけられており、それによって著しい拡張は制限されていた。この点についてはBartolus, De dignitatibus a.a.O. ad 77 und 78 を参照。

(237) 宮廷においてすらそうだったのである！　例えば Diomede Carafa, Dello Optimo Cortesano（1479）, zit. nach der Ausgabe Salerno 1971, S. 122 f. ではこう論じられている。主人には心より忠実に仕えなければならない。主人の指令を実行しなければならず、反抗してはならない――名誉に関する事柄は別にして。

(238) 《爵位の条件は公国の境界上に留まる》と Spontone a.a.O. S. 274 で述べられている。政治的叙位は、他の選択をほとんど許さなかったからである。

(239) 概観を与えてくれるものとしてはPietro Andrea Canonhiero, Dell'introduzione alla Politica, alla Ragion di Stato et alla Pratica del buon Governo, Anversa 1614, S. 385 ff. などがある。それによるとスペイン人は血の純粋さに価値を置き（ムーア人との混血が生じていたがゆえに）、フランス人は武勲を、ドイツ人は高貴な出自を重視していたのである。法的および婚姻政策上の帰結は著しいものがあった。より旧い、地域ごとに相異なる習慣に狙いを定めた比較としては、Poggio Bracciolini a.a.O.（1538）, S. 67-72を見よ。

(240) Estienne Pasquier, Les Recherches de la France, Neuauflage Paris 1665, S. 120 f. などを見よ。

(241) その点を管轄としていた官吏の筆になる（Alexandre）Belleguise, Traité de noblesse et de son origine, Paris 1700を見よ。例えば減損的な活動（自身の名で穀物を販売することなど）の後で再度貴族の身分を獲得するためには、名誉回復状（lettres de réhabilitation）が必要だった。さもなければ一週間ごとに、〔売買を始めることによって自動的に〕貴族の身分を失ったり〔その活動を中断した瞬間に自動的に〕再獲得したりするということになっただろうから。

(242) 生得の貴族／官職の貴族というこの区別は根付いていき、場合によってはそこから四項目へと拡張された身分学説が生じてくることもあった。例えばデュアイヤン〔22〕は聖職者、貴族、裁判官（これが「法服」に相当する）、平民の四身分について論じている。Bernard de Girard, Seigneur Du Haillan, De l'Estat et succez des affaires de France (1570), zit. nach der Ausgabe Lyon 1596, S. 294を見よ。そこからの法的帰結として例えば、官職貴族の地位を放棄することはできるが、生得貴族の地位を放棄する（例えば、商業の世界に移るために）というわけにはいかないということになる。またある父親が卑劣な行為をなした場合、本人の官職は廃棄されるが、子孫の生得的位階までもがなくなるわけではないという事態も生じてくる。Pompeo Rocchi, Il Gentilhuomo, Lucca 1568, fol. 2ではそう論じられている。

(243) Charles Loyseau, Traicté des ordres et simples dignitez, 2. Aufl. Paris 1613, S. 92を参照。Donati a.a.O.（1988）, S. 182 f. では、今や貴族の証明を保証するこの可能性は当該家系の未来を保証する手段としても用いられると示唆されている。言うまでもないことだがそれはとりわけ、この可能性が（交渉によってまったく左右されることのない）資産価値を描出しているからである。

(244) これは国家理性の文献では、まったく通常の意見であった。法律家の見解に関しては Pierre Ayrault, Ordre, formalité et instruction judiciaire（1576）, zit. nach der 2. Aufl. Paris 1598, S. 111 などを見よ。

(245) Montesquieu, De l'esprit des lois II, IV, zit. nach der Ausgabe der Classiques Garnier, Paris 1949, Bd. I, S. 20〔野田良之他訳『法の精神 上』岩波書店、一九八七年、六四―六五頁〕.

(246) 十七世紀において典型的だった例として、Jacques Le Brun, Das Geständnis in den Nonnenbiographien des 17. Jahrhunderts, in: Alois Hahn/ Volker Kapp（Hrsg.）, Selbstthematisierung und Selbstzeugnis: Bekenntnis und Geständnis, Frankfurt 1987, S. 248–264 を見よ。

(247) Karl Polanyi et al.（Hrsg.）, Trade and Market in the Early Empires: Economies in History and Theory, New York 1957 を見よ。

(248) この点についてより詳しくは John Gledhill/ Mogens Larsen, The Polanyi Paradigm and a Dynamic Analysis of Archaic States, in: Colin Renfrew et al.（Hrsg.）, Theory and Explanation in Archaeology: The Southampton Conference, New York 1982, S. 197–229 を見よ。また Johannes Renger, Subsistenzproduktion und redistributive Palastwirtschaft: Wo bleibt die Nische für das Geld? Grenzen und Möglichkeiten für die Verwendung von Geld im alten Mesopotamien, in: Waltraud Schelkle/ Manfred Nitsch（Hrsg.）, Rätsel Geld: Annäherung aus ökonomischer, soziologischer und historischer Sicht, Marburg 1995, S. 271–324 をも参照のこと。

(249) これはしばしば論じられてきたテーマである。イギリスでは貴族もまた利益をもたらす投資を行うことができた。この特殊条件に関しては Lawrence Stone, The Crisis of the Aristocracy 1558–1641, 2. Aufl. Oxford 1966, insb. S. 42 ff., 547 ff. を参照。それ以外のところでは、貴族が（内戦に従事する代わりに）経済活動に従事する権利をもつべきだとの要求がなされたが、無駄に終わった。印象深い例として、刊行後すぐ忘れられてしまった Emeric Crucé, Le nouveau Cynée, ou discours d'estat（1623）, zit. nach dem Neudruck Philadelphia 1909 を挙げておこう。イタリアではこの問題は、個々の領域国家ごとにきわめて多様なかたちで解決されたことがわかる。そして土地所有貴族が無力化された後ではしばしば、貴族と遠隔地交易との密接な結びつきが生じることになった。いわゆるヨーロッパ貴族の《危機》に関する近年の文献を手短に概観したものとしては、François Billacois, La crise de la noblesse européenne 1560–1640, Revue d'histoire moderne et contemporaine 23（1976）, S. 258–277 や Ellery Schalk, From Valor to Pedigree, Ideas of Nobility in France in the Sixteenth and Seventeenth Centuries, Princeton 1986 などがある。

(250) この点については Jean-Christophe Agnew, Worlds Apart: The Market and the Theater in Anglo-American Thought, 1550–1750, Cambridge Engl. 1986, insb. S. 57 ff.〔中里壽明訳『市場と劇場』前掲、五二頁以下〕を参照。

(251) 《高利貸しは安息日〔の戒律〕に対する最大の違反者である。その鋤は日曜日にも働いているのだから》（Bacon's Essays, London 1895, S. 105）と、ベーコンはエッセイ「高利貸しについて Of Usury」の中で注意を促している。

(252) Edward Misselden, Free Trade. Or, The Meanes to Make Trade Florish, London 1622, Nachdruck Amsterdam 1970, S. 9 f. を見よ。そこでは《認可貨幣 Permission Money、銀行貨幣 Banck Money、流通貨幣 Currant Money》という区別が用いられている。しかし説明関心はむしろイギリスでなされた誤りに、つまりは経済政策の問題に向けられている。ついでの折にのみ（a.a.O. S. 117 f.）イギリスでも取引可能な債券が導入されるべきだとの提案がなされているにすぎない。

(253) Edward Misselden, Free Trade a.a.O.（1622）; ders., The Circle of Commerce. Or The Balance of Trade, in Defence of free Trade, London 1623, Nachdruck Amsterdam 1969 を、また Gerard Malynes, The Center of the Circle of Commerce: or, A Refutation of a Treatise Intitulated The Circle of Commerce, London 1623 をも参照のこと。論争がなされたのは、《商業圏 Circle of Commerce》の中核を形成するのは《貿易収支 balance of trade》なのかそれとも利潤（《収益 gaine》）なのかという問題をめぐってであった。

(254) この点をすでにある程度（異論含みではあったが）受け入れていた十七世紀の経済理論に関しては、Joyce O. Appleby, Economic Thought and Ideology in Seventeenth Century England, Princeton 1978 を参照。

(255) 今日においてもなお、きわめて成功裡に仕事を続けている〔手工業的生産という〕例外が存在しているという点も、見逃してはならないだろう。特にイタリアにおいてはそうである。

(256) この点については Niklas Luhmann, Zum Begriff der sozialen Klasse, in: ders.,（Hrsg.）, Soziale Differenzierung: Zur

Geschichte einer Idee, Opladen 1985, S. 119–162 を参照。

(257) 《今日では大半の人が、自分の天職以上の生活を送っている。そしてでたらめに前にあるいは逆に、他の位階の者のほうへと足を踏み出している》と、Misselden a.a.O. 1622, S. 12 は嘆いている。《田舎者の目は市民に、市民の目は紳士に、紳士の目は貴族に向けられている》。かくして資源が使い果たされ、結果として良質の貨幣は外国へと流出し、イングランド内では稀少なものとなるだろう云々。

(258) この点に関しては、Neil J. Smelser, Social Change in the Industrial Revolution: An Application of Theory to the Lancashire Cotton Industry 1770–1840, London 1959 を参照。

(259) Reinhart Koselleck, Preussen zwischen Reform und Revolution: Allgemeines Landrecht, Verwaltung und soziale Bewegung von 1791–1848, 2. Aufl. Stuttgart 1975, S. 79 ではそう示唆されている。

(260) 特にイングランドに関しては一方で Lawrence Stone, The Family, Sex and Marriage in England 1500–1800, London 1977〔北本正章訳『家族・性・結婚の社会史』勁草書房、一九九一年〕を、他方で Alan Macfarlane, The Culture of Capitalism, Oxford 1987, S. 123 ff.〔常行敏夫・堀江洋文『資本主義の文化』岩波書店、一九九二年〕（関連文献概観が付されている）をとりあえず挙げておこう。

(261) この点に関しては Niklas Luhmann, Liebe als Passion: Zur Codierung von Intimität, Frankfurt 1982〔佐藤勉・村中知子訳『情熱としての愛』木鐸社、二〇〇五年〕を参照。

(262) これは Katherine and Charles H. George, Roman Catholic Sainthood and Social Status: A Statistical and Analytical Study, Journal of Religion 35（1955）, S. 85–98 による調査結果である。残念ながら、それとの関連で《神聖さ》という変数のほうが増加したのか減少したのかについては、明らかにされていないのだが。後日データの検証を行った Pierre Delooz, Sociologie et canonisations, Den Haag 1969, S. 413 ff. も、同様の結論に到達している。

(263) この点については Emil Winkler, Sécurité, Berlin 1939 を参照。

(264) Anthony, Earl of Shaftesbury, Soliloquy; zit. nach: Characteristicks of Men, Manners, Opinions, Times, 2. Aufl., o.O. 1714, Nachdruck Farnborough Hants UK 1968, S. 290.

(265) シャフツベリーが独白（soliloquy）に関心を向けたのはそれゆえにである。しかしその独白も出版によって広く知られるところとなりえたわけだが。

(266) この点に関しては Iain Pears, The Discovery of Painting: The Growth of Interest in the Arts in England, 1680–1768, New Haven 1988 を参照。

(267) 同時代の文献から Jonathan Richardson, A Discourse on the Dignity, Certainty, Pleasure and Advantage of the Science of a Connoisseur（1719）, zit. nach The Works, London 1773, Neudruck Hildesheim 1969, S. 241–346 を、またそれに対して芸術家〔画家〕のから向けられた批判的なパースペクティヴとして William Hogarth, The Analysis of Beauty, written with a view of fixing the fluctuating Ideas of Taste, London 1753, zit. nach der Ausgabe Oxford 1955〔宮崎直子訳『美の解析』中央公論美術出版、二〇〇七年〕を挙げておこう。後者は、単なる批評家が〔芸術について判断を下す〕能力をもつという主張に異を唱えている。

(268) Diedrich Saalfeld, Die ständische Gliederung der Gesellschaft Deutschlands im Zeitalter des Absolutismus: Ein Quantifizierungsversuch, Vierteljahresschrift für Sozial- und Wirtschaftsgeschichte 67（1980）, S. 457–483 を参照。

(269) これは今日では広く受け入れられている見解である。概観として、William Doyle, Origins of the French Revolution, Oxford 1980 を挙げておこう。

(270) 一例として Hubert Rottleuthner, Abschied von der Justizforschung: Für eine Rechtssoziologie »mit mehr Recht«, Zeitschrift für Rechtssoziologie 3（1982）, S. 82–119; ders.（Hrsg.）, Rechtssoziologische Studien zur Arbeitsgerichtsbarkeit, Baden-Baden 1984 を見よ。

(271) 《名誉》による自己記述が貫徹されたことからの帰結については、本書第五章一二五〇頁以下で再度言及するつもりである。

(272) Peter Goodrich, Languages of Law: From Logics of Memory to Nomadic Masks, London 1990, S. 125 ff. では、デリダを引き合いに出しつつそう論じられている。Joan Evans, Pattern: A Study of Ornament in Western Europe From 1180 to 1900, Oxford 1931, Nachdruck New York 1975, Bd. 1, S. 82 ff. では、明確な証拠が多数挙げられている。

(273) Philippe Van Parijs, Evolutionary Explanation in the Social Sciences: An Emerging Paradigm, London 1981, S. 138 ff. を参照。

(274) この点に関する詳細は Arlette Jouanna a.a.O.（1981）を見よ。Ellery Schalk a.a.O.（1986）, S. 115 ff. も参照のこと。

(275) これについては、十六世紀後半における貴族の危機への反応という観点から論じている Schalk a.a.O. S. 65 ff., 174 ff. を見よ。ただし Rudolf Stichweh, Der frühmoderne Staat und die europäische Universität, Frankfurt 1991 も述べているように、新たに創設された教育制度と国家との密接な関係を強調するということが排除されるわけではない。今や貴族と国家は、新たな共生関係を模索しているのである。しかし同時に貴族は明らかに、教育システムを修了していることが自身のチャンスを左右するなどということが生じないようにするという点に価値をおいてもいた。だからこそ好んで、これみよがしに修了証書と〔修了〕試験とが放棄されたりしたのである。例えば François de La Noue, Discours politiques et militaires, Basel 1587, zit. nach der Neuausgabe Genf 1967, S. 133 ff. は、貴族教育の努力が必要であることを強調しつつも大学教育に関しては非常に懐疑的である。

(276) Donati a.a.O.（1988）, insb. S. 56 und 93 では《閉じ》、《文化と社会の貴族制》と表現されている。

(277) この拒絶は、礼儀と会話に関する文献に現れる標準概念である。Daniel Mornet, Histoire générale de la littérature française classique 1660–1700: ses caractères véritables, ses aspects inconnus, Paris 1940, S. 97 ff.; Klaus Breiding, Untersuchungen zum Typus des Pedanten in der französischen Literatur des 17. Jahrhunderts, Diss. Frankfurt 1970 を参照。このタイプの拒絶とは別に、〔拒絶すべき理由についての〕洗練された、特に学術に関わる分析も存在していた。例えば Jacques de Caillière, La fortune des gens de qualité et des gentilhommes particuliers（1658）, zit. nach der Ausgabe Paris 1662, S. 212 ff. では、こう述べられている。学術的な知は宮廷での生活にとっては不適切である。この知はひと連なりのかたちで与えられるから、それを叙述しようとすればあまりにも長期にわたって関わらねばならなくなり、相互行為の相手から注意を逸らしてしまうことになるからだ云々。貴族が〔このような理由によって〕教養を拒絶することに対する批判としては、François Loryot, Fleurs de Secretz moraux, Paris 1614, S. 566 ff. などを見よ。

(278) 十七世紀の道徳学説への影響に関しては Louis van Delft, Le moraliste classique: Essai de définition et de typologie, Genf 1982 を見よ。

(279) さもなければ富と徳との内在的な（倫理的－政治的な）統一性を根拠づけることができないと信じられていたのである。一例として Francesco de Vieri, Il primo libro della nobilità, Fiorenza 1574, S. 60 f. を参照。〔富と徳の統一性という観念を維持しつつ、相続財産のみが真の富であるという発想とは〕別のヴァージョンを採用すれば徳の概念は常に、経済の機能様式に鑑みて、純粋に経済的な有能さへと限定されることになったはずである。だから〔アリストテレス流の定義には〕立派な「根拠」があったわけである！

(280) Francis Markham, The Booke of Honour. Or, Five Decads of Epistles of Honour, London 1625, S. 1 f. ではそう述べられている。

(281) 全体社会の自己記述を扱う〔第五〕章で、またこの点に触れるつもりである。

(282) Charles Duclos, Considérations sur les Mœurs de ce Siècle（1751）, zit. nach der Ausgabe Lausanne 1971, S. 239 ff. ではそう述べられている。

(283) 《信用》は十八世紀においてもなお旧来の、ハイアラーキカルで政治的な意義を有していた。例えば《他者の権力の使用》（Duclos a.a.O. S. 269）として、である。それに対する脚註として、《交易および金融における信用も、別の観念を表現しているわけではない。それは、他人の資金を用いることなのだから》とある。政治経済学（特に国家信用）という文脈については、David Hume, Of Public Credit（1752）, in: Writings of Economics（Hrsg. Eugene Rotwein）, Madison 1970, S. 90-107 を参照。そこ〔ヒュームの言う公債（public credit）〕には常に背景として、公的信頼（《信 creditur[23]》という意味での）という意味合いが残っていたのである。

(284) 素材としては Johanna Schultze, Die Auseinandersetzung zwischen Adel und Bürgertum in den deutschen Zeitschriften der letzten drei Jahrzehnte des 18. Jahrhunderts（1773-1806）, Berlin 1975, Nach druck Vaduz 1965 を挙げておこう。

(285) Reinhart Koselleck, Preussen zwischen Reform und Revolution: Allgemeines Landrecht, Verwaltung und soziale

Bewegung von 1791 bis 1848, 2. Aufl. Stuttgart 1975, insb. S. 52 ff. における、細目に及ぶ論述を見よ。Hermann Conrad, Die geistigen Grundlagen des Allgemeinen Landrechts für die preussischen Staaten von 1794, Köln 1958 をも参照のこと。

(286) この点に関する詳細は Anna Maria Battista, Morale »privée« et utilitarisme politique en France au XVII siècle, in: Roman Schnur（Hrsg.）, Staatsräson: Studien zur Geschichte eines politischen Begriffs, Berlin 1975, S. 87–119 を参照のこと。

(287) Sir Thomas Browne, Religio Medici（1643）, zit. nach der Ausgabe der Everyman's Library, London 1965, S. 6〔生田省悟・宮本正秀訳『医師の信仰　壺葬論』松柏社、一九九八年、一七頁〕.

(288) ヘンリー・アダムズが一八六〇年から一八七〇年までのロンドンで行った観察を、またそれとの関連で、主導的ゼマンティクとして進化論を採用したことを参照。Henry Adams, The Education of Henry Adams: An Autobiography, Boston 1918, S. 194 ff., 284 ff.〔刈田元司訳『ヘンリー・アダムズの教育』八潮出版社、一九七一年、一三九―一九四頁、二三八―二五二頁〕

(289) 例によってここでも《統合》は「システムの自由度の相互的制限」として理解されているのであって、例えばコンセンサスとしてではない。

(290) Gordon Pask, The Meaning of Cybernetics in the Behavioural Sciences（The Cybernetics of Behaviour and Cognition: Extending the Meaning of »Goal«）, in: John Rose（Hrsg.）, Progress in Cybernetics, London 1970, S. 15–44（32）を見よ。ほぼ同じ意味で、「潜在的要求の冗長性 redundancy of potential demand」というように定式化することもできるかもしれない。

(291) 特にドイツについては、またドイツにおいて明白だった、ローカルであるとともに世界市民的な愛国主義については、Peter Fuchs, Vaterland, Patriotismus und Moral – Zur Semantik gesellschaftlicher Einheit, Zeitschrift für Soziologie 20（1991）, S. 89–103 を、さらに Bernhard Giesen/ Kay Junge, Vom Patriotismus zum Nationalismus: Zur Evolution der »Deutschen Kulturnation«, in: Studien zur Entwicklung des kollektiven Bewußtseins in der Neuzeit, Frankfurt

1991, S. 255–303 をも参照のこと。

(292) 従来このテーゼを受け入れるのを躊躇せざるをせざるをえなかったという点は、周知のところである。例えばゲゼルシャフト／ゲマインシャフトという区別は、にもかかわらず人間に社会的な居場所を提供するという意味をもっていた。ゲゼルシャフトの中にないならゲマインシャフトの中に、というわけである。

(293) 《見えた》と述べたのは、全体社会は常にただコミュニケーションだけから成っていたのであり、その点については自己記述の中でだけ〔あたかも人間から成るかのように〕偽ることができた、というよりも偽らざるをえなかったからである。というのは以前の分化形式は、人間に全体社会の《中で》確固たる場所を割り振ることに依拠していたのだから。

(294) ハインツ・フォン＝フェルスターとともに定式化するならば、〔機能システムとは〕ノントリヴィアル・マシーンだということになる。Heinz von Foerster, Wissen und Gewissen: Versuch einer Brücke, Frankfurt 1993, S. 247 ff. を見よ。

(295) 綱領的論文としては D.F. Aberle/ A.K. Davis/ M.J. Levy/ F.X. Sutton, The Functional Prerequisites of a Society, Ethics 60 (1950), S. 100–111 がある。さらに Talcott Parsons, The Social System, Glencoe Ill. 1951, S. 26 ff.〔佐藤勉訳『社会体系論』青木書店、一九七四年、三四頁以下〕を、また詳しくは Marion J. Levy, The Structure of Society, Princeton 1952 を参照のこと。

(296) 象徴的に一般化されたコミュニケーション・メディアのコード化に関する詳論を想起されたい。システム理論の文脈でこのテーマを再度取り上げたことによって、なぜ「象徴的に一般化されたコミュニケーション・メディアが機能システムの分出に、特別の仕方で貢献しうる」と言えるのかが示されてもいるはずである。しかし同時にメディアをコード化することなくシステムをコード化する、別の形式もまた存在している。例えば教育システムにおける選抜コードを考えてみればよい。この点に関しては Niklas Luhmann, Codierung und Programmierung: Bildung und Selektion im Erziehungssystem, in ders., Soziologische Aufklärung Bd. 4, Opladen 1987, S. 182–201 を見よ。

(297) 機能システムの自己記述の中ではこの象徴化は、コミュニケーション実践上の理由によって単純化される。それによってコードの正の値だけが、つまり法・真理・愛などだけがシステム本来の意味として通用することになる。負の値のほうは、不運なできごとを表すものとして随伴するだけである、というわけだ。それによってシステムの作動を目的論的に、目標へと向かうものとして描出することが容易になる。そして正と負の値の統一性というパラドックスに、独特のアンビヴァレントな形式が与えられることにもなる。コードの望まれる側が拒絶されるべき側に対置されるが、同時に前者はこの差異そのものを指し示すために用いられもするのである。

(298) Cybernetic Ontology and Transjunctional Operations, in: Gotthard Günther, Beiträge zur Grundlegung einer operationsfähigen Dialektik Bd. 1, Hamburg 1976, S. 249-328 (insb. S. 286 f.) を参照。

(299) 《高度な非道徳性》というこの概念によってわれわれの立場を、ヘーゲルの《人倫》概念という非常に類似したものから区別しておきたい。したがって、ヘーゲルの理論は近代特有の筆致(Duktus)で書かれている(差異理論的に構想されているがゆえに)が、われわれはそれに従うのではないということになる。この理論はひとつの区別から出発する(この場合なら衝動と道徳的義務の区別から、ということになるが、それは「熱い/冷たい」という範型に沿って把握される)。しかし概念と格闘する中でふたつの側を単に対置するだけでは不十分だと見なされるようになり、この対立を(したがって、道徳を)より高次の、どちらの側をも考慮する統一性へと《止揚》し、それを概念として実行するよう努めることになる。その結果が、道徳と人倫の区別として定式化されるのである。《より高次の非道徳性》の概念は、この種の統一性を賛美することを放棄する。この概念が〔ヘーゲルの統一性と〕機能的に等価な理論的位置において述べるのは、道徳の区別も区別として、他の区別への関心のもとで拒絶されうるということ、近代社会というシステムが形成される中ではそれが非任意的な場所で生じるということである。われわれは《止揚》の概念の位置に、ゴットハルト・ギュンターの棄却の概念を置く。より豊かな構造を備えた論理学を獲得できるように、である。

(300) 機能システムは全体社会システムの部分システムである。にもかかわらずこの場合に関してそもそもオートポイエティックな自律性について語りうるのか否か。この点をめぐっては論争含みの議論が続けられている。決着案を提起している Gunther Teubner, »L'ouvert s'appuye sur le fermé«: Offene Fragen zur Offenheit geschlossener Systeme,

Journal für Sozialforschung 31 (1991), S. 287–291 を参照。

(301) Über die ästhetische Erziehung des Menschen in einer Reihe von Briefen, in: Friedrich Schiller, Sämtliche Werke Bd. 5, 4. Aufl. 1967, S. 593〔小栗孝則訳『人間の美的教育について』法政大学出版局、一九七二年、六二頁〕.

(302) この作動上のカップリングは、所有権および契約という制度が法システムと経済システムの構造的カップリングのために役立つということによって、また、したがって相互の刺激が規則的にもたらされるということによって、条件づけられている。〔作動的／構造的という〕このような概念構成に関しては本書第一章VI節を、また本章九八六—九八七頁を参照のこと。

(303) Alfred North Whitehead, Science and the Modern World, New York 1925〔上田泰治・村上至孝訳『科学と近代世界　ホワイトヘッド著作集　第六巻』松籟社、一九八一年〕を参照。

(304) Jacques Miermont, Les conditions formelles de l'état autonome, Revue internationale de systémique 3 (1989), S. 95-314 では、統合失調症研究との関連において、また地図と領土との区別の統一性など考えられないこと（ボルヘス）を例としつつ、そう述べられている。

(305) この種の問いは、特にクワインとの関連で議論されてきた。ただしそれは《哲学》においてであり、いかなる意味でも全体社会の理論に結びつけられることはなかったのである。

(306) この点に関しては、Niklas Luhmann, Das Recht der Gesellschaft, Frankfurt 1993, S. 384-400〔馬場靖雄・上村隆広・江口厚仁訳『社会の法1・2』法政大学出版局、二〇〇三年、五一四—五三一頁〕を参照。

(307) 取引の概念は、かくも複雑な構造を有している。にもかかわらず、経済システムの中では（法システムにおいては話は別である）この概念をこれ以上分解することは不可能であるように思われる。これは、「経済システムの最終的要素は取引である」との見解を裏書きするものである。Michael Hutter, Die Produktion von Recht: Eine selbstreferentielle Theorie der Wirtschaft, angewandt auf den Fall des Arzneimittelpatentrechts, Tübingen 1989, S. 131 では、自己言及的な、オートポイエティックなシステムの理論という文脈においてそう主張されている。さらにフッターはわれわれが本文で提唱した区別を、相異なる観察様式として再構成してすらいる。すなわち内部からの（支払い）、外部からの〈給付の移転〉というようにである。

(308) 時には少なくとも、これら諸区別の組み合わせ可能な範囲内で確定を行う際に問題となるのは社会的作動である、つまりコミュニケーションであるとの洞察に出会うことはある。例えば Steve Fuller, Social Epistemology, Bloomington Ind. 1988, S. 81 では、《〔何に〕言及〔しているか〕を確定することは社会的事実であり、契約や約束の場合と同様なのである》と述べられている。

(309) 念のために次の点を再度想起しておいてもらいたい。観察の概念は、区別しつつ指し示すあらゆる実践をカヴァーする。したがって行為もまた含まれるのである。

(310) この点についてより詳しくは、Niklas Luhmann, Staat und Politik: Zur Semantik der Selbstbeschreibung politischer Systeme, in ders., Soziologische Aufklärung Bd. 4, Opladen 1987, S. 74-103 を参照。

(311) あるいはアカデミックな領域では、国家学と政治社会学とがまったく不必要にも区別されてしまうことになる。さらに追加効果として、政治学が両者の中間に位置して独自の課題をもつと示唆されもする。

(312) さらなる例を、Niklas Luhmann, Funktion der Religion, Frankfurt 1977, S. 54 ff.〔土方昭・三瓶憲彦訳『宗教社会学——宗教の機能』新泉社、一九八九年、四五頁以下〕; Niklas Luhmann/ Karl Eberhard Schorr, Reflexionsprobleme im Erziehungssystem, Neuausgabe Frankfurt 1988, S. 34 ff. で示しておいた。

(313) ここでは「動態」は静態との違いにおいて考えられている。後者は、機能システム間の構造的カップリングの中で表現されるのである。

(314) 本書第五章第V節を参照。

(315) ここでの《遂行》は先に論じた、「他のシステムに関係づけられた」という意味である。

(316) その際政治システムに関して、例えば次のように問うこともできるだろう。政治システムが通常の場合はそのように可動性をもたないということが特定の人員に、例えばゴルバチョフやサッチャーのようなその点を標的とする者たちに、それに抗して利益を得るチャンスを与えるということはないのだろうか、と。

(317) この主題圏に関しては、またこの事態が近代社会の時間的構造に反作用を及ぼしたことについては Reinhart Kosel-

leck, Vergangene Zukunft: Zur Semantik geschichtlicher Zeiten, Frankfurt 1979を参照。さらにHermann Lübbe, Zeit-Verhältnisse: Zur Kulturphilosophie des Fortschritts, Graz 1983; Giacomo Marramao, Potere e secolarizzazione: Le categorie del Tempo, Roma 1983; Helga Nowotny, Eigenzeit: Entstehung und Strukturierung eines Zeitgefühls, Frankfurt 1989を、また本書第五章XII節も参照のこと。

(318) このテーマが理論的に扱われることはほとんどないようだ。とはいえTheodore Schwartz, The Size and Shape of Culture, in: Fredrik Barth（Hrsg.）, Scale and Social Organisation, Oslo 1978, S. 215–252（249 f.）は参照できる。

(319) この点については第五章第XIII節で詳しく論じる。

(320) ここでユルゲン・ハーバーマスのことを考えてみてもいいだろう。彼はこのパラドックスを、理性という伝統的な標題の中で解決しようと試みているのである。

(321) この点に関してはDirk Baecker, Information und Risiko in der Marktwirtschaft, Frankfurt 1988を参照。

(322) Niklas Luhmann, Gesellschaftliche Komplexität und öffentliche Meinung, in ders., Soziologische Aufklärung Bd. 5, Opladen 1990, S. 170–182などを見よ。

(323) Niklas Luhmann, Die Wissenschaft der Gesellschaft, Frankfurt 1990の随所でこの点に触れておいた（索引を見よ）。

(324) これについてはNiklas Luhmann, Weltkunst, in: Niklas Luhmann/ Frederick D. Bunsen/ Dirk Baecker, Unbeobachtbare Welt: Über Kunst und Architektur, Bielefeld 1990, S. 7–45; ders., Die Kunst der Gesellschaft, Frankfurt 1995, S. 92 ff.〔馬場靖雄訳『社会の芸術』前掲、八五頁以下〕を参照。

(325) Humberto Maturana, The Biological Foundations of Self Consciousness and the Physical Domain of Existence, in: Niklas Luhmann et al., Beobachter: Konvergenz der Erkenntnistheorie?, München 1990, S. 47–117（117）による粗述における、さまざまな認知／存在論関係をも参照。

(326) この点については次節で再度論じることにする。

(327) この点に関してより詳しくは、Niklas Luhmann, Soziale Systeme a.a.O. S. 426 ff.〔佐藤勉監訳『社会システム理論 下』恒星社厚生閣、一九九五年、五八三頁以下〕を参照。

(328)「記憶」という観点のもとでの議論としては、Heinz von Foerster, Was ist Gedächtnis, daß es Rückschau *und* Vorschau ermöglicht?, in ders., Wissen und Gewissen: Versuch einer Brücke, Frankfurt 1993, S. 299–336を見よ。

(329) より詳しくはNiklas Luhmann, Zum Begriff der sozialen Klasse, in ders.（Hrsg.）, Soziale Differenzierung: Zur Geschichte einer Idee, Opladen 1985, S. 119–162を参照。さらにこの点と関連してくるのが、文明社会への包摂の概念から身分の観念を経て、経済的諸関係と教養によって定義される社会階級に至るまでの移行の中で、市民階級（Bürgertum）の概念においてゼマンティク上および構造上の混合が生じていたという点に関する研究である。Jürgen Kocka（Hrsg.）, Bürger und Bürgerlichkeit im 19. Jahrhundert, Göttingen 1988を見よ。

(330) 以下を参照。Karl Martin Bolte, Von sozialer Schichtung zu sozialer Ungleichheit: Bericht über ein Forschungsprojekt der frühen 50er Jahre und einige seiner Weiterwirkungen, Zeitschrift für Soziologie 15（1986）, S. 295–301; Ulrich Beck, Jenseits von Klasse und Stand?, Soziale Ungleichheiten, gesellschaftliche Individualisierungsprozesse und die Entstehung neuer sozialer Formationen, in: Reinhard Kreckel（Hrsg.）, Soziale Ungleichheiten, Sonderband 2 der Sozialen Welt, Göttingen 1983, S. 35–74; Bernhard Giesen/ Hans Haferkamp（Hrsg.）, Soziologie der sozialen Ungleichheit, Opladen 1987. 今日では、個人が定位するのは社会階層よりもむしろ《体験世界》であるということが確認されている。後者においては不平等が一定の役割を演じるかもしれないのである。Gerhard Schulze, Die Erlebnisgesellschaft: Kultursoziologie der Gegenwart, Frankfurt 1992; Thomas Müller-Schneider, Wandel der Milieulandschaft in Deutschland: Von hierarchisierten zu subjektorientierten Wahrnehmungsmustern, Zeitschrift für Soziologie 25（1996）, S. 196–206などを参照。

(331) Kingsley Davis/ Wilbert E. Moore, Some Principles of Stratification, American Sociological Review 10（1945）, S. 242–249によるこのテーゼに対しては、多くの異論がよせられてきた（特にイデオロギー的な理由からの反論がなされてきた）。以下も参照のこと。Melvin M. Tumin, Some Principles of Stratification: A Critical Analysis, American Sociological Review 18（1953）, S. 387–394; Dennis H. Wrong, The Functional Theory of Stratification: Some Neglected Considerations, American Sociological Review 24（1959）, S. 772–782; Renate Mayntz, Kritische Bemerkungen zur

funktionalistischen Schichtungstheorie, in: David V. Glass/ René König（Hrsg.）, Soziale Schichtung und soziale Mobilität, Sonderheft 5 der Kölner Zeitschrift für Soziologie und Sozialpsychologie, 3. Aufl. Köln 1968, S. 10-28.

(332) ふたつの機能システムは他のシステムにも増してこのような倒錯的な選択性を示してきた。この点は、市民階級が貴族との関係において特に両者に、貨幣および教養に、依拠していた[24]（すでに以前から、楽観的にそう描かれていた）ということからも認識できるだろう。

(333) Pierre Bourdieu, La distinction: Critique social du jugement de goût, Paris 1975〔石井洋二郎訳『ディスタンクシオン1・2』藤原書店、一九九〇年〕では水平化に対する執拗な戦いに関する、またごくわずかの《微細な》違いから社会的意義を引き出そうとする試みに関するよい洞察がなされている。しかし私にはブルデューとは異なって、その種の試みが印象深いのは他でもない、その無益さと社会的背景の欠落という点においてであるように思われる。

(334) Jürgen Habermas, Theorie des kommunikativen Handelns, Frankfurt 1981〔河上倫逸他訳『コミュニケイション的行為の理論　上中下』未來社、一九八五―一九八七年〕を見よ。Achille Ardigò, Crisi di governabilità e mondi vitali, Bologna 1980も参照。

(335) Max Haller, Sozialstruktur und Schichtungshierarchie im Wohlfahrtsstaat: Zur Aktualität des vertikalen Paradigmas in der Ungleichheitsforschung, Zeitschrift für Soziologie 19（1986）, S. 167-187では、根絶しがたいように思われることの誤解が、機能分化の理論への反論として利用されている。

(336) Gunther Teubner/ Helmut Willke, Kontext und Autonomie: Gesellschaftliche Selbststeuerung durch reflexives Recht, Zeitschrift für Rechtssoziologie 5（1984）, S. 4-35の言う意味での。Helmut Willke, Systemtheorie entwickelter Gesellschaften: Dynamik und Riskanz moderner gesellschaftlicher Selbstorganisation, Weinheim 1989, insb. S. 111 ff. も参照。

(337) この点で典型的なのはKarl Mannheim, Man and Society in an Age of Reconstruction, London 1940（dt. Übers., Mensch und Gesellschaft im Zeitalter des Umbaus, Darmstadt 1958）〔福武直訳『変革期における人間と社会』みすず書房、一九六二年〕あるいはJulian S. Huxley, Evolutionary Ethics, London 1943である。

（338）最も有名なのは Hans Jonas, Das Prinzip Verantwortung: Versuch einer Ethik für die technologische Zivilisation, Frankfurt 1979〔加藤尚武監訳『責任という原理』東信堂、二〇〇〇年〕である。

（339）Peter Uwe Hohendahl, Response to Luhmann, Cultural Critique 30（1995）, S. 187–192 では、このような希望をあまりに性急に放棄することに対して警告を発しつつ、多くの希望が擁護されている。しかし問題は残る。この希望を、近代社会のすでに認識可能になっている状態に合わせて決定的な修正を施すにはどうすればいいのか。特に、どうすれば十分速やかにそうしうるのか。そこからは、動機づけは個人的になされるべきだとの《放棄社会》が生じてくるかもしれない。それに対する疑念としては Richard Münch, Dynamik der Kommunikationsgesellschaft, Frankfurt 1995, insb. S. 34 ff. も参照。

（340）言うまでもなくマックス・ヴェーバーは重要な例外である。ヴェーバーが確認しえたのは異質な諸価値と諸動機の悲劇的コンフリクトだけだった。ところがヴェーバーはまさにそれゆえに、〔統合された〕全体社会の概念を放棄する必要があると見なしたのである。

（341）Ditmar Brock/ Matthias Junge, Die Theorie gesellschaftlicher Modernisierung und das Problem gesellschaftlicher Integration, Zeitschrift für Soziologie 24（1995）, S. 165–182 では、この議論がさらに展開されている。そこでは統合の概念は動態化される。すなわち資源の転移として解釈されるのである。しかしだとすれば資源の概念が前提となるはずだが、その概念は諸機能システムというメディアに依存しているのである[25]。

（342）この点に関しては Humberto R. Maturana/ FranciscoJ. Varela, Der Baum der Erkenntnis: Die biologischen Wurzeln des menschlichen Erkennens, München 1987, S. 85 ff.〔管啓次郎訳『知恵の樹』朝日出版社、一九八七年、四九―五三頁〕を参照。

（343）Mark Granovetter, Economic Action and Social Structure: The Problem of Embeddedness, American Journal of Sociology 91（1985）, S. 481–510 だけを挙げておこう。

（344）以下を参照。Rudolf Stichweh, Der frühmoderne Staat und die europäische Universität, Frankfurt 1991; ders., Wissenschaft, Universität, Professionen: Soziologische Analysen, Frankfurt 1994, insb. S. 174 ff.; Niklas Luhmann, Die

Kunst der Gesellschaft, Frankfurt 1995, S. 256 ff.〔馬場靖雄訳『社会の芸術』前掲、二六四頁以下〕

(345) Gordon Donaldson/ Jay W. Lorsch, Decision Making at the Top: The Shaping of Strategic Direction, New York 1983では組織システムに関して、これと比較可能な分析がなされている。企業が資金面で自身を操舵する際には、さまざまな《成分 constituencies〔26〕》への関係を考慮しなければならず、したがってそれらの外的関係のうちのどれかに支配的役割が割り当てられるわけではないという点が肝心になってくるのである。

(346) この点に関してはNiklas Luhmann, Politik und Wirtschaft, Merkur 49（1995）, S. 573–581も参照のこと。

(347) 詳しくはNiklas Luhmann, Verfassung als evolutionäre Errungenschaft, Rechtshistorisches Journal 9（1990）, S. 176–220; ders., Das Recht der Gesellschaft, Frankfurt 1993, S. 468 ff.〔『社会の法1・2』前掲、六〇七頁以下〕を見よ。Ders., Zwei Seiten des Rechtsstaates, in: Conflict and Integration: Comparative Law in the World Today: The 40th Anniversary of The Institute of Comparative Law in Japan Chuo University 1988, Tokyo 1989, S. 493–506も参照されたい。

(348) この点に関しては、Franz Neumann, Die Herrschaft des Gesetzes: Eine Untersuchung zum Verhältnis von politischer Theorie und Rechtssystem in der Konkurrenzgesellschaft, Frankfurt 1980に、《政治的法規》という好都合な概念がある。

(349) この点に関する示唆的な事例研究としては、Vilhelm Aubert, Einige soziale Funktionen der Gesetzgebung, in: Ernst E. Hirsch/ Manfred Rehbinder（Hrsg.）, Studien und Materialien zur Rechtssoziologie, Sonderheft 11/1967 der Kölner Zeitschrift für Soziologie und Sozialpsychologie, Köln 1967, S. 284–309がある。

(350) この展開に関する（今となってはいささか時代にそぐわない）分析がZoltán Magyary, The Industrial State, New York 1938でなされている。

(351) Dieter Grimm, Die Zukunft der Verfassung, Frankfurt 1991を参照。

(352) より詳しくはNiklas Luhmann, Das Recht der Gesellschaft a.a.O., S. 452 ff.〔前掲訳書五九〇頁以下〕を。

(353) 特にこの点についてはNiklas Luhmann, Am Anfang war kein Unrecht, in: ders., Gesellschaftsstruktur und Seman-

tik Bd. 3, Frankfurt 1989, S. 11–64 を見よ。

（354） Niklas Luhmann, Die Wirtschaft der Gesellschaft, Frankfurt 1988〔春日淳一訳『社会の経済』前掲〕を参照。

（355） David Hume, A Treatise of Human Nature* Book III, Part II, Section II, zit. nach der Ausgabe der Everyman's Library London 1956, Bd. 2, S. 190 ff.〔大槻春彦訳『人性論　四』（第三篇　道徳について）岩波書店、一九五二年、五五―七九頁〕

（356） この領域に関する研究はまだ少ない。とはいえChristian Wollschläger, Zivil-Prozeßstatistik und Wirtschaftswachstum im Rheinland von 1822 bis 1915, in: Klaus Luig/ Detlef Liebs（Hrsg.）, Das Profil des Juristen in der europäischen Tradition: Symposion aus Anlaß des 70. Geburtstages von Franz Wieacker, Ebelsbach 1980, S. 371–397を挙げることはできる。

（357） この展開については、以下を参照。Rudolf Stichweh, Der frühmoderne Staat und die europäische Universität: Zur Interaktion von Politik und Erziehungssystem im Prozeß ihrer Ausdifferenzierung, Rechtshistorisches Journal 6（1987）, S. 135–151; ders., System/ Umwelt-Beziehungen europäischer Universitäten in historischer Perspektive, in: Christoph Oehler / Wolf-Dietrich Webler（Hrsg.）, Forschungspotentiale sozialwissenschaftlicher Hochschulforschung, Weinheim 1988, S. 377–394; ders., Der frühmoderne Staat und die europäische Universität: Zur Interaktion von Politik und Erziehungssystem im Prozeß ihrer Ausdifferenzierung（16.–18. Jahrhundert）, Frankfurt 1991.

（358） 今日ではこの種の経験は特に《技術アセスメント》、リスク評価、未来予測などの領域において顕著になっている。文献は多数に及ぶが、以下などを参照。Peter Weingart, Verwissenschaftlichung der Gesellschaft – Politisierung der Wissenschaft, Zeitschrift für Soziologie 12（1983）, S. 225–241; Arie Rip, Experts in Public Arenas, in: Harry Otway/ Malcolm Peltu（Hrsg.）, Regulating Industrial Risks: Science, Hazards and Public Protection, London 1985, S. 94–110; Hans-Joachim Braczyk, Konsensverlust und neue Technologien, Soziale Welt 37（1986）, S. 173–190; さらに学術システムと法システムとのきわめて類似した関係についてはRoger Smith/ Brian Wynne, Expert Evidence: Interpreting Science in the Law, London 1989を見よ。

(359) この衝撃がプログラムのかたちを取ったものとしてはRobert von Mohl, Über Staatsdienstprüfungen, Deutsche Vierteljahrs Schrift 4 (1841), S. 79-103などがある。

(360) そこから生じてくる、憲法の純粋に象徴的な使用法に関してはMarcelo Neves, Verfassung und Positivität des Rechts in der peripheren Moderne: Eine theoretische Betrachtung und eine Interpretation des Falls Brasilien, Berlin 1992; ders., A Constitucionalização Symbólica, São Paulo 1994を参照。

(361) 数多く論じられてきたこのテーマについては、Helmut Willke, Systemtheorie III: Steuerungstheorie: Grundzüge einer Theorie der Steuerung komplexer Sozialsysteme, Stuttgart 1995, S. 109 ff. だけを挙げておこう。

(362) Michael Hutter, Die Produktion von Recht: Eine selbstreferentielle Theorie der Wirtschaft, angewandt auf den Fall des Arzneimittelpatentrechts, Tübingen 1989.

(363) Jean Claude Tabary, Interface et Assimilation: Etat stationnaire et accomodation, Revue internationale de systémique 3 (1989), S. 273-293は、ピアジェを引き合いに出しつつ有機体の水準で分析を行っている。Jean-Baptiste Pierre Antoine de Monet de Lamarck, Philosophie zoologique, Paris 1809, Nachdruck Weinheim 1960, Bd. 1, S. 82 ff.〔高橋達明訳「動物哲学」、『ラマルク　科学の名著　第II期第五巻』朝日出版社、一九八八年、一二四―一四七頁〕も参照。

(364) Karl E. Weick, Sensemaking in Organizations, Thousand Oaks Cal. 1995〔遠田雄志・西本直人訳『センスメーキング イン オーガニゼーションズ』文眞堂、二〇〇一年〕を参照。

(365) 簡潔にして最上の情報はDescarte, Les passions de l'âme 第五三項《感嘆》(zit. nach Œuvres et Lettres, éd. de la Pléiade, Paris 1952, S. 723 f.〔野田又夫訳『省察／情念論』中央公論新社、二〇〇二年、一八七頁〕)によって得られる。

(366) Keith Hawkins, Environment and Enforcement: Regulation and the Social Definition of Pollution, Oxford 1984, S. 15, より詳しくは23 ff.を見よ。われわれならば「判断」の代わりに「コミュニケーション」と言うところだ。

(367) 目下のところはこの区別で十分である。ただし、次の点は視野に入れておくべきだろう。この区別の一方または他方の側への帰属はシステムそのものの中で生じる。つまり、システムによる自己観察の作動を経由して決定されるのであって、普遍的な、いわば存在論的に確定した基準に従うのではない。これは、そもそも「システムによる刺激の増幅」について語りうるための前提のひとつなのである。

(368) James G. March/ Johan P. Olsen, Ambiguity and Choice in Organizations, Bergen, Norwegen 1976〔遠田雄志、アリソン・ユング訳『組織におけるあいまいさと決定』有斐閣、一九八六年〕を見よ。

(369) Martha S. Feldman, Order Without Design: Information Production and Policy Making, Stanford 1989 を参照。

(370) Niklas Luhmann, Ökologische Kommunikation: Kann die moderne Gesellschaft sich auf ökologische Gefährdungen einstellen?, Opladen 1986〔庄司信訳『エコロジーのコミュニケーション』新泉社、二〇〇七年〕を参照のこと。

(371) ディルク・ベッカーのビーレフェルト大学セミナー報告（一九九二年一一月二四日）はこの点に「環境問題もそれによってよりよく扱われうるようになるだろう」との希望を結びつけている。

(372) この点に関しては、イスラム原理主義とアメリカの（プロテスタント）原理主義とを比較した Dieter Goetze, Fundamentalismus, Chiliasmus, Revitalisierungsbewegungen: Neue Handlungsmuster im Weltsystem?, in: Horst Reimann (Hrsg.), Transkulturelle Kommunikation und Weltgesellschaft: Theorie und Pragmatik globaler Interaktion, Opladen 1992, S. 44–59 を参照のこと。この比較によって、原理主義の信奉者たちは自身を文化的伝統と同一化しているが、原理主義そのものはそのような伝統に帰せられるものではないという点が、決定的に示されている。問題は《残存》ではなく、抵抗を模索する新たな形態なのである。

(373) ユルゲン・ハーバーマスの討議理論は多大なシンパシーをもって受け入れられたが、なるほどそれを《倫理》の一変種へと縮減するわけにはいかないだろう。しかしそれが今述べた文脈に属するものと見なすことはできるはずである。周知のようにそこでは、基準の問題を残しつつも、理性的に達成されるべき了解が設定されているのである。

(374) この点に関しては、Niklas Luhmann, Wirtschaftsethik - als Ethik? in: Josef Wieland (Hrsg.), Wirtschaftsethik und Theorie der Gesellschaft, Frankfurt 1993, S. 134–147 も参照のこと。

(375) 再度注意を促しておきたいが、この点は人間の政治的本性としてのエートス（éthos）という古来の概念の中ですでに前提とされていた。それに従えば、個々人は〔調整など考えずに〕ただ自分自身の本性を認識しさえすればよいのである。超越論哲学においてはある種の、あらゆる人間において等しい、可能性の超越論的条件が想定されていた。《社会的アプリオリ》（マックス・アドラー）の仮定も、この想定に従うものだった。しかしまさにそれによって、行動前提を社会的に一致させること、その一致を〔あらかじめ存在するのではなく〕改めて成し遂げられるべきもの（刺激には動じないという点を基礎として！）として扱うことの経験的可能性についての社会学的な問いかけが遮られてしまうのである。

（376） ヘーゲルならおそらく感動という見地について語るところだろう。個人はそれによって自己の気高い心根を確証する、と。Die Vorlesungen über die Philosophie der Religion I. zit. nach Werke Bd. 16, Frankfurt 1969, S. 127 ff.*〔木場深定訳『宗教哲学　上巻　ヘーゲル全集15』岩波書店、一九九五年、一五四頁以下〕を見よ。《倫理》が個人の行動と関係づけられ、個人の概念が経験的にまじめに受け取られている限りは、それ以上のことはほとんど言えないのである。

（377） もちろんこれを再度《倫理》と呼ぶこともできる。しかしそうすることは伝統的なタイトルの誤用であり、価値を引き合いに出すコミュニケーションの特性をより正確に分析するのを妨げる結果にしかならないのは明らかである。

（378） これは Douglas R. Hofstadter, Gödel, Escher, Bach: An Eternal Golden Braid, Hassocks, Sussex UK 1979〔野崎昭弘・はやしはじめ・柳瀬尚紀訳『ゲーデル、エッシャー、バッハ――あるいは不思議の環』白揚社、一九八五年〕の術語を用いた定式化だが、この区別をさらに脱構築しようとの意図を含んでもいる。

（379） Richard Newbold Adams, Energy and Structure: A Theory of Social Power, Austin 1975 を参照。

（380） この点に関しては本章第XV節で扱う。

（381） Niklas Luhmann, Ökologische Kommunikation: Kann die moderne Gesellschaft sich auf ökologische Gefährdungen einstellen?, Opladen 1986〔庄司信訳『エコロジーのコミュニケーション』前掲〕を参照。

（382） Bettina Gransow, Chinesische Modernisierung und kultureller Eigensinn, Zeitschrift für Soziologie 24（1995）, S. 183–195 を見よ。研究の現状が示されてもいる。

（383） この点に関しては Marcelo Neves, Verfassung und Positivität des Rechts in der peripheren Moderne: Eine theoretische Betrachtung und eine Interpretation des Falls Brasilien, Berlin 1992; ders., A Constitucionalização Simbólica, São Paulo 1994を見よ。第一五回ブラジル弁護士会議での議論（Anais XV. Conferência Nacional da Ordem dos Avocados do Brasil, Foz do Iguaçu（PR)-4.a 8. de Setembro de 1994, São Paulo 1995）も参照。

（384） Niklas Luhmann, Kausalität im Süden, Soziale Systeme 1（1995), S. 7–28を参照。

（385） 以下などを参照。Joseph R. Gusfield: Tradition and Modernity: Misplaced Polarities in the Study of Social Change, American Journal of Sociology 72（1967), S. 351–362; Reinhard Bendix, Tradition and Modernity Reconsidered, Comparative Studies in Society and History 9（1967), S. 351–362. S.N. Eisenstadt, Tradition, Change and Modernity, New York 1973ではこの図式が修正されつつ保持されている。

（386） 最適条件の概念に含まれている誇張を回避したいなら、《合理性》ないし《受容可能な問題解決》に読み替えればいいだろう。

（387） 比較のために、中世後期の事情を考えてみればよい。そこでは神学上重要な論争に際して、法王庁から自身の立場〔を支持する見解〕を引き出すために、ローマへの使者を急がせねばならなかったのである[27]。

（388） 本書第一章第X節を参照。

（389） Nicolas Hayoz, L'étreinte soviétique, Aspects sociologiques de l'effondrement programmé de l'URSS, Genf 1997はそう論じている。

（390） Neves a.a.O.（1994), S. 113 ff. では、《法システムのアロポイエーシスであるかのように構成されたシンボル》について語られている。

（391） W. Ross Ashby, Principles of the Self-Organizing System, in: Heinz von Foerster/ George W. Zopf（Hrsg.), Principles of Self-Organization, New York 1962, S. 255–278; neu gedruckt in: Walter Buckley（Hrsg.), Modern Systems Research for the Behavioral Scientist: A Sourcebook, Chicago 1968, S. 108–118〔山田坂仁他訳「附録　自己組織系の原理」、アシュビー『頭脳への設計』宇野書店、一九六七年、三四一―三七二頁〕などが言う意味での。

（392） 全体社会の《巨大形象》の間の《儚い》結びつきというこの観点は、ジンメルがさまざまなかたちで強調している。

一例として Georg Simmel, Grundfragen der Soziologie（Individuum und Gesellschaft）, Berlin – Leipzig 1917, S. 13〔清水幾太郎訳『社会学の根本問題』岩波書店、一九七九年、二一頁〕を見よ。

（393） 機能分化した全体社会におけるこの種の結合組織については、Gunther Teubner, Organisation und Verbandsdemokratie, Tübingen 1978 を参照。Hutter a.a.O.（1989）における《対話圏》の分析、Helmut Willke, Systemtheorie III: Steuerungstheorie, Stuttgart 1995, S. 109 ff. での《交渉システム》による操舵に関する議論をも参照のこと。

（394） 古典的な例としては Charles H. Cooley, Social Organization, New York 1909〔大橋幸・菊池美代志訳『社会組織論 現代社会学大系４』青木書店、一九七〇年〕を、近年のものでは Craig Calhoun, Indirect Relationships and Imagined Communities: Large-Scale Social Integration and the Transformation of Everyday Life, in: Pierre Bourdieu / James S. Coleman（Hrsg.）, Social Theory for a Changing Society, Boulder – New York 1991, S. 95–121 を見よ。

（395） 〔バーなどの〕カウンターの場合は、事はそれほど明確でなくなる。〔どこまでが「対面」の範囲なのかは〕むしろ形成される相互作用そのものによって決まってくるのである。Sherri Cavan, Liquor License: An Ethnography of Bar Behavior, Chicago 1966 を参照。

（396） この論証によって、〔始まりないし終わりを跨ぐ〕この種の移行においては、（社会化された）意識と全体社会的コミュニケーションとの構造的カップリングがとりわけ重要になるという点も明らかになる。そしておそらくまさにそれゆえにコミュニケーションは――今まさに始めようと、あるいは終わろうとしているシステムにおいて、意識によって過度の刺激が生じるのを恐れるかのように――決まり文句へと後退するのである。「こんにちは come sta? How are you?」、と。

（397） すでに何度となく用いてきたこの概念については George Spencer Brown, Laws of Form, Neudruck New York 1979, S. 56 f., 69 ff.〔大澤真幸・宮台真司訳『形式の法則』前掲、六五頁以下、七九頁以下〕を見よ。

（398） Henri Bergson, Durée et simultanéité: A propos de la théorie d'Einstein, 2. Aufl. Paris 1923〔花田圭介・加藤精司訳「持続と同時性――アインシュタインの理論について」、『ベルグソン全集　第三巻』白水社、一九六五年〕をも参照のこと。

(399) Alfred Schütz, Der sinnhafte Aufbau der sozialen Welt: Eine Einleitung in die verstehende Soziologie, Wien 1932, insb. S. 111 ff.〔佐藤嘉一訳『社会的世界の意味構成』木鐸社、一九八二年、一六二頁以下〕

(400) この点については Niklas Luhmann, Gleichzeitigkeit und Synchronisation, in ders., Soziologische Aufkläurig Bd. 5, Opladen 1990, S. 95–130 を参照。さらに詳しくは Armin Nassehi, Die Zeit der Gesellschaft, Opladen 1993, insb. S. 249 ff. を見よ。

(401) Robert Rosen, Anticipatory Systems: Philosophical, Mathematical and Methodological Foundations, Oxford 1985 を参照。

(402) 〔そうすることが〕言語上不可能であるというラディカルな仮説（サピア／ウォーフ〔28〕）に対する反駁がなされて以来、これが広く一般的な見解となっている。Ekkehart Malotki, Hopi Time: A Linguistic Analysis of the Temporal Concepts in Hopi Language, Berlin 1983; Hubert Knoblauch, Die sozialen Zeitkategorien der Hopi und der Nuer, in: Friedrich Fürstenberg/ Ingo Mörth (Hrsg.), Zeit als Strukturelement von Lebenswelt und Gesellschaft, Linz 1986, S. 327–355 などを参照。

(403) すでに文字を用いている社会でも、時間ゼマンティクの主導区別においてはより古い模範が用いられ続けていた。例えば古代エジプトの言語では、過去の出来事の結果としての時間を表す概念が知られていた（djet）。また潜在性（Virtualität）を、つまり未来の可能性を表す別の概念もあった（nehe）。このように現在に関係づけられた時間概念が相互に引き離されていたということは、次の点を示唆している。この概念構成はそれ以前の歴史に由来しているのであり、そこでは過去と未来の差異はまだ、同期化の問題とは見なされえなかったのである。djet と nehe に関するこの解釈は Jan Assmann, Das Doppelgesicht der Zeit im altägyptischen Denken, in: Anton Peisl/ Armin Mohler (Hrsg.), Die Zeit, München 1983, S. 189–223 に従っている。

(404) Elman R. Service, The Hunters, Englewood Cliffs, N.J. 1966, S. 67 f.〔蒲生正男訳『狩猟民』鹿島研究所出版会、一九七二年、一一五頁〕では、数を数える可能性が4ないし5に及ぶだけで、それ以上は《たくさん》になる事例を取り上げている。そこからの帰結として、過去と未来は直接的な行為の調整にだけ役立つのであり、変化の地平としては知覚されないということになる。バクタマン族では数える可能性は27まであり、したがって一月内の調整に足りるだけである。それ以上に関しては、持続に関するきわめて不明確な観念が存するにすぎない。したがって〔長期にわたって持続する〕コンプレックスとしての嫉妬が生じたり、ルサンチマンが維持されたりする蓋然性も低くなるのである。Fredrik Barth, Ritual and Knowledge among the Baktaman, Oslo 1975, S. 21 ff., 135 f. を見よ。

(405) Joseph Needham, Time and Knowledge in China and the West, in: Julius T. Fraser (Hrsg.), The Voices of Time, London 1968, S. 92–135 (insb. 100) を見よ。Jacques Le Goff, Temps de l'Eglise et temps du marchand, Annales ESC 15 (1960), S. 417–433 も参照のこと。

(406) 例えば Friedrich Schlegels Essai über Georg Forster, zit. nach: Friedrich Schlegel, Werke in zwei Bänden, Berlin 1980, Bd. 1, S. 101 には《社交的伝達》とある。

(407) もちろん貨幣経済とともに増大してきた遠隔交易を考えることもできるだろう。遠隔交易はローカルな生産国へと影響を及ぼすが、その影響力は当地においては把握されえないし相互作用によって（例えば、〔交易対象となる商品の〕よりよい質を求める努力によって）解体することもできないのである。

(408) この点に関しては以下を参照。Niklas Luhmann, Interaktion in Oberschichten: Zur Transformation ihrer Semantik im 17. und 18. Jahrhundert, in ders., Gesellschaftsstruktur und Semantik Bd. 1, Frankfurt 1980, S. 72–161; ders., The Evolutionary Differentiation Between Society and Interaction, in: Jeffrey C. Alexander et al. (Hrsg.), The Micro-Macro Link, Berkeley 1987, S. 112–131.

(409) とりあえず Henry Peacham, The Compleat Gentleman; 2. Aufl. Cambridge 1627 を見よ。フランスでは知として求められるものはそれほど変化しなかった。しかしその代わりに口頭での、文章のかたちでの、才気溢れるスタイルをとった習俗の科学が見いだされる。貴族がそれに参加できると同時に、市民も排除されはしなかったのである。Louis van Delft, Le moraliste classique: Essai de définition et de typologie, Genf 1982 を参照。

(410) De la conversation, in: Scuderi, Conversation sur divers sujets Bd. 1, Lyon 1680, S. 1–35 (2).

(411) 少なくともフランスではそうだった。一方イタリアではまだ、完全に旧来のスタイルでこう述べられていた。《女性は家庭内の営みのために生まれてきたのであって、他所をうろつくためにではない》Virgilio Malvezzi, Pensieri politici e morali（Auszug aus verschiedenen Publikationen）in: Benedetto Croce/ Santino Caramella（Hrsg.）, Politici e moralisti del seicento, Bari 1930, S. 255–283（269）. これはすなわち、女性を路上で目にした場合には、男性の虚栄心の対象として（もっと悪いものとは言わないとしても）展示されているかのように理解されてもしかたがない、ということである。いずれの場合でも、相互作用の中での行動から他の状況の中での行動を逆推論してよいか否かについては、自由裁量の余地は存在しなかったのである。

(412) そしてついには結論として、誠実であり続ける唯一の可能性は、不誠実であることを誠実に広言し、それを実行することだとの話になる。それがClaude Crébillon（fils）, Les Egarements du cœur et de l'esprit, zit. nach der Ausgabe Paris 1961でのヴェルサック伯爵の教訓だった。

(413) だからセナク・ド・メイラン〔29〕は、相互作用に没頭する《愛想のよい紳士》を未知なる者として記述したのである。《そういう紳士は年齢不詳で、出身階層もわからない。彼は行政官でもなければ、銀行家でもないし、一家の家長でもなければ、既婚者でもない。彼は社交界の人なのであり、彼が死んだりすると、彼が八〇歳になっていたことに驚かれたりする。彼が送っている生活に人々は疑いを抱いたりはしない。社交界自体も同様に、彼が祖父であり、夫であり、父であったことを度外視していた。社交界の人々の目に、彼は何者と映っていたのであろうか。こうした紳士たちがオペラ座の〔座席の〕四分の一を占めていたのであり、ロトで遊んだり、パリの街で夕食をとったりしていたのである》。（Sénac de Meilhan, Considérations sur l'ésprit et les mœurs de ce siècle, London 1787, S. 317 ff.）

(414) この点に関してはNiklas Luhmann, Sozialsystem Familie, in: ders., Soziologische Aufklärung Bd. 5, Opladen 1990, S. 196–217を参照。

(415) この点にはまた後で触れる（本書第五章第XX節）。

(416) Stanley H. Udy, Jr., Work in Traditional and Modern Society, Englewood Cliffs N.J. 1970を参照。

(417) これはあらゆる面で成功したわけではなく、当初は主として男性のために達成されたものであった。家事の事例を見ればその点は明らかだろう。家事はますます、女性を不利な立場に置くものとして経験されるようになっている。

女性に期待される労働（家事、育児、客を迎える用意）の例を見れば、それが直接の全体社会的決定の残余物であることがわかる。家政のための使用人が消滅し、主婦がその労働サーヴィスを引き受けるよう求められるとともに、ますますそうなっていった。今や主婦は、それまで常になされてきたように使用人に立腹するのではなく、技術的用具の故障に、あるいは自己の労働を市場へと転嫁することに気を向けるのである。

(418) 奴隷制が廃止された後では、例えばブラジルの砂糖黍プランテーションでの労働は、休止期間を用意しない季節労働というかたちを取ったのである。

(419) 統計的に見ればなお階層と教養との明白な連関を考慮に入れねばならない。しかしそれは今ではチャンスの平等および社会的公正の問題と見なされており、階層によって保証されるメルクマールがもたらすリクルートのチャンスとは（ほとんど）把握されていない。もっとも、外交業務のために高貴さがリクルートされはする——高貴な名前が、である[30]。

(420) この点に関してより詳しくは、Niklas Luhmann, Funktionen und Folgen formaler Organisation, Berlin 1964〔沢谷豊他訳『公式組織の機能とその派生的問題　上下』新泉社、一九九二—一九九六年〕を参照。

(421) この点に関しては以下を参照（明らかに、ラディカルな主観主義に脱出口を求めているが）。G.L.S. Shackle, Imagination and the Nature of Choice, Edinburgh 1979; ders., Imagination, Formalism, and Choice, in: Mario J. Rizzo (Hrsg.), Time, Uncertainty, and Disequilibrium: Exploration of Austrian Themes, Lexington Mass. 1979, S. 19–31. また Niklas Luhmann, Die Paradoxie des Entscheidens, Verwaltungsarchiv 84 (1993), S. 287–310 も参照のこと。

(422) Karl E. Weick, Der Prozeß des Organisierens, dt. Übers. Frankfurt 1985, S. 276 ff. を見よ。《決定後のサプライズ postdecision surprises》をめぐる近年の議論については、以下を参照のこと。J. Richard Harrison/ James G. March, Decision Making and Postdecision Surprises, Administrative Science Quarterly 29 (1984), S. 26–42; Bernard Goitein, The Danger of Disappearing Postdecision Surprise: Comment on Harrison and March »Decision Making and Postdecision Surprise«, Administrative Science Quarterly 29 (1984), S. 410–413. さらに Joel Brockner et al, Escalation of Commitment to an Ineffective Course of Action: The Effect of Feedback Having Negative Implications for Self-identity,

Administrative Science Quarterly 31 (1986), S. 109–126; Niklas Luhmann, Soziologie des Risikos, Berlin 1991, S. 201 ff. も挙げておこう。

(423) 例えば水質汚染の監視という事例に関しては、Keith Hawkins, Environment and Enforcement: Regulation and the Social Definition of Pollution, Oxford 1984, insb: S. 57 ff. を見よ。

(424) よく論じられることだがこれは外勤の警察官、教師、ソーシャルワーカーについて成り立つ。しかし同時に、高度な危険を伴う産業施設が問題となっている場合にはそうすることは不可能であるという点も見て取れるだろう。スペクタクル級の大規模事故を見れば、システムがこの種の外的限界に対しては特に敏感になりうることがわかる。

(425) 決定の連続によって達成される《不確実性の吸収》に関しては、すぐ後で論じる。

(426) James G. March/ Johan P. Olsen, Ambiguity and Choice in Organizations, Bergen 1976〔遠田雄志、アリソン・ユング訳『組織におけるあいまいさと決定』前掲〕を参照。

(427) 通常の場合これに対応する考察を見いだしうるのは、《集合的行為能力》に関する文献においてである。パーソンズは《集合体 collectivities》という言い方をしていた。しかしさらに加えて、共通の行為〔鋸を引くこと、荷を動かすこと〕がただちに集合的行為として成り立つわけではないという点をも確認しておかねばならない。他ならぬそれを達成しうるのはただ、《集合的なものの名におけるコミュニケーション》に狙いを定めることによってのみなのである。

(428) その種の計画されないシステムが形成される場合、それは《非公式》組織と呼ばれる。しかしそこで典型的に見られるのは、〔通常の組織とは異なる〕非典型的な構造化なのである。固定的成員がいない、同定可能性も不確かである、逸脱的行動への動機づけがなされる〔少なくとも動機づけではあるのだが〕、等。さらに加えて近年では、さまざまな組織をより下位の水準で結合する組織も発見されている。それを明確にハイアラーキカルなかたちで秩序づけることは、もはや不可能なのである。この種の企業連合の必要性は、とりわけ供給における《ジャスト・イン・タイム》原理から生じてくる。それによって在庫を維持しておく必要がなくなり、生産が促進されるのである。

(429) 周知のようにデュルケームは『社会分業論』第二版の序文において、家族と同業組合の分化という進化上の成果を手がかりとして、分化の範型について論じている。

(430) Chester I. Barnard, The Functions of the Executive (1938), Cambridge Mass. 1987, S. 167 ff.〔山本安次郎・田杉競・飯野春樹訳『新訳経営者の役割』ダイヤモンド社、一九六八年、一七五頁以下〕を見よ[31]。

(431) だからといって、腐敗がまったく通常的なものとして生じてくること、組織へのアプローチとして不可欠にすら思われることが排除されるわけではない。この意味で、パトロン／クライアント関係は存続し続けていると言える。いずれにせよこの意味での腐敗は、金銭によって媒介される腐敗から区別されねばならない。後者に関しては、法律によって禁じることができるのである（禁じても成果が上がらないことも多いのだが）。

(432) James G. March/ Herbert A. Simon, Organizations, New York 1958, S. 165 f.〔土屋守章訳『オーガニゼーションズ』ダイヤモンド社、一九七七年、一八一頁以下〕を見よ。

(433) この点に関してはNiklas Luhmann, Die Unbeliebtheit politischer Parteien, Die politische Meinung 37, Heft 272 (1992), S. 177-186で、政党を例として論じておいた。

(434) スウェーデンの経験を扱ったNils Brunsson, The Irrational Organization: Irrationality as a Basis for Organizational Action and Change, Chichester 1985を参照。

(435) Der zweiten Bericht zur Rechts- und Verwaltungsvereinfachung, herausgegeben vom Bundesministerium des Inneren, Bonn, Juni 1986に、《脱官僚制化の決算》という印象的な事例が記載されている。それによれば不必要な規制を避けるために、規制を計画するに際してはそのつど検査のために一〇個の設問を行わなければならず、それぞれの設問は最高一一個の（計四八個の）下位設問を含んでいた。そこからまた決定過程の中に、それ自体十分には規定できない複雑性が導き入れられることになるのである。このように単純化を行うためにはまずもってそれぞれの決定は四八倍に、あるいは相互依存を考えなければならないから二の四八乗倍になる！　そこにおいてまだ可能なのは、〔それらの決定を経ることなく〕単純化を実践してみることだけだろう。

(436) 《ミクロ政治》とそれに対応する《ゲーム》については、現在では多くの文献が存在している。以下などを見よ。Tom Burns, Micropolitics: Mechanisms of Institutional Change, Administrative Science Quarterly 6 (1961), S. 257-

281; Michel Crozier/ Erhard Friedberg, L'acteur et le système, Paris 1977; Willi Küpper/ Günther Ortmann（Hrsg.）, Mikropolitik: Rationalität, Macht und Spiele in Organisationen, Opladen 1988; Günther Ortmann, Formen der Produktion: Organisation und Rekursivität, Opladen 1995.

（437） 予期と決定との連関についてより詳しくは、Niklas Luhmann, Soziologische Aspekte des Entscheidungsverhaltens, Die Betriebswirtschaft 44（1984）, S. 591-603 を見よ。

（438） Herbert A. Simon, Birth of an Organization: The Economic Cooperation Administration, Public Administration Review 13（1953）, S. 227-236 は格好の例である。

（439） 《経済》が何を考えているかを本当に知りたいのであれば、株式相場報告を読むほうがよいだろう。コミュニケーションが組織される場合は常に、偽計と虚偽とが生じうるからである。

（440） 以下を参照。Helmut Willke, Systemtheorie entwickelter Gesellschaften: Dynamik und Riskanz moderner gesellschaftlicher Selbstorganisation, Weinheim 1989, insb. S. 44 ff., 103 ff., 111 ff.; ders., Ironie des Staates: Grundlinien einer Staatstheorie polyzentrischer Gesellschaft, Frankfurt 1992; ders., Systemtheorie III: Steuerungstheorie: Grundzüge einer Theorie der Steuerung komplexer Sozialsysteme, Stuttgart 1995. それに対して、全体社会の主要なサブシステムと（その）組織とをより鋭く区別すれば、次のような問題に注意が向くはずである。すなわち組織がコミュニケーションによって確定しうるのは（しうるとすれば、の話だが）自分自身だけであって、《政治》、《経済》、《学術》ではないのである。

（441） これに関しては、Adalbert Podlech, Gehalt und Funktionen des allgemeinen verfassungsrechtlichen Gleichheitssatzes, Berlin 1971, S. 50 を見よ。

（442） 以下を挙げるだけで十分だろう。John Keane（Hrsg.）, Democracy and Civil Society, London 1988; ders.（Hrsg.）, Civil Society and the State: New European Perspectives, London 1988; Jean Cohen/ Andrew Arato, Civil Society and Political Theory, Cambridge Mass. 1992.

（443） 経済理論では、組織の意義が次第に理解されるようになってきたことと、完全競争を伴う市場という理論的前提への批判とは、密接に関連してきた。Herbert A. Simon, Models of Man – Social and Rational: Mathematical Essays on Rational Human Behavior in a Social Setting, New York 1957〔宮沢光一監訳『人間行動のモデル』同文舘出版、一九七〇年〕を見るだけでよいだろう。インプット／アウトプット分析の経済学特有のヴァージョンからも、別路線に向かう発展が生じてきた。考案者の筆によるWassily W. Leontief, Die Methode der Input-Output-Analyse, Allgemeines statistisches Archiv 36（1952）, S. 153–166を見よ。

（444）この点についてはKarl-Heinz Ladeur, Postmoderne Rechtstheorie: Selbstreferenz – Selbstorganisation – Prozeduralisierung, Berlin 1992, insb. S. 176 ff. が刺激的である。

（445）十九世紀初期においてはまだ、この概念の発展はきわめて不確かなものであった。この点についてはNiklas Luhmann, Organisation, Historisches Wörterbuch der Philosophie Bd. 6, Basel-Stuttgart 1984, Sp. 1326–1328を見よ。

（446）マルヴェッツィ侯爵[32]は、国家理性をめぐる論争を契機としてそう論じている。Virgilio Malvezzi, Ritratto del Privato politico, in: Opere del Marchese Malvezzi, Mediolanum 1635, gesondert paginiert, hier S. 123を見よ。このような理論的構図が世俗化されたものとしては、《心の掟とうぬぼれの狂気》をめぐるヘーゲルの議論が挙げられる。Phänomenologie des Geistes, zit. nach der Ausgabe von Johannes Hoffmeister, Leipzig 1937, S. 266 ff.〔長谷川宏訳『精神現象学』作品社、一九九八年、二四七―二五五頁〕

（447）Klaus Eder, Die Institutionalisierung sozialer Bewegungen: Zur Beschleunigung von Wandlungsprozessen in fortgeschrittenen Industriegesellschaften, in: Hans-Peter Müller/ Michael Schmid（Hrsg.）, Sozialer Wandel: Modellbildung und theoretische Ansätze, Frankfurt 1995, S. 267–290（284）ではそう論じられている。

（448）Talcott Parsons, The System of Modern Societies, Englewood Cliffs 1971, insb. S. 26 ff.〔井門富二夫訳『近代社会の体系』前掲、二八頁以下〕を参照。

（449）農民反乱の前提としての《モラル・エコノミー》に関する文献では、この違いが強調されている。本章原註（191）で指示した文献を参照。

（450）この種の運動の社会学的描出は目標の水準に留まっており、それにゆえに完全に記述的なままである。理論的成果として提示されうるのは、きわめて異質な諸目標の歴史的連続性を描出するということに限定されてしまっている。典型的な例として Lothar Rolke, Protestbewegungen in der Bundesrepublik, Opladen 1987 を見よ。

（451） それゆえに、「はたしてここで問題になっているのは社会運動なのだろうか、単なる自己実現ムードの爆発ではないのか」と問うてみることもできるし、しばらくその点について論じられてもきた。旧いタイプの「新しい社会運動」の代弁者は、より新しい運動をその概念のうちに含めることに異議を申し立てる傾向がある。しかしそこでは知識人の思い上がりが、また政治的・道徳的な自己優先化が、あまりにも明白な役割を演じてもいる。

（452） Mary Douglas/ Aaron Wildavsky, Risk and Culture: An Essay on Selection of Technological and Environmental Dangers, Berkeley 1982 をも参照。そこではこの論争を批判して、社会的構成主義へと解体しようと試みられている。

（453） Kai-Uwe Hellmann, Systemtheorie und soziale Bewegungen: Eine systematisch-kritische Analyse, Diss. Berlin（Freie Universität）1995 はこの点のうちに、新しい社会運動がもつ、目的の《顕在機能》とは異なる《潜在機能》を見いだしている（しかし社会学者なら常にそうするように、この潜在機能は独自の機能なのだろうかと、疑ってみることもできる）。

（454） Helmuth Berking, Die neuen Protestbewegungen als zivilisatorische Instanz im Modernisierungsprozeß?, in: Hans Peter Dreitzel/ Horst Stenger（Hrsg.）, Ungewollte Selbstzerstörung: Reflexionen über den Umgang mit katastrophalen Entwicklungen, Frankfurt 1990, S. 47-61（57）.

（455） もちろんこの仮説は、地域によっては修正されねばならない。例えば南イタリアには当てはまらないだろう。そこではこの所属と依存が、まさしく生活上重要であり続けており、個人の可動性は内向きの、ほとんどマフィア的な圧力によって制限されているのである。

（456） これらの変数を精査してみれば、例えばドイツとイタリアの比較を行えば、抗議運動がさまざまな地域において見いだしうる格好の温床としては多種多様なものがあることが明らかになるだろう。

（457） Klaus P. Japp, Die Form des Protestes in den neuen sozialen Bewegungen, in: Dirk Baecker（Hrsg.）, Probleme der Form, Frankfurt 1993, S. 230-251 を参照。

（458） あるいは Klaus Eder a.a.O. S. 286 によれば、諸機能システムを超える全体社会の中心と見なすのである。

（459） この区別に関しては Jacques Ferber, La kénétique: Des systèmes multi-agents à une science de l'interaction, Revue internationale de systémique 8（1994）, S. 13–27（21 ff.）を参照。

（460） Otthein Rammstedt, Sekte und soziale Bewegung: Soziologische Analyse der Täufer in Münster（1534/ 35）, Köln 1966, S. 48 ff. は、異なる歴史的文脈においてではあるが、《危機の目的論化》という表現を用いている。

（461） 特に Heinrich W. Ahlemeyer, Soziale Bewegungen als Kommunikationssystem: Einheit, Umweltverhältnis und Funktion eines sozialen Phänomens, Opladen 1995 はこの点を強調している。

（462） この《運動の装飾法》については Hans-Georg Soeffner, Rituale des Antiritualismus: Materialien für Außeralltägliches, in: Hans Ulrich Gumbrecht/ K. Ludwig Pfeiffer（Hrsg.）, Materialität der Kommunikation, Frankfurt 1988, S. 519–546（Zitat S. 527）を参照。

（463） Jean Paul, Clavis Fichtiana seu Leibgeberiana, zit. nach: Werke Bd. 3, München 1961, S. 1011–1056（1043）に従えば、フィヒテの自我が非－自我の上でしているように。

（464） この点については Niklas Luhmann, Politische Verfassungen im Kontext des Gesellschaftssystems, Der Staat 12（1973）, S. 1–22, 165–182 を参照。

（465） Wilfried von Bredow/ Rudolf H. Brocke, Krise und Protest: Ursprünge und Elemente der Friedensbewegung in Westeuropa, Opladen 1987, S. 61.

（466） この点については Jens Siegert, Form und Erfolg – Thesen zum Verhältnis von Organisationsform, institutionellen Politikarenen und der Motivation von Bewegungsaktivisten. Forschungsjournal Neue soziale Bewegungen 2/3–4（1989）, S. 63–66 を見よ。

（467） この定式化は Jean Paul, Siebenkäs, Drittes Kapitel, zit. nach Jean Paul, Werke Bd. 2, München 1959, S. 95〔恒吉法海・嶋崎順子訳『ジーベンケース』九州大学出版会、二〇〇〇年、九二頁〕による。ただしそこでは特殊な状況、つまり教会開基祭を契機として物乞いが登場してくるという文脈でのものなのだが。

(468) このように危険が側を替えることを明らかにするためには、もう一度Mary Douglas, Purity and Danger: An Analysis of Concepts of Pollution and Taboo, New York 1966〔塚本利明訳『汚穢と禁忌』前掲〕を読むのがいいだろう。Dies., Risk as a Forensic Resource, Daedalus 119/4（1990）, S. 1-16（4 ff.）も参照。それと関連して、職場でのリスクを契機とする社会運動についての事例研究であるJanet B. Bronstein, The Political Symbolism of Occupational Health and Risks, in: Branden B. Johnson/ Vincent T. Covello（Hrsg.）, The Social and Cultural Construction of Risk: Essays on Risk Selection and Perception, Dordrecht 1987, S. 199-226も参照のこと。

(469) 神学的反省の頂点とも言うべき成果（特に、イスラムにおける）を振り返ってみればわかるように、悪魔も同じ問題を抱えていた。しかし悪魔は伝統的な原罪の宇宙の中で、自分自身のための唯一無二の場所を見いだすことができた。悪魔はただ一人原罪をあえて背負ったのであり、その点を後悔することなど不可能であった。その原罪とは、神を観察するということである。Peter J. Awn, Satan's Tragedy and Redemption: Iblis in Sufi Psychology, Leiden 1983を参照。最終的にこの問題を、エレガントかつ理論構造という点で説得力あるかたちで解決したのは、ヘーゲルの形而上学における絶対精神だった。絶対精神は、自己自身のうちで自己を区別する（自己に対して、ではなく）。ただしそれを社会的に実現することはできなかった。だから終局において精神とは、この問題に関する感度を上げるための形式に他ならないということになった。それは外のない内を、環境なしの全体社会を象徴しているのである。

(470) Heinrich W. Ahlemeyer a.a.O.（1995）も、社会運動を独自のタイプのオートポイエティック・システムとして記述している。ただしそれは抗議のコミュニケーションに関してではなく、動員に関してである。そこでは動員が要素となる、自身の帰結から自己自身を再生産していくオートポイエティックな作動と見なされているのである。Ders., Was ist eine soziale Bewegung? Zur Distinktion und Einheit eines sozialen Phänomens, Zeitschrift für Soziologie 18（1989）, S. 175-191も参照のこと。

(471) この概念については、本書一一四頁を参照。

(472) これはGerald R. Salancik/ Joseph F. Porac, Distilled Ideologies: Values Derived from Causal Reasonings in Complex Environments, in: Henry P. Sims, Jr./ Dennis A. Gioia et al., The Thinking Organization: Dynamics of Organiza-

tional Social Cognition, San Francisco 1986, S. 75–101 による定式化である。

(473) この点に関しては Wolfgang van den Daele, Der Traum von der »alternativen« Wissenschaft, Zeitschrift für Soziologie 16 (1987), S. 403–418 を参照。

(474) これについては Todd Gitlin, The Whole World Is Watching: mass media in the making and unmaking of the new left, Berkeley Cal. 1980 による、(アメリカの)《新左翼》をめぐる事例研究を参照。Rüdiger Schmitt-Beck, Über die Bedeutung der Massenmedien für soziale Bewegungen, Kölner Zeitschrift für Soziologie und Sozialpsychologie 42 (1980), S. 642–662 をも見よ。

(475) Hans Mathias Kepplinger, Ereignismanagement: Wirklichkeit und Massenmedien, Zürich 1992, S. 48 f. などを見よ。

(476) すでに成熟した研究となっている Richard P. Gale, Social Movements and the State: The Environmental Movement, Countermovement, and the Transformation of Government Agencies, Sociological Perspectives 29 (1986), S. 202–240 を見よ。

(477) 特にこの点については Niklas Luhmann, Grenzwerte der ökologischen Politik: Eine Form von Risikomanagement. Ms. 1990 を見よ。

第五章

(1) 私は Peter Fuchs, Die Erreichbarkeit der Gesellschaft: Zur Konstruktion und Imagination gesellschaftlicher Einheit, Frankfurt 1992 によるこの定式化を、いくらか異なるかたちで裁断しつつ受け入れることにする。

(2) George Spencer Brown, Laws of Form, Neudruck der 2. Aufl. New York 1979, S. 57〔大澤真幸・宮台真司訳『形式の法則』前掲、六六頁〕を見よ。

(3) この点についてはフッサールとの関連で、Niklas Luhmann, Die neuzeitlichen Wissenschaften und die Phänomenologie, Wien 1996〔村上淳一編訳「近代科学と現象学」、『ポストヒューマンの人間論——後期ルーマン論集』東京大学出版会、二〇〇七年、一—五四頁〕で論じておいた。

（4）本章第XIII節を参照。

（5）Sidney Shoemaker, Self-Knowledge and Self-Identity, Ithaca 1963; ders., Self-Reference and Self-Awareness, The Journal of Philosophy 65（1968）, S. 555–567 を参照。蛇足ながら Dieter Henrich, >Identität<-Begriffe, Probleme, Grenzen, in: Odo Marquard/ Karlheinz Stierle（Hrsg.）, Identität. Poetik und Hermeneutik VIII, München 1979, S. 133–186（178）では、個人の自己理解をめぐるこの、またその他の洞察を社会へと移すことに、明確な反対がなされている。しかしシステムの違いを（この点に関してはまったく異論の余地がないはずである）考慮しつつ移すのであれば、そもそも何か反対する理由があるのだろうか。確かに歴史的に見れば、基準なしの自己同定が最初に発見されたのは意識においてであった。だからといって、それが唯一の事例でありそうであり続けると考える必要はないだろう。

（6）Flegeljahre, Erstes Bändchen Nr. 12〔恒吉法海訳『生意気盛り』九州大学出版局、一九九九年、七三頁〕では〔宿屋の看板の中に、看板をもつ宿屋が描かれている事例に関して〕こう述べられている。《これは当世の洒落た哲学で、これは、哲学の同じような洒落が自我主体を客体にし、逆転させるとき、同様にその観念を主－客観的に反映させるものである》（zit. nach Jean Paul, Werke Bd. 2, München 1959, S. 641）。

（7）Kritik der reinen Vernunft B 176 ff.〔篠田英雄訳『純粋理性批判　上』岩波書店、一九六一年、二一四頁以下〕

（8）Hans-Georg Pott, Literarische Bildung: Zur Geschichte der Individualität, München 1995 で示されているようにそこから、〔個人の思いこみという意味での〕主観性と文学との違いを決定不可能なものとして描出するようなフィクションとしてのテクストが生じてくる（原形は『ドン・キホーテ』である）。そこでは主体は読んだことを〔なぞって〕生きるのであり、そうすることで自分自身を読み物と化すのである。

（9）これは、George Spencer Brown, Laws of Form, Neudruck New York 1979, S. 105〔大澤真幸・宮台真司訳『形式の法則』前掲、一二三頁〕においてウィトゲンシュタインに依拠しつつ、また Gotthard Günther, Beiträge zur Grundlegung einer operationsfähigen Dialektik, z.B. Bd. 1, Hamburg 1976, S. 382 f. によって、取り上げられている発想である。

(10) ただしこの点で、カントですら彼流の概念構成の論理学に従ってはおらず、いわば日常世界によって不整合性のほうへと誘惑されてしまっているということを認めておかねばならない。意識の事実に関する自己反省と並んで、普遍化可能性をテストする第二の道筋も存在している。すなわち伝達可能なものを選別するということであるが、それが生じうるのは（〔これなら相手に伝わるはずだとの想定による〕自己幻想によってではなく）ただ事実的なコミュニケーションの試みによってのみである。『判断力批判』§21では、「……どのような論理においても、また懐疑的でないどのような認識の原理においても前提されなければならぬところの、われわれの認識の普遍的伝達可能性という必然的制約」〔坂田徳男訳、河出書房新社、二〇〇四年、二〇二頁、一部本書訳者により改訳〕について語られている。カントにとって、理論的一貫性を確保するという目的のためには、「ここで問題となっているのは心理学的観察ではなく、《われわれの認識能力の自由な活動からの結果》〔前掲訳書二〇一頁〕であり、その結果は共通感覚（sensus communis, common sense）として指し示されうる」と主張するだけで十分だったように思われる。苦し紛れの哲学！

(11) Mary Douglas, How Institutions Think, Syracuse N.Y. 1986, S. 55 ff. のように。そこでは明らかに、制度の概念が解明されることのないまま前提とされている――《正統化された社会的グルーピング》(S. 46) としての制度、というように。

(12) Louis H. Kauffman, Self-reference and recursive forms, Journal of Social and Biological Structures 10 (1987), S. 53–72 (53) では、一連の数学的演繹のための出発点として次のように述べられている。《自己言及が現前する際には、少なくともひとつの区別が含意されている。自己が現れてくるが、その自己を指し示すことは当の自己とは別の事柄であると見なされうる。いかなる区別も、〈区別を行う者〉の自己言及を含意している。したがって、自己言及と区別の観念とは分離不可能である（それゆえに、概念的には同一である）》。

(13) デリダの言う《脱構築》もまた、この事態に行き着くはずである。すなわち、「客体はただ主体の《代補》としてだけ用いられる」という非対称性の過程を脱構築することによって、である。というのは実際には主体は、客体がなければ（主体の形式の、他の側がなければ）そもそも何ら主体ではありえないからである――書字のない哲学は何ら哲学ではありえないのと同様に。この点に関しては Le supplément de copule: La philosophie devant la linguistique, in: Jacques Derrida, Marges de la philosophie, Paris 1972, S. 209–246〔藤本一勇訳「繋辞の代補」、『哲学の余白　下』法政大学出版局、二〇〇八年〕を見よ。ただしわれわれから見れば脱構築とは、自己言及／他者言及の作動上の統一性へと立ち返ること以外の何ものでもない。それが興味深いのはただ、可能な形式形成のメディアとしてのみなのである。

（14）　哲学の議論では通常の場合、自己言及／パラドックス事例のひとつである〔全体社会という〕このケースは考慮されないままである。一例として Steven Bartlett（Hrsg.）, Reflexivity: A Source-Book in Self-Reference, Amsterdam 1992 を参照。この事態はひとつには哲学が伝統に拘束されているためであるが、またひとつには全体社会の理論が精錬されていないことにもよっている。

（15）　その限りでは、シュッツに依拠するより新しい社会哲学にも正当性を認めることができる。そこでは間主観性が、単純に所与の事実として導入されているのである。現在ではそれを踏まえて分岐が生じているが、その種の議論に関しては Richard Grathoff/ Bernard Waldenfels（Hrsg.）, Sozialität und Intersubjektivität: Phänomenologische Perspektiven der Sozialwissenschaften im Umkreis von Aron Gurwitsch und Alfred Schütz, München 1983 を参照。しかしそれによって理論的に多くを望めるわけではない。

（16）　異なる（記号論的な）出発点によるものではあるが、Dean MacCannell/ Juliet F. MacCannell, The Time of the Sign: A Semiotic Interpretation of Culture, Bloomington Ind. 1982, S. 94 f. をも参照。

（17）　Harold Garfinkel, Studies in Ethnomethodology, Englewood Cliffs N.J. 1967 を見よ。

（18）　より根底へと至る問題設定、すなわち「間主観性という観念は主体概念と矛盾しはしないか」という問いを、ここではまったく無視しておくことにしよう。フッサールが、彼にとっては当然と思われたであろう分析的な厳密さをもって取り組んだのは、この問題設定にだったのだが。

（19）　〔この論点から生じる〕認識論にとっての帰結は Niklas Luhmann, Die Wissenschaft der Gesellschaft, Frankfurt 1990 で論じておいた。

(20) 他者を観察することが、主体がアイデンティティを見いだすために重要であるという点については数多く論じられているが、Exkurs über das Problem: Wie ist Gesellschaft möglich?, in Georg Simmel, Soziologie: Untersuchungen über die Formen der Vergesellschaftung, zit. nach: Gesamtausgabe Bd. 11, Frankfurt 1992, S. 42 ff.〔居安正訳『社会学　上』白水社、一九九四年、三七頁以下〕だけを挙げておこう。

(21) 一般システム〔理論〕の文脈でこの点について論じているLars Löfgren, Complexity, Descriptions of Systems: A Foundational Study, International Journal of General Systems 3 (1977), S. 197–214を、またそれに続く研究であるRobert Rosen, Complexity as a System Property, International Journal of General Systems 3 (1977), S. 227–232を参照。

(22) A.a.O. S. 56 f., 69 ff.*〔前掲訳書、六五―六六頁、七九―八六頁〕

(23) Spencer Brown a.a.O. S. 57〔前掲訳書、六六頁〕.

(24) だからといって、Ranulph Glanville, Objekte, Berlin 1988が導き出している、「客体は自己観察者としてのみ観察可能である」との結論へと至らねばならぬというわけではない。たとえそうしたとしても、次の問いは残る。客体は、普段しているのとは別の仕方で自分自身を観察することもできるのではないか。例えば蒸気機関を蒸気機関としてではなく火を吐く怪物として、最重労働従事者として、爆発のリスクとして。

(25) 一般向けの読み物においても同様である。John P. Briggs/ F. David Peat, Looking Glass Universe: The Emerging Science of Wholeness, o.O. 1985だけを挙げておこう。

(26) 以下を見れば十分だろう。Heinz von Foerster, Observing Systems, Seaside Cal. 1981; Francisco J. Varela, Principles of Biological Autonomy, New York 1979; Fritz B. Simon, Unterschiede, die Unterschiede machen: Klinische Epistemologie: Grundlagen einer systemischen Psychiatrie und Psychosomatik, Berlin 1988; Lars Löfgren, Towards System: From Computation to the Phenomenon of Language, in Marc E. Carvallo (Hrsg.), Nature, Cognition and System I: Current Systems-Scientific Research on Natural and Cognitive Systems, Dordrecht 1988, S. 129–155; Niklas Luhmann et al., Beobachter: Konvergenz der Erkenntnistheorien?, München 1990.

(27) Anthony Giddens, The Consequences of Modernity, Stanford Cal. 1990, S. 15–16（強調はギデンズによる）〔松尾精文・小幡正敏訳『近代とはいかなる時代か？』而立書房、一九九三年、二九頁〕。

(28) A.a.O. S. 36 ff.〔前掲訳書、五三頁以下〕

(29) どう違うのかをさらに示しておこう。〔行為として観察する場合には〕伝達を、伝達と情報という区別の非自立的な〔つまり区別の一項としてのみ成立する〕契機として扱う必要はないのである。

(30) Reinhart Koselleck, Zur historisch-politischen Semantik asymmetrischer Gegenbegriffe, in ders., Vergangene Zukunft: Zur Semantik geschichtlicher Zeiten, Frankfurt 1979, S. 211–259を参照。

(31) 例えば Alfred Kuhn, The Logic of Social Systems: A Unified, Deductive, System-Based Approach to Social Science, San Francisco 1974, S. 154には、《文化はコミュニケートされ学習されるパターンである》とある。だとすればより広くはテレビ受信機も、開けられた穴も取っ手も、悪態も釘も女性の扱いもその他すべても文化だということになりうる。それらが生じるのはただ逸脱強化を介してのみである、あるいはひとつの文化の中ではそのようにしか説明されえないということになる。この文化概念のもとでは、文化（Kultur）と洗練（Kultiviertheit）を区別しなければならない。女性の扱いは常に文化だが、常に洗練されているとは言えないのである。

(32) 暴露される場合には、次のように定式化される。《文化の本質、それは自らと等しくないということである》（Jacques Derrida, L'autre cap: Mémoires, réponses, responsabilités, Liber（Ausgabe Le Monde）5（Okt. 1990）, S. 11–13（11））。

(33) 自己記述が、事態の《本質》《本性》《真理》の認識として様式化されるということも、排除されるわけではない。しかしセカンド・オーダーの観察においてそれは、特定の種類の自己記述がもつ特性として記録されるにすぎない。ヨーロッパ旧来の、世界と全体社会に関するゼマンティクを扱う際に、この点について再度論じることにしよう。

(34) これは Novalis, Philosophische Studien 179/96, zit. nach: Werke, Tagebücher und Briefe Friedrich von Hardenbergs（Hrsg. Hans-Joachim Mähl und Richard Samuel）, Darmstadt 1978, Bd. II, S. 11〔青木誠之・池田信雄・大友進・藤田総平訳『ノヴァーリス全集　第二巻』沖積舎、二〇〇一年、一三頁〕による定式化である。

(35) Quentin Skinner, Language and Political Change, in: Terence Ball/ James Farr/ Russell L. Hanson (Hrsg.), Political Innovation and Conceptual Change, Cambridge Engl. 1989, S. 6-23 (21 f.) でも、通例のように言語と社会的現実とをふたつの分離した領域として扱うことに対して、〔われわれの議論に〕対応する批判がなされている。

(36) イデオロギー概念についてはJennifer Daryl Slack und Fred Fejes (Hrsg.), The Ideology of the Information Age, Norwood N.J. 1987〔岩倉誠一・岡山隆監訳『神話としての情報社会』〔部分訳〕、日本評論社、一九九〇年〕のジェニファー・ダリル・スラック[33]による序論（S. 2. 邦訳三頁）も参照。《イデオロギーは、それがマッピングする当の現実に含まれており、その一部なのである》。

(37) この点に関してはHorst Firsching, Die Sakralisierung der Gesellschaft: Emile Durkheims Soziologie der >Moral< und der >Religion< in der ideenpolitischen Auseinandersetzung der Dritten Republik, in: Volkhard Krech/ Hartmann Tyrell (Hrsg.), Religionssoziologie um 1900, Würzburg 1995, S. 159-193を見よ。ただし本文のように解釈したからといって、《全体社会の世俗化》について語ることが許されるわけではない。むしろデュルケームにおいて問題となっているのは宗教的に基礎づけられた全体社会を、「顕在的／潜在的」という図式を用いて新たに記述するということであろう。

(38) 証明：記述するには〔「全体社会システムはコミュニケーションより成る」との〕一文だけしか必要としない。しかし全体社会が一文であるなどということは決してないし、これまでもまたこれからもないだろう。

(39) この事例については、Jan Assmann, Stein und Zeit: Das »monumentale« Gedächtnis der altägyptischen Kultur, in: Jan Assmann/ Tonio Hölscher (Hrsg.), Kultur und Gedächtnis, Frankfurt 1988, S. 87-114を見よ。

(40) 少なくともモンテーニュ以来この見解は、意識システムという事例に関して文献として現われるようになってきた〔同様の見解を提起していた〕あまり知られていない多数の同時代人もいた。例えばJohn Donne, The Progresse of the Soule*, zit. nach John Donne, The Complete English Poems, Harmondsworth, Middlesex, England 1982, S. 176 ff.〔湯浅信之訳「魂の遍歴」、『ジョン・ダン全詩集』名古屋大学出版会、一九九六年、五三三―五六八頁〕。ここでもまた、自己認識というこの問題設定が、旧来の見解と断絶していることが明確に認識できる。後者においては自己認識は自身の《自然＝本性》へと、したがって原罪によっていかに堕落しているとはいえ完成状態へと、還元されていたのである。だが自然＝本性から不透明性へのこの一歩は、見て取れるように、全体社会システムの自己観察については決して踏み出されることがなかった。それはもっぱら、人間から出発する反省構造のゆえに全体社会は何かしら外的なものと（せいぜいのところ、内面化されうるものと）見なされていたためだった。しかしシステム理論的に見れば、ふたつの事例における自己観察問題の精確な並行状態こそが目につくのである。

（41） Anthony Wilden, System and Structure: Essays in Communication and Exchange, 2. Aufl., London 1980, S. 155 ff. を参照。ただし本文で提起した観察の構想からすると、ワイルデン[34]に従うべきかどうかは疑わしく思われてくる。ワイルデンはアナログなものを特殊な差異として、他ならぬ《差異の領域》として把握しているからだ（a.a.O. S. 174）。

（42） 伝統的な支配官僚制の《人口調査－租税－徴兵》システムについての Stanley Diamond, The Rule of Law Versus the Order of Custon, in: Robert P. Wolff（Hrsg.）, The Rule of Law, New York 1971, S. 115–144 を参照（ただし挙げられている証拠はこの構造で知られている西アフリカの諸王国から、きわめて一面的に選択されたものである）。この点については Gerd Spittler, Probleme bei der Durchsetzung sozialer Normen, Jahrbuch für Rechtssoziologie und Rechtstheorie 1（1970）, S. 203–225; ders., Herrschaft über Bauern, Frankfurt 1978 も参照。さらに Wolfram Eberhard, Conquerors and Rulers: Social Forces in Medieval China, 2. Aufl. Leiden 1965; Robert Eric Frykenberg, Traditional Processes of Power in South India: An Historical Analysis of Local Influences, in: Reinhard Bendix（Hrsg.）, State and Society: A Reader in Comparative Political Sociology, Boston 1968, S. 107–125 をも見よ。

（43） Heinz von Foerster, Observing Systems, Seaside Cal. 1981, insb. S. 273 ff.; dt. Übers. Sicht und Einsicht: Versuche zu einer operativen Erkenntnistheorie, Braunschweig 1985; oder: Wissen und Gewissen: Versuch einer Brücke, Frankfurt 1993 を見よ。

（44） この種の《反意語代替》については、Stephen Holmes, Poesie der Indifferenz, in: Dirk Baecker et al.（Hrsg.）, Theorie als Passion, Frankfurt 1987, S. 15–45; ders., The Permanent Structure of Antiliberal Thought, in: Nancy Rosenblum（Hrsg.）, Liberalism and the Moral Life, Cambridge Mass. 1989, S. 227–253; ders., The Anatomy of Antiliberalism, Cambridge Mass. 1993 を参照。

（45） Mary Hesse, Models and Analogies in Science, Notre Dame 1966, S. 157 ff.〔高田紀代志訳『科学・モデル・アナロジー』培風館、一九八六年、一五九頁以下〕は、この意味で《再記述》について語っている。そしてこの概念を、理論的説明の比喩法に関する議論に分類しているのである。それ以外にもきわめて多様な文脈において、類似した分析を見いだせる。例えば Giovan Francesco Lanzara, Capacità negativa: Competenza progettuale e modelli di interventi nelle organizzazioni, Bologna 1993, insb. S. 227 ff. における、改革運動の政治理論。あるいは芸術理論に関しては Michael Baldwin/ Charles Harrison/ Mel Ramsden, On Conceptual Art and Painting and Speaking and Seeing: Three Corrected Transcripts, Art-Language N.S. 1（1994）, S. 30–69 がそうである。

（46） インドでは十九世紀の終わりに至ってもまだそうであった。Ananda F. Wood, Knowledge Before Printing and After: The Indian Tradition in Changing Kerala, Delhi 1985 を参照。

（47） したがってわれわれは中国、インド、古代オリエントの印象的な宇宙記述（Kosmographie）のみならず、ユダヤ教の伝統をも対象外とすることになる。ユダヤ教は神／人間のコミュニケーションに優位性を与えているがゆえに、旧ヨーロッパの伝統よりも本書の理論描出によほど近いのであるが。まずは Susan A. Handelman, The Slayers of Moses: The Emergence of Rabbinic Thought in Modern Literary Theory, Albany N.Y. 1982, etwa S. 8〔山形和美訳『誰がモーセを殺したか――現代文学理論におけるラビ的解釈の出現』法政大学出版局、一九八七年、二八頁〕を挙げておこう。《アリストテレスに従えば、ギリシア人たちにとっては、事物は言説によって汲み尽くせないものである。他方ラビたちにとっては、言説は事物によっては汲み尽くせないものなのである》。

（48） この前提への批判、およびより複雑な構造をもつ論理学の探究に関しては Gotthard Günther, insb. die in den Beiträge(n) zur Grundlegung einer operationsfähigen Dialektik, 3 Bde. Hamburg 1976–1980 に収められた諸論考を参照。

（49） これはすべての事例に関して当てはまるわけではない。すなわち未来ノ偶発事ニツイテノ（de futuris contingentibus)〔35〕言明には当てはまらないのである。その種の言明は存在ないし非存在に関してまだ決定されていないものとして扱われねばならない。しかしその場合でも論理学は《すでに決定されている／まだ決定されていない》というメタコード化の助力を仰ぐことができるし、そのために再び排中律を用いうるのである。

(50) 《無》のこのパラドックスは、特に十六世紀において広く用いられた。無は何ものかであるが、まさに《無＝何かでない》のである。Rosalie Colie, Paradoxia epidemica: The Renaissance Tradition of Paradox, Princeton 1966, insb. S. 219 ff. で多くの素材が挙げられている。

(51) 《彼〔＝神〕ハ無デモアリマセンシ、存在シナイコトモアリマセンシ、存在スルトトモニ存在シナイコトモアリマセン Non est nihil neque non est, neque est et non est》。De Deo Abscondito, zit. nach: Nicolaus Cusanus, Philosophisch-theologische Schriften Bd. 1, Wien 1964, S. 299-309〔大出哲・坂本堯訳『隠れたる神』創文社、一九七二年、三―一六頁〕に多くの類似の箇所が見られる（引用はS. 306〔一二頁〕）。

(52) 本書第一章第III節。

(53) Ontologie in: Historisches Wörterbuch der Philosophie Bd. 6, Basel 1984, Sp. 1189-1200 による示唆を見よ。

(54) この事態と、システム／環境図式から出発する場合に得られる可能性とを比較してみればよい。後者の場合なら、観察者は自身を、内的観察者としても外的観察者としても組み込みうるのである。

(55) モノによって呼び起こされた〔存在するモノ／それを認識するための方法、という〕この区別の批判、つまり方法論の補完機能の批判についてはMartin Heidegger, Die Frage nach dem Ding: Zu Kants Lehre von den transzendentalen Grundsätzen, Tübingen 1962, Gesamtausgabe Bd. 41, Frankfurt 1984〔高山守、クラウス・オピリーク訳『物への問い――カントの超越論的原則論に向けて』創文社、一九八九年〕を参照。モノ‐形而上学への哲学的‐理論的批判と並んで、またそれからは独立に、今日ではコンピュータの使用によって引き起こされた変化をも考慮しなければならない。そこではもはやモノへの言及は必要とされない。知覚を外的に制限することによって、《ヴァーチャル・リアリティ》へと〔コンピュータ上の〕変数を介してアクセスしうるからだ〔36〕。

(56) 以下を参照。Louis Dumont, Homo Hierarchicus: The Caste System and its Implications, London 1970〔田中雅一・

渡辺公三訳『ホモ・ヒエラルキクス——カースト体系とその意味』みすず書房、二〇〇一年〕; ders., Essais sur l'individualism, Paris 1983; erweiterte deutsche Übersetzung Frankfurt 1991〔渡辺公三・浅野房一訳『個人主義論考』言叢社、一九九三年〕.

(57) Physikvorlesung IV, 10〔出隆・岩崎允胤訳「自然学」、『アリストテレス全集　第三巻』岩波書店、一九六八年、一六四—一六八頁〕; Enzyklopädie der philosophischen Wissenschaften § 258〔樫山欽四郎・川原栄峰・塩屋竹男訳『エンチュクロペディー』河出書房新社、二〇〇五年、二〇八—二〇九頁〕を見よ。

(58) 例えば Hieronymus Cardanus, De Uno Liber, zit. nach Opera Omnia, Lyon 1662, Bd. 1, S. 277–283 (278) には、《時間の秩序は〔人間を〕追い立てない。追い立てるのは運命である》とある。

(59) Jacques Derrida, Ousia et grammè: note sur une note de Sein und Zeit, in ders., Marges de la philosophie, Paris 1972, S. 31–78〔高橋允昭・藤本一勇訳「ウーシアとグランメー——『存在と時間』の或る注記についての注記」、『哲学の余白　上』法政大学出版局、二〇〇七年、七七—一三六頁〕を見よ。

(60) Leonardo da Vinci, Notebooks, engl. Übers. Ausgabe New York (Braziller) o.J., S. 73 f.〔杉浦明平訳『レオナルド・ダ・ヴィンチの手記　上』岩波書店、一九五四年、七七—八三頁〕でのこの点に関する考察を参照。その結果この種の《無》は（パラドキシカルに）撤回されることになる。《自然の許では……それ〔＝無〕は存在をもたない》〔八三頁〕。

(61) Hans Friedrich Fulda, Ontologie nach Kant und Hegel, in: Dieter Henrich/ Rolf-Peter Horstmann (Hrsg.), Metaphysik nach Kant?, Stuttgarter Hegel-Kongreß 1987, Stuttgart 1988, S. 44–82 を参照するだけでよい。

(62) Ernst Kapp, Der Ursprung der Logik bei den Griechen, Göttingen 1965 を見よ。《政治的》（都市的）に条件づけられた議論の文化から論理学が成立してきたことに関しては Geoffrey E.R. Lloyd, Magic, Reason and Experience: Studies in the Origin and Development of Greek Science, Cambridge 1979, insb. S. 246 ff. をも参照。

(63) この点に関する参照文献として通常の場合挙げられるのは Platon, Sophistes 253 D–E〔藤沢令夫訳「ソピステス」、『プラトン全集　第三巻』岩波書店、一九八六年、一一八—一二〇頁〕である。そこでは〔種と類は〕意識的に技術

＝技法（téchne）として導入されており（253 A）、またパラドックス回避の命令を伴ってもいた。同一の種が異なっているとか異なるものが同一であるとか述べるのを回避しなければならない、と。253 D では〔この議論が〕同／異（tautòn / héteron）によって定式化されている。

（64） この点について詳しくは、Dieter Nörr, Divisio und Partitio: Bemerkungen zur römischen Rechtsquellenlehre und zur antiken Wissenschaftstheorie, Berlin 1972 を参照[37]。総じて言えばローマ法学は、この類の技法が確証されるうえで最も注目すべき領域だったのである。Aldo Schiavone, Nascita della giurisprudenza: Cultura aristocratica e pensiero giuridico nella Roma tardo-repubblicana, Bari 1976, insb. S. 92, 94 ff. をも見よ。

（65） 特にこれに関しては Geoffrey E.R. Lloyd a.a.O.（1979）; ders., Science, Folklore and Ideology: Studies in the Life Sciences in Ancient Greece, Cambridge Engl. 1983 を参照。

（66） 「人格ガモノヲ支配スル、記憶ハ自身ヲ保存スルノダカラ」（Persona dicitur ens, quod memoriam* sui conservat）と、Christian Wolff, Psychologia rationalis § 741 にある（引用はペーター・フックスの草稿から）。

（67） その手順を洗練されたかたちで段階分けしているのが、次の二つの書物である。Ortensio Lando, Paradossi, cioe sententie fuori del commun parere, Vinegia 1545; ders., Confutatione del libro de paradossi nuovamente composta, in tre orationi distinta o.O. o.J.

（68） この点については以下を参照。A.E. Malloch, The Technique and Function of the Renaissance Paradox, Studies in Philology 53（1956）, S. 191–203; Rosalie L. Colie, Paradoxia Epidemica: The Renaissance Tradition of Paradox, Princeton 1966; Michael McCanles, Paradox in Donne, Studies in the Renaissance 14（1967）, S. 266–287; F. Walter Lupi, Ars Perplexitatis: Etica e retorica del discorso paradossale, in: Rino Genovese（Hrsg.）, Figure del Paradosso, Napoli 1992, S. 29–59.

（69） Kritik der Urteilskraft, Einleitung VI〔坂田徳男訳「判断力批判」、『実践理性批判／判断力批判／永遠の平和のために』前掲、一六五頁〕.

（70） この点については Kurt Röttgers, Der Ursprung der Prozeßidee aus dem Geiste der Chemie, Archiv für Begriffsgeschichte 27（1983）, S. 93–157 を参照。

（71）〔アナロジー概念の〕ギリシアにおける（また、より旧い）起源についてはGeoffrey E.R. Lloyd, Polarity and Analogy: Two Types of Argumentation in Early Greek Thought, Cambridge Engl. 1966 を参照。

（72）この歴史的根拠づけの初期ヴァージョンを、法学のうちに見いだすことができる。だが他ならぬそこにおいてこそ、経験、記憶、合理的判断へと向けられた専門的な概念構成が引き合いに出されているのである。何よりもまずMatthew Hale, A History of the Common Law, posthum 1713, zit. nach der Neuausgabe Chicago, 3. Aufl. 1971 を、またさらにReflection by the Lrd. Cheife Justice Hale on Mr. Hobbes. His Dialogue of the Lawe, gedruckt in: William Holdsworth, A History of the English Law, 3. Aufl. 1945, Nachdruck London 1966, Bd. V, Appendix III, S. 500–513 をも参照。それに相当する博物学が登場するまで、なおも一〇〇年を待たねばならない。

（73）ジェローラモ・カルダーノのような人はルネッサンス期にそのような思弁をくり広げたのだが。本章註（76）および（77）を参照。

（74）この定式化はRichard N. Adams, Energy and Structure: A Theory of Social Power, Austin 1975, S. 281 による。

（75）Philip G. Herbst, Alternatives to Hierarchies, Leiden 1976, S. 88 f. では、いくつかの可能性が同格なものとして扱われている（その中には「内的／外的」、「である is／でない is not」が含まれている）。

（76）この主題化がなされることももちろんある。例えばHieronymus Cardanus, De Uno Liber, zit. nach Opera Omnia, Lyon 1663, Bd. 1, S. 277–283 における入り組んだ概念的努力を見よ。

（77）一例として、Cardanus a.a.O. S. 279 において選択肢が意識されていることを見ればよい。《ユエニ一ヘト向カウノデハナク、一カラ発スル non ergo tendunt in unum, sed ab uno procedunt》。その理由は、諸部分から出発すれば〔まとまりを〕解除（aberratio）することになるから、というものだった。

（78）『標準注釈書 Glossa ordinaria』（イルネリウス[38]）では〔「ローマ法大全」の〕「学説彙纂」1.1.10.1（「正義トハ、各自ニソノ権利ヲ配分シヨウトスル定常的カツ持続的ナ意志デアル iustitia est constans et perpetura voluntas ius suum cuique distribuendi」）が、その前提に関してそのように解釈されている。この点についてはGaines Post, Studies in Medieval Legal Thought, Princeton 1964, S. 540 を参照。同書には『注釈書』が掲載されてもいる。

(79) 「最初に」と述べることに対しては常に保留が付されねばならないが、それでもこの場合はこう言ってもいいのではないか。この問いを最初に提起したのはジャンバッティスタ・ヴィーコであり、その時にはすでに十八世紀に入っていたのである。

(80) M.-M. Davy, Essay sur la symbolique romane, Paris 1955, S. 24 ff. を参照。

(81) より詳しくはHerbert Grabes, Speculum, Mirror und Looking Glass: Kontinuität und Originalität der Spiegelmetapher in den Buchtiteln des Mittelalters und der englischen Literatur des 13. bis 17. Jahrhunderts, Tübingen 1973を見よ。Gustav, Friedrich Hartlaub, Zauber des Spiegels: Geschichte und Bedeutung des Spiegels in der Kunst, München 1951も参照のこと。鏡のメタファーは長い歴史をかけて没落していくことになる。当初それは虚栄の象徴として働いていたが（その際、装飾＝名誉 ornatum/ ornato はもはや旧来の修辞学の言う意味での本質的なものの強調ではなく、単なる飾りと見なされるということが前提となっていた）、最後には、内的なコントロールがもはや機能しないということに対する単なる補償となる。《社交界の連中にとって鏡は、自分の欠点を突きつけてくれる、かろうじて残っている唯一の良心である》と、Jean Paul, Die unsichtbare Loge, zit. nach Werke Bd. 1, München 1960, S. 7–469（178）〔鈴木武樹訳『見えないロッジ・第一部　ジャン＝パウル文学全集　第一巻』創土社、一九七五年、二七九頁〕が考えているように、である。

(82) この概念の歴史に関しては、以下を参照。Anton-Hermann Chroust, The Corporate Idea and the Body Politics in the Middle Ages, Review of Politics 9（1947）, S. 433–452; Brian Tierney, Foundations of the Conciliar Theory: The Contributions of the Medieval Canonist from Gratian to the Great Schism, Cambridge 1955; Ernst H. Kantorowicz, The King's Two Bodies: A Study in Medieval Political Theology, Princeton 1957〔小林公訳『王の二つの身体　上下』筑摩書房、二〇〇三年〕; Pierre Michaud-Quantin*, Universitas: Expressions du mouvement communautaire dans le Moyen Age latin, Paris 1970.

(83) Ioannis Saresberiensis, Policratici... Libri VIII（Hrsg. Clemens C.I Webb), London 1909, Nachdruck Frankfurt 1965

を使用した。

(84) Aegidius Columnae Romanus (Egidio Colonna), De Regimine Principum, zit. nach der Ausgabe Rom 1607, Nachdruck Aalen 1967, S. 406では、「激昂／冷静」(ignis / civiliter) を例としてこの区別について多くのことが述べられている。

(85) 先にジェローラモ・カルダーノを引用しておいた。同書 S. 913 und a.a.O. S. 279を参照。《サラニ魂ハワレワレノ内ニモ、世界ノ内ニモ在ル。シカシ世界ノ内ノ魂ハドコニモナク、ダガ永遠ニシテ不死デアル。ワレワレノ場合ハ前述ノ如シ Praeterea est anima in nobis ut in mundo: at anima in mundo nullibi est, sed perpetua est & immortalis: talis igitur in nobis.》。

(86) Marius Salamonius, De Principatu (1513), zit. nach der Ausgabe Milano 1955, S. 26によれば後は市民自身による市民の支配を《賢明ナ sanior〔部分〕》と《愚鈍ナ部分 stultior pars》との区別によって根拠づけるだけでよい。

(87) 代表格として Henry Peacham, The Compleat Gentleman, 2. Aufl. Cambridge 1627, S. 1 ff. を見よ (S. 2には《貴族制とはある種の傑出性ないし或る人々を残りの人々よりも厚遇することに他ならない。それは或る行いは……より特別なかたちで実行されるからである。貴族制は或る家柄の子孫の血がもつ名誉であり、形式的にはその家系のうちの誰かまたは何人かに与えられる……》とある)。

(88) de Generatione Animalium II, 1, 731 b 18.〔島崎三郎訳「動物発生論」、『アリストテレス全集　第九巻』岩波書店、一九六九年、一四六―一五八頁〕.

(89) この論証はしばしば見受けられるものである (今日ならば、「男性流の視線の下で〔示されねばならなかったのだから〕」と言うところだろうか)。例えば Nervèze, Œuvres morales, Paris 1605, fol. 63 v を見よ。

(90) Alexander von Hales, zit. bei Wolf Hübener s.v. Ordnung, Historisches Wörterbuch der Philosophie Bd. 6, Stuttgart 1984, Sp. 1263による。

(91) この点に関しては Antony Black, Monarchy and Community: Political Issues in the Later Conciliar Controversy 1430-1450, Cambridge 1970を参照。代表＝表出の概念史一般については Hasso Hofmann, Repräsentation: Wort- und

Begriffsgeschichte von der Antike bis ins 19. Jahrhundert, Berlin 1974が、中世における論争について幅広く論じたものとしては特にAlbert Zimmermann（Hrsg.）, Der Begriff der Repraesentatio im Mittelalter: Stellvertretung, Symbol, Zeichen, Bild, Berlin 1971がある。

（92） Michaud-Quantin a.a.O.（1970）に豊富な素材が収められている。

（93） Marsilius von Padua, Defensor Pacis, lateinisch-deutsche Ausgabe Darmstadt 1958〔稲垣良典訳「平和の擁護者」（抄訳）、上智大学中世思想研究所編『中世思想原典集成18』平凡社、一九九八年〕.

（94） 先に参照したMarius Salamonius, De principatu（1513）, zit. nach der Ausgabe Milano 1955, S. 26では、哲学者はパラドックス（ここでは領主において現れてくるそれ）の解決を神学者に委ね、自分自身では〔全体〕ソレ自身ニヨル（ad se ipsum）〔論証〕ではなく部分ニヨル部分ノ論証（argumentatio de parte ad partem）だけを試みている。あるいはこの区別はAristoteles, Anal.priora 69a 13-15〔井上忠訳「分析論前書」、『アリストテレス全集　第一巻』岩波書店、一九七一年、四二一頁〕に由来するものかもしれない。ただしそこではある部分から他の部分を推論することが対置されているのは全体から部分を、または部分から全体を推論することに対してであって、全体から全体そのものを（神学的にインスパイアされつつ）推論することに対してではない。

（95） この記述はThomas von Aquino, Summa Theologiae I, q. 65 a.2, zitiert nach der Ausgabe Turin – Rom 1952, Bd. 1, S. 319〔高田三郎他訳『神学大全５』創文社、一九六七年、六一一〇頁〕をパラフレーズしたものである。

（96） ここにおいて（特にグラシアンのうちに）、反省に関しては全体よりも部分が優越するというテーゼへの端緒を見いだせる。このテーゼが整備されるのはようやく二十世紀に至ってのことだった。

（97） この点をめぐる理念史については、本章註（320）を参照。

（98） Johannes Althusius, Politica methodice digesta（1614）, zit. nach der Ausgabe der Harvard Political Classics, Cambridge Mass. 1932, Cap. 5 n. 10, S. 39を見よ。Cap. 9 n. 5, S. 88をも参照。ただしわれわれの問題設定を踏まえて読んでみると、このテクストは明確であるとは言いがたい。そこで主として意図されていたのは、個人が（いわば存在権に基づいてseinsrechtlich begründet）政治的な業務に直接参加すること（participatio）を排除するという点だった

ように思われる。

(99) コンセンサス・統合・正統化の理論をめぐるさらなる展開については、本書一三頁以下参照。

(100) この点については本章第XIII節で。

(101) これは Novalis, Philosophische Studien 1795/96, zit. nach: Werke, Tagebücher und Briefe Friedrich von Hardenbergs (Hrsg. Hans-Joachim Mähl und Richard Samuel) Bd. 2, S. 31〔青木誠之・池田信雄・大友進・藤田総平訳『ノヴァーリス全集　第二巻』前掲、一四頁〕でのフィヒテ的定式化である。

(102) 一例として Karl Wilhelm Ferdinand Solger, Vorlesungen über Ästhetik, hrsg. von Karl Wilhelm Ludwig Heyse, Leipzig 1829, Nachdruck Darmstadt 1973, S. 52〔西村清和訳『美学講義』玉川大学出版部、一九八六年、五五頁〕を見よ。《以上から、もし美というものがあるならばそれはその根拠を、そこで多様と単一との交互的な関係が全体としてなくなってしまっているような領域の内にもたなければならないということが明らかになる。……これこそ高次の自己意識の立つ地点であり、認識のこのような統一を我々は理念と呼ぶのである》。蛇足ながらゾルガー〔39〕の場合、時間からの抽象もなされている。というのも、このような結論となりうるには統一性が前提とされねばならないからだ。

(103) 論理学者がこの基礎づけ関係を逆に見ていることは、注目に値する。否定を用いることによってのみ区別をなしうるではないか、というわけだ。われわれはそれに対して、ここにオートポイエティック・システムの進化の重要な事例が存しているものと見なしうる。区別することは、言語がコード化され論理学が発展してくるよりもはるか以前においてすでに用いられていた。ただそれゆえにこそ、論理学は進化しえたのである。しかしその後で論理学体系は基礎づけ関係を逆転させる。そしてそれによって世界へと自律的にアプローチしていけるようになる。区別することをも含めてすべてを、二値論理学の流儀で記述することが可能になるのである。さらに述べておけば、あらゆる古典的および近代的な論理学体系の前提の中に否定が組み込まれているという点も、同様にして説明できる。さらにまた、それらの前提によって、論理学が無矛盾的なかたちで自己根拠づけを行いえているわけではないという点も、周知のところである。この事態を変えようとするのであれば、ウィトゲンシュタインとともに言語を、あるいはスペンサー＝ブラウンとともに数学的計算を、論理学に先行させねばならない。

（104） 『ニコマコス倫理学』の最初の文を見よ〔40〕。

（105） 本書第一章第XI節を見よ。

（106） 例えばジャン・パウルは、《有機体磁気をめぐるいくつかの驚嘆すべき事柄に関する推察》において、同時代の物理学刊行書を綿密に研究したうえで、次のような論証を行っている。《結局のところ最も微細な要素が最終的なものとして存在しているはずである。それは他のすべての要素を包含するが、（後者を――ルーマン付加）必要とはしないのである》。Jean Pauls Werke, Auswahl in zwei Bäenden, Stuttgart 1924, Bd. 2, S. 344-45より引用。

（107） Ken Wilber（Hrsg.）, Das holographische Weltbild（英語原題: »The Holographic Paradigm, and other paradoxes«）, Bern 1986〔井上忠他訳『空像としての世界――ホログラフィをパラダイムとして（改訂新装版）』青土社、一九九二年〕、あるいはPablo Navarro, El hologramma social: Una ontología de la socialidad humana, Madrid 1994を見れば十分だろう。

（108） Roland Robertson, Globalization: Social Theory and Global Culture, London 1992, insb. S. 97 ff.〔阿部美哉訳『グローバリゼーション』［部分訳］、東京大学出版会、一九九七年、特に一二五―一六一頁〕を見よ。S. 131〔41〕には「普遍主義は個別主義そのものを把握するために必要とされる」とある。本書第四章第XII節も参照。

（109） 〔この語の〕成立史についてはPeter Spahn, Oikos und Polis: Beobachtungen zum Prozeß der Polisbildung bei Hesiod, Solon und Aischylos, Historische Zeitschrift 231（1980）, S. 529-564を参照。

（110） 概念史に関してはManfred Riedel, Gesellschaft, Bürgerliche, in: Geschichtliche Grundbegriffe Bd. 2, Stuttgart 1975, S. 719-800を参照のこと。

（111） 特にこの点については、Giuseppe Orsi et al.（Hrsg.）, Solidarität. Rechtsphilosophische Hefte IV, Frankfurt 1995において、新たな寄与と広範な示唆とがなされている。

（112） Cicero, de officiis I, XVI, zitierte lateinische/ italienische Ausgabe, Bologna 1987, S. 64〔中務哲郎・高橋宏幸訳「義務について」、『キケロー選集9』岩波書店、一九九九年、一五八頁〕には、《ソノ（＝社会ノ）絆ハ、理性ト言葉デ

アル eius（＝societas）autem vinculum est ratio et oratio》〔訳文ひらがな〕とある。

（113） Geoffrey E.R. Lloyd, Science, Folklore and Ideology: Studies in the Life Sciences in Ancient Greece, Cambridge Engl. 1983 を参照。

（114） もともとのこの人間主義と、その新版〔である「人間主義＝人文主義」〕とを区別しておかねばならない。後者は一八〇〇年前後において近代社会の諸問題に、理想主義的な仕方で対処しようと試みられた際に用いられたものだった（さらにそれから約一〇〇年後には、《新人文主義》という指し示しが登場してくることになる）。この新版の新しさが際だっていたためにフーコーは、人間は十八世紀後半に至って初めて発明されたのだと主張することすらできたのである。いずれにせよ今や人間〔の生来の本性〕が全体社会〔を規定するの〕ではない。人間とはひとつの理念であり、常にそこへと漸近していくしかないものなのである。あるいは人間は、〔生まれながらに定まっているのではなく、教育と修行によって形成される〕ひとつの人造物であると言ってもよい。Claude-Adrien Helvetius, De l'esprit Disc.III, c. 7, note b, zit. nach Œuvres complètes, London 1776, S. 103 いわく、《〔人間には〕生まれながらにして理想や徳が備わっているわけではない。人間性を獲得するまでは、それらは人間には欠けているのである》。

（115） M.-M. Davy, Essai sur la symbolique romane（XIIe siècle）, Paris 1955, insb. S. 90 ff. を参照。

（116） この点に関しては、Marian Kurdziałek, Der Mensch als Abbild des Kosmos, in: Albert Zimmermann（Hrsg.）, Der Begriff der Repraesentatio im Mittelalter: Stellvertretung, Symbol, Zeichen, Bild, Berlin 1971, S. 35–75 を見よ。

（117） Philip Sidney, The Defense of Poesy（1595）, zit. nach der Ausgabe Lincoln Nebr. 1970, S. 9（強調は私〔ルーマン〕による）〔富原芳彰訳『詩の弁護』研究出版社、一九六八年、一七頁〕.

（118） Pol. 1254 a 36–37〔牛田徳子訳『政治学』前掲、一六頁〕.

（119） Aegidius Columnae Romanus（Egidio Colonna）, De Regimine Principum（1277/79）, zit. nach der Ausgabe Roma 1607, Neudruck Aalen 1967, S. 5 を見よ。《スナワチコノ秩序ハタダ単ニ理性的ナモノデハナク、自然的ナノデアル。ツマリ自然ハ常ニ不完全サカラ完全サヘト進ンデイク Est enim hic ordo non solum rationalis, sed etiam naturalis. Natura enim semper ex imperfecto ad perfectum procedit.》。

(120) Joachim Ritter, Metaphysik und Politik: Studien zu Aristoteles und Hegel, Frankfurt 1969 による倫理と政治のこの関係に関する論述は、多大な影響を及ぼすことになった。

(121) Giovanni Francesco Poggio Bracciolini, De nobilitate (1440), zit. nach Poggii Florentini Opera, Basilea 1538, S. 64–87 で、この点について多くのことが述べられている。《魂ニハソレユエニ、ドンナ条件カラデアレ運命ヲ超エテ高貴ニ振ル舞ウコトガ許サレテイル Animus facit nobilem qui ex quacunque conditione supra fartunam licet exurgere》(S. 80)。ただし見習うべき模範を想起することもまたそれに含まれるのであるが (S. 81)。他にも Cristoforo Landino, De vera nobilitate (um 1490), zit. nach Ausgabe Firenze 1970 も参照のこと。対話形式で提示された論考が多数存在しているが、出自とエートスの〔どちらをどれくらい〕重みづけ〔るか〕という点は未決のままである。

(122) ただし次の点には注意しておかねばならない。貨幣経済によって、またそれに伴う誇示的な (ostentativ) 贅沢によって、エートスを踏まえた区別を貫徹することは困難になる。君主が都市を訪問する際には、君主を〔貴族ではなく〕市民がもてなすほうが好まれたという (クラクフの) 事例は特に目立つものかもしれない。〔そこまではいかないにしても〕貴族に属する多くの家族が、地方へと退かねばならなくなる。都市では、身分に相応しい生活態度という規範を維持できないからである。まるで、《豪奢 Magnifizenz》という貴族の理想像を発明したのは市民であり、それは貴族に雪だるま式に増える借金を負わせるためのことだったかのようではないか。

(123) この点に関しては Quentin Skinner, The Foundations of Modern Political Thought, Bd. 1, Cambridge Engl. 1978, S. 28 ff. を参照。

(124) 以下などを参照。O. B. Hardison, The Enduring Monument: A Study of the Idea of Praise in Renaissance Literary Theory and Practice, Chapel Hill, N.C. 1962; John W. O'Malley, Praise and Blame in Renaissance Rome: Rhetoric, Doctrine, and Reform in the Sacred Orators of the Papal Court, c. 1450–1521, Durham N.C. 1979.

(125) イタリアにおけるこの展開について詳しくは Claudio Donati, L'idea della nobiltà in Italia: Secoli XIV–XVIII, Roma-Bari 1988 を見よ。

(126) Ben Jonson, To Kenelm, John, George, zit. nach The Complete Poems, New Haven 1975, S. 240.

(127) Francesco de Vieri, Il primo libro della nobiltà, Firenze 1574 を見よ。そこでは傑出さの図式の中には、活動的ナ生／観想的ナ生（vita activa / vita contemplativa）という区別も含まれている（S. 42）。それによって、いわゆるひとつの次元においては、次のことが成り立つ。《ある人々はより優れており、より高貴である。命令を下す、あるいは少なくとも他の人々が有徳な行いを為すように命令する資格をもつのは、この人々である》。なぜなら有徳な生はすべての人間の自然＝本性による目的だから、〔高貴な者によって他の人々に、当人の意志に反して有徳な生が強制されたとしても、それは後者の自然＝本性に適うのだから、〕というわけである。

(128) Ellery Schalk, From Valor to Pedigree: Ideas of Nobility in France in the Sixteenth and Seventeenth Centuries, Princeton 1986 を参照。

(129) Otto Gerhard Oexle, Die funktionale Dreiteilung als Deutungsschema der sozialen Wirklichkeit in der ständischen Gesellschaft des Mittelalters, in: Winfried Schulze (Hrsg.), Ständische Gesellschaft und soziale Mobilität, München 1988, S. 19–51（45）を見よ。この概念は明らかに、貴族以外の階層が次第に不均質なものになっていくという事態への反応として生じたものだった。この階層を、（農業分野で）労働すること、生産を行うことというメルクマールによって描き直すのでは、もはや不適切になっていたのである。しかし奇妙なことにフランス革命に至るまで、農業生産が第三身分のメルクマールであり続けたのだが。この点に関しては Ottavia Niccoli, I sacerdoti, i guerrieri, i contadini: Storia di un imagine della società, Torino 1979 を参照のこと。

(130) Charles Loyseau, Traicté des ordres et simples dignitez, 2. Aufl. Paris 1613, S. 92.

(131) 名誉／決闘を経由することによって貴族のゼマンティクは均質化され、領域国家の条件と基準にはもはや拘束されなくなる。この点については Donati a.a.O.（1988）, S. 93 ff. を参照。実際に同時代の文学のそこかしこに、この概念が埋め込まれているのがわかる。以下などを参照のこと。Ruth Kelso, The Doctrine of the English Gentleman in the Sixteenth Century, Urbana Ill. 1929, S. 96 ff.; Arlette Jouanna, La notion d'honneur au XVIème siècle, Revue d'histoire moderne et contemporaine 15（1968）, S. 597–623: dies., L'idée de race en France au XVIe siècle et au début du XVIIe, 2. Aufl. Montpellier 1981, Bd. 1, S. 269 ff.

(132) 本書一〇二三頁。

(133) Werner Danckert, Unehrliche Leute: Die verfemten Berufe, Bern 1963 を見よ。

(134) この点についてはKelso a.a.O., S. 99 f. を参照。いわく、名誉の問題において重要なのは神の意志に沿った神的秩序でも、人間の共同生活の正しい政治的秩序でもなく、現実ソノモノ（sui generis）なのである。だがこの議論を除けば、同時代の〔決闘の根拠づけに関する〕発言は曖昧なままであった。一方で道徳が、〔決闘という〕美徳を実行しようと欲するのはそれ自体のためにであって、評判を得るためにではないと教えている。他方では《世間でのよい評判》が〔決闘に〕拠り所と確実性を付与してくれるのであり、それらなしにはただ一人外海を彷徨っているかのように道を見失ってしまうだろうなどとも述べられているのである（Francis Markham, The Booke of Honour. Or, Five Decads of Epistles of Honour, London 1625, S. 10）。

(135) おそらく今日から見れば奇妙に思われるだろうが、この点は次のようにして論証されていた。いわく、名誉においては外面の善は問題ではなく、それを放棄することもできる。まさにそれゆえにこそ軽蔑によって名誉を傷つけることができるのである云々〔軽蔑が関わるのはあれこれの具体的行動にではなく、全人格に及ぶ名誉そのものになのだ、と〕。一例としてFabio Albergati, Del modo di ridurre a pace le inimicitie private, Bergamo 1587, S. 57 ff. を参照。そこでは少なくともこの議論が問題と見なされ、議論されている。

(136) 手短な概観としてはNorbert Conrads, Tradition und Modernität im adeligen Bildungsprogramm der Frühen Neuzeit, in: Winfried Schulze a.a.O.（1988）, S. 389-403 がある。

(137) この点についてはRudolf Stichweh, Der frühmoderne Staat und die europäische Universität: Zur Interaktion von Politik und Erziehungssystem im Prozeß ihrer Ausdifferenzierung（16. bis 18. Jahrhundert）, Frankfurt 1991, insb. S. 261 ff. を参照。

(138) イタリア・ヴァージョンとして、Pompeo Rocchi, Il Gentilhuomo, Lucca 1568, insb. fol. 26 がある。そこでは通常の見解に対抗するあからさまな表現で、出自と身分からの独立性が明確に強調されている。また特にBernardino Pino da Cagli, Del Galant'huomo overo dell' huomo prudente, et discreto, Venetia 1604 では、道徳の達人とコミュニ

ケーションの達人とが（いわば、倫理学と修辞学の後継モデルとして）相互に区別されている。そして貴族であるというだけでは、どちらにとっても十分ではないとされるのである。

（139）Jacques Esprit, La fausseté des vertus humaines, 2 Bde. Paris 1677/78 を、またそれほど体系的ではないがラ・ロシュフーコーをも参照のこと。

（140）Opera Omnia, Seckau – Roma – Edinburgh 1938 ff., Nachdruck Stuttgart – Bad Cannstatt 1968, Bd. 1, S. 233–272〔古田暁訳「悪魔の堕落について」、『アンセルムス全集』聖文舎、一九八〇年、三三〇―三九六頁〕.

（141）この点についてはAlois Hahn, Zur Soziologie der Beichte und anderer Formen institutionalisierter Bekenntnisse: Selbstthematisierung und Zivilisationsprozeß, Kölner Zeitschrift für Soziologie und Sozialpsychologie 34（1982）, S. 408–434 を参照。

（142）通常の《世俗化》テーゼは「後退していく」という意味で理解されている。つまり《キリスト教的》中世と比較して脱キリスト教化が進んでいく、というようにである。しかし今述べた事態を考えれば、根本的な修正が必要となる。

（143）Jean Delumeau, Le péché et la peur: La culpabilisation en Occident（XIIIe–XVIIIe siècles）, Paris 1983〔佐野泰雄他訳『罪と恐れ――西欧における罪責意識の歴史』新評論、二〇〇四年〕; Peter-Michael Spangenberg, Maria ist immer und überall: Die Alltagswelten des spätmittelalterlichen Mirakels, Frankfurt 1987.

（144）この点に関して詳しくはNiklas Luhmann, Ethik als Reflexionstheorie der Moral, in ders., Gesellschaftsstruktur und Semantik Bd. 3, Frankfurt 1989, S. 358–447 を参照。

（145）この点については以下を参照。Peter Fuchs, Vaterland, Patriotismus und Moral – Zur Semantik gesellschaftlicher Einheit, Zeitschrift für Soziologie 20（1991）, S. 89–103; ders., Die Erreichbarkeit der Gesellschaft: Zur Konstruktion und Imagination gesellschaftlicher Einheit, Frankfurt 1992, S. 144 ff.

（146）Jean Paul, Vorschule der Ästhetik, zit. nach Werke Bd. 5, München 1963, S. 340 f. 続きはこうである。《その大学は宮廷であり、宮廷は、自分にとっては休養ではなくて目的であり不断の生活でもある社交生活を、いわばそれが権力と服従、自尊と他尊という最高度の対立をときほぐして美しい社交的仮相という親しみのある均衡をもたらさなければならないだけになおさらのこと、発展させ精錬しなければなりません》〔古見日嘉訳『美学入門』白水社、一九六五年、三九二頁〕。

(147) 一例としてDetlef Liebs (Hrsg.), Lateinische Rechtsregeln und Rechtssprichwörter, 5. Aufl. München 1991を、またサレルノ医学校の教材に関してはThe School of Salernum: Regimen sanitatis* Salerni: The English Version of Sir John Harington (1607), Salerno, Ente Provinciale per il Turismo, o.J. を見よ。

(148) Blaise Pascal, De l'esprit géométrique et de l'art de persuader zit. nach Œuvres, éd. de la Pléiade, Paris 1950, S. 358-386 (362)〔前田陽一・由木康訳「幾何学的精神について」、『世界の名著29 パスカル』中央公論社、一九七八年、五〇一頁〕では《なぜかといえば、最初の用語を定義しようとすると、それを説明するのに用いる、それに先行する用語を予想させるであろうし、同様に、最初の命題を証明しようとすると、それに先行する他の命題を予想させるであろうことは、明白であるから……》と述べられている。

(149) Pascal a.a.O.〔同前〕では幾何学の知が明らかに限界をもつという点に触れながらも、「しかし、そこからあらゆる種類の秩序を放棄すべきであるという結論は出てこない」という点が強調されている。

(150) Reinhart Koselleck, Zur historisch-politischen Semantik asymmetrischer Gegenbegriffe, in: Harald Weinrich (Hrsg.), Positionen der Negativität. Poetik und Hermeneutik VI, München 1975, S. 65-104を見よ。

(151) 初期メソポタミアの事例（区別は「文明／野生」）に関してはGerdien Jonker, The Topography of Remembrance: The Dead, Tradition and Collective Memory in Mesopotamia, Leiden 1995, insb. S. 38 ff. を見よ。

(152) Des cannibals, zit. nach: Essais (éd. de la Pléiade), Paris 1950, S. 239 ff.〔原二郎訳『エセー一』岩波書店、一九六五年、三九三—四一五頁〕

(153) 蛇足ながらこれはフッサールにとっても同様だった（ウィーン講演から読みとりうるように）。いわく、〔ヨーロッパ以外の〕他のあらゆる人間集団は、精神的な自己保存を求める不屈の意志の中で、ヨーロッパ化していくことになる。《他方われわれの方はどうかと言いますと、われわれの自己理解が正しければ、われわれは、例えば自己をインド化しようなどとは決して思わないでしょう》云々。Die Krisis des europäischen Menschentums und die Philoso-

phie, zit nach. dem Abdruck in: Edmund Husserl, Die Krisis der europäischen Wissenschaften und die Transzendentale Phänomenologie, Husserliana Bd. VI, Den Haag 1954, S. 314-348 (320)〔清水多吉・鈴木修一訳「ヨーロッパ的人間性の危機と哲学」、M. ハイデッガーほか『30年代の危機と哲学』平凡社、一九九九年、三七頁〕.

(154) この点に関してより詳しくは、Niklas Luhmann, Kultur als historischer Begriff, in ders., Gesellschaftsstruktur und Semantik Bd. 4, Frankfurt 1995, S. 31-54 を参照。

(155) シラーの「人間の美的教育について——連続書簡」〔小栗孝則訳『人間の美的教育について』前掲〕を、論考「素朴文学と有情文学について」〔手塚富雄他訳『世界文学大系十八』筑摩書房、一九五九年〕と合わせて参照してみればよい。

(156) バルタサル・グラシアンが描出することになるように、《人物 Person》たりうるために、である。特に晩年の著作である Criticón, oder: Über die allgemeinen Laster des Menschen, dt. Übers. Hamburg 1957 を見よ。結論はこうである。《この生のすべては、心象のうちで移ろいすぎてゆく。いや、空想のうちで、である》。またコミュニケーションに関しては結論として、「この洞察を引き受けて省察し、《見よ、聞け、沈黙せよ》」いうことになる。

(157) Günther Dux, Geschlecht und Gesellschaft. Warum wir lieben: Die romantische Liebe nach dem Verlust der Welt, Frankfurt 1994 などが、十分な概念的解明抜きにそうしているように。

(158) 本書三六五頁以下を参照。

(159) クイントゥス・ムキウス・スカエヴォラ[42]の時代には《貴紳の領域 regione signorile》が宗教・法・政治に関係づけられた特殊な知によって取って代わられていた。この点についてはAldo Schiavone, Nascita della giurisprudenza: Cultura aristocratica e pensiero giuridico nelle Roma tardo-republicana, Bari 1976 を見よ。

(160) 名高い Reflections on the Revolution in France (1791), zit. nach Everyman's Library, London 1910〔中野好之訳『フランス革命についての省察　上下』岩波文庫、二〇〇〇年〕を見よ。

(161) Karl Mannheim, Konservatismus: Ein Beitrag zur Soziologie des Wissens, Frankfurt 1984〔森博訳『保守主義的思考』筑摩書房、一九九七年〕ではこの点について、十九世紀の観点から《保守主義》をイデオロギーとして記述しつつつ論じられている。

(162) クックとヘイル〔43〕について論じている Gerald J. Postema, Bentham and the Common Law Tradition, Oxford 1986, insb. S. 3-80 を見よ。十八世紀に関しては David Lieberman, The Province of Legislation Determined: Legal Theory in Eighteenth-Century Britain, Cambridge Engl. 1989 も参照。

(163) 例えば Nicholas Rémond des Cours, La véritable politique des Personne de Qualité, Paris 1692 がそうである。Julius Bernhard von Rohr, Einleitung zur Ceremoniel-Wissenschaft Der Privat-Personen, Berlin 1728 には、協働的関係性をすべてそぎ落としつつ、さらにもう一段一般化された抽象概念が見受けられる。《政治、それは賢く生きることである》。精確に言えば、〔政治という〕この文脈から帰結することだが、利益と損害という図式に従って〔生きること〕、である。

(164) John G.A. Pocock, The Machiavellian Moment: Florentine Political Thought and the Atlantic Republican Tradition, Princeton 1975〔田中秀夫・奥田敬・森岡邦泰訳『マキァヴェリアン・モーメント――フィレンツェの政治思想と大西洋圏の共和主義の伝統』名古屋大学出版会、二〇〇八年〕は、この事態を的確にも《市民ヒューマニズム civic humanism》と呼んでいる。関連する議論として Istvan Hont/ Michael Ignatieff (Hrsg.), Wealth and Virtue: The Shaping of Political Economy in the Scottish Enlightenment, Cambridge Engl. 1983〔水田洋・杉山忠平監訳『富と徳――スコットランド啓蒙における経済学の形成』未來社、一九九〇年〕も参照のこと。

(165) 例えばミラボー〔44〕はこう定式化している。《私は社会とは購買と販売との、権利と義務の交換と関係との集積にすぎないと考える》。L.D.H.（=Victor de Riqueti, Marquis de Mirabeau), La science ou les droits et les devoirs de l'homme, Paris 1774, S. 76.

(166) ラインハルト・コゼレックにより Das Wörterbuch Geschichtlicher Grundbegriffe, Stuttgart, ab 1972 のために企画されたプログラムの場合のように。

(167) われわれはここで、諸機能システムの反省理論が学術システムにおいて接続能力をもつということを前提とするものではない（排除してしまうわけでもないが）。それも多かれ少なかれありうることではある。しかしいずれにせよ学術的評価において用いられる〔コミュニケーションの〕回帰〔的関係づけ〕は、機能システムの自己記述が機能するために必要なそれとは異なっているのである。

(168) リシュリューの時代においてもまだゲー・ド・バルザック〔45〕は高級貴族をそれに対応するかたちで性格づけている。《彼らには信義と確信が欠けておらず、その点では信じられる。慣習に反するわけでもないが、彼らは自分の流儀を守ろうとする。慣習から見れば彼らの義務、彼らの忠順は恣意的である》(Œuvres, Paris 1665, Bd. II, S. 170)。

(169) 以下を参照のこと。Michael Stolleis, Arcana imperii und Ratio status: Bemerkungen zur politischen Theorie des frühen 17. Jahrhunderts, Göttingen 1980; ders., Staat und Staatsräson in der frühen Neuzeit: Beiträge zur Geschichte des öffentlichen Rechts, Frankfurt 1990; Niklas Luhmann, Staat und Staatsräson im Übergang von traditionaler Herrschaft zu moderner Politik, Gesellschaftsstruktur und Semantik Bd. 3, Frankfurt 1989, S. 65–148.

(170) 権利の制限が根拠づけられるのはただ〔当の権利の行使の一部であるはずの〕契約によってだけであるというこの《パラドックス》については数多く論じられてきた。ここで注意しておくべきは次の点であろう。ホッブズによれば権威が依拠するのは権威づけにである (Leviathan II, 17)。したがって自然＝本性にでも、理性という特別な性質にでもないのである。

(171) 両方の用語は、長期にわたって相並んで用いられていった。以下を参照。Horst Dreitzel, Protestantischer Aristotelismus und absoluter Staat, Wiesbaden 1970, S. 336 ff. und ders., Grundrechtskonzeptionen in der protestantischen Rechts- und Staatslehre im Zeitalter der Glaubenskämpfe, in: Günter Birtsch (Hrsg.), Grund- und Freiheitsrechte von der ständischen zur spätbürgerlichen Gesellschaft, Göttingen 1987, S. 180–214 (200 ff.).

(172) Alexander Hamilton/ James Madison/ John Jay, The Federalist Papers, zitierte Ausgabe New York 1961〔斎藤真・中野勝郎訳『ザ・フェデラリスト』岩波文庫、一九九九年〕, insb. No. 10を見よ。

(173) この点に関しては以下を参照。Benjamin Nelson, Die Anfänge der modernen Revolution in Wissenschaft und Philosophie: Fiktionalismus, Probabilismus, Fideismus und katholisches »Prophetentum«, in: ders., Der Ursprung der Moderne: Vergleichende Studien zum Zivilisationsprozeß, Frankfurt 1977, S. 94–139; ders., Copernicus and the Quest

for Certitude: »East« and »West«, in: Arthur Beer / K.A. Strand（Hrsg.）, Copernicus Yesterday and Today, New York 1975, S. 39–46; ders., The Quest for Certitude and the Books of Scripture, Nature, and Conscience, in: Owen Gingerich（Hrsg.）, The Nature of Scientific Discovery, Washington 1975, S. 355–372.

(174) 一例として Novalis, Philosophische Studien 1795/96（Fichtestudien）, zit. nach: Novalis: Werke, Tagebücher und Briefe Friedrich von Hardenbergs（hrsg. von Hans-Joachim Mähl und Richard Samuel）Bd. 2, S. 10〔青木誠之・池田信雄・大友進・藤田総平訳『ノヴァーリス全集　第二巻』前掲、一一頁〕の次のような断片を見よ。

1 《知とはどんな関係なのだろうか。それは存在の外の存在だが、やはり存在の内の存在である》。

2 《存在の外のものが、本当の存在であるはずがない》。

3 《存在の外の本当でない存在とは、像である》。

4 《以上からして、存在の外のものは、存在の内なる存在の像だということになる》。

(175) Gaston Bachelard, Le matérialisme rationnel（1953）, 3. Aufl. Paris 1972, S. 4 ff. における論証を見よ。物質の科学としての化学はそれゆえに、未来の科学なのである。〔科学においては、〕日常的な有用性はもはや当てにできなくなっている。したがってそれに基づく一般化は、認識論的障害（obstacles épistémologiques）と化しているのである。

(176) Russell Fraser, The War Against Poetry, Princeton N.J. 1970 では、この点に関する当時の証拠が多数挙げられている。

(177) 《収益》概念に関する歴史的素材が十分なだけ周到に調査されているとは言いがたい。とりあえず以下を参照。Alfred F. Chalk, Natural Law and the Rise of Economic Individualism in England, Journal of Political Economy 59（1951）, S. 332–347; Harold B. Ehrlich, British Mercantilist Theories of Profit, The American Journal of Economics and Sociology 14（1955）, S. 377–386; G.L.S. Tucker, Progress and Profit in British Economic Thought 1650–1850, New York 1960; John A.W. Gunn, Politics and the Public Interest in the Seventeenth Century, London 1969, insb. S. 205 ff.; Joyce O. Appleby, Economic Thought and Ideology in Seventeenth Century England, Princeton N.J. 1978. ここで次の点もまた常に念頭に置いておかねばならない。売買する者の活動では購入価格と売却価格の差異だけから十分な儲け

が生じうるが、それは自明の事柄として受け入れられていたのである。問題は、この差異が非社会的な性質（自然＝本性 Natur）を有しており、社会的規制を受け付けないという点にあった。もっとも《公正価格》についての教説ならば話は別である。それは〔他人の〕窮状に恥知らずにもつけ込むようなことはしないようにと定めている。しかしそれによって定常的な価格が保証されるわけではないのである。

(178) 周知のようにマックス・ヴェーバーは、近代的な、《資本主義的》な全体社会秩序への移行にとっての決定的な問題が、この点のうちに存していると考えていた。しかしヴェーバーが注目したのは（生産市場および投資計算を解禁することに、ではなく）対応する行為動機を正統化する〔必要があると見なされるようになった〕という革新にであった[46]。それゆえにカルヴィニズム－ピューリタニズムの宗教がもっていた有利な条件こそが決定的だと見なしたのである。

(179) 周知のようにこの問題こそがアダム・スミスをして、道徳哲学と法学から経済理論へと移行せしめたのだった。しかし当該の洞察はより早い段階ですでに生じていた。例えば Daniel Defoe, A Brief Account on the Present State of the African Trade, London 1713, S. 53（zitiert nach Maximilian E. Novak, Economics and the Fiction of Daniel Defoe, 2. Aufl., New York 1976, S. 20）ではこう述べられている。《各人が、自分が関わっている交易に個別的にだけ関心をもち、気に掛けているなどと考えるのは大きな誤りである。交易のうちにはどの部分においても、交易自身への（！――ルーマン）関係が含まれている。交易のどの分枝も全体を気に掛け、全体はあらゆる部分を気に掛けるのである》。

(180) この点に関しては特に Joyce Appleby, a.a.O. を見よ。

(181) 詳しくは Niklas Luhmann, Das Recht der Gesellschaft, Frankfurt 1993, S. 496 ff.〔『社会の法2』前掲、六三七頁以下〕

(182) 特に Harold J. Berman, Recht und Revolution: Die Bildung der westlichen Rechtstradition, dt. Übers., Frankfurt 1991 ではこの点が強調されている。

(183) この点については一例として Charles Loyseau, Discours de l'abus des justices* de village, Paris 1603 を参照。そこ

では地方貴族の立場から当時の法的状況が、端的に《濫用》ないし簒奪として定義されている。

(184) 十八世紀においてはこの議論が、特にコモン・ロー／衡平法（equity）／制定法（statute law）という三角形の中で、つまりはイングランドとスコットランドで生じていた。〔法の〕変更は司法によるのがよいのか（ブラックストーン、マンスフィールド卿、ケイムズ卿）それとも立法によるべきか（ベンサム）、というようにである。Lieberman a.a.O. (1989) を参照。

(185) この点は特に、本章註（114）で引用しておいたエルベシウス〔47〕の文章から明らかになる。

(186) Philippe Ariès, L'enfant et la vie familiale sous l'ancien régime, Paris 1960〔杉山光信・杉山恵美子訳『〈子供〉の誕生』みすず書房、一九八〇年〕を参照。

(187) ルソー以来流行となった概念構成によってこう述べているのはAugust Hermann Niemeyer, Grundsätze der Erziehung und des Unterrichts, Halle 1796, Neudruck Paderborn 1970, S. 73である。

(188) 《精神科学的な教育学と、それが組織に依存していること》という特殊ドイツ的な文脈におけるその後の展開についてはNiklas Luhmann/ Karl Eberhard Schorr, Reflexionsprobleme im Erziehungssystem, 2. Aufl. Frankfurt 1988を参照。

(189) Helmut Schelsky, Schule und Erziehung in der industriellen Gesellschaft, Würzburg 1957〔溝川良一訳『産業社会の学校と教育』有信堂高文社、一九八四年〕では社会学的な視角から、この点について批判的に論じられている。

(190) 詳しくはNiklas Luhmann, Die Kunst der Gesellschaft, Frankfurt 1995, S. 393 ff.〔馬場靖雄訳『社会の芸術』前掲、四〇三頁以下〕を参照。

(191) Philip Sidney, The Defense of Poesy（1595）, zit. nach der Ausgabe Lincoln 1970〔富原芳彰訳『詩の弁護』前掲〕などを参照。

(192) あるいは模倣は変数と見なされていた。《模倣が安逸に流れるほど、卓越さは失われてしまう》とDiscurso LXIII in Baltasar Gracián, Agudeza y arte de ingenio（1649）, zit. nach der Ausgabe Madrid 1969, Bd. II, S. 257で述べられている。

(193) 典型的な試みとしては以下などがある。Jean-Baptiste Dubos, Reflexions critiques sur la poésie et sur la peinture, erw. Auflage Paris 1733; Edmund Burke, A Philosophical Enquiry into the Origin of our Ideas of the Sublime and the Beautiful, 2. Aufl. London 1759〔中野好之訳『崇高と美の観念の起原』みすず書房、一九九九年〕. その後のロマン派にとっては崇高なものを、高尚な体内浄化剤としてだけ見ておけばよかった。ロマン派は知的な行き詰まりを解消するために別の手段を駆使できたからである（反省・アイロニー・批評）。August Wilhelm Schlegel, Die Kunstlehre (Bd. 1 der Vorlesungen über schöne Literatur und Kunst), zit. nach der Ausgabe Stuttgart 1963, S. 58 を見よ。

(194) この点に関する古典的モノグラフである Alfred Bäumler, Das Irrationalitätsproblem in der Ästhetik und Logik des 18. Jahrhunderts bis zu Kritik der Urteilskraft, 2. Aufl. Darmstadt 1967 を参照。

(195) Alexander Gottlieb Baumgarten, Aesthetica Bd. I, Frankfurt/ Oder 1750, Nachdruck Hildesheim 1970, S. 6 (§ 14)〔松尾大訳『美学』玉川大学出版部、一九八七年、二〇頁〕. それに従えばこの領域を定義する区別は、感性的認知と理性的認知（美学かそれとも論理学か）なのである。

(196) Stephen Holmes a.a.O. は、反リベラル派による論難において、対義語を入れ替えるというテクニックが用いられていることを示している。もっともリベラリズムもまたこのテクニックを用いてきたのだが。

(197) Talcott Parsons, Comparative Studies and Evolutionary Change, in: ders., Social Systems and the Evolution of Action Theory, New York 1977, S. 279-320 (insb. 307 ff.)〔佐藤勉訳「諸社会の比較研究と進化的変動」、田野崎昭夫監訳『社会体系と行為理論の展開』前掲、三八一—四四二頁、特に四二三—四三一頁〕を参照のこと。

(198) 本書第四章一〇八八—一〇八九頁を参照。

(199) 教育システムを適用領域としてこの点について論じた Niklas Luhmann/ Karl Eberhard Schorr (Hrsg.), Zwischen Technologie und Selbstreferenz: Fragen an die Pädagogik, Frankfurt 1982 を見よ。

(200) 主要なテクストは Edmund Husserl, Die Krisis der europäischen Wissenschaften und die transzendentale Phänomenologie, Husserliana Bd. VI, Den Haag 1954〔細谷恒夫・木田元訳『ヨーロッパ諸学の危機と超越論的現象学』中央公論社、一九九五年〕である。Hans Blumenberg, Lebenswelt und Technisierung unter den Aspekten der Phänome-

nologie, Torino 1963も参照のこと。今日ではそれに対応する批判が、システムと生活世界の区別を用いて組み立てられている（ハーバーマスが力を入れているように）。そこで《生活世界》概念が継承されているのは偶然のことではないだろう。

(201) 時代とのこの結びつきについてはNiklas Luhmann, Die neuzeitlichen Wissenschaften und die Phänomenologie, Wien 1996〔村上淳一編訳「近代科学と現象学」、『ポストヒューマンの人間論』前掲、一―五四頁〕も参照。

(202) Jules Michelet, L'amour, Paris 1858を、そしてもちろんボードレールを見るだけで十分だろう[48]。

(203) ノヴァーリスによる定式化である。Zit. nach der Zusammenstellung Philosophische Studien 1795/96 (Fichte-Studien) in: Novalis: Werke, Tagebücher und Briefe Friedrich von Hardenbergs (Hrsg. Hans-Joachim Mähl und Richard Samuel), Darmstadt 1978, Bd. 2, S. 12[49].

(204) Herschel Baker: The Wars of Truth: Studies in the Decay of Christian Humanism in the Earlier Seventeenth Century, Cambridge Mass. 1952, Nachdruck Gloucester Mass. 1969だけを挙げておこう。

(205) 特に、晩年の著作であるEl Criticón (1651-1657) を見よ。ドイツ語で入手可能なのは簡略版 (Hamburg 1957) である[50]〔東谷穎人訳『人生の旅人たち』白水社、二〇一六年〕。

(206) A.a.O. S. 17.

(207) A.a.O. S. 51, 67など。

(208) A.a.O. S. 101.

(209) 一例としてJean Domat, Les loix civiles dans leur ordre naturel, 2. Aufl. Bd. 1, Paris 1697, insb. S. LVI ff. und LXXIII f. を見よ。

(210) 通例的な「威信 dignitas」から「尊厳 dignatio」へと用語が変化していることに注目すべきである[51]。そこから、威信をもつ人間ともたない人間とをあらかじめ決定していた身分的な障壁が掘り崩されているのが明らかになっている。Samuel Pufendorf, De jure naturae et gentium libri octo 3.II.I., zit nach der Ausgabe Frankfurt-Leipzig 1744, Bd. I, S. 313を見よ。《人間トイウ名称ソノモノノ内ニ、一定ノ尊厳ガ含マレテイル In ipso hominis vocabulo iudicator in-

esse aliqua dignatio》。

(211) この意味でリベラルな伝統は個人主義的であると、しばしば批判されてきた。Stephen Holmes, The Anatomy of Antiliberalism, Cambridge Mass. 1993, Kap. 2 を参照。

(212) この点に関しては Ulrich Scheuner, Die Verwirklichung der Bürgerlichen Gleichheit: Zur rechtlichen Bedeutung der Grundrechte in Deutschland zwischen 1780 und 1815, in: Günter Birtsch (Hrsg.), Grund- und Freiheitsrechte im Wandel von Gesellschaft und Geschichte: Beiträge zur Geschichte der Grund- und Freiheitsrechte vom Ausgang des Mittelalters bis zur Revolution von 1848. Göttingen 1981, S. 376–401 を参照のこと。

(213) Hans Medick, Naturzustand und Naturgeschichte der bürgerlichen Gesellschaft, Göttingen 1973 を見よ。

(214) この点について詳しくは本書第二章第XIII節を、また本章第XIV節を参照。

(215) Hesperus, sechster Schalttag, zit. nach der Ausgabe Jean Paul, Werke (Hrsg. Norbert Miller) Bd. 1, München 1990, S. 871〔恒吉法海訳『ヘスペルス』九州大学出版会、一九九七年、三四七頁〕. 著者自身は続く箇所において、人間性すべてに関して、希望の側を選んでいる。

(216) 本章註(345)でのヒュームの引用を参照のこと。

(217) 詳しく引用しておく価値があるだろう。《そもそも、語ることや書くことというのは変なことだ。まっとうな話し合いにしても、単なる言葉遊びでしかない。世間の人々は事柄に即して語っていると思っているが、この滑稽な思い違いにはあきれるばかりだ。言葉が気にかけているのはただ自分自身のことだけであって、それがまさに言葉の特性なのだが、誰一人としてそのことを知らない。そうだからこそ言葉は、驚くべき、実り豊かな秘密なのである。ただ話すためだけに話せば、まさに最高に素晴らしく、最高に独創的な真理を口にすることになる。だがそれに対して何か特定の事柄について話そうとすると、お気楽な言葉に弄ばれて、この上なくばかげた、まったく見当違いのたわごとを語ってしまうことになる。……言葉は数式と似たようなものだ。この点をわかってもらえればいいのだが。数式はそれ自身だけでひとつの世界を形成しており、自分自身とだけ戯れている》(Monolog, zit. nach: Novalis, a.a.O., Bd. 2, S. 438 f.〔今泉文子訳『ノヴァーリス作品集 第一巻』筑摩書房、二〇〇六年、一八七―一八八頁/青木誠之・池田信雄・大友進・藤田総平訳『ノヴァーリス全集　第一巻』沖積舎、二〇〇一年、三一九―三二〇頁、引用の都合上、訳文は本書訳者による〕。

(218) Friedrich Schlegel, Dichtungen und Aufsätze, München 1984, S. 593-728.

(219) この定式化は Dean MacCannell/ Juliet F. MacCannell, The Time of the Sign: A Semiotic Interpretation of Modern Culture, Bloomington Ind. 1982, S. 27 による。

(220) Reinhart Koselleck, Vergangene Zukunft: Zur Semantik geschichtlicher Zeiten, Frankfurt 1979 を参照するだけでよいだろう。さらに挙げておけば、Niklas Luhmann, Temporalisierung von Komplexität: Zur Semantik neuzeitlicher Zeitbegriffe, in: ders., Gesellschaftsstruktur und Semantik Bd. 1, Frankfurt 1980, S. 235-300〔土方透訳「複雑性の時間化」、『理想』五八五号（一九八二年二月号）、八―二六頁（本文は一四―二六頁）〕; Armin Nassehi, Die Zeit der Gesellschaft: Auf dem Weg zu einer soziologischen Theorie der Zeit, Opladen 1993, insb. S. 249 ff. もある。大半の研究は個々のテクスト、著者ないし時期に集中しており、理論的にはあまり遠くまで進みえていない。資料の選別と解釈が不可欠なためであろう。細目については、同一性の問題を事象的・時間的・社会的な観点から扱う際に（本書一四六七頁）再度取り上げることにしよう。

(221) 中世初期に関して確認できるのは、きわめて不明確な時間概念だけである。しかしごく小さな範囲の空間状態にとっては、例えば個々の修道院・所領経営・小規模集落などでは、それで十分だった。この点について、また移行期である十三／十四世紀に関しては Jean Leclercq, Zeiterfahrung und Zeitbegriff im Spätmittelalter, in: Albert Zimmermann (Hrsg.), Antiqui und Moderni: Traditionsbewußtsein und Fortschrittsbewußtsein im späten Mittelalter. Miscellanea Mediaevalia Bd. 9, Berlin 1974, S. 1-20 を参照。さらなる文献指示が付されている。

(222) 一例として Ricardo J. Quinones, The Renaissance Discovery of Time, Cambridge Mass. 1972 を挙げておこう。

(223) ルネサンスにおけるフォルトゥーナをめぐるアレゴリーの形成については Klaus Reichert, Fortuna oder die Beständigkeit des Wechsels, Frankfurt 1985 を参照。より古い文献としては Alfred Doren, Fortuna im Mittelalter und in der Renaissance, Leipzig 1922 がある。同時代の文献のひとつとして十五世紀から、Ioannes Jov. Pontano, De for-

tuna lib. II, zit. nach Opera Omnia, Basilea 1556, Bd. I, S. 792-931 を挙げておこう。そこでは形而上学によく見られるように、除外による確定がなされている。《フォルトゥーナ……神でなく……自然でなく……知でなく……理性でなく》(Cap. I-IV)。そしてまさにこの点で〔フォルトゥーナは〕特に人間のほうを向いているのである。《人間のことを考えているお方》である、と(Cap. XV)。

(224) 最後の事例についてはJuliusz Domański, »Nova« und »Vetera« bei Erasmus von Rotterdam: Ein Beitrag zur Begriffs- und Bewertungsanalyse, in: Zimmermann a.a.O.(1974), S. 515-528を参照。

(225) その証拠としては、芸術内部での位階についての論争を一瞥すれば十分だろう。十六世紀における芸術理論の文献を賑わせていたのは、文芸・絵画・彫刻などに関してのこの論争だった。そこでもやはり、革新への潜在的可能性を位階基準として導入しようなどとは、誰一人考えなかった。天才による革新が強調され高く評価されていたにもかかわらず、である。例としてはPaola Barocchi(Hrsg.), Trattati d'arte del cinquecento, 3 Bde. Bari 1960-1963に収められた文書を見ればよいだろう。移行期におけるアンビヴァレントな感情については、老人と人生経験に関するものだが、Keith Thomas, Vergangenheit, Zukunft, Lebensalter: Zeitvorstellungen im England der frühen Neuzeit, dt. Übers. Berlin 1988をも見よ。

(226) そう述べているのはFrançois de Grenaille, La Mode ou Charactere de la Religion..., Paris 1642, S. 1 f. である。さらにS. 5では《持続が世界の〔楽園以外の〕残された部分を維持するとすれば、新しさはそれを尊重に値するものとする》とある。S. 39, 72 ff. も参照。

(227) とりわけ効果的だったのは芸術および学術への介入であるが、それがなされたのは教義および歴史に即して受け入れられるような描出への関心によってだった(美学的構図という観点からはどうであろうと、悪魔には角が、天使には羽が、キリストには髭があるよう描かれねばならない。そしてもちろん、裸体が多すぎてはならない〔52〕)。この点についてはCharles Dejob, De l'influence du Concile de Trente sur la littérature et les beaux-arts chez les peuples catholique, Paris 1884, Nachdruck Genf 1969を見よ。

(228) Baltasar Gracián, Criticón a.a.O., S. 19.

（229） 例えば Paolo Pini, Dialogo di Pittura, Vinegia 1548, zit. nach der Ausgabe in Barocchi a.a.O. Bd. 1, S. 93–139（113）には、《自然はそれ自身を模倣する》との一節が見られる。

（230） 一例として Hermann Conring, De origine iuris germanici: Commentarius historicus, Helmstedt 1643 を見よ。そこでは「ローマ法は皇帝法によってドイツへと導入された」とのテーゼが、歴史的研究によって論駁されている。またその最終章は、法を改善する可能性に当てられている。

（231） 広範囲に及ぶ、前ロマン派的な〔53〕この議論については Peter Jones, Hume and the Beginnings of Modern Aesthetics, in ders.（Hrsg.）, The >Science of Man< in the Scottish Enlightenment: Hume, Reid and their Contemporaries, Edinburgh 1989, S. 54–67 などを参照のこと。あるいは、同時代の一芸術家の視点からのものとしては William Hogarth, The Analysis of Beauty, Written with a view of fixing the fluctuating Ideas of Taste, London 1753, zit. nach der Ausgabe Oxford 1955〔宮崎直子訳『美の解析』前掲〕がある。

（232） 「コヘレットの書」1, 13–18

（233） この点に関しては Edward Shils, Tradition, Chicago 1981 を見よ。

（234） このテーマに対するロマン派による定式化は豊富に見受けられるが、ふたつだけ例を挙げておこう。《しかし、現在は、いわば二つの時のあいだの透明な氷原であり、同じ程度で、融解、氷結する。そして「現在」においては、その永遠の逃走以外には何ものも永続するものはない。――時間を創造して、眼前で測ってくれる内面的世界は、「現在」をこちらへと増加して急がせる。外面的世界において、存在が生成するのみであるように、内面的世界においては、ただ生成があるのみである》（Jean Paul, Vorschule der Ästhetik, zit. nach Werke Bd. 5, München 1963, S. 238 f.〔古見日嘉訳『美学入門』前掲、二七三頁〕）。そして《時代が明確にどこで始まりどこで終わるのかをあらかじめ知ってなければ、この時代が実際にひとつの個体であるのか、それとも単に他の時代との接合点にすぎないのかを定めることなどどうして望めようか。最低限、次に来る時期の一般的性格を予測できなければ、世界の現時期を正しく理解し区切ることなどどうして可能だというのか》（Friedrich Schlegel, Fragmente 426, zit. nach: Werke in zwei Bänden, Berlin 1980, Bd. 1, S. 253〔山本定祐訳「アテネーウム断章」、『シュレーゲル兄弟　ドイツ・ロマン派全集　第一二巻』国書刊行会、一九九〇年、二一八―二一九頁〕)。さらに現在についてのこの了解を自身の時代へと適用する中で、シュレーゲルは自分の時代を独自の意味で《中世＝中央時代》だと見なしている（a.a.O. Bd. 1, S. 235)。

(235) にもかかわらず〔原罪と救済という〕この図式で考えるのであれば（グンブレヒト[54]はフィウメでのファシストの蛮行[55]をそう解釈しているのだが)、それはアナクロニスティックに働くことになる。Hans Ulrich Gumbrecht, I redentori della vittoria: On Fiume's Place in the Genealogy of Fascism, Journal of Contemporary History 31（1996), S. 253–272を見よ。

(236) Jean Paul, Vorschule der Ästhetik, zit. nach Werke Bd. 5, München 1963, S. 262 ff.〔前掲訳書二九九頁以下〕

(237) この点について詳しくはNiklas Luhmann, Die Realität der Massenmedien, Opladen 1996, S. 96 ff.〔林香里訳『マスメディアのリアリティ』木鐸社、二〇〇五年、七九頁以下〕

(238) 《〔ストーリーの紛糾点という意味での〕結び目は、ひたすら過去によってのみで解けてもらいたく、未来によって解けてもらいたくないものである》と、ジャン・パウルが小説の書き手に対して指示しているように〔前掲訳書三〇〇頁〕。

(239) 「新しさ」の図式がパラドックスに近接しているという点については、Dodo zu Knyphausen, Paradoxien und Visionen: Visionen zu einer paradoxen Theorie der Entstehung des Neuen, in: Gebhard Rusch/ Siegfried J. Schmidt (Hrsg.), Konstruktivismus: Geschichte und Anwendung. DELFIN 1992, Frankfurt 1992, S. 140–159をも参照。そこではパラドックスの分解はまだまったく伝統的なかたちで、個々の個人の幻視的創造性を示唆することによってなされているのだが。

(240) Louis Sébastien Mercier, L'an deux mille quatre cent quarante: Rêve s'il en fut jamais, London 1772〔原宏訳「紀元二四四〇年――またとない夢」、野沢協・植田祐次監修『啓蒙のユートピア　第三巻』法政大学出版局、一九九七年〕は、このタイプの最初の刊行物と見なされている。

(241) アベ・グレゴワール[56]が《現在という時が未来に満ちているということの証言》として言及されることがある。《現代という時代》において自由への希望を根拠づけるために、である。Henri Grégoire, Refléxions. Mémoires de

l'Institut nationale（Classe des sciences morales et politiques, Paris 1798–1804, Bd. 1, 1798）, S. 552–566（556）.

（242）日常語では átopos は、「場違いな」「狂った」「驚くべき」などの別の意味を帯びていた。瞬間を無場所的なものとして指し示すときには、これらも思い浮かべられるべきである〔57〕。

（243）この点に関しては Paul de Man, The Rhetoric of Temporality, in ders., Blindness and Insight: Essays in the Rhetoric of Contemporary Criticism, 2. Aufl. London 1983, S. 187–228 を見よ。

（244）G.L.S. Shackle, Imagination and the Nature of Choice, Edinburgh 1979 では、この点に対応する《チョイス》の概念が提起されている。

（245）この洞察が定式化されているのはまだ希だが、Bernard Anconi, Apprentissage, temps historique et évolution économique, Revue Internationale de systémique 7（1993）, S. 593–612（598 f.）がある。

（246）Niklas Luhmann, Das Risiko der Kausalität, Zeitschrift für Wissenschaftsforschung 9/10（1995）, S. 107–119 をも参照されたい。

（247）本書第三章註（226）の文献指示。

（248）《……われわれが彼らと同等にはなり得ないと同様に、たとえ彼らがよみがえって筆を取ったとしても、かつての自分自身と同等にはなり得まい、ということだ。彼らがわれわれの才能の父であることは認めるが、その財産を子供たちに譲る前に自らの手で破壊してしまったのだ》と、John Dryden, Of Dramatick Poetry: An Essay, 2. Aufl. London 1684, zit. nach der Ausgabe London 1964, S. 106 f.〔小津次郎訳『劇詩論』研究社、一九七三年、一四三頁〕で述べられている。そしてその根拠づけは《各時代の精神は異なっている》（S. 107〔一四四頁〕）というものである。

（249）本書第四章第X節を参照。

（250）この点に関する読み物として推薦できるのは The Education of Henry Adams: An Autobiography（1907）, zit. nach der Ausgabe Boston 1918〔刈田元司訳『ヘンリー・アダムズの教育』前掲〕である。

（251）存在論の終焉をリスクによって定式化することもできる。《存在とは『存在』でも『無』でもなく、リスクなのである》（Michel Serres, Génèse, Paris 1982, S. 209〔及川馥訳『生成』法政大学出版局、一九八三年、二一四頁〕）。

(252) 《historia》が意味するものが《事跡 res gestae》〔字義通りには「為された事柄」〕から「歴史という統一体」へと変化したことについては Das Wörterbuch Geschichtliche Grundbegriffe: Historisches Lexikon zur politisch-sozialen Sprache in Deutschland s.v. Geschichte / Historie（Bd. 2, Stuttgart 1975, S. 593-717）を見よ。

(253) 詳しくは Niklas Luhmann, Die Realität der Massenmedien, Opladen 1996〔林香里訳『マスメディアのリアリティ』前掲〕を。

(254) John W. Meyer/ John Boli/ George M. Thomas, Ontology and Rationalization in Western Cultural Account, in: George M. Thomas et al., Institutional Structure: Constituting State, Society, and the Individual, Newbury Park Cal. 1987, S. 12-37（26）.

(255) Erstes Kritisches Wäldchen（1769）, zit. nach Herders Sämtliche Werke（Hrsg. Suphan）Bd. 3, Berlin 1878, S. 34.

(256) それゆえに《確かさ＝安全 Sicherheit》が、社会的な備えによって解決されるべきひとつの問題として浮上してくるのは偶然のことではない。これに関しては Franz-Xaver Kaufmann, Sicherheit als soziologisches und sozialpolitisches Problem, Stuttgart 1970 を見よ。

(257) Hans Ulrich Gumbrecht, Sign Conceptions in European Everyday Culture Between Renaissance and Early Nineteenth Century, Ms. 1992 を参照。

(258) 本書一〇四三頁以下および随所を参照。

(259) 啓蒙の場合すでに、その言説のマークされない側における別種の経験が随伴してもいた。それは多感性と歴史とをめぐる経験だった。

(260) 「確実 securitas」という主題が客観的確定と主観的確定との間を揺れ動いているという点については、Emil Winkler, Sécurité, Berlin 1939 を参照。

(261) ジャン－ジャック・ルソーは『告白』の冒頭で、そう述べている。zit. nach Œuvres complètes（éd. de la Pléiade）Bd. 1, Paris 1959, S. 5〔桑原武夫訳『告白　上巻』岩波書店、一九六五年、一〇頁〕.

(262) 一例として Alexandre Vinet, Sur l'individualité et l'individualisme, in ders., Philosophie morale et sociale Bd. 1,

Lausanne 1913, S. 319-335（初出は一八三六年四月一三日付 Semeur 誌〔58〕）.

（263） Englische Ausgabe Oxford 1876; dt. Übers. Leipzig 1926〔水田洋訳『道徳感情論』筑摩書房、一九七三年〕.

（264） 決定的な一文を引用しておこう。《したがって、同感《シンパシー》は、その情念を考慮してよりも、それをかきたてる境遇を考慮して起こるのである》(a.a.O. S. 6)〔前掲訳書、上巻三一頁〕。

（265） この点に関して話の最後に登場してくるのはもちろんのこと、自我による非自我の産出についてのフィヒテの論述である。しかも両者は相互的な規定関係へと至るのである。

（266） Friedrich Schlegel, Gespräch über die Poesie, zit. nach Werke in zwei Bänden, Berlin 1980, Bd. 2, S. 129-195（134）によれば、精神によって、である。いわく、精神は限定に《耐えることができない。精神は、人間というものが単に一人の人間であるのみならず、現に、また真に全き人類でありうるし、あるべきだということを知らずのうちに知っているからである》。〔「精神」の名の下での〕この定式化は、単にそう言われているだけであることを、あるいはシュレーゲルが自身を著者として了解していることからすれば、単にそう書かれているだけであるという点を示唆している。いずれにせよ驚くべきは読者に対して、人類というものが社会的な、またカテゴリカルな媒介なしで個人の中に現れ出でてくるはずだとの要求が突き付けられている点である。それに対応することだがシュレーゲルにとっては普遍的妥当性の保証は（もはや超越論的にではなく）個人の個体性のうちにしか求められないのである。

（267） この点については後でまた論じる（本書一三八九―一三九〇頁）。

（268） Die wunderbare Gesellschaft in der Neujahrsnacht, zit. nach: Jean Pauls Werke, Stuttgart 1924, Bd. 1, S. 293-308（297）〔飯塚公夫訳「除夜の珍客」、『ジャン・パウル三本立』近代文藝社、一九九五年、七―一三頁（一一頁）〕.

（269） Claudio Baraldi, Condizioni dell'autonomia: forme sociali e psychiche, Rassegna Italiana di Sociologia 33（1992）, S. 337-367ではそう論じられている。Ders., Socializzazione e autonomia individuale: Una teoria sistemica del rapporto tra communicazione e pensiero, Milano 1992も参照。

（270） 「現象学として」が意味するのは、以下の事態である。フッサールが視野のうちに置いていたのは他者言及（現象・ノエマ）と自己言及（意識・ノエシス）との差異の統一性であった。そしてその統一性は志向作用という形式で生じる意識内の主観的な能作として記述されたのである。『デカルト的省察』第五（Husserliana Bd. 1, Den Haag 1950, S. 121 ff.〔浜渦辰二訳、岩波書店、二〇〇一年、一六一頁以下〕）では、間主観性の問題が躓きの石となるとの結論が導かれている。ただしそれは《間モナド的共同体》の概念であっさりと隠蔽されてしまうのであるが。この分析を深めていけば何よりもまず、今日において「社会現象学」というタイトルのもとでなされている批判と応答が表面的なものであることがわかってくる。そこでは超越論理論的な目論見が追求されはしなくなっているのである。もちろん次の点を示すことはできる。フッサールはそれにもかかわらず社会的なものについてのいくらかの了解をもたらしたということ。また彼は自身の理論がもつ超越論的な書体のゆえに《間主観性》の問題に躓くことになったのだが、しかしそこで扱われている《現象》は最終的には異論の余地のないものであり、また十分記述可能なものであるということ。われわれが主張したいのはただ、《間－主観性》というあからさまなパラドックスを《現象》（どの主体にとっての、なのか）として指し示し、さらにそれを世界のありふれた事態であるかのように扱うことによって、《主体》に固執する社会理論が陥っている理論的窮状を打破することなどできない、という点だけである。

（271）シュッツは類型化の概念を採用しているが（例えばDas Problem der Relevanz, Frankfurt 1971〔那須壽他訳『生活世界の構成』マルジュ社、一九九六年〕）、《理念化 Idealisierung》という語も用いている。後者が登場するのは、立場の相互的交換可能性と有意性構造の間主観的一致を指し示そうとする場合である。そのためには、自我ないし他者が一致するかたちで観察を行う際にもそのつど〔別々の〕作動が生じているのだという点を度外視する必要がある。ハーバーマスが理念化という語を用いるのもこの意味においてである。それに対してパーソンズにおいては同じ機能を担うのは象徴的一般化の概念である。これらすべてにおいては、経験的個人が相互に不透明だという仮定だけからしてすでに、主体概念抜きの定式化がなされていることがわかる。

（272）Lexikon zur Soziologie, 3. Aufl., Opladen 1994, S. 654 の情報による。

（273）代表的なものとしてはRichard Münch, Theorie des Handelns: Zur Rekonstruktion der Beiträge von Talcott Parsons, Emile Durkheim und Max Weber, Frankfurt 1982 がある。

（274）Alain Touraine, Le retour de l'acteur, Paris 1984 によって。

(275) まさにこの問題に対応する《多値論理学》の必要性については、Gotthard Günther, Beiträge zur Grundlegung einer operationsfähigen Dialektik, 3 Bde. Hamburg 1976–1980を参照。社会学ではこれらの考察はこれまでのところ、確固たる地位を占めるには至っていない（ヘルムート・シェルスキーが示した強い関心を例外として）。

(276) ハーバーマスの主著であるTheorie des kommunikativen Handelns, 2 Bde. Frankfurt 1981〔河上倫逸他訳『行為の理論　上中下』前掲〕を、またVorstudien und Ergänzungen zur Theorie des kommunikativen Handelns, Frankfurt 1984〔森元孝・干川剛史訳『意識論から言語論へ――社会学の言語論的基礎に関する講義（1970/1971）』[抄訳]、マルジュ社、一九九〇年〕をも参照のこと。

(277) 特にこの点に関してはJean-Christophe Agnew, Worlds Apart: The Market and the Theater in Anglo-American Thought, 1550–1750, Cambridge Engl. 1986〔中里寿明訳『市場と劇場』前掲〕を参照。

(278) 最後に挙げた展開については、Peter Weingart/ Jürgen Kroll/ Kurt Bayertz, Geschichte der Eugenik und Rassenhygiene in Deutschland, Frankfurt 1988を見よ。

(279) これはグラシアンのEl Discreto, Paris 1723の仏訳タイトルである。

(280) ディートリッヒ・シュヴァーニッツ[59]の定式化による（Soziologische Revue 19（1996）, S. 132）。

(281) とはいえ今日でもこのような状況が見いだされうるという点に関しては、異論の余地がないはずである。しかしそれが描出される際にはしばしば誇張が見受けられもする。一例としてEdward C. Banfield, The Moral Basis of a Backward Society, Chicago 1958を、そしてそれについて論じたSydel Silverman, Agricultural Organization, Social Structure and Values in Italy: Amoral Familialism Reconsidered, American Anthropologist 70（1968）, S. 1–20を、またWilliam Muraskin: The Moral Basis of a Backward Sociologist: Edward Banfield, the Italians and the Italian-Americans, American Journal of Sociology 79（1974）, S. 1484–1496を見よ。

(282) Richard Münch, Modernity and Irrationality: Paradoxes of Moral Modernization, Protosoziologie 7（1995）, S. 84–92はこの語を使っている。

(283) 他方で今やアイロニーには、新たなキャリアが開かれてくる。書字文化のメルクマールとしての、また文学史研究の対象としての、である。

(284) 道徳が常にくり返し無条件的なものに投錨しようとするという点は、経験的研究によって幾度となく証明されてきた。とりあえず以下を参照のこと。Gertrud Nunner-Winkler, Wissen und Wollen: Ein Beitrag zur frühkindlichen Moralentwicklung, in: Zwischenbetrachtungen – im Prozeß der Aufklärung: Jürgen Habermas zum 60. Geburtstag, Frankfurt 1989, S. 574–600. また幼児期の社会化を越えて論じている dies., Moral in der Politik – Eine Frage des Systems oder der Persönlichkeit? Festschrift Renate Mayntz, Baden-Baden 1994, S. 123–149 をも。

(285) これは特に Nunner-Winkler a.a.O.（1994）による、非党派的な判断によって損害を最小化しようとする提案に関して言えることである。言うまでもなくそこには、今日において論議の的となっているリスク問題が混入しているのである。

(286) 一例として Gilles Deleuze, Logiques de sens, Paris 1969, S. 175〔岡田弘・宇波彰訳『意味の論理学』前掲、一八八頁〕を見よ。そこではこのパラドックスに対する洗練された感覚が示されている。《本当にモラルに反することは……モラルに関するあらゆる概念を用いることである》。

(287) 本文ではもっぱら十八世紀の立場（カント、ベンサム）にだけ言及してきた。しかし実質的価値倫理学を、あるいは自然言語の議論を加えたとしても[60]、根本的な問題は原理的に何ら変わらないはずである。

(288) 今日においてモラル・エコノミーが観察されているのは、まさにこの「頓挫」という観点からなのである。この点で著名なのは E.P. Thompson, The Moral Economy of the English Crowd in the 18th Century, Past and Present 50 (1971), S. 76–136 である。

(289) Cybernetic Ontology and Transjunctional Operations, in: Gotthard Günther, Beiträge zur Grundlegung einer operationsfähigen Dialektik Bd. 1, Hamburg 1976, S. 249–328 を見よ。

(290) この点に関しては Richard Münch, Moralische Achtung als Medium der Kommunikation, in ders., Dynamik der Kommunikationsgesellschaft, Frankfurt 1995, S. 214 ff. を見よ。

(291) こう述べることによっていかなる意味でも、「適応は望ましいことである」などと主張されているわけではない。

そう主張されたり反論されたりしている場合には、われわれはセカンド・オーダーの観察の水準へと移行し、観察者を観察しなければならない。〔ファースト・オーダーの〕観察者なら、あえて適応不全〔のゼマンティク〕を好む立派な理由があるのかもしれない。例えば、全体社会を《批判》するための婉曲的な逆論証という観点のもとで、である。

(292) ハーバーマスもまた今日において、倫理学的な討議と法学的な討議の違いについての高度な感覚を示している。ただしその考察はまったく異なる方向をめざしているのではあるが。Jürgen Habermas, Faktizität und Geltung: Beiträge zur Diskurstheorie des Rechts und des demokratischen Rechtsstaates, Frankfurt 1992〔河上倫逸・耳野健二訳『事実性と妥当　上下』未來社、二〇〇二―二〇〇三年〕を見よ。

(293) 《キリスト教神学の中身は、消滅してしまったわけではなく、倫理に確固とした根拠を与えるためにその前に現れることはもはやないにしても、倫理に意味を与えるために、その後に現れてくるのである》と、Luc Ferry, L'homme-Dieu ou le Sens de la vie, Paris 1996, S. 60〔菊地昌実・白井成雄訳『神に代わる人間――人生の意味』法政大学出版局、一九九八年、四一頁〕で定式化されているように。

(294) Alois Hahn, Identität und Nation in Europa, Berliner Journal für Soziologie 3 (1993), S. 193-203を参照。この文献についてはすでに本書第四章註(221)で触れておいた。

(295) さらに加えて、同質的なエスニシティから出発して帝国形成へ至った所では(マケドニアやイスラム圏を考えてみればよい)、それが崩壊した後ではエスニシティの点で非同質的な状態が遺産として残される傾向があったのである。

(296) Pierre Nora, Nation, in: François Furet/ Mona Ozouf (Hrsg.), Dictionaire Critique de la Révolution Française, Paris 1988, S. 801-811〔西川長夫訳「国民」、河野健二・阪上孝・富永茂樹監訳『フランス革命事典　第二巻』みすず書房、一九九五年、九五五―九六八頁〕を、また当時著名だった文書である、一七八九年のAbbé Emmanuel Joseph Sieyès, Qu'est-ce que le Tiers-Etat〔五十嵐豊作訳『第三身分とは何か』実業之日本社、一九四八年〕を見よ。Pierre Nora (Hrsg.), Les lieux de mémoire Bd. II, 1 und 2, Paris 1986〔谷川稔監訳『記憶の場――フランス国民意識の文化＝社会史　全三巻』岩波書店、二〇〇二―二〇〇三年〕も参照のこと。

（297）Marc-Olivier Padis, Marcel Gauchet: La Genèse de la démocratie, Paris 1996, S. 83 では、マルセル・ゴーシェ〔61〕に依拠しつつそう論じられている。《実際のところ君主はその身体のうちで国のまとまりを体現している。君主の死の後ではそのまとまりは体現されうるのだろうか》、と。そもそも後を継ぐものが現れてこねばならないということ自体が、国の概念から生じたものだったのである。問題は何よりもまず、国としての身体が政治的決定を行う組織によって置き換えられねばならないという点に存していた。

（298）それ以前の《愛国心＝郷土愛》も同一の両義性を帯びていた。ただしそれは純粋に道徳的な水準においてのことだった。各自が所属しそれゆえに肩入れしなければならない共同団体が異なるという点は認識されていた。しかしその関係が及ぶ範囲という点になると、少なくともドイツにおける議論では、無規定なままだったのである。そこには世界市民階級から小公国あるいは居住地までもが含まれていた。ひとつの道徳的アピールという同じ屋根のもとで、普遍主義と個別主義が同居していたわけだ。十八世紀最後の二〇年においてはすでに、範囲が変異しうるこの道徳愛国心がアイロニカルに扱われるに至っていた。その点でも、国＝国民という新たな概念が登場してくる機が熟していたのである。Peter Fuchs, Vaterland, Patriotismus und Moral: Zur Semantik gesellschaftlicher Einheit, Zeitschrift für Soziologie 20（1991）, S. 89-103; ders., Die Erreichbarkeit der Gesellschaft: Zur Konstruktion und Imagination gesellschaftlicher Einheit, Frankfurt 1992, S. 144 ff. を参照。

（299）ついでに述べておくならば、エスニックな単位の形成の場合、話はまったく異なってくる。こちらの場合歴史とは本質的に言って侵犯と抑圧、非難と闘争に他ならず、その意味で取り上げられるのは知識人の歴史ではなく、人口総体の経験なのである。崩壊しつつあるユーゴスラヴィアを見れば、この点はまったく明白になろう。政治的に押しつけられた和解に期待をかけることはほとんどできない。記憶のほうが、理性と利害の連合よりも強力だからである。

（300）その節目については William H. McNeill, Polyethnicity and National Unity in World History, Toronto 1986 を見よ。

（301）Reise nach Frankreich, zit. nach Werke in zwei Bänden, Berlin 1980, Bd. 2, S. 213-244（234）, 強調原文。

（302）この点については Mathias Bös, Zur Evolution nationalstaatlich verfaßter Gesellschaften, Protosoziologie 7（1995）, S. 159-169 を参照。

(303) 民族／国民という両概念の関係について詳しくは Wörterbuch Geschichtliche Grundbegriffe: Historisches Lexikon zur politisch-sozialen Sprache in Deutschland Bd. 7, Stuttgart 1992, S. 141-431 の当該項目である Volk, Nation, Nationalismus, Masse を見よ。

(304) 容易に見て取れるようにここにおいて、政治的個別主義に対して宗教の普遍主義が優越するという伝統的な評価順位が完全に逆転してしまっている。これはすなわち世俗化の進展ということであり、またそれによって、ゼマンティクのこの転換は十八世紀以前においてはまず不可能だったはずだという点が示唆されてもいる。

(305) ドイツの知識人は経済にも国家の任務にも、新たに発展してきた大学での学術にも十分には包摂されていなかった。特にこの点については Bernhard Giesen, Code und Situation: Das selektionstheoretische Programm einer Analyse sozialen Wandels – illustriert an der Genese des deutschen Nationalbewußtseins, in: Hans Peter-Müller/ Michael Schmid（Hrsg.）, Sozialer Wandel: Modellbildung und theoretische Ansätze, Frankfurt 1995, S. 228-266（252 f.）, sowie ders., Die Intellektuellen und die Nation: Eine deutsche Achsenzeit, Frankfurt 1993 を見よ。

(306) Shmuel Noah Eisenstadt, Die Konstruktion nationaler Identitäten in vergleichender Perspektive, in: Bernhard Giesen（Hrsg.）, Nationale und kulturelle Identität: Studien zur Entwicklung des kollektiven Bewußtseins in der Neuzeit, Frankfurt 1991, S. 21-38（34）では、ナショナリズムと社会主義のイデオロギーが、《近代文明の制度的現実に対して、その文明自身の象徴表現の中で反抗しうる》可能性をもつことについて論じられている。

(307) 周知のように現在では国際法が変化し、国民の統一性を確立する手続きとしての《民族浄化》には有罪判決が下されるに至っている。しかし法のこの変化からの帰結も説得力あるものとはなっていない。

(308) Niklas Luhmann, Zum Begriff der sozialen Klasse, in ders.（Hrsg.）, Soziale Differenzierung: Zur Geschichte einer Idee, Opladen 1985, S. 119-162 をも参照のこと。

(309) 二次文献から特に、Robert Mauzi, L'idée du bonheur dans la littérature et la pensée française au XVIIIe siècle, Paris 1960 を挙げておこう。ただし、この議論の信憑性を見積もるのは困難である。古代においてすでに、この議論は誇張であると見なされ、アイロニカルに取り扱われていたのである。ともかくわれわれの関心の的となるのはただ、全体社会がこの種の議論を必要だと考えたという点だけである。

(310) この語の歴史に関しては Arthur E. Bestor, Jr., The Evolution of the Socialist Vocabulary, Journal of the History of Ideas 9 (1948), S. 255–302 (273). J.E.S. Hayward, Solidarity: The Social History of an Ideal in Nineteenth Century France, International Review of Social History 4 (1959), S. 261–284 を見よ。さらには Italo De Sandre, Solidarietà, Rassegna Italiana di Sociologia 35 (1994), S. 247–263; Giuseppe Orsi et al. (Hrsg.), Solidarität, Rechtsphilosophische Hefte IV, Frankfurt 1995 も参照のこと。

(311) Amitai Etzioni, The Active Society: A Theory of Societal and Political Processes, New York 1968 を見ればよい。

(312) 最近の文献としては、以下などを参照のこと。Ulrich Beck, Jenseits von Stand und Klasse? Soziale Ungleichheiten, gesellschaftliche Individualisierungsprozesse und die Entstehung neuer sozialer Formationen und Identitäten, in: Reinhard Kreckel (Hrsg.), Soziale Ungleichheiten. Sonderband 2 der Sozialen Welt, Göttingen 1983, S. 35–74; Stefan Hradil, Sozialstrukturanalyse in einer fortgeschrittenen Gesellschaft: Von Klassen und Schichten zu Lagen und Milieus, Opladen 1987; ders. (Hrsg.), Zwischen Bewußtsein und Sein: Die Vermittlung >objektiver< Lebensbedingungen und >subjektiver< Lebensweisen, Opladen 1992; Klaus Eder (Hrsg.), Klassenlage, Lebensstil und kulturelle Praxis, Frankfurt 1989; Gerhard Schulze, Die Erlebnisgesellschaft: Kultursoziologie der Gegenwart, Frankfurt 1993. われわれがここで扱っているのは自己記述のみである。したがって実際に該当する変化が生じているのか、それとも社会学者が《階級社会》という沈みゆく船から離れようとしているだけであって、不平等という極端に形式的な構想を用いて〔階級とは〕別の側面に焦点が当てられつつあるのかについて決定を下す必要はない。いずれにせよ〔「不平等」の研究対象となる〕《環境 Milieus》は常にすでに与えられているのである。

(313) Signatur des Zeitalters, zit. nach: Friedrich Schlegel, Dichtungen und Aufsätze (Hrsg. Wolfdietrich Rasch), München 1984, S. 593–728.《この種の邪悪な兆しのうちの第一のものは、外見上の平和が確固としたものとなり、確実に根拠づけられ持続しているにもかかわらず、内的な争いが至る所で生じており、あらゆる観察者に遍く感じ取れるようになっているという点である。争いは、長足の進歩の中でも急速に増大し拡大しているように思われるからである》。シュレーゲル自身は宗教への回帰を遂げたが、それはもはや同時代人たちにとって説得力をもつものではありえなくなっていた。というよりも彼らから見ればシュレーゲルは、時代に対する否定的診断の一事例に他ならなかったのである。

(314) Schlegel a.a.O. でのように。絶対的なものは本来、人類にとっての敵である。絶対的なものは《思慮を欠いている》、《超絶存在 Ultrawesen》は邪悪なものである、等。

(315) Fragment Nr. 1921, zit. nach der Ausgabe von Ewald Wasmuth, Fragmente Bd. II, Heidelberg 1957, S. 53〔飯田安他訳『ノヴァーリス全集　第二巻』牧神社、一九七七年、一〇〇頁／青木誠之・池田信雄・大友進・藤田総平訳『ノヴァーリス全集　第二巻』前掲、八二―八三頁〕.

(316) 一例として Jean-Frédéric Bernard, Eloge d'enfer: Ouvrage critique, historique et moral, 2 Bde. Den Haag 1759 を見よ〔旧い修辞学の範型に沿って編まれたものだが〕。道徳が徹底されれば、それはまさに地獄となる云々。

(317) Bernard Mandeville, The Fable of the Bees: or Private Vices, Publick Benefits, zit. nach der Ausgabe von F.B. Kaye, Oxford 1924〔泉谷治訳『蜂の寓話』法政大学出版局、一九八五年〕を見よ。

(318) Jean Antoine Nicolas de Caritat, Marquis de Condorcet, Essai sur l'application de l'analyse à la probabilité des décisions rendue à la pluralité des voix, Paris 1785, Nachdruck New York 1972 を参照。これは今日では、選好の集計不可能性についてのアローの定理として知られている。

(319) Schlegel, a.a.O. S. 713 の定式化による。

(320) 十分な思想史的研究は見あたらない。しかし経済学の文献との関連では Raimund Ottow, Modelle der unsichtbaren Hand vor Adam Smith, Leviathan 19 (1991), S. 558–574 を参照できる。十七世紀において神の特別の計らい（Spezialprovidenz）〔を信じる態度〕が断念されたことが、またピューリタニズムによる不可知性テーゼが、その基盤を用意したのである。常にくり返し援用されるのはアダム・スミスだが、少なくとも彼が発明者でないのは確かである。例えば Joseph Glanvill, The Vanity of Dogmatizing, London 1661, Nachdruck Hove, Sussex, 1970, S. 180 では、《自然は万物のうちに存する見えざる手によって働く》と述べられている。またロンドン王立協会の周辺では諸現象を、救済の問題に関連させつつ安易に啓示として説明すること一般に対して異が唱えられていたのである。その後十八世紀に至るとコスモロジー総体が、不可視の秩序を可視的な無秩序の基礎として賛嘆することへと転換する。ニュートンの法則もまた《不可視》ではないか。Johann Heinrich Lambert, Cosmologische Briefe über die Einrichtung des Weltbaues, Augsburg 1761, S. 116では、《世界の中に存する無秩序は、ただそう見えるだけのものである。無秩序が極まるように見えるまさにその場所においてこそ、真の秩序が絶妙なものとなる。後者はただ隠されているだけなのである》と述べられている。このテーマの個々の側面に関してはEdna Ullman-Margalit, Invisible-Hand Explanations, Synthese 39（1978）, S. 263–291をも参照のこと。Stephen D. Benin, The »Cunning of God« and Divine Accomodation, Journal of the History of Ideas 45（1984）, S. 179–191; Alfonso M. Iacono, Adam Smith e la metafora della »mano invisibile«, Theoria 5（1985）, S. 77–94では根拠づけの形式をめぐって、また歴史的な点から論じられている。

（321）この点については以下をも参照のこと。Jean-Pierre Dupuy, Ordres et Désordres: Enquête sur un nouveau paradigme, Paris 1982〔古田幸男訳『秩序と無秩序』法政大学出版局、一九八七年〕; ders., L'auto-organisation du social dans la pensée libérate et économique, in: Paul Dumouchel / Jean-Pierre Dupuy（Hrsg.）, L'Auto-organisation: De la physique au politique, Paris 1983, S. 377–384; ders., Shaking the Invisible Hand, in: Paisley Livingston（Hrsg.）, Disorder and Order: Proceedings of the Stanford International Conference（Sept. 14–16, 1981）. Saratoga Cal. 1984, S. 129–144.

（322）現時点でのその市場価値については憲法学者たちの論文集であるErnst-Wolfgang Böckenförde（Hrsg.）, Staat und Gesellschaft, Darmstadt 1976を、またNiklas Luhmann, Die Unterscheidung von Staat und Gesellschaft, in ders., Soziologische Aufkläurung Bd. 4., Opladen 1987, S. 67–73をも参照。

（323）Nicolaus Hieronymus Gundling, Jus naturae ac gentium, 3. Aufl. Halle-Magdeburg 1736, S. 40などを参照。

（324）一例として（Francois Véron de）Forbonnais, Principes et observations oeconomiques, Amsterdam 1767, S. 1 f. を見よ。

（325）この点に関してはRudolf Vierhaus（Hrsg.）, Eigentum und Verfassung: Zur Eigentumsdiskussion im ausgehenden

18. Jahrhundert, Göttingen 1972 を。

(326) ゼマンティク上のこの新たな表現が普及したのは一八五〇年前後からだった。おそらくそれは、一八二〇年代に由来する《個人主義》と《社会主義》という概念がその間にイデオロギー色を帯びてしまったという事態によって動機づけられたものであった。これは全体社会の記述が全体社会の内部において観察に晒され、相応の反応が呼び起こされるということを示す格好の例である。より以前の用語では「集合的／分配的」が区別されていただけだった。それが扱っていたのは分配の問題ないしは公正の問題だったのである。

(327) この点についてより詳しくは Niklas Luhmann, Individuum, Individualität, Individualismus, in ders., Gesellschaftsstruktur und Semantik Bd. 3, Frankfurt 1989, S. 149–258 を参照。

(328) 本章第XIII節。

(329) 宗教的ゼマンティクと個人に関係づけられたそれとの奇妙なアマルガムに注目してほしい。そのようなゼマンティクは特にドイツにおいて、一八〇〇年ごろに流布したものだった。この移行期を歴史的に振り返ってみれば、少なくともメタファーのうちで、基準となる外的言及の統一性をなおも保持しようと試みられていたのがわかる。今日においては「解放」ないし「参加」という用語が新たな外的最高価値基準と、すなわちエコロジー問題とアマルガム化される場合、われわれは同じ問題に直面していることになる。

(330) Ferdinand Tönnies, Gemeinschaft und Gesellschaft: Abhandlung des Communismus und des Socialismus als empirische Culturformen, Leipzig 1887（「純粋社会学の基礎概念」という副題が付された後の版）〔杉之原寿一訳『ゲマインシャフトとゲゼルシャフト』岩波書店、一九五七年〕を見よ。さらに René König, Die Begriffe Gemeinschaft und Gesellschaft bei Ferdinand Tönnies, Kölner Zeitschrift für Soziologie und Sozialpsychologie 7（1995）, S. 348–420 をも参照のこと。この区別は、パーソンズの《パターン変数》による概念構成を介して（理論的には異化されて）、今世紀〔二十世紀〕五〇年代の開発社会学および近代化研究にまで影響を及ぼしてきた。それが批判の渦に巻き込まれるようになったのは、ようやくここ二〇年のことである。ただしその批判は概して、伝統的社会と近代社会とを単に対比させることによってなされているのだが。今日においてもなおこの区別は、歴史的回顧のための背景として用いられているのである。一例としてLars Clausen/ C. Schlüter, Hundert Jahre »Gemeinschaft und Gesellschaft«: Ferdinand Tönnies in der internationalen Diskussion, Opladen 1991を見よ。

(331) Historischen Wörterbuch der Philosophie Bd. 1, Basel 1971, Sp. 267–294 (U. Dierse) の当該項目によって概観できる。

(332) Jean Eusebe Nierembert, La balance du temps et de l'éternité, frz. Übersetzung Le Mans 1676を参照。

(333) この点に関してはUlrich Schulz-Buschhaus, La Bruyère und die Historizität der Moral – Bemerkungen zu *De la Mode* 16, Romanistische Zeitschrift für Literaturgeschichte 13 (1989), S. 179–191を参照。職業役割への特化による、つまり事象的な複雑性による解体が並行して生じていたことについての重要な示唆も含まれている。

(334) これについては以下を参照。Reinhart Koselleck et al., Revolution, Rebellion, Aufruhr, Bürgerkrieg, in: Geschichtliche Grundbegriffe: Historisches Lexikon zur politisch-sozialen Sprache in Deutschland Bd. 5, Stuttgart 1984, S. 653–788 (653, 725 ff.); Mona Ozouf, Révolution, in: François Furet/ Mona Ozouf (Hrsg.), Dictionnaire critique de la révolution française, Paris 1988, S. 847–858〔富永茂樹訳「革命」、河野健二・阪上孝・富永茂樹監訳『フランス革命事典第二巻』前掲、八七七―八九四頁〕.〔フランス革命によって、「革命」という語に〕新たな意味が付与されたというテーゼに異論の余地があるのは何よりもまず、そもそも新たな意味がどこに存するのかが議論の中で明確になっていないからである。当然のことながら、時間への関連も暴力性という契機も、はるか以前から周知のものだったという点から出発しなければならないのだが、また一方で少なくとも名誉革命以来、重要なのは旧い状態へと単に立ち戻ることではもはやなくなっていたのである。

(335) この点については、Wörterbuch Geschichtliche Grundbegriffe Bd. 2, Stuttgart 1976, S. 647–717における、《集合的単数》としての近代的歴史概念の成立をめぐるラインハルト・コゼレックの論考を参照のこと。

(336) ただし社会学者がしばしば考えているように、マックス・ヴェーバーにおいてではない。Louis G.A. Vicomte de Bonald, De la manière d'écrire l'histoire (1807), zit. nach Œuvres complètes Bd. IX, Paris 1856, Nachdruck Genf 1982, S. 78–122 (91) などを参照。《われわれが社会の歴史を研究しうるのは、諸事実の全体かあるいは大多数においてだ

けである》。

（337） アンソニー・ギデンズは他の《時間の歪み》と並んでこの点にも注目している。Anthony Giddens, The Constitution of Society: Outline of the Theory of Structuration, Berkeley Cal. 1984, S. 236 ff.（242）を見よ。

（338） もちろん進歩はこれまでも常に、大きなコストを伴うのであって収支決算が必要であると見なされてきた。この点に関しては、ブルジョア的な進歩の担い手にとってすら、素朴に語ることはできなかったのである。以下などを参照。Jean Blondel, Des hommes tels qu'ils sont et doivent être: Ouvrage de sentiment, London – Paris 1758; Simon-Nicolas-Henri Linguet, Théorie des loix civiles, ou Principes fondamentaux de la société, 2. Bde., London 1767; Victor de Riqueti, Marquis de Mirabeau, La Science ou les droits et les devoirs de l'homme, Lausanne 1774（S. XXI では《われわれの完成可能性への進歩そのものから、必然的に退歩が帰結する》とある）.

（339） Friedrich H. Tenbruck, Geschichte und Gesellschaft, Berlin 1986 は、社会学理論を手段として用いることによって、《歴史とは何か》という問いが失われていることに抗おうと試みている。しかしそうすれば《全体社会とは何か》という問いを放棄することになってしまうのだが。

（340） 歴史専門の立場からのさまざまな批判にもかかわらず、社会学において時代の分割が完全に消滅することはなかった。さもなければ傾向についての陳述を経験的に証明することなどできなくなってしまうだろうからである。以下などを見よ。Darcy Ribeiro, The Civilizational Process, Washington 1968; Wolfgang Schluchter, Die Entwicklung des okzidentalen Rationalismus, Tübingen 1979〔嘉目克彦訳『近代合理主義の成立』未來社、一九八七年〕.

（341） Horst Folkers, Verabschiedete Vergangenheit: Ein Beitrag zur unaufhörlichen Selbstdeutung der Moderne, in: Dirk Baecker et al.（Hrsg.）, Theorie als Passion, Frankfurt 1987, S. 46–83 を参照。

（342） この点は従来の時間に関する文献においては、ほとんど論じられてこなかったのだが。Ingrid Oesterle, Der »Führungswechsel der Zeithorizonte« in der deutschen Literatur, in: Dirk Grathoff（Hrsg.）, Studien zur Ästhetik und Literaturgeschichte der Kunstperiode, Frankfurt 1985, S. 11–75 を、また Armin Nassehi, Zeit der* Gesellschaft: Auf dem Weg zu einer soziologischen Theorie der Zeit, Opladen 1993, insb. S. 233 ff. をも参照のこと。

(343) 本書第四章第III節を見よ。

(344) Geschichtliche Grundbegriffe Bd. 1, Stuttgart 1972, S. XIII-XXVII（XVII f.）での、ラインハルト・コゼレックによる序論を参照。

(345) David Hume, Of the Original Contract, zit. nach Essays: Moral, Political, and Literary. The Philosophical Works Bd. 3, London 1882, Nachdruck Aalen 1964, S. 443-460（443）〔小西嘉四郎訳「原始契約について」、『世界の名著27』中央公論社、一九六八年、五三五頁、（　）内同書訳者〕.

(346) Carlo Mongardini, Dimensionen der Zeit in der Soziologie, in: Friedrich Fürstenberg/ Ingo Mörth（Hrsg.）, Zeit als Strukturelement von Lebenswelt und Gesellschaft, Linz 1986, S. 37-58（51）ではこれが、《社会的なものがますます尖鋭化していくことで生じる、われわれの合理性モデルの均質的統一性への、魔術的回帰》と呼ばれている。

(347) 今日ではこの条件は、きわめて顕著な仕方で逆転するに至っている。革新派のほうが理念に関しては保守的になってしまった。今や革新派自身が、もはやいかなる全体社会理論をも駆使しえないがゆえに、反省と論争の間を振動しているのである。いわゆる《新保守主義》というのは革新派による考案物であって、対抗するグループが自身を指し示す〔際に用いられる〕ものではない。

(348) この概念の案出者においてはそうだった。Antoine Louis Claude Destutt de Tracy, Eléments d'idéologie, 5 Bde. Paris 1801-1815を見よ。そこでは《観念》とは、感覚的に把握された表象として理解されている。

(349) この展開以降、利害関心へのこの連関はいかにして《科学的》に証明されうるのかということが議論されてきた。一見してわかるように、この試みは出口なしである。この点について、観察された利害関心との普遍的な一致に至りうる〔すなわち、科学的証明によって、当事者が自分のうちにそのような利害関心が潜んでいるということを必ず認める〕という見込みなどないではないか。Barry Barnes, Interests and the Growth of Knowledge, London 1977, insb. S. 27 ff. では、この問題が科学そのものにまで拡張されている。それゆえにイデオロギー概念は、認識論的な理由だけからしても党派性を帯びざるをえないように思われる。

(350) 次のように問うてみることもできる。マルクスがこの理論に直面したとすれば、時評家としては、自分自身のことをどう評価する結果になっただろうか。資本家がマルクスを読めば、自分は見ることができないものを見ることができないという点を、少なくとも学びうるのだろうか。見ていないということを見ることを回帰的にネットワーク化することから、何が生じてくるのだろうか〔生じてくるのは「予言の自己破壊」ではないのか〕。しかしマルクス自身は、やはりヘーゲルがそうであったのと同様に、自身の理論のうちで自身の理論を考慮するような状態にはなかったように思われる。予測された革命への展望を科学的に証明することとして、また革命の条件を解明することとしてなら話は別だが。

(351) 例えば（Simon-Nicolas-Henri）Linguet, Le Fanatisme des philosophes, London-Abbeville 1764 による、啓蒙を事とする哲学の（今日では忘れられた）分析を参照。そしてもちろん、フランス革命に対する《保守的》な態度表明も同様である。Ernst Brandes, Über einige bisherige Folgen der französischen Revolution in Rücksicht auf Deutschland, Hannover 1792 など。

(352) この点については Dietrich Schwanitz, Systemtheorie und Literatur: Ein neues Paradigma, Opladen 1990, S. 181 ff. を参照。

(353) 第二五回ドイツ社会学会大会は〔ひとつの世界社会の中での近代化という〕このテーマに取り組もうとしたのだが、定式化だけからしてすでにアプローチが阻まれてしまっていた。大会のテーマは《近代諸社会の近代化》（傍点はルーマンによる）だったのである。Wolfgang Zapf (Hrsg.), Die Modernisierung moderner Gesellschaften, Frankfurt 1991 所収の諸論考を見よ。

(354) この点に関して詳しくは Nicolas Hayoz, L'étreinte soviétique: Aspects sociologiques de léffondrement programmé de l'URSS, Genf 1997 を参照。

(355) 一例として Daniel Lerner, Modernization I: Social Aspects, International Encyclopedia of the Social Sciences, New York 1968, Bd. 10, S. 387-395 を見よ。

(356) Anthony Giddens, The Nation-State and Violence, Cambridge England 1985〔松尾精文・小幡正敏訳『国民国家と暴力』而立書房、一九九九年〕を見よ（これは社会学としてはむしろ例外に属する）。政治的概念を全体社会をカヴァーするフォーマットにまで拡張する議論としてあげておくべきは例えば後期フーコーの権力概念や、それよりも注目されてはいないが、David Sciulli, Foundations of Societal Constitutionalism: Principles from the Concepts of Communicative Action and Procedural Legality, British Journal of Sociology 39 (1988), S. 377–408 における《体制 constitution》概念だろう。

(357) Philipp Sonntag (Hrsg.), Die Zukunft der Informationsgesellschaft, Frankfurt 1983 を見よ。ただしそこで扱われているのはほとんどコンピュータのみであるが。また特にこの種の自己記述がもたらす効果という観点から論じたものとしては Jennifer D. Slack/ Fred Fejes (Hrsg.), The Ideology of the Information Age, Norwood N.J. 1987〔岩倉誠一・岡山隆監訳『神話としての情報社会』［部分訳］、前掲〕がある。〔「情報社会」という〕用語の問題については、以下をも参照。Karl Steinbuch, Die informierte Gesellschaft: Geschichte und Zukunft der Nachrichtentechnik, Reinbek 1968; Simon Nora/ Alain Minc, Die Informatisierung der Gesellschaft, Frankfurt 1979〔輿寛次郎監訳『フランス・情報を核とした未来社会への挑戦』産業能率大学出版部、一九八〇年〕; Lothar Späth, Wende in die Zukunft: Die Bundesrepublik auf dem Weg in die Informationsgesellschaft, Reinbek 1985; David Lyon, From »Post-Industrialism« to »Information Society«: A New Social Transformation?, Sociology 20 (1986), S. 577–588; ders., The Information Society: Issues and Illusions, Cambridge 1988〔小松崎清介監訳『新・情報化社会論――いま何が問われているか』コンピュータ・エージ社、一九九〇年〕; Ian Miles/ Howard Rush/ Kevin Turner/ John Bessant, Information Horizons: Social Implications of New Information Technologies, Aldershot 1988; Bruno Tietz, Wege in die Informationsgesellschaft: Szenarien und Optionen für Wirtschaft und Gesellschaft, Stuttgart 1989. 以上の詳細な（しかし近似的にすら完全なものとは言いがたい）文献指示によって、次節のテーマを先取りすることになるが、マスメディアの影響が図解されてもいるはずである。電子的データ処理およびその帰結といった個別現象に関する論考がキャッチフレーズを生み出す効果をもつのは、著書のタイトルを衝撃力をもつよう選ばねばならないという必然性が存しているためである。そしてその結果、その効果を真剣に受け止めて、それらの書名を近代社会の本質的特徴を要約した概念であるかのように扱う文献が続いて登場してくるのである。

(358) Ulrich Beck, Risikogesellschaft: Auf dem Weg in eine andere Moderne, Frankfurt 1986〔東廉・伊藤美登里訳『危険社会』法政大学出版局、一九九八年〕およびそれに続く議論を見よ。時期の上での変わり目に関しては特に Ditmar Brock, Die Risikogesellschaft und das Risiko soziologischer Zuspitzung, Zeitschrift für Soziologie 20 (1991), S. 12-24 を参照。より《文化的》に考えられた解釈を擁護しているのは、Jeffrey C. Alexander/ Philip Smith, Social Science and Salvation: Risk Society as Mythical Discourse, Zeitschrift für Soziologie 25 (1996), S. 251-262 である。

(359) Marc Uri Porat, The Information Economy, Diss. Stanford 1976〔小松崎清介監訳『情報経済入門』コンピュータ・エージ社、一九八二年〕を参照。このテクストは、以後の用語法に著しい影響を及ぼすことになった。

(360) この点に関しては Niklas Luhmann, Entscheidungen in der »Informationsgesellschaft«, Ms. 1996 を参照。

(361) Jean Voge, The Information Economy and the Restructuring of Human Organization, in: Ilya Prigogine/ Michèle Sanglier (Hrsg.), Laws of Nature and Human Conduct, Brüssel 1987, S. 237-244 を参照のこと。

(362) Wolfgang Bonß, Vom Risiko: Unsicherheit und Ungewißheit in der Moderne, Hamburg 1995 などを参照。

(363) 特に Fritz Machlup, Production and Distribution of Knowledge in the United States, Princeton 1962〔高橋達男・木田宏監訳『知識産業』産業能率短期大学出版部、一九六九年〕以降においてはそうである。この著作ではふたつの概念形成を区別することはまだ知られていなかったのだが。

(364) 占術の技法を用いて情報を創出していた古い全体社会においても、つまり古代中国やメソポタミアにおいても、同様のアンビヴァレンツが見られた。それらの《情報社会》では、表層の線（骨や亀甲の上に走る、また鳥の群が、あるいは生贄の動物の内臓が示す）を、何かしら隠されたものを表す徴《しるし》として解釈することができた。あらゆる予言においては、記号が解釈されることを通して、隠された意味がもつ宗教的前提が常に再生産されるのである。そして今日と同様に当時においてもやはり肝心なのは、情報が真理であることではなかった。情報は、意味を開示するために〔真理として確証されるのを待つことなく〕ただちに必要となるからである。

(365) 一例として Klaus Peter Japp, Das Risiko der Rationalität für technisch-ökologische Systeme, in: Jost Halfmann/ Klaus Peter Japp (Hrsg.), Riskante Entscheidungen und Katastrophenpotentiale: Elemente einer soziologischen Risik-

oforschung, Opladen 1990, S. 34–60 で論じられている、リスクと合理性の区別を見よ。それによればリスク社会とは、もはや合理性によって自己を根拠づけることができなくなってしまった社会なのである。そこでは〔合理性よりも〕さらに上位の観点が見いだされるに至っている。それが、他ならぬリスクへの態度なのである云々。

(366) A.a.O. S. 1〔大澤真幸・宮台真司訳『形式の法則』前掲、一頁〕.

(367) 例えばこの形式において、《ポスト産業的》社会について語ることにできる。産業的生産が依然として存在するのは、またそれが以前よりも不可欠なものにすらなっているのは、まったく明白であるにもかかわらず、である。この種の話が真剣になされていないという点が明らかであるがゆえに、批判から免れることが可能になる。「言っていることを考えているわけではない」と言っていることにもなるからだ。しかしだとすれば、「言っていることを考えているわけではない」と言うときに考えていることを言っているわけでもないという話にもなる。多くの点で、同様の指摘をすることができよう。ネオマルクス主義・ポスト構造主義・ネオ機能主義・新保守主義。事例に即して言えば、新しい社会運動・新たな個人主義・新たなメディア。これらすべての事例において、同一の構造が見いだされる。時間的な差異が主張され、その証明は個別現象によってなされる。そうすることで、総体的分析なしに作業を進めることが、また他ならぬ新たなものを（あるいは、そう見なされるものを）本質性の代替物として全体社会記述の中心点へと移すことが、可能になるのである。

(368) しかし以下を参照することはできる。Peter Heintz, Die Weltgesellschaft im Spiegel von Ereignissen, Diessenhofen, Schweiz 1982; Frank Marcinkowski, Publizistik als autopoietisches System: Politik und Massenmedien. Eine systemtheoretische Analyse, Opladen 1993.

(369) Todd Gitlin, The Whole World Is Watching: Mass Media in the Making and Unmaking of the New Left, Berkeley Cal. 1980 では、グラムシの概念を用いてそう論じられている。

(370) 多くの相異なる議論の連関の中でのことではあるが、先行者は存在していた。例えば意見と知との区別という形式において、である。あるいは《共通感覚＝常識 common sense》の概念のうちに。あるいはまた、「〈君主が臣下の意見を顧慮しはするが無条件に従いはしない〉というのは、国家理性に適っている」というテーゼのうちに、である。

（371） Torvald Sande, Risk in Industry, in: W.T. Singleton/ Jan Hovden（Hrsg.）, Risk and Decisions, Chichester 1987, S. 183–189（186）では、国民総生産に対する災害とカタストロフィーの貢献は二％であると見積もられている（さほど詳しく示されているわけではないし、考慮されているのはおそらく予防措置に関するものだけであって補償の支払いは除外されている）。

（372） この点については、Gilles Deleuze, Logique du sens, Paris 1969, S. 9 ff., 50 ff.〔岡田弘・宇波彰訳『意味の論理学』前掲、三―六頁、四九―五六頁〕をも見よ。

（373） この点については本書第四章第XV節を参照。

（374） この言葉としては効果的だが文法的には失敗しているこの表現を用いているのは、Hans Peter Dreitzel/ Horst Stenger（Hrsg.）, Ungewollte Selbstzerstörung: Reflexionen über den Umgang mit katastrophalen Entwicklungen, Frankfurt 1990である。特に同書に収録されたRolf Lindner, Medien und Katastrophen: Fünf Thesen（S. 124–134）を見よ。

（375） 近年のメディア研究における問題設定のこの変化に関しては、Winfried Schulz, Die Konstruktion von Realität in den Nachrichtenmedien: Analyse der aktuellen Berichterstattung, Freiburg 1976を見よ。近年の議論について、また認識論における《ラディカル構成主義》をマスメディアの理論へと持ち込むことについては、Klaus Merten/ Siegfried J. Schmidt/ Siegfried Weischenberg（Hrsg.）, Die Wirklichkeit der Medien: Eine Einführung in die Kommunikationswissenschaft, Opladen 1994所収の諸論考を、またNiklas Luhmann, Die Realität der Massenmedien, 2. Aufl., Opladen 1996〔林香里訳『マスメディアのリアリティ』前掲〕を参照。

（376） この種の《区別》の必要性およびその適用については、Pierre Bourdieu, La distinction: Critique sociale du jugement de goût, Paris 1975〔石井洋二郎訳『ディスタンクシオン１・２』前掲〕を見よ。

（377） この点が広告のスタイルに深甚な影響を及ぼすということに関しては、ほとんど証明を要しないだろう。売られるべき客体を〔直接広告するのではなく〕、威信〔あるライフスタイル〕の道具立てという背景へと後退させてもよい。〔そのようにすれば〕煙草のために広告を行うことは、それが禁じられている場合でもなお可能である。広告を行っていると、また何のための広告をしているのかを、明言する必要などもはやないからである。

(378) 本書一一三―一一四頁を参照。

(379) この点に関しては例の哲学者（カント）による、「啓蒙とは何か」という問いに対する有名な回答における議論（一七八四）を見よ。それとは別の、政治家による議論としては Jacques Necker, De l'administration des finances en France (1784), zit. nach Œuvres complètes Bd. 4 und 5, Paris 1821, Nachdruck Aalen 1970, Bd. 1, S. 49 ff. がある。十九世紀初頭にはこの概念はゼマンティクとして過重積載状態に陥っていた。これについては Stephen Holmes, Benjamin Constant and the Making of Modern Liberalism, New Haven 1984, S. 241 ff. をも参照。

(380) V.O. Key, Jr., Public Opinion and American Democracy, New York 1961, S. 8. ではそう述べられている。

(381) 不確実性の吸収というこの問題によって伝達選択の過程が負担を負うという点に関しては、Denis McQuail, Uncertainty about the Audience and the Organization of Mass Communication, Sociological Review Monographs 13 (1969), S. 75-84 を参照。実際にはこの問題は、編集作業における時間圧力によって、きわめて効果的に解決されるのである。

(382) Talcott Parsons/ Gerald Platt, The American University, Cambridge Mass. 1973 では明確にそう述べられている。ヘルムート・シェルスキーの晩年の著作には、この症候群に対する注目すべき批判的反省が含まれている。この症候群においては反省構造と反省を描出することを放棄した論争とが混在しているのであり、その状態は支配的な思考習慣に従えば《保守的》なものだということになるのである。特に Helmut Schelsky, Die Arbeit tun die anderen: Klassenkampf und Priesterherrschaft der Intellektuellen, Opladen 1975 を参照。

(383) 最近の一例として、Ulrich Beck a.a.O. (1986)〔東廉・伊藤美登里訳『危険社会』前掲〕を、またさらに尖鋭なスタイルを採っている ders., Gegengifte: Die organisierte Unverantwortlichkeit, Frankfurt 1988 を参照。

(384) この種の《脱落》を主題化したものとして、Marges de la philosophie, Paris 1972〔高橋允昭・藤本一勇訳『哲学の余白　上下』法政大学出版局、二〇〇七―二〇〇八年〕所収の諸論考などを見よ。

(385) この観察者はたちどころに、警告することが多値論理学を必要とするということの影響のもとで、込み入った事態に遭遇してしまうだろう。この必要性については Lars Clausen/ Wolf R. Dombrowsky, Warnpraxis und Warnlogik, Zeitschrift für Soziologie 13（1984）, S. 293–307 によって論じられてきた。

（386） 改めて Dreitzel/ Stenger a.a.O.（1990）を見よ。

（387） そしてそのことは意識されている。しかしどのように意識されているのか。とりあえず Ulrich Beck, Gegengifte: Die organisierte Unverantwortlichkeit, Frankfurt 1988 を見よ。証明書は過剰に発行される。そしてそれに応じて反応も事態に即したものではなくなる。私はあくまで社会学者に留まることにしよう。

（388） Peter Fuchs, Moderne Kommunikation: Zur Theorie des operativen Displacements, Frankfurt 1993 を見よ。さらに ders., Die Erreichbarkeit der Gesellschaft: Zur Konstruktion und Imagination gesellschaftlicher Einheit, Frankfurt 1992 をも参照のこと。

（389） このテーマに関しては Michail Bachtin, Rabelais und seine Welt: Volkskultur als Gegenkultur, dt. Übers. Frankfurt 1987〔川端香男里訳『フランソワ・ラブレーの作品と中世・ルネッサンスの民衆文化』せりか書房、一九七四年〕を見よ。さらに近代においてパロディーによって意味の転倒が生じたという点に関しては David Roberts, Art and Enlightenment: Aesthetic Theory after Adorno, Lincoln Nebr. 1991, insb. S. 164 ff. を参照。

（390） 答えは《暗中模索によって》だった。August Wilhelm Schlegel, Die Kunstlehre（Teil 1 der Vorlesungen über die Schöne Literatur und Kunst, 1801 ff.）, zitiert nach der Ausgabe Stuttgart 1963, S. 49 を見よ。蛇足ながら文脈から考えるならば、攻撃の的となっているのは物理学よりもむしろ実験心理学なのは明白である。

（391） マルクスからアドルノにまで至る《フェティシズム》の場合のように。〔この概念の〕由来については Alfonso M. Iacono, Le fétichisme: Histoire d'un concept, Paris 1992 をも見よ。

（392） その点では、スタンレイ・フィッシュに倣って定式化するならば、問題は《自然に生じてくることをする》ことなのである。Stanley Fish, Doing What Comes Naturally: Change, Rhetoric, and the Practice of Theory in Literary and Legal Studies, Oxford 1989 を見よ。

（393） Laws of Form a.a.O. S. 76.《観察者もまた、自分が占拠している空間を区別している以上、一つのマークである》

〔大澤真幸・宮台真司訳『形式の法則』前掲、八六頁〕。

(394) Theodor W. Adorno et al., Der Positivismusstreit in der deutschen Soziologie, Neuwied 1969〔城塚登他訳『社会科学の論理――ドイツ社会学における実証主義論争』河出書房新社、一九九二年〕を見よ。本書ではこの論争に対して距離を置いているが、その主題構成を些末だと見なしているわけではない。ただ論争としては意味あるものではないというだけのことである。《弁証法》の問題は除外するとして、われわれから見れば〔両陣営の〕違いはファースト・オーダーとセカンド・オーダーの観察の違いへと、またそれに対応する潜在性・批判・啓蒙の異なる了解へと還元されるのである。

(395) 一例としてNiklas Luhmann, Ökologische Kommunikation, Opladen 1986〔庄司信訳『エコロジーのコミュニケーション』前掲〕を見よ。

(396) いずれにせよ今日の科学社会学はこの道を進んでいる。以下などを参照。David Bloor, Knowledge and Social Imagery, London 1976〔佐々木力・古川安訳『数学の社会学――知識と社会表象』培風館、一九八五年〕; Karin Knorr-Cetina, Die Fabrikation von Erkenntnis: Zur Anthropologie der Naturwissenschaft, Frankfurt 1984; Barry Barnes, About Science, Oxford 1985〔川出由己訳『社会現象としての科学――科学の意味を考えるために』吉岡書店、一九八九年〕. それらに欠けているのはただ、相応にラディカル化された認識論だけである。そしてその点に関しては、作動上閉じられたシステムの理論という可能性を用いることができるなら、有益な結果が得られるだろう。以下も参照のこと。Niklas Luhmann, Erkenntnis als Konstruktion, Bern 1988〔「構成としての認識」、土方透・松戸行雄編訳『ルーマン、学問と自身を語る』新泉社、一九九六年、二二三―二五六頁〕; ders., Die Wissenschaft der Gesellschaft, Frankfurt 1990〔『社会の科学』1・2、徳安彰訳、法政大学出版局、二〇〇九年〕.

(397) Maturana, Erkennen: Die Organisation und Verkörperung von Wirklichkeit, Braunschweig 1982, S. 36 f. では有機体との関連において、次のように定式化されている。《それゆえに観察者との関連においてはニッチは、環境の一部として現れてくる。それに対して観察される有機体にとってはニッチが表すのは、その有機体に属する相互作用領域の総体である。したがってそのような意味でのニッチは、もっぱら観察者の認知的領域のうちに存しているような環境の一部ではない。それゆえにニッチと環境とが重なり合うのは、観察者（その用具を含む）と有機体とが比較可能な組織を有している、その程度に応じてのみのことである》。この区別を社会学へと引き受けるに当たっては、次の点を付加しなければならない。ファーストおよびセカンド・オーダーの観察者の認知は常に、意味というメディアの中で形成される。また両者の認知領域の重なり合いは、どちらの観察者も観察の作動としてコミュニケーションを用いるということによって保証されるのである。

（398）ここにおいて、つまりサード・オーダーの記述において、〔必然性の偶発性という〕ひとつのパラドックスに関わらねばならなくなるというのは、見やすい道理だろう。偶発性は必然性の否定によって定義されるという点を考えてみさえすればよい。われわれが超様相的領域にいるのもやはり明白だろう。この領域はかつてはただ神にだけ割り当てられていたのだったが。

（399）世界の偶発性というテーゼが当初まず神学において、すなわち神を創造神として、つまり観察者として観察しようとする試みの結果として定式化されたのは、何ら偶然のことではない。そこでは神は最初の観察者であり、神にとっては観察が可能となるよう〔ある特定の、他でもありうる〕区別を行う必要などないのだと考えることによって、特別の保証が与えられていた。しかしそのような保証は、最初の観察者という地位を占めているのは通常の経験的なシステムなのだと考えられるようになると、放棄されねばならなくなるのである。

（400）この点について、またこの種の価値探求の《盲目性》については、William James, On a Certain Blindness in Human Beings, in ders., Talks to Teachers on Psychology and to Students on Some of Life's Ideals（1912）, Neudruck（The Works of William James）, Cambridge Mass. 1983, S. 132-149〔大坪重明訳「人間における或る盲目性について」、『心理学について――教師と学生に語る　ウィリアム・ジェイムズ著作集　第一巻』日本教文社、一九六〇年、二二五―二六四頁〕を参照。

（401）この点に関してより詳しくは、本書三八二頁以下を見よ。

（402）Heinz von Foerster, Observing Systems, Seaside Cal. 1981, insb. S. 73 ff. を見よ。

（403）Ernst Cassirer, Substanzbegriff und Funktionsbegriff, Berlin 1910〔山本義隆訳『実体概念と関数概念』みすず書房、

一九七九年〕を見よ。

（404）それゆえに有名な講演であるKingsley Davis, The Myth of Functional Analysis as a Special Method in Sociology and Anthropology, American Sociological Review 24（1959）, S. 757–772 の議論でも、〔機能分析が〕動いていく方向は批判的であると理解されるべきなのかそれとも同調的なのかという点は、やはり未決のままにされている。私自身に関して言えばある評論によれば、私の分析は私の意図《周知のように批判と抗議は彼には無縁である》に反して著しい批判的ポテンシャルを有しているのだそうだ。一九九〇年十一月十三日のフランクフルター・アルゲマイネ紙文芸欄（S. L 12）における Stefan Breuer の文章を見よ。

（405）Elena Esposito, L'operazione di osservazione: Costruttivismo e teoria dei sistemi sociali, Milano 1992 では、セカンド・オーダーの観察の水準においては固有値は様相理論的にのみ記述されうる形式を取るとの議論が提起されている。

（406）Niklas Luhmann, Deconstruction als Second-Order Observing, New Literary History 4（1993）, S. 763–782 を参照。

（407）例えば Paul de Man, The Resistence of Theory, Minneapolis 1986〔大河内昌・富山太佳夫訳『理論への抵抗』国文社、一九九二年〕ではそう述べられている。de Man a.a.O. S. 20〔訳五五頁〕での簡潔な定式化によれば、文学の言語とは《言語の自己抵抗》なのである。

（408）この点については次の二つの論考を参照。»Philosophy as/and/of Literature« und »Philophizing Literature« in: Arthur C. Danto, The Philosophical Disenfranchisment of Art, New York 1986, S. 135–161 und 163–186.

（409）Willard van O. Quine, The Two Dogmas of Empiricism, zit. nach ders., From a Logical Point of View, 2. Aufl. Cambridge Mass. 1961, S. 20–46〔「経験主義のふたつのドグマ」、飯田隆訳『論理的観点から』勁草書房、一九九二年、三一—七〇頁〕を見れば十分だろう。

（410）E.T.A. Hoffmann, Des Kapellmeisters Johannes Kreislers Gedanken über den hohen Wert der Musik, zit. nach der Ausgabe in: ders., Musikalische Novellen und Schriften（Hrsg. Richard Münnich）, Weimar 1961, S. 196–207（197）〔深田甫訳「クライスレリアーナ（三　音楽の高き価値に就いての思索）」『ホフマン全集　第一巻』創土社、一九七六年、七四—八四頁（七五頁）／伊狩裕訳「クライスレリアーナⅠ（三　音楽の高い価値についての雑感）」『ホフマ

ンII　ドイツ・ロマン派全集　第一三巻』国書刊行会、一九八九年、一〇五―一一二頁（一〇五頁）〕による警告を想起されたい。《思うに、読書には不愉快なところがある。読んだ事柄についてある程度考える必要があるのである》。

（411）Mary Douglas, How Institutions Think, Syracuse N.Y. 1986, insb. S. 81 ff. を参照。

（412）Dean MacCannell/ Juliet F. MacCannell, The Time of the Sign: A Semiotic Interpretation of Modern Culture, Bloomington Ind. 1982, S. 55 ではこの点について、社会学の専門的伝統の外部からこう述べられている。《特にアメリカ社会学は、他人を喜ばせよという道徳的命令と手を携えてきた。他人を理解し、オープンな態度を取り、他人の意図を肯定的に解釈せよ、と》。著者たちは道徳によって義務づけられたこのパースペクティヴを、社会的リアリティを記号論的に脱構築することを通して解体できるものと希望しているのである。

（413）より詳しくは本書一一六三頁以下を見よ。

（414）A.a.O. S. 1〔前掲訳書、一頁〕.

（415）その下に潜む真剣さは、しばしば見逃されてしまっている。パラドキシカルなテーゼはしばしばふざけているように聞こえるし、それ自体再びパロディーの対象となるからだ。しかし〔そうでない〕一例として、広範にわたる回顧的な文献から以下のものを挙げておこう。A.E. Malloch, The Techniques and Function of the Renaissance Paradox, Studies in Philology 53 (1956), S. 191-203; Michael McCanles, Paradox in Donne, Studies in the Renaissance 13 (1966), S. 266-287; Rosalie L. Colie, Paradoxia Epidemica: The Renaissance Tradition of Paradox, Princeton N.J. 1966.

（416）例えば Kenneth J. Gergen, Toward Transformation in Social Knowledge, New York 1982, S. 142〔杉万俊夫・矢守克也・渥美公秀訳『もう一つの社会心理学――社会行動学の転換に向けて』ナカニシヤ出版、一九九八年、一八五頁〕では、《アンチテーゼの探求》という見出しのもとで、次のように述べられている。《共通に受け入れられている理解に対する明瞭なアンチテーゼを探求することからも、発生的理論を育むことができるだろう》。またS. 109〔前掲訳書、一四三頁〕では検索語として《発生的能力。それはすなわち当該文化の主導的仮定に挑戦し、同時代の社会生活に関する根本的な疑念を提起し、〈あたりまえ〉だと考えられている事柄を再考するよう促し、そうすることで社会的行為のための新たな代替選択肢を発生させる能力である》。以下も参照のこと。Ders., Correspondence versus

Autonomy in the Language of Understanding Human Action, in: Donald W. Fiske/ Richard A. Schweder (Hrsg.), Metatheory in Social Science: Pluralism and Subjectivities, Chicago 1986, S. 136–162.

(417) 以下も参照。Niklas Luhmann, Paradoxie der Form, in: Dirk Baecker (Hrsg.), Kalkül der Form, Frankfurt 1993, S. 197–212; ders., The Paradoxy of Observing Systems, Cultural Critique 31 (1995), S. 37–55.

(418) Jurgen Ruesch/ Gregory Bateson, Communication: The Social Matrix of Psychiatry, New York 1951, S. 191 ff.〔佐藤悦子他訳『精神のコミュニケーション』新思索社、一九九五年、一九四頁以下〕を見よ。

(419) この点に関してはDietrich Schwanitz, Kommunikation und Bewußtsein. Zur systemtheoretischen Konstruktion einer literarischen Bestätigung der Systemtheorie, in: Henk de Berg/ Matthias Prangel (Hrsg.), Kommunikation und Differenz: Systemtheoretische Ansätze in der Literatur und Kunstwissenschaft, Opladen 1993, S. 101–113を参照。

(420) 本書第一章第III節を見よ。

(421) より詳しい論述としては、Niklas Luhmann, Soziale Systeme: Grundriß einer allgemeinen Theorie, Frankfurt 1984, S. 92 ff.〔佐藤勉監訳『社会システム理論 上』恒星社厚生閣、一九九三年、九二頁以下〕を見よ。

(422) Mary Hesse, Models and Analogies in Science, Notre Dame 1966, S. 157 ff.〔高田紀代志訳『科学・モデル・アナロジー』前掲、一五九頁〕の言う《再記述 redescription》の意味で。

(423) われわれはすでにTim Ingold, Evolution and Social Life, Cambridge England 1986, S. 102を引用しておいた。そこでは進化は（多くの文献の裏付けによって）《持続的な、方向と目標を有する運動》として把握されている。インゴルド[62]は概念の伝統によってそれを正当化している。われわれは〔伝統から〕逸脱する論述（新たな記述）を、首肯性をもち歴史を包含するような全体社会の自己記述の必要性によって根拠づける。

(424) 改めて注意しておきたいが、この議論が類型に基づくあらゆる強制に、また《本質形相》のような基準のすべてに抗するものであることは見やすい道理だろう。

(425) Karl-Heinz Ladeur, Postmoderne Rechtstheorie: Selbstreferenz – Selbstorganisation – Prozeduralisierung, Berlin 1992, insb. S. 167 ff. に、全体社会の法システムに関する同様の観念が見られる。

(426) これに関してはNiklas Luhmann, Die Kunst der Gesellschaft, Frankfurt 1995, S. 482 ff.〔馬場靖雄訳『社会の芸術』前掲、四九〇頁以下〕を見よ。Ingeborg Hoesterey（Hrsg.）, Zeitgeist in Babel: The Postmodernist Controversy, Bloomington 1991をも参照のこと。

(427) この点についてはNiklas Luhmann, Why Does Society Describe Itself as Postmodern?, Cultural Critique 30（1995）, S. 171-186をも参照。反対方向の見解としてはZygmunt Bauman, Sociological Responses to Postmodernity, Thesis Eleven 23（1989）, S. 35-63がある。しかしそこでは近代社会とポストモダン社会との間の断絶が主張されているものの、そのための要求を満たすだけの分析はなされていないのである。

(428) Jean-François Lyotard, La condition postmoderne: Rapport sur le Savoir, Paris 1979〔小林康夫訳『ポストモダンの条件』水声社、一九九四年〕は有名である。

(429) もう一度時代の区分を問題にするならば、すでに今世紀〔二十世紀〕の初頭においてすでにこの種の発言を見いだすことができる。一人の《キリスト教的－保守主義的》アナーキストの発言として、である。The Education of Henry Adams: An Autobiography（1907）, Boston 1918, S. 423-424〔刈田元司訳『ヘンリー・アダムズの教育』前掲、四四六頁〕ではこう述べられている。《しかし科学においてそうであるように、政治においてもパラドックスが唯一の正統派となった》。

(430) Scott Lash, Discourse or Figure: Postmodernism as a ›Regime of Signification‹, Theory, Culture and Society 5（1988）, S. 311-336を見よ。Ders., Tradition and the Limits of Difference, in: Paul Heelas/ Scott Lash/ Paul Morris（Hrsg.）, Detraditionalization: Critical Reflections on Authority and Identity, Oxford 1996, S. 250-274も参照。さらにStewart R. Clegg, Modern Organizations: Organization Studies in the Postmodern World, London 1990, S. 1 f., 11 f.をも見よ。了解しておいてもらいたいが、〔ラッシュの言う〕分化はわれわれの用語法では「区別」として（例えば、事実と価値の区別として）描き出されることになるだろう。そうするとラッシュは区別を掘り崩そうとすることの結果として、テーマを議論によって取り扱うことから感性的認知への移行を強調していることになる。

(431) Bauman a.a.O.（1989）がそうであるように見える。

(432) 本書第四章第I節。

(433) これに関しては Günter Küppers/ Rainer Paslack, Chaos – Von der Einheit zur Vielheit: Zum Verhältnis von Chaos-forschung und Postmoderne, Selbstorganisation 2 (1991), S. 151-167 を参照。ただし〔「単一性から多数性へ」というこのタイトルの選択はいささかミスリーディングである。問題はひとつの区別(ここでは、「統一性/多数性」)の内部での側の交替ではないからだ。重要なのはこの種の側の交替がどの区別においても可能であるということ、交替のためには時間と動機とが必要であること、それゆえに予見しがたいということなのである。

(434) ただしそれはどちらかというとジャーゴンとして用いられており、「そもそもどのような力 virtus が、単なる可能性を何かしらヴァーチャルなものへと変換せしめるのか」という問いは解明されていない。この語によって主に考えられているのは、コンピュータが(神経システムと同様に)気づかれないまま作用せしめる可能性であろう。グローブやスーツなどが用いられることによって幻覚的なリアリティが成立し、知覚そのものにおいて幻覚とリアリティとの区別がもはや可能ではなくなってしまう、というわけである。しかしこれは、脳が働くのは作動上閉じられたシステムとしてであるということを証明する追加的な可能性を与えてくれるにすぎない。

(435) 『形式の法則』の最も早い書評において、すなわち Heinz von Foerster, Gesetze der Form (1969), zit. nach der dt. Übers. in: Dirk Baecker (Hrsg.), Kalkül der Form, Frankfurt 1993, S. 9–11 においてすでに示唆されていた。

訳　註

第四章

［1］ divisio と partitio については第五章原註（64）および同所に付した訳註を参照のこと。

［2］「労働の未来」は一九九〇年代の半ばからウルリッヒ・ベックやユルゲン・コッカらを中心に、大量失業の常態化と職業労働を取り巻く環境の変化がドイツ社会にどんな影響を与えていくかという問題をめぐって行われた一連の研究プロジェクトと論争に対して与えられた見出し語である。田中洋子「労働の未来」、『新しい社会政策の構想』（社会政策学会誌第一一号）を参照。

［3］ 訳註第一章［10］を参照。

［4］ Richard Münch（1945– ）はドイツの社会学者。一九九五年よりオットー・フリードリヒ大学（バンベルク）教授。パーソンズの社会システム理論を継承しつつ近代社会を、ＡＧＩＬに分化した各セクションが成功裡に相互浸透することによって成立したものと見なす。ミュンヒはこの立場から、機能分化した各システムの自律性・閉鎖性のみを強調するルーマンの議論は一面的であるとの批判を行ってもいる。近年の著書に Soziologische Theorie 3 Bd.（2002–2004）Campus などがある。

［5］ ＡよりもＢが、ＢよりもＣが優位に立つが、ＣよりもＡが優越するといった関係を指している。

［6］ アフリカ大陸のサハラ砂漠以南の地域を指す。「サブサハラ」とも呼ばれる。

［7］ 十七世紀から十八世紀にかけて、カリブ海沿岸のスペイン領を中心に略奪行為をくり返していた、「バッカニア buccaneer」と呼ばれる海賊たちを指す（この名は彼らが常食としていた、西インド諸島原住民のレシピによる干し肉 buccaning に由来する）。もともとこの地域での海賊行為はフランス、イギリス、オランダなどのヨーロッパ列強がスペインの制海権を掘り崩すために、敵国の船を攻撃することを許可する「私掠免許状」を個人の船に発行したこ

とから始まった。しかしやがてそれらの国からの逃亡者や、スペイン入植者に追われた先住民が主要なメンバーとなり、大規模化していった。バッカニアの拠点となったジャマイカ島の港町ポートロイヤル（一六九二年の大地震で壊滅）は無法と腐敗の巣窟として悪名高く、「新世界のソドム」などとも呼ばれた。

［8］ その条件とは以下の通りである。

コレハスナワチ、ワレワレハ使徒ノ指図オヨビ福音書ノ教エニシタガッテ、父ト子ト聖霊ノ一ナル神性ヲ同等ノ尊厳ト聖ナル三位性ニオイテ信ジル、トイウコトデアル。カトリック・キリスト教徒ト称シテヨイノハコノ規則ヲ守ル者ノミデアルト、ココニ命ズル。

Hoc est, ut secundum apostolicam disciplinam evangelicamque doctrinam patris et filii et spiritus sancti unam deitatem sub parili maiestate et sub pia trinitate credamus. Hanc legem sequentes christianorum catholicorum nomen iubemus amplecti.

［9］ ルーマンの引用では最後の語は indicta（示ス、証言スル）となっている。この句と次のラテン語引用句とはもともとひとつの文章であるから（C.1.1.1.1）、原文に従って訂正しておく。

［10］ この文が具体的に何を意味しているのかは不明確だが、演劇と市場については、十七・八世紀における「外見」をめぐるルーマンの論述を参照できる。

〔演劇の〕主人公は舞台上で感嘆に値することを成し遂げて舞台上で〔他の登場人物たちから〕感嘆されるが、同時にまた観客からも感嘆される。しかしその観客のほうは舞台を仮象の世界として、舞台上の状況を非日常的なものとして体験しているのである。〔舞台上での〕感嘆は、〔観客からの〕感嘆のための独自の手段として生み出されるわけだ。存在と仮象の、あるいは日常的なものと非日常的なものとの差異が仮象の世界において反復される。改めてスペンサー゠ブラウン流に表現すれば、区別のなかへの区別の《再参入》へと至るのである。

ルーマン『社会の芸術』馬場靖雄訳、二〇〇四年、法政大学出版局、四三八頁

また市場とは、価格を通して他者が市場をどのように観察しているかを観察する場である（Luhmann, N. Soziologische Aufklärung 5, Westdeutscher, S. 214）。そこで問題なのは、商品の「本来の」価値ではなく、それがどのよう

に評価（観察）されているか、どのような貴重性の外観を呈しているかなのである。

［11］ラテン語の動詞 privo は「奪う、剝奪する」を意味しており、privatus の類語 privus（個人の、各人の）は「……を欠いている、持たない」の意味をも有している。privatus にもまた、「人間の本質である社会性が欠けた」という意味が含まれているのである。

［12］ブラジルは二〇〇四年度の国民総生産（ＧＮＰ）で世界第九位に位置する南米最大の経済大国で、自動車・造船・製鉄などの工業分野でも世界の上位に位置する。しかし人口の急増に加え、経済政策の失敗による慢性的なインフレ状態に陥っており、失業率も高い。その結果貧富の差が著しく拡大するに至っている。都市部では、崖地、川べり、湿地、線路沿いなどの利用されていない、主に公共の土地を貧しい人々が不法占拠することによって形成されたスラム街（「ファベーラ favela」と呼ばれる）が高級住宅地、空港など主要地点の周辺に散在する。例えばサンパウロでは人口約一〇〇〇万人のうち、約一五％〜二〇％の人々が二〇〇〇ヵ所以上のファベーラに居住していると言われる。ファベーラの住人は、不法占拠者として扱われるがゆえに地盤の改修、上下水道、電気などのインフラ整備をはじめ、教育や医療などの公共サービスを受けにくい状態に置かれている。ルーマンは排除について論じる際に、しばしばファベーラを引き合いに出している。

［13］旧石器時代における、各地を移動しながら狩猟・採集によって生活していた集団を指す。英語では band。

［14］等結果性または等終局性（equifinality）は、異なる初期条件から出発した異なる過程から最終的に同一の結果が生じてくることを意味する。通常のシステム理論では、閉じられたシステムでは異なる初期条件からは異なる結果が生じるのが普通であるが、開かれたシステムにおいては過程は初期条件のみならず環境との複雑な相互作用からも影響を被るため、等結果性が生じうるとされる。

［15］Aidan W. Southall（1920-2009）、人類学者。ウィスコンシン大学マディソン校名誉教授。主なフィールドはウガンダ。原註（67）で指示されている文献はヴェーバーの理論を踏まえて環節社会における宗教・儀礼と政治の関わりなどについて論じたもので、政治人類学の古典のひとつとなっている。

［16］Dinka はアフリカ北東部のスーダンに住む牧畜民。生業は牛の牧畜とトウモロコシの栽培だが、雨季と乾季の変わ

り目には漁労も行う。原註（74）で触れられているヌアー族の近隣部族であり、ヌアー族から牛の略奪と捕虜獲得を目的とする襲撃をしばしば受けてきた。

［17］かつてこの語は、他国人が客として保護や便宜を受ける権利を意味していた。今日でも外国人に家族関係等を踏まえて国内における地位を付与するための規則という文脈で用いられることもあるが、実際には亡命権・滞在権などの個別的権利に分解して処理されるようになっている。

［18］アッカド語は古代メソポタミアにおいてアッシリア人やバビロニア人などによって用いられていた言語で、アフロ・アジア語族セム語派に分類される。現在知られている中で最も古いセム語であり、楔形文字によるシュメール語の表記法を借用して書き記されていた。

［19］Ministeriale は、中世ドイツにおける不自由身分の騎士。もともとは王の従者で、軍事・行政に関わる仕事を担う隷属的な人々を指していた。生計は主君の恣意的な給付に依存しており、結婚に際しても主君の許可が必要であった。十世紀以降、隷属的な要素を残しつつも彼らの地位は向上していく。封建領主たちは土地や都市を管理するのにミニステリアーレを利用し、やがてはミニステリアーレ自身が封土を与えられるようになる。さらに、神聖ローマ皇帝に仕え、帝国領土を管理する役職に就いていた者を「帝国ミニステリアーレ Reichsministerialen」と呼ぶが、特にホーエンシュタウフェン朝時代（一一三八―一二〇八、一二一五―一二五四）の諸皇帝（「バルバロッサ」フリードリヒ一世、「最初の近代的君主」とも呼ばれるフリードリヒ二世など）はイタリア政策に没頭せざるをえず、帝国ミニステリアーレは帝国運営上重要な職務を遂行することになった。こうして自由騎士との距離は縮まり、十三世紀には下級貴族として封建制度の中に組み込まれるに至る。

［20］本章原註（419）に付した訳註［30］を参照。

［21］ピエール・ブルデューは、趣味・教養がもつ、「文化資本」を有する者をそれをもたない者から際だたせる働きを、「卓越化 distinction」と呼んだ。石井洋二郎訳『ディスタンクシオンⅠ・Ⅱ』藤原書店、一九九〇年。

［22］Henry Peacham（1576-1643）、イギリスの詩人・作家。代表作は原註（164）で言及されている The Compleat Gentleman（1622）で、同書では上流の子弟が教養として親しむべき、同時代の多くの芸術家の名があげられている（例

えば音楽に関してはスペイン・ルネッサンスの代表的作曲家ビクトリア Tomás Luis de Victoria ca.1584–1611、フランドル楽派の巨匠ラッススOrlandus Lassus ca.1532–1594など）。

［23］ Claude-Charles de Seyssel（1626–1699）、サヴォワに生まれ法律家として活動、王室顧問を務めた後聖職者に転じ、トリノ大司教として没する。晩年に著した『フランスの君主制』La Monarchie de Franceではマキアベッリの『君主論』と類似した主張がなされている。

［24］ 本章訳註［19］で述べた、ミニステリアーレが隷属的な身分から脱し、下級貴族として遇されるようになった過程を指している。

［25］ 中世フランスでは、貴族が商業や工芸に従事することは禁じられていた（医療、ガラス工芸、鉱山開発、海洋交易などは除く）。それらに手を染めたことによる身分剝奪がdérogeanceと呼ばれたのに対して、封建制上の義務を怠ったことによる身分剝奪には「没落 déchéance」という語が当てられていた。

［26］ 法学系の邦語論文でカタカナ語が使用されていたので、それに倣った。

［27］ Edward Coke（1552–1634）、イギリスの法律家、政治家。当初は国王大権の強い支持者としてカトリック教徒や政治犯に厳しく対処していたが、一六〇六年に人民訴訟裁判所首席裁判官に任ぜられて以降、コモン・ローの至上性を主張し、国王・宗教裁判所・衡平法裁判所など国王大権および非コモン・ロー裁判所の権限を排する立場を取るようになる。一六二一年に下院議員として当選、以後下院の政府反対派の領袖としてコモン・ローの優位、人民の自由の擁護に努めた。近代イギリス憲法の基礎のひとつとして名高い「権利請願」はクックの起草・推進による。

初代マンスフィールド卿（William Murray, 1 st Earl of Mansfield, 1705–1793）はイギリスの裁判官・政治家。奴隷制廃止運動を推進していたシャープ（Granville Sharp, 1753–1813）が、北米植民地から英本国に逃れてきた黒人奴隷の解放と、コモン・ローにおける「人は他人の所有物になれない」という原則の確認を求めて裁判を提起したのに対し、一七七二年に、奴隷所有者は英本国においてはその権利（奴隷を強制的にアメリカに連れ帰るなど）を行使できないと判示したことで名高い。

［28］ アルマン・ジャン・デュ・プレシ、枢機卿およびリシュリュー公爵（Armand Jean du Plessis, cardinal et duc de

Richelieu, 1585–1642）はフランスの政治家。一六二四年から死去するまでルイ一三世の宰相を務め、行政組織を整備するとともに三部会を停止するなどして絶対王政の確立に貢献した。

[29] Bartolus（1314–1357）はイタリアの法学者。生地の名を取ってバルトルス・デ・サクソフェラート（Bartolus de Saxoferrato）と呼ばれる。ペルージャ大学で教鞭を執り、ローマ法の逐条的解釈を事とする注釈学派（Glossatoren）から脱して、ローマ法を同時代の現実的問題に即して解釈・応用しつつ実務的な法学の展開をめざす注解学派（Kommentatoren）ないしは助言学派（Consiliatoren）を打ち立てた。法学教育法の権威としても著名だった。Baldus de Ubaldis（1327–1400）はペルージャの生まれ。バルトルスの下で法学を学び、助言学派の主要人物の一人となって実務的な著作を遺し、多くの弟子を育てた。

[30] 絶対王制下のフランスでは貴族の位を得る道筋として、①生まれによる、②王の認可による、③一定の官職に就くことよる、の三つがあった。③のうち法務官職による場合が「法服貴族」、都市官職による場合が「鐘の貴族 noblesse de cloche」と呼ばれた。

[31] ラテン語 dominium は「支配」と同時に「所有」という意味をも有している。動詞 dominior は「（政治的に）支配する、統治する」を意味するが、名詞 dominus はもっぱら「家長、主人、所有者」の意味で用いられる。

[32] 「文書誹毀罪」は、公序良俗を乱しもしくは個人の名誉を害するような内容をもつ文書や図画を開示する行為を意味する。それに対して口頭による誹毀は「口頭名誉毀損 slander」と呼ばれる。

[33] 三学（Trivium）は中世において必須習得科目とされていた自由学芸（ars liberales）七科目（文法・修辞学・弁証論・算術・幾何学・天文学・音楽）のうち最初の三つを指す。残りの四つは四科（Quadrium）と呼ばれる。本書一二五九頁を参照。

[34] Hyperkorrigierung, hypercorrection は言語学の用語で、ある言語の正用（形）・標準発音に自信のない方言使用者や習得言語使用者などが、正用（形）・標準発音を意識し過ぎてかえって誤った形式を用いてしまうこと。

[35] ラ・ロシュフコー公爵フランソワ六世（François VI, duc de La Rochefoucauld, 1613–1680）はフランスの貴族でモラリスト。武人としても活躍したが、一、二行からなる辛辣な警句を連ねた『箴言集』（二宮フサ訳、岩波書店、一

九八九年）の著者として名高い。

［36］　例えばキケローは、売り手は買い手に現時点での価格の下落を正直に知らせるべきかという問題（いわゆる「公正価格論」）をはじめとして、utilitas / honestas の関係について多面的に考察を加えている。「義務について」第三巻12・49以下（中務哲郎・高橋宏幸訳『キケロー選集9』岩波書店、一九九九年、三〇五頁以下）を参照。

［37］　中世以降のドイツにおいては、農民等一般領民を対象とするラント法（普通法）と封建主従関係のみを規定するレーン法（封建法）とが区別されていた。プロイセン一般ラント法は、近世自然法論の影響を受けた啓蒙専制君主（フリードリヒ二世）が、法の人道化・合理化をめざして行った法典編纂事業の典型例として有名である。

［38］　個人が固定的な社会的所属から切り離され、自己言及的に、自分自身との関係の中で計算し行為しうるということは、人間にはあらかじめ定められた本性＝自然（Natur）などないということを意味する。にもかかわらず当時のゼマンティクにおいては、この「本性をもたない」ということが人間固有の本性＝自然に他ならないと見なされていたのである。

［39］　attractor はカオス理論などで用いられる概念で、エネルギー散逸を伴う力学系が安定状態に向かって収束していく場合の、その収束先を意味している。カオス理論以前のエネルギー散逸系の力学では、収束する際の相空間上の軌跡によって点アトラクター・周期アトラクター・準周期アトラクターの三種類（「確定アトラクター」と総称される）が区別されていたが、軌跡が二度と同じ位置を通らずフラクタル構造を描くストレンジ・アトラクターを追加することによって、カオスを科学的に解明する道が開かれるようになった。

［40］　トマス・アクィナスによる真理の定義「事物ト知性トノ対等 adaequatio rei et intellectus」（高田三郎訳『神学大全2』創文社、一九七八年、八六、八七頁）を指している。

［41］　アイルランドの詩人・劇作家・小説家であるオリバー・ゴールドスミス（Oliver Goldsmith, 1728-1774）の代表作（鏡味国彦他訳、博文社、一九七七年、引用文は三頁より、〔 〕内本書訳者）。豊かで幸福な生活を営んでいた主人公の牧師とその一家は、全財産を委託していた商人の裏切りに会い、無一文となる。見知らぬ土地に副牧師（victor）として赴任することを余儀なくされた一家は、その地でさまざまな知己を得るとともに、娘の堕落などの問題に直面

するが、最後には財産と幸福を取り戻すに至る。ゲーテやディケンズに賞賛され夏目漱石も愛読した、十八世紀後半英国を代表する小説のひとつである。

[42] ルーマンは別の箇所で、この表現はスタンダール『恋愛論』における「結晶化」の反対概念に由来するように「思われる」(scheinen) と述べている。Niklas Luhmann, Soziologische Aufklärung 6, Westdeutscher, 1995, S. 98.

[43] Michael Hutter (1948–)、ヴィッテン大学経済学部名誉教授、専攻は経済学とその周辺。ルーマン派の季刊誌 Soziale Systeme の編集委員を務める。

[44] 例えばインフレは政治・教育・学術・医療など様々なシステムに影響を与える(それらのシステムを刺激する)が、通常の場合この現象に対する対処はあくまで経済システムにおいてなされるはずだと想定されている(経済システム自身によっても、他の諸システムによっても——ただし他の諸システムにおいては、それぞれに固有のコード、固有の構造を通して)。

[45] ある状態を解決されるべき問題として設定し、その解決を試みること自体が、利害を異にする人々から見れば問題そのものに他ならない。しかしとりあえず前者(特定の問題を設定すること)を「客観的に存在する問題とその解決の試み」として定義し、後者については問題解決から生じてくる副次的な問題であり、それはまた別に解決されればよい云々と考えることによって、根本的な利害コンフリクトを隠蔽することが可能になる。

[46] Madeleine de Scudéry (1607–1701)、通称「スキュデリ嬢 Mademoiselle de Scudéry」はフランスの作家で、十七世紀後半のパリにおけるサロン文化の担い手の一人だった。森鷗外によって「珠を懐いて罪あり」とのタイトルで抄訳されたE・T・A・ホフマンの小説「マドモワゼル・ド・スキュデリー」(中野孝次訳『世界文学大系18』河出書房新社、一九八〇年)では、同人が主人公として設定されている。

[47] 活版印刷術の普及に伴って領主によって認可されるようになった、書籍の印刷・販売に関する独占権が Privilegienwesen と呼ばれた。

[48] 原註(436)にもあるように組織論の文脈では、組織内において権力を形成したり投入したりするために日常的に、個々の対人関係の文脈で用いられる戦略や手管などを「ミクロ政治 Mikropolitik」と呼ぶ。

第五章

［1］われわれが何か（A）と何か（B）を区別する際には、そうすることを他の行いから——例えば、AとCとを区別することから——区別しつつそうしているのだから。

［2］ルーマンの引用文では、原文の「世界 universe」が「過程 process」に置き換えられている。ここではギデンズの原文にあわせて「世界」とした。

［3］ルーマンのシステム理論を踏まえて文学における語りの構造を論じている、ディートリヒ・シュヴァーニッツ「語りの自己言及性」（伊藤秀一訳、『現代思想』第二一巻十号、青土社）の次の論述を参照。

周知のように語り手トリストラムは、自分自身の人生史を物語ろうとしている。そしてそこですかさず、どこからはじめるべきかという選択（Selektion）の問題に直面する。「卵のはじめから（ad ovo）」、すなわちすべての物事の開始点からはじめるというホラチウスの教理を忠実に守ろうとして、トリストラムは自分を懐妊させる両親の生殖行為の記述からはじめる。しかし、この開始点にすらすでにさまざまに分岐した前史があるのだということに、やがて彼は気づかざるをえない。この分岐をも追跡しようとした彼が次に気がついたのは、現実には同時に生じたことでも物語るときは連続的に叙述しなければならないということである。物語の進行はそれゆえ、つねに遡及と脱線によって中断される。物語はすべてを物語ろうとして現実への差異を無効化していくため、物語の選択性も失われていく。このことはさらに干渉問題となって、物語られる歴史＝物語の側においても再生産される。（一七四頁）

〔トリストラムの父である〕ウォルターは息子のために教育方針書「トリスタパエディア」を書いていた。だが息子の成長は本の進行よりもずっと早く、本の厚みが増すごとにますます古くなって使いものにならないということに気づかない（これは明らかに著者であることがはらむ危うさを警告している）。換言すれば、計画の作成には時間がかかるが、この時間の間に計画されるべき世界は変化してしまうということをウォルターは見のがしているのだ。（一七五頁）

［4］「有益サ／立派サ」という訳語の選定にあたっては、以下の訳文を参考にした。「さて、これからわれわれが取り上げるのは、『有益な』と呼ばれるところのものである。この言葉については慣用が崩れて本道からはずれ、徐々に行き着いた先は、徳性を有益性から切り離し、立派なものとは有益でないもの、有益であるなら立派ではない、と決めつけるにいたっている。が、この慣用以上に人々の生活に入り込みえた有害な考えはない」（中務哲郎・高橋宏幸訳『キケロー選集9』前掲、一二六頁）。

［5］本節註（51）で言及されているニコラス・クザーヌス『隠れたる神』（創文社）一六頁の次の一節を参照。「被造物の領域内では被造物の制約conditio creaturaeをもたないものは見出されないので、神は、『或るもの』aliquidとして肯定されるよりもむしろいっさいの把握conceptusから逃げ去ること……」。「或ルモノ」は個別的存在者を包括する名辞であるが、それによっても神の統一性を捉えることはできない、というわけだ。

［6］この段落全体に（　）が付されている意味は不明だが、原文のままにしておく。

［7］デカルトなどのように、神の概念それ自体から神の存在を論証しようとする議論を、「存在論的証明」ないし「本体論的証明」（argumentum ontologicum）と呼ぶ。

［8］ギリシア語のkategoríaはもともとは「起訴するAnklagen」（人物Aに異を唱え、Aを罪状Bで訴える）の意味であった。アリストテレスはこの古い語を「述べるPrädizieren」へと転用した（AについてBと述べる、Aに関して「それはBだ」と言う――「AはBの罪を犯した」と訴えるのはその特殊事例だということになる）。その結果この語は「述語Prädikat」および「属性Eigenschaft」を表すようになった。

［9］超越範疇（Transzendentalien）はアリストテレスのtranscendentalia（あらゆる範疇を包摂する範疇としての「存在」を指す）に相当する語で、スコラ哲学では根本概念のひとつとして用いられた。あらゆる存在者に刻印されている（唯一の）神の本質という意味あいをもつ。

［10］John of Salisbury（1120?-1180）、イングランド生まれの思想家。パリでアベラールに学び、後にシャルトレの司教となる。キケロー等の古典思想を踏まえて独自の政治・神学思想を展開した。主著『ポリクラティクス』では国家を人体になぞらえる国家有機体説が提唱され、その健康維持の観点から、暴君の殺害は容認されるべきだと主張されて

いる。

［11］ 中世カノン法では、団体が選挙によって代表者を選ぶ場合、有権者のうちの多数派が「ヨリ大キク賢明ナ部分 maior et sanior pars」と呼ばれた。ただしそれは、実際の数の上での多数派であったわけではない。むしろ権威を背景として、数の上での少数派がこう呼ばれ、決定権を掌握するのが普通だった。今日でも同様の文脈でこの言い回しが用いられることがある。パドヴァのマルシリウス（Marsilius de Padua, Marsilio dei Mainardini, 1275?-1342?）の著作『平和の擁護者 Defensor Pacis』（本章原註（93）で言及されており、抄訳は上智大学中世思想研究所編『中世思想原典集成18』平凡社、一九九八年所収）は、これらの語あるいは「支配的部分 pars principans」に関する議論を、近代的な多数決原理により近いかたちで解釈し直したことで知られている。J・B・モラル、柴田平三郎訳『中世の政治思想』平凡社、一九七五年、一五七頁以下を参照。

［12］ サラモニウス（Marius Salamonius, Mario Salamonio, 1450?-1532）は、十六世紀のヨーロッパにおいて人民は君主の暴虐に抵抗する権利を有すると説いた「モナルコマキ」と呼ばれる人々の一人とされる人物。ローマで生まれ、法律家として教育を受け、教皇アレクサンデル六世の命で法の改革に取り組むなどした。『De principatu（統治ニツイテ）』は、哲学者と、法律家、神学者、歴史家との対話という形式で書かれている。執筆は一五一三年前後のことだったが、彼の死後しばらく経つまで出版されなかった。

［13］ Eminenz はカトリック教会における称号である「枢機卿」をも意味している。

［14］ per accidens は中世哲学において「ソレ自体トシテ per se」と対で使用された言い回しで、後者はある実体が本質として必ず有している特質、前者は付加的に帯びている（場合によっては帯びなかったかもしれない）特質を指す。ここでは悪徳の善い意味は悪徳それ自体に内在するものではなく、悪徳が全体の中に置かれることによって初めて付加されるという事態を表現している。

［15］ ローマ法の文脈では repraesentatio は、対価、すなわち物の価値を表す＝代表する金額を「現金で支払う」「即時弁済する」ことを意味していた。

［16］ repraesentatio identitatis はもともとは前述パドヴァのマルシリウスによって提起された概念で、民衆がその一部に

よって民衆自身を代表せしめることを表す。

[17]　「形式が形式を作り出し、その形式がまた形式を作り出し、さらにまたその形式が形式を作り出していく」という意味の文章である。原文は Form erzeugt Form erzeugt From erzeugt Form. ルーマンが別の箇所（Soziale Systeme, S. 95）でも援用している、アメリカの作家ガートルード・スタイン（Gertrude Stein, 1874-1946）の有名なフレーズ「薔薇は薔薇は薔薇は薔薇 Rose is a rose is a rose is a rose...」を踏まえているものと思われる。スタインはこのフレーズをさまざまな作品でくり返し用いているが、Rose という名の少女が主人公である童話 The World is Round の邦訳（ぱくきょんみ訳『地球はまあるい』書肆山田、一九八七年）では「ローズってローズ　ってローズ　ってローズ」と訳されている（一四一頁）。

[18]　「等しいものは等しく扱え」という正義の古典的定式化のことを指しているものと思われる。正義を社会全体の状態としてではなく（全体に言い及ぶことなく）、個々の判例の比較においてだけ考えようとするこの態度は「部分ニヨル部分ノ論証」であり、全体はその結果としてのみ現れてくる、というわけだ。

[19]　新約聖書「コロサイ人への手紙」等に基づく言い回しで、キリスト教徒総体が形成する団体としての教会を指す。「子は体のかしらつまり教会のかしらである」（一―一八）、「キリストの体である教会のために」（一―二四）（フェデリコ・バルバロ訳『聖書』講談社、一九八一年、新約部三〇七頁）など。

[20]　これは「ローマ法大全」再発見後の一二〇〇年前後において、法学者たちの自然法に関する議論においてしばしば用いられていた言い回しである。Brian Tierney, Natura Id Est Deus: A Case of Juristic Pantheism?, Journal of the History of Ideas, Vol. 24, No. 3（1963）, pp. 307-322 を参照。

[21]　上層に属する人間はもはや、自身が具体的に優れた資質をもつことや超人的な業績を挙げたという事実によって自己の社会的位置を正当化することはできなくなる。その位置は、ただ単に特定の家系に生まれたという偶然事に基づくにすぎないからである。今や可能なのは、自分の現在の状態をも含めた世界を、神がそのように創造したという理由のみによって（なぜそうなったのかは問わずに）受け入れ、救いを信じて神を崇めることだけである。

[22]　コミュニケーションをめぐるさまざまな手管（相手の偽計を見抜きつつ、相手をいかに欺すかを考える）に関する

グラシアンの省察が、ある種の「世渡りの知恵」として読まれてきた(現在でも読まれている)ことを指しているものと思われる。

[23] Johannes Althusius(1557–1638)はヴェストファリアに生まれたカルヴィニストの政治理論家。ドイツ国法学の大家ギールケ(Otto Friedrich von Gierke, 1844–1921)により「再発見」されて社会契約論と人民主権論の提唱者として注目を浴び、今日でも分権的な政治体制を構想する論者などによってしばしば引き合いに出されている。笹川紀勝によれば、結合体 consociatio にあたるものは、「家族、団体、共同体、地方(provincial)、国家」である。「家族と団体(ギルド)は私的な結合体(consociatio privata)である。家族は自然的必然的な結合体であり、団体は市民的自由意志的な結合体である。政治的共同体は公的結合体(consociatio publica)である。『地方』は特殊な政治的結合体である。そして、アルトジウスの考える『国家』とは全体的な公的結合体であり、その構成員は都市と地方であって、個人でも、私的な団体でもない」(「ギールケのアルトジウス研究——『共生と人民主権』から学ぶもの」憲法理論研究会編『現代社会と自治』敬文堂、二〇〇四年、一五二頁)。最後の一文は、本文すぐ後の原註(98)でルーマンが指摘している論点とも関連する。

[24] 第五章原註(279)でも述べられているように、L'homme universel は、ルーマンが愛好するバルタサル・グラシアンの著書『分別の人 El Discreto』の仏訳タイトルでもある(独訳版では Der kluge Weltmann)。

[25] Magnetismus はもちろん物理学的概念であるが、ここでは同時にいわゆる動物磁気説(Magnetismus animalis)をも指しているものと思われる。これは催眠術の祖とも言われるオーストリアの医師フランツ・メスメル(Franz Mesmer, 1734–1815)が唱えた説で、すべての生物の体内には磁気流体が存在しており、それが遊星の影響を受けることにより心身の状態の変化が生じるとされる。メスメルはこの理論に基づいてパリで治療行為を行い、大評判となった。しかし一七八四年にフランス政府の意を受けて発足したラボアジェ、ペイリ等による調査委員会は、メスメルの治療は暗示に基づくものにすぎないことを明らかにして動物磁気説を否定した。

[26] ここでの議論は「多様なものが、したがって必然的なものも恣意的なものも同時に存在するということは、自然の必然である」という趣旨なのだから、ひとつ前の文はむしろ「必然性の側での区別の再登場」となるべきであるよう

に思われる。誤植の可能性も考えられるが、そのまま訳出しておく。

〔27〕死後の魂の運命が、現世での個々人の生活によって決定されるという教説を指しているものと思われる。

〔28〕ars dictaminis または ars dictandi は中世において文書や書簡を作成する技能・方法を指す言葉として用いられた。十一／十二世紀のサマリアのアダルベルトゥス（Adalbertus Samaritanus）の著書『起草原則 Praecepta Dictaminum』が代表的な文献として挙げられる。そこではキケローによって確立された修辞学の五分野・五段階（発見 inventio、配列 dispositio、措辞 elocutio、記憶・想起 memoria、講演法 actio）を踏まえて、書簡・文書の作成法が論じられている。

〔29〕バルダサーレ・カスティリオーネ（Baldassare Castiglione, 1478–1529）はイタリアの外交官・作家。著書『宮廷人 Il libro des cortegiano』（清水純一他訳『カスティリオーネ　宮廷人』東海大学出版会、一九八七年）はウルビーノの宮廷を舞台とし、登場人物たちの会話を通して「諸公の宮廷に仕える貴人にもっともふさわしい宮廷人らしさの姿とはいかなるものか」（訳一九頁）を明らかにしようとしたもので、各国語やラテン語に翻訳されてヨーロッパ中で広く読まれた。

〔30〕Francesco de Vieri（1547–1590）はイタリアの哲学者。ピサ大学で哲学を講じ、哲学、化学、天文学など多分野にわたる著作を遺した。

〔31〕Charles Loyseau（1566–1627）、フランスの法律家。シャルトレ近郊の生まれ。父と同様に法曹の道に進み、パリ高等法院に席を得た。原註（130）で言及されている著作では国家を三身分からなる統一体として規定したうえで、各身分をさらに細かく分類する試みがなされている。

〔32〕ラテン語の satisfactio（賠償、弁明）に由来する Satisfaktion はもともとは毀損された名誉を、何らかの手段によって補償する（欠けたものを満たす）ことを意味していた。中世以降はこの語はもっぱら決闘に関わるものとして用いられるようになる。

〔33〕Pierre Nicole（1625–1695）はジャンセニズムを代表する哲学者の一人。シャルトレに生まれ、パリで神学を学び、ジャンセニストの拠点であったポール・ロワイヤル修道院に入る。アントワーヌ・アルノー（Antoine Arnauld,

1612–94）と共に、通称「ポール・ロワイヤル論理学」を著し、またパスカルによるイエズス会攻撃の書『プロヴァンシアル』をラテン語に翻訳した。

［34］ Anselmus Cantuariensis（1033–1109）はブルゴーニュ生まれの哲学者・神学者。一〇九三年以降カンタベリーの大司教を務めた。信仰を理性によってより深めていくべきとの立場を確立し、「スコラ哲学の父」とも呼ばれた。

［35］ ジャン・パウルの小説『見えないロッジ』（鈴木武樹訳『ジャン・パウル文学全集　第1・2巻』創土社、一九七五—一九七六年）を指しているものと思われる。この作品は、両親が属する秘密結社の教義に従って俗世間とは隔絶して育てられた少年グスタフが、純真な魂と宮廷生活の誘惑とに引き裂かれる様を描く未完の大作であり、タイトルの「ロッジ」はフリーメーソンを模した結社の支部を、「見えない」はその支部が現実世界ではなく内面ないし彼岸に存することを（したがって、アイロニカルな意味あいを帯びざるをえないことを）指している。

［36］ ラ・グランハ（ラ・グランハ・デル・サン・イルデフォンソ）は、スペインのセゴビア県にある古都。十八世紀、カスティーリャ王フェリペ五世（＝フィリップ五世。ルイ十四世の孫）の命によって建設されたラ・グランハ宮殿がある。同宮殿はバロック様式で、美しい大庭園により有名である。

［37］ 騎士アカデミー（Ritterakademie）は十六世紀末からフランスでの動向に倣ってドイツ各地に設立された、貴族の子弟のための学校。「騎士学校 Ritter-Schulen」「騎士大学 Ritterkollegien」とも呼ばれた。独自の文化・教養を確立しつつあった市民階級の動きに対抗しようとする意味もあり、通常の教養に加えて体操・ダンス・フェンシング・乗馬・球戯・音楽なども教授された。

［38］ ルーマンの『社会の芸術』（馬場靖雄訳、前掲、四四八頁）より、関連する論述を引用しておく。「theorós が意味していたのは、使者として祝祭劇を見物し、故国でそれについて報告する者のことであった。あるいはデルフォイ神殿から神託の言葉を携えて戻ってくる者のことだったのである。理論とはいわば遠隔知であり（例えば、他の都市ないし他国から戻った使者がもたらし、信憑性あるかたちで言明する知識）、それに対して感性に媒介された認識は近接知であった」。

［39］ Barbaren は言うまでもなく古代ギリシア人が非ギリシア人を指すために用いた Barbaroi を語源とする。Heiden は

ユダヤ教、キリスト教、イスラム教が互いに相手を指す際に用いられる語（「異教徒」）だが、聖書の文脈ではユダヤ人がユダヤ人以外の者を指す言葉として登場してくる。ルターの手になるプロテスタントのコラール「いざ来たれ、異邦人の救い主よ Nun komm, der Heiden Heiland」は、イエスがユダヤ人＝ユダヤ教信者だけでなく、それ以外のすべての（イエスに帰依する）人間にとっての救済者でもあることを示している。「サラセン人」は古代ギリシア語やラテン語でアラビア半島ないしその出身者を意味する語に由来するが、中世以降はもっぱら北アフリカないし中近東から来たイスラム教徒を意味するようになった。

［40］アリストテレスの用語で、ある事物（ないし人）が周囲の他の事物（ないし人）との関わりの中で規定されてある状態を呈したとき、その状態を hexis と呼ぶ（「所有態」と訳されることもある）。hexis は当の存在の内的本質によってではなく外部から規定されて生じたものではある。しかしあくまでその存在の状態である以上、hexis は外部にではなく内部に帰属される。トマス・アクィナスはそれを踏まえて、人間に内在する、能動的であると同時に周囲に規定されることによって初めて具体的に発揮されうる能力を habitus と呼んだ。社会学においてヘクシス／ハビトゥス概念がもつ含意については、ニック・クロスリー『社会学キーコンセプト』（西原和久監訳、新泉社、二〇〇八年）の当該項目（一七六頁以下、一五七頁以下）を参照。

［41］アウグスティヌスによる神の国（civitas Dei）と地の国（civitas terrana）との区別を指す。

［42］ルーマンはくり返し、「自己言及抜きの他者言及はありえない」「自己言及とは、自己言及と他者言及の区別である」と主張している。したがってここでの「自己言及を経由して」とは「自己／他者（この場合なら、成熟した自己／未成熟な自己）という区別を経由して」という意味に解釈できる。ただしすぐ続いて述べられているように、結局この区別は「人間一般」という同一性へと回収されてしまうのである。

［43］ルーマンは『社会の芸術』（馬場靖雄訳、前掲）でこう述べている。「《文化 Kultur》とは今や何かを育成すること（農業 Agrikultur ないし魂ノ耕作 cultura animi）ではなく、現実のなかの特定の領域を意味するようになる」（三五一頁）。「魂ノ耕作」はキケローの言葉「魂ノ耕作トハ、哲学ノコトデアル Cultura animi philosophia est」（木村健治・岩谷智訳「トゥスクルム荘対談集」、『キケロー選集12』岩波書店、二〇〇二年、一一〇頁）からの引用である。

［44］本書一二三一―一二三二頁で論じられている、「完全な諸部分とより完全でない諸部分から成る秩序は完全な諸部分のみから成る秩序よりもさらに完全である」という議論を指している。

［45］これまでもしばしば用いられてきたこの語には「アクチュアル」「顕在的」「現実的」等を当てることが考えられるが、ここでは「その時点において実現されている」という意味あいで用いられていると思われるので、こう訳しておく。ここ以外では文脈に応じて上記のように訳し分ける。

［46］periéchon については第一章訳註［38］参照。原義は周囲（perie）に存在するもの（xon）であった。それぞれがドイツ語の um と welt に対応する。

［47］君主、領主に帰せられるべき美徳と義務について、また支配の正しいあり方について説いた文書を指す。代表的なものとしては、古くはセネカの「寛容ニツイテ De clementia」（茂手木元蔵訳『セネカ 道徳論集』東海大学出版会、一九八九年）、中世ではやはりセネカ作とされた「有徳ナ生活ノ規則 Formula vitae honestae」（実際の作者は Martin von Braga, 515?-580）、カロリング・ルネッサンス期にカール大帝の子息のために書かれた「支配ノ正道 Via regia」などが挙げられる。

［48］この語は主として教会の職位に関する教説を指すが、ここでは社会の成り立ちを身分によって考える教説（Standlehre）との対比において用いられているようである。

［49］ius eminens は国家の存亡に関わる事態においては例外的に、私権を侵害する措置なども許されるとする概念のこと。

［50］前出ソールズベリのジョンは著書『ポリクラティクス』の中で、有機体的統一性を有する国家を単なる私的な人間関係のネットワークから区別するために、当時において一般的だった civitas や regnum ではなく、ローマ時代に由来する res publica というこの古い表現をあえて用いている。柴田平三郎『中世の春』慶應義塾大学出版会、二〇〇二年、二三七頁以下を参照。

［51］The Federalist Papers は一七八七年に刊行された、アメリカ憲法の注釈論文集。著者は合衆国初代財務長官アレクサンダー・ハミルトン（Alexander Hamilton, 1755-1804）、第四代大統領ジェームズ・マディスン（James Madison,

1751-1836)、連邦最高裁判所初代長官ジョン・ジェイ（John Jay, 1745-1829）。合衆国憲法の批准を拒むニューヨーク州の市民に向けて書かれた。

original intent は、法を解釈・適用するに当たっては立法者が意図していたことを基準として尊重しなければならないという文脈で用いられる用語である。

［52］ iurisdictio は領主が自身の領地内において、裁判権・立法権も含めた支配権一般をもつことを意味していた。

［53］ 人間は生まれながらにして自己の身体を所有し自由に動かす権利をもつということから、その身体を駆使する労働によって形成される財産の所有権を導き出そうとしたロックの議論を考えてみればよい。大槻春彦訳『市民政府論』岩波文庫、一九六八年、三二一—三三三頁。

［54］ Christian Wolff（1679-1754）、ドイツの哲学者。啓蒙主義の推進者であるとともに、ドイツ語の哲学用語を整備する役割も果たし、その後のドイツ観念論の隆盛への道を開いた。

［55］ Johann Jakob Bodmer（1698-1783）はチューリッヒ生まれの詩人。当時の文芸思想を支配していたゴットシェートがフランスに範を仰ぐ擬古典主義の立場をとったのに対抗してイギリス文学（特にミルトン）を称揚し、その後のロマン派の動向に影響を及ぼした。中世の宮廷詩人ヴォルフラム・フォン・エッシェンバッハ（Wolfram von Eschenbach, 1170?-1220?）の叙事詩「パルツィファル」を翻訳出版したことでも名高い。

［56］ カントは「趣味の批判」を表す語として Ästhetik を採用することによって美の判断を理性原理に高めようとするバウムガルテンの試みを批判して、古義に従うならむしろこの語を「感じられたもの」の領域に限定したほうがよいと（さもなければまったく別の概念構成法を用いるべきであると）主張している（篠田英雄訳『純粋理性批判　上』岩波書店、一九六一年、八八頁）。そしてカント自身はこの語を、『純粋理性批判』の「I　先験的原理論」の第一部門のタイトルとして用いているのである（先験的感性論 Die transzendentale Ästhetik）。

［57］ 十九世紀末にフランスで始まった文学の潮流である象徴主義を指しているものと思われる。この潮流はマラルメを師と仰ぐ詩人モレアス（Jean Moréas, 1856-1910）が一八八六年に象徴主義宣言を行ったことにより成立したとされるが、ランボーやヴェルレーヌも象徴主義の代表的な詩人と見なされている。象徴主義は事物を直接的に描写するこ

とを、つまり一定のテーマ（内容）を適切な文章（形式）によって表現するという態度を避け、語の音楽的響きを重視する。その結果語は重層的な意味を帯びた暗示となり、読者はその解釈を通して自身の内的世界の探求へと誘われることになる。

［58］ 訳註第三章［41］を参照。

［59］ この言葉は数学やプログラミングなどの領域で、必要十分条件が提示され一意の解を導きうる「良定義問題 well-defind problem」の対義語として用いられる。

［60］ パーソンズは①感情／感情中立性（affectivity / affective-neutrality）、②自己志向／集団志向（self-orientation / collectivity-orientation）、③個別主義／普遍主義（particularism / universalism）、④属性本位／業績本位（ascriptive / achievement）、⑤限定性／無限定性（specificity / diffuseness）という五組の二分図式を設定し、それらを組み合わせることで社会現象を記述できると考えた。これらを「パターン変数」と呼ぶ。このアイディアを用いるならば機能分化したシステムは、③と⑤という二組の変数を用いて、③の普遍主義と⑤の限定性との組み合わせによって特徴づけられうることになる。例えば経済システムはあらゆる事柄を主題として扱いうるが（普遍主義）、それはあくまで「支払う／支払わない」というコードを通して経済的側面についてだけ扱うのであって（限定性）、あらゆる側面においてではない。芸術作品を扱う市場も存在するが、そこで問題となるのはあくまで価格のみであって、作品の美的価値や政治的プロパガンダ効果などが考慮されるわけではない（されるとしても二次的にのみである）。しかし次段落で論じられるように、愛と芸術という特殊なメディアの場合は事情が異なってくる。愛は特定の人に向けられるが（個別主義）、その相手のある側面（例えば、研究者としての能力）のみでなく、あらゆる側面に関わる。それどころか愛する者は愛する相手が体験することすべてを、自己の行為によって裏書きしなければならないのである（普遍主義）。したがって愛においては複数のパターン変数の組み合わせによってではなく、③の二分法の両側を同時に用いるというある種矛盾したかたちでメディアの性格づけがなされることになる。なお本書においてUniversalitätと対になるSpezifikationには、今述べた文脈では「限定性」、それ以外の場合は「特殊性」「特定化」という訳語を当てた。

［61］ Passionないしその類義語であるPatosとPathologieとの関連性を念頭に置いた表現であろう。

［62］ Discours sur les sciences et les arts（山路昭・海老沢敏訳「学問芸術論」、『ルソー選集5』白水社、一九八六年）は一七四九年にディジョンのアカデミーが公募した「学問と芸術の復興は習俗の純化に寄与したか否か」との課題に対して、否の立場で応じた論文である。本作が入選を果たしたことでルソーは一躍論壇の注目を浴びる。

［63］ 現在の王立考古学協会（The Society of Antiquaries）の前身である古物協会（the College of Antiquaries）はエリザベス一世在位中の一五八六年に設立され、ジェームズ一世の時代に拡充された。現在の名称となったのは一七〇七年、王立となったのは一七五一年である。

［64］ いわゆるグリニッジ標準時（Greenwich Mean Time, GMT）が最初に導入されたのは一八四七年であり、当初は鉄道運行のために大ブリテン島全土に適用された。やがてＧＭＴはそれ以外の諸島でも、さらには海軍を通して世界規模で使用されるようになり、国際的な標準時として定着していく。

［65］ fortuna はギリシア名「テュケ Tyche」。車輪によって象徴される、運命の変転を司る神だが、一般にはもっぱら幸運の女神として知られている。

［66］ 「では、時間とは一体何でしょうか。／もし、誰もわたしに質問しなければ、わたしは知っています。質問者に説明しようとすると、分からなくなります」（『アウグスティヌス著作集5／II　告白録　下』、宮谷宣史訳、教文館、二〇〇七年、二二七頁）。

［67］ 『失楽園』で有名なイギリスの詩人ミルトン（John Milton, 1608-74）は、一六四三年に議会を通過した出版許可法に反対するために、小冊子 “Areopagitica: for the Liberty of Unlicensed Printing to the Parliament of England”（石田憲次他訳『言論の自由』岩波書店、一九五三年）を公刊した。

ヴェルカー（Carl Theodor Georg Philipp Welcker, 1790-1869）は自由主義の立場をとったドイツの政治家。法学と国家学を学び、ボン大学などで教鞭を執りつつ政治家としても活動。一八三二年創刊の新聞「自由主義者 Der Freisinnige」はたびたび発禁処分を受けた。

［68］ フランス革命二〇〇周年にあたる一九八九年にはフランスでいわゆる「イスラム・スカーフ事件」が生じ、同革命が王権と結びついたカトリックを国教から外して以来遵守されてきたライシテ（Laïcité、公共空間からの宗教の排

除）原則を、現在の多文化状況の下でどこまで貫徹すべきかをめぐる論争が生じた。また同年十一月にベルリンの壁が崩壊し、フランス革命の理念のひとつであった「自由」を求める東欧民主化革命が生じた。このふたつの事件を念頭に置いているものと思われる。

［69］ルーマンは一九八〇年の論文 "Temporalstrukturen des Handlungssystem", in: Soziologische Aufklärung 3, 1981, Westdeutscher で、「出来事としての（瞬間的）現在と持続的現在」という二重の観点のもとでの時間記述を試みている。

［70］時間結合（Zeitbindung, time-binding）はポーランドに生まれアメリカに帰化した超領域的研究者アルフレッド・コージブスキー（Alfred Korzybski, 1879-1950）が提唱した、一般意味論（general semantics）の中心的概念。獲得した経験知を未来へ、あるいは次の世代へと持ち越し増加させていく人間の能力を指している。この概念を援用しつつここで述べられているのは、次のような事態である。事物の同一性はそのつどの現在において構成されるものであるにもかかわらず、一度構成されるとあたかも過去と未来を通して不変であり続けるかのように扱われる。今日の前にあるコップは、昨日の記憶の中にあるコップと（いささか印象が異なるにもかかわらず）同一であるはずだし、将来どんな区別を用いて観察することになろうと（「支払う／支払わない」、「美しい／美しくない」、「私のもの／あなたのもの」など）同一であり続けるはずだと想定されるのである。

［71］原語は Minenspiel であるが、Mienenspiel の誤植と判断した。

［72］及川馥・米山親能訳『パラジット』法政大学出版局、一九八七年、三七頁以下。セールはここで、プラトンの『ソピステス』二四三 e を援用している。万物は熱いものか冷たいものであると言われる時、「有る」が第三のものとして前提とされているのではないか、と（同書四二九頁）。

［73］初期教会では「真ノ御身体 corpus verm」は（corpus Christi と同様に）統一体としての教会（すべての教会およびそこに属する信者の総体）を意味したのに対し、「聖体 corpus mysticum」は聖餐（Eucharist）を、すなわちキリストの血と肉と化したパンと葡萄酒を指していた。しかし十二世紀ごろを境として両者の意味が逆転し、後者が教会を意味する言葉として用いられるようになっていく。

［74］ルーマンもしばしば援用する、ロナルド・ドゥウォーキン『権利論』（木下毅他訳、木鐸社、一九八六年）第3章のタイトルにはこの語が当てられており、そこでは法の一貫性（integrity）がこの種の事案においても前提とされ貫徹されねばならないはずだと論じられている。

［75］周知のようにNationには「国民国家nation-state」の文脈では「国民」の語が当てられるが、本節では必ずしも「民」に限定する意味で用いられているわけではないようなので、適宜「国」「国民」「国＝国民」と訳し分けることにする。

［76］「ロンバルディア」は現在では、北イタリアに位置する州の名として用いられている。一一六七年にこの地方の諸都市（クレモナ、マントヴァ、ベルガモ、ミラノ、ボローニャ、パドヴァ、ベローナ、パルマ等）によって結成されたロンバルディア同盟（Lega Lombarda）は、神聖ローマ皇帝（フリードリヒ一世「バルバロッサ」およびフリードリヒ二世）に対抗する教皇派勢力として軍事的・経済的に活発な活動を展開した。ロンドンのような遠隔の地で「ロンバルディア人」と言うだけでは、同盟配下のどの都市国家に出自を有するのかが明らかにならなかったわけだ。なおロンドンに言及されているのは、ドイツの地でバルバロッサに対抗したハインリヒ獅子公（Heinrich der Löwe, 1129-1195）が一時イングランドに亡命していたのを念頭に置いてのことかもしれない。

ジェノヴァはローマ時代より良港を擁する海洋都市として発展し、十二世紀以降自治都市として栄えた。ヨーロッパ全土から黒海まで及ぶ貿易を展開、コルシカ島、クリミア半島、コンスタンティノポリス、イスラム統治下のイベリア半島などに植民地や商館を築いた。こちらの場合、「ジェノヴァ人」ではこれら諸地域のどこの出身かが明らかではなかったのである。周知のようにポルトガルは大航海時代に新興の海洋国家として登場してくることになり、ジェノヴァ出身のコロンブスはポルトガル王に航海のための資金援助を求めたりもした。

［77］レコンキスタを完遂しアラゴン・カスティーリャ両王となったフェルナンド二世（Fernando II, 1452-1516）は一五一二年にフランスに接するバスク地方南部を占領し、カスティーリャ配下に置いた。

独仏の境に位置し、言語的にはドイツ語圏に属するアルザス地方は、三十年戦争講和のためのウエストファリア条約（一六四八年）によってフランスに割譲された。

〔78〕伊仏国境付近を領地とする辺境貴族であったサヴォイア家はスペイン継承戦争の結果として一七一三年にシチリア王国の王位を獲得、一七二〇年にはハプスブルグ家との間でシチリア島とサルデーニャ島を交換し、サルデーニャ王国の王位を得た。

プラハを王都とした神聖ローマ皇帝ルドルフ二世（Rudolf II, 1552–1612）の時代にはボヘミアは政治的・文化的に隆盛を見たが、三十年戦争をへてハプスブルク家のボヘミア支配が確立するとともに政治と文化の中心はウィーンへと移動した。プラハの人口は激減し、ボヘミアにはドイツ文化の影響が浸透していくこととなる。

〔79〕フランス革命における国民議会は一七八九年六月十七日に成立した。その母体となったのは前年末から開催されていた、旧来通り身分別の代表者で構成される全国三部会であった。この日、第三身分の代表者は自分たちが一身分の代表ではなく、フランス国民全体の代表であると主張して、国民議会の名称を採択した。

〔80〕Jacques Nicolas Augustin Thierry（1795–1856）、フランスの歴史家。ロマン派風の脚色を施した歴史叙述により人気を博した。邦訳に『メロヴィング王朝史話　上下』（小島輝正訳、岩波書店、一九九二年）。

Edgar Quinet（1803–1875）、フランスの思想家・歴史家。四一年にはコレージュ・ド・フランス教授に就任。第二共和制期には共和党左派の政治家として活躍したがナポレオン・ボナパルトのクーデターによりベルギーに亡命、その後パリ・コミューンによって帰国した。戸田吉信訳『さまよえるユダヤ人』法政大学出版局、二〇〇五年。

Jules Michelet（1798–1874）、フランスの歴史家。三八年よりコレージュ・ド・フランス教授を勤めたが、ナポレオン・ボナパルトへの服従を拒んだため職を追われた。民衆史への注目により、後のアナール学派などにも影響を及ぼした。桑原武夫他訳『フランス革命史』中央公論社、一九六八年。

〔81〕十四世紀から十九世紀初頭に至るまで、ノルウェーはデンマークと同盟関係にあり、実質的には後者の属領として扱われていた。十九世紀に入るとナショナリズムが高揚し、一八一四年に同盟関係が解消されるとともに自主憲法が制定された。

フィンランドは十六世紀以降スウェーデンの属国に留まっていたが、一八〇九年にロシア軍がスウェーデン軍を破りフィンランドを制圧、フィンランドは立憲君主制の大公国となり、ロシア皇帝がフィンランド大公を兼務することになった。特に啓蒙的君主であったアレクサンデル二世の時代にはフィンランド人に大幅な自治権が与えられ、民族意識が高揚していった。

［82］ドイツ（プロイセン）で徴兵区（Kanton）制度が導入され徴兵制が実施されたのは十八世紀半ばであったが、同世紀の啓蒙主義においてはこの制度は中央政府への忠誠心を高めるとともに兵士となることで民主主義的な意識と権利を獲得できるものとされ、国民に広く受け入れられた。兵役は市民が自発的に行使すべき「権利」と見なされたのである。ドイツで普通選挙権が確立されるのは、はるか後代の一九一九年のことになる。

［83］ドイツのジャーナリズムや社会学周辺で用いられる言葉で、努力や禁欲を忌避し、刹那的な享楽に耽ることを重視する社会の風潮を指す。ゲルハルト・シュルツェ（Gerhard Schulze, 1944- ・オットー・フリードリヒ大学（バンベルク）教授）の著書 Die Erlebnisgesellschaft: Kultursoziologie der Gegenwart, Campus, 1992によって人口に膾炙した。

［84］「三つの区別」とは、前段までで論じられてきたもののうちで既出の「国家／社会」を除く、「個人／社会」「自然的／人為的」「ゲマインシャフト／ゲゼルシャフト」の三つである。これらはすべて事象的（sachlich）次元に関するものであるが、それらを組み合わせることによって事実に即した（sachlich）記述が可能になる、というわけだ。

［85］周知のように古代ギリシアはそれぞれ独立した複数のポリスより成っていたが、同時にギリシア人が住む土地全体が「ヘラス」、ギリシア人総体が「ヘレネイ」（ヘラス人）とも呼ばれ、異民族の総称である「バルバロイ」との対比において同胞意識が維持されてもいた。「ヘレニズム」も「ヘレネイ」から派生した語だが、この時代にはすでにポリスは崩壊し、オリエント文明との融合によってコスモポリタニズム的な風潮が強まっていた。

［86］アダム・スミスの用語で、分業が進展してもはや誰もが他人との交換抜きには自己の欲望を満たせなくなった社会、その意味でだれもが幾分なりとも商人とならざるをえなくなった社会を指す。大内兵衛他訳『諸国民の富１』岩波書店、一九五九年、一三三頁。

原註

［１］ルーマンの引用と邦訳では強調（傍点）の位置が異なっている。引用に合わせて邦訳を修正した。

［2］スペイン絶対主義の絶頂期に君臨したフェリペ二世（在位一五五六―一五九八）は熱狂的なカトリック教徒で、反宗教改革の立場を取ってカトリック政策（旧教化政策）を推し進め、宗教裁判を強化し異端を弾圧して、カトリック信仰によって広大な領土を統一しようと試みた。特にカルヴァン派が普及していたネーデルランドに対しては厳しい弾圧を行い、逆に独立運動を激化させることになった。

［3］フロイトが無意識に起因する言い間違いなどを指すために用いた用語だが、ここでその点が含意されているかどうかは定かでない。

［4］「ヴェーダ」は紀元前一〇〇〇年頃から紀元前五〇〇年頃にかけてインドで編纂された一連の宗教文書の総称で、バラモン教の聖典である。それに対して四世紀から十四世紀にかけて、ヒンドゥー教がバラモン教を継承する過程において編纂された聖典が「プラーナ」と呼ばれる。この註の記述はプラーナの内容に関するものである。

［5］Robert Redfield（1897-1958）、シカゴ生まれの人類学者。シカゴ大学教授、アメリカ人類学者協会会長などを務める。著作に『未開世界の変貌』（染谷臣道・宮本勝訳、みすず書房、一九七八年）、『文明の文化人類学――農村社会と文化』（安藤慶一郎訳、誠信書房、一九六〇年）など。

［6］Joseph A. Tainter（1949- ）、アメリカの人類学者・歴史家。ニューメキシコ大学で人類学を講じている。ここで指示されている著作は、ネットワーク理論、エネルギー経済学、複雑性理論を駆使してマヤ帝国やローマ帝国などの崩壊過程を分析したものとして名高い。

［7］カーディフ（Cardiff）は南ウェールズの中心都市で、産業革命期から十九世紀にかけて石炭・鉄の集積地として飛躍的に発展した。大富豪のビュート家が十八世紀以降、市のシンボルであるカーディフ城や波止場をはじめ、広大な土地・施設を所有してきた（一九四七年に、カーディフ城とビュート公園がビュート家よりカーディフ市に寄贈されている）。一九五五年にはエリザベス二世によって、カーディフをウェールズの首都とする勅許が与えられた。現在の人口約二八万人。

［8］この註で指示されているトムスンやスコットによって提唱された概念。経済は市場原理にのみ従って動いていくのではなく、それぞれの社会・時代に固有の文化・価値観の中に埋め込まれたものであると主張する。例えばスコット

はマレーシア農民の共同体が有している共同体中心で互助的な価値観を明らかにしつつ、かの地での農民の反乱が、市場経済の浸透によってこの価値観が破壊されてしまうことへの危機感に起因すると論じている。

［9］ Johann Gottlieb Heineccius（1681–1741）、ドイツの法学者・哲学者。ライプツィヒ大学で神学を、ハレ大学で法学を学び、一七一三年より後者で哲学教授となる。ローマ法を継受しつつドイツ各地固有の法制度・習慣を取り入れて体系的なゲルマン普通法を構築しようとした。

［10］ Ulpian（Dometius Ulpianus）（? –228）、ローマ時代の法学者。セウェルス・アレクサンデル帝のもとで近衛長官を務めたが、その在任中に近衛軍団兵により同帝の面前で暗殺された。「ローマ法大全 Corpus Iuris Civilis」の一部をなす「学説彙纂 Digesta, Pandectae」の多くの部分（全体の約三分の一）は彼の著作から引かれたものである。

［11］ Otto Gerhard Oexle（1939–2016）、ドイツの歴史学者。フライブルク大学、ケルン大学に学び、ミュンスター大学、ハノーファー大学などで教鞭を執る。専門領域は中世社会史など。

［12］「シトー会」はカトリック教会内で結成された修道会のひとつ。十一世紀末に、フランスのモレーム修道院長ロベールがフランス東部のシトーに設立した修道院に始まる。当時の修道院の規律弛緩傾向と生活の華美化に反対し、清貧と勤労とを重視する「聖ベネディクトの修道院戒律」を遵守することをめざした。十二世紀末には約五三〇のシトー派修道院がヨーロッパ各地に設置されるに至る。勤労奉仕の一環として荒地の開墾事業、牧畜活動、新しい農業技術の開発などを行い、多大な社会貢献をなした。十三世紀後半に入ると、教皇直属のドミニコ会とフランチェスコ会の台頭により、教会内での指導的地位を失っていく。

［13］ ブルゴーニュ（Bourgogne）は、現在のフランス東部の地域圏（région）。もともとこの地名は中世初期にかの地を支配したゲルマン人の一派ブルグント族に由来し、ドイツでは現在でもその名で呼ばれている。中世中期から後期にかけてはヨーロッパ屈指の大国として政治的・文化的に重要な役割を果たした。例えば教会史上重要な意義をもつクリュニー修道院や前註で述べたシトー修道院が創設されたのはこの地域においてである。後にフランス王国の分封国（apanage）としてブルゴーニュ公国となり、十四世紀後半にはフィリップ豪胆公（Philippe le Hardi、在位 1363–1404）の婚姻により当時の経済先進地帯であったフランドル地方（現在のベルギー周辺）を編入して隆盛を極め、音

楽におけるブルゴーニュ楽派（ギヨーム・デュファイ Guillaume Dufay, ? -1474 が代表格）など、華やかな宮廷文化を開花させた。しかし十五世紀後半には戦争により王家が断絶、ヴァロワ朝フランスに併合された。

［14］ルーマンの論述とは歴史的順序が異なるが、一六九二年に起きた、「グレンコーの虐殺 Masacre of Glencoe」と呼ばれる事件を指しているものと思われる。名誉革命によって君主の地位に就いたオレンジ公ウィリアム（ウィリアム三世）は、ハイランド（Highlands、スコットランド北部に位置する山地地方）の氏族長たちに、一六九二年一月一日までに忠誠を誓う宣誓書を提出するよう要求した。マクドナルド氏族長（マキーアン一族のアラスター・マキーアン Alastair Maclain）は九一年一二月三一日に宣誓書を提出しようとしたが、偶然の事情が重なって提出は一月六日にずれ込んだ。ウィリアム三世は見せしめとしてマクドナルド氏を処罰することを決定、キャンベル一族の兵一二〇人にマクドナルド一族が住むグレンコーを訪問するよう命じた（当初は演習ないし徴税名目であり、真の任務が明かされていなかった）。マクドナルド隊は二月一日にグレンコーに到着、キャンベルとマクドナルドは親戚同士でもあったため、ハイランド流の村をあげての歓待の宴が連日催された。五日の夜、七〇歳以下のマクドナルド一族全員を抹殺せよとの命令書が届けられ、それを受けてキャンベル一族の兵は六日早朝攻撃を開始し三八人の男を殺害した。その過程で女性と子ども四〇人が焼死・凍死。結果として、当時のグレンコーの人口約四〇〇人の二割にあたる七八名が命を落としたことになる。この事件は規模は小さいものの政府が民衆の虐殺を企てたという点で悪名高く、これ以降スコットランドはイングランドに服属することになるが、特にハイランド住人の間には根深い遺恨が残る結果になり、また名誉革命体制の正統性をも揺るがすスキャンダルとして諸外国からの非難の対象となった。以後十八世紀半ばまで、スコットランドは反名誉革命勢力であるジャコバイトの拠点のひとつであり続けた。

［15］バルト系民族の国リトアニアが統一されたのは十三世紀。さらにゲティミナス大公（在位一三一六―一三四一年）によって新首都ヴィリニュスが建設され（一三二三年）、ゲティミナス王朝が始まる。同王朝のヨガイラ大公は一三八六年ポーランド王女ヤドヴィガとの結婚によりポーランドの王も兼務するに至り、以後四〇〇年におよぶポーランド・リトアニア連合国の歴史が始まる。十五世紀にはリトアニアは版図を黒海沿岸にまで広げ、絶頂期を迎える。しかし以後国力が衰退、十六世紀には一人の王と合同議会を持つポーランド・リトアニア連合共同国家が形成され、以

後急速にポーランド化が進む。十七世紀に至るとリトアニアはポーランドの一地方と見なされるようになった。

［16］ポーランドのウィスラ川河口に位置した、ハンザ同盟所属の自由都市ダンツィヒ（Danzig、現在のグダニスクGdańsk）を念頭に置いているものと思われる。

［17］デンマークでは一一五七年に王位についたヴァルデマー一世（ヴァルデマー大王）のもとで、王位継承をめぐって混乱した国内の再建が始まり、十四世紀半ばのヴァルデマー四世（復興王）の活躍により、北欧の大国としての地位を確立した。四世の死後、その孫に当たる息子オーロフが幼くして即位、同時にノルウェー王位も継承したため、デンマークとノルウェーの同君連合が形成された。オーロフが一七歳で急逝後、後継のエーリク七世が一三九七年にスウェーデン南境のカルマルで、スウェーデンをも加えた三国の連合王としての戴冠を受け、北欧三国の同盟関係、いわゆる「カルマル同盟」が成立した。カルマル同盟は一五二三年にスウェーデンが離脱するまで一二六年間続くが、ノルウェーとの同盟はさらに十九世紀に至るまで継続した。

［18］Montpellier は南仏ラングドック地方、エロー県の県庁所在地。十一世紀ごろより東方貿易の拠点として発展、十三世紀にはアラゴン王国に併合されて大学が設置され、医学と法学の分野で国際的な名声を博した。十四世紀半ばにはフランスに買収された。

［19］Oñati はスペイン・バスク地方ギプスコア県（Guipúzcoa、バスク語では Gipuzkoa）南部の都市。同地の大学は一五四八年設立、現在も残る建物はバスク・バロック様式建築の典型例のひとつ。

［20］原文では Pyong-Choom Hahm と綴られているが、書誌情報としては Pyong-Choon Hahm（咸秉春）が正しい。咸秉春は韓国の駐米大使も務めた人物であり、大統領府秘書室長だった一九八三年、ラングーンで爆弾テロの犠牲となった。

［21］この部分、原文では「ブルクに関しては、そして……für Burg- und Wim Blokmans,」となっているが、指示された文献名から考えて修正を施しておいた。

［22］デュアイヤン伯爵（Seigneur du Haillan, Bernard de Girard 1535–1610）はフランスの歴史家、詩人。最初の包括的フランス史の著者として名高い。

［23］　中世キリスト教においては、秘蹟の恵みがもたらされるのは信仰内容と儀式の手続きの正しさによるのか、それとも信じる者の熱意と心情の純粋さによるのかという論争がなされた。前者を重視する立場が事効論（ex opere operato）、後者を重んじる立場が人効論（ex opere operanti）と呼ばれ、それぞれのスローガンとして「信ぜられる信仰 fides quae creditur」「信ずる信仰 fides qua creditur」が掲げられていた。

［24］　つまり市民階級が、財産と教養とを身につけることによって、自身が貴族に等しい価値をもつのだと示そうとしてきたということである。

［25］　諸機能システムが資源の転移を行うさまざまな可能性（＝ルースなカップリング）が、特定の転移関係（＝タイトなカップリング）を実現するための前提となる。したがってまずは前者を生ぜしめる、システムのオートポイエーシスを考えねばならないとの趣旨だと思われる。

［26］　constituency には「選挙区民」の意味もある。ここでは「利害関係者」を指しているものと思われる。

［27］　十七世紀から十八世紀初期のフランスにおけるジャンセニズムをめぐる紛争を指しているものと思われる。ルイ十四世は、フランス国内の教会をローマ法王庁から独立させようとするガリカニズムの立場をとっていた。カトリック主流派を攻撃するジャンセニズムはそのために好都合だと思われたが、実際にはジャンセニズムはフランス国内でも分派主義に走る傾向を見せていた。そのため国王もこの一派を快く思わず、司教会議がジャンセニズムを非難しその拠点であったポール・ロワイヤル修道院を解散させた際には、この処置に関して、ジャンセニズムを否認するように全聖職者に命じたローマ法王アレクサンデル八世（第二四一代、在位一六八九―九一）の支持を求めたのである。

［28］　アメリカの言語学者・人類学者のエドワード・サピア（Edward Sapir, 1884-1939）とその弟子ベンジャミン・リー・ウォーフ（Benjamin Lee Whorf, 1897-1941）は、言語が世界の認識の前提となるのであり、言語のあり方によって世界の現れ方も異なってくるという言語相対主義に基づく「サピア＝ウォーフの仮説」を提唱した。そしてそれを裏付ける事例としてアメリカ先住民のホピ族を取り上げ、その言語には文法上の時制も、時間を著す語彙も存在しない、したがってホピ族にとってはそもそも「時間」は存在しないと主張した。B・L・ウォーフ、池上嘉彦訳『言語・思考・現実』講談社、一九九三年。

［29］ Gabriel Sénac de Meilhan（1736–1803）、フランスの作家。パリに生まれルイ十六世の下で行政官として活動、政治的には時の財務総監ネッケルと対立した。フランス革命勃発後ロンドンに亡命、革命を題材にした小説『亡命者 L'Emigre』を発表した。

［30］ ヨーロッパ諸国では、君主国の外交使節は貴族出身でなければならないという暗黙の了解が存在していた。十九世紀に至ってもこの伝統は残存しており、社交能力はもつが政策立案はできない貴族大使と政党政治家（英）ないし官僚（独）とによる二元的外交が行われていた。

［31］「無関心圏」とは、何らかの命令がなされる際に、その命令がどのようなものであっても（つまり命令の内容については「無関心」に）受け入れられる範囲のこと。組織に対する個々人の忠誠心や愛着、個々人に提供される誘因の内容によってその範囲が広くなったり狭くなったりする。

［32］ Virgilio Malvezzi（1595–1653）はイタリアの政治家・修史家。騎士道をめぐる論争がもとで生地ボローニャを離れてスペイン軍に入隊、フィリペ四世の信任を得て宮廷で活躍。晩年はボローニャに戻り、議員やアカデミアの長として過ごした。

［33］ Jennifer Daryl Slack（1947– ）はミシガン工科大学教授。専攻はカルチュラル・スタディーズ、コミュニケーション理論、文化とテクノロジー、文化と環境。

［34］ Anthony Wilden（1935– ）、ロンドン生まれの著述家。一九六八年にジョンズ・ホプキンズ大学で Ph.D 取得。ラカンの英訳者としても知られ、ラカンとの共著 The Language of the Self（Johns Hopkins University Press, 1968）をはじめ、多方面に及ぶ多数の著作を発表している。

［35］ オッカムの神学的著作「未来の偶然事に関する神の予定と予知についての論考 Tractatus de praedestinatione et de praescientia Dei respectu futurorum contingentium（清水哲郎訳、上智大学中世思想研究所編『中世思想原典集成18』前掲）を念頭においたものと思われる。予定説・神の全知全能と自由意志の問題について、オッカムは、未来偶然命題の観点で論じている。例えば、ある人が神による救済を予定されているとする。ただしその予定は現在の事実を述べたものではなく未来についての命題であり、かならず救済されるとは限らない（偶然的に真である）。未来におい

てその人が重大な罪を犯して救済を得られない可能性はある。その時、その人が救済されるという命題は、現に真ではないだけでなく「かつて真であったことはない」というかたちで偽となる。神の予定は永遠のものであるため、罪を犯したことを境に救済から滅びへと遷移したのではなく、滅びがその人の「予定」となるのである。こうしたオッカムの議論については、清水哲郎『オッカムの言語哲学』勁草書房、一九九〇年（特に第四章）を参照。

［36］本章註（434）で述べられているような、グローブやボディ・スーツ、ヘッドマウント・ディスプレイなどによって、知覚可能なヴァーチャル・リアリティを作り出すテクノロジーが念頭におかれているものと思われる。

［37］divisio と partitio はともに「区別、配当」を意味するラテン語で、古典的修辞学においては事実の呈示（narratio）に続く弁論構成のステップを意味している。この段階において話者は、扱われるべき論点を事柄に則して細分しつつ挙げていかねばならない。divisio と partitio との違いは、キケローの『トピカ』によれば、前者は定義しようとしている事柄（類）のすべてを枚挙しなければならないのに対し、後者の場合は定義しようとしている事柄の構成部分をいくつか挙げるだけで十分だというところにある。このことから、divisio には「区分」、partitio には「列挙」という訳語が当てられている。前者は事物の本性に基づく、必ず挙げられるべき違いであるのに対して、後者は論者の思考によって選択的に参照される違いである、というわけだ。なお、ルーマンがこの註で参照しているディーター・ネルは慣習法を法源に含めるか否かについての法学上の論争において「慣習法を法源に含める」との立場から論陣を張ったことで知られる学者であり、ネルはこの divisio/ partitio の区別に依拠することで、ローマ法の古典的文献においては法源として慣習法が挙げられていなくとも、それは partitio が行われていたためであり、慣習法の重要性が低かったという事実を示すものではあっても、それが法源の一部ではないとの結論にはならないと主張した。吉原達也「ローマ法源学説の一問題点——D・ネルの所説をめぐって」『広島法学』第一一巻第三・四号（一九八八年）、三〇七—三二八頁を参照。

［38］Irnerius（1050?–1125?）はイタリアの法学者。ボローニャに生まれ、ボローニャ大学において「注釈学派」と呼ばれるローマ法研究の創設者となった。『標準注釈書』は同学派の末裔であるアックルシウス（Accursius, 1182?–1260?）がイルネリウスをはじめとする先達の業績を集成したものである。

［39］ Karl Wilhelm Ferdinand Solger（1780–1819）、ドイツのロマン派哲学者。ハレ大学で法学を学び官吏として働きながら哲学とギリシア芸術の研究を続け、ロマン派詩人ティークなどとも交友を深めた。一八一一年には、前年に創設されフィヒテが初代学長を務めたベルリン大学に哲学および神話学教授として就任した。

［40］「いかなる技術、いかなる研究も、同じくまた、いかなる実践や選択も、ことごとく何らかの善（アガトン）を希求していると考えられる」（高田三郎訳『ニコマコス倫理学　上』岩波書店、一九七一年、一五頁）。

［41］ 邦訳には収録されていない箇所である。

［42］ Quintus Mucius Scaevola（? –95 B.C.）は共和政ローマ後期の政治家・法律家。ローマ民法の体系化に貢献し、後世のローマ法研究では権威の一人として扱われた。ルーマンは「ムティウス Mutius」と記しており、そう綴られることもあるが、Mucius のほうが一般的である。

［43］ Sir Edward Coke（1552–1634）はイギリスの法律家・政治家。マグナ・カルタを貴族のみならず全人民の権利を保証するものとして解釈し直し、それを踏まえてコモン・ローの優位を主張した。
Sir Matthew Hale（1609–1676）、イギリスの法律家。コモン・ローを代表する論者の一人であり、イングランド首席裁判官（Lord Chief Justice of England）を務めた。「権利の請願」を契機としたチャールズ一世（在位一六二五—一六四九）と議会の対立において、中立の立場を貫いたことで名高い。

［44］ Victor de Riqueti, marquis de Mirabeau（1715–1789）はフランス重農学派の経済学者。フランス革命で活躍した政治家ミラボー（Honore Gabriel Riquetti, comte de Mirabeau, 1749–1791）の父で、「老ミラボー」などと呼ばれたり、息子の「大ミラボー」に対して単に「ミラボー」と表記されたりすることもある。ケネーの「経済表」を、文字および貨幣と並ぶ人類史上の三大発明であると賞賛した。

［45］ Jean Louis Guez de Balzac（1597–1654）、フランスの著述家。二巻からなる書簡集が有名で、フランス語改革運動への貢献でも知られている。

［46］ それまではアリストテレス派の発想に基づいて、行為において重要なのはその行為の自然＝本性を完成することであり、行為は堕落に陥らない限りは行為者の思惑とは無関係にその方向へと進んでいくと見なされていた。しかし今

や問題は行為がどのように進行していくかではなく、どのような内面的動機から行為がなされているかだと見なされるようになったのである。ルーマン『近代の観察』（馬場靖雄訳、法政大学出版局、二〇〇三年）八〇頁以下を参照。

［47］ Claude Adrien Helvetius（1715-1771）、フランスの百科全書派哲学者。懐疑主義的・唯物論的な立場をとり、王権を批判して革命思想の先駆けとなった。著書『精神論』（De l'esprit, 1758）は諸国語に翻訳され、広く読まれた。

［48］ 一八六〇年前後に執筆された「現代生活の画家」（阿倍良雄訳『ボードレール批評II』筑摩書房）を念頭に置いているものと思われる。

［49］ ここで挙げられているノヴァーリスの「フィヒテ研究」は、青木誠之他訳『ノヴァーリス全集』（沖積舎刊）の第二巻に収録されているが、この邦訳は抄訳であり、本文の引用文を含む断章は訳出されていない。

［50］ 現在では、ルーマンの死後に公刊された全訳版（Hartmut Köhler による）が参照可能。Das Kritikon, Frankfurt, Fischer, 2004.

［51］ 自然法の伝統では私法の領域における個人の声望を dignitas、人間であるということ自体に内在し自然法の基礎となる価値を dignatio と呼んで区別している。

［52］ ルーマン『社会の芸術』（馬場靖雄訳、前掲）五九〇頁ではこの批判が、ミケランジェロの『最後の審判』に対するものとして論じられている。この作品に対しては制作中から裸体が描かれていることへの非難が寄せられ、また後世になっていくつかの着衣が書き加えられたことは周知のところである。

［53］ 批評を芸術の不可欠のメディアと考えたドイツ・ロマン派と対照的な、という意味での。

［54］ Hans Ulrich Gumbrecht（1948-）、ヴュルツブルク生まれの文学研究者。一九八九年よりスタンフォード大学比較文学部に所属。

［55］ フィウメ（Fiume）はアドリア海北端のイストリア半島東側付け根部分に位置する都市（現クロアチア共和国のリエカ）。第一次大戦後その帰属をめぐって紛争が生じた。この街はかつてベネチア領だったため当時人口の六割がイタリア人で、イタリア国内では併合を望む声が強かった。またその背後には、大戦の際イタリア軍が、この地を含む戦線で五〇万人もの戦死者を出したこともあった。一九一九年九月十日、詩人ダヌンツィオ（Gabriele D'Annunzio,

1863–1938）率いる四〇〇〇人の黒シャツ隊が同市に乱入、一八か月間にわたって占拠した。その後自由市となるが一九二二年にムッソリーニはイタリア軍をこの地に進軍させ、支配下に置いた。

［56］Henri Grégoire または Abbé Grégoire（1750–1831）はフランスの政治家。ブロアの司教の地位に就きながら、ユダヤ人などをも含めた万人の自由と平等を強く主張し、革命指導者の一人となった。革命直後にフランス全土にわたる言語使用状況に関する調査を行いフランス語使用者が少数であることを指摘、フランス語を標準語としオック語、ブルトン語等を抑圧する革命政府の教育政策に影響を及ぼしたことでも名高い。

［57］átopon の原義は否定辞 a＋場所 topoi であり、「場所をもたないこと out of place, Ortlosigkeit」を意味する。同時にこの語は「奇妙」「不条理」「誤謬」などの意味でも使われてきた。例えば hi eis átopon apagogi は「帰謬法（背理法）reductio ad impossibile, reduction to the absurd」を意味する。また átopon は「アトピー」の語源でもある。

［58］『種撒く人 Le Semeur』はパリで発行されていたプロテスタント派の定期刊行物。この原註で参照されている、スイス生まれの神学者アレクサンドル・ビネ（Alexandre Rodolphe Vinet, 1797–1847）はその主要寄稿者の一人で、文芸評論家としても名声を得た。

［59］Dietrich Schwanitz（1940–2004）、ドイツの文学研究者。一九七八年よりマンハイム大学、一九九七年よりハンブルク大学で教鞭を執った。著書 Bildung. Alles was man wissen muß（1999）や Die Geschichte Europas（2000）はベストセラーとなった。ルーマンに触れた論文としては本書訳註第五章［3］で引用した「語りの自己言及性」がある。

［60］「実質的価値倫理学」は、カントの形式的倫理学を超克しようとしたマックス・シェーラーの試みを、「自然言語の議論」は日常言語学派の立場から道徳的言説の分析を行ったR・M・ヘアの倫理学を指す。

［61］Marcel Gauchet（1946– ）、フランスの著述家。『アルク』『テクスチュール』『リーブル』などの雑誌編集に携わると同時に著述活動を続け、一九九〇年からは社会科学高等研究院の主任研究員をも勤めている。邦訳に『代表制の政治哲学』（富永茂樹他訳、みすず書房、二〇〇〇年）。

［62］Tim Ingold（1948– ）、社会人類学専攻、アバディーン大学（イギリス）教授。主なフィールドはフィンランド、ラップランド等。

訳者あとがき

本書は Niklas Luhmann, *Die Gesellschaft der Gesellschaft*, Suhrkamp, 1997 の全訳である。見てのとおり本書は原書で一一六四頁に及ぶ大著であり、奇しくも著者逝去の前年に刊行された、文字通りルーマン社会学の集大成である。また出版年を考え合わせるならばある意味では本書を、二十世紀後半を代表する社会学者の一人の手による、同世紀社会学を総括する試みのひとつとして位置づけることもできるかもしれない。二〇〇七年十二月に、本書出版後十年を期してルツェルン大学、ヴュッテン大学で Niklas Luhmann's *Die Gesellschaft der Gesellschaft*: Ten Years After と題する国際会議が開催されたという事実も、本書がそのような重みを持つことを示すものであろう。

一九八四年の『社会システム』において「オートポイエーシス」概念の導入を中心として自己の理論枠組の再編・整理を行ったルーマンは、以後それを応用・展開するかたちで、機能分化した各システムをテーマとするモノグラフ・シリーズを刊行していった。それがすなわち、『社会の……』(...der Gesellschaft) と題された一連の著作であり、わが国では現在までのところ『社会の経済』(文眞堂)、『社会の法』『社会の芸術』(法政大学出版局)、『社会の教育システム』(東京大学出版会) が翻訳刊行されている。本書はこのシリーズの延長線上に位置づけられるもので、ここでルーマンは個々の機能システムではなく、機能分化し中心も頂点も消失した、近代社会そのものを対象としている。すなわち本書では、複雑化し流動化して明確な輪郭を失ったこの社会が——しかしルーマンによればそれは近代社会の成立と同時に生じた事態であり、例えばジグムント・バウマンが考えているように「ポストモダン」のメルクマールなどではない（本書一六二三頁、原註(427)参照）——、長岡克行氏の表現を借用すれば、作動中心的で脱存在論的な社会理論の立場から描き出されている。ルーマンにとって社会秩序はもはや、何らかの事物の本性（大数の法則や、「事物の本質などない」も含めて）に即して成立するのではなく、社会を構成する作動（コミュニケーション）がただ単に事実として生じ、他の諸作動と円環的に接続されることによって生じる。それゆえに（「それにもかかわらず」ではなく）現実には恣意的なものなど存在せず、あらゆる出来事は他のさまざまな出来事との関係の中で、「構造的に決定された」ものとして立ち現れてくるのである。本書で驚くべき多様な素材を用いて縦横無尽に描出されているのは、まさにこの事態に他ならない。

そして同じことがルーマンの理論自身にも、「オートロジカル」に当てはまることになる。ルーマン理論の有効性も、何らかの方法論的基準や特定の事実との照合によってではなく、この理論がどう受容されいかなる反応を引き起こすかによって測られる。読者一人一人が本書に目を通して何らかのリアクションを示すことが（本書を途中で閉じることや、投げ捨てることも含めて）、本書の「リアリティ」を確証するのである（本書六一三頁を参照）。

ところで四〇年にわたるルーマンの知的営為の総決算として本書を位置づける場合、当然のことながら問われねばならないのは、同じルーマンの「初期」や「中期」の理論と本書との一貫性という問題である。初期の中心概念である「複雑性の縮減」は本書の中でどれくらいの重要性をもっているのか。『社会システム』において導入されたオートポイエーシス概念は、本書において有効に活用されているのか。『社会システム』と本書の間に理論内容の変化や齟齬はないか。これらについては読者の判断に委ねることにしよう。

しかし少なくとも論述スタイルに関して言えば、かなりの変化が生じているのを確認できる。初期の著作に見られる、論点を矢継ぎ早に列挙していきなり論述を打ち切ってしまう（読者は「結局何が言いたいのか」と途方に暮れることになる）、あまりにも不親切な叙述法。『社会システム』での、どの章・どの節も他のすべての章・節を踏まえなければ理解できないという、錯綜していると同時に緊密で緊張感に満ちた構成法。本書ではそれらは影を潜め、ごく普通の書き流しスタイルが採用されているように思われる。その分、個々の論点の掘り下げという点では不満を感じさせる箇所が無くもない。しかし逆に各論点が理論全体の中で占める位置、ルーマンが社会の現状と直面する問題をどのように把握しているか、「結局何が言いたいのか」などについては、かなりわかりやすくなっているようだ。

その意味で本書は、ルーマン理論の総決算であると同時に入門書としても最適だと言えるかもしれない（「量」という一点を除けば）。

翻訳作業の手順について。まず、各章担当者による下訳を参考にしつつ馬場が訳文全体を作成、担当章を中心に各自が草稿を点検し、その後赤堀を中心としつつ、索引作成作業などを含む仕上げを全員で行った。下訳分担は次の通りである。

第一章　赤堀
第二章　菅原
第三章　高橋
第四章　馬場
第五章　高橋・馬場

なお、本書に続いて法政大学出版局より刊行される『社会の……』シリーズ（『社会の科学』など）との間で訳語を統一するよう試みはしたが、各担当訳者の完全な意見の一致には至りえなかったということを申し添えておく。

訳者（馬場）は、原書を最初に手にした時に、黒い表紙の分厚い二巻本の持つ価値を直感し、十年以内には訳出刊行したいものだと考えたのを今でも鮮明に記憶している。結局この願いを叶えることができなかったのは、もちろん訳者らの力不足のためである。それでも当初のもくろみから二年ばかり遅れただけで本書を読者諸賢に向けて送り出せたのは、法政大学出版局・前編集代表の平川俊彦氏、現担当の奥田のぞみ氏のご尽力の賜物である。心より感謝したい。

二〇〇九年七月

訳者を代表して　馬場靖雄

訳者

馬場靖雄（ばば やすお）
1957年，新潟県生まれ．1988年，京都大学大学院文学研究科博士課程単位取得退学．現在，大東文化大学経済学部教授．著書：『ルーマンの社会理論』（勁草書房，2001年），『反＝理論のアクチュアリティー』（編著，ナカニシヤ出版，2001年），『社会学のアリーナへ』（共著，東信堂，2007年）他．翻訳：N. ルーマン『近代の観察』（法政大学出版局，2003年），『社会の芸術』（法政大学出版局，2004年）他．

赤堀三郎（あかほり さぶろう）
1971年，宮城県生まれ．2003年，東京大学大学院人文社会系研究科博士課程修了．博士（社会学）．現在，東京女子大学現代教養学部教授．論文：「社会システムのオートポイエティック・モデル――ゴードン・パスクの会話理論を手がかりに」（『社会・経済システム』24号），「社会システム理論における自己言及パラダイムの由来」（『東京女子大学社会学会紀要』34号），「戦後アメリカにおけるサイバネティクスと社会学」（『東京女子大学社会学会紀要』37号）他．

菅原　謙（すがわら けん）
1964年，宮城県生まれ．早稲田大学大学院文学研究科社会学専攻博士課程単位取得退学．現在，宮城大学准教授．著書：『市民社会と批判的公共性』（共編著，文眞堂，2003年）他．論文：「（社会）制度の諸概念について」（『社会学年誌』50，2009年）他．翻訳：『間主観性の社会学』（共訳，新泉社，1996年）他．

高橋　徹（たかはし とおる）
1970年，宮城県生まれ．2001年，東北大学大学院文学研究科博士後期課程修了．博士（文学）．現在，中央大学法学部教授．著書：『意味の歴史社会学――ルーマンの近代ゼマンティク論』（世界思想社，2002年），『滲透するルーマン理論――機能分化論からの展望』（共著，文眞堂，2013年）他．翻訳：N. ルーマン『社会構造とゼマンティク３』（共訳，法政大学出版局，2013年）他．

著者

ニクラス・ルーマン（Niklas Luhmann）
1927年ドイツのリューネブルクに生まれる．1968-1993年ビーレフェルト大学社会学部教授．70年代初頭にはハーバーマスとの論争により名を高め，80年代以降「オートポイエーシス」概念を軸とし，ドイツ・ロマン派の知的遺産やポスト構造主義なども視野に収めつつ，新たな社会システム理論の構築を試みた．90年前後よりこの理論を用いて現代社会を形成する諸機能システムの分析を試み，その対象は経済，法，政治，宗教，科学，芸術，教育，社会運動，家族などにまで及んだ．1998年没．『宗教論』『近代の観察』『社会の法』『社会の芸術』『社会の社会』『社会の科学』『社会の政治』『社会構造とゼマンティク』（以上，法政大学出版局）など邦訳多数．

《叢書・ウニベルシタス　922》
社会の社会 2

2009年 9 月22日　　初版第 1 刷発行
2017年 5 月20日　　新装版第 1 刷発行

ニクラス・ルーマン
馬場靖雄／赤堀三郎／菅原謙／高橋徹 訳
発行所　一般財団法人　法政大学出版局
〒102-0071 東京都千代田区富士見2-17-1
電話03(5214)5540／振替00160-6-95814
製版，印刷：三和印刷／製本：誠製本

Printed in Japan

ISBN 978-4-588-14041-9

事項索引

＊ 原著に付された索引項目をそのまま翻訳し，五十音順に配列した．
＊ 原著の「頁以下」（ff.）がどの範囲に及ぶかは，訳者の判断による．
＊「1602（n298）」は「1602頁原註（298）」を意味する．
＊ 指示された頁に当該語が見あたらない場合は，*を付しておいた．
＊「→」は，参照すべき関連項目を示す．

ア 行

愛 Liebe 386-389, 436-437, 550, 561, 584-585, 1018-1019, 1054, 1301-1302
愛国心 Patriotismus 1030, 1257, 1264, 1359, 1602（n298）
アイデンティティ，同一性 Identität 36, 93, 923, 1087-1088, 1175-1176, 1187, 1237, 1333, 1355-1356, 1373-1374
アイロニー Ironie 1360, 1459, 1481
悪魔 Teufel 1143-1144, 1557（n469）
新しさ，新奇さ Neuheit 240, 328, 330, 524, 535-536, 538-539, 560, 563-564, 618, 629, 1079, 1312, 1316-1323, 1324, 1425
圧縮／再認 condensation/ confirmation 70, 704（n190）
アナーキズム Anarchismus 1392
アナログ／デジタル analog/ digital 1069
アナロジー Analogie 997*, 1217（存在ノ類比 analogia entis）
アピール Appelle 1052
アルファベット Alphabet 583
安定性 Satbilität
　動態的―― dynamische- 43, 220*, 299, 491, 639-640
　――／不安定性 -/ Instabilität 460
アンビヴァレンス Ambivarenz →多義性
位階の差異 Rangdifferenzen 954-956 →階層化
意見 Meinungen 1205
威厳 dignitas 991
意見の一致と不一致 Konsens und Dissens 460
意見表明の自由 Meinungsfreiheit 1411
意識 Bewußtsein 78, 80, 93, 94, 105-106, 620, 700（n163）, 1108, 1127, 1172, 1348
威信財交易 Prestigegüterhandel 953-954, 959*, 1010

以前／以後　vorher/ nachher　43, 503, 650, 654, 1113
移送　Übertragung　106, 214, 223
一貫性　Konsistenz　56, 285, 302, 332, 627
逸脱　Abweichung　524, 533-534
逸脱の増幅，逸脱の強化　Abweichungsverstärkung　174, 479, 497, 539-542, 648, 891, 954, 1064, 1082
イデオロギー　Ideologie　3, 196, 203, 384, 1057, 1157, 1168, 1266, 1309, 1396, 1399-1400, 1403, 1564 (n36)
イデオロギー批判　Ideologiekritik　1444
意図　Intention　82
移動性　Mobilität　895, 988, 993-995
祈ること　Beten　480
意味　Sinn　33-52（III 節全体）, 103, 151, 152, 220, 515, 1163, 1300, 1457, 1467, 1471
医療　Krankenbehandlung　467
因果性　Kausalität　97, 104-105, 137-139, 174, 511, 542, 572, 645-646, 647, 897, 1040, 1288-1289, 1327-1328
因果技術　Kausaltechnik　597-598
インフレーション　Inflation　558, 639, 1051
――／デフレーション　－/ Deflation　434-438, 461, 1365-1366
ヴァーチャル・リアリティ　virtuelle Realität　341, 1479
美しい／美しくない　schön/ unschön　636-637
運動　Bewegung　482, 1200, 1234, 1315, 1329, 1393, 1473
運命　Schicksal　945, 984-985, 1357
映画　Film　344
永遠　Ewigkeit　650, 1313, 1315, 1316, 1393, 1397
エコロジー，生態学　Ökologie　125, 135-143（VIII 節全体）, 200-201, 643, 952, 1050, 1067, 1086, 1096-1097, 1153-1154, 1426-1427, 1438
エスニシティ　Ethnien　1087, 1602 (n299)
エネルギー　Energie　595, 607
演劇，劇場　Theater　640, 1355
エピソード　Episoden　1113
円環　Kreislauf　1283
エントロピー　Entropie　476, 611
オイコス　oîkos　1238 →家庭，家政
横断　crossing, Kreuzen　45, 54, 91, 153, 249, 407, 426, 565, 1480
大きさ　Größe　146-147
オートポイエーシス　Autopoiesis　33, 59-63, 73, 77, 79, 97, 137, 144-145, 189-190, 198-199, 213, 217, 227, 228, 244-246, 256-257, 500, 636, 898, 1034-1035, 1039, 1040,

1045, 1080, 1109, 1110, 1183, 1212, 1405, 1418, 1430, 1447
オートロジー　Autologie　2, 19, 49, 58, 145, 154, 192, 204, 218, 622, 1169, 1171, 1177, 1190, 1405, 1446, 1449, 1457-1474, 1476
オーソドックス　Orthodoxie　1185
オリジナリティ　Originalität　397, 1319, 1338 →起源
オルターナティヴ，［代替］選択肢　Alternativen　536, 1126, 1158, 1353
音声／意味　Laut/ Sinn　237-238, 287-288
恩寵　Gnade　1227

カ　行

外化，外部化　Externalisierung　71, 450, 557
回帰　Rekursion　37-38, 69, 149, 151-152, 163, 209, 229, 356, 477, 504, 661, 898, 908, 934, 1042, 1080, 1186
階級社会　Klassengesellschaft　1184, 1236, 1379-1384（XVI 節全体）
懐疑論　Skepsis　622, 627, 1211, 1232, 1261, 1270
解釈　Interpretation　294, 470, 621
解釈学　Hermeneutik　621, 1187, 1291
蓋然性計算　Wahrscheinlichkeitsrechnung　1305
蓋然性の低さ　Unwahrscheinlichkeit　236, 245, 257, 273, 356, 358, 405, 475-476, 479, 488, 517, 541-542, 556, 648, 930, 996
階層　Schichtung　1063-1065, 1290 →階層化
階層化　Stratifikation　176, 532, 536, 568*, 631, 905, 907, 912, 917, 952, 958, 971-996（VI 節全体）, 1025-1026, 1031, 1059, 1065, 1118-1119, 1122*, 1185, 1192, 1222-1223, 1376
介入　Intervention　599
概念　Begriffe　1463
概念法学　Begriffsjurisprudenz　1044, 1287
開発援助　Entwicklungshilfe　922, 930
怪物　Monstren　481, 1198
解放　Emanzipation　1098, 1230, 1347, 1351-1352, 1408, 1607（n329）
会話　Konversation　1119
鏡　Spiegel　1217, 1245, 1428, 1457
書くこと　Schreiben　308
拡散，普及　Diffusion　586-587, 1485（n18）
確実さ（確かさ）　Sicherheit　46, 1019, 1338, 1340
学習能力　Lernfähigkeit　1080
学術，科学　Wissenschaft　384, 506, 594, 643, 1002, 1027, 1046, 1049, 1053, 1074-1075, 1279-1282, 1412, 1458-1459

革新　Innovation　560, 605-606, 633, 1084 →新しさ
革命　Revolution　554, 650, 1394-1395, 1400, 1408
　フランス——　Französische-　628, 1118, 1295, 1323, 1370, 1372, 1381, 1385-1386, 1394, 1399, 1400, 1406
撹乱　Störung　605, 1057, 1060, 1305
かけがえのなさ　Einzigartigkeit　1338
過去　Vergangenheit　1270, 1312-1313, 1321-1328, 1331, 1395
　——／未来　-/ Zukunft　43, 160, 304, 660, 670, 1054-1055, 1126, 1478
家事　Hausarbeit　1549-1550(n417)
可視的なもの／不可視的なもの　Sichtbares/ Unsichtbares　1227
家族　Familien　931, 946-947, 1018, 1058, 1069, 1291-1292
加速化　Beschleunigung　1322
カタストロフィー　Katastrophen　911, 952, 970, 999, 1426-1427, 1439
価値　Werte　255, 382-386, 418, 436, 459, 468-469, 472, 533, 563, 623, 1058-1059, 1062, 1088-1092, 1144, 1402, 1451-1452
価値変動　Wertewandel　1461
学校　Schulen　1258-1262（VII 節全体）
活版印刷術　Buchdruck　162, 221, 224, 277, 289, 321, 325-336（VI 節全体）, 350, 403, 454, 615, 617, 622, 624, 627, 991, 1002, 1017, 1194, 1230, 1261, 1269, 1270, 1311-1312, 1325, 1362, 1374
カップリング　Koppulung
　ルースな／タイトな——　lose/strikte-　216, 218, 219-221, 244, 400, 457, 479, 599-600, 607*, 1439 →メディア
　構造的——　strukturelle-　60, 90-126（VI 節全体）, 118, 233, 337, 429, 508, 509, 512, 606-607, 893-894, 986-987, 1068-1078, 1158, 1418
家庭，家政　Haus, Haushalt　950, 987-990, 1069, 1238-1239, 1283, 1363 →家族
過程　Prozeß　491
　歴史的——　historischer-　651, 1209, 1470-1471
　——／構造　-／Struktur　688(n93)
過程の再帰性　Reflexivität von Prozessen　421-422
カテゴリー　Kategorien　1203
可能性　Möglichkeit　311-312 →潜在化
　——の条件　Bedingungen der-　312
　限定的な——　begrenzte-　585
可能性の剰余　Möglichkeitsüberschüsse　103 →意味
貨幣　Geld　390-393, 437, 548, 648, 950, 990, 1010-1015, 1123, 1125, 1354 →経済
貨幣鋳造　Geldmünzen　506, 581
神　Gott　48, 87, 157-158, 170, 270, 318, 480, 529, 546, 556, 562, 724(n52), 1195-1196,

1203, 1229, 1230, 1235, 1397, 1441
環境　Umwelt　1344
頑強さ　Robustheit　599
観察　Beobachtung　612-614
ファースト／セカンド・オーダーの——　-erster/ zweiter Ordunung　92, 154, 162, 277, 315, 324, 352, 380-381, 425, 435, 551, 893, 970, 1056-1057, 1061, 1068*, 1142, 1173, 1207, 1232, 1283*, 1341*, 1346, 1397, 1403, 1405*, 1419, 1424*, 1441, 1445-1455
観察すること　Beobachten　64, 90-91, 128, 192, 203, 1170, 1180, 1196-1198, 1201, 1205, 1211, 1385, 1477
間主観性　Intersubjektivität　1172, 1404, 1598(n270)
完成態，完全　Perfektion　480, 548, 1223-1224, 1234, 1244, 1309
環節分化　segmentäre Differenzierung　545, 568, 905, 907, 917, 931-958（V 節全体), 1049-1050
感嘆　admiratio, Bewunderung　158, 165, 394, 753-754(n223), 1079
寛容　Toleranz　458
記憶　Gedächtnis　x, 34, 35, 73, 103, 121, 128, 221, 240-241, 304, 306, 321, 334, 409, 533, 615, 622, 638, 652-672（XIII 節全体), 941, 1062, 1091, 1269, 1331, 1376, 1394, 1432
機会　Gelegenheiten　1023, 1054 →偶然
機械　Machinen　127-128, 604
危機　Krise　1060, 1445, 1463
棄却値　Rejektionswert　1039
偽計　Täuschung　250-251, 1306
危険　Gefahr　608
起源　Ursprung　48, 307, 332, 482, 487, 503, 570*, 1203, 1210, 1218, 1293*, 1313, 1319, 1331, 1394* →始まり，端緒
記号　Zeichen　197, 231-232, 604, 1201, 1261, 1310, 1339
記号論　Semiotik　197, 1310, 1455
儀式　Ritual（儀礼 Riten）　263-264, 941
技術，技法　Technik　415, 443, 550, 590-611（IX 節全体), 594, 776(n370), 1298-1299, 1306
基準　Kriterien　426, 608, 637, 638, 1166, 1265, 1342
不安定な——　instabile-　561-563
稀少性　Knappheit　390, 392, 533, 1284, 1297
寄食者（寄生体）　Parasiten　956-957
犠牲，供物　Opfer　259, 949
奇跡　Wunder　481, 1195
偽善　Heuchelei, hypocrisy　774-775(n358), 922, 1358

規則　Regeln　937, 942, 950
貴族　Adel　184, 332, 505, 528, 588, 899, 905, 1007–1009, 1022–1025, 1118, 1131, 1203, 1244, 1248–1252
帰属　Zurechnung　137–138, 375, 1328
基礎研究　Grundlagenforschung　1046
規定された／未規定の　bestimmt/ unbestimmt　247–248
機能　Funktion　1046, 1454
機能的優位性　Primat, funktionaler　1035, 1051–1052*
規範　Normen　935–936
キャリア　Karrieren　1029, 1058, 1330, 1338
救済　Erlösung　1323
教育　Erziehung　467, 1023, 1074, 1076, 1123, 1230, 1259, 1261–1262, 1288–1289, 1411, 1412
——と選抜　-und Selektion　1289
教育学　Pädagogik　1262
教会　Kirche　562
境界（単数）　Grenze　71–73
——（複数）　Grenzen　938–939, 1009, 1042, 1102
境界値　Grenzwerte　1159
教義学　Dogmatik　627
競合，政治的——　Rivalität, politische　1004–1005, 1006
共進化　Co-evolution　612, 617, 635
強制　Zwang　1352
共生的シンボル　symbiotische Symbole　429–434
共通感覚＝常識　Common sense　625
共同生活　symbiosis　1228
共同体の恐怖政治　Gemeinschaftsterror　1107
教養　Bildung　923, 1028, 1178, 1230, 1289, 1353
虚構（性）　Fiktionalität　302*, 312, 316, 396
ギルド　Gilden　584, 997, 1122
均衡　Gleichgewicht　552, 561, 1034, 1082, 1141, 1283, 1305
銀行　Banken　556
近代　Moderne　1031, 1328–1329, 1406–1413（XVIII 節全体）, 1473
近代性，近代化　Modernität, Modernisierung　169–170, 643
空間　Raum　283, 353–354
——の経験　-erleben　163
——と時間　-und Zeit　1330–1331
偶然　Zufall　59, 124, 249, 266, 353, 408, 426, 488, 489–490, 497, 502, 510–512, 519, 527,

537, 540, 572, 573, 585, 633, 944, 1054, 1346
偶発性　Kontingenz　46, 147, 152, 160, 176, 235, 533, 629, 1037, 1038, 1292, 1416, 1450-1451
偶発性定式　Kontingenzformeln　533
区別　Unterscheidung　38, 39-40, 46-52, 53-57, 302, 659-660, 1201-1205, 1208, 1231, 1310, 1450, 1463
グローバル化　Globalizierung　170-171, 182, 1099-1105（XII 節全体）→世界社会
グローバル・システム　global system　17
計画　Planung　492-493, 566, 1067-1068, 1079
経験（的知識）　Empirie　23, 425
警告　Warnen　1439
経済　Ökonomie　1311
——／家政経済　－／Hauswirtschaft　372
経済　Wirtschaft　634-635, 638-639, 644, 1010-1018, 1027, 1044, 1046, 1049-1050, 1052-1053, 1070-1076, 1141, 1354-1355, 1411, 1412
啓示　Offenbarung　170, 263, 320, 650
形式　Form　39, 43-44, 49, 53-58, 218, 237, 537, 539, 888, 902, 1038, 1479 →メディア，再参入
芸術　Kunst　173, 394-398, 437, 548, 1000, 1021, 1057, 1079, 1232, 1289-1291, 1301-1302, 1475
芸術批評　Kunstkritik　769 (n322)
系図，家系，系譜　Genealogien　315, 505, 947, 978, 985
啓蒙　Aufklärung　8, 335, 620, 924, 1021, 1028, 1228, 1266, 1295, 1307, 1320, 1339, 1456
契約　Vertrag　401, 582, 939, 1002, 1073-1074, 1123, 1218, 1229
契約の自由　Vertragsfreiheit　1287
ゲゼルシャフト／ゲマインシャフト　Gesellschaft/ Gemeinschaft　1391, 1532 (n292)
決定　Entscheidungen　177, 1055, 1063, 1124-1128, 1134, 1312, 1327, 1396
決定の前提　Entscheidungsprämissen　1129, 1132
血統　Abstammung　982
決闘　Duell　1023, 1251
ゲットー形成　Ghettobildung　1100
ゲマインシャフト　Gemeinschaft　1257
権威　Autorität　152, 308, 326, 346, 351, 379, 1058, 1131, 1132, 1133-1134, 1187, 1213, 1233-1234, 1465
検閲　Zensur　350, 1320
玄義　Mysterium　158, 165-166*
言語　Sprache　37-38, 111-113, 226, 228-257（III 節全体）, 509, 521-522, 1309-1310
現在　Gegenwart　41, 43, 304, 450, 451, 502-503, 504, 657-658, 1114, 1116, 1200-1201,

1320-1321, 1325-1327, 1333-1334, 1394, 1396-1397
現時性　Aktualität　43
——と可能性　-und Möglichkeit　38, 39-40, 45-46, 50
現実性　Wirklichkeit　533
原則　Prinzipien　1309
権能　potestas　1003, 1005
憲法　Verfassung　1072, 1152, 1278-1279, 1287, 1295, 1387, 1411
原理主義　Fundamentalismus　1087, 1092, 1100, 1101, 1191, 1355, 1378
賢慮　prudentia　270, 1006, 1294
権力　Macht　399-401, 424, 427, 437, 531（力）, 548, 637
行為　Handlung　83, 336, 376-377, 495, 901
合意，コンセンサス　Konsens　x, 11, 13-14, 78, 119, 122, 226, 897, 1172, 1243, 1424
行為理論　Handrungstheorie　26-27, 28, 83, 1350-1351
抗議　Protest　608, 1148-1149
抗議運動　Protestbewegungen　1096, 1143-1162（XV 節全体）, 1423, 1426, 1458
公共性　Öffentlichkeit　1266
広告　Werbung　1332, 1431
交渉システム　Verhandlungssysteme　1078, 1546（n393）
公職　Ämter　369
構成主義　Konstruktivismus　21, 22, 34, 134-135*, 167, 533, 633, 694（n128）, 1449, 1465, 1481
構造　Struktur　220, 493-494, 500-501, 1181
構造的ドリフト　structural drift　1158-1159
口頭／文字　mündlich/schriftlich　78, 224, 240-241, 280-336（VII 節全体）, 313, 320-322, 615-620, 1116, 1191
高度文化　Hochkulturen　→階層化
幸福，幸運　Glück　924, 1098, 1381
合理性　Rationalität　183-207（XI 節全体）, 603, 1087, 1126-1127, 1284
——と進化論　-und Evolutionstheorie　632-633
合理性連続体　Rationalitätskontinuum　186, 189, 204
合理性要求　Rationalitätszumutungen　1026, 1028
告解　Beichte　922, 1247, 1255, 1321
国語　Nationalsprachen　329, 331-332, 1374
国民国家　Nationalstaaten　1101-1102, 1413
互酬性　Reziprozität　942, 947-951, 953, 1120
個人，個人＝個体　Individuum　5-6, 205, 234, 278, 331, 457, 495, 497-498, 643, 888, 922-923, 941, 1026-1027, 1055, 1057, 1086, 1096, 1122, 1170, 1178, 1229, 1244, 1282, 1284, 1291, 1334-1357（XIII 節全体）, 1347, 1373, 1389-1390, 1407, 1422

個人主義　Individualismus　125, 629, 1367, 1389
コスモロジー　Kosmologien　1192, 1227*
個体群，人口　Population　483, 497–498, 515, 553, 631, 1356, 1390
国家　Staat　506–507, 556, 646–647, 1002, 1046, 1136, 1140–1141, 1148, 1276–1277, 1346, 1376
——と全体社会　-und Gesellschaft　1376, 1387, 1388, 1421
国家成立論　Staatsentstehungstheorien　957, 974
国家理性　Staatsräson　561, 969, 1004, 1007, 1009, 1274, 1276, 1364, 1521–1522（n224）
コード化　Codierung, バイナリー・——　binäre Codierung　116, 246, 250–257, 405–411, 411–413, 441, 523, 636–639, 778（n9）, 1037–1043, 1099, 1166, 1365, 1429
道徳の——　-der Moral　273, 274, 1039–1040, 1247, 1361–1367, 1460
子ども　Kind　1288
細やかな配慮　Takt　543
コミュニケーション　Kommunikation　ix–x, 27–28, 62–63, 65, 76, 78–90, 209–474（第二章全体）, 1109, 1468–1469
——の蓋然性の低さ　Unwahrscheinlichkeit von-　209–211
コミュニケート不可能性　Inkommunikabilität　1355
固有値，固有行動　Eigenwerte, Eigenverhalten　16, 242, 244, 352, 448–449, 908, 1167, 1186, 1405, 1421, 1427, 1454, 1455
固有の利害関心，自己利害　Eigeninteresse　1307, 1338, 1386*
娯楽　Unterhaltung　1332
コンピュータ　Computer　122–123, 338–340, 346, 351, 473, 604, 1479
コンフリクト　Konflikte　357, 527, 530, 896, 934, 935, 979, 1133, 1425
コンフリクトを抑圧すること　Konfliktrepression　530

サ　行

再安定化　Restabilisierung　487, 489–490, 491, 513–514, 517, 551–567（VI 節全体）, 567–577（VII 節全体）
再記述　redescription, Wiederbeschreibung　xi, 74, 1190–1191
細工への嫌疑　Manipulationsverdacht　343
再参入　re-entry　35, 40, 50, 51, 73, 99, 194–196, 198, 654*, 890, 943, 1087, 1112, 1124, 1151, 1163, 1167, 1175, 1388
最小多様度　requisite variety　110, 129
再生産　Reproduktion　97
裁治権　iurisdictio　1286
差延（デリダ）　différance（Derrida）　70, 1478, 1483–1484（n5）
先取り反応　anticipatory reactions　229, 1116
錯誤，誤謬　Irrtum　251, 1202, 1205, 1209

作動上の閉じ　operative Schließung　33-34
サブカルチャー　Subkulturen　545
散逸構造　dissipative Strukturen　174, 206
参加　Partizipation　1225-1226
残余概念　Rest-Begriffe　922
恣意　Willkür　1173, 1242, 1276-1278
時間，時間次元　Zeit, Zeitdimension　44, 79-80, 119-120, 134, 149-150, 153, 160, 219-220, 239, 249-250, 299, 305-306, 416-417, 451, 478-479, 504, 571, 650, 946, 948, 1034, 1054-1055, 1081, 1117, 1167-1168, 1171, 1199-1201, 1203, 1245-1246, 1312-1316, 1327-1328, 1330-1331, 1393-1394, 1396-1397, 1478
時間計測　Zeitmessung　1315
刺激　Irritation　108, 117, 123-125, 131, 134, 199-200, 235, 509, 512, 574-575, 913, 1047, 1053, 1057, 1060, 1069-1070, 1078-1093（X 節全体），1133, 1183, 1330, 1418, 1434-1435
試験制度　Prüfungswesen　1022
自己　Selbst　92
自己愛　Selbstliebe　1339
自己観察　Selbstbeobachtung　73, 83-84, 85-86
自己記述　Selbstbeschreibung　xi, 1-2, 19, 100, 614, 642, 651, 934*, 945, 1163-1482（第五章全体），1308, 1419, 1435, 1532-1533（n297）
――の多数性　Mehrheit von-　1190 →超複雑性
自己言及　Selbstreferenz　58, 151, 1163, 1166
――と他者言及　-und Fremdreferenz　35, 41, 51, 72, 84-85, 91, 96, 98, 196, 198, 214, 260, 637, 1043-1045, 1095, 1110, 1162, 1165, 1170-1171, 1177, 1183, 1212, 1449
自己実現　Selbstverwicklung　923, 1098, 1169, 1390, 1406
自己充足の禁止　Selbstbefriedigungsverbote　432-433
自己成就的予言　self-fulfilling prophecy　244
自己除外の禁止　Selbstexemption, Verbot der　1463
自己組織化（性）　Selbstorganisation　58, 92, 137, 162, 206, 234, 249, 489, 1221
自己代替的秩序　Selbstsubstitive Ordnungen　560, 1041
市場　Markt　809（n192），1012, 1054, 1498（n100）
事象次元　Sachdimension　1467
システム／環境　System/ Umwelt　16, 35, 51, 52-55, 56-63, 94, 95-96, 199, 495-496, 890, 892-893, 902-903, 1033, 1053, 1060-1061, 1084, 1095, 1096, 1177
システム合理性　Systemrationalität　198-199, 1084
システム統合／社会統合　Systemintegration/ Sozialintegration　914
システム分化　Systemdifferenzierung　126, 140, 160*, 614, 887-901（I 節全体），1048, 1468 →分化形式

システム療法　Systemtherapie　797(n111)
システム理論　Systemtheorie
　――と進化論　-und Evolutionstheorie　494-513（II 節全体), 645, 892
自然＝本性　Natur　183-184, 548-549, 592-594, 595, 607, 626, 980-981, 1202, 1209, 1216-1221, 1234, 1240-1246, 1269-1270, 1304-1312（XI 節全体), 1564-1565(n40)
慈善　caritas　930
自然的／人為的　natürlich/ künstlich　1390, 1451
自然法　Naturrecht　355, 1286-1287
時代精神　Zeitgeist　668, 1372, 1395
時代の分割　Epocheneinteilungen　486, 588-589*, 631-632, 901*, 909-910*, 1396 →段階モデル
実証主義論争　Positivismusstreit　1447
質料　Materie　1201
支配，政治的――　Herrschaft, politische　531
支払い　Zahlungen　898, 1014, 1027, 1044, 1073
指標的表現　indexical expressions　937, 1181
事物ノ系列　series rerum　1226
資本　Kapital　1014
　――／労働　-／Arbeit　1380
資本主義　Kapitalismus　1413, 1419
市民社会　civil society　1271, 1311
市民社会　Zivilgesellschaft　1067, 1140, 1382
社会運動　soziale Bewegung →抗議運動
社会化　Sozialisation　1028
社会階級　soziale Klassen　906, 927, 1016, 1028, 1064
社会学　Soziologie　1-20, 21, 668, 1180, 1396, 1435-1436, 1447, 1453, 1458
社会契約　Sozialkontrakt　13, 355
社会契約　Gesellschaftsvertrag　1340
社会史　Gesellschaftsgeschichte　1395
社会次元　Sozialdimension　1467
社会システム　Sozialsystem　75-77
社会主義　Sozialismus　1377, 1381, 1400, 1407, 1419
社会性　Sozialität　1340*, 1350*
社会生物学　Soziobiologie　501, 791(n81)
社会的なもの　Soziales　1246, 1381
社会扶助　Sozialhilfe　922, 930
自由　Freiheit　219, 485, 1254, 1288-1289, 1336-1337, 1341, 1346, 1352-1353, 1381, 1398-1399, 1473

宗教　Religion　185, 225, 259-267, 277, 371-372, 380, 412, 447, 455, 466-467, 528, 533, 534-535, 546-547, 549-550, 557, 562, 943, 1010, 1017, 1019, 1149, 1182, 1216, 1221, 1227, 1229, 1291-1292, 1302-1303, 1311, 1341, 1360, 1367, 1389, 1393, 1411, 1437, 1442
——と道徳　-und Moral　270-280, 318
集権主義，政治的——　Zentralismus, politischer　974, 1002-1003*
集合意識　Kollektivbewußtsein　78
修辞学　Rethorik　184, 321, 363-364, 622, 1247, 1294
自由主義的／社会主義的　liberal/ sozialistisch　1072
自由主義，リベラリズム　Liberalismus　1342, 1376, 1386, 1400, 1444
集団　Kollektiv　1388
授業　Schule　1289
主権　Souveränität　1008-1009, 1274, 1276
首肯性　Plausibilität　621-628, 631
主体　Subjekt　594, 1055, 1326, 1334-1357（XIII 節全体）, 1389, 1404, 1442
——／客体　-／Objekt　1165-1167, 1175-1176
出自　Herkunft　1330, 1346, 1375, 1380, 1396
出版の自由　Pressefreiheit　1320
趣味　Geschmack　1021, 1290, 1431
受容　Akzeptanz　79
受容／拒否　Annahme/ Ablehnung　252, 256, 257-259, 323, 356, 523, 564　→コード化
瞬間　Augenblick　1315
循環　Zirkulation　445
循環の打破　Unterbrechung des Zirkels　63
準－対象物　Quasi-Objekte　663, 941
叙位　Nobilitierungen　988, 993, 1005, 1007, 1022
条件づけ　Konditionierung　134, 258, 362, 1103-1104
上昇　Aufstieg　988, 992-996
小説　Roman　1355
象徴　Symbole　263, 324, 359, 943
象徴的／悪魔的　symbolisch/ diabolisch　360
象徴的一般化　symbolische Genaralisierung　115
象徴的一般化メディア　symbolisch genaralisierte Kommunikationsmedien　225-227, 355-452（IX 節－XII 節全体）, 547-551
冗長性　Redundanz　43, 68, 130, 150, 224, 238, 282, 293, 309, 403, 480, 1081, 1109
可能なコンタクトの——　-möglicher Kontakte　955
——／変異性（多様性）－/ Varietät　43, 258, 305, 603, 1324, 1330
冗長性の放棄　Redundanzverzicht　1050

消費　Konsum　1012
情報　Information　36, 66-68, 82-83, 91, 210, 1079, 1324, 1332
　──と伝達　-und Mitteilung　73, 82-83, 98, 131-132, 211, 233, 612
情報社会　Informationsgesellschaft　1413-1421（XIX 節全体）
職業　Profession　205
所属性　Zugehörigkeiten　1148
所有権，所有　Eigentum　390-393, 426-427, 531, 939, 990, 997-998, 1002, 1073-1074, 1388
自律性　Autonomie　62, 1066-1078（IX 節全体）
　地域的な──　regionale-　1409
事例　Beispiele　1226
神意　Spezialprovidenz　480
進化　Evolution　52, 108-109, 129, 142, 147-148, 203, 225, 227, 231, 297, 402, 905-906, 1086, 1210, 1221, 1390, 1418, 1469
神学　Theologie　529, 533, 617
人格，人，人物　Person　109, 282, 731-732（n103）, 915-916, 939-940, 1062, 1097, 1133-1134, 1207, 1307, 1337, 1358, 1425
進化上の成果　Errungenschaften, evolutionäre　577-589（VIII 節全体）, 910
神義論　Theodizee　318
人権　Menschenrechte　924, 1278-1279, 1307-1308, 1341, 1346, 1398
信仰　Glauben　1303
人口移動，移民　Wanderungsbewegungen　1088, 1100, 1368, 1378
人工知能　artificial intelligence　339
人口の増加　Bevölkerungszunahme　1086
人口の増大　Bevölkerungswachstum　162
神聖化　Sakralisierung　284
真正さ　Authentizität　186, 268, 310
親族，血縁　Verwandtschaft　932, 939, 998
身体　Körper　929, 1097
振動　Oszillieren　35, 250, 660, 670-671, 1037, 1063, 1149, 1162, 1280
親密性　Intimität　923, 1107, 1120
臣民　Untertanten　1278
進歩　Fortschritt　484, 491, 630, 1295, 1314, 1320, 1395, 1401
新保守主義　Neokonsevativismus　1444
信用　Kredit　1015, 1024, 1283
信頼　Vertrauen　251, 351, 435-436, 437, 449
真理　Wahrheit　380-382, 548, 1232
神話　Mythen　941, 945-946, 1181

遂行　Leistung　1046-1048
水準の区別　Ebenenunterscheidung　75-76, 196
数学　Mathematik　1305
崇高　sublim　269, 1290
スキーマ，図式　Schemata　113-114, 622, 937, 1097, 1157, 1195, 1433, 1439
スキャンダル　Skandale　1053, 1150
スクリプト　Skripts　113-114, 621, 937, 1097, 1150, 1157, 1433, 1439
図式論　Schematismus　1167-1168
成員資格　Mitgliedschaft　1124-1125
生活世界　Lebenswelt　1172
成果メディア　Erfolgsmedien　225-226
正義　Gerechtigkeit　533
制限性　Limitationalität　533
制作　Herstellung　1306
生産　Produktion　97
精神　Geist　412, 485-486, 803(n151), 1451, 1474, 1557(n469)
精神分析　Psychoanalysis　1355 →無意識
成績証明書　Zeugnisse　1076
政治　Politik　1237-1244, 1271
政治システム　politisches System　635, 643, 1017, 1027, 1053-1054, 1071-1072, 1140, 1149 →集権主義
誠実さ，正直さ　Aufrichtigkeit　186, 251, 349, 389, 1119, 1282
政治的社会　politische Gesellschaft　1239-1240
成長　Wachstum　1425
制度　Institution　1170
正統性　Legitimität　533, 777-778(n5)
世界　Welt　35-36, 38-39, 45, 46, 48-49, 92, 120-121, 133, 152, 157-183, 232, 247, 301, 312, 395, 601, 1170, 1196, 1211-1212, 1236, 1268, 1344, 1437, 1438, 1465
世界記述　Weltbeschreibung　1042, 1236-1237
世界時間　Weltzeit　159, 163-164
世界社会　Weltgesellschaft　73, 155-157, 340, 609, 1101-1105, 1236, 1377, 1383, 1408 →グローバル化
世界の代表＝表出　Weltrepräsentation　162
責任　Verantwortung　142, 1133
責任倫理　Verantwortungsethik　1067
セクシュアリティ　Sexualität　430, 432*
説明　Erklären　20, 28, 1328
ゼマンティク　Semantik　221, 322, 352, 612, 613-615, 645*, 941, 966-967, 1185, 1436

世論　öffentliche Meinung　351, 353*, 582, 1154, 1157, 1159, 1294, 1320, 1423-1424, 1427-1428, 1458, 1459
選好　Präferenzen　205
選好コード　Präferenzcodes　406, 417-418
潜在化　Potentialisierung　39, 152, 311, 395*, 490
潜在性　Latenz　1057, 1447-1448, 1450
占術　Divination, Weissagung　262-263, 266-269, 295-296, 319, 1495(n86), 1613(n364)
戦争遂行　Kriegführung　1009-1010, 1376, 1378, 1421
全体／部分　Ganzes/ Teile　890, 892-893, 1048, 1214-1237（V 節全体）
全体社会　Gesellschaft　viii, 74-90（V 節全体）, 900, 1465
　領域に基づいた――概念　Geselschaftsbegriff, territorialer　11, 17
全体社会の理論　Gesellschaftstheorie　1156, 1339, 1343, 1463, 1469
選択　Selektion　487, 502, 516, 518, 537-551（V 節全体）, 567-577（VII 節全体）
　自然――（淘汰）　natürliche-　489, 498-499, 500, 507, 537, 543, 552, 634
前適応的進歩　preadaptive advance　447, 571, 584, 957
専門家　Experten　1075
相互依存の打破　Interdependenzunterbrechungen　587, 1058, 1140-1141, 1467
相互作用／全体社会　Interaktion/ Gesellschaft　543-545, 1105-1121（XIII 節全体）
相互作用システム　Interaktionssysteme　1106-1121
相互浸透　Interpenetration　111, 429
装飾　Ornamente　662, 941
創造　Schöpfung　479-484, 533, 1221, 1227, 1331
操舵　Steuerung　206, 445, 492, 1041, 1067-1068, 1079, 1095, 1139, 1408, 1432
相対主義　Relativismus　167, 204, 1453 →多元主義
操舵メディア　Steuerungsmedien　409-410
創発　Emergenz　144, 475, 518, 1221
増幅　Amplifikation　363-365
族長社会　Häuptlingsgesellschaften　954-955, 956
組織　Organisation　140, 143, 176-177, 205, 433-434, 560-561, 566, 900, 1121-1143（XIV 節全体）
尊敬／軽蔑　Achtung/ Mißachtung　453, 457 →道徳
存在／非存在　Sein/ Nichtsein　670 →存在論
存在論　Ontologie　482, 1194-1214, 1232, 1296, 1329, 1449

タ　行

大学　Universitäten　641, 1074, 1251-1252
体験　Erleben　376
体験社会　Erlebnisgeselschaft　1383

対象，客体　Objekte　16, 100, 662
対称性　Symmetrie　947
第二コード化　Zweitcodierung　415-416
対面状況　Anwesenheit　1107-1111
代理，再現，代表（制），表出　Repräsentation　1224-1226, 1232, 1377
対話　Dialog　321
多義性　Mehrdeutigkeit　96, 161-162*
多機能性　Multifunktionalität　936
多元的無知　pluralistic ignorance　226, 449
多元主義　Pluralismus　167, 190, 204, 1453
多次元性　Polykontexturalität　24, 85-86, 278, 1190, 1265, 1266, 1367, 1419, 1462, 1472
多数決　Mehrheitsentscheidungen　1386
立場　Stellen　1128
脱構築　Dekonstruktion　630, 1560-1561（n13）
脱呪術化　Entzauberung　1353
脱分化　Entdifferenzierung　1477
妥当　Geltung　384, 1403
タブー　Tabu　259
ダブル・コンティンジェンシー　doppelte Kontingenz　235, 374, 377, 453, 940, 948, 1106, 1108, 1111, 1123-1124, 1360
魂　Seele　562, 1220, 1338
魂の救済への配慮　Seelenheilssorge　1255
段階モデル，位相モデル　Phasenmodelle　484, 514 →時代の分割
団体　Korporationen　560-561, 1131
断片　Fragment　625
知　Wissen　130, 366, 1297, 1432
地位，帰属された――　Status, zugeschriebener　933
地域　Regionen　1099-1105（XII 節全体）
智慧　Weisheit　1422
遅延　Nachträglichkeit　120
知覚　Wahrnehmung　105, 127-128, 430
　知覚されていることの――　-des Wahrgenommenwerdens　229
蓄積　Speicherung　949
知識人　Intellektuelle　177, 520, 1435
秩序　Ordnung　1195
地平　Horizont　48, 158, 164
中心／周辺　Zentrum/ Peripherie　536, 906, 907, 953, 958-971（V 節全体）, 1059, 1122, 1149, 1160, 1185, 1192, 1263

中枢　Zentralen　1138
鋳造貨幣　Münzgeld　368-369
超越　Transzendenz　259, 546-547
超複雑性　Hyperkomplexität　148-149, 1174, 1190
著者　Autor　336, 1186-1187
罪，罪悪　Sünde　1155, 1265, 1323
ツンフト　Zünfte　584, 997, 1122
抵抗，異議，矛盾　Widerspruch　524-525
抵抗権　Widerstandsrecht　1225
帝国　Reiche　157, 960, 961-971, 1000, 1103
適応　Anpassung　103, 496, 500, 507-508, 538, 610, 643
出来事　Ereignisse　43, 66-69, 120, 149, 299, 1325, 1470-1471
テクスト　Text　290-291, 294, 298-299, 302, 305, 547, 621, 1186-1187
テクノロジー　Technologie　594, 1298*, 1304
デジタル化　Digitalisierung　102, 132, 405, 1184
哲学　Philosophie　616, 1296, 1422
手続　Verfahren　189
テーマ／機能　Themen/Funktionen　73
デモンストレーション　Demonstrationen　1147, 1151
テレコミュニケーション　Telekommunikation　338
テレビ　Fernsehen　163, 342
テロス　télos　1314
電子メディア　elektronische Medien　337-349（VII 章全体）
伝達　Mitteilung　210-211, 233 →情報
　――と理解　-und Verstehen　504
伝統　Tradition　179, 332, 585, 615, 668, 1100, 1187, 1189, 1269, 1270-1271, 1321, 1361, 1396
伝播　Transmission　514, 553
天分　Gabe　1220
動機　Motive　454, 1119, 1361-1362
　――と目的　-und Zwecke　186-187, 195, 1234, 1246, 1355
同期化　Synchronisation　239, 1116, 1132, 1139
統計学　Statistik　626
統計上の不況　statistische Depressionen　1424
等結果性　Äquifinalität　537, 579, 586, 933, 952
統合　Integration　353, 894-898, 913, 1048, 1067, 1114
　負の――　negative-　926-928
同時性　Gleichzeitigkeit　43, 55, 80, 120, 152-153, 164, 239, 285, 286, 298-299, 306, 496,

504, 601, 604, 645, 897, 1102, 1114, 1115-1116, 1184, 1334
非同時的なものの――　-des Ungleichzeitigen　485
同定　Identifikation　659
道徳　Moral　270-280, 357, 403, 407, 420-421, 444, 448, 452-464（XIII 節全体）, 466, 563, 625, 944, 986, 1007, 1039-1040, 1057, 1210, 1246-1247, 1252-1256, 1295, 1297, 1308-1309, 1357-1367（XIV 節全体）, 1425, 1460
――のコード化　Codierung der-　259, 419-420, 453
――と活版印刷術　-und Buchdruck　617
――と宗教　-und Religion　270-280, 318-319
特殊化　Spezialisierung　491, 501
都市　Stadt　1375-1376
閉じ　Schließung →閉鎖性
特権　Privilegien　1007
トポス　Topik　321, 617
トランス　Trance　284, 319
取引　Transaktion　1044

ナ　行

内婚制　Endogamie　973, 978
内的／外的　innen/ außen　1339
内面化　Verinnerlichung　1353
ナショナリズム　Nationalismus　1030
何か／いかにしての問い　Was-/Wie-Fragen　593, 1304, 1310
慣れ親しまれた／慣れ親しまれていない　vertraut/ unvertraut　260, 942, 945
二重化規則　Duplikationsregel　411, 1038
二重系列　Doppelreihung　975
入力／出力　Input/ Output　61, 106
人間　Mensch　11-13, 128, 154, 212, 335, 962, 1031-1032, 1055, 1217, 1228, 1230, 1240-1241, 1243-1244, 1252-1253, 1295, 1302, 1345, 1356, 1439-1440
人間性，人間中心主義，人文主義＝人間主義　Humanität, Humanismus　594-595, 602, 1241, 1273, 1288
人間の尊厳　Menschenwürde　1307
認識　Erkenntnis　1279
認識論的障害　obstacles épistemologiques　10
認知　Kognition　126-135（VII 節全体）, 1164
ネーション（国＝国民）　Nation　1367-1378（XV 節全体）, 1520-1521（n221）
ネットワーク　Netzwerke　1099, 1104, 1141-1142
農業　Landwirtschaft　579, 933-934

ノントリヴィアル・マシーン　nichttrivale Maschinen　1082

ハ　行

ハイアラーキー　Hierarchie　350-351, 458, 1129-1130, 1223, 1269
排除の包摂　Einschließen des Ausschließens　438, 486, 1095, 1419
馬鹿げていること，滑稽さ　Lächerlichkeit　625, 1360
始まり，端緒　Anfang　503, 671 →起源
——／終わり，終局　-／Ende　503, 1110, 1113
発券銀行　Notenbank　1071
パトロン／クライアント－関係　Patron/ Klient-Beziehungen　951, 990, 1005, 1338
パラドックス　Paradoxie　xi, 6, 46, 49-50, 51-52, 76, 89-90, 121-122, 146, 193-194, 203, 245, 272, 282, 388, 406, 413, 423, 488, 510, 564, 613, 623, 736-737 (n127), 813-814 (n223), 946, 1085, 1087, 1127, 1144, 1148, 1156, 1169, 1194, 1207-1208, 1215, 1234, 1275, 1280, 1312, 1384-1386, 1464-1465, 1476
反啓蒙　Gegenaufklärung　1404
反省　Reflexion　1046, 1167, 1181
反省理論　Reflexionstheorien　413, 1268-1296（IX 節全体）
反対概念の取り替え　Gegenbegliffsaustausch　1189
反対派（野党），政治的　Opposition, politische　1006, 1152 →競合性
反復　Wiederholung　69-70, 73, 93, 149, 153, 237, 656, 659, 941, 1081, 1176, 1181, 1298
美　Schönheit　1290-1291
非一貫性　Inkonsistenz　1229
被影響者，当事者，被害者　Betroffensein　608, 1148, 1459
比較　Vergleich　31, 174-175, 471, 668-669, 1267, 1360, 1454 →文化
美学　Ästhetik　394, 1290-1291
被刺激不可能性，刺激に動じないこと　Unirritierbarkeit　1088, 1298
非知　Nichtwissen　27-28, 65, 1432-1433, 1438
必然性　Notwendigkeit　533
否定　Negation　39, 247-248, 254-255, 414, 522-523, 636, 682-683 (n51), 1161, 1231
否定できないもの　Nichtnegierbarkeit　533
非道徳性　Amoralität
高次の——　höhere-　1039, 1386
人となりについて知っていること　Personkenntnisse　1024
批判　Kritik　xi, 5, 23, 202, 310, 357, 446, 520, 536, 563, 620, 1266, 1298, 1308, 1420, 1436, 1443-1444, 1446-1448, 1454, 1464
秘密　Geheimnisse　257-280（IV 節全体）, 264-265, 943, 1006, 1419, 1462 →玄義
表層／深層　Oberfläche/ Tiefe　340-341 →占術
平等　Gleichheit　1140, 1153, 1341, 1346, 1381, 1389, 1398, 1473

——／不平等　－／Ungleichheit　985-986
貧者救済　Armenpflege　930
富／貧　reich/ arm　414, 415
ファナティズム　Fanatismus　433
不一致のパースペクティヴ　inkongruente Perspektiven　19, 30, 1092
フォルトゥーナ　Fortuna　1314, 1316
不確実性，自己産出された——　Ungewißheit, selbsterzeugte　134, 303
不確実性の吸収　Unsicherheitssbsorption　1125, 1128, 1132
不可侵のレヴェル　inviolate level　459, 563, 1090, 1091, 1402 →価値
複雑性　Komplexität　9, 144-154（IX 節全体）, 474, 508-509, 527, 555, 577-589（VIII 節全体）, 937-938, 1028, 1157
——の縮減による増幅　Steigerung durch Reduktion von-　578-579
複雑性の縮減　Reduktion von Komplexität　153-154
福祉国家　Wohlfahrtsstaat　558, 1412
不断ノ創造　creatio continua　481
物理学　Physik　1443
不動の起動者　Beweger, unbewegter　482
不透明性　Intransparenz　73, 108, 110, 149, 1183-1184, 1228
腐敗，堕落，堕落態　Korruption　1005, 1132, 1220, 1234
不平等　Ungleichheit　1381
普遍／個別　universal/ particular　181, 1301, 1374
普遍／個別　Allgemeines/ Besonders　1290-1291, 1344
普遍主義　Universalismus　1357
普遍性／限定化，普遍／特殊　Universalität/ Spezifikation　276-277, 396, 425-426, 456, 468, 629, 903, 936, 998, 1102, 1236-1237, 1296, 1301, 1366
プラクシス（実践）　Praxis　1349
古い／新しい　alt/ neu　534, 536, 618
プログラム　Programme　408-409, 410, 427-428, 639-640, 1039, 1062, 1137-1138 →基準
文化　Kultur　162, 176, 182, 470, 664-672, 811-812（n211）, 1178-1179, 1267, 1308
分化　Differenzierung
機能——　funktionale-　31, 140, 159, 169, 201, 403, 419, 549, 556-557, 559-567, 568, 672, 899, 907-908, 912, 913, 930, 971, 996-1030（VII 節全体）, 1026, 1031-1066（VIII 節全体）, 1059, 1093, 1118, 1135, 1273, 1362, 1372, 1384, 1398, 1412, 1453, 1472
——／一般化　－／Generalisierung　1295, 1384
地域——　regionale-　177-178, 180 →世界社会
分化形式　Differenzierungsformen　557, 569, 588, 894, 900, 901-913（II 節全体）, 1122 →システム分化

分割　Einteilungen　1202
文化的エリート　Eliten, kulturelle　1193
分岐　Bifurkation　957
分業　Arbeitsteilung　958, 1050, 1061, 1083, 1178, 1284
分出　Aufdifferenzierung　889, 912, 1031
分析的真理／綜合的真理　analytische/ systhetische Wahrheit　1044
文法　Grammatik　245
文脈　Kontext　25
閉鎖性　Geschlossenheit
　二重の――　doppelte-　73, 324
　作動上の――（閉じ）　operative-　62, 71, 90-126（VI 節全体）, 98, 100, 130, 134, 137, 140, 499, 501, 612-613, 636, 892, 1036, 1048-1049, 1060, 1069, 1080, 1129, 1429 →オートポイエーシス
平和　Frieden　552
ヘテラルキー　Heterarchie　350-351
変異　Variation　487, 516, 518-537（IV 節全体）, 567-577（VII 節全体）, 619
　――／選択　-／Selektion　513
弁証法，弁証論　Dialektik　630, 1207
変数　Variablen　25
法　ius　1225
法　Recht　401, 505-506, 528, 635, 641, 643, 647, 648, 936-937, 942, 1001, 1002, 1017, 1025, 1027, 1099, 1285-1288, 1411
　実定――　positives-　562, 1287
忘却　Vergessen　655-657, 669 →記憶
法源　Rechtsquellen　1286
法人　universitas　1225
包摂　Inklusion　169, 453, 1026, 1055, 1345, 1346, 1373, 1389, 1398-1399
　――と排除　-und Exklusion　180-181, 914-931（III 節全体）, 980, 1087, 1131, 1139-1140, 1362
法治国家　Rechtsstaat　401, 1006
方程式　Gleichungen　1305
方法論　Methodologie　23-32（II 節全体）
方法論的個人主義　methodologicher Individualismus　27, 65
暴力，強制力　Gewalt　1088
　物理的――　physische-　431-432, 531, 777-778(n5), 1218
ポジティヴ・フィードバック　feedback, positive →逸脱の増幅
保守主義，保守派　Konservativismus　555, 566, 1401-1402, 1444
ポストモダン　Postmoderne　609, 623, 629, 1190, 1349, 1383, 1405, 1474-1482（XXIII

節全体）

マ　行

マーキング（有徴化）　Markierung　255
マークされた／マークされない　marked/ unmarked　158, 165, 1180
マークされない状態／空間　unmarked space/ space　39, 247, 259, 341, 522, 1437, 1440
魔術　Magie　942-947
マスメディア　Massenmedien　224-225, 622, 641, 669, 799（n119）, 1120, 1151, 1154, 1157, 1159, 1332, 1360, 1376, 1421-1436（XX 節全体）, 1458, 1461 →活版印刷術
見えざる手　unsichtbare Hand　483, 534, 1221, 1228, 1284, 1387
未規定性，システム内部の——　Unbestimmtheit, systeminterne　60-61, 96, 103, 146, 162, 896, 1125, 1175, 1477
身分　Stände　992, 1250, 1379, 1381
未来　Zukunft　35-36, 37, 134, 450, 607, 610, 1032, 1034, 1210, 1281, 1313-1314, 1321-1324, 1325, 1337, 1361, 1376-1377, 1383, 1395, 1396-1397, 1399, 1401-1402, 1407, 1415-1416, 1418
民主制，民主化　Domokratie　423, 1006, 1054, 1072, 1141, 1401, 1410, 1421
民族　Volk　1373
無，非存在　Nichts, Nichtsein　1197-1198, 1202
無意味　Unsinn　39, 42
無意識　Unbewußtes　203, 1169, 1390
明証性　Evidenz　622, 623, 625, 1019
　首肯性のない——　unplausible-　10, 1019
名誉　Ehre　1008, 1009, 1023, 1250-1252
メディア／形式　Medium/ Form　51, 215-223, 294, 301
盲点　blinder Fleck　203, 218, 488, 613, 1162, 1180, 1420, 1436, 1450, 1463
目的　Zwecke　186-187, 1113, 1234
目的論　Teleologie　471-472, 480, 492, 1037, 1245
文字　Schrift　113, 221, 240-241, 265, 269, 280-281, 286-324, 356, 363, 403, 527-529, 545, 572, 578, 616, 619-620, 638, 946, 965, 967, 1115, 1117-1118, 1181-1182
物（モノ）　Dinge（res）　44, 48, 659, 730-731（n98）, 1198, 1206
物語　Erzählungen　1181, 1185
模倣　Imitation　1245, 1290, 1318
　——としての芸術　Kunst als-　1232
問題　Problem　36, 200-201
　——／問題解決　-/ Problemlösung　1085, 1095-1096, 1128, 1299

ヤ　行

役割　Rollen　1062
役割相補性　Rollenkomplementalität　1026, 1120*, 1374
友愛　Philía　367-368, 373
有意味な　sinnvoll　42
有益性　Nützlichkeit　1294
友情　Freundschaft　367-368
ユートピア　Utopie　1154, 1161, 1445
ユーモア，フモール　Humor　187, 543
ゆらぎ　Fluktuationen　206, 1101
様式　Stil　561-562
妖術　Hexerei　530
要素　Element　59
　――と関係　-und Relation　147
予期　Erwartungen　451, 479, 1081
善き事柄　Gefallen　1338
余所者　Fremde　899, 938, 940, 1494（n81）
欲求　Bedürfnisse　431
読み，集中的な／拡張的な　Lektüre, intensive/ extensive　328
読むこと　Lesen　308, 599-600
ヨーロッパ旧来のゼマンティク　alteuropäische Semantik　1191-1267（IV-VIII 節全体）, 1456

ラ　行

リアリティ，現実　Realität　20, 92, 95, 120, 134, 163, 198, 243, 613, 624, 655, 658, 1057, 1058, 1161-1162, 1171, 1456 →構成主義
リアリティ連続体　Realitätskontinuum　1206
利益，収益，利殖　Profit　548, 561, 1014, 1283
利益法学　Interessenjurisprudenz　1043-1044, 1287
理解　Verstehen　68, 79, 256, 360, 504
利害関心　Interessen　639, 1338, 1355, 1360, 1362, 1403
リスク　Risiken　607-608, 1133, 1330, 1417-1419
リスク社会　Risikogesellschaft　1413-1421（XIX 節全体）
理性　ratio　1241
理性　Vernunft　202, 204, 357, 803-804（n152）, 1217-1218, 1342
立派サ／有益サ　honestas/ utilitas　1248
理念の進化　Ideenevolution　611-632（X 節全体）
流行　Mode　436-437, 1393

流出　Emanation　1215, 1220, 1254
了解　Verständigung　691（n109）, 1055, 1121, 1162
領土　Territorialität　932, 939, 958
理論　Theorie　1293-1294
倫理（学）　Ethik　184-185, 404, 420, 456, 464, 1067-1068, 1088-1089, 1094, 1152, 1234, 1237-1258（VI 節全体）, 1243, 1256, 1309, 1357-1367（XIV 節全体）, 1366
類概念　Gattungsbegliffe　175, 482-483, 1206-1208, 1296
類型化　Typisierung　1349, 1433 →スキーマ
流布メディア　Verbreitungsmedien　223-227（II 節全体）, 303, 350-355（VIII 節全体）, 588
礼式　Zeremoniell　1257
歴史　Geschichte　306-307, 482-483, 539, 644-652（XII 節全体）, 946, 1181, 1189, 1295, 1313, 1321, 1328-1329, 1330-1331, 1394-1395, 1397, 1419
　プロセスとしての――　-als Prozeß　485
恋愛結婚　Liebesheirat　1292
連帯　Solidarität　608-609, 1239, 1371, 1381
労働　Arbeit　1014, 1017, 1121-1123, 1140, 1284
ロマン派　Romantik　335, 625, 1327, 1385
論理（学）　Logik　247, 321, 373, 415, 482, 564-565, 794（n93）, 1039, 1194, 1196, 1205-1206, 1213, 1231-1232, 1272, 1296, 1437

ワ　行

猥褻　Obszönität　430

人名索引

＊ 原著には人名索引は付されていない．訳者らの責任で作成した．

＊ 原則として地の文にカタカナ表記で登場する人名を挙げたが，直接表記されていないが著名な論者からの引用や実質的議論がなされている箇所も，*を付して加えておいた．

＊「828(n322)」は，「828頁原註(322)」を意味する．

ア 行

アインシュタイン Albert Einstein 1333

アウグスティヌス Aurelius Augustinus 828(n322), 971, 1315

アシュビー William Ross Ashby 103, 110, 129, 809(n195)

アダムズ Henry Brooks Adams 6, 596, 798(n115), 1531(n288), 1623(n429)

アドラー Max Adler 723(n45), 1544(n375)

アトラン Henri Atlan 686(n81)

アドルノ Theodor Ludwig Wiesengrund Adorno 1617(n 391)

アベラール Pierre Abélard 732(n104), 1247

アーペル Karl-Otto Apel 726(n67)

アリストテレス Aristotles 74, 76, 183, 368, 392, 420, 471, 480, 630, 736-737(n127), 796(n98)*, 982-983, 985, 1023, 1056, 1140, 1199, 1202, 1209, 1210, 1214, 1222, 1223, 1224-1225, 1234, 1241, 1243, 1305, 1314-1315, 1318, 1349, 1456, 1512(n178)*, 1573(n94)*

アルヴァックス Maurice Halbwachs 824(n292), 825(n298)*

アルキメデス Archimedes 1361

アルトジウス Johanes Althusius 1228

アルトー Antonin Artaud 6

アレクサンダー Christopher Alexander 685-686(n76)*

アロー Kenneth Joseph Arrow 1605(n318)

アンセルムス Anselmus Cantuariensis 1255

イェンゼン Stefan Jensen 752(n220), 771(n339)*

イルネリウス Irnerius 1570(n78)

ヴァイク Karl E. Weick 679(n34)*, 701(n172)*, 810(n201)*

ヴィエリ Francesco de' Vieri 1249

ヴィーコ Giovanni Battista Vico 667, 724(n49), 1308, 1572(n79)

ウィトゲンシュタイン Ludwig Josef Johann Wittgenstein 705(n199)*, 825(n300)*, 1405, 1559(n9), 1574(n103)

ウィーナー Norbert Wiener 106

ヴィルケ Helmut Willke 144, 1139

ウィンター Shidney Winter 820(n261)

ヴェーバー Max Weber 3, 5, 13, 14, 26, 188, 646, 673(n3), 729(n90), 808(n186), 888, 901, 1039, 1134, 1349,

1433, 1459, 1539(n340), 1586(n178), 1608(n336)
ヴェルカー　Carl Theodor Georg Philipp Welcker　1320
ウォーラーステイン　Immanuel Wallerstein　170, 182, 646, 1487(n29), 1499(n109)
ヴォルフ　Christian Wolff　1287, 1569 (n66)*
ウルピアヌス　Dometius Ulpianus 1515(n193)
エヴァンス＝プリチャード　Edward Evan Evans-Pritchard　1493(n74)*, 1495(n87)*
エウリピデス　Euripides　756–757 (n242)
エクスレ　Otto Gerhard Oexle　1517 (n205)
エラスムス　Desiderius Erasmus　991, 1317
エルベシウス　Claude Adrien Helvetius 1576(n114)*, 1587(n185)
オッカム　William of Ockham　798 (n112), 813(n223)
オッフェ　Claus Offe　606*
オルポート　Floyd Henry Allport　774 (n354)
オング　Walter J. Ong　737–738(n130)*, 813(n219)

カ　行

ガダマー　Hans-Georg Gadamer　621
カップ　Ernst Kapp　592
ガーフィンケル　Harold Garfinkel 1172
ガリレオ　Galileo Galilei　624, 743 (n159), 1002, 1300
カルダーノ　Hieronymus Cardanus 1568(n58)*, 1570(n73, n76*, n77*), 1572(n85)
カント　Immanuel Kant　134, 271, 630, 698(n151), 706(n207), 712(n237), 769(n326), 772(n341), 779(n12), 818(n245), 1118, 1167–1168, 1171, 1198, 1208, 1230, 1281, 1289, 1290, 1304, 1343, 1349, 1560(n10), 1600 (n287), 1616(n379)
ギアーツ　Clifford Geertz　812 (n218)*
キケロー　Marcus Tullius Cicero　363, 367–368, 1247, 1575–1576(n112)*
ギデンズ　Anthony Giddens　17, 708 (n216)*, 709(n217)*, 783(n36), 788 (n55)*, 810(n197), 1176, 1609(n337), 1611(n356)*
キネ　Edgar Quinet　1370
ギブソン　James J. Gibson　718(n17)*
ギュンター　Gotthard Günther　410, 673(n2), 1039, 1205, 1365, 1462, 1533(n299)
クィンティリアヌス　Marcus Fabius Quintilianus　363, 798(n188)
クザーヌス　Nicolaus Cusanus　685 (n71), 705(n198)*, 1235
クック　Edward Coke　1001, 1582 (n162)
グラシアン　Baltasar Gracian　718 (n14)*, 746(n177), 826(n309)*, 1020–1021, 1207, 1228, 1253, 1290, 1306, 1318, 1358, 1573(n96), 1582 (n156)
グラムシ　Antonio Gramsci　1614 (n369)
グランヴィル　Ranulph Glanville　198, 374
クリステヴァ　Julia Kristeva　720(n31)

グレゴワール　L'abée Grégoire　1594–1595（n241）
グロティウス　Hugo Grotius　1286
クロノス　Diodros Kronos　741（n152）
クワイン　Willard Van Orman Quine　19, 1534（n305）
クーン　Thomas Samuel Kuhn　633, 1281
グンブレヒト　Hans Ulrich Gumbrecht　1594（n235）
ケイムズ卿　Lord Kames（Henry Home）　455, 817（n243）, 1307
ケインズ　John Maynard Keynes　1285
ゲーガン　Kenneth J. Geigen　1621（n416）*
ケッカーマン　Bartholomäus Keckermann　814（n225）
ゲーテ　Johann Wolfgang von Goethe　252*
ゲーデル　Kurt Gödel　63, 195, 459, 687（n85）, 1305, 1361, 1362
ゲーレン　Arnold Gehlen　592
ゴーシェ　Marcel Gauchet　1602（n297）
ゴジッチ　Wlad Godzich　693（n125）
コゼレック　Reinhart Koselleck　1583（n166）, 1608（n335）, 1610（n344）
コペルニクス　Nicolaus Copernicus　1002
コンスタン　Benjamin Constans　743（n163）
コンディヤック　Etienne Bonnot de Condillac　817（n243）
コンドルセ　Marquis de Condorcet（Marie Jean Antoine Nicolas de Caritat）　817（n293）

サ　行

サウスオール　Aidan W. Southall　935
サド　Marquis de Sade（Donatien Alphonse Francois de Sade）　456, 1361
サピア／ウォーフ　Edward Sapir / Benjamin Lee Whorf　1547（n402）
サラモニウス　Marius Salamonius　1222, 1573（n94）*
ジェイムズ　William James　1619（n400）*
シェーラー　Max Scheler　630
シェルスキー　Helmut Schelsky　3–4, 1599（n275）, 1616（n382）
シドニー　Sir Philip Sidney　1242
シモニデス　Simonides　755（n233）
シャノン　Claude Elwood Shannon　716（n7）
シャフツベリー　Earl of Shaftesbury（Anthony Ashley Cooper）　456, 627, 750（n200）, 765（n290）*, 1020, 1528（n265）
ジャン・パウル　Jean Paul　710（n222）, 743（n163）, 1167, 1256, 1258*, 1309, 1556（n467）*, 1571（n81）*, 1575（n106）, 1580–1581（n146）*, 1593（n234）*
シュヴァーニッツ　Dietrich Schwaniz　1599（n280）
シュッツ　Alfred Schütz　1115, 1349, 1433, 1561（n15）, 1598（n271）
シュティッヒヴェー　Rudolf Stichweh　711（n226）
シュトラウス　Leo Strauss　630
シュニトケ　Alfred Garyevich Schnittke　630
シュミット　Carl Schmitt　630
シュレーゲル（兄）　Augst Wilhelm Schlegel　1442–1443
シュレーゲル（弟）　Friedrich Schlegel

705(n200), 1311, 1372, 1385, 1548 (n406)*, 1593–1594(n234), 1597 (n266), 1604–1605(n313), 1605 (n314)*
ジュルネ　Jacqes Gernet　306
シラー　Johann Christoph Friedrich von Schiller　1041, 1118, 1582(n155)
ジラール　René Girard　1245
シュライエルマハー　Friedrich Daniel Ernst Schleiermacher　1168
ジンメル　Georg Simmel　3, 12, 673 (n3), 792–793(n86)*, 888, 1545–1546 (n392), 1562(n20)*
スカエヴォラ　Quintus Mucius Scaevola 1582(n159)
スキナー　Quentin Skinner　814(n228), 1564(n35)*
スキュデリ　Madeleine de Scudéry 1119
スコトゥス　Johannes Duns Scotus 797–798(n112)
ストラヴィンスキー　Igor Fyodorovitch Stravinsky　630
スピノザ　Benedictus De Spinoza 1209, 1293
スペンサー　Herbert Spencer　492, 507, 778(n7), 780(n18), 781(n24), 784 (n40)
スペンサー＝ブラウン　George Spencer-Brown　35, 38, 44, 45, 49, 50, 53, 70, 91, 109, 165, 173, 197, 249, 655, 682 (n47), 704(n190), 713(n245)*, 714 (n248, 249), 724(n51)*, 766(n300), 794(n93)*, 824(n289)*, 825(n297), 902, 943, 1175, 1388, 1420, 1446, 1463, 1479, 1574–1575(n103)
スミス　Adam Smith　456, 1014, 1293, 1295, 1335, 1341, 1484(n11), 1586 (n179), 1605(n320)
スラック　Jennifer Daryl Slack　1564 (n36)
セイセル　Claude-Charles Seyssel　991
セール　Michel Serres　64, 677(n21), 825–826(n301)*, 957, 1344, 1595 (n251)*
ソクラテス　Sōkratēs　312, 1244
ソシュール　Ferdinand de Saussure 115, 231, 288, 682(n50), 714(n251), 716–717(n9), 720(n32), 1310
ソルガー　Karl Wilhelm Ferdinand Sorger　1574(n102)
ソールズベリのジョン　John of Salisbury　1219
ゾンバルト　Werner Sombart　808 (n186)
ゾンマーホフ　Gerd Sommerhoff　719 (n25)

タ　行

ダーウィン　Charles Robert Darwin 478, 483, 484, 487, 489, 491, 494, 495, 498, 507, 513, 516, 780(n14), 781 (n24), 782(n26), 799(n120), 1390, 1474
ダ・ヴィンチ　Leonardo da Vinci　1568 (n60)*
ダグラス　Mary Douglas　827(n318)*, 1496(n88)*, 1560(n11)*
タルスキ　Alfred Tarski　49, 196, 1176
タルド　Gabriel Tarde　1485(n18)
ダン　John Donne　1228, 1564(n40)*
チョムスキー　Avram Noam Chomsky 238, 721(n36), 723(n48)
ティエリ　Jacques Nicolas Augustin Thierry　1370
テインター　Joseph A. Tainter　1508

(n155)
デカルト　René Descartes　45, 186, 472, 754(n223), 1188, 1201, 1269, 1293, 1300, 1340, 1475
デフォー　Daniel Defoe　1586(n179)*
デュアイヤン　Seigneur du Hailan (Bernard de Giard)　1524(n242)
デュモン　Louis Dumont　1199
デュルケーム　Emile Durkheim　3, 13, 14, 15, 279, 355, 669, 674–675(n14), 785(n45)*, 888, 894, 1068, 1182, 1493(n72), 1551–1552(n429)
デリダ　Jacques Derrida　29, 70, 197, 1316, 1333, 1438, 1478, 1483(n5), 1560–1561(n13)
テンニース　Ferdinand Tönnies　1391
テンブルック　Friedrich H. Tenbruck　1609(n339)*
トイプナー　Gunther Teubner　787 (n52)
トインビー　Arnold Toynbee　629
トウェイン　Mark Twain　823(n286)
ドゥティエンヌ　Marcel Detienne　734 (n114)
ドゥルーズ　Gilles Deleuze　681(n44), 683(n54), 1600(n286)*
トクヴィル　Charles Alexis Henri Clerel de Tocqueville　1336
ド・トラシー　Comte de Tracy (Antoine Louis Claude Destutt)　1610(n348)*
トマス・アクィナス　Thomas Aquinas　1056, 1573(n95)
ド・マン　Paul de Man　815(n235), 1620(n407)*
トム　René F. Thom　1498(n103)
ドライデン　John Dryden　748(n188)*, 1595(n248)*

ナ　行

ニーチェ　Friedrich Wilhelm Nietzsche　19, 22, 90
ニコル　Pierre Nicole　1253, 1358
ニュートン　Sir Isaac Newton　187, 1606(n320)
ネルソン　Richard Nelson　820(n261)
ノヴァーリス　Novalis (Friedrich von Hardenberg)　1230*, 1309, 1385, 1585(n174)*, 1589(n203), 1590–1591(n217)*
ノルガード　Richard B. Norgaard　644

ハ　行

ハイゼンベルク　Werner Karl Heisenberg　215
ハイデッガー　Martin Heidegger　90, 594, 731(n98), 755(n232), 788(n55), 1316, 1333
ハイネクツィウス　Johann Gottlieb Heineccius　1515(n193)
ハイルズ　Katherine Hayles　678–679 (n28), 787(n54)*
バウマン　Zygmunt Bauman　1623 (n427)*
バウムガルテン　Alexander Gottlieb Baumgarten　1290–1291
ハヴロック　Eric Alfred Havelock　741 (n150)*, 747(n183)*
バーク，エドムンド　Edmund Burke　729–730(n91)*, 1270
バーク，ケネス　Kenneth Burke　153, 392
バークリー　George Berkeley　1335
バシュラール　Gaston Bachelard　10, 1585(n175)*
バース　Thomas Fredrik Weybye Barth

727(n73, n75)*
パース　Charles Peirce　721(n34), 1493(n71)
パスカル　Blaise Pascal　386, 433, 1538, 1581(n148, n149)*
パスク　Gordon Pask　1030
パーソンズ　Talcott Parsons　vi, x, 7–8, 14, 115, 170, 226, 355, 358, 393, 425, 427, 431, 434, 510, 664, 753(n220), 759(n258), 760(n262), 772(n342, n344), 804(n158), 806–807(n174), 812(n217)*, 813(n220)*, 826(n310), 888, 894, 914–915, 917, 970, 984, 1068, 1144, 1460, 1469, 1486(n25), 1488(n36), 1491–1492(n62), 1513(n184), 1551(n427), 1607(n330)
ハチスン　Francis Hutcheson　456
ハートリー　David Hartley　817(n243)
バーバー　Bernard Barber　628
ハーバーマス　Jürgen Habermas　v, 8, 22, 23, 186, 188, 221, 446, 594, 718(n16), 726(n66, n67), 1066, 1349, 1351, 1407, 1444, 1445, 1475, 1488(n36)*, 1536(n320), 1543(n373), 1589(n200), 1598(n271), 1599(n276), 1601(n292)
バーマン　Harold Berman　788(n59)
バルト　Roland Barthes　720(n31)
バルザック（オノレ・ド）　Honoré de Balzac　1336
バルザック（ゲー・ド）　Jean-Louis Guez de Balzac　1584(n168)
バルドゥス　Baldus de Ubaldis　1007
パレート　Vilfredo Federico Damaso Pareto　1386
バルトルス　Bartolus de Saxoferrato　1007, 1022, 1512(n178)*
ハーン　Alois Hahn　691(n109)
ピアジェ　Jean Piaget　1092, 1542(n363)
ピーチャム　Henry Peacham　984
ヒューム　David Hume　1280, 1307, 1400, 1590(n216)
ヒルベルト　David Hilbert　722(n42)
ファース　Raymond Firth　1499(n106)
フィッシュ　Stanley Fish　738(n131), 1617(n392)
フィヒテ　Johann Gottlieb Fichte　1343, 1556(n463), 1574(n101), 1597(n265)
ブウール　Dominique Bouhours　798(n114)
フェリー　Luc Ferry　1601(n293)*
フェルスター　Heinz von Foerster　193, 304, 645, 738(n135), 824(n290), 1082, 1532(n294)
フォルマー　Gerhard Vollmer　805(n167)
フォレスター　Jay Forester　106
フォン・ノイマン　John von Neumann　220, 769(n324)
フーコー　Michel Foucault　1490(n55), 1576(n114), 1612(n356)
フッサール　Edmund Gustav Albrecht Husserl　8, 25, 48, 594, 682(n49), 768(n312)*, 1300, 1348, 1349, 1407, 1558(n3), 1561(n18), 1581–1582(n153), 1597–1598(n270)
フッター　Michael Hutter　1078, 1534–1535(n307)
プーフェンドルフ　Samuel von Pufendorf　13, 826(n309), 1286, 1307, 1589–1590(n210)
フラー　Steve Fuller　1535(n308)*
フライヤー　Hans Freyer　808(n186)
ブラウン　Sir Thomas Browne　1027,

マ　行

マッキンタイア　Alasdair MacIntyre　630
マックスウェル　James Clerk Maxwell　824(n291)
マートン　Robert King Merton　244
マトゥラナ　Humberto Maturana　59, 81, 82, 101, 230, 696-697(n142), 699-700(n161), 701(n172), 719-720 (n28), 758(n251)*, 786(n48), 898, 1449
マラルメ　Stéphane Mallarmé　6
マルヴェッツィ侯爵　Virgilio Mlvezzi　1554(n446)
マルクス　Karl Marx　19, 23, 390, 808 (n186), 1156, 1266, 1285, 1299, 1380, 1400, 1403, 1459, 1610-1611(n350), 1617(n391)
マルシリウス　Marsilius Patavinus　1225
丸山孫郎　565, 774(n351)*, 799(n123), 1484(n7)*
マンスフィールド　1 st Earl pf Mansfield (William Murray)　1001
マンデヴィル　Bernard de Mandeville　456, 1386
マンハイム　Karl Mannheim　801(n138), 827(n317)
ミシュレ　Jules Michelet　1370
ミード　George Herbert Mead　81, 229, 676-677(n21), 719(n24)
ミヘルス　Robert Michels　901
ミュンヒ　Richard Münch　8, 772 (n342), 901
ミュンヒハウゼン　Freiherr von Karl Friedrich Hieronymus Münchhausen　187
ミラボー　Marquis de Mirabeau (Victor de Riquetti)　1583(n165)
ミルズ　Colin Wright Mills　697(n143)
ミルトン　John Milton　650, 1320
ムージル　Robert Musil　763(n279)*
メイラン　Gabriel Sénac de Meilhan　1549(n413)
メレ　Chevalier de Méré　798(n114)
モア　Thomas More　312, 464, 991
モンテスキュー　Charles-Louis de Montesquieu　455
モンテーニュ　Michel Eyquem de Montaigne　365, 1228, 1264, 1564(n40)

ヤ　行

ヨナス　Hans Jonas　807(n176)*

ラ　行

ライプニッツ　Gottfried Wilhelm Leibniz　1293, 1340
ラエリウス　Gaius Laelius　756(n236)
ラザースフェルド　Paul Lazarsfeld　1447
ラシーヌ　Jean Baptiste Racine　1363
ラッセル　Bertrand Russel　49, 196, 1176
ラッシュ　Scott Lash　1623(n430)
ラドクリフ゠ブラウン　Alfred Reginald Radcliffe-Brown　1494(n81)*
ラパポート　Roy A. Rappaport　725 (n57)*
ラマルク　Chevalier de Lamarck (Jean-Baptiste Pierre Antoine de Monet)　482, 553, 575-576, 821(n264)
ラ・ロシュフコー　François VI, duc de La Rochefoucauld　1023
ランベルト　Johann Heinrich Lambert　818(n245)
リオタール　Jean-François Lyotard　629, 692(n120), 726(n67)

リカード　David Ricardo　1293
リシュリュー　Cardinal et duc de Richelieu (Armand Jean du Plessis)　1004, 1584 (n168)
リッター　Joachim Ritter　707-708 (n213)*
リードル　Rupert Riedl　783 (n34)
リントン　Ralph Linton　1491-1492 (n62)*, 1513 (n184)
リンネ　Carl von Linné　1379
ルクレティウス　Titus Lucretius Carus　1227
ルソー　Jean-Jacques　Rousseau　1308, 1329, 1587 (n187), 1596 (n261)
ルター　Martin Luther　390, 1027
レッドフィールド　Robert Redfield　1506 (n144)
レフグレン　Lars Löfgren　673 (n1)
ロス　Edward Alsworth Ross　564
ロック　John Locke　708 (n213)*, 1280, 1307
ロックウッド　David Lockwood　914
ロバートソン　Roland Robertson　706 (n204)*, 709 (n217)*, 1575 (n108)*
ローマー　Alfred Sherwood Romer　805 (n164)
ロールズ　John Rawls　14-15
ロワゾー　Charles Loyseau　1250

ワ　行

ワイルデン　Anthony Wilden　1565 (n41)